Jeff Potter 著／水原 文 訳

Cooking for Geeks
│第 2 版│

料理の科学と実践レシピ

オライリー・ジャパン

本書で使用するシステム名、製品名は、それぞれ各社の商標、または登録商標です。
なお、本文中では、™、®、©マークは省略しています。

© 2016 O'Reilly Japan, Inc. Authorized translation of the English edition of Cooking for Geeks, Second Edition.
© 2010, 2016 Atof Inc. This translation is published and sold by permission of O'Reilly Media, Inc.,
the owner of all rights to publish and sell the same.

本書は、株式会社オライリー・ジャパンがO'Reilly Media, Inc.との許諾に基づき翻訳したものです。
日本語版の権利は株式会社オライリー・ジャパンが保有します。
日本語版の内容について、株式会社オライリー・ジャパンは最大限の努力をもって正確を期していますが、
本書の内容に基づく運用結果については、責任を負いかねますので、ご了承ください。

Jeff Potter
Cooking for Geeks

| Second Edition |

Real Science, Great Cooks, and Good Food

Beijing · Boston · Farnham · Sebastopol · Tokyo

謝辞 Acknowledgments

　私の良き友人であるマーク・ルイスとアーロン・ダブル、そしてポーラ・ヒューストンに感謝したい。マークはこの本の料理と原稿の両方について最初のバージョンの犠牲者となり、どちらにも貴重なフィードバックを与えてくれた。アーロンは多すぎるほどの時間をかけて私の殴り書きのスケッチをこの本の多くのチャートへ変換してくれた。ポーラは私の相談に乗ってくれ、さまざまな料理のアイディアを授けてくれた。

　クウィン・ノートンはお粥（24ページを参照してほしい）の入ったボウルを執筆中の私の鼻先に差し出してくれたりインタビューや文字起こしの方法を教えてくれたり、いろいろな意味で私を助けてくれた。バーバラ・ヴェイルとマット・キギンズは、タンパク質から年末年始休暇中の体重増加（約0.5ポンド／0.2 kg、それほど多くはないが春までに減らすのは難しいことが判明している）に至るまで、あらゆる件に関して論文を調べてくれた。この第2版では、グレース・チェンとスティーヴン・オマリー（L!）の両名が原稿のレビューを手伝ってくれた。

　私はどう表現してよいかわからないほど、マーロウ・シェイファー、ローレル・ルマ、ブライアン・ソーヤー、エディ・フリードマン、ロン・ビロドゥー、そして私を信じてこの本を世に送り出してくれたオライリーのチーム全員に感謝している。（マーロウ：あの卵を全部君に割らせてしまって申し訳ない！）

　そしてもちろん、いつも私をサポートし励ましてくれた両親にも感謝している。今度実家に帰ったときには、鴨の脂を天井に撒き散らさないことを約束する。

目次 Contents

はじめに	001

1. ハロー、キッチン！ 005

ギークのように考える	006
自分の料理スタイルを知る	007
レシピの読み方	011
キッチンで感じる恐怖	012
レシピの簡単な歴史	019
いつでもレシピ通りに作ってはいけない	021
すべてのものに置き場所を決める	028
ひとりのディナーパーティー	030
ディナーパーティーのパワー	032
•プレゼンテーションと盛り付け	034
キッチン用品の基本	036
•包丁、ナイフ	037
•まな板	047
•鍋とフライパン	048
•ぜひそろえたいキッチン用品	051

2. 味と匂い、そして風味 059

味＋匂い＝風味	059
味と味覚	062
•塩味	068
•甘味	072
•酸味	075
•苦味	077
•うま味	081
•辛味、冷涼味など他の味覚	084
味の組み合わせからインスピレーションを得る	089
匂いと嗅覚	093
•匂いを表現する	098
•風味とは何だろうか？	104
•探求によってインスピレーションを得る	109
季節からインスピレーションを得る	120
コンピューターを使って風味のインスピレーションを得る	133

3. 時間と温度 145

調理＝時間×温度	145
•熱の伝わり方	149
•調理方法	151
85°F / 30°C：脂肪の平均的な融点	158
•バター	164
•チョコレートとココア脂肪とテンパリング	167
104〜122°F / 40〜50°C：魚や肉に含まれるタンパク質が変性し始める	172
140°F / 60°C：危険ゾーンの上限	181
•食中毒の危険を減らすには	191
141°F / 61°C：卵が固まり始める	198
154°F / 68°C：I 型コラーゲンが変性する	208
158°F / 70°C：植物性デンプンが分解する	218
310°F / 154°C：メイラード反応が顕著に現れる	226
356°F / 180°C：糖が急速にカラメル化する	234

4. 空気と水 249

空気、熱い空気、そして水蒸気のパワー	250
水の化学と、パンや焼き菓子作りへの影響	252
粉の種類を賢く選ぶ	260
焼き菓子作りの許容誤差	272
イースト	276
•最高のピザを求めて	282
重曹	288
•クッキーの食感の科学	297
ベーキングパウダー	302
卵白	305
•泡立てた卵白を最大限活用する	306

卵黄	313
ホイップクリーム	317

5. ハードウェアで遊ぶ 323

高い圧力を利用する	324
• 圧力調理器	326
• クリームホイッパー	331
低圧を利用したトリック	335
真空調理法：低温での加熱	339
• 真空調理のハードウェア	341
• 真空調理と食品安全	344
• 魚、鶏肉、牛肉、そしてフルーツや野菜の調理時間	
	349
モールド（型）を作る	360
• 500ポンドのドーナツを作る方法	363
湿式分離	366
• 機械的ろ過	368
• キッチンで遠心分離機を使う	371
• 乾燥	372
液体窒素とドライアイスで冷却する	381
• 粉を作る	383
• アイスクリームを作る	383
高熱で調理する	387
• 高熱ピザを焼く方法	390

6. 食品添加物の使い方 397

食品添加物	397
• Eナンバー：食品添加物の十進分類法	400
混合物とコロイド	401
保存料	403
風味付け	420
• 燻液（別名、精製スモーク）	425
増粘剤	431
• 葛粉とコーンスターチ	432
• メチルセルロース	437
• マルトデキストリン	439
ゲル化剤	441
• ペクチン	442
• カラギーナン	445
• 寒天	446
• アルギン酸ナトリウム	448
乳化剤	453
• レシチン	453
酵素	455
• トランスグルタミナーゼ	460

あとがき｜より賢いギークになるために	467
付録｜アレルギーと料理	471
訳者あとがき	480

レシピ

[朝食]

インターネットの平均パンケーキ	010
ひき割りオーツ麦	013
オーツ麦と卵白のフルーツ入りフリッタータ	014
オーブンで作る卵料理	203
スローなスクランブルエッグ	207
スキレットで作るフライドポテト	229
水蒸気のパワーを使ったポップオーバー	254
父さんの1-2-3クレープ	265
イーストワッフル	281
バターミルクパンケーキ	293
ティムのスコーン	304

[パン]

種入りクラッカーとかんたんフラットブレッド	267
こねないパン	275
パン(伝統的な作り方)	278
こねないピザ生地	286
サワー種スターター	287
イーストを使わないピザ生地	303

[前菜と付け合せ]

焼いたヤギ乳チーズのアーモンドとはちみつがけ	033
ミニパイ	033
あぶったグリーンオリーブ	033
ムール貝のフライパン焼き、バターとシャロット添え	072
タルタルステーキ、ポーチドエッグ添え	186
帆立のセビーチェ	188
トマトとハーブとイカのブルスケッタ	212
葉物野菜とごまのソテー	222

ローズマリー風味のマッシュポテト	225
おいしいガーリックブレッド	230
帆立のバター焼き	233
ニンジンと赤タマネギのロースト	243
オーブンで作るケールチップス	373
グラブラックス	408

[サラダ]

フリゼのサラダ、ポーチドエッグとラードン添え	080
夏のスイカとフェタチーズのサラダ	090
フェンネルとジャンボマッシュルームとパルメザンのサラダ	122

[スープ]

レモンとレンズ豆のスープ	020
米粥	024
1時間でできるフレンチオニオンスープ	041
ミネストローネ・スープ	114
春のレタスのスープ	124
冬の白インゲン豆とにんにくのスープ	125
夏場のスープ、ガスパチョ	126
秋のバターナット・スクワッシュのスープ	127

[メインディッシュ]

燻製パプリカとひよこ豆のチキン、香菜風味	030
レモン風味のキヌアとアスパラガス、スキャンピを添えて	056
ローストしたポブラノペッパーとチェダーチーズを詰めたポークチョップ	070
マカロニチーズ	113
ペンネ・アッラ・ウォッカ	113
魚のタコス、ピクルスといちごのレリッシュ添え	138

フライパンで焼くステーキ	150
魚の塩釜焼き、レモンとハーブ詰め	157
バターミルクでマリネしたスカートステーキ	178
サーモンのオリーブオイル煮	179
マグロの塩クミン焼き	180
ベルギー風ミートボール	196
鴨のコンフィを使ったパスタ	215
じっくり調理したショートリブ	216
バタフライチキンのロースト	231
焼きセイタンのスパイシーサヤインゲン添え	271
インドの緑豆キチディー	329
圧力調理器で作るプルドポーク	330
48時間かけて調理するブリスケットまたはリブ	356
オーブンで作るバーベキューリブ	428

[ケーキ]

ティラミス	021
ペパーミント入りチョコレートミント	086
モックアップルパイ	102
ブレッドプディング	204
クレームアングレーズ	204
バニラカスタード	204
ナシのワイン煮	223
バタークッキー	237
スニッカードゥードル	237
シュガークッキー	237
ピスタチオとチョコレートのバクラヴァ	270
パイ生地	273
ジンジャーブレッドクッキー	294
ボウルひとつで作るチョコレートケーキ	295
チョコレートチップクッキー	300
シナモンレーズンパンプキンケーキ	303
ポートワイン入りチョコレートケーキ	311
ザバリオーネ(サバイヨン)	315

フルーツスフレ	316
チョコレートムース	318
30秒で作るチョコレートケーキ	334
アイスクリームのシュガーコーンボウル	362
ドーナツ	363
ココア・ゴールドシュレーガー・アイスクリーム	384
クレームブリュレ	388
マシュマロ	404
スモア・アイスクリーム	427
レモンメレンゲパイ	434

[料理の部品と材料]

自家製ヨーグルト	078
サワークリーム	165
5^3 ビーフジャーキー	374
プリザーブドレモン	410
毎日おいしいクイックピクルス	411
柑橘類のマーマレード	419
バニラエッセンス	423
風味抽出オイルとハーブ入りバター	424
マヨネーズ	455

実験

砂糖を使ってオーブンを校正する方法	039
ジャガイモ？　それともりんご？	061
遺伝的な味覚の違い	087
風味のことをどれだけよくわかっていますか？	139
コラーゲンタンパク質の実験	217
おいしい反応速度：理想のクッキーを見つけよう	239
塩水を使って冷凍庫を校正する	258
自分でグルテンを作ってみよう	268
重曹ともっと仲良しになる	291
結晶化による分離(砂糖マドラー)	376
塩と氷でアイスクリームを作る	417
燻液の作り方	429
自分でペクチンを作ってみよう	444

インタビュー

アダム・サヴェッジ｜科学テストについて	017
ジャック・ペパン｜料理について	026
デボラ・マディソン｜1人で食べることについて	031
バック・レイパー｜包丁について	043
アダム・ライド｜キッチン用品について	054
リンダ・バルトシューク｜味とおいしさについて	091
ブライアン・ワンシンク｜期待と風味、そして食べることについて	107
リディア・ウォルシン｜なじみのない食材について	118
ティム・ウィークマンとリンダ・アンクティル｜季節から得るインスピレーションについて	130
ゲイル・ヴァンス・シヴィル｜風味の学習について	141
ダグ・パウエル｜食品安全について	189
ブリジット・ランカスター｜料理の勘違いについて	244
ジム・レイヒー｜パンを焼くことについて	274
ジェフ・バラサーノ｜ピザについて	284
デビッド・レボビッツ｜アメリカとフランスの料理について	319
ダグラス・ボールドウィン｜真空調理法について	347
デイブ・アーノルド｜業務用ハードウェアについて	378
ネイサン・ミアボルド｜モダニスト料理について	393
キャロリン・ヤン｜プリザーブドレモンについて	410
エルヴェ・ティス｜分子ガストロノミーについて	413
アン・バレット｜食感について	435
マーチン・ラーシュ｜親水コロイドレシピについて	452
ベンジャミン・ウルフ｜カビとチーズについて	458
ハロルド・マギー｜食品のミステリーを解くことについて	463

コメントと質問 How to Contact Us

この本に関するコメントや質問は、出版社までお知らせいただきたい。

 株式会社オライリー・ジャパン
 電子メール：japan@oreilly.co.jp

この本のウェブサイトには、正誤表などの追加情報が掲載されている。URLは以下のとおり。

 http://oreilly.com/catalog/0636920041207
 http://www.oreilly.co.jp/books/9784873117874

この本に関するコメントや質問を電子メールで送るには、以下のアドレスへお願いしたい。

 japan@oreilly.co.jp
 bookquestions@oreilly.com（英文）

はじめに

あなたは、自分がギークであることに気付いていないだけかもしれない。
　あなたは、物事の仕組みに興味を持ったり、どうやって動いているかを突き止めることを楽しんだりするだろうか？　もしそうなら、あなたはきっとギークだ。ギークとは、あれこれ指図されるより、ツールや台所用品、あるいは自転車の部品が詰まった箱を渡されて、好きに遊ばせてもらえることを楽しむタイプの人のことだ。どんな分野の職業にも、ギークはいる。政治家にも、スポーツ選手にも、そしてもちろん、技術者にも。たとえあなたが、私のギークの定義（**賢く、好奇心の強い人**）に当てはまらなかったとしても、キッチンでこういった才能を発揮させることは、新しく素晴らしい発見をするために役立つはずだ。
　キッチンは楽しく、興味深く、そして時には厳しい場所でもある。料理に関する私の最初の思い出は、物理学者の父さんがパンケーキの作り方を私に教えてくれたことだ。私が大人になるまで、家族とは「Sunday Football」を見ながらハンバーガーを焼いたり、感謝祭に七面鳥のごちそうを食べたりしながら、食べ物を通して気持ちを通じ合わせていた。大学へ進学して家を離れてみると、私は料理についてほとんど何も知らないことを思い知らされた。（今の私はもっと知らないと感じている！）　私は両親と一緒に料理を作って食べるような機会はあったが、鶏肉の焼き方や野菜のソテーの仕方を学んだことは、それまでに一度もなかったのだ。
　私が本気で料理を学ぼうと取り組んだのは、それまで私が食べてきたようなおいしい家庭料理の夕食を作ろうとしたことがきっかけだった。私は料理には初心者のギークだったし、どこから手を付ければよいかもわからなかったが、好奇心と柔軟さは持ち合わせていた。そのうち私は上達し、今では立派な家庭の料理人だと思えるようになったが、学びの過程でおかしな料理を作ることはもっと減らせたはずだ。（鮭とあえたパスタ？　赤ワインで煮込んだ鶏の胸肉？）私の学びは、試行錯誤の連続だった。私は伝統的なレシピに従うことに飽き足らなかったし、当時はまだ料理の直感を科学的に説明してくれる料理本は存在しなかった。この本を書きながら、私は自分が料理を学んでいた時のことを思い出した。レシピにそのまま従うのではなく、面白くて興味深いアイディアをキッチンで試したいと思っていた自分のことを。私が最初に料理の冒険に乗り出した時、どんな本があれば読んでみたいと思っただろうか？

大学を卒業してから数年後、思い通りに夕食を作れるようになった私は友達のために料理を作ったり、パーティーを開いたり、人を招いて夕食のテーブルを囲んだりし始めた。料理はコミュニティを呼び寄せるものだ。私のコミュニティには大学院で科学を学ぶギークが多かったので、「なぜ？」とか「どうやって？」といった質問を投げかけられるようになった。この手の質問は試行錯誤で簡単に答えられるようなものではない。そこで私はフライパンやスパイスや栄養や、その他何千もの話題に関して人と会話したり、インターネットで検索したりするようになった。このようなより深くてギーク的な質問は、材料やテクニックに関する科学的な知識を深め、レシピから離れた新しい方向への冒険を後押ししてくれるものだ。

そして、奇妙なことが起こった。私が真空調理法（344ページを見てほしい）について話をした後で、料理について本を書いてみるつもりはないかと言ってきた人がいたのだ。私は「ぜひ」と答えて、「それって、どのくらい難しいものなんですか？」と質問した。（ここで「いいえ」と答えるのは、当時の私よりも多くのことを知っている人だ。そしてさっきも言ったとおり、今の私はもっと知らないと感じている！）あなたが読んでいるこの本は、面白くて役に立ち興味深いと私が思った料理の知識を、想像もできないほどの時間を費やして集めたもので、料理の初心者にも専門家にも楽しんでもらえるように心がけたつもりだ。

あなたがどんなタイプのギークであっても、好奇心を持ってキッチンに入るならば、素晴らしい結果が生み出されるだろう。**最初の章から読み始める必要はない。**レシピや実験はあちこちにちりばめられているし、科学者や研究者、シェフへのインタビューも掲載されている。パラパラとめくってみて、好奇心をそそられたところから読み始めてほしい。以下に示すのは、目的別の簡単なガイドだ。

キッチンに入るのは初めてという人は？

$favorite_beverage（ソフトウェアギーク向けに、このようなプログラマ向けのジョークをこの本にはいくつか仕込んである）をお供に1章の最初から読み始め、じっくりと時間をかけて進路を決めてほしい。

料理の科学について学びたい人は？

2章から読み始めるか、手を動かしてみたい人はxページの実験のリストを見てアイディアをつかんでほしい。（この本の第1版が出た後、私は数多くの教師や親御さんたちから、学習者がどんな実験をすればいいか教えてほしいと頼まれた。そのうち読んでも面白いもののいくつかを、この第2版に取り込んだ。）また、xページには研究者や科学者へのインタビューのリストも掲載してある。個人的には、これらのインタビューがこの本で私の一番気に入っている部分だ。

とにかく料理がしたい人は？

viiiページのレシピ索引を見て、選んだレシピのページを開いてほしい。この本のすべてのレシピは、何らかの科学的概念を現実世界の応用と結びつけるように選択されている。大部分のレシピは、それだけでもおいしい。分量は2人から4人分のものが多いが、必要に応じて材料と段取りは工夫する必要があるだろう。これらのレシピは、伝統的な一皿の料理というよりはビルディングブロックであり、応用し変更することが期待されている。

どこから読み始める場合でも、ページに貼り付けた付箋や余白にノートを書き込んでおくことを**強く**お勧めする。次にレシピを使う際に違ったことを試してみたければ、それを忘れないように書き留めておこう。後で確かめたいことがあれば、丸で囲んでおこう。迷ったり不思議に思ったりしたことがあれば、その疑問を書きつけておこう。私が最も多くのことを学べ、最も楽しいと感じるのは、科学的な態度で料理に取り組み、大胆に冒険し、思いついたアイディアを試してみるときだ。実験してみよう！

私の書いた最初の料理の本、1984年ごろ。

この本について質問やコメント（あるいは誤字の指摘！）のメッセージを送るには、http://www.cookingforgeeks.com または http://www.jeffpotter.org にアクセスしてほしい。私は読者からの反応を楽しみにしている。あなたの質問によって、私もまた学ぶことができるのだ。

1. ハロー、キッチン！/ Hello, Kitchen!

本章の内容	CHAPTER CONTENTS
ギークのように考える	006
自分の料理スタイルを知る	007
レシピの読み方	011
キッチンで感じる恐怖	012
レシピの簡単な歴史	019
いつでもレシピ通りに作ってはいけない	021
すべてのものに置き場所を決める	028
ひとりのディナーパーティー	030
ディナーパーティーのパワー	032
・プレゼンテーションと盛り付け	034
キッチン用品の基本	036
・包丁、ナイフ	037
・まな板	047
・鍋とフライパン	048
・ぜひそろえたいキッチン用品	051

デボラ・マディソンが 1人で食べることについて語る	031
バック・レイパーが包丁について語る	043
アダム・ライドがキッチン用品について語る	045

レシピ	RECIPE
インターネットの平均パンケーキ	010
オーツ麦と卵白のフルーツ入りフリッタータ	014
米粥	024
燻製パプリカとひよこ豆のチキン、香菜風味	030
1時間でできるフレンチオニオンスープ	041
レモン風味のキヌアとアスパラガス、スキャンピを添えて	056

実験	LAB
砂糖を使ってオーブンを校正する方法	039

インタビュー	INTERVIEW
アダム・サヴェッジが科学テストについて語る	017
ジャック・ペパンが料理について語る	026

1 / ハロー、キッチン！

Hello, Kitchen!

　われわれギークは物事の仕組みを解き明かすことに熱中しているが、それでも食事はしなくてはならない。

　料理を学ぶことは、あなたの人生で最も実りある努力になるかもしれない。料理をすること、そして食べることは、魅力的で多層的なパズルであり、ちょうどタマネギの皮をむくように、ひとつの層をむくごとに新しい層が現れてくる。料理を学びつくした人は誰もいない。

　初心者にとって、料理には数多くの目に見えないルールが存在する。それらを学ぶために大事なのは丸暗記ではなく好奇心を持つことだが、ギークなら旺盛な好奇心を持ち合わせているはずだ。時間と共に、これらの目に見えないキッチンでのルールが実はアートと科学が結びついたものであり、キッチンの王国の扉を開く鍵であることがわかる。それは、やりがいのある冒険だ。おいしい食べ物は、あなた自身を元気づけ、健康を保ってくれる。そしてキッチンの知識があれば、人のために料理を作って提供し、友情とコミュニティを獲得することもできるようになる。

　この章では、料理を学ぶというゲームの基本ルール、言うなればタマネギの堅い外皮について説明する。また、キッチンへのアプローチについても触れる。ギークのように考えるとは、何を意味するのだろうか？　あなたは、どんなタイプの料理人だろうか？　レシピとはどういうものであり、そしてレシピを上手に解釈するにはどうすればよいだろうか？　キッチンにあるべきツールはどんなものだろうか？　料理で他に大事なことは何だろうか？　これらの疑問に答えるには、まずギークのように考える必要がある。

もうキッチンのことはよくわかっているという人は、この章に軽く目を通してから、2章の味と匂いと風味の科学に取り組んでみよう

ギークのように考える

キッチンで、ギークのように考えるとは、何を意味するのだろうか？

ひとつには、テクニックとツールだ。ピザやパイの生地を均一な厚さにのばすのは難しいが、のし棒の両端に輪ゴムを何本か取り付けると即席の自動厚さ調整ローラーが出来上がる。何かを網焼きにしたいけど網がない？ オーブンの上火を使えば、ほとんど同じことができる（ただし下からではなく、上から加熱することになるが）。食用油をマフィン型にスプレーしたい？ 食器洗浄機のドアを開けて、その上にマフィン型を置き、スプレーしよう。調理台を汚さずに済むし、食器洗浄機のドアは次に食器を洗う時にきれいになる。

場合によっては、ギークのように考えるとは、材料が使われている理由を理解することだ。レシピでは酢を使うことになっているが、酢を切らしている？ レモンジュースが使えるかもしれない（そのレシピが酸を必要としていて、風味に問題がなければ）。オレガノを風味付けに使う料理を作っていて、オレガノはないがタイムはあるという場合は？ これら2つのハーブには共通の匂い化合物が含まれているので、互いに入れ替えて使える場合が多い。ベーキングパウダーの代わりに、重曹を使ってもいい？ 重曹と反応する酸性の材料を、適量加えれば大丈夫。

時には、ギークのように考えることが創造的な問題解決を意味することもある。何かが壊れてしまったとき、代わりになる賢い方法を見つけたり、もっと簡単なやり方を見つけたりすることだ。私はある人が、「うちの電子レンジは『3』のボタンが壊れているが、2:60と入力すれば3分になる」とツイートしたのを見たことがある。これは賢い！ また別の友達は、マグカップを絞り袋のホルダーとして使っている。中身を移すとき、絞り袋を手で持つ代わりに、マグカップやピッチャーに入れて縁を折り返すのだ。ギークのように考えることを学べば、テクニックや材料の背後にある「なぜ？」を理解して、その質問に役立つ答えを見つけられるようになる。

ここで、思考実験をしてみよう。ろうそく、ブックマッチ、箱に入った画びょうがある。これらを使って、ろうそくを壁に取り付けてほしい。火事を起こさないためには、どうすればよいだろうか？

この実験は、問題解決の障害となる認知バイアスを研究していたドイツの心理学者カール・ドゥンカーにちなんで、ドゥンカーのろうそく問題と呼ばれている。ブックマッチを包んでいる紙などは、マッチを保護するという「固着した機能」を持っている。通常私たちはブックマッチのカバーを、折り曲げられた厚紙とは認識していない。ブックマッチを保護するための機能しか見えていないのだ。結果として、それ以外の厚紙の用途が見えなくなってしまう。

南の島に取り残されてしまったあなたが、ソーダの缶とチョコレートを使って火をおこすにはどうすればよいだろうか？ ギークのように考えて、機能的固着を乗り越えよう！ チョコレートで缶の底を磨いて鏡面を作り、この鏡面をパラボラ反射板として使って、乾いた小枝に直射日光を集める。

機能的固着による目くらましは、あちこちに見られる。あるものが別の機能も果たせることに気付くには、のし棒に輪ゴムを巻き付けるとかレモンジュースを酢の代わりに使うといった、心の再構築が必要だ。パスタの水切りに使う金属製の大きなざるは、裏返しにしてフライパンの上に置けば油はねのガードになる。オーブントースターは、トーストを焼く以外にも重宝する。空気を350°F / 180°Cに加熱する働きがあるので、オーブンがふさがっているとき魚を焼くのに使ってはどうだろう？

機能的固着を乗り越える：金属製のざるを油はねのガードに使う。

ドゥンカーのろうそく問題の答えとして、ろうそくに画びょうを刺すとか、ろうそくを溶かして壁にくっつけるということは誰でも思い付きそうだが、それではろうそくが割れたり、壁に火がついてしまったりしてしまう。答（少なくともドゥンカーが意図していた答）にたどり着くには、箱（画びょうの入った箱）の存在に気付くことが必要だ。その箱を画びょうで壁に止め、箱の中にろうそくを立てて、ろうそくに火をつければよい。

キッチンから機能的固着を追放しよう。料理の仕方を学ぶ最も効果的な方法は、レシピのステップごとにその背後にある理由を考えて、さまざまな違った答えを探求することだ。たとえ間違ったとしても、何がうまく行き何がうまく行かないかを学ぶことができるし、その過程で機能的固着を乗り越えた、新しいキッチンの見方が次第にできるようになってくるだろう。

ドゥンカーのろうそく問題：箱に入った画びょうとブックマッチを使って、ろうそくを壁に取り付けるにはどうする？

自分の料理スタイルを知る

ギークのように考えるには、自分の性格とキッチンでのスタイルを理解することが必要だ。私たちはだいたい、シェフには料理人とケーキ職人という2種類があると思っている。（個人的に私は、2種類の人たちがいると思っている。人を2通りに分けようとする人と、そうでない人だ。） 料理人は直観的で「鍋に投げ込む」手法を取り、材料の味を引き出して、料理しながら味を調えて行くとされている。ケーキ職人は典型的に、几帳面で正確に分量を量り、系統だった手法を取る人と思われている。有名な料理学校のLe Cordon Bleuでさえ、テ

クニックや手法の違いに応じて、料理人（「キュイジーヌ」）とケーキ職人（「パティスリー」）の2コースを設けている。プロの料理人の仕事では、仕込みとその後の「注文入りました！」の部分と、2種類の作業が必要とされる。プロのケーキ作りは、さまざまなテクニックを駆使した製造工程によって、注文が入るずっと前に完了している場合がほとんどだ。しかし、大部分の人は料理を職業としているわけではないので、料理を2つのタイプに分けることはあまり役に立たない。

　私が今まで見た中で最も有効な料理人のタイプに関する考え方は、ブライアン・ワンシンクの研究だ。彼はコーネル大学のFood and Brand Labの所長であり、『Mindless Eating』(Bantam, 2007：日本語訳『そのひとクチがブタのもと』集英社)の著者でもある。彼の研究は実に魅力的で、食事の仕方におけるあらゆる種類のパターンを見つけ出し、健康的な食事パターンを作り出すために役立てようとしている。

　約1,000人の北アメリカの家庭料理人に対する調査に基づいて、彼は料理人に5つのタイプがあることを発見した。彼の許可を得て、この本に彼の使った短いアンケートを収録している。面白いことに、どんな料理テレビ番組も、あるいは思い付く限りの料理雑誌も、これらの5つのカテゴリーのどれかに当てはまることがわかる。彼の研究では、ほとんどの人は5つのタイプのどれかにほぼ均等に分布し、80〜85％の人はそれで説明できることがわかっている。残りの15〜20％の人は2つか3つのタイプの組み合わせになるので、アンケートの答えがどれか1つのカテゴリーにぴったり該当しなくても心配はいらない。私の経験では、ギークっぽい人たち、例えば科学者やソフトウェア技術者の集団にこのテストをしてみると、創造性タイプの料理人に大きく偏る。これらの分野では、明らかに性格の傾向が見られるのだ！

　人のために料理する場合には、食べる側をも含めた料理人のタイプの組み合わせに気を配ろう。あなたが健康タイプの料理人であって、料理をしてくれるのが、食べ物で愛情を表現する献身タイプの料理人の場合を想像してみてほしい。ブラウニーの皿を出すことは、「私はあなたのことを気にしていますよ！」という、彼らなりの言い方なのだ。だから少なくともひとつは食べるかちょっとかじってみて、ありがとうと言おう。私がブライアンに、一緒に暮らしている人たちの食べ方のスタイルの衝突について聞いてみたところ、彼は料理を分担することを提案した。料理をする当番を決めて、いつも料理している人に少なくとも週に一度は休みを取らせてあげるのだ。

COLUMN あなたはどのタイプの料理人？

作る食事の傾向は？
1. 家族の好きな古典的な料理が多い
2. 健康に良い食材を使うようにしている
3. レシピの手順に従って作る
4. レシピはほとんど見ないで創作料理を作るのが好き
5. 全力を尽くしてゲストが驚くような料理を作る

好きな食材は？
1. パン、デンプン質、赤身の肉
2. 魚や野菜
3. 牛肉や鶏肉
4. 野菜とスパイス、そして珍しい食材
5. テレビで見かけたトレンディな食材

余暇の過ごし方は？
1. 友人や家族と一緒に
2. 運動やフィットネスクラブに通う
3. 家の中を片付ける
4. 創作活動や芸術活動に参加する
5. 気の向くままに、わくわくすることを探す

お気に入りの料理は？
1. 自家製の焼き菓子
2. 新鮮な食材やハーブを使った料理
3. キャセロール料理
4. エスニック料理や中華料理
5. 火を使った料理なら何でも

あなたは他人からどう思われている？
1. 人当たりが良い
2. 健康に気を配る
3. 勤勉で几帳面
4. 好奇心が強い
5. 気性が激しい

2つ以上に当てはまる人もいるかもしれないが、一番多く選んだ数字はどれだっただろうか。あなたのタイプは以下のとおり。

1. **献身タイプの料理人**：人当たりが良く、他人からも好かれ、熱心な献身タイプの料理人は、料理ではあまり冒険をしない。パンやケーキを焼くことを好み、家族に評判の良い定番の料理を作るのが好きだが、時にはあまり健康的でない料理を食卓へ出すこともある。
2. **健康タイプの料理人**：楽観的で趣味は読書。自然を愛する健康タイプの料理人は、魚や生鮮食品、ハーブなどを使った新しい料理を作る。健康が最優先なので、味を犠牲にすることもある。また、健康タイプの料理人は家庭菜園を持っていることも多い。
3. **几帳面タイプの料理人**：料理の才能に恵まれレシピどおりに作ろうとする几帳面タイプの料理人は、趣味や態度が上品だ。彼らの作った料理は、いつもレシピ本の写真そっくりに見える。
4. **創造性タイプの料理人**：創造的で流行に敏感な創造性タイプの料理人は、レシピをほとんど使わず、実験的な食材や料理のスタイル、調理手法を使おうとする。このタイプの料理人は、生活の他の場面でも創造性を発揮する傾向にある。
5. **競争タイプの料理人**：近所の「料理の鉄人」である競争タイプの料理人は、リーダー的存在で、ゲストに感銘してもらうことを楽しみとする完璧主義者。

RECIPE インターネットの平均パンケーキ

インターネットに悪は存在しない。したがって、インターネット上の正しいことを全部集めて平均を取ると、さらに正しくなるはずだ。よろしいかな？ここに紹介する材料の分量は、インターネットで見つけたホットケーキのレシピ8つの平均値だ。

以下の材料を計量してボウルに入れ、泡立て器で混ぜ合わせる。

☐ 小麦粉：カップ1と1/2（210g）*
* 訳注：カップはアメリカサイズ。正確な分量は重さを参照（以下同）。
☐ 砂糖：大さじ2（25g）
☐ ベーキングパウダー：小さじ2（10g）
☐ 塩：小さじ1/2（3g）

別の大きなボウル（電子レンジで使えるもの）に、以下の材料を入れて溶かす。

☐ バター：大さじ2（30g）

バターに以下の材料を加え、泡立て器で完全に混ぜる。

☐ 牛乳：カップ1と1/4（330g）
☐ Sサイズの卵2個またはジャンボサイズの卵1個（80g。Lサイズの卵1個でも大丈夫だが、それではインターネットの平均にならない！）

液体の中に粉の材料を加え、泡立て器かスプーンでさっくりと混ぜる。小麦粉が小さいダマになっていても構わない。混ぜすぎに注意し、小麦粉からグルテンがなるべくできないようにする（小麦粉のグルテンについては、268ページを参照してほしい）。

フッ素樹脂加工のフライパンを強めの中火にかけ、熱くなるまで待つ。水を2〜3滴フライパンに落としてジュッと音がするかどうか確認するのが通常のテストだが、もし表面温度の測定できる赤外線温度計があるなら、フライパンの温度が約400°F / 200°Cになっているかどうかチェックする。レードルや計量カップ、またはアイスクリーム用のスクープを使って、カップ約1/2の生地をフライパンに流し入れる。片面が焼けてくると、表面に泡が出てくる。泡が出始めたら、はじける前に生地を裏返す（約2分）。

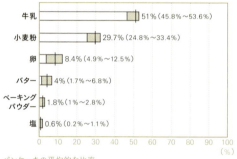

パンケーキの平均的な比率

NOTES

◎レシピの材料リストの順番は、その材料をボウルに入れる順番を示しているのが普通だ。順番が重要でない場合もあるが、ここではバターの熱で卵が固まってしまわないように、卵の前に牛乳を入れる必要がある。

◎フッ素樹脂加工のフライパンを使う場合には、油やバターをひかなくてもよい。通常のフライパンなら、バターを入れてからペーパータオルなどで拭き取る。バターが多すぎると、パンケーキの加熱が不均一となり、焼きむらができてしまう。

これは、私に両親が教えてくれた最初のレシピだ。そしてパンケーキは「この形に流し込むこと」という言葉と共に、ミッキーマウスの頭の絵が描いてある。

レシピの読み方

　簡単さ。最初から初めて、最後まで読めばいい。もちろんこれは冗談だ。それほど簡単だったらよいのだが。レシピは、その著者にとってうまく行ったことの記録であり、あるシェフから別のシェフへのアドバイスだ。レシピを読む際には、それが単なるアドバイスではなく、簡略化されたものであることを意識してほしい。同じレシピを1ダースのシェフに渡せば、1ダースの違ったバリエーションができるはずだ。

　私は最初にレシピを使う際には、レシピ通りに作ることにしている。このようにして私は多くのことを学んだ。例えば、赤ピーマンの皮をむくことができることを知った（皮は青くさく、草っぽい、苦い味がする）。新しいケーキのレシピを試す際には、生地が緩すぎる（もっと粉を足す必要があるんじゃないか？）とか固すぎる（もっと油を足そうか？）とか思ったとしても、そのまま作る。しかし一度作った後は、すべてご破算だ。次に作るときには、最初に作った時のメモや記憶に基づいて、変更を加える。

　料理の初心者は、朝食から始めるのが良いだろう。朝食は家で食べることが最も多い食事であり、レシピを学ぶのも簡単だからだ。それに、朝食は手早くできるし材料費も安い。（ある友人が、料理学校で肉の骨抜きを習った時のことを話してくれた。基本的に、「数をこなし、100回終えたころにはできるようになっている」というものらしい。なるほど、料理学校にはお金もかかるはずだ！）

- レシピの各ステップに隠された「なぜ？」を理解しよう。私は化学者たち（指示に従うよう訓練された専門家たち）が、レシピにあった「火を止める」という指示を完全に無視して、煮立った液体にチョコレートを溶かし入れるのを見ていたことがある。「火を止める？　チョコレートを溶かすには、熱が必要じゃないか！」というわけだ。ところがそのレシピは、液体の余熱を利用してチョコレートを溶かし、焦がさないようにしていたのだ。

- 「mise en place」（下準備、フランス語で「あるべき場所に置く」と言う意味）を実践しよう。料理を作り始める前に、まず食材を準備しよう。レシピをすべて読み、必要なものはすべてそろえておこう。そうしておけば、途中で戸棚や冷蔵庫の中を探し回ったり、食材を切らしていることに後から気付いたりせずに済むからだ。炒め物を作るなら、料理を始める前に野菜を切って、ボウルに入れて横に置いておこう。

材料の計量単位をメートル単位に変換したい？
Wolfram|Alphaというウェブサイト（http://www.wolframalpha.com）をチェックしてみてほしい。「1 tablespoon sugar（砂糖大さじ1）」と入力すると、13gという答えが返ってくる。さっきのパンケーキのレシピの材料を「+」で区切って入力すると、合計で脂肪38g、炭水化物189g、タンパク質46gになると教えてくれる。

料理を始める前には、必ず最初から最後まで、レシピをすべて読んでほしい。

- 順番どおりに作業しよう。「ビタースイートチョコレート大さじ3を刻む」と、「刻んだビタースイートチョコレートを大さじ3」では、意味が違う。前者はチョコレートを大さじ3杯量ってからそれを刻む（刻んだチョコレートは大さじ3よりも多くなる）という意味だが、後者はすでに刻まれたチョコレートを大さじ3杯量り取るという意味になる。

- レシピに、何かで「味を調える」と書いてあったら、ひとつまみ入れて味見して、バランスのとれた味になったと思えるまで繰り返す。食材もさまざまだし、風味のバランスは実際に使用する食材の性質によって変化するからだ。また、バランスのとれた味は文化的背景と個人的な好みによっても異なり、特に塩、レモンジュース、酢、ホットソースなどの香辛料はこの傾向が強い。

キッチンで感じる恐怖

> キッチンで本当に障害となるのは、失敗を恐れる気持ちだけです。料理をするときには、平然とした態度が必要です。　——ジュリア・チャイルド

自己実現
創造性、自己充足

自己承認
達成、認識、尊重

社会的欲求
つながっていること、受け入れられているという感覚

安全と安定
健康、金銭

生理的欲求
水、食料

マズローの欲求段階説を食品と料理に当てはめる

COLUMN ひき割りオーツ麦

ひき割りオーツ麦は、アメリカでは早煮えオートミール（quick-cooking oatmeal）、ヨーロッパではロールドオーツ（rolled oats）と呼ばれる通常のオーツ麦の、未加工バージョンだ。ロールドオーツは、オーツ麦の丸麦（穀粒）を蒸してから重たいローラーに挟んで平たくつぶしたもので、あぶってあることも多い。熱湯で短時間ゆでると、ロールドオーツは見る影もない、どろどろとした食感になってしまう（しかし、お菓子作りには最適だ）。

ひき割りオーツ麦はピンヘッドオーツ（pinhead oats）とも呼ばれ、加工の度合いが低く、興味深いものだ。これはオーツ麦の丸麦を鋼鉄製の刃で割ったものなので、ひき割りオーツ麦と呼ばれる。穀粒を割ることによって内胚乳（デンプン質に富む穀物の内部組織）が露出するため、調理時間が短縮されると共に、デンプンの一部が水に溶けだして栄養たっぷりになる。割ってあっても、ひき割りオーツ麦は調理に時間がかかる。ナッツのような風味と食感は、十分待つに値するものだ。

ひき割りオーツ麦の伝統的な調理法はシンプルだ。オーツ麦1に対して3～4の水を加え、20～30分煮て、それから塩を1つまみか2つまみ加えて味を調えればよい。（私のキッチンにあるひき割りオーツ麦の缶には5分間煮てから冷蔵庫で一晩休ませると書いてある。たぶんそのほうが良いのだろうが、私は前の晩からオーツ麦を煮ようと思ったことは一度もない。）バリエーションとして、水の一部を牛乳に変えてもよい。1:1の比率から始めて、味の好みに応じて調整してみよう。

伝統的に北ヨーロッパではオートミール粥に牛乳やクリームを掛けて食べるが、普通はシリアルボウルに入れて、ブラウンシュガー、シナモン、**ナッツ**、**レーズン**、**牛乳**などの風味に富む食品、あるいは**ヨーグルト**と**はちみつ**を掛けた上に**新鮮なベリー類**を乗せる。

ひき割りオーツ麦（未調理）
オーツ麦の穀粒を、ピンの頭ほどの大きさに割ったもの。

ジャンボロールドオーツ
オーツ麦の丸麦を蒸してからローラーに掛けたもの。さらにあぶることもある。

ロールドオーツ
オーツ麦の丸麦を割り、ローラーに掛けたもの。（ひき割りオーツ麦を調理してから、スプーンの背でつぶしてみてほしい。よく似たものになるはずだ。）

シリアル（cereal）という単語はローマ神話の農業の女神ケレース（Ceres）から派生したもので、食用となる穀物すべてを指す。米国で朝食にシリアルを食べるというアイディアは、ほとんどの人が朝食に脂っこい食品や前の日の残りを食べていた1876年に生まれた。最初に製造されたGranulaというシリアルは、ヘルシーな朝食と言うアイディアを広めようとしていたジェームズ・ジャクソン博士によって作り出された。翌年、ジョン・ケロッグ博士（そう、あのケロッグだ）が独自のシリアルを売り出し、保健専門家と結びついたマーケティングによって急成長を遂げた。

残念なことに、健康的な朝食という彼らの目論見は外れた。現在売られている大部分のシリアルは、砂糖たっぷりのデザートだ。Environmental Working Groupによる2011年の分析によって、驚くべきことに子ども向けシリアルの3分の2が米国の連邦砂糖ガイドライン（重量比で砂糖が26％以下であること）を満たしていないことが判明した。

RECIPE オーツ麦と卵白のフルーツ入りフリッタータ

フリッタータはオムレツに似ているが、材料を卵液に混ぜ込んで作る。私のバージョンは、健康志向のカリフォルニア州南部で食べたものをベースとしたもので、卵白だけを使い、おいしく簡単に料理できる、週末の朝食にぴったりのごちそうだ。(「健康志向」だからと言って、味気ないものを想像しないでほしい。びっくりするほどおいしいのだから。)

これを作るには、調理済みの**ひき割りオートミール**が必要だ。この食材になじみのない人は、前のページを見て準備してほしい。これから説明するフリッタータは1人分なので、人数に合わせて量を調節すること。

オーブンを上火モードに設定して予熱しておく。上段のラックを、上火から約6インチ(15cm)離れた場所に調節する。

ボウルに**卵3個分の卵白**を分けておく。卵黄は、例えばクレームブリュレ(393ページを参照してほしい)など、別の料理のために取っておこう。まだ卵黄と卵白を分けたことのない人向けに説明すると、まず卵をボウルに割り入れて、5本の指を使って注意深く卵黄をつまみあげるのが「簡単な」方法だ。卵黄が多少卵白に混ざってしまっても気にする必要はないが、できるだけ別々になるようにしてほしい。**ひき割りオートミールをカップ1(150g)** と、**塩をたっぷり1つまみ**加える。泡立て器を使って、ふんわりと軽く角が立つ状態まで泡立てる。

軽く角が立った状態の卵白は、泡立て器の上に乗るが角は垂れる。卵白についてのさらに詳しい情報は、305ページを参照してほしい。

フライパンを中火にかける。**バター**または**キャノーラ油を大さじ1〜2杯(15〜30g)** 入れて3〜4分待ち、油またはバターを十分に熱する。

卵白とオートミールを混ぜたものをフライパンに流し込み、均一な厚さになるように広げる。

3分後、ちょっと持ち上げて焼け具合を見てみる。下側が軽く色づくまで1分ごとにチェックする。

下側が色づいたら、フライパンをオーブンに入れる。フライパンの取っ手まで焼いてしまわないよう、取っ手の向きに注意しよう。上側がこんがりと焼けるまで加熱する。

上火モードのオーブンがなければ、へらを使うかフライパンを振って上下をひっくり返してもよい。また、もし形が崩れてしまっても気にしないでほしい。スプーンを使って焼きかけのフリッタータをかき混ぜて、フリッタータではなく「オーツ麦と卵白のスクランブル」という名前をつけて、ボウルに入れて食卓に出そう。

盛り付けは、フリッタータを皿に乗せて以下のものをトッピングする。

☐ スライスしたいちご:カップ1/4(40g、いちご約4〜6個分)
☐ カッテージチーズ:カップ1/4(60g)
☐ アップルソース:カップ1/4(60g)

そして**シナモンを小さじ1/2(1g)** 振りかける。オプションとして、**メープルシロップ**を少し掛ける。

朝食の料理は、ほとんどタンパク質(卵、オムレツなど)でできているか、炭水化物を大量に含んでいる(おいしいおいしいインターネットの平均パンケーキ、きみのことだよ)かのどちらかだということに気付いた人はいるだろうか? このフリッタータは、「炭水化物とタンパク質を半分ずつ」の探求に対する私なりの答えだ。

これは、キッチンに恐怖を感じている読者を励ます私からのメッセージだ。キッチンに足を踏み入れることを想像しただけで脳の旧皮質に支配されてしまい、パニック症状を起こす人もいるだろう。(仮にそうなったとしても、それは青斑核(locus ceruleus)のせいなので、あなたの責任ではない。深呼吸をして気分を落ち着かせよう。)

　キッチンで感じる恐怖には数多くの原因があるが、究極的には拒絶の恐怖と失敗の恐怖に行き着く。誰かが何かに恐怖を感じる理由は、どの欲求が脅かされるかによって異なる。アメリカの心理学者アブラハム・マズローは、何が人間の行動を引き起こすのかを研究し、1943年に「欲求段階説」を提唱した。これは、彼がより基本的な人間の欲求とみなしたものから順番に、ピラミッドの下から積み上げたものだ。この欲求のランキングは精査に耐えるものではないが、キッチンで感じる恐怖を分析する上で役立つ枠組みを与えてくれる。料理に関して最もよく見られる恐怖は、社会的欲求と自己承認に関するものだ。

　社会的欲求から見て行こう。他の人のために料理をすることは、友情とコミュニティを作り上げる強力な手段であり、おいしい食事に人を招くことは非常に価値のあることだ。しかし、それには不安も伴う。いま作っているこの料理が、大失敗だったらどうしよう？　この恐怖に打ち勝つために、まず料理が失敗した時に何が起こるかを再定義してみる。ディナーがだめになってしまったらどうなるだろう？　確かに、生理的欲求（ひとつの解決策は、出前を頼むことだ）と金銭的な影響はある。しかし、恐怖が社会的欲求に基づくものであったとすれば、食事自体は実際には重要でないはずだ。あなたが人々を招待して上手にもてなす限り、あなたは自分の、そして人々の欲求を満たしていることになる。（恐怖に打ち勝つには、ユーモアが大いに役立つ。「ディナーにシリアルを食卓に出して、みんなで大笑いした時のことを覚えてる？」）人は誰でも、あなたが食卓に出した食事より、あなたから受けた印象のほうをずっとよく覚えているものだ。重要なのは誰が食卓を囲んでいたかであって、何が皿の上に乗っていたかではない。

　次に、自己承認について考えてみよう。低い自己承認は、自分を他人と比較することや、他人が何を考えているかを気にしすぎることから生まれる。私たちは、完璧な休日の食事（「とっても簡単なのに、エレガント！」）を取り上げた雑誌記事や、びっくりするような創作料理のオンライン記事などに、日々さらされている。だから、美しい写真に飾られたその「簡単な」レシピを作ろうとしたとき、同じ結果を期待してしまうのだ。このような比較は、意味がない。上昇志向の雑誌では（そして残念なことに、多くの科学論文も）ふつう得られる平均的な結果ではなく、ベストな結果を掲載しているからだ。きらびやかな料理雑誌に掲載された完璧な料理の写真をすべて、家庭の料理人が作ったバージョンと入れ替えたらどうなるか、想像してみてほしい。自己承認の欲求に対しては、あり得ない比較をするのではなく、自分自身を受け入れるとともに、何であろうと自分で作ったものを受け入れることだ。（もちろん、料理を完全に焦がしてしまった場合は除く。そうなってしまったら、前のパラグラフを読

んでほしい。)

ジュリア・チャイルドの魅力は、ほとんど平均に近い能力と「何も特別なことはない」という控えめなオーラ（そして粘り強さ）だった。彼女のように、何事も平然とした態度で取り組もう。時には鶏肉を床に落としてしまってもいいじゃないか。さまざまな食材やテクニックを試し、作ってみたい料理に挑戦しよう。（朝食にベーコンと卵のピザも、おいしそう。）鶏肉を落としたり夕食を焦がしたりしてしまっても、それが何だろう？ あなたが自分で楽しいと感じていれば、それでいいのでは？ 著名な心理学者のアルバート・エリスが言っているように、「あなたに罪の意識を感じさせるのは、あなた自身だけ」なのだ。

「キッチンでの失敗」の代わりに「学ぶことに成功した」と話すことができたら、どんなにいいだろう。物事がうまく行ったときには、あまり学ぶことはない。失敗した時にこそ、境界条件がどこにあるか理解するチャンスと、次はもっとうまくやるための方法を学ぶ機会が訪れるのだ。2009年のTEDカンファレンスで、この成功の定義について哲学者のアラン・ド・ボトンが素晴らしいスピーチをしている。http://cookingforgeeks.com/book/botton/ にアクセスすれば、「A kinder, gentler philosophy of success（親切で、優しい成功哲学）」と題した彼のスピーチが見られる。

> もし人のために料理すること（ロマンチックなデート？）に不安を感じているのなら、作ろうと思っている料理を前の日に自分で作って練習しておけば自信がつく。こうして料理の手順に慣れておけば、不安は減るだろう。料理が失敗してごみ箱行きになってしまったとしても、全然大丈夫。結果の出なかった科学実験と何も変わらない。

時間をかけて学んで行こう。何も学んでいないように感じる日々があったとしても、そういった日々の積み重ねが結果を生むのだ。レシピが思い通りにうまく作れなかったら、なぜかを考えてみよう。もしかすると、単にレシピが難しすぎたり、書き方が悪かったりしたせいなのかもしれない。出来栄えが気に入らなかったら、別のレシピを試してみてもいい。

料理していて感じる恐怖を克服する方法は、どの欲求を満たそうとしているのかを理解し、その欲求にまつわる不安があふれださないようにすることだ。料理を実験としてとらえて、賢いギークの好奇心をキッチンでも発揮しよう。自分でピースを選ぶことができる、楽しいパズルを解いていると考えてみよう。

INTERVIEW
アダム・サヴェッジが科学テストについて語る

アダム・サヴェッジ（Adam Savage）は、「MythBusters（怪しい伝説）」の司会者のひとり。Mythbustersは、噂や神話、社会通念などを検証するために、科学的アプローチでこれらを「テストしてみよう」という番組だ。

神話の検証には、どのように取り組んでいますか？

この番組を始めたころに気付いたことは、検証するには比較対象がないとだめだということです。われわれは、この男は死んでいるのだろうか？ この車は壊れているのだろうか？ これは事故なのだろうか？ というような質問に答えられるよう検証しています。そして、絶対値と比較することで答えを得る努力をしています。例えば、Xフィートの落下は死を意味する、のように。問題は、われわれの住んでいるこの世界があやふやで均質でないため、そのように物事を確定することが非常に難しいということです。そこで、いつも比較実験をすることになります。まずは通常環境で対照実験を行い、次に同一の環境で神話をテストし、この2つの結果を比較するのです。比較することで、結果が見えてきます。

ステーキを爆薬で柔らかくすることができるか、という実験をしたときのことです。まず、柔らかいとはどういうことかを理解する必要がありました。問題は、2人の人に、同じ部位から切り取ったステーキ肉をそれぞれ渡し、次に別の部位から切り取ったステーキを渡して比較してもらうと、どちらが柔らかいかという評価が人によって違うことがある点です。丸1日かけてこの実験を行いましたが、最終的にステーキの柔らかさを評価するパラメータが間違っていることに気付き、撮影は中止になりました。米国農務省（USDA）には、ステーキの柔らかさを計る計測器が実際にあり、それはステーキに穴をあけるのに要する力を計るというものです。われわれはそれを真似して計測器を作り、驚いたことに意図したとおりに動きました。50ドルでUSDAの計測器と同じことができるなんて、本当にびっくりですよ！

神話の検証は、料理を学ぶことにどう役立つのでしょうか？

1つの変数を変化させるということを理解してもらうのが、一番難しいようです。1つの変数だけを変化させる。それは、変化させる変数の数を制限することとは違います。文字通り、一度に1つの変数だけを変更することなのです。すると、最初の実験と、2番目の実験で違う結果が出た原因がわかるのです。この方法を使えば、非常に明確にわかります。

私は熱心な料理人です。家内と私は、手の込んだ料理をたくさん作ります。そして材料を変えて結果がどうなるか知りたいときに、変数を1個ずつ変えて調べることをよくします。トーマス・ケラー氏の本を読みましたが、彼は塩が風味を強め、酢も同様の働きをすると書いていました。新しい味がするわけではありませんが、いつもの味とは少し変わります。家内はカリフラワースープを作っていて、味が薄かったのです。私はそれ以上塩を入れるのは方向として間違っていると思ったので、塩を足すのに反対しました。そこで、酢を少し入れたところ、すべてが目の覚めるように変わったのです。それは非常にわくわくする経験でした。こういうことが大好きなんです。

料理に関連する神話を扱ったことはありますか？

あります。確かに、ありとあらゆる飲酒に関しての神話は取り上げました。ケシの実のベーグルを食べると、ヘロイン検査で陽性が出るかどうかを検証しましたが、その通りになりました。実際、仮出所者はケシの実ベーグルを絶対に食べないよう言われています。仮出所者は、もし薬物検査で陽性になったら、言い訳など一切聞かれずにまた刑務所行きだと告げられるのです。要するに、ケシの実を食べてはいけないのです。

「超現実的グルメ」と呼ばれる一連のエピソードがあります。一番有名なのはステーキをダイナマイトで柔らかくするという最終話ですが、魚を車の触媒式排気ガス浄化装置で調理したり、食器洗浄機で卵を料理したりというストーリーも含まれています。ジェイミー（MythBustersのもうひとりの司会者）は、肉を乾燥機の中で柔らかくするアイディアが気に入っているようです。また、「道端ではねられて死んだばかりの動物を食べるのは安全か？」のようなアイディアもあります。素晴らしく楽しくて気持ちの悪いアイディアだと思いますね。

問題解決型の番組は本当に魅力的ですね。問題が発生した時に、どうそれを自分の考えている方向で解決するように持っていくかについて、何かアドバイスはありますか？

最初に気を付けることは、自分が考えていた通りにはならないだろうということを知ることです。世界は1人の人間よりもずっと賢いのです。名人は、決して失敗しない人ではありません。名人も、あなたと同じくらい失敗します。しかし彼らは失敗を予期し、そして調整することができるのです。それは継続的なプロセスなのです。どのオーブンも、加熱速度は違います。温度をチェックしようとしてふたを開けると温度が下がります。オーブンには非常に多くの変数があります。湿度かもしれませんが、違うかもしれません。湿度は、家内のクッキーレシピすべてに影響を与えています。人々は成果にのみ目を向けがちですが、本当はプロセスに注意を払わなければなりません。問題解決とは、最終結果を得るためなら何をしてもよいということではなく、今いる道筋をたどって結果を得ることなのです。たぶん最終的には、結果が何であるかという以前の定義を変えることになるでしょう。

よい結果を得れば得るほど、計画通りに物事が進み始めます。家内が真剣になってクッキーを作り始めたとき、すべての材料を室温に慣らすだけで、乳化や化学反応にどれだけの違いが生じる（例えば、サクサクの生地ができる）かを知り、信じられないほどでした。料理を始める1時間前に冷蔵庫から食材を取り出しておくというだけのことが、最終結果に非常に大きな影響を与えるのです。ある種の生地にある種のベリーを混ぜる場合、ベリーは酸味が強いため、重曹を追加しないといけません。こんなことがとても楽しいのです。どれだけ先へ進んでも、常に学ばなければなりません。

どんな料理が好きですか？

卵料理が大好きです。何年も練習したおかげで、へらを使わずにオムレツをフライパンの上でひっくり返すことがもう少しでできそうです。また、「いらっしゃい。お好みの卵料理を作ります」と言うテーマで15人にブランチを作ったりもしました。私の子どもたちも、今では卵料理にのめり込んでいます。10歳の双子の子どもたちは、朝起きてそれぞれ好きな方法で卵料理を作ります。息子のアディソンは、1枚のパンに穴をあけてその穴の中で目玉焼きを作るホーボーエッグが好きで、もうひとりの息子ライリーは、スクランブルエッグが好きです。ライリーは少し硬めに焼くのが好きですが、私は焼きすぎないように教えています。

料理しすぎた卵と、ぱさぱさのスクランブルエッグは、共通の悩みのようですね。

ソースがたっぷりあればそれでもいいですが、でも卵料理をうまくできようになると、非常に狭い幅ですが、驚くほどうまく料理できる範囲があることがわかります。だから私は卵が好きなんです。ある意味では間違いの許されない世界ではあるのですが、そこが本当にエキサイティングなんです。

料理で素晴らしいことのひとつは、何か特定の致命的な間違いをしない限り、ほとんどのレシピは失敗せずにうまくできるようになっていることです。料理のそういうところが大好きなんです。さまざまな種類の変数を変えることができるし、変えてもまあまあおいしいものができるのです。偉大なテストプラットフォームです。

失敗から学べることは何ですか？

私は、初めてホイップクリームを作ったとき、手で泡立て器を使って泡立てていました。今から6年か7年前のことです。うまく泡立ったときに最初にしたことは、わざと泡立てすぎてみたのです。私は、「これで完璧だが、どこが限界なのかを知りたい」と思って泡立て続け、ついにバターにしてしまいました。ホイップクリームからバターになるまではあっという間で、どこまで泡立て続けていいのか非常にクリアに理解できました。

ホイップクリームの味は最高です。香りを付けたり甘くしたりするのはどうでもいいことです。得意な人なら、ミキサーとボウルを出してきて機械で泡立てるのと同じくらい速く、手で泡立ててホイップクリームを作ることができるのです。手で泡立てていると、お客さんとお話できるのがいいですね。

クリームを泡立てることについては、317ページを参照してほしい。

レシピの簡単な歴史

　人類は、文字を使い始めたときから食べ物について書いてきた。現在知られている最も古い、文字文明初期の石板には、ビールと魚、そして食べるという意味の象形文字が書かれている。現在知られている最も古いレシピは4千年前のもので、ビールづくりの儀式を記述している。ビールは、そのいとこであるパンと同様に、必要から生まれた食糧だった。汚染されている可能性のある水よりもビールを飲むほうが安全だったので、ビールづくりのプロセスを儀式化し記録することによって、必要と生存のためのレシピを作り出したのだ。

　古代ローマ人は、必要から生まれたレシピから、ぜいたくのためのレシピを作り出した（フラミンゴのローストはいかが？）。より複雑にはなったが、それでもレシピは分量と手順の記述を伴う正確なプロトコルというよりは、短い覚書のようなものだった。

　より正確な分量が料理本に掲載され始めたのは、1800年代になってからのことだった。ファニー・ファーマーの『the Boston Cooking-School Cook Book』(Little, Brown & Company, 1896）が、米国では著名な先駆けだ。彼女の料理本は、現在でも読んで面白い。ここに収録したのは、現在ではコーンブレッドと呼ばれているもののレシピだ（私としては、ゴールデンコーンケーキという彼女の名前のほうがぴったりだと思うのだが）。

　ファニー・ファーマーの料理本は400万部も売れ、米国人の料理のやり方を変え、そしてイルマ・ロンバウアーの古典的な料理本、『Joy of Cooking』(1931) のお膳立てをすることになった。皮肉なことに、どちらの本の著者も最初の出版には困難を極め、初版発行分は自費で賄わなくてはならなかった。現状を打破することは、いつの時代にも簡単ではない。

　『Joy of Cooking』の目新しい点は「カジュアルな料理のお話」スタイル、つまりどんなものを探せばよいかという読者への指示を材料リストに折り込んだことだった。それは読者に料理のプロセスを丹念に教える最初の料理本のひとつであり、料理の手引きとしても、意欲的な料理人へのヒント集としても役立つものだった。（私は大きくなってから母の持っていた1975年版をパラパラとめくってみていたら、「リスの皮をむく方法」という記事に出くわしたことがある。ほんの数世代前の料理がどんなものだったか思い知ったし、気持ち悪かった。もっともなことだが、最新版ではそのセクションは削除されている。）

RECIPE
ゴールデンコーンケーキ

- ☐ コーンミール：3/4カップ
- ☐ 塩：小さじ1/2
- ☐ 小麦粉：カップ1と1/4
- ☐ 牛乳：カップ1
- ☐ 砂糖：カップ1/4
- ☐ 卵：1個
- ☐ ベーキングパウダー：小さじ4
- ☐ 溶かしバター：大さじ1

粉の材料を混ぜてふるう。牛乳と、よく泡立てた卵と、バターを加える。バターを塗った浅めの型に入れて、高温のオーブンで20分間焼く。

現在のレシピはファニー・ファーマーの正確な分量と『Joy of Cooking』のお話スタイルを受け継いでいるが、そうであってもある料理人から別の料理人へのヒントとしてとらえるべきだ。材料や好みを取ってみても、違いは大きい。同じ小さじ1杯の乾燥オレガノでも、保存期間や化学物質（この場合はカルバクロール）の分解の度合い、そして製造や加工方法の違いによって、あなたの引き出しにあるものと私の引き出しにあるものとで香りの強さが同じだとは限らない。また食べ物の好みも大きく違うので、「完璧な」チョコレートチップクッキーなどというものは存在しない。誰もが独自のバージョンを持っているのだ。

未来のレシピはどんなものになるのだろう？ 印刷された料理本がなくなってしまうとは私は信じない（というより信じたくない！）が、今がデジタルの時代だということは明らかだ。もはや本には権威や完全さは必要とされず、面白くて心に響くことが求められる。インターネットへのアクセスが簡単になったので、この本の索引を探すよりも速く、インターネット検索でチキンのタジンや豆腐スクランブルのレシピを見つけられるようになってきた。ファニー・ファーマーやイルマ・ロンバウアーが知ったら、きっとびっくりするだろう。

個人の好みに合わせたレシピ（スローフード中心、ヘルシーな食事、糖分の少ないレシピなど）の載った料理本が動的に生成されるようになる日が、いつか来るのだろうか？ 自分でパラメータを選択できるレシピジェネレーターは？ 「コンピューター、クッキーがもう少しパリッと焼けるように、このレシピを変更してくれ！」このような試みはなされてはいるが、まだ成功とは言い難い。理由としては、デジタル電子書籍のフォーマットがそのような機能を持ってないことや、アプリをインストールすることへの抵抗が大部分のアプリ作成者の想像よりも強いことが挙げられる。

私は、単純な境地に私たちは達したのだとも思っている。つまり、楽しく料理をすることは娯楽だということだ。私たちは、難しいことにチャレンジして成功という報酬が得られると楽しいと感じる。私はこれを**メイカーの満足感**と呼んでいる。ある程度の困難を伴う何事かを成し遂げた際に得られる、精神的な報酬と達成感だ。ゼロから作ったおいしいブラウニーは、作る際にも食べる際にも満足感を与えてくれる。食品業界も、このことをよくわかっている。インスタントのブラウニーミックスを、卵や油や水を足さなくても作れるような配合にすることは可能だが、そのような製品ではメイカーの満足感は得られないだろう。店で買ってきた生地入りのケーキ型をオーブンに入れて「オン」のボタンを押すだけで得られる精神的な報酬は、どれほどのものだろうか？ おそらく、たいしたものではないはずだ。

モーリン・エバンス（Maureen Evans）がTwitter（@cookbook）で投稿しているような圧縮されたレシピは、経験を積んだ料理人にとってはわかりやすい。
Lemon Lentil Soup: mince onion&celery&carrot&garlic; cvr@low7m+3T oil. Simmer40m+4c broth/c puylentil/thyme&bay&lemzest. Puree+lemjuice/s+p.
レモンとレンズ豆のスープ：タマネギ・セロリ・ニンジン・にんにくをみじん切りにする。油を大さじ3加え、ふたをして弱火で7分炒め煮する。ブイヨン4カップとピュイ産のレンズ豆1カップ、タイム・ベイリーフ・レモンの皮を加え40分煮る。ピュレし、レモンジュースと塩コショウを加える。

レシピの出どころやフォーマットに関わらず（短い覚書、料理エッセー、フローチャートなど、どんなものでも）、読むときにはその出どころと著者の意図を考えて、目的を達成するために必要に応じて翻案するようにしてほしい。

このマイケル・チュー（Michael Chu、http://www.cookingforengineers.com）のティラミスのレシピのように、時間作業チャートを利用したビジュアルなレシピは最小のオーバーヘッドで分量と手順を伝えてくれる。

シンプルティラミス

レディーフィンガークッキー：約20個	混ぜて冷やす		浸す	
エスプレッソ：2ショット（2オンス/60ml）				
コーヒー：カップ 1/2（120ml）				
ホイップクリーム：カップ 1（240ml）	しっかりと角が立つまで泡立てる		二段に重ねて塗る	振りかける
マスカルポーネチーズ：1ポンド（455g）	混ぜる	混ぜ入れる		
グラニュー糖：カップ 1/2（100g）				
ラムまたはブランデー：大さじ3（44ml）				
ココアパウダー				
削った無糖ダークチョコレート				

いつでもレシピ通りに作ってはいけない

さまざまな理由から、レシピはうのみにしてはならない。

- レシピに書かれている分量は、いつも正確なわけではない。材料やテクニックによって、大きな違いが生じるからだ。例えば、小麦粉カップ3と水カップ1を混ぜても、毎回（あるいはどの料理人でも）同じ結果が得られるとは限らない。プロのパン職人は、気候に応じて水の量を変える（湿度が高いと小麦粉に含まれる水分が多くなる）ことや、季節によってイーストの分量を変える（冬にはイーストの活動が鈍くなるので、分量を増やす）ことを知っている。料理の見た目や食感に気を配ることによって経験を積み、前に作ったときと同じような見映えや反応が得られるように分量を調節しよう。
- 単なる概念に過ぎないレシピもある。ストーンスープ？　キッチンシンクサラダ？　粥？　私がマーケットで見つけた農産物で何を作ったかをお知らせしても、読者はそれにアレンジを加える必要があるだろう。24ページに掲載した粥のレシピは、ほとんどレシピとは言えないものだが、それでも分量

COLUMN **中世のレシピを作ってみる**

あなたが歴史マニアなら、インスピレーションを得るために古い料理本をチェックしてみよう。あなたが絶対にレシピに従うべきでない場合があるとしたら、それはとても古いレシピの場合だ。『Du Fait de Cuisine』（1420年）に載っているメーストル・シカール（Maistre Chiquart）によるパルマトルテのレシピを見てみよう。書き出しはこのようになっている。「豚3頭か4頭、あるいは信じられないほど大規模な行事の場合にはもう1頭追加し、豚の頭と脚は取り除く。」さらに彼は4ページにわたって、300羽の鳩と200羽のひよこを加えている（「ひよこが見付からない時期に行われる行事の場合には、去勢した雄鶏100羽」）。必要なスパイスは、セージやパセリ、それにマージョラムなどおなじみのものもあれば、ヒソップ、「天国の穀物」など珍しいものもある。そして最後の指示は、パイ皮の上に一族の紋章をかたどった練り粉菓子を置いて、「黄金の葉の市松模様」で飾ることだ。

シカールのレシピは王宮での儀式や晩餐会のために作られたものなので、複雑なのも理解できる。しかしシンプルな中世のレシピでさえ、作るのが難しいものがある。言葉や食材、そして料理道具がすべて、大幅に変わってしまったからだ。今度は西暦1390年ごろに出版された『The Forme of Cury』から、アップルパイのレシピを例に取ろう。

> Tak gode Applys and gode Spycis and Figys and reysons and Perys and wan they are wel brayed coloure wyth Safron wel and do yt in a cofyn and do yt forth to bake well.

現代の言葉に翻訳すると次のようになる。「よいりんごとよいスパイスといちじくとレーズンとナシをよくつぶして、サフランで色づけして棺おけ（パイ皮）に入れて焼く。」（「棺おけ」の元の意味は「小さなかご」で、現在のパイ皮の祖先に当たるが、調理方法が異なるため食べられるようなものではなかった。）このようなレシピを読むことは、実験のスタート地点になるかもしれない。私はこのレシピを読んで、りんごとナシをつぶしてドライフルーツやスパイスとサフランを加え、お祝いの食事のアップルソースを作るというアイディアが浮かんだ。

数多くの古い料理のテキストが、インターネット・アーカイブ（http://www.archive.org）、プロジェクト・グーテンベルク（http://www.gutenberg.org）、そして Google Books（http://books.google.com）から入手できる。パルマトルテについては、私は自分なりに作り変えて、ずっと小規模なディナーパーティー向けの分量にしてみた。その後、エレノア・スカリーとテレンス・スカリー著の『Early French Cookery: Sources, History, Original Recipes and Modern Adaptations』（University of Michigan Press, 1966）にも翻案が掲載されているのを見つけた。http://cookingforgeeks.com/book/parmatorte/ を参照してほしい。

と作り方は書いてある。これを読むのは、一度だけで十分だろう。概念さえつかめば、もうレシピは必要ないからだ。
- **レシピから離れよう！** レシピに書いてあった材料の味が気に入らなかったり、何かで代用したりしたい場合もある。ある料理についていくつかレシピを読み、調味料や野菜を組み合わせたい場合もある。レシピは石の銘板に刻まれたものではないのだ。（さっき触れた、古代エジプトのビールのレシピは別として。）

神話を打ち破るには、A/Bテストをしてみよう。何か1つだけ（クッキーだったら、バターを溶かして使うかどうか）変更してレシピを2回作り、何かが変わったかどうか見てみるのだ。何かをするのにどちらの方法を取ればいいかわからなければ、両方やってみて何が起こるか見てみよう。それによってあなたは、**必ず何かを学ぶことになる**（それは、レシピを書いた人が理解さえしていないことかもしれない）。

　そして最後に、レシピはイノベーションを殺してしまう。私はさまざまな文化の料理をよく作るが、その際にはその文化の「風味のファミリー」、つまりよく合うとみなされている地域の食材に注目するようにしている。例えばフランス料理なら、レモンとタラゴン、そしてワインが互いを引き立て合う。他の地域では、レモンとローズマリー、そしてにんにくの組み合わせかもしれない。地域的な料理を取り上げた料理本はたくさんあるので、あなたが興味のある地域のものを選んでほしい。私にとっては、2つ以上の文化が混じりあった地域（モロッコ、イスラエル、ベトナムなど）の料理本が、大いに思考を刺激してくれる。テクニックや材料が、素晴らしいやり方で組み合わされているからだ。
　レシピを離れた材料やアイディアを得るには、エスニックなスーパーマーケットや個人経営の商店に行ってみるといい。店頭は狭いかもしれないが、見たこともないような農産物やスパイスの匂いに満ちていて、近くには昔ながらのエスニックな街並みが広がっていることが多い。いろいろな人に聞いてみて、どこにそのような店があるのか見つけてみよう。驚くような発見や、あなたの今後の料理の仕方を変えてしまうような食材との出会いがあるかもしれない。そして、そのような出会いは、レシピ通りに作っていては起こり得ないものなのだ。

RECIPE 米粥

誰でも食べなくてはならないし、どんな文化にもその土地で育つ穀物をベースとした標準的な料理がある。世界のさまざまな地域では、さまざまな作物が育てられている。米国ではオーツ麦や小麦、ヨーロッパの一部ではオーツ麦、そしてアジアの大部分では米だ。これらはすべて同じイネ科に属する植物なので、水（時には牛乳）の中で煮ると同じようなものができるのは当然のことだ。小麦からは麦粥（cream of wheat）、オーツ麦からはオートミール粥、そして米からは米粥（congee）ができる。

たいていのレストランではメニューに米粥は載っていないし、料理本に取り上げられることもあまりない。オートミールやポリッジと同様、米粥は家庭で作る日常食で、外で食べる「ファンシーな」食べ物ではないからだ。だからと言って、米粥がおいしくないとか栄養がないとかいうわけではない。十億人もの人々が、毎日米粥を食べているのだ。ある意味、米粥はチキンヌードルスープ*に似ている。病気のときや体力を回復したいときに食べる、栄養豊富な食べ物だ。

米粥は、文化によってさらにいくつかのバージョンに分類できる。中国ではjookまたはzhouと呼ばれ、とろりとした米粥に卵、魚醤、ネギ、豆腐、しょうゆなどを掛けて食べる。インドではganji（米のスープ）と呼ばれ、ココナッツミルク、カレー、ショウガ、クミンシードなどで風味を付ける。カルダモンの入った甘いミルクで煮てピスタチオやアーモンドをトッピングしたデザートバージョンも、インド料理店でよく見かける。

米粥を作ることは、レシピから離れる素晴らしい機会でもある。米粥の作り方は1通りではないからだ。いろいろと試してみよう。食材と風味を組み合わせてみよう。米以外の穀物も試してみよう。ひき割りオーツ麦と、伝統的な粥のトッピングとの組み合わせを試してみてはどうだろう。甘くないひき割りオーツ麦と、ネギ、フライドガーリック、目玉焼きの組み合わせなども、おいしそうだ。目を見張るような創作料理は、2つの異なる文化が混じりあった結果として生まれることが多い。地中海（北アフリカ＋南ヨーロッパ）、東南アジア（アジア＋ヨーロッパ）、そしてカリブ（アフリカ＋西ヨーロッパ）などだ。イスラエルの市場では、周囲の北アフリカ西部（特にモロッコ）と、東ヨーロッパ由来の食材が売られている。イスラエル料理は、両方の地域の伝統から影響を受けているのだ。現在のベトナム料理は、19世紀のフランスによる占領から大きな影響を受けている。数多くの文化が混じりあっている米国は、いわゆる無国籍料理（fusion cooking）の最も新しい例かもしれない。南部の料理には、アフリカ、ネイティブアメリカン、そしてスペインの文化が影響を与えている。ルイジアナ州のクレオール料理は、西ヨーロッパとアフリカの伝統が結びついたものだ。そしてテックスメックス料理は、メキシコ料理の影響を受けている。米粥なら、無国籍料理を試すことも簡単だ。米の使い方を考えて、それをオートミールや麦粥、あるいはコーング

**米の短粒種、中粒種、長粒種の違いは？
米がネバネバするのはなぜ？**

簡単に言えば、デンプンの違いだ。デンプンは誰でも聞いたことがあると思うが、実際には何なのだろう？ デンプンは炭水化物（詳しくは218ページを参照してほしい）の一種で、アミロペクチンとアミロースという2種類の分子からできている。アミロペクチンはアミロースよりも水を吸収しやすいが、アミロースに対するアミロペクチンの割合は、穀物の種類や品種によって違う。またデンプン粒の大きさもさまざまで、これがいろいろな品種の水を吸収する速度や、調理時間の長さに影響してくる。長粒種の米（「長」は直径に対して長さが大きいことを意味する）は、一般的にはアミロースに対するアミロペクチンの割合が低く、結果として水をあまり吸収しないので調理しても粘りが少ない。

リッツにも応用できるか考えてみてほしい。実験してみよう！

スロークックモードにセットした炊飯器か、とろ火にかけた鍋で、以下の材料を少なくとも数時間かけて煮る。

☐ 水またはだし：カップ4（1リットル）
☐ 短粒種または中粒種の米：カップ1/2（100g）（表面のデンプンがとろみになるので、洗う必要はない）
☐ 塩：小さじ1/2（3g）

食べる直前に、沸騰直前まで温度を上げて仕上げる。長い時間かけて弱火で調理することによって、デンプンが分解される。液体を煮立てることによって糊化が起こり、急速にとろみが付く。私はスロークックモード付きの炊飯器を使っているので、スロークックモードから炊飯モードへ切り替えれば、沸騰直前まで強く加熱される。コンロに乗せた鍋で同じことをするには、中火にして時々かき混ぜながら、鍋の底が焦げていないかどうかチェックする。

粥ができたら、トッピングを用意しよう。材料に決まりはない。何百万人もの料理人が、毎日ありあわせの材料でおいしい粥を作っているのだ。
私が好きな組み合わせを紹介しよう。

☐ さいの目に切って各面をこんがりと焼いた豆腐
☐ みじん切りにしたねぎ
☐ 薄い輪切りにして両面を焼いて「ガーリックチップス」にしたにんにく
☐ シラチャソースなどのホットソース
☐ しょうゆ
☐ あぶったアーモンドスライス

甘くない粥が好みなら、魚の干物、そぼろ（伝統的に米粥のトッピングに使われる乾燥肉の一種）、割いた鶏肉、ふりかけ（ご飯に振りかける日本の調味料で、干して砕いた魚、海藻のパウダー、ごまなどが入っている）、いりごま、キュウリのピクルス、油麩、みそ、ピーナッツ、香菜、揚げたネギ／タマネギ、バターなどをいろいろと組み合わせてみよう。

甘い粥が好みなら、伝統的なオートミールによく使われるトッピング（砂糖、はちみつ、シナモン、ミルク、フルーツ）や、他の料理でそれに対応するもの（ココナッツミルク、ココナッツフレーク、甘く煮たアズキ、餅、デーツ、甘くゆでたピーナッツ）を考えてみよう。
家庭料理風にするなら、トッピングを小さなボウルに入れて、ゲストに自分で好きなものを入れてもらってもよいし、もっとフォーマルにするなら、あらかじめ取り分けておき、豆腐を大さじ1か2、ねぎを小さじ数杯添え、ガーリックチップスを振りかけて、シラチャソースとしょうゆをかけたりしてもよい。量はそれほど重要ではないが、ホットソースや塩辛いソースは控えめにしよう。

NOTES

◎にんにくを焼くには、まず鋭い包丁を使って2～3かけ（にんにく好きの人ならもっと多くてもよい）を薄い輪切りにする。フライパンに油を引かずに強めの中火にかける。にんにくの薄切りを1枚ずつ重ならないように並べる。2～3分焼いて片面に焼き色が付いたら、裏返して（トングを使うとよい）裏側も焼く。

◎調理の最後に卵を粥に割り入れてみよう。これは鍋に割り入れても（その後かき混ぜる）、ボウルに取り分けてから（卵が固まるほど粥が十分熱くない場合には、粥を電子レンジで1分程度温めてから）でもよい。卵を入れると食感が変わり、料理の味がずっと豊かになる。

＊訳注：アメリカ人にとっては、病気で寝込んだときの食べ物。

INTERVIEW

ジャック・ペパンが料理について語る

ジャック・ペパン（Jacques Pépin）は著名なシェフであり、『Jacques Pépin's New Complete Techniques』（Black Dog & Leventhal Publishers, 2012）など20冊以上の著書がある教育者でもある。彼は今までに、エミー賞を受賞した『Julia and Jacques Cooking at Home』など、いくつかの料理番組のホストをPBS（公共放送サービス）で務めている。彼は Lifetime Achievement Award を含め、数多くの James Beard Award を授与されている。

最初にキッチンに入るようになったきっかけは何ですか？

ええ、私はある意味、キッチンで生まれたと言ってもいいくらいです。両親がレストランを持っていましたからね。自然と兄と私は、掃除や皿洗い、あるいはあれこれの食材の皮むきなどを手伝うようになりました。私は父親のように家具職人になるか、それとも母親のようにキッチンに入るか、どちらかだったんです。ですから、私は自分から進んで進路を選択したわけです。キッチンのほうが、にぎやかで、いい匂いがしてわくわくすると私は思っていました。

あなたはフランスで育ち、そして1959年に米国へ引っ越しましたね。なぜですか？

私はフランスでとても成功していました。Plaza Athénée や Fouquet's、Maxim's といったトップクラスのレストランで働きましたし、大統領の料理人にまでなったんです。つまり、私が米国へ行く動機としては、若者らしい外国へのあこがれ以外にはありませんでした。多分2〜3年も滞在して、言葉を覚えたら帰ってくることになるだろうと思っていました。でもニューヨークに降り立った瞬間からここが大好きになり、それ以来帰っていません。

それからあなたは、米国に移住してすぐ、1961年にハワード・ジョンソン大統領に直接雇われて働くことになりましたね。あなたは『ニューヨーク・タイムズ』に、最も価値ある修業期間だったと書いていますが、実際どうだったのでしょうか？

確かにそれは、私にとってアメリカで最も価値ある修業期間でした。私はホワイトハウスで働かないかと誘われましたが、正直に言って、それが評判になるとは思ってもいなかったのです。料理人がキッチンにいる、それだけのことでした。私がフランスで大統領の料理人をしていた時には、ダイニングルームに入るように言われたことは一度もありませんでしたし、誰かが私たちに会いに来ることもありませんでした。誰かがキッチンに来たとすれば、それは何か問題があった時だけです！ 私はフランスで積んだ経験のためホワイトハウスで働かないかと言われたのですが、私はあまり乗り気ではありませんでした。しかし、ハワード・ジョンソン大統領は全く私の知らない、別の世界の人でした。それは大量生産の世界、アメリカ人の食生活の世界でした。

あなたは半世紀間アメリカの食文化と関わり、またその前には何十年もフランス料理に関わってきましたね。これからの食べ物と私たちとの関係は、どうなって行くと思いますか？

私にはわかりませんが、ある意味でアメリカ人はユニークだと思います。フランスでは、99％の人々が自分の生まれ育ったフランスの料理を作っているからです。フランス料理はおいしいですし、それは素晴らしいことです。イタリアでは、99％の人々がイタリア料理を作っています。同じことはスペインやポルトガル、そしてドイツにも言えます。アメリカは全然違います。人々は、ある日トルコ料理を作ったかと思えば、スワヒリ料理のレストランとユカタン料理のレストランをはしごして、次の日にはフランス料理のレストランへ行ったり、イタリア料理へ行ったりします。このような状況は最近20年ほどのアメリカに生まれたものです。そのような種類の多様性があるため、アメリカは世界で最もエキサイティングな国になっています。
私がここへ来た50年前、料理人は社会的階層の底辺にいました。良い母親であれば、自分の子どもは建築士か弁護士になってほしいと願っていたはずです。料理人なんてとんでもない。ところが今では料理人は天才と呼ばれます。テレビでは400もの料理番組が放映されていると聞きましたが、それは本当に驚くべきことです。これから一体どうなるのでしょうか？ 私にはわかりませんが、以前の状態に戻ることはないでしょう。この国の食品業界全体は非常に巨大なものですし、人々はとても知識を蓄えているからです。

食べ物について考えることや、料理することを学び始めた人に、どういう言葉を掛けますか？

どこから始めていいかわからないけれども食べ物の世界に飛び込みたいと思っている人には、まずキッチンに入ることから始めることを勧めますね。キッチンが食べ物の世界の中心だからです。そして食品批評家になろうと食品写真家になろうと、キッチンで学んだことは役立つはずです。食べ物の世界の別の場所でスタートした場合、このことは必ずしも成り立ちません。学問の世界からシンプルなビストロ、あるいはフードトラックに至るまで、食べ物はあらゆる領域に広がっています。

あなたは、毎日時間をかけて食べることを楽しむのは良いことだとおっしゃっていますね。そこにはもちろん、料理の楽しみもあるはずです。

私は料理の下準備のためにスーパーマーケットを使っています。それは現在では可能なことですが、以前はそうではありませんでした。私はフッ素樹脂加工のフライパンを持っていますし、皮と骨を取り去った鶏の胸肉や、スライスしてあるマッシュルームや、洗ってあるホウレンソウを買い、最小限の労力で、10分か15分で料理を作ることができます。料理を楽しむことができますし、おいしくて新鮮なものを食べることができます。

家庭の料理人にとって、最近の食料品店が料理助手の役割を果たしているというのは卓越ですね。食材の役割や、食品の化学についての私たちの理解が、過去数十年間で変化したとお考えですか？

いくらか変化はしたでしょう。オランデーズソースが分離してしまう理由とか。しかし、シェフは違った方法で学ぶのです。包丁を研ぐ方法、卵白を泡立てる方法、鶏肉から骨を抜く方法、あるいはオムレツを作る方法は、50年前と同じです。私はコンロの前を通りかかっただけで、オーブンの中のチキンが焼き上がったかどうか言い当てることができます。鶏肉が「歌う」からです。肉汁が蒸発してしまうと、耐熱皿の中にたまった脂がジュージューと音を立てて「歌う」のです。網焼きにしている肉のかたまりを触って焼き加減を確かめることも同じです。ステーキがミディアムかレアか、好みの焼き加減になったら取り出すのです。

私は、食品の化学や食材の役割について非常に知識があるのに、ひどい食事をしている人に会ったことがあります。また、あなたの出会った可愛いイタリア人女性が、料理を作るとき化学について全く何もわかっていないのに、生涯で最高の食事を食べさせてくれるようなことだってあるでしょう。

レシピを作り上げるために料理することと、楽しみのために本能的にただ料理をすることとは全然違います。私は料理を作っているとき、自分が何をしているかを書き留めるようにしています。すると、私が書き留めた一連の手順が得られます。あなたが作っても同じものになるかどうかは、保証の限りではありません。レシピとは、ある特定の温度で、ある特定の日に何が起こったのかを私が報告する、一瞬の出来事に過ぎないのです。

私がレシピをあなたに差し上げると、あなたはタイプライターで書かれたレシピを守らなくてはならないものとして受け取ります。それは、私がレシピを作った際の自由とは正反対のものです。しかし、レシピに従って料理を作る際には、誰にせよレシピを作った人に敬意を表して、正確にレシピに書いてある通りにすべきだと私は言いたいのです。それがうまく行ったら、また作ることになるでしょうが、2回目はざっと見るだけでいいのです。3回目や4回目には自分の好みに合わせてレシピを改善することになるでしょう。レシピは静的なものではなく、変化するものなのです。脂肪の割合が全く同じ、正確に同じ鶏肉を二度と手に入れることはないのです。

私はボストン大学でいくつか講義をしています。学生はみな、「違い」を求めています。

それは矛盾です。あなたは隣にいる人とは違うのですから、隣にいる人と全く同じことをするのは不可能です。これは逆説のひとつです。私がローストチキンとポテトのバター焼き、そしてサラダを作ってみせます。その後、彼らはみなコンロの前に行き、1時間半かけて同じものを作ります。私は彼らにこう言います。「何か違うものを作って、私をびっくりさせようとしなくてもいいですよ。そうする必要はありません。ここには15人の学生がいるので、今日は15種類の違ったチキンができることになります。あなたが、隣の人と同じになることはできません。ですから、違いを求めて自分を苦しめないでください。直観に従って料理すれば、隣の人とは違うものができるはずです。」

あなたがTop Chefに出演した時、最後の食事に食べたいものは、ひな鳥のローストと新鮮な豆だとおっしゃいましたね。なぜそうなのか、教えていただけますか？

ええ、ご存知の通り、菜園から収穫したばかりの新鮮なグリーンピースを、レタスとパールオニオンとバターで炒めて砂糖と塩少々で味を調えたもの、つまりPeas à la Francaiseは素晴らしいものです。そして私がひな鳥のローストが大好きなことも間違いありません。

本当のことを言えば、「最後の食事に食べたいものは何でしょうか？」とは実に馬鹿げた質問です。自分がもうすぐ死ぬとわかっているのなら、食欲なんてほとんどないはずですから！　私は、考えられる限り最高のパンと最高のバター、と言いました。バターを塗ったパンに勝るものはなかなかありませんからね。当然のことながら、私がそう言うと彼らは「ええ、それは確かにおいしそうですが、それだけでは十分ではないでしょう」と言ってきたのです。それならばということで、ひな鳥と豆にしたのです。（シェフ・ペパンのレシピについては、http://cookingforgeeks.com/book/peas/ を参照してほしい。）

本当は、良いパンと良いバターだったのですね。

素晴らしいパンと素晴らしいバターです。ええ、これに勝るものはなかなかありません。

すべてのものに置き場所を決める

*訳注：英語では「使ったら元に戻しなさい！」という意味でよく使われる。

誰もがきれい好きなわけではないのはもちろんだが、家の中で1か所だけ整理整頓すべき場所があるとすれば、それはキッチンだろう。ジュリア・チャイルドは「すべてのものには置き場所がある」*という格言に、文字通り従っていた。鍋やフライパンはペグボードにかけられ、かけた位置に外郭の線が描かれていて、常にその場所に返す。包丁は調理台の上の簡単に手が届く位置のマグネットバーにしまう。そして、スプーンや泡立て器、油やベルモット酒などよく使う調理用品は、コンロの近くに置く。彼女のキッチンは、フランス人が「手に近いところに」と呼ぶ方法で整理され、よく使う調理器具や調味料はいつも使う場所の近くに置かれていた。

あなたのキッチンでも、同じことをすべきだ。キッチンで使うものにはすべてホームポジションを用意し、目をつぶってでも仮想的なスパイスのびんや鍋に手を伸ばせば、実際にそこにあるようにしておきたい。(目の見えない料理人にとっては、これは仮想的なことではない。) 調理用具は、一緒に使う食品の近くに置く。計量スプーンはスパイスのそばへ、にんにく絞りはにんにくのそばへ、そして計量カップは小麦粉のそばへ。小麦粉に関して言えば、その種類と買った日付をラベルに書いて貼っておくようにすれば、数か月後（数年後？！）にぎょっとするような目に合わなくて済む。

よく使うものは、すぐに取り出せる場所に置いておこう。あらゆるキッチンには、コンロの隣にスプーンとへらの置き場所があるべきだし、またあらゆるキッチンには良質の、ペダルで開けるタイプのごみ箱がまな板の近くにあるべきだ。良質のごみ箱、という提案は奇妙に聞こえるかもしれないが、両手がタマネギの皮や何やらでふさがっているときにキッチンシンクの下の扉をいちいち開ける羽目になるよりはずっといい。また、美的センスが許すなら、食器棚のドアをなくしてしまうことも考慮しよう。皿やボウルを手の届くところに置いておけば、スピードアップにつながる。こういった工夫はひとつひとつは小さくても、積み重なると驚くほど時間を節約してくれる。

調理台の上のスペースは貴重なので、めったに使わないものは戸棚に移動しよう。戸棚に入っていて1年以上使っていないものがあれば、片付けてしまったほうがいい。めったに使わないガジェットで捨てる決心がつかないものがあれば（だってそれは新婚旅行で買ったマンゴースライサーじゃない！）、キッチン以外に新しい居場所を用意してあげよう。延々と続く不用品整理が重荷に感じるなら、1週間に1つの戸棚を整理してみよう。それでも重荷なら、どんなに小さいものでもよいから、1日に1つのものだけを移動するようにしてみよう。そのうちに禅的な心の平安が訪れるとよいのだが。キッチンを機能的に保つには、年に1度の儀式ではなく、継続して習慣的に行うほうがずっと楽なのだ。

COLUMN　調理台の3×4ルール

このルールはシンプルで、少なくとも4フィート（1.2m）の長さのカウンターが3つあれば、十分なスペースが得られ調理が簡単になる、というものだ。その効果は絶大だ。十分なスペースがないことは、料理のつまずきの原因になる。汚れたフライパンの置場を見つけようとしているうちに、何かを焦がしてしまったりすることにもなりかねない。

3×4ルールが役立つのは、十分なスペースがあれば物の置場ができるからだ。1つの調理台には生の食材を置き、別の調理台には調理済みの料理とそれを盛り付ける皿を置き、3番目には汚れ物を置くのに使える。3つの調理台をいつもこの3つの用途に使うと言っているわけではないが、一般的には十分な幅（もちろん、奥行きも）を持つ3つの作業スペースがあれば、料理がしやすくなる。

今のキッチンがこの3×4ルールに適合しない作りなら、知恵を絞って調理台を広げたり、作業スペースを作り出したりする方法を考えてみよう。

たっぷりスペースがある場合：最も簡単な方法は車輪付きのワゴンを購入することだ。これなら必要に応じてあちこち動かすことも、よく使うツールを収納することもできる。天板が集成材でできているものが良いだろう。これは、ルールを満たしているが調理台があまり遠くに離れすぎているキッチンの場合にも、良い解決法になるかもしれない（そう、スペースがありすぎても問題になるのだ）。

スペースがない場合：まな板を取り付けられるような、適当な場所があるかどうか探してみよう。適当な場所に壁があれば、ちょうつがいを介してまな板（厚さ半インチ／1.25cmの堅いカエデ材の板は長期の使用に耐える）を取り付け、使わないときは跳ね上げた状態で邪魔にならないよう固定しておくこともできる。あるいは、使っていないスペースを使って調理台を延長できるかどうかチェックしてみよう。イケアでは、安価で優れた木製の調理台を販売している。

最後に、自分のスペースを設計するというぜいたく（あるいは呪い？）に恵まれた人なら、クリストファー・アレグザンダーらの著書『A Pattern Language: Towns, Building, Construction』（Oxford University Press, 1977：日本語訳『パタン・ランゲージ──環境設計の手引』鹿島出版会）をチェックしてみてほしい。3×5ルールは、この本から来たものだ（この本の853ページの「調理レイアウト」を参照してほしい）。

ひとりのディナーパーティー

ひとりで食事する機会を楽しもう。誰も見ていないところで料理を作って食べることは、何と楽しいことだろう。ボウルに入ったシリアル、パンとチーズ、揚げたスパム（！）、テイクアウト。誰のご機嫌も取る必要もなく、誰にも評価されずに済む。やりたい放題だ！

忙しいなら、時間をかける必要はない。ディナーを食べながら、デザートを楽しもう。食事と読書を同時にしたっていい。この機会に、何を幸せだと感じるのか考えてみるのもいいだろう。テーブルセッティングに凝ってみよう。自分で自分に飲み物を注いであげよう。親業や仕事に忙しい人にとって、1人での食事は思いがけない喜びとなるかもしれない。自分の好きな方法で、自分をいたわるための時間が取れるからだ。

自分のために料理を作る際のコツをいくつか紹介しておこう。共通の食材を使うレシピを選べば、食材の費用が償却できる。余ったトマトと鶏肉料理のために買った香菜は、翌日の朝食の卵料理に使える。ディナーの残りの鶏肉と野菜は、サンドイッチにしてみよう。行きつけの食料品店にサラダバーがあるな

RECIPE　燻製パプリカとひよこ豆のチキン、香菜風味

このレシピはもともと Bon Appétit という雑誌に掲載されていたもので、私が知ったのは最近だが、それ以来定番料理となっている。作るのは簡単だし、残り物もおいしく利用できる。人のために作る料理にも素晴らしい！

オーブンを450°F / 230°Cに予熱しておく。大き目のボウルに、以下の材料を混ぜて合わせる。

- ☐ オリーブオイル：大さじ4（60ml）
- ☐ にんにく：4かけ（絞るかみじん切りにする）
- ☐ 燻製パプリカ（辛くないもの！）またはマイルドなピメントン*：大さじ1（7g）
  - *訳注：パプリカを燻製して粉にした香辛料。
- ☐ クミンパウダー：小さじ1（2g）
- ☐ 赤唐辛子のフレーク（辛いもの）：小さじ1/2（0.5g）

小鉢に**プレーンヨーグルト**をカップ1/4（60g）量り取る。ボウルから、**先ほどのスパイスミックスを小さじ1**小鉢に移し、ヨーグルトとよく混ぜる。これはトッピングとして使うために食卓に出しておく。先ほどのボウルに、以下の材料を加える。

- ☐ 軽く塩をした鶏のささみ4本：約1ポンド（500g）、または小さめの鶏の胸肉：2枚（骨と皮を取り除き、半分に薄くそぎ切りにしたもの）
- ☐ ひよこ豆の缶詰（缶汁は切っておく）：15オンス（425g）
- ☐ ミニトマト：10オンス（300g）

混ぜ合わせ、オーブンペーパーを敷いた天板か耐熱皿（洗う手間が省ける）に移して、薄く広げる。20〜25分間焼く。**刻んだ香菜を1/2カップ（30g）**または**イタリアンパセリ**を振りかける。

INTERVIEW
デボラ・マディソンが1人で食べることについて語る

デボラ・マディソン（Deborah Madison）はカリフォルニア州サンフランシスコにあるGreens Restaurantの創業シェフであり、ベジタリアン料理に関して数多くの本を書いている。2009年に、彼女は夫の芸術家パトリック・マクファーリンとの共著で『What We Eat When We Eat Alone』（Gibbs Smith）という本を出版している。

自分だけのためにどんな料理を作るかということについて、何か発見はありましたか？

私たちは数多くの人々にインタビューしましたが、いくつかのカテゴリーに分かれることがわかってきました。夫と小さな子どもがいる女性は、家に1人でいる時にはボウル一杯のオートミールを作って、音楽を聴きながらバスタブの中でそれを食べたりします。これは、毎日のように1人で食事していて、健康的でおいしくて栄養のあるものを作っている人とはだいぶ違います。お年寄りで伴侶に死に別れた人々と、学校に通っていてサンドイッチに飽きてしまった人とを比べても、違いがあります。そして、料理が好きで、おいしい食事と料理することに価値を認めている人たちもいます。彼らは、自分のために料理するということについて、全く違った考えを持っています。多くの場合、男性は女性と違います。

男性は一度に大量に作って、それを1週間の間食べ続ける傾向があります。私がインタビューしたバーテンダーは、フランクステーキをチーズとベーコンで巻いたものを作っていました。彼はその料理をとても自慢にしていて、私たちにそのレシピをくれました。何人分もあるのに1人で食べるために作るわけですから、いったん作ると1週間の間食べ続けることになりますね。

1人で食べる食事に最もよく出てくる食材がピーナッツバターであることは、認めざるを得ません。ピーナッツバターはさまざまに使われますが、大部分はぞっとするようなものです。フライドオニオンとポテトチップを挟んだピーナッツバターとマヨネーズのサンドイッチとか、どう考えてもクレイジーでしょう。でも、好みは人それぞれなんです。ある女性は、アスパラガスと割いたパンに良質のオリーブオイルと鋭い味の酢を使って、とてもおいしい料理を作っていました。そのレシピは私も何回も使って、とても気に入っています。

誰も見ていないときに、とても創造力を発揮する人がいるということでしょうか。

皆さん、1人で食べたいものを教えてくれます。一部の人はそれをとても自慢にしていて、たとえぞっとするようなものでも、それがいいのです。食べることができているのですから。また、手抜きしていることに罪悪感を覚える人もいます。自分のために料理することについて、人々の感じる価値はさまざまです。ある男性は、キッチンに入ってランチを作ることについて、このように話してくれました。「私は野菜を探して、いつも古くなってくたびれた野菜を最初に使います」。野菜に申し訳ないと感じるからだそうです。彼はそのような古くてくたびれた野菜と何か他のものを使って、サンドイッチを作ります。これが彼の日課で、あまり代わり映えしませんが、彼にとってはそれがいいのです。彼は満足していました。彼はそのような野菜を使い切ってしまいたくて、それが彼にとっては大事だったのです。

1人の料理で驚いたことはありますか？

うれしいことがありました。若い人たちにインタビューしたときのことです。彼らはとても料理について真剣に考えていて、そうなるまでにはさまざまな理由がありました。ある医学生は、もうサブウェイのミートボールサンドイッチを見たくないからだと言っていました。彼は毎週日曜日に自分の母親から料理を教わるようになり、自分でディナーパーティーを開けるパワーを得てわくわくしていました。それはサブウェイのサンドイッチではできないことです。彼はこう言っていました。「料理は実験室での仕事と共通点が多いんですよ。一度にたくさんのことに注意を払う必要がありますし。」彼は本当に料理を楽しんでいました。彼は、友達のために料理を作ってあげられるようになったことがうれしかったんです。私たちがインタビューした別の若者は、自分の両親の料理の仕方が好きじゃなかったので料理を始めたと言っていました。彼は自分でやりたかったんです。彼は料理を始めたので、自分でそういった選択ができるようになり、私はそれは素敵で面白いことだと思いました。また、彼は料理をすることを学んだわけですから、役にも立ったわけです。

ある女性は、自分の子どもたちがティーンエージャーの時、すごく忙しくなるまでは週に1日子どもたちに食事を作ってもらっていたと言っていました。子どもたちはすべて自分たちでしなくてはなりません。彼女は子どもたちが失敗をしても手を出しませんでした。たとえディナーの15分前まで玄米に手を付けず、食事に間に合わなかったりするようなことがあっても。でも、そのようにして彼らは本当に学んだし、彼女にとっても長い時間働いた後で帰宅して、家の中から食べ物を料理する匂いがするのは素晴らしいことだった、と言っていました。素晴らしい経験だったし、子どもたちが育って家を離れたときには、基本的な生活のスキルを身に付けていたわけです。彼らは、何かを料理することができるわけですから。

ら、そこに探している食材があるかもしれない。香菜がひとつかみほしいなら、サラダバーで必要なだけ取ってくればいい。そのほうがもう切ってあるし、生鮮野菜売り場よりも安いことだってある。

ディナーパーティーのパワー

　料理を作って人をもてなすことには、人との一体感を高める素晴らしいパワーがある。ホストとして、あなたは自分の望む通りの経験（テーブルセッティングでも音楽でも）を作り出すことができる。怖がらずに、人のために料理を作ってみよう。ディナーパーティーでも、ブランチでも、午前のお茶の軽食でも、どんな食事でもいい。さっきキッチンで感じる恐怖について話した際にも触れたが、ディナーパーティーで大事なのは完璧な食事ではない。食事を通して人と交流するために大事なのは、活気のある会話に参加し、コミュニティを育むことだ。

　ディナーパーティーやブランチの初心者向けに、いくつかアドバイスをしておこう。

- 誰を呼ぶか、そして他のゲストとどうやって仲良くなってもらうかを考えて、意図して人を集めよう。招待する際には、他の人を連れてきてもよいかどうか（「ゲストと一緒に」とか「お友達と一緒に」と指定して）をはっきりさせ、期待水準を設定しよう（ゲストの到着時間は7時ぴったり、だいたい7時、それともいつでも良い？　提供するのはちゃんとした食事、それとも軽食？）。
- ディナーパーティーの招待を受けるには、非公式なプロトコルがある。場合や人間関係によって異なるが、よくわからない時には次のような筋書きに従おう。ゲストは何か持って行こうと提案し（「何を持って行けばいいでしょうか？」）、ホストは異議を唱え（「何もお持ちにならなくて結構ですよ！」）、それでもゲストは何かしらのものを持って訪れる（その晩、あるいは別の日にホストに楽しんでもらえるような飲み物など）。
- 前もってアレルギーについて質問しておこう。本物の食物アレルギーを持つ人のために料理を作る際には、特に注意が必要だ。同様に、あなた自身がアレルギーを持っていてどこかにお呼ばれした場合には、招待に返事をする際にそのことをホストに知らせておくのはあなたの義務だ。ホストの気遣いを軽くするために、自分に合った食べ物を1人分持って行こうと申し出るのもよいかもしれない。
- 時には、ある種の食品を制限（例えば、ベジタリアンは魚や肉を食べないし、ヴィーガンはあらゆる動物性食品を避けるし、ラクト・オボ・ペスカタリアンは牛乳、卵、シーフードは食べるが肉類は食べない）または一部の成分を含む食品を制限（例えば、飽和脂肪酸、単純炭水化物、あるいは塩分など）しているゲストがいるかもしれない。また、宗教的な戒律もある（例えば、

471ページに、アレルギーを起こす食品とその代用食について情報が掲載してあるので参考にしてほしい。

コーシャやハラール)。いずれにしても、何か料理の制限に直面したときには、ゲストと話し合って彼らのニーズを満たすものを見つけよう。
- ゲストと一緒に時間を過ごせるようなレシピを選ぼう。ゲストはあなたに会いに来るのだから！　これは、ゲストが到着する前にすべてを用意しておく

COLUMN ディナーパーティーにお勧めの前菜

前菜、アミューズ・ブーシュ（フランス語で「口を楽しませるもの」という意味だが、日本では「アミューズ」と略すことが多い）、オードブルなど呼び方はいろいろだが、これらは風味の強い食材をおいしく組み合わせた一口大の食べ物で、これから始まる食事の期待を高めたり、腹の虫をなだめたりしてくれる。単純なものも多い。私の意見では、良質のパンをスライスしたものでも十分だ。ある友達は、時々小さなカップに入ったスープ（前回はカリフラワーと根セロリのピュレだった）を出してくれる。こういった形で食事を始めるのに慣れていない人もいるかもしれないが、これにはちゃんとした歴史があるのだ。少なくとも欧米の歴史上主張されている限り、1765年にフランスにオープンした最初のレストランでは、スープやブイヨンを「滋養強壮剤」として食卓に出し、これが健康を回復させると唱えていた。その所有者は、同じ意味の看板を屋外に掲げていて、それには「レストラン」という、フランス語で滋養強壮剤を意味する言葉が書かれていたのだ。

ディナーパーティーの前菜は、シンプルであるべきだ。オリーブや、フムスやタプナード（刻んだオリーブとケイパー、そしてアンチョビ）を塗ったパン、あるいはデリや肉屋で見つけた熟成肉のスライスの盛り合わせ（シャルキュトリ）もよいかもしれない。チーズとパンはよく見かけるが、気を付けないとそれだけでお腹いっぱいになってしまうことがある。（そういう意味では、食事の最後にチーズを食べるほうが理屈にかなっている。）ちょっとした手間は必要だが、手早くおいしい前菜を作ってみてはどうだろう。以下は、私の（作るのも食べるのも）お気に入りの前菜だ。

あぶったグリーンオリーブ。これには、カステルヴェトラーノ種などの大粒の塩漬けグリーンオリーブ（種は付けたまま）が合う。加熱に向いていない品種なら、冷たいままでもいい。ふたをしたフライパンに入れてコンロに掛けるか、耐熱容器に入れて上火モードのオーブンで、重ならないように並べたオリーブを中火から強火で加熱し、時々揺すってオリーブを転がしてやる。数分後、オリーブは所々わずかに色づいて、まるで花のようなアロマの良い香りがしてくる。ミニトマトと一緒にあぶってから、フレッシュハーブを添えてみよう。

焼いたヤギ乳チーズのアーモンドとはちみつがけ。ヤギ乳チーズを小さい円形に切って耐熱皿の中心に置き、大さじ1杯のはちみつを掛けて、熱くなって部分的に溶けてくるまで、電子レンジに30〜60秒かける。ひとつかみのMarconaアーモンド（これは通常のアーモンドとは違うもので、薄皮がなく苦みが少ない）を振りかけるか、刻んだフレッシュハーブを乗せる。クラッカーかパンを添えて食卓に出す。

ミニパイ。食料品店の冷凍食品コーナーからパイシートを買ってくる。これを一口大に切って、チーズとトマトのスライスなど、何かおいしくて風味のあるものと一緒に焼けば立派な前菜になる。あるいは、**ガーリックツイスト**を作ってもよい。パイシートにオリーブオイルを塗り、にんにくのみじん切り（にんにく絞りを使ってもよい）と挽きたてのコショウを振りかけ、それから1/2インチ（1cm）幅に細長く切る。タオルを絞るようにひねってから、天板に乗せて400°F / 200°Cで10〜15分間、こんがりと色づくまで焼く。

必要があるという意味ではない。食事を盛り付けながらゲストと一緒に時間を過ごすことは、それがゲストの期待に沿っているなら、素晴らしい夜の始まりになるかもしれない。

- 食事を食卓に出す前に、ゲストが自由につまめるような前菜を用意しておこう。パンとチーズ、ピタとフムス、あるいは新鮮な果物（ぶどう）や野菜（ニンジンとディップ）などは手早く簡単に用意できるし、食事ができるまでおなかをすかせたゲストをなだめておくのに役に立つ。

プレゼンテーションと盛り付け

「おいしそうに見える」とは、考えてみると不思議な言葉だ。どんな味がするか、どうして見ただけでわかるのだろう？ プレゼンテーションと**盛り付け**、つまり皿の上の食べ物の配置は、その食べ物がどんな味がするかという期待水準を設定し、また人のために料理する場合には、味や風味よりも強力なシグナルともなり得る。

食べ物のプレゼンテーションはシグナリングの一形態であり、簡単に理解するために生物学者が**シグナリング理論**と呼んでいるものを調べてみよう。生物学では、動物はシグナルを使ってさまざまな意図を伝えているとされている。鮮やかな赤い色をしたカエルは「毒！」というシグナルを発して、捕食者を遠ざけている。時間がたつと、それ以外の動物もそのシグナルをまねるようになり（毒のないカエルがたまたま赤い色だったと想像してみてほしい）、本物のシグナルを発する動物と、それをまねする動物との間に競合が発生する。そのため古くてコピー可能なシグナルは、よりコピーが難しいシグナルに置き換えられて行く。ガゼルの中には、飛び跳ねることによって捕食者を遠ざけているものがいる。高く飛べるということは、走るのも早いという意味になるからだ。飛び跳ねるガゼルを見たチーターは、すぐにそのガゼルを追いかけても無駄だということを悟るため、チーターとガゼルの両方にとって、エネルギーを消費する競争を避けることが可能になる。弱ったガゼルはこのシグナルをコピーできず、獲物となってしまう。

人間もシグナリングを利用している。高価なスポーツカーは、少なくとも市街地をドライブするには実用的ではないが、持ち主の経済的なステータスをシグナルとして発しているのだ。（また、これは高級スポーツカーが2シーターで荷物のスペースもほとんどないことの理由でもある。日常の用途に実用的な車は、富のシグナルとはならないのだ。）ゼロから料理すること、時間をかけて食事を作ることは1つのシグナルであり、あなたがそれに価値を認めていることを人に知らせている。わざわざゲストを呼んで、彼らのために食事を準備することは、非常に大きなシグナルだ。シグナリング理論は、インスタントのブラウニーミックスが卵や油を必要とする理由の一部を説明してくれる。この章の前のほうで書いたメイカーの満足感以外にも、これらの材料をそろえるという仕事を残しておけば、作り手が心配りというシグナルを発することができ

> COLUMN **オレンジのブラウニー詰め**
>
> 「特別！」というシグナルを発するためにはプレゼンテーションに手が込んでいたり、難しかったり、お金を掛けたりする必要はないが、その思いを伝える普通の方法とは違っていて、よく考えられている必要がある。ブラウニーを例にとってみよう。市販のミックスを使って作ったとしても（後ろめたい喜び！）、オレンジに詰めて焼けばプレゼンテーションを変え、思いを伝えることができる。プレゼンテーションは文脈に依存するので、ある文脈では（一度も料理を作ったことのない人ががんばって作ったとか）ブラウニーのオレンジ詰めを作ることは特別なことだが、別の文脈では興ざめになってしまうかもしれないことには気を付けてほしい。
>
>
>
> 上部を切り取り、中身を取り除く。　ブラウニーミックスを詰める。　つまようじを1インチ(2.5cm)の深さまで突き刺して、何も付いてこなくなるまで焼く。粉砂糖を振りかける。

るからだ。

　状況が異なれば同じメッセージを伝えるにも異なるシグナルが必要となるため、普遍的な「食べ物の盛り付け方法」を書くことは難しい。プレゼンテーションを理解するためには、伝えようとしているメッセージを理解して、その文脈に適切なシグナルを選ぶことが必要だ。日常の食事を調理している場合、手の込んだプレゼンテーションをしたいとは思わないだろう。（日常の機会に手の込んだ特別なプレゼンテーションを行うことは、また別のシグナルになってしまう。たぶん、これから切り出す悪いニュースの衝撃を和らげようとしているのだろう。）　今晩が特別なデートの日なら、布のナプキンを出しておき、時間をかけて盛り付けをすることは、特別な機会だということをシグナリングするひとつの方法だ。そして友達と一緒なら、あなたの社交サークルの期待に沿う環境を整えることは、あなたがそのグループの規範を理解していることを伝える。高級レストランのプレゼンテーションをまねることは、相手が誰であるかに応じて、チャーミングにもなるし、尊大にもなり得る。

　西洋の高級レストランによく見られる方法で料理のプレゼンテーションをしたい場合の、基本的なヒントをいくつか挙げておこう。

皿の色やサイズを料理と合わせる。私は、大きな皿を使うと料理が非常に違って見えることに、驚いたことがある。ちょうど絵の額縁のようなもので、皿の上に空間があると、見映えが良いのだ。色も役に立つ。2種類の皿のセット（私の場合、白とダークグレイ）を持っていると、料理が映える皿を選ぶのが簡単になることがわかった。食べ物を使って、料理に色を添えることもできる。スープ皿の上にハーブの葉を乗せたり、ローストした鶏の胸肉に挽きたての黒コショウを振りかけたり、あるいはチョコレートデザートに粉砂糖を振りかけたりすれば、そのままでは単純な料理に視覚的な魅力を付け加えることが可能だ。

伝統的な家庭料理とは違った見映えにする。野菜とデンプン質とタンパク質の料理を盛り付ける場合、伝統的にはこれら3つを隣り合わせにして、扇形に並べることになるだろう。デンプン質を皿の中央に置いて薄く広げ、その上に野菜を乗せ、そして最後に野菜の上にタンパク質を重ねてみてほしい。（すごい高さにしたい場合、上下のふたを取り除いた空き缶を使ってその中に食べ物を詰めてから、缶を上に引き抜けばよいだろう。）

料理のサイズと配置について考えよう。美術の授業（幼稚園でも！）で教わる視覚的な配置のルールは、すべて料理の盛り付けにも適用できる。「奇数のルール」は、最も簡単なもののひとつだ。パスタの上に乗った3個か5個のミートボールは、4個か6個よりも見映えがよいと一般的にはみなされている。サイズや形状のコントラストも役立つ。ポークチョップの盛り付けをする場合、2つに切り分けて、一方を他方に角度をつけて立てかけてみてほしい。こうするとポークチョップの切り口が見えて、肉の焼け具合がわかると共に、配置と色のコントラストによって視覚的な魅力が加わる。

キッチン用品の基本

あなたのキッチンにどんなツールをそろえればよいか考えることは、気の重い作業かもしれない。市場にはたくさんの製品が存在するため、可能な選択肢は圧倒的な数になり、何でも分析しなければ気が済まない完全主義者（あなたのことだ）は途方に暮れてしまうかもしれない。包丁はどんな種類のものを買うべきか？　自分に合ったフライパンはどれか？　そこにあるサクランボの種抜き器も買ったほうがいいだろうか？

大きく深呼吸してリラックスしよう。初心者にはキッチン用品が成功の秘訣に見えるらしいが、正直に言ってキッチン用品はそれほど重要なものではない。よく切れる包丁、フライパン、まな板、そして食材をかき混ぜるための大きなスプーンがあれば、これだけでレシピの80%はカバーできるし、世界中の90%のキッチンよりもよい道具が揃えられていることになる。なんと世界には、鍋1個とへら1個しか持っておらず、へらの側面を鋭く研いで包丁としても使っている人たちがいるのだ。

良い道具を持つと、料理がもっと楽しくなる。どのキッチン用品を買うのがよいか、という質問への正しい答えは、「あなたにとって役立ち、使いやすく、そして安全なもの」だ。これから数ページにわたってキッチン用具に関する私の意見を紹介するが、それを実際に使うのはあなただ。私の提案を、あなたのニーズに合わせて修正してほしい。

キッチン用品に関して私が真っ先にお勧めしたいのは、業務用のレストラン用品の店を探すことだ。このような店の棚という棚には、あらゆる種類の調理やサービス、ダイニングルーム用の製品から、「席にご案内するまでお待ちください」という看板までそろっている。このような店が見付からなかったら、よく言われるとおり、いつでもインターネットはあなたの友達だ。インターネットでは何でも売っている。

料理する際には、手を使おう！ 手は最高のキッチン用具だ。石鹸できれいに洗えば、他のどんな用具とも同じくらい清潔だし、比べ物にならないほど巧みに作業できる。レタスの葉をちぎる？ レモンを絞る？ 肉のかたまりを皿に盛り付ける？ 手を使おう。

また、手の温度感覚を身につけてほしい。加熱したフライパンの上に手をかざし、どれくらい手を遠ざけてもフライパンの熱が「感じられる」か試してみよう。中温にセットしたオーブンの中に、じかに手を入れてその感覚を覚えておき、次に高温のオーブンを使って比べてみよう。液体の場合、130°F / 55°C程度の湯には1秒か2秒なら指を入れられるのが普通だが、140°F / 60°Cになると反射的に「熱い！」と指を引っ込めることになるはずだ。

包丁、ナイフ

ナイフは人類の最も古くて最も重要なツールだが、それにはちゃんとした理由がある。ナイフによって、調理したものを食べられるようになったからだ。調理（最も基本的な意味では、食材を食べられるように準備すること）が社会を作り上げたのであり、時間と共により良いナイフが作り出され、人類の食材を調理する能力を向上させてきた。フリントや黒曜石の刃は金属に置き換わり、またこの金属器を作り上げる能力が、世界の一部の地域では文字通り石器時代と歴史時代の始まりとの境界を規定することになったのだ。

4,000年ほど前になると、青銅や軟鉄といった金属がスチールに置き換わり、そしてしばらくすると鍛造か料理に使われるようになったのだろう。現代のスチール製の包丁の刃は、鍛造または打ち抜き加工のどちらかの方法で製造されている。**鍛造**された刃は、刃の素材が厚いため重く、「持ち」がよい傾向がある。**打ち抜き加工**された刃は、その製造方法のため軽く、安価なことが多い。どちらのタイプが優れているかは高度に主観的な問題であり、ある意味、包丁は非

COLUMN オーブンに今すぐすべき2つのこと

あなたがおそらく問題を抱えている用具のひとつがオーブンだ。オーブンの「長所」は、温度を正確に計測し制御できる能力だ。料理で大事なのは熱によって化学反応の速さをコントロールすることなので、冷たすぎたり熱すぎたりせずに一定の温度を保ってくれるオーブンは、料理や焼き菓子作りの頼れる味方になってくれる。お手持ちのオーブンを最大限活用できるように、以下の2つを行ってほしい。

オーブンを校正する。 プローブ式のデジタル温度計を使って、オーブンに食材を入れるのと同じ場所の温度を測定し、350°F / 180°Cに設定したオーブンが本当にその温度になっているかどうかをチェックしよう。温度が大幅に異なる場合には、温度調整用のノブや校正用のオフセット設定機能があるかどうか確認してみよう。ない場合は、温度を設定する際にオフセット分を考慮するように注意すればよい。オーブンは、設定温度をはさんでわずかに温度が上下する。設定温度をオーバーシュートするとヒーターをオフにし、温度が下がれば再度オンにするという動作をするためだ。このため、オーブンが正確に校正されていても高すぎる温度や低すぎる温度が測定されることはあるので、10分間に何回か温度計をチェックしよう。

オーブンの回復時間を改善し、熱を分散させるために、ベーキングストーンやピザストーンをいつもオーブンに入れておく。 クッキーを焼くときのことを考えてみよう。オーブンの温度を375°F / 190°Cに設定し、クッキーを耐熱皿に乗せ、準備はOK。空のオーブンの中では、加熱されているのは空気とオーブンの内壁だけだ。クッキーを入れるためにドアを開けると熱い空気は外に逃げてしまい、内壁の熱しか残らない。この状況を改善するには、オーブンの一番下のラックにベーキングストーンかピザストーンを入れておけばよい。（ピザストーンの上に直接天板を乗せないこと！）

ベーキングストーンの役割は2つある。まず、大きな熱容量を持つことだ。つまり、クッキーを入れるためにオーブンのドアを開けて熱い空気が失われても、回復時間が短くなる。2点目は、電気式オーブンの場合、ヒーターと天板との間の熱拡散器として機能することだ。ヒーターは大量の熱を放射し、通常はこれがオーブンに入れた耐熱皿の底を直撃する。ヒーターと天板との間にピザストーンを置くと、熱の直射を防ぎ温度を平均化するため、食材がより均一に加熱される。なるべく厚くて重いストーンを購入するのが良いだろう。他の熱容量の大きな物体と同様に、ストーンはオーブンの加熱時間を遅らせる（そして冷えるのも遅らせる――ここが重要なポイントだ）ため、十分に時間をかけてオーブンを予熱するよう注意してほしい。

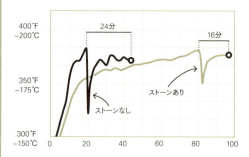

ベーキングストーンを入れたオーブンは加熱に時間がかかるが、食材を入れたときに温度を保ち、また焼き上がりも早くなる。

LAB 砂糖を使ってオーブンを校正する方法

デジタル温度計を持っていない場合、オーブンをチェックするにはどうすればよいだろうか？ 普通、温度計を校正するには氷水と沸騰水を使う。これらの温度は、水の物理的性質によって一定の値となるからだ。水以外にも、温度によって一定の挙動を示す化学物質がキッチンには存在する。砂糖を使って、オーブンの温度計を校正することもできるのだ。

人類は百万年もの昔から砂糖を収穫してきたが、工業的に作られるようになったのはここ数百年のことだ。あなたが買う砂糖は、ほとんどの場合サトウキビかサトウダイコンを原料としており、これらの植物を湯に浸して作ったシロップを結晶化させて作られている。通常のグラニュー糖は99%がショ糖、つまり$C_{12}H_{22}O_{11}$という化学式の純粋な物質で、残りは水と、精製の過程で取り除かれなかった微量ミネラルや灰分もわずかに含まれる。

まず、これらの材料を準備しよう
- アルミホイル
- グラニュー糖
- タイマー
- 耐熱皿（高温の砂糖のサンプルを入れる）
- そして、もちろん、オーブン！

実験手順
グラニュー糖に含まれるショ糖の融点は、367°F / 186℃だ。この温度で、通常の白い粒状の物体が、ガラスに似た状態に変化する。（ショ糖はもっと低い温度で化学分解する。234ページを参照してほしい。） 適切に校正されたオーブンでは、350°F / 180℃に設定した場合にはショ糖は融けないが、375°F / 190℃に設定した場合には融けるはずだ。これから2つのショ糖のサンプルをオーブンに入れ、一方はショ糖の融点よりも低くなるように、他方は高くなるように設定することによって、オーブンの温度をチェックする。

1. オーブンを350°F / 180℃に予熱する。
2. アルミホイルで2つの「サンプル容器」を作る。
    a）アルミホイルを5インチ×5インチ（12cm×12cm）の正方形に切り取る。
    b）各辺を折り曲げて、約4インチ（10cm）角で高さが1/2インチ（1cm）の小さな皿を作る。
3. スプーン1杯のグラニュー糖を、2つのサンプル容器に入れる。
4. 最初のサンプル容器を、オーブン（350°F / 180℃）に入れる。タイマーを20分にセットして、待つ。
5. 20分経過したら、最初のサンプルを取り出して耐熱皿へ移す。熱いので、注意すること。（そうは見えないかもしれないが！）
6. オーブンを375°F / 190℃に設定して、温度が安定するまで10分間待つ。
7. 2番目のサンプル容器をオーブンに入れる。タイマーを20分にセットして、待つ。
8. 20分経過したら、2番目のサンプルを取り出して耐熱皿へ移す。

考察してみよう！
2つのサンプルの間には、どのような違いが見られただろうか？ またそれはなぜだろうか？ 350°F / 180℃のサンプルを、未加熱のグラニュー糖と比較してみよう。何か気付いたことはあるだろうか？ なぜそうなったのだろうか？ そしてこの実験の一番おいしい部分として、サンプルが十分に冷えてから味わってみよう！ 375°F / 190℃のサンプルから、何が思い出されるだろうか？

左）350°F / 180℃の砂糖。右）375°F / 190℃の砂糖。

常に個人的な選択だ。私個人としては、安価な打ち抜き加工の包丁を好んで使っている。包丁を持った感じを確かめてから買うこと！

素材に関わらず、食材を切るときには包丁を「引きながら」切るようにする。（チーズやバナナなどの柔らかい食材を除いて、包丁を真上から押し付けてはいけないし、のこぎりのように使ってもいけない。なめらかに大きく動かすようにする）。以下、持つべき3種類の包丁について説明する。

シェフナイフ：一般的なシェフナイフ（牛刀）は、刃の長さが8インチ（20cm）〜10インチ（25cm）程度で、刃がややカーブしている。そのため、刃を揺すりながら食材を切り落としたり、引き切りしたりするのに向いている。手が小さい人は、日本でよく使われている、刃がフラットで薄い三徳包丁を使ってもよいだろう。三徳包丁は、直線的に上下に動かして切るのに向いている。

ペアリングナイフ：ペアリングナイフ（ペティナイフ）は刃が短く（〜4インチ／10cm）、片手にナイフを持ち、もう一方の手に食材を持って、4つに割ったりんごの芯を取り除いたり、ジャガイモの芽をくり抜いたりする作業ができるように作られている。柄が鉛筆のような形をした業務用のペアリングナイフは、指先でナイフを回すことができるので、食材を回す代わりにナイフを回してくり抜くことができる。

パン切りナイフ：パン切りナイフは、普通は6インチ（15cm）から10インチ（25cm）の長さのギザギザした刃が付いている。毎日使うものではないが、パン以外のものを切るにも便利だ。刃がギザギザなので、オレンジやグレープフルーツ、メロンやトマトなどが簡単に切れる。

私はいつも「故障モード」について考えている。包丁が滑ったら、どこへ行くことになるだろうか？ まずいやり方で包丁を使っている人を見ていると、黒板を爪でひっかく音を聞いているような気分になる。

包丁は、一定の垂直面に沿って動かし、包丁ではなく食材を少しずつ移動させる。切断面に食材を送り込む際には、指を切らないように注意する。指を丸めるようにして食材を押さえると、包丁が滑ったとしても指を切ることはない。また、包丁の側面に指の関節を押し付けると、包丁の位置をコントロールしやすくなる。

切った食材をまな板の上で集める場合は、包丁をひっくり返して刃先と反対側の峰を使う。こうすれば、刃先を鈍らせずにすむ。

包丁の持ち方にはいろいろある。包丁は、握り込む（左の写真）のではなく、親指と人差し指で挟むような持ち方（右の写真）をするように心がけてほしい。この方が包丁を巧妙に扱うことができる。*

* 訳注：他に、峰に人差し指を当てる持ち方もある。包丁の持ち方にもいろいろと議論があるようだ。

RECIPE　1時間でできるフレンチオニオンスープ

大型のシェフナイフ、まな板、そしてタマネギの大袋があれば、薄切りやみじん切りやざく切り、そして皮むきの練習ができる。今までフレンチオニオンスープを作ったことがなくても、上手に包丁を扱うテクニックがあれば簡単だ。包丁を扱うテクニックの「特訓」やタマネギの切り方の素晴らしいデモンストレーションは、ジュリア・チャイルドのテレビ番組「The French Chef」の「Your Own French Onion Soup」の回で見ることができる（http://cookingforgeeks.com/book/onionsoup/）。例えば包丁の加工技術の向上など、変わったものもあるが、基本的なテクニックは変わらない。彼女が料理しながら教えてくれるのを見るのは楽しい。

例えば1651年のレシピなど、soupe á l'oignon（フレンチオニオンスープ）の初期のレシピでは、水かビーフブイヨンを使っていた。別の古いレシピでは、調理後にケイパーをトッピングしていた。ジュリア・チャイルドのバージョンでは、自家製のチキンとビーフのスープストックを使う。一度は自分でスープストックを作るべきなのは確かだが（370ページを参照してほしい）、そこから始めていては夕食の時間をオーバーしてしまう人がほとんどだろう。ここで紹介する私のバージョンでは、野菜ブイヨン（私はこの味が好きなので）を使い、電子レンジ（「信じられない！」）を賢く利用する。

まな板を置き、その隣に、スライスしたタマネギを入れる大き目の耐熱容器を用意する。耐熱容器には、**大さじ4（60g）のバター**を入れておく。

タマネギ（大）4〜6個、約2ポンド（900g）を薄切りにする。最初に根元と先端を切り落とし、（縦に）半分に割ってから、皮をむく。外側の固い皮が残らないように注意してほしい。そのままスープの中に残ってしまうからだ。半割にしたタマネギをスライスする。必要に応じて容器に移し、まな板の上のスペースを確保する。

タマネギを切ると涙が出るのはなぜ？

タマネギの汁が飛び散って目に入るから、という理由だけではないことは今では誰でも知っている。タマネギの細胞がつぶれると、細胞から放出される酵素（アリナーゼ）がスルホキシドと反応してスルフェン酸を生成し、これが安定化してタマネギを切ると、この硫酸性のガス（専門用語ではsyn-プロパンチアール-S-オキシド）となり、水と反応して硫酸を発生する。硫酸性のガスがわれわれの目の涙液と反応して硫酸を生じ、これが目を刺激するため、硫酸を洗い流そうとして涙が出るのだ。

タマネギを切ると涙が出る理由を科学的に理解していれば、いくつかのトリックを使うと涙が防げる理由も説明できる。涙が出るまでには、3つの段階がある。アリナーゼがスルホキシドと反応する段階、硫酸性のガスが目に到達する段階、そしてそのガスが目の中で反応する段階だ。これらの段階のどれか1つを邪魔すれば、タマネギで流す涙の量を減らせることになる。その方法をいくつか挙げておこう。

鋭い包丁と上手なテクニックを使う：鋭い包丁を使えば、切ったときにタマネギの組織から放出される液体の量が減らせる。スライスしたタマネギをまとめておけば、空気に触れるスルフェン酸の量が減らせる。

タマネギを冷やしておく：酵素の反応や揮発反応は温度に依存するので、冷蔵庫か冷凍庫に1〜2時間入れておけば、生成されるスルフェン酸の量が減少する。（しかし、タマネギを冷蔵庫に保存してはいけない。128ページを参照してほしい。）

包丁とタマネギ、そしてまな板を濡らしておく：涙を生じさせる硫化物は水溶性なので、少量の水でも効果がある。しかし、滑って切りづらくなるので、あまりよい解決策ではない。

ガスが目に入るのを防ぐ：ファンを使うか、換気の良い場所で作業するか、あるいは見た目はおかしくても水泳用のゴーグルを使うとかすれば、目に入っ

て反応を引き起こす硫酸性ガスの量を減らすことができる。

次がちょっと型破りな部分だ。コンロの上でタマネギを調理するのは、熱的なバランスを取る作業だ。つまり、鍋はタマネギが自分から出たジュースの中で煮えるほど熱くなくてはならないが、水分がなくなったり焦げ付いたりするほど熱くてもいけない。タマネギを電子レンジに掛けるなんて信じられないかもしれないが、完璧にこのバランスを取ってくれるのだ。電子レンジはタマネギの中の水分を加熱してタマネギを煮立たせるが、乾いた部分は加熱されないので焦がしてしまうことがない。それでも時間がかかる（30分から45分）のは確かだが、驚くほどシンプルだ。

タマネギとバターを15分間ハイパワーの電子レンジに掛けてから、かき混ぜる。この時点で、タマネギは透明でしんなりしているが、茶色くはなっていないはずだ。刻んでいる間に紛れ込んだタマネギの皮の切れ端があれば、取り除く。再度15分間、電子レンジに掛ける。再びかき混ぜ、また紛れ込んだタマネギの皮の切れ端があれば取り除く。この時点でタマネギの体積は少なくなり、たぶん茶色くなり始めているはずだ。タマネギの体積が目に見えて減少しマホガニー色になるまで、5分ずつ電子レンジに掛ける。

タマネギを鍋に移し、以下の材料を混ぜ入れる。

☐ 無塩野菜ブイヨン：1クォート（約1リットル）
☐ ブランデーかウィスキーかシェリー酒：大さじ2（30ml）（これはオプションだが、味に深みが出る。甘いのが好きな人はシェリー酒を使うとよい）
☐ 塩：小さじ1（6g）
☐ 挽きたてのコショウ

味を見て必要に応じて調味料を加えるが、後でチーズを加えることを考えて塩味は控えめにしておこう。この状態でスープを冷蔵庫に入れれば、数日間保存できる。

盛り付ける前に、スープを煮立たせる。レードルで、オーブンに入れられるスープボウル（または、食卓で取り分けるつもりなら、オーブンに入れられる浅い耐熱皿）にスープを移し、その上に**スライスして乾燥させ、トーストしたパン**を乗せる。（パンを乾燥させてトーストする工程を省いてはいけない。どろどろになってしまうからだ。古くなったパンを使って、それをトーストしてもよい。あるいは、スライスしたパンを300°F / 150℃のオーブンに入れて乾燥させてから、トーストする。）

パンの上に**グリュイエール、フォンティーナ、またはエメンタール**などの溶けやすいチーズをたっぷりスライスして乗せ、全体が1/8インチ（0.5cm）のチーズの層で覆われるようにする。

上火モードのオーブンで、所々こんがりとしてくるまで、チーズを溶かしながら焼く。

タマネギの切り方

タマネギを半分に切り、切断面を下にしてまな板の上に置く。水平に2〜3か所、タマネギの根元へ向かって切れ目を入れる。切り離してしまってはいけない。バラバラにならないように、根元の部分はつながったままにしておく。

垂直に何か所か切れ目を入れる。この場合も、根元の部分はつながったままにしておく。

最後にタマネギを横向きにして垂直に刻めば、タマネギのみじん切りができる。

キッチン用品の基本

INTERVIEW
バック・レイパーが包丁について語る

バック・レイパー（Buck Raper）は、アメリカ最大で最も歴史のある刃物製造会社 Dexter-Russell の、製造エンジニアリング部門のマネージャだ。上の写真は、バック氏が同社の冶金研究所で、刃先の鋭さと刃先の寿命をテストする装置の横で包丁を持っているところ。

Dexter-Russell に入社した経緯は何ですか？
入社する前、私は有機合成化学を研究する博士課程の学生でした。

ほう。それではどうして？
徴兵されてベトナムへ行きました。

そして、帰国して……
帰国したときは、化学の博士号を取ってもあまり就職先はない状況でした。まだ博士課程は2年残っていましたし、養わなければならない家族もいました。そこでMBAを取得したところ、化学の博士の2倍の初任給がもらえたんです。私の家族は、祖父も父も、ずっとこの業界で働いてきましたし、私は刃物のことばかり聞いて育ちました。私が小さかった頃、父は毎週土曜日に私をポケットナイフの工場に連れて行き、工場主任に私を預けて仕事をしていました。そして私は主任と一緒にナイフを作っていました。

化学の知識が、刃物一家の出身という生い立ちとうまくかみ合い、補い合ったということでしょうか？
ある意味ではそうですが、自然科学を通して学んだ科学的手法や分析技術を、刃物製造に応用したことのほうが大きいでしょう。私は、歴史専攻や英語専攻のMBAとは異なる視点から問題をとらえることができました。自然科学の経験があれば、彼らとは違った工学的なアプローチができるのです。

例えば、どういう点でしょうか？
熱処理や研磨、あるいはスチールの選択は、今までほとんど伝承技術とされてきました。昔からやっている方法なので、誰もなぜその手法で行うか知らないのです。今では、ある特定の目的のために使用するステンレス材を選ぶとき、テストを行って複数の刃を作り、それらの結果がどうなるかを検証します。対照サンプルと、実験結果のデータがあります。こういった点を私は変えました。Dexter-Russell は創業192年の会社です。会社にはまだ世紀の変わり目、つまり1900年から使っていた古い機械も残っています。その頃の技術はまだ立派に使えるのですが、なぜそうしているのかは誰も知らなかったのです。

伝承技術を検証してみて、驚いたことは何でしょうか？
弊社はカキの殻を開ける業務用のナイフで業界最大手ですが、このナイフの先端が壊れやすいという慢性的な問題がありました。われわれの持っている熱処理プロセスを使えば、硬度が十分に高く壊れないナイフが作れるはずだと考えました。刃が壊れるのなら、硬度を高めれば壊れにくくなるだろう、という理屈です。しかし実際に必要だったのは、靭性の高いスチールを作ることだったのです。そこで靭性の高い、軟らかいスチールが作れるように熱処理プロセスを変更しました。

スチールの靭性と硬度の違いは何でしょうか？
刃の切れ味とのトレードオフです。スチールは硬度が高ければ刃の切れ味がよくなります。しかし柔軟性も必要なのです。柔軟性のあるボーニングナイフや魚おろしナイフを作りたい場合、スチールの硬度が高いと脆くなり、割れてしまいます。つまり硬度と、多少の柔軟性を持たせるための靭性とをトレードオフしなければなりません。また、靭性が高いと耐久性が向上し、耐摩耗性も得られます。刃が切れなくなる原因のひとつは文字通りスチールの粒子が摩耗するからで、その対策としては靭性の高いスチールを作れば

よいのです。

スチールに熱処理を施す際には、硬度が最大となる温度でマルテンサイト化させるのが一般的です[原注:マルテンサイトとは、急激な温度変化によって形成される、金属中の結晶構造の一種。]。しかしわずかに低い温度で処理すると、靭性が高くなります。より高い温度で処理すると、靭性は高いのですが、腐食します。われわれの場合、熱処理可能な400系ステンレスを例に取ると、最適な熱処理温度は1934°F / 1057°Cです。このスチールを1950°F / 1066°Cで熱処理すると、硬度は1920°F / 1049°Cで熱処理したものとほぼ同じですが、一方はより靭性があり、他方は腐食してしまいます。

スチールは粒子で形成されています。包丁の刃を折って肉眼でその折れた個所を見ると、細かいセメントのような組織が見えるでしょう。この組織は、粒子の集まりなのです。スチールには9～10種類の相があります。どのような温度処理が施されたかによってこれらの相がさまざまに混じりあい、それによってスチールの靭性が決まります。熱処理について説明するとき、私はケーキを焼くことに例えて話します。生の生地を加熱すると化学変化と相変化が起こり、スラリー状の生地が多孔質の固体に焼き上がります。スチールの場合、臨界温度まで加熱された後の冷却も同じように重要です。これはクエンチングと呼ばれています。昔の映画で、鍛冶屋が鉄を打っている場面を見たことがあるでしょう。熱くなった鉄を水につけると、シューという音ともに蒸気が出ます。なぜ水につけるかというと、急激に冷やしたいからです。ステンレスの場合、希望する相を保つためには、3分以内に1350°F / 732°C以下まで冷却する必要があります。もっとゆっくり冷却すると、スチールの相の構成が変わってしまいます。つまり、温度を上げることだけではなく、冷却曲線も重要なのです。

スチールはまた合金の種類により性質が異なります。ステンレスの刃物に使われるスチールには20から30種類もの種類があり、しかもこれは合金鋼のほんの一部でしかありません。合金鋼は、炭素鋼の一種です。そして、すべての熱処理プロセスはどのタイプの合金を使うかで決まります。

ナイフ作りという特定の用途に使いたいスチールはありますか？

炭素鋼を使えば素晴らしいナイフができますが、われわれはステンレス鋼を使いたいと思っています。皆、昔の炭素鋼のナイフが好きなのですが、米国衛生財団（National Sanitation Foundation）やその他の規制機関が、レストランでは炭素鋼のナイフを使用しないようにと指導しているのです。われわれはステンレスを選びました。これにはクロムが入っています。クロムが鋼をステンレスにするのです。また、硬度を高めるには炭素が必要です。硬度を上げたいなら炭素を多めに入れ、耐食性を上げたいならクロムを多めに入れます。熱処理をしたときに細かい組織を得たいなら、モリブデン、バナジウム、タングステンやコバルトなどを入れれば粒子が細かくなります。タングステンとコバルトには、鋼の靭性を高くする性質もあります。

レストランで炭素鋼のナイフの使用が禁止されている理由は何でしょうか？

錆びるからです。錆びは酸化鉄です。錆びはそれ自体汚いですし、ナイフの刃が錆びると小さな穴があき、そこに脂が溜まります。脂はバクテリアの温床になります。通常は市や州、または郡の条例で決められています。

炭素鋼とステンレス鋼では、どちらが優れているのでしょうか？

これは昔からある質問で、私も30年間悩んでいました。悩んだ末に私は、フランスの製鉄所から来た冶金学者のセミナーに出席しました。彼は刃の鋭さと寿命をテストする機械を開発した人です。結果として、刃は炭素鋼のほうが5%鋭くできる一方で、持ちはステンレス鋼の方が5%良いことが判明しました。ステンレス鋼は靭性が高いため刃を付けるのが難しいので、うまく研がないと文句を言う人も多いようです。炭素鋼なら5%鋭くできることは事実ですが、ナイフを使っていてもその違いなどわかりません。違いを証明するには、科学的な装置が必要です。実用的な違いとしては、炭素鋼のナイフは刃を作るのが簡単で、そのため研ぎ直しが簡単にできるため、ほとんどの人にとって炭素鋼のほうが切れ味がよいのです。炭素鋼のナイフは、研ぎ棒との相性がよく簡単に研げますが、ステンレス鋼のナイフは少し時間をかけて研がなければなりません。

おそらく地獄への門へと導く質問になると思いますが、ナイフはどうすれば正しく研げるでしょうか？

その方法はたくさんあります。おそらく最も一般的で私も人に勧めている方法は、ダイヤモンド研ぎ棒を使う方法です。一般的なギザギザのついた研ぎ棒は、1/2インチか5/8インチ（1.2～1.6cm）径の棒で、長さ方向にでこぼこが付いています。これが今では、ダイヤモンドでコーティングされた研ぎ棒に変わってきています。ダイヤモンド研ぎ棒は、金属をそぎ落として新しい刃を作るのに十分な強度があるため、素早く刃を付けることができます。

刃には、実際にはその裏に弓のこの歯のようにギザギザした小さなバリがたくさん垂直方向に生えています。何かものを切ると、これらの小さなバリは（ここではとげと呼びます）倒れてしまいます。刃物に研ぎ棒をかけると、まずこれらのとげが起き上がり、刃が復活するのです。何度も研ぎなおしていると、とげは何度も倒れたり起き上がったりするため、金属疲労によって折れてしまいます。ちょうど針金を何度もねじると金属疲労を起こして折れるのと同じことです。そうなると、新しくバリを作ることによって、新しく刃を付けなくてはなりません。そのときに、ダイヤモンドスチールの粒子が最適なのです。従来からある研ぎ棒の長いギザギザは同じ役目をしますが、ダイヤモンドスチールの方がずっと簡単です。ナイフの刃を研ぎ棒に沿って動かすと、まずバリが立ち上がり、それから刃

を削って行くことになります。陶磁器の糸底やレンガでも同じように研ぐことができますが、ダイヤモンドスチールが最高の研ぎ具です。

私はよく中国へ旅行に行きますが、中国のキッチンは、設備もツールもそして用具も非常に単純です。包丁は1本ですましています。人々はこれを肉切り包丁だと言っていますが、実際には肉切り包丁ではありません。薄切りもできますし、フライ返しやへらなど、ありとあらゆる使い方をされています。しかし彼らはこの1本の包丁を、床に座り込んで床のレンガを使って研ぎ、刃を付けています。彼らは包丁を非常に鋭く研いでいるのです。私は中華料理で、食材をきれいに切ることが、味や見た目、新鮮さに非常に大きな影響を与えることを学びました。これらはすべて、切り方が悪いと台無しになってしまうのです。

私はダイヤモンドの研ぎ棒か砥石をお勧めします。ただ、砥石を使いこなすには技術と練習が必要です。電動研ぎ器はお勧めしません。

ある時点でバリが落ちて、そこで刃を研いで新しく刃を付けることが必要になる、ということですか？

ダイヤモンドスチールでは、バリを立てながら同時に研磨します。昔からある研ぎ棒では、金属を取り除くのに十分な硬度がありません。研ぎ棒を使う場合は、研ぎ棒のスチールの硬さが、研ごうとしているナイフの刃の金属よりも高くないといけません。そうでないと、一般的なやすりで金属を磨くようなもので効果がありません。やすりは、磨こうとしている金属よりも硬くないと磨くことはできません。ナイフの刃がひどく鈍ってしまったら、元の切れ味を取り戻すには多大な労力が必要です。でも1日おき、あるいは1週間に1回、あるいはナイフを引き出しにしまうたびに研ぎ棒で何回か研いでいれば、つねに最良の状態が保てるでしょう。

包丁は、どこまで研いで使えるのでしょうか？［原注：バック氏は、下の写真を見せてくれた。］上の新しい包丁と比較して、どれだけ研げば下の包丁のようになるのか、信じられません。この包丁にはどんなストーリーがあるのでしょうか？

この包丁を研いだ人がどんな人かはわかりませんが、非常に丁寧な研ぎ方をしています。この包丁は、家族経営の肉屋から、交換のため弊社のカスタマーサービスに戻ってきたものです。私は弊社の販売スタッフのトレーニングをしていますが、その時によく聞かれる質問が、包丁はどれくらい使えるものかというものです。私はこの写真を見せます。これは極端な例ですが、この包丁は5年か6年使われたのではないかと思います。

一般的なレストランでは、包丁は6～9か月持ちます。プロ仕様の刃物には、特に食肉加工場で使う場合、牛のわき腹を切り裂くのに刃の広い包丁が必要とされます。大きく曲がった包丁が必要なのですが、このような包丁をシミター（三日月刀）ステーキナイフと呼んでいます。この包丁は約2.5インチ（6cm）の幅がありますが、この幅が1インチか1.25インチ（2.5～3cm）を下回ると、牛のわき腹を切り裂くには向かなくなります。そうなると小さなものを切るために使い、解体用ナイフと呼ぶようになります。そしていよいよ1インチよりも小さくなると、ボーニングナイフとして使います。

そうすると、これらのナイフは実際、さまざまな用途に使われて行くのでしょうか？研いでいくうちに小さくなり、違う用途に再利用されるのでしょうか？

このナイフはだんだん細く短くなります。そして、異なる用途に使われて行きます。鶏肉業界では、今でもそうしています。これまで話してきたことは、ほとんど第二次世界大戦前のことです。戦後は、人々が弊社に来て「最初からこの形のナイフを作ってもらえないかな？」と言うようになりました。そこで私たちは、摩耗したナイフと同じ形状のものを作ることにしたのです。巨大なシミターナイフをわざわざ使い古す必要はなく、最初から解体用ナイフを購入できるわけです。われわれが作り続けているナイフの形は、摩耗して他の用途に使われるようになったナイフからヒントを得て、そのような形の刃を作り始めたものが大半です。

料理の初心者にアドバイスをいただきたいのですが？

知ったかぶりをするとしたら、「包丁を持って走り回らないように」とアドバイスするでしょうね。それから包丁を食器洗浄機に入れないように。ぬれた布できれいに拭きましょう。食器洗浄機で洗うと、ぶつかり合って刃がこぼれてしまいます。食器洗浄機に入れてしまったら、すぐに取り出して乾かすようにしてください。常に研ぐのを忘れず、鈍らせないようにしましょう。包丁を使い終わるたびに、あるいは2回に1回は研ぐようにしましょう。研ぎ棒に1回か2回当てて研げばよいので、決して面倒な作業ではありません。それだけのことで常に鋭い刃が保てるのです。

COLUMN 包丁の研ぎ方入門

包丁を研ぐことは、フロスを使うことや日焼け止めを塗ることと同じように、キッチンでは大事な作業だ。これは、想像以上に頻繁に行う必要がある。

- よく切れる包丁は、切るときに余計な力を入れなくて済む。そのため手が滑ったり、間違って自分の指を切ったりすることが少なくなる。
- よく切れる包丁はきれいに切れるので、食品の切り口から水分がしみ出しにくい。
- よく切れる包丁を使うと腕が疲れない。筋肉をあまり使わなくて済むからだ。もちろん、これを実感するには、何時間も薄切りやさいの目切りをする必要があるだろう。

包丁を良い状態に保つには、刃を「正しく」整形するということと、正しく整形された状態が保てなくなったときに研いで再度刃を付けるという、2つの作業を行わなくてはならない。包丁を正しく整形された状態に保つには、研ぎ棒（有名人シェフの写真によく一緒に写っている鉄の棒）を使って研ぐ作業を、料理の最後の後片付けや洗い物のときにするとよいだろう。包丁の刃が整形されていない部分（「バリ」）を研ぎ棒に押し当てて研ぎ、整形し直す。ギザギザした刃の包丁に研ぎ棒を使ってはいけない。通常の研ぎ棒は、ギザギザの刃にはうまく当たらないのだ。）ダイヤモンドがコーティングされた研ぎ棒を探してほしい。打ち抜き加工された包丁であっても、ダイヤモンドコーティングのほうが刃に使われているスチールよりも硬いので、バリを整形し直しながら新しい刃を付けて包丁を真に鋭い状態に保つことができ、刃を研ぎ直す必要がなくなる。

さらに刃を鋭くしたい場合には、刃を研ぎ直して新しい刃を付ける必要があるが、これは砥石や砥石車、あるいはレンガなど、刃よりも硬い素材を使ってできる。（詳しくは、直前のバック・レイパーのインタビューを参照してほしい。）刃を成形するのではなく、刃を研いで鋭くすることには、1つの大きな欠点がある。新しい刃を付けるために素材が削られるので、包丁の寿命が短くなるのだ。しかし、日常的に整形を行っていても、包丁の刃は次第に鈍ってくる。

刃を研ぐ方法に関わらず（砥石を使うのが一般的だ）、刃の角度を考慮する必要がある。刃の角度は、包丁の側面と研ぐ面の角度として測定できる。10°という角度は20°よりも鋭いが、より鈍りやすいということでもある。角度が鋭いと先端の金属が細くなるため、刃が弱くなるからだ。刃は両面にあるので＊、両面を20°に研いだ包丁は、全体として40°の刃を持つことになる。台所で使われる包丁には、15〜20°（片面につき）ほどのものが多い。角度は、両面で同じにする必要はない。ものを切るときに包丁が横にずれないように、非対称（例えば、片面を12°の角度、もう片面を20°の角度）に包丁を研ぐのが好きなシェフもいる。（右利きの料理人は、左手で食材を押さえるため、左側から食品を見ながら刃先を合わせることになるので、切り方に偏りが生じる。）研ぎ角度がさらに複雑になるのは、2つの角度で研ぐ、つまり2度目はより角度を付けて研ぐ場合があるからだ。こうすると、刃先近くにたくさん金属が残るので強くなり、鋭い刃が長持ちする。製造業者の中には、断面が凸にカーブした断面の包丁を作っているところさえある。このように、研ぐことには多くの課題があるのだ。ここでヒントをひとつ。刃先に黒いマーカーを塗っておくと、研ぎの進捗が判断しやすくなる。

＊訳注：日本の和包丁には片刃のものが多い。

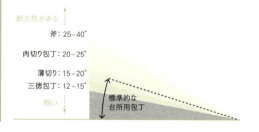

まな板

　まな板には、大きく分けて2種類ある。木製のものと、合成樹脂製のものだ。木製のまな板は、カエデやクルミなどの木目の詰まった硬い木でできていて、快く温かい感触がある。合成樹脂のまな板は、ナイロンやポリエステルなどのプラスチックでできていて、価格面でのメリットがある。ガラスや石でできたまな板を配膳以外の目的で使うのは、やめたほうがいい。包丁の刃がこぼれるからだ。

肉の包装紙を、包んでいた肉を切るための使い捨ての即席まな板として使ってみよう。洗い物が1つ減らせる!

　どちらの素材が安全かは、場合による。まな板を食器洗浄機に通して殺菌すれば、肉や洗っていない野菜にサルモネラ菌や大腸菌がいたとしても、殺すことができる。木製のまな板は食器洗浄機に入れられない(熱で木がゆがんでしまう)が、木材の化学的性質のため、木製のまな板のほうが多少殺菌をさぼっても大丈夫だ。プラスチックのまな板を使っている家庭の料理人は、生肉を使った後にまな板を手洗いしていても、木製のまな板を使っている人に比べて2倍もサルモネラ中毒になりやすいという研究結果もある。合成樹脂のまな板を使うなら、適切に洗うよう心がけよう。

　個人的には、私はプラスチックのまな板を生肉用に、木製のものを調理済みの食材に使っている。違いが視覚的にわかりやすいことと、もし洗い方が悪かったとしてもクロスコンタミネーションのおそれが少ないという理由からだ。食品安全の問題以外に、次のような実用上のヒントも気に留めておいてほしい。

- 少なくとも、大きさが12インチ×18インチ(30cm×45cm)あるまな板を探そう。小さすぎると、刻んでいるうちにスペースが不足する。
- まな板の端に沿って溝が付いていて、液体が流れ落ちないようになっているものもある。このタイプのまな板は、水分を含む食材を扱う場合には便利だが、乾いた食材、例えば刻んだハーブなどを移すのはちょっと厄介だ。使うまな板を選ぶ際には、このことを頭に入れておくとよい。
- まな板の匂い(にんにくや魚など)が気になる場合は、レモンジュースと塩で匂いを消すことができる。
- まな板の下にふきんを敷くと、切っている間にまな板が動いてしまうことが防げる。

鍋とフライパン

最近の引っ越しでだいぶ物を捨てたので、今の私のキッチンには必要最小限のものしかなくて気分がいい。しかしそれでも、私は鍋やフライパンを5個持っている。フライパンが2つ（1つはフッ素樹脂加工してあるもの）、ソースパン（大学でもらってきたはんぱもの）、スープ鍋（父さん、ありがとう！）、そして小さな鋳鉄製の鍋だ。これら5個の鍋にかかった費用を合計すると、私が今持っている他のキッチン用品の合計を、おそらく上回ることだろう。これは私には妥当なことに思える。

フライパンは浅く底の広い鍋で、縁の部分が若干傾斜している。1つだけフライパンを持つなら、フッ素樹脂加工されたフライパンを買うのが良いだろう。それが一番使いやすいからだ。フッ素樹脂のコーティングがあるとフォン（フライパンの底で焦げた食品の一部で、ソースに風味を加えてくれる）ができないので、ステンレス製のフライパンを購入することも考えてみてほしい。

ソースパンは底の直径と高さがだいたい同じで、縁はまっすぐに立ち上がり、数クォート（数リットル）の液体が入る。ホットスポットができないように、底が厚いものを選ぶとよい。ふたも忘れずに購入すること。別売りの場合もある。

スープ鍋は1ガロン（4リットル強）以上の液体が入り、野菜を湯がいたり、パスタをゆでたり、スープを作ったりするのに便利だ。私が使っているスープ鍋は、業務用の安価なステンレス製のものだ。ふたも忘れずに買っておこう！

鋳鉄製フライパンは他の鍋よりもはるかに熱容量が大きいため、食材に焦げ目を付けて焼くのに適している。サイズによっては、コーンブレッドなどの料理にも最適だ。酸と化学的に反応するので、トマトなど酸性の強い食材を煮るのに使ってはいけない。鋳鉄製フライパンは、洗った後に必ず乾かしておくこと。水洗いし、オプションとしてプラスチック製のたわし（または塩とふきん）でこすった後、コンロに乗せて1分ほど熱してから、油をしみこませた布で内側を拭いて薄く油をコーティングする。

鋳鉄製フライパンをなじませるってどういうこと？
「なじませる」というのは料理用語で、油脂類を高温で加熱して分解させ、フライパンの表面に被膜を作り出すことだ。
新しいフライパンをなじませる（または手入れが必要な古いフライパンを再度なじませる）には、食器用洗剤と水でよくこすり洗いし、バーナーに乗せて1分ほど乾燥させた後、すべての表面を脂の薄い層でコーティングする。伝統的にはラードや牛脂が使われていたが、どんな油でもよい。亜麻仁油を愛用している料理人もいる。できるだけ油をふき取ってから、フライパンをオーブンに入れて500°F / 260°Cにセットし、60〜90分焼いてから、フライパンを入れたままオーブンをオフにして冷ます。皮膜が薄すぎるようだったら何回か繰り返すか、フライパンの使い始めの数回は使用後の手入れに加えて上記の手順を行うようにする。

COLUMN 金属、フライパンとホットスポット

さまざまな金属製のフライパンや、各種の素材をサンドイッチした構造のフライパンにはどのような違いがあるのだろうか？それは、**熱伝導率**（熱エネルギーが素材を伝わる速さ）と、**熱容量**（素材を加熱するために必要なエネルギー量で、冷却時には同じ量のエネルギーが放出される）の違いだ。

まずフライパンによく使われる素材の熱伝導率を見てみよう。参考のため、それ以外の物質も示してある。

熱伝導率
（ワット毎ケルビン毎メートル）

熱伝導率の低い素材でできたフライパンは、コンロから加えられた熱エネルギーが上や外側に伝わるのに時間がかかるため、フライパンの加熱には時間がかかる。物理学の言葉では、これを「熱応答時間が遅い」という。調理中、熱伝導率の低い（鋳鉄やステンレス鋼の）フライパンは、火加減を変えたときの反応が「遅い」。これらのフライパンを火にかけても、しばらくは何も変化がないように見える。同様に、これらのフライパンを十分加熱してからコンロからおろしても、中の食材はしばらくの間調理され続ける。（こういう状況でフライパンの中の食材が焦げ始めてしまったら、食材をボウルに移せばそれ以上焦がさずに済む。火を止めても、フライパンが食材を加熱し続けるのだ。）

同じ直径の2つのフライパンで、一方が鋳鉄製、もう一方はアルミ製だったとしたら、フライパン全体に熱の伝わるのはアルミ製のフライパンの方が速いだろう。FAX用の感熱紙を用いて熱伝導を示した写真を示す（熱画像カメラを買えるほどお金持ちではないからね）。FAX用の感熱紙は加熱されると黒くなるので、黒い部分は熱く、白い部分は冷たいことを示している。

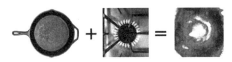

ガスコンロの上の鋳鉄製フライパン＝熱伝導が遅い

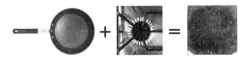

ガスコンロの上のアルミ製フライパン＝熱伝導が速い

自分でこの実験をしてみたければ、小麦粉をフライパンの表面に薄く振りまいて、コンロにフライパンを乗せて30〜60秒間加熱し、どの部分で最初に小麦粉が色づき始めるか観察してみよう。

ガスコンロの火の直径が大きいことと、ガスの炎が外側に向かって吹き出していることに注目してほしい。そのため、フライパンの中央部が、最も温度が低かった。これは、鋳鉄製のフライパンの方により明確に現れている。アルミ製のフライパンに比べて熱の伝導が遅く、温度の低いスポットができてしまうからだ。

比熱も重要だ。**比熱**とは、単位質量の物質を単位温度だけ変化させるのに必要な熱エネルギー（単位は「ジュール」）で、素材によって異なる。つまり、1kgの鋳鉄の温度を1℃上昇させるのと、1kgのアルミニウムを1℃上昇させるのでは、必要なエネルギー量が違うということで、その理由は素材によって原子レベルの構造が違うからだ。フライパンでよく使われる素材の比熱を比べてみよう。

鋳鉄はアルミニウムよりも比熱が低い。鋳鉄と同じ質量のアルミニウム（比熱はそれぞれ、450 J/kg*Kと897 J/kg*K）を同じ温度まで加熱するには、ほぼ2倍のエネルギーが必要だ。そして、エネルギーは保存されるので（熱力学の第1法則）、1kgのアルミニウムが冷えるときには、1kgの鋳鉄よりも多くの熱を放出する（例えば、大きなステーキ肉をフライパンの表面に乗せたとき）。

さらに、熱伝導率と比熱だけではなく、フライパンの質量も重要だ。私はいつも鋳鉄製のフライパンでステーキを焼いている。重さは約7.7ポンド（3.5kg）で、私の持っている3.3ポンド（1.5kg）のアルミ製と比べると、より多くのエネルギーを放出することになる。焼くときは、**比熱×質量**の値が最大になるフライパンを選ぶとよい。そのようなフライパンはいったん熱くなると、食材を加えてもそれほど温度が落ちないからだ。

フライパンを選ぶときに、他にも考慮しておきたい事柄がある。よく油のなじんでいない鋳鉄やアルマイト処理されていないアルミニウムは酸と反応するので、これらの素材でできたフライパンはトマトなど酸性の食材を煮るためには使わない方がよい。フッ素樹脂加工のフライパンは、500°F / 260℃よりも高い温度にしてはいけない。それから、調理の熱が主にフライパン以外から加えられる場合もある。ゆでたり蒸したりするときは、水が熱を伝える働きをするので、フライパンの素材はあまり重要ではない。同様に、超高カロリーのコンロ（中華料理で使用する60,000 BTUのコンロなど）を使っている場合も、フライパンはヒートシンクとして働かないので熱容量はあまり重要ではなくなる。

割り込み銅はどうだろうか？　つまり、銅やアルミニウムの芯がステンレスなどの金属で挟まれた構造のフライパンことだ。このような構造のフライパンは、次の2つの目標を同時に解決してくれる。熱を素早く均一に伝えてホットスポットを作らないこと（アルミまたは銅を使っているので）と、非反応性の素材を表面に使っているので（通常はステンレスだが、フッ素樹脂加工も効果がある）食材がフライパンと化学反応を起こさないことだ。

最後に、フライパンを買う際には、他の条件が同じであればオーブンに入れられる持ち手が付いているものを選ぶとよい。木製のものは避け、オーブンに入らないほど持ち手が大きくないことを確認しよう。

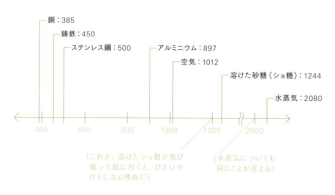

他のものにはくっつかないのに、どうやってフッ素樹脂のコーティングをフライパンにくっつけるの？

接着促進剤と呼ばれるものを使って、フッ素樹脂のコーティングとフライパンを接着する。最近ではペルフルオロオクタン酸（PFOA）が接着促進剤としてよく使われている。残念ながらこの物質には毒性があるが、米国環境保護庁（EPA）によれば製造時の加工助剤としてのみ使われており、また完成した製品には含まれないと製造業者は主張している。

同時に異なるコンポーネントを調理できるので複数のフライパンを買おう。

ぜひそろえたいキッチン用品

　真新しいキッチンに何をそろえればいいか私が聞かれたとしたら、先ほど説明した包丁と鍋を1種類ずつと、2～3枚のまな板を挙げた後、以下の「その他すべて」のリストを伝えることだろう。

　「その他すべて」の中の「わかりきった」部分は、名前を挙げておくだけで十分だろう。かき混ぜるための木のスプーンを数本、泡立て器、ふきん、キッチンタイマー、耐熱の金属製計量カップ、電子レンジに入れられるガラス製の計量カップ（液体用）、そして計量スプーンだ。それ以外の用品は、料理初心者向けの短いコメント付きで以下に紹介する。

　金属製とガラス製のボウルは洗いやすく、業務用の台所用品の店で安く手に入るし、（調理済みの食材を保温するため）低温のオーブンに入れても安全だ。プラスチック製のものは、用途がはるかに限られるので使わないほうが良い。

　シリコーン製のへらは、フライパンの中でスクランブルエッグをかき混ぜたり、小麦粉の生地に卵白を混ぜ込んだり、ケーキ生地の入ったボウルの縁をこそげたりするのに最適だ。シリコーンは料理用具にぴったりの素材で、500°F／260℃までの耐熱性がある。

　トングは、耐熱性の自分の指の延長だと考えればよい。フレンチトーストをひっくり返したり、焼き網の上の鶏肉をつかんだり、オーブンからラムカン型を取り出したりするのに便利だ。先端が波型になっていて耐熱シリコーン製の、ばね付きのトングをお勧めする。

　キッチンばさみはヘビーデューティーなはさみで、骨を切ったり（231ページを参照してほしい）葉物野菜を切ったりするのに便利だ（例えばスープ皿の上で直接チャイブを刻んで、彩りを添えるためにも使える）。

　にんにく絞りは、ステンレス製のヘビーデューティーなものを購入すれば、にんにく以外にも便利に使える。にんにくを絞るには、1かけを「皮をむかずに」入れ、レバーを握り、それからすぐに絞りかすを取り除いてきれいに洗う。たったの5秒で新鮮なにんにくの素晴らしい風味が得られる。ショウガに使う場合は、薄切りにしたものを絞り、同様にすぐに洗うようにしてほしい。

「バターと砂糖をクリーム状に泡立てる」ことは、レシピによく見られる工程だ。クリーム化する際に砂糖の結晶がバターにミクロの空気の泡を引き込むことについては、さまざまな説明がなされている。バターと砂糖をクリーム状に泡立てる際には、室温に戻したバターを使い（空気の泡を保持できる程度に硬く、泡立てが可能な程度に柔らかい必要があるため）、電動泡立て器を使ってしっかりと食材を混ぜれば、軽くてクリーム状の質感が得られるはずだ。

ハンドブレンダーはスティックブレンダーとも呼ばれ、ブレードがハンドルの先に付いていて、スムージーやスープ、あるいはソースなど、混ぜたいものが入っている容器に沈めて使う。手軽に使えるし、洗うのも簡単だ。

ミキサー（電動泡立て器）は、高価なものでなくてもよい。安価なハンドミキサーで十分だ。たくさんパンを焼く人は、スタンドミキサーを奮発してもいいだろう。

そして最後に、非常に便利な3つの用品について、その特長を説明しておこう。

デジタル表示のキッチンスケールは、必須のアイテムだ。粉の材料は圧縮されやすいので、「カップ1*」の粉と言ってもその量は驚くほど変化する。デジタルスケールは、この問題を解決してくれる。また重さを量るほうが、素早く材料を計量できる。表面が平らで、ボウルや皿が直接置けるもの、そして少なくとも5ポンド（2.2kg）まで0.05オンス（1g）単位で表示できるものを選ぼう。

*編注：アメリカでは1カップは237mlだが、日本では200ccである。本書のレシピではアメリカサイズのカップ表記で記載している。日本では、カップ表記と併記された重さ(g)や体積(ml)をもとに材料を準備してほしい。

小麦粉の重さを量る必要があるのか？　もちろん！　私は10人の友人に小麦粉を1カップ量り取ってもらい、その重さを計量してもらった。報告された中で最も軽かったのは124gで、最も重かったのは163gだった。31%もの違いだ！

プローブ式のデジタル温度計は非常に便利だ。食品にプローブが突き刺せるように本体との間がケーブルになっていて、設定した温度になったらアラームを鳴らしてくれるものを選ぼう。タイマーも便利だが、時間は温度の指標に過ぎない。レシピに「鶏肉を20分間オーブンで焼く」と書いてあったら、鶏肉内部の温度が160°F / 71℃に達するまで20分かかると想定しているということだ。プローブ式の温度計を使えば、焼き過ぎを防ぐことができる。プローブを鶏肉に突き刺し、150°F / 65℃になったらアラームが鳴るようにセットして、アラームが鳴ったら鶏肉をオーブンから出せばよい。（余熱によって温度が数度上がることを見越して、アラームを目的の温度の数度下に設定する。）

炊飯モードとスロークックモード付きの電気圧力鍋も、素晴らしいツールだ。調理の際に起こる化学的プロセスの中には、比較的狭い温度範囲を長い時間保つことが必要なものもある。圧力をかければ、例えば6時間の調理を1時間に短縮することが可能だ。電気圧力鍋はオートマ車のようなもので、昔ながらの直火に掛けるものほど細かくコントロールはできないが、クラッチやギアの操作を覚える必要もない。直火に掛ける圧力鍋にも、圧力が多少高くできること、加熱時間が短くできる可能性があること、そして電気部品が故障する心配がないことなどの利点がある。しかし初心者には、少なくとも最初は電気圧力鍋をお勧めする。電源を入れっぱなしにして放っておいても、火事の心配がないからだ。この便利な家電製品を使えば、さまざまな料理（ショートリブの蒸し煮、鴨のコンフィ、ビーフシチューなど）を作るのがとても簡単になる。炊飯モードとスロークックモードがある機種を選ぼう（「圧力をかける」ことが常によいとは限らない）。ヨーグルトなどを作るのに適した温度範囲に設定できる機種もある。

プローブ式の温度計をキッシュやパイに差し込み、内部の温度をチェックして焼き上がりを確認する。約150°F / 65℃が、キッシュが乾燥せずカスタードがちょうど固まる温度だ。

COLUMN カップ1は何ミリリットル？

これは、聞く相手によって違う。古代ローマ人はモディウス（modius）を単位として液体の体積を量っていたが、標準化はされていなかったので歴史的には答えはひとつではない。ショッキングなことに、現代でもそうなのだ。今に至っても、われわれはまだグローバルな合意に達していない。

米国の標準カップ（8米国液体オンス）は237mlの容積がある。しかし、栄養表示などに使われる米国の「法定」カップは、240mlだ。カナダに住んでいるなら、たぶん250ml。イギリスのインペリアルカップは284mlになる。（これで気が付いたのだが、アイルランドで1パイントのギネスビールを注文したら、米国よりもたくさん出てくるのだろうか？）

また、粉の材料を重さではなく体積で量るという問題もある。米国農務省では、カップ1の小麦粉は125gの重さだと定義している。137gだとしている団体もある。私のキッチンにある小麦粉のパッケージにはどう書いてあるだろうか？ 120gだ。一部のパン製造業者は140gと定義している。これは、私が237mlのカップですくい取った小麦粉の重さの平均値に最も近い。

このような分量の違いは、何も考えずにレシピに従ってはいけないという数多くの理由の1つだ。分量によって何をコントロールしているのかを理解し、それに合わせて調整するようにしてほしい。メートル法に慣れていない（1メートルってどのくらいの長さ？）読者は、以下の「身近な量の変換」表を試してみてほしい*。これは、ウェブコミックサイト xkcd（http://www.xkcd.com）のランドール・マンローが親切にも提供してくれたものだ。これは、私が今までに出会った中で最高の単位変換ガイドだと言ってもよいだろう。

---

* 訳注：米国では一般的にヤード・ポンド法が使われている。

温度

60℃	世界最高温度
45℃	ドバイの猛暑
40℃	アメリカ南部の猛暑
35℃	アメリカ北部の猛暑
30℃	ビーチの温度
25℃	暖かい部屋
20℃	室温
10℃	上着を羽織る温度
0℃	雪！
-5℃	ボストンの寒い日
-10℃	モスクワの寒い日
-20℃	くそっ、寒い
-30℃	く…っ！
-40℃	はいたつばが凍る

速度

kph	m/s	
5	1.5	歩く速度
13	3.5	ジョギング
25	7	短距離走
35	10	人間の最速記録
45	13	家猫
55	15	ウサギ
75	20	猛禽類の鳥
100	25	遅い高速道路
110	30	州間ハイウェイの制限速度（65MPH、時速104キロ）
120	35	制限速度が65MPHのときに、車が実際に走る速度
140	40	ホバーボード上の猛禽類

メートル法への変換ガイド

メートルに換算するポイントは、自分の中で新しい基準を確立することだ。摂氏26℃と聞いたとき、華氏に直して79℉だと考えるのではなく、「家の中よりも温かく、プールよりは少し冷たい温度だ」とイメージするのだ。その基準として役に立つ表を示す。

体積

3ml	野ネズミの血量
5ml	小さじ
30ml	鼻腔
40ml	ショットグラス
350ml	ソーダ缶
500ml	ペットボトル
3L	2リットルのビン
5L	人間の男性の血量
30L	牛乳1ケース
55L	サマー・グロー（女優）
65L	デニス・クシニッチ（政治家）
75L	ロン・ポール（政治家）
200L	冷蔵庫

したがって、鼻が完全に詰まっている場合、鼻水でショットグラスをほぼ満たすことができる。

関連：私は史上最悪のカクテルを発明してしまった。

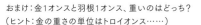

おまけ：金1オンスと羽根1オンス、重いのはどっち？
（ヒント：金の重さの単位はトロイオンス……）

長さ

1cm	SDカードの幅
3cm	SDカードの長さ
12cm	CDの直径
12.5cm	無線LANの波長
15cm	BICのペンの長さ
80cm	戸口の幅
1m	ライトセーバーの長さ
170cm	サマー・グローの身長
200cm	ダース・ベイダーの身長
2.5m	天井の高さ
5m	車の長さ
16m4cm	Serenity Crewの人間タワーの高さ

重さ

3g	m&mピーナッツ
100g	携帯電話
500g	ペットボトルの飲料水
1kg	超小型ノートパソコン
2kg	中位のサイズのノートパソコン
3kg	重いノートパソコン
5kg	液晶テレビ
15kg	ブラウン管テレビ
4kg	猫
4.1kg	キャプション付きの猫
60kg	女性
70kg	男性
150kg	シャキール・オニール（バスケットボール選手）
200kg	母親
220kg	安物のアクセサリーを身につけた母親
223kg	化粧と安物のアクセサリーを身につけた母親

INTERVIEW

アダム・ライドが
キッチン用品について語る

アダム・ライド（Adam Ried）は、Boston Globe Magazineの料理欄を担当し、PBSのAmerica's Test Kitchenシリーズには、キッチン器具のスペシャリストとして登場する。彼の個人的なウェブサイトはこちら（http://www.adamried.com）。

Boston Globe Magazineに記事を書いたり、America's Test Kitchenに出演したりするようになったのはどういう経緯なのですか？

私は食に関することで生計を立てることになろうとは思ってもいませんでした。私は建築の学校へ行ったのですが、以下の2点にすぐに気付きました。a）建築学校に入学すべきではなかった。b）入学したといっても、この道を究めるのは自分にとって大きな間違いだ。バービーの言葉を引用すれば、「数学は難しい」ということです*。
そこで、建築事務所のマーケティングの仕事を始めたのです。料理本を読みあさったり、ディナーを作ったり、友人を招いたりすることに多くの時間を費やしていました。でも、何かが違うような気がします。料理三昧の週末が明け、月曜日になると同僚たちを楽しませようと、週末にいろいろ試したことを話していました。何をどう作ろうとしたか、それがどんな結果になったか、そして次はどうするか。ある日、友人の1人が私を見て言いました。「ここで何をしているんだい？ 料理学校へ行った方がいいんじゃないのか？」と。このときほど自分が愚か者だと思えた瞬間はありません。私の中では自分の興味が具体化していなかったのです。私の妹は料理学校へ行っていて、家族は皆料理するのにもかかわらず、です。そこですぐに仕事を辞め、ボストン大学の料理プログラムへ通い始めました。
あるとき、私は学校のディレクターのオフィスにいました。その時もう一人女性が同じディレクターとの面会を待ってオフィスにいました。私たちは話を始めました。彼女は、1〜2年前にその学校のプログラムを終了した先輩でした。そして彼女は、Cook's Illustratedの編集者だったのです。私はその本を読んでいましたが、でもまた馬鹿なことに、その会社がすぐ近くのブルックラインの町にあるということに気付いていなかったのです。私は彼女の仕事について聞き、その仕事のどこが好きなのか尋ねました。そこで、私は料理を実際に作るよりも料理について書きたくなったのです。
私は、このかわいそうな女性に付きまとい、あちらこちらでフリーランスとしての仕事をもらえるようお願いして歩きました。それが積み重なって、ついにCook's Illustratedで実際の仕事をもらうことができました。1990年代初めのことです。学校にいた頃、私はこう思っていました。「神様、私はレストランでは働きたくありません。仕事はきついし、私は年を取りすぎているし、暑いのが嫌いなんです。私は何をすればよいのでしょうか？」こんなにも場所とタイミングがぴったりだったなんて話は、何もかもうまく行ってないような人なら絶対に聞きたくない種類の話でしょうね。

キッチンでの料理という観点から、予想よりも重要だったとわかったものは何でしょうか？

これは少しギークっぽく聞こえるかもしれません。自分に科学者の視点が欠けるからだと思いますが、私が気付いていなかったことの1つに、料理の背後に存在する科学的事実を理解することの重要性があります。パン種については、私はまだ理解しようともがいている段階です。ほとんどすべてのレシピは主にベーキングパウダーを使っていますが、重曹を少し入れるものもあります。重曹を入れて酸を中和することや、どんな食材が酸性なのかを本当に理解することは、料理学校では実際には教えてくれないことなのです。

逆に、重要ではないとわかったものは何ですか？

自分で墓穴を掘るわけではありませんが、キッチンのツールです。上手に料理を作るには、ありとあらゆるツールが必要なわけではありません。

では、キッチンで最低限必要なツールは何でしょうか？

シェフナイフは間違いなく必要です。ギザギザの歯をした包丁も非常に役に立ちます。良質の重量のあるアルミ芯のソテーパンも重要です。このソテーパンではものすごくたくさんのことができます。ソテーはもちろんのこと、蒸し煮、炒め物、ロースト、ケーキ作りなど。良質なざる、計量カップとスプーンも役に立ちます。私は、計量線付きのボウルが好きです。材料を混ぜながら体積がわかりますから。また、ハンドブレンダーも持っていて、非常によく使います。このハンドブレンダーがなければ、どんな料理も作る気がしません。また、フードプロセッサーも

よく使います。スタンドミキサーも持っていますが、ほとんどの場合、ハンドミキサーがあれば十分だと思います。これらが基本的なものだと思います。

キッチン用品をテストするときには、どのようなアプローチを取るのですか？
私は、できるだけすべての先入観を捨てるようにします。私はこの分野で何年もの経験があり、さまざまな器具を使い、さまざまなプロに話を聞いてきました。いつの間にか自分が探しているものが何なのかわかるようになっていました。それでも、実際に試してみてなるべく客観的にテストするようにしています。意外な驚きがあるかもしれないからです。昔、底にでこぼこのあるグリルパンをテストしたことがあります。これは、本当にグリルで焼いたような焼き目が付くという視覚的効果を狙ったものでした。私は大の鋳鉄フライパン好きなんです。私は鋳鉄が好きで、そのラインナップの中のひとつが鋳鉄製のグリルパンだったのです。私は先入観を捨てようとベストを尽くしましたが、どうしても「きっと素晴らしい結果が出るだろう」という思いは捨て切れません。実際、そのグリルパンは、かなり均一に加熱されましたし、保温もよかったのです。グリルのような焼き目もちゃんと付きました。でも、その形と底のでこぼこのため、洗うのが非常に厄介なことに気付いて、私はびっくりしました。でこぼこの間に汚れが固まってしまうのです。私はなるべく鋳鉄には洗剤や研磨剤を使わないようにしています。油のなじんだ状態を保ちたいからです。本当に汚れがこびりついてどうしようもない場合には、粗塩を入れて硬いブラシでこするのですが、そのグリルパンには効き目がないようでした。2度洗ってみて、私はもう2度とこの鍋は使わないと誓ったのです。

Boston Globeのコラムで、最初のバージョン、またはコンセプトから、最終的なレシピを完成させるまでのプロセスはどういうものでしょうか？
私は本物の料理人のプロセスというものを知らないので、おそらく必要以上に調査やテストをしているのだと思います。例えば、今私は、クリスマス休暇のコラムに書くフルーツケーキに取り組んでいます。最初に、インターネットで検索します。家にはたくさんの料理本がありますし、地域の図書館には自由に出入りできます。そして、できるだけ多くのフルーツケーキのレシピを調べます。40個か50個、あるいは締め切りが許す限り、調べられるだけ調べるのです。そして、自分で手書きの小さな表を作ります。表にはフルーツケーキの種類や変数を書き込んでいきます。そこに、自分の食べ物に対する感性を投影して行くのです。例えば、どんな色がいいか、生地に入れるフルーツやナッツの割合や、全体の形などです。
それからレシピを「つぎはぎ」し、実際に作ってみます。試食会を開き、試食して評価してもらいます。この家の中では、思い付きや考えなしに食事をとることはあり得ません。私はケーキを食べた全員から、食べた1口ごとにフィードバックがほしいのです。そしてフィードバックを持ち帰り、2回目の試作を行います。非常にラッキーな場合には、2回目で成功することもあります。通常は、3回目の試作を行います。このような批評と分析のプロセスが、常に繰り返されるのです。

何度試作してもうまくいかなくて、それがなぜかわからずお手上げになることはないのですか？
私はこの食の業界に幸運にも長くいることができているので、私よりずっと頭のよい人たちをたくさん知っています。わからないことがあればそのような人たちに質問します。実際、Globe誌の最初のころのコラムで、マンゴーを取り上げ、マンゴーブレッドについて書きたいと思ったことがありました。私はうまく膨らませようとがんばりました。生地の中には、糖蜜とピュレしたマンゴーが入っていました。そして、ベーキングパウダーと重曹が問題として浮かび上がりました。最終的には、ケーキ作りの専門家に片っ端から電話をかけ、ベーキングパウダーの果たす役割と、こんがりとした焼き上がりへの影響について理解したいと助けを求めたのです。
私は、3度か4度試してみても思い通りにならないレシピや、期待していたほど味がよくないレシピは捨ててしまいます。でも私は、多くの賢い人の助けがあってもうまく行かないほど、困った問題に行き当たった記憶はありません。

これまでレシピを公開して、後になって「しまった」と思ったり、予期しない反応があったりした経験はありますか？
ああ、もちろんですよ。すべての人を常に満足させるのは非常に難しいですから。あるレシピをだいぶ前に公開して、2～3年後にそれを読み返してみたときに、「いったい私は何を考えていたのだろう？あまりにも複雑すぎる」と思ったことがあります。

今までに、びっくりするほど受けが良かったレシピはありますか？
レモン風味のキヌアピラフとアスパラガスにスキャンピを添えたレシピがそうです。私はキヌアが大好きなので、編集者と時々キヌアの話をしていました。今はどこのスーパーにも置いてありますが、私がこのレシピを書いた頃は目新しいものでした。みんなこの料理が好きです。これについては、読者からたくさんよい反応をいただいています。

＊訳注：1992年にこの言葉をしゃべるバービー人形が発売されたところ、女性の社会進出を妨げるものだとして非難を浴び、回収騒ぎになったことがある。

RECIPE レモン風味のキヌアとアスパラガス、スキャンピを添えて

- ☐ オリーブオイル：カップ1/4（60ml）
- ☐ バター：大さじ3（45g）
- ☐ タマネギ：中1個（100g）、みじん切りにする
- ☐ キヌア：カップ1と1/2（280g）、洗う
- ☐ 塩と黒コショウ
- ☐ アスパラガス：1/2ポンド（225g）、根元を落として1.5インチ（4cm）の長さに切る
- ☐ レモンの皮：小さじ1と1/2（2g、レモン約1個分）
- ☐ レモンジュース：カップ1/4（60ml、レモン約1個分）
- ☐ 大きなえび：2ポンド（900g）、殻を取り、必要ならば背わたも取り、洗って水気をふき取る
- ☐ にんにく：4かけ（12g）、みじん切りにする
- ☐ 辛口の白ワイン：カップ1/2（120g）
- ☐ カイエンヌペッパー
- ☐ みじん切りにした新鮮なパセリ：カップ1/4（15g）

オーブンの棚を中間の位置に調整して耐熱皿を乗せ、200°F / 95℃に加熱する。大きなフッ素樹脂加工のソテーパンを中火にかけ、油大さじ2（30ml）とバター大さじ1（15g）を入れ加熱する。タマネギを入れ、しんなりするまで約5分間炒める。キヌアを加え、常にかき混ぜながら香ばしい匂いがするまで約4分間調理する。水カップ2と3/4（650ml）と塩小さじ1（6g）を加え、火を強めて沸騰させる。弱火にし、ふたをしてキヌアがちょうど柔らかくなるまで、約12分間煮る。火を止め、キヌアの上にアスパラガスを散りばめて、再びふたをして鍋をおろし、キヌアが汁をすべて吸い込んでアスパラガスが柔らかくなるまで、約12分間そのままにしておく。レモンの皮とレモンジュースを加え、黒コショウと塩で味を整え、混ぜる。温めた皿にキヌアを移し、ベッドのように広げて、オーブンに入れて保温する。

ソテーパンをペーパータオルで拭き、油を大さじ1（15ml）加え、強火にかける。油から煙が出るほどソテーパンが熱くなったら、えびの半量を入れ、動かさずに不透明になるまで約1分間加熱する。えびを素早く裏返し、完全に不透明になるまで約45秒間加熱し、ボウルに取り出す。ソテーパンに残りの油大さじ1（15ml）を加えて熱し、同じ手順で残りのえびを調理する。残りのバター大さじ2（30g）をソテーパンに入れ、弱めの中火にかける。バターが溶けたら、にんにくを入れ、常に混ぜ続けながら香りが立つまで約45秒間加熱する。ワインを加え、カイエンヌペッパーをひとつまみ入れて混ぜる。えびを汁ごとソテーパンに戻し、パセリを加え、塩で味を整え、混ぜる。オーブンから皿を取り出し、えびと汁をキヌアのベッドに注ぐ。すぐに食卓へ出す。

アダム・ライドから許可を得てレシピを使用。
オリジナルのレシピは2008年5月18日のBoston Globe Magazineに掲載。

本章の内容　　　　CHAPTER CONTENTS

味＋匂い＝風味	059
味と味覚	062
・塩味	068
・甘味	072
・酸味	075
・苦味	077
・うま味	081
・辛味、冷涼味など他の味覚	084
味の組み合わせからインスピレーションを得る	089
匂いと嗅覚	093
・匂いを表現する	098
風味とは何だろうか？	104
探求によってインスピレーションを得る	109
季節からインスピレーションを得る	120
コンピューターを使って風味の 　　インスピレーションを得る	133

レシピ　　　　RECIPE

ギリシャ風マリネ液	066
和風漬け汁	068
ローストしたポブラノペッパーとチェダーチーズを 　　詰めたポークチョップ	070
ムール貝のフライパン焼き、 　　バターとシャロット添え	072
かんたんショウガシロップ	074
アーティチョークを調理する方法	075
自家製ヨーグルト	078
フリゼのサラダ、ポーチドエッグとラードン添え	080
焼きチコリ	080
ペパーミント入りチョコレートミント	086
夏のスイカとフェタチーズのサラダ	090
モックアップルパイ	102
ベシャメルソース、別名ホワイトソース	112
マカロニチーズ	113
ペンネ・アッラ・ウォッカ	113
ヴルーテソース	114
ミネストローネ・スープ	114
ソース・トマト	115
オランデーズソース	116
エスパニョールソース、別名ブラウンソース	117
フレッシュなバジルとトマトとモッツァレラのサラダ	122
フェンネルとジャンボマッシュルームと 　　パルメザンのサラダ	122
春のレタスのスープ	124
冬の白インゲン豆とにんにくのスープ	125
夏場のスープ、ガスパチョ	126
秋のバターナッツ・スクワッシュのスープ	127
魚のタコス、ピクルスといちごのレリッシュ添え	138

実験　　　　LAB

ジャガイモ？　それともりんご？	061
遺伝的な味覚の違い	087
風味のことをどれだけよくわかっていますか？	139

インタビュー　　　　INTERVIEW

リンダ・バルトシュークが 　　味とおいしさについて語る	091
ブライアン・ワンシンクが 　　期待と風味、そして食べることについて語る	107
リディア・ウォルシンが 　　なじみのない食材について語る	118
ティム・ウィークマンとリンダ・アンクティルが 　　季節から得るインスピレーションについて語る	130
ゲイル・ヴァンス・シヴィルが 　　風味の学習について語る	141

2   Taste, Smell, and Flavor
味と匂い、そして風味

　冷蔵庫を開けてみたら、そこにはピクルスといちご、それにトルティーヤが入っていた。さあ、どうする？

　回答の一例：ピクルスといちごをトルティーヤで巻いて食べる。それほど大胆でない人は、ピザを注文すると答えるかもしれない。しかしこの、ぞっとしないブリトーを作ることと宅配ピザを注文することの間のどこかに、「食材同士の相性はどうしたらわかる？」という、人生の深遠な質問への答を引き出すもうひとつの選択肢があるはずだ。

　その答は、他の多くの質問への答と同じく、「それは場合による」ということになる。それはあなたの過去の経験と、どんな味を好んできたかにもよる。ピクルスといちごについて考えながら冷蔵庫の前に立っているあなたの食欲と、冷蔵庫に3種類の食材しか入っていない状態を招いたあなたの人生の状況にもよる。また、あなたが食べている食品の味と匂いを、あなたの舌と鼻がどのように感じ取り、それによって食材の組み合わせがどんな味覚を引き起こすかにもよるのだ。

　「おいしい」という幸せな感覚を呼び起こすための秘訣は、料理によい入力を選択すること、つまり、よい風味を持ち、快いアロマを放つ、食欲をそそる食材を選ぶということだ。これらの食材がフライパンに投入された後は、上手なテクニックも要求されることは事実だが、どんな料理人も本当にひどい食材を救うことはできない。風味がどのように作り出され、そして感じ取られるのかを理解すれば、料理の組み合わせとインスピレーションについての深遠な質問に、より良く答えることができるはずだ。

味＋匂い＝風味

　経験を積んだ料理人は、フォークを手にしなくても食材の組み合わせがどんな風味になるか想像できる。彼らにとって、どんな組み合わせがうまく行くか予測することは、過去に何がうまく行ったかを記憶し、レシピのパターンに注目することから行われる。しかし、風味とは何だろうか？　そして、どんな組み合わせがうまく行く

かをより良く予測できるようになるには、どうすればよいだろうか？

風味は、あなたの舌が感じる**味覚**と、あなたの鼻にある嗅覚受容器の感じる**嗅覚**の組み合わせに基づいたものだ。われわれの脳は口で検知された他のデータ、例えば食感や化学物質による口への刺激（トウガラシの辛味やペパーミントなど）も多少は加味している。また、色などのニュアンスもわれわれの味覚をとまどわせることがあるが、それらの感覚が風味に与える影響はそれほど大きくない。

風味を作り出す感覚作用は、すべて化学反応に基づいたものだ。あなたの舌は、通常は唾液の助けを借りて、味蕾にある感覚細胞を刺激する化合物を検知する。あなたの鼻は、**揮発性化合物**が空気によって運ばれ、鼻腔を通過する際にそれを検知する。次にいちごを食べる機会があれば、あなたの感じる風味が、一部はあなたの味蕾にある味覚受容器を刺激するいちごの化合物によって、そして一部はそれとは別の、蒸発してあなたの鼻の嗅覚ニューロンを刺激する化合物によって、作り出されていることに気を留めてみてほしい。

われわれは、風味の感覚が単一の入力であるかのように自分自身の脳によって信じ込まされているが、実際には「味覚」は脳で作り出されているのだ。「味」という言葉は風味の意味で使われるのが普通だが、厳密に言えば良質のいちごは甘い味しかしない。この味が、フルーティーで複雑な匂いと組み合わさって、いちごの風味を作り出す。味と匂いの科学を探求するためには、これらを区別することが重要だ。味は舌で感じるものであり、匂いは鼻で感じるものであり、そして風味は脳が複数の感覚からの信号を融合して作り出す複合的な感覚だ。この章ではこれ以降、味と匂いと風味を区別して詳しく調べて行くが、素晴らしい料理を作るための重要なガイドラインを、ここでいくつか示しておこう。

- **良質の食材を使うこと**。どんなに料理の技術が優れていても、低品質の食材に存在しない味や匂いの分子をすべて作り出すことはできない。

- **適切なテクニックを使うこと**。あなたの舌や鼻は、食品の内部に閉じ込められている化合物を検知することはできない。野菜を薄切りにしたり、食材を組み合わせたり、そして食品を加熱することによって化合物が解放され、その化合物を検知できたり、さらには別の化合物に変換して違う感覚が得られたりするようになる。

- **塩だけでなく、さまざまな調味料を使って調味すること**。塩や砂糖、そしてレモンジュースといった材料を加えると、揮発性化合物の検出閾値が変化したり、不快な化合物が別の化合物に変わったりする。塩をひとつまみ足すだけで、風味を感じる閾値を低下させると同時に苦味をマスクして、風味を「加える」ことができる。レモンジュースを加えることには、嫌な匂いのするアミノ化合物を中和する働きがある。

LAB ジャガイモ？ それともりんご？

密接に関連しているとはいえ、味覚と嗅覚とは別の感覚だ。以下の2つの簡単な実験を友達とやってみて、その違いを理解しよう。

まず、これらの材料を準備しよう
テスト1：味覚と嗅覚との違い
- りんご
- 白タマネギまたは黄タマネギ
- ジャガイモ（オプション）
- カブ（オプション）
- 食材を切るための包丁とまな板
- 食材を浸しておく水の入った小さなボウル

テスト2：口への刺激を理解する
- シナモン
- カイエンヌペッパー（粉末）
- スパイスを入れておくためのスプーン2本（または小型のサンプルカップ2個）

実験手順
テスト1：味覚と嗅覚との違い
1. りんご、タマネギ、ジャガイモ（オプション）、カブ（オプション）を、小さなフライドポテトのように細長く切ったサンプルを作成する。皮が残らないように注意すること。サンプルはなるべく見た目を同じにして、全員が少しずつ試せるだけの数を作ってほしい。
2. 水の入った小さなボウルに、サンプルを1〜2分間浸す。これによって、サンプルのジュースがいくぶん洗い落とされる。これは、タマネギの場合に特に重要だ。（グループで行う場合には、ここまでの2ステップは事前に済ませておいてもよい。）
3. 全員にボウルからサンプルを取ってもらい、鼻をつまみながらサンプルをかみしめる。（鼻をつまむのは、匂い物質が空気に運ばれて鼻腔に達するのを防ぐためだ。）何を食べていると思うか、書き留めておく。どんな味がしただろうか？ 次に、鼻をつまんでいた手を放して、違いが感じられるかどうか注意する。これをすべての食材について繰り返す。

グループの人数が多い場合には、代わりにさまざまな風味のジェリービーンキャンディーを使ってみてほしい。

テスト2：口への刺激を理解する
1. 1つのスプーン（またはサンプルカップ）にシナモンをひとつまみ（または一振り）入れ、もう1つのスプーン（またはサンプルカップ）にカイエンヌペッパー（多すぎてはいけない！）をひとつまみ（または一振り）入れる。
2. 空気が出たり入ったりしないように、鼻をつまむ。これによって、嗅覚受容器が匂いを検知できなくなる。鼻をつまんだまま、シナモンをなめてみる。味や匂いについて、何か気付いたことはあるだろうか？ 鼻をつまんでいた手を放して、息を吸って吐いてみよう。何か感じただろうか？
3. カイエンヌペッパーについても、鼻をつまんで味わい、それから手を放して匂いをかいでみよう。各段階で気付いたことを書き留めておく。

考察してみよう！
鼻をつまんだ状態で、食材の「味わい」についてどんなことを感じただろうか？ タマネギもカイエンヌペッパーも、強い風味がある。これらを味わった際に、何か違いに気付いただろうか？ われわれが風邪をひいたとき、「味」がわからなくなるのはなぜだろうか？

味と味覚

われわれの味覚は、生物学と進化の素晴らしい成果であり、われわれを栄養のあるエネルギー豊富な食物（甘味、うま味）や生物学的に必要とされる化合物（塩味）へと導き、危険性のある食物（酸味、苦味）から遠ざけてくれる。

西洋料理の4つの基本的な味覚（塩味、甘味、酸味、そして苦味）を最初に記述したのは、2,400年前にギリシャの哲学者レウキッポス（あるいは、その弟子であるデモクリトス）だ。古代中国では辛味という5番目の味覚が認識されており、確かにスパイシーな食品や冷涼感のある食材は味覚によって検知される。もうひとつの味覚であるうま味は、おおよそ100年前に日本人の研究者によって記述され、一般に知られるようになった。彼はアミノ酸によって引き起こされる「コクのある」味覚を特定し、それを「うま味」と名付けたのだ。最近の研究では、脂肪酸（「oleogustus」と呼ばれる）、ある種の金属、カルシウム、そして水にさえも味覚受容器が存在することが示唆されているが、これらが料理の意味で味覚とみなされることはなさそうだ。

味覚そのものが風味に占める割合は低く、風味の感覚のうち20%程度しかない。つまり残りの80%程度は、嗅覚によるものだ。しかし、味覚はより基本的な感覚であり理解しやすいので、こちらを先に見て行くことにしよう。人間の舌には数千個の味蕾が存在し、味蕾には50個から100個の受容器細胞が集まっている。（味蕾の一部はあなたの舌に見える小さな斑点に存在するが、他の場所、例えば口蓋（口腔の上壁）に存在するものもある。）これらの細胞のひとつひとつが、食物を噛んだ際に唾液によって運ばれてくるさまざまな化学物質と相互作用する。さまざまな味覚の元となる信号を発生するのは、これらの受容器細胞だ。この受容器細胞が活性化すると、脳に信号が送信され、そして脳がすべての信号を取りまとめて、味覚の相対的な強さを判断する。

甘味、苦味、そしてうま味化合物の受容器は、人体の他の部分にも存在することが知られている。例えば、甘味受容器は腸に存在し、糖に反応して脳に肯定的な信号を送信する。おいしい食べ物を食べるだけでなく飲み込むことによっても満足感が得られるのには、こういった理由があるのだ！　さらに、人間以外の動物には、口以外の体の部位に存在する味覚受容器で味を感じているものもいる。魚は唇で味を感じる。ハエは、食べ物の上を歩き回りながら足で味を感じることができる。

味の魔法は、受容器細胞から始まる。その働きについては、鍵と鍵穴の比喩がよく使われる。**味物質**（砂糖のショ糖や食卓塩のナトリウムなど、味覚を引き起こす化合物）が鍵の役割をして、われわれの受容器細胞に存在する「鍵穴」に差し込まれる。化合物の種類が違えば合う鍵穴も異なるので、特定の味覚は1つの鍵穴に1つの鍵が差し込まれることに例えられる。砂糖を味わったとき、あなたの脳が「甘い」と感じるのは、砂糖が結合できる味覚受容器細胞と、それらの細胞とあなたの脳との間の神経経路の配線によるものだ。

味覚はそれぞれ異なる種類の味覚受容器細胞で発生するが、複数の受容器が同じ味覚を引き起こす場合もある。舌には40種類ほどの受容器が存在すると見積もられており、複数の受容器が同じ味覚に対応している。少なくともネズミの場合、塩味は2種類の受容器によって検知され、一方は低濃度のナトリウムに反応し、他方はより高濃度で活性化される。甘味もまた、T1R2とT1R3と呼ばれる2種類の受容器によって引き起こされる。また化合物の違いは、それらが受容器の「鍵穴」に差し込まれる速度や受容器を活性化させる時間の長さにも影響するため、味物質によって味覚のタイミングが異なる。しかし、この鍵と鍵穴の比喩は完璧ではない。ある味覚の強さは、別の味覚が検知された際に影響を受けることがあるからだ。

われわれが感じる味覚の強さは、食べている食物に存在する化合物の量と、それに対するわれわれの感受性によって決まる。他の感覚に閾値が存在する（例えば、2dBの音が聞こえる人はほとんどいないが、大部分の人は15dB以上の音を聞くことができる）のと同様に、味覚と嗅覚にも最小絶対閾値が存在する。一般的な味覚基準物質の検知閾値について報告されている値を示した、この表を見てほしい。単位はppm（百万分の1）だ。（つまり、われわれがこれらの物質の味を感じるには、その濃度がこれ以上（「閾上」と呼ばれる）でなくてはならないということ。しかし閾値は多くの要因によって変化するので、この数値は目安として受け取ってほしい。）

さまざまな物質に対するわれわれの感受性から、それらの重要性がわかる。一目見て分かるように、われわれは酸味や苦味、そして刺激性の物質に対する感受性が非常に高い。これらの物質は通常、腐って酸っぱくなった食物や有毒物質（酸味や苦味を呈することの多い）など、安全でない食べ物を意味するからだ。進化という観点から見ると、これはうなずける。危険なものを食べることを避ける生物は、自分の遺伝子を残せる可能性が高まるからだ。

甘味	ショ糖	6,800ppm
塩味	塩化ナトリウム	2,000ppm
うま味	グルタミン酸	200ppm
酸味	クエン酸	40ppm
苦味	キニーネ	2ppm
辛味	カプサイシン	0.3ppm

このリストには、カプサイシンが含まれている。カプサイシンはトウガラシの辛味成分であり、ひりひり感（chemesthesis、化学物質による感覚）の一例だ。われわれの味蕾は、皮膚と同じように、エチルアルコールやカプサイシンなどの化学物質によってもたらされる刺激を検知できる。メントールなど、その他の化学物質は、冷涼感を引き起こす。これらの種類の物質は、われわれの味蕾を違った方向から刺激して風味に影響するため、4または5種類の味だけを舌が感じていると考えることは正しくない。文化が違えば、料理の伝統でこれらの感覚に置かれる重点も異なってくる。インドや東南アジアの料理では刺激的な辛味が重視され、それに対して日本ではうま味が重視されることが多い。

どんな種類の料理を楽しむにせよ、料理するためのアプローチは同じで、さまざまな味覚を、望ましいレベルでバランスさせることだ（例えば、塩味が強すぎず、甘すぎないように）。バランスの取れた味を作り出すための実用的な手法はいくつか存在し、それを理解しておけば料理の腕前を大幅に上げられるかもしれない。どのようにバランスした味覚を好むかということは、あなたの

脳の配線と、基本的な味覚にどう反応するように訓練されているかに依存する。これから説明する味覚の側面は、あなた自身のためにも他人のためにも、料理する際には意識しておいてほしい。

必ず味を整えよう！ 味覚の科学をマスターしたとしても、自分の味覚に注意を払わなければ料理をおいしくすることはできない。食べ物を「本当の意味で」味わうことを学ぼう。食材が調理されて行く間の味や匂いの変化を感じ取れるか確認し、時間をかけて料理を味わって、どうしたらもっとおいしくできるか自問自答してみてほしい。最後に味を調えることは当たり前のようだが、忘れてしまいがちな工程でもある。ひとつまみの塩や少量のレモンジュースが、味のバランスに素晴らしい効果をあげることもある。

あなたの文化的な背景も味覚のバランスに関わってくる。ある文化では理想的なバランスの取れた味も、別の文化では必ずしもそう感じられるとは限らない。アメリカ人は一般に言って、ヨーロッパ人よりも甘い味の食品を好む。うま味は日本料理では重要な味覚だが、これまでヨーロッパの伝統ではあまり重きを置かれてこなかった（しかしこの状況は変わり始めている）。味の好みは、**生まれる前から発達を始める**。妊娠中の母親がにんにくなどの食品を食べると子どもの食べ物の好みに影響を与え、食べ物のおいしさやまずさに応じて妊娠後期の胎児の表情が変化することが知られている。要するに、他の人のために料理を作る際には、それが1回限りの食事であっても生涯を共にするパートナーとの食事であっても、あなたがちょうどよいと思った味が他の人の完璧な味とは違っている場合がある、ということだ。

さっき食べたものが、次に食べるものの味に影響することもある。何種類かの料理を食卓に出す場合、ひとつの料理の後味が残って他の料理の味に影響することがある。「味覚順応」（taste adaptation）と呼ばれる現象だ。われわれの感覚の大部分は時間と共に信号に順応し、他の変化を検知できるようになる。例えば、甘味の付いたヨーグルトは、食べ続けていると甘味を次第に感じなくなり、またその順応が次に味わうものにも引き継がれることがある。次に歯を磨くときには、その後オレンジジュースをなめてみると苦く感じられることがわかるだろう。（練り歯磨きに含まれるラウリル硫酸ナトリウムが口の中にしばらく残っているため、甘味を感じる能力が損なわれるのだ。）発泡ミネラルウォーターなどの炭酸飲料は伝統的に味消しとして使われるが、ある研究によればクラッカーのほうが効果的らしい。テーブルの上のバスケットに入ったパンは、食欲を満たすためだけのものではない。パンを食べることには、別の食べ物を食べる前に味をリセットする意味もあるのだ。

環境的な要因も、味覚に影響する。空気が乾燥していると口の中の唾液の量が変化するため、味覚が減退する。飛行機の中で食べる食事があまりおいしく

「味覚順応」（taste adaptation）は、視覚的な残像と同様に、以前感じたものによって味覚が変化することだが、「味覚錯誤」（taste perversion）は、ある種の化合物によって感じる味覚が変化することを言う。味覚錯誤については、76ページを参照してほしい。

感じられないのは、これが理由だ。塩の入ったトマトジュースとプレッツェルは味が強いため、飛行中によく出される食べ物だ。われわれの味覚は、気候によっても変化する！

　温度もまた、味覚に影響する。暖かい状態（一説によれば、86°F / 30°C以上）で出される料理は、冷たい料理よりも強く味蕾に検知される。これは、味覚受容器細胞の一部が熱感受性を持つためだ。これは生物学の奇妙な（そして面白い）特性であり、体温よりも低い温度の食品は熱いと感じられないので、体温よりもわずかに低い温度にして料理を出せば、熱くはないが強く味が感じられることになる。一方、冷たい食品は味が弱く感じられる。これは、砂糖の場合に特に顕著だ。ぬるいソーダがひどい味に（冷たいときよりもずっと、うんざりするほど甘く）感じられるのは、これが理由だ。冷たくして食べる料理を作る際には、温度が味覚に与える影響を心に留めておいてほしい。アイスクリームやソルベなどの氷菓は、同じ内容の温かい液体よりも味や匂いを弱く感じるので、それに応じて味を調節すればよい。

　遺伝的な差異も、味覚に影響する。あなたの感じる味と私の感じる味は、必ずしも同じとは限らない。遺伝による味覚の違いについて最も研究が進んでいるのは、プロピルチオウラシル（PROP）とフェニルチオカルバミド（PTC）という苦味物質を使って、食品の感じ方を理解することだ。これらの化合物に味を感じない人もいる。私もその1人だ。それ以外の人は、苦味を感じる。これはデジタルな「味を感じるか感じないか」ではなく、主に2つの遺伝子と、その他のいくつかの遺伝的要素と関連しているようだ。遺伝子構造によっては、我慢できないほどの苦味を感じる人もいる。私の友人の1人は、PTC試験紙をなめた途端、ほとんど反射的に私に殴りかかるところだった。明らかにそのタイプだ。（味覚の違いをテストする方法については、87ページを参照してほしい。この分野を詳細に研究しているリンダ・バルトシューク博士へのインタビューは、91ページで読める。）

　PROPやPTCに苦味を感じることは、必ずしも良いとも悪いとも言えない。違いがあるというだけのことだ。これらの味覚を持つ人は、一部の食品、特にケールやキャベツ、ブロッコリー、それに芽キャベツなどの暗緑色葉物野菜を、より苦いと感じる。これらに含まれるプロピルチオウラシル類似の化合物を舌が検知できるからだ。またPROP/PTC味覚者は、一般的に言って舌に存在する味蕾の数が多く、したがって口の中の刺激を感じる細胞の数も多い。このため、渋味や酸味、そして辛味のある食品の味も強く感じる。PROP/PTC味覚者にはカフェインもより苦く感じられる。このような人は、苦味を多少なりともキャンセルしてくれるミルクや砂糖をコーヒーや紅茶に入れる傾向が強いことがわかっているが、その理由も、これによって説明できる。

　このように、一部の苦味物質の味を感じる能力の小さな違いは他の味覚にも影響するため、好ましい味のバランスを変化させる可能性がある。グルタミン酸などのうま味物質の味を感じる能力には遺伝的な違いがあるという証拠もいくつか存在する。他にも違いはあるかもしれない。

年齢やストレス、そして病気など、生理的な問題も味を感じる能力に影響する。
われわれは年を取るとともに、味の好みが変化する。子どもが甘いものが好きなのは、カロリーの高い食品を食べるためという生物学的な理由がある。老年期に差し掛かると匂いを感じる能力も変化し、塩味や一部のマイルドな苦味も感じにくくなる。(ナトリウムやショ糖などの味物質にはわずかな匂いがあるため、匂いを感じにくくなることは味覚閾値に多少の影響があるようだ。) 老人にとって、味覚の減退は深刻な問題となり得る。味のしない食品を食べるのは難しいからだ。ストレスもまた、コルチゾールというホルモンを増加させ、味蕾への刺激を鈍らせるため、味覚に影響を与える。そして最後に、さまざまな病気も味覚に影響する可能性がある。その大部分は、老人以外にはめったに見られないものだ（他の人がどんな味を感じているのかわからないのに、どうすれば自分に味覚障害があるとわかるのだろうか？）。生理的な問題を理解しても味覚を変えられるわけではないが、周りの人たちの摂食行動を説明する役には立つかもしれない。

この味覚への影響の短いリストから、古代ギリシャ人が考えていた塩味、甘味、酸味、そして苦味という4つの基本的な感覚よりも、味覚がずっと複雑なものであることがわかるだろう。これ以降、この章の最初のセクションでは、レシピや実験を交えながら、味覚のさまざまな側面について調べて行く。

主要な味覚は舌の異なる部分で感じられるという誤った考えは、論文の翻訳ミスに起因するものだ。人間の舌の上側の表面は、すべての領域で主要な味覚を検知できる。領域によって感じ方には多少の違いがあるので、舌の部分によって強く感じられる味は違ってくる。舌の後ろ側は前側よりも苦味を強く感じるが、前側は後ろ側よりも甘味を強く感じるので、薄い苦味と甘味のある液体は、舌の部分によって味が変わるように感じられる。

RECIPE **ギリシャ風マリネ液**

マリネ液とは、少なくとも通常の定義では、食品を調理する前に漬けておく酸性のすっぱい液体のことだ。しかし、この名前にはちょっとした食い違いがある。マリネ（marinade）という単語はスペイン語のmarinarという単語に由来するが、これは「塩水に漬ける」という意味なのだ。マリネ液の風味はほとんど肉の表面にしかつかないので、マリネする肉は薄く切るようにしよう。

ボウルに以下の材料を混ぜる。

- ヨーグルト：カップ1/2（120g）
- レモンジュース：大さじ2（30ml）（レモン約1個分）
- オレガノ：小さじ2（4g）
- 塩：小さじ1（6g）
- レモンの皮：1個分、細かく刻む

COLUMN 文化による味付け食材の違い

文化が違えば、料理の味付けに使われる食材も異なる。次に料理するときには、以下に示す一般的な食材を使って、味付けをしてみてはどうだろう。(香りやアロマを付けるための食材については、119ページを参照してほしい。)

これらは大まかな提案であることに注意してほしい。このリストを、地域料理のアンソロジーとは受け取らないでほしい。北インドは南インドより乾燥した冷涼な気候であり、使われるテクニックや食材も全く違う。これらの食材には香りのあるものも多く、その文化に特有の風味をもたらしてくれる。

	苦味	塩味	酸味	甘味	うま味	辛味
カリブ	ゴーヤ	塩漬けタラ	ライム	糖蜜、ブラウンシュガー	トマト	トウガラシ
中国	カイラン(中国ブロッコリー)、ゴーヤ	しょうゆ、オイスターソース	米酢、プラムソース(甘酸っぱい)	プラムソース(甘酸っぱい)、海鮮醤	干しキノコ、オイスターソース	からし、花椒、根ショウガ
フランス	フリゼ、ラディッシュ、チコリ	オリーブ、ケイパー	赤ワインビネガー、レモンジュース	砂糖	トマト、マッシュルーム	ディジョンマスタード、黒コショウ、白コショウ、緑コショウ
ギリシャ	タンポポの葉、ブロッコリーラーブ	フェタチーズ	レモン	はちみつ	トマト	黒コショウ、にんにく
インド	アサフェティダ、フェヌグリーク、ゴーヤ	カーラナマック(ブラックソルト、NaClとNa₂Sを含む)	レモン、ライム、アムチュール(緑のマンゴーを干して挽いたもの)、タマリンド	砂糖、ジャガリー(未精製のやし砂糖)	トマト	黒コショウ、トウガラシ、ブラックマスタードシード、にんにく、ショウガ、クローブ
イタリア	ブロッコリーラーブ、オリーブ、アーティチョーク、ラディッキオ	チーズ(ペコリーノまたはパルメザン)、ケイパーまたはアンチョビ(通常は塩漬け)	バルサミコ酢、レモン	砂糖、カラメル化した野菜、レーズン、ドライフルーツ	トマト、パルメザンチーズ	にんにく、黒コショウ、イタリア産トウガラシ、チェリーペッパー
日本	茶	しょうゆ、みそ、海藻	米酢	みりん	キノコ、みそ、だし	わさび、トウガラシ
北アフリカ	茶	プリザーブドレモン	プリザーブドレモン	デーツ	ハリッサ、スンバラ*	ハリッサ
ラテンアメリカ	チョコレート(無糖)、ビール	チーズ、オリーブ	タマリンド、ライム	サトウキビ	トマト	ハラペーニョなどのトウガラシ
東南アジア	陳皮、ザボン	魚醤、干しえびのペースト	タマリンド、こぶみかん	ココナッツミルク	発酵豆ペースト	チリソースとチリペースト
スペイン	オリーブ	アンチョビ	酢	フルーツ(レーズン、イチジク、マルメロ)、砂糖	パプリカの燻製	トウガラシ
トルコ	コーヒー	ザータル(タイムと塩、ゴマ、スマックを混ぜたもの)	ヨーグルト	はちみつ	トマト	砕いた赤トウガラシ

*訳注：ダワダワとも呼ばれる西アフリカの発酵調味料。

塩味

われわれに食物の塩味を感じさせているのは、比較的シンプルな生物学的メカニズムだ。塩分に含まれるナトリウムイオンが**イオンチャネル**（細胞内へのゲートのある経路）を介して塩味専門の味覚受容器を活性化し、それによって脳へ「塩辛い」というメッセージを送出する電気信号が発生する。

すべての基本味覚の中でも、塩味を感じさせるメカニズムはナトリウムという特定の物質を検知するという点でユニークだ。塩味を感じさせる物質は、他にはほとんどない。イオンチャネルが開くためのメカニズムは、非常に選択性が高いのだ。ナトリウムは生物学的に必須の元素で、腎臓によって調節され、血圧の制御を行い、細胞のコミュニケーションを可能とし、水分レベルをバランスさせるなど、さまざまな制御を行っている。われわれの生存には、ナトリウムの摂取が不可欠だ。このような生物学的重要性を考慮すれば、われわれが特に塩味を感じ取る能力を持ち、塩分を求めることも納得できる。甘味と同様に、塩分の欲求は、その時点でわれわれの身体が何を必要としているかに関係している。

「塩辛い」という単語は味覚について言っているが、「塩」という単語は化学物質を定義するために用いられる。「食塩」は、特に塩化ナトリウムを意味する。そして化学の話をしているのでなければ、「塩」という単語が意味するのも塩化ナトリウムのことだ。化学的な視点からは、塩化ナトリウム以外の種類の塩も存在する。塩化カリウムという塩は、塩味と共に苦味を持つ。食塩代替品の成分表を見ると、この苦味を和らげるために他の成分が加えられていることがわかるだろう。エプソム塩（硫化マグネシウム）など、その他の塩も苦味がある。ナトリウムの代わりにリチウムを含む塩は、リチウムイオン（Li^+）が塩味受容器細胞のイオンチャネルを通過できるため、塩辛い味がする。しかし、このことを発見した化学者に私は同情する。リチウムは、多量に摂取すると毒性があるからだ。（食塩以外の塩の料理での使い道については、407ページを参照してほしい。）ほとんどすべての場合、塩味は食塩のナトリウムイオンによってもたらされるものなので、塩味を感じたら塩化ナトリウムが含まれると思って間違いない。

RECIPE
和風漬け汁

漬け汁には、必ず塩が含まれる。ここではしょうゆを使い、塩分は約5〜6%だ。塩は筋肉組織を一部分解するため、肉を柔らかくする働きがある。はちみつなど、他の調味料を加えることによって、塩味とのバランスが取れる。

ボウルに以下の材料を混ぜる。

- ☐ しょうゆ：カップ1/2（120ml）
- ☐ ショウガのみじん切り：大さじ4（24g）
- ☐ ねぎのみじん切り：大さじ6（40g）（細ねぎ4本分）
- ☐ はちみつ：大さじ4（60ml）

ヨウ素添加食卓塩は、甲状腺腫などの病気を防止するためにヨウ素を添加して栄養を強化したものだ。そのおかげで米国などの国々では、もはや甲状腺腫は大きな問題ではない。対照実験によって、通常の濃度で食品に用いられた際、ヨウ素添加食卓塩は通常の食塩と味に違いはないことがわかっている。

塩味を感じさせるのは、塩化ナトリウムに含まれるナトリウムイオン（Na⁺）だ。塩化物イオン（Cl⁻）は、ナトリウムを固体として安定な状態に保つ役割しか果たしていない。塩味が感じられるためには、ナトリウムイオンがイオンチャネルを通過することが必要になる。これは些細なようだが、食塩の摂取量を調節するためには重要な点だ。食品の塩味は、その食品にどれだけ塩分が含まれているか判断するためには使えない。ナトリウムイオンは非常に小さいので、調理中の食品に簡単に吸収されてしまい、そして一度束縛されてしまうと、塩味受容器と接触することはない。調理中の早い時期に大量の塩を加えると、塩が食品内部へ吸収されてしまうため、塩味は感じなくても塩分を大量に摂取してしまうことになる。塩分の摂取を控えている人のために料理する場合には、このことに気を付けてほしい。

　塩を加えることによって、他の味覚の感じ方や、匂いの感じ方が変化する場合もある。味覚受容器は完璧ではなく、さまざまな物質を1対1で検知できるものでもない。ナトリウムはわずかに酸味受容器に干渉するため、塩味と酸味は互いにマスクし合う。パンを焼くときに塩をひとつまみ加えるのは、必ずしもパンに塩味を加えるためではなく、酸味を和らげ、それによって甘味を強く感じさせる効果もある。それ以外の食品も、少量の塩（多すぎてはいけない！）を加えることによって味が引き立ち、塩なしでは「平板な」風味と形容されるような料理に「ふくらみ」をもたらしてくれる。数多くの甘い料理、例えばクッキーやチョコレートケーキ、果てはホットチョコレートにまで、ひとつまみの塩が加えられるのはこのためだ。「ひとつまみの塩」とは、どのくらいの量なのだろうか？　食品の風味を豊かにしてくれる程度に、しかし塩味そのものが強く感じられるほどではなく、というのがその答えだ。

　大量に使用した場合、塩は風味を強めるとともに食材としても働く。たっぷりと塩を振りかけたムール貝や、粗塩をトッピングしたベーグル、塩ラッシー（インドのヨーグルトドリンク）、さらには海塩を振りかけたチョコレートアイスクリームやブラウニーなどは、塩なしでは全く違う味になってしまう。塩をトッピングに使う際には、岩塩やコーシャソルトや食卓塩ではなく、粒が粗くフレーク状のもの（海塩にそのようなものがある）を使おう。こうすると、より少ない塩で同じ塩味を感じることができるからだ。

非常に薄い食塩の水溶液は、甘く感じる。ナトリウムイオンが甘味受容器を活性化するためのようだが、正確なメカニズムはまだわかっていない。

自分で作る海の塩

海のそばに住んでいる人なら、バケツで海水を汲んできて簡単に自分で塩を作ることができる。快い匂いの海水を、2クォート（2リットル）の容器数個に汲んで家に持ち帰る。この海水を、砂や微粒子を取り除くために清潔な布やコーヒーフィルターで濾しながら、大鍋に空ける。海水を元の体積の5分の1から6分の1になるまで煮詰めてから、浅いガラス容器に空け、1日から2日かけて蒸発させる。2クォートの海水から、カップ約1/4（65g）の塩が得られる。

　蒸発によって塩を作る方法では、塩を抽出するのではなく水を取り除く。つまり、微妙な風味や微量ミネラル（これは良い）や有毒な水銀（これは悪い）など、水に溶け込んでいたすべてのものが塩に含まれることになる。この塩を1度使うのは問題ないが、自分で作った海の塩を使い続けるのはやめたほうがいいだろう。

ヒント	・少ない塩分で塩味を効かせるには、料理の最初の段階では化学的・物理的変化を引き起こすために必要な量だけ塩を使い、料理の最後に塩味を調えるようにすればよい。 ・「ひとつまみの塩」に正確な分量はない。伝統的には親指と人差し指の間でつまめるだけの塩の量だが、具体的な目安が必要なら、小さじ1/4(約1g)から試してみよう。 ・一部の苦味成分の感じ方には人によって遺伝的な違いがあるため、ブロッコリーや芽キャベツ、そしてケールなどの野菜の苦味をマスクするためにちょうどいい塩の量も人によって違ってくる。食卓にソルトシェーカーを置いておき、食べる人に味のバランスを取ってもらおう。 ・あなたがちょうどいいと感じる塩の量は、最近数か月間の食事パターンによっても変わってくる。時間と共に、あなたの体が欲しがる塩の量も多くなったり少なくなったりするのだ。
塩味を強くするには	・塩を加える(当たり前)。または、うま味の強い食材を加える(うま味を増やすことによって、塩味が増幅されるため。うま味の強い食材については、67ページを参照してほしい)。
料理の塩味が強すぎる場合	・少しだけ塩味を弱めるには、甘味か酸味を強くすると塩味がマスクされる。 ・料理に食材を追加して塩味を薄める。(塩辛いスープにジャガイモを加えるという昔からのトリックで塩味はほとんど減らないが、塩の濃度を薄めるという意味はある。)

RECIPE ローストしたポブラノペッパーと
チェダーチーズを詰めたポークチョップ

塩漬け(食品を塩水に漬けること)によって、このレシピで示すように、ポークチョップのような肉においしい塩味が付け加えられる。この料理はおいしくて簡単にできるので、デートの夜にはぴったりの食事になるだろう。

容器に**塩 大さじ4(70g)**と**ぬるま湯 カップ4(約1リットル)**を入れて混ぜ、塩を溶かす。**少なくとも厚さが1インチ(2.5cm)の骨なしポークチョップ2〜4個**を塩水に入れ、1時間置く。(塩水に長く浸けるほど、肉は塩辛くなる。2時間よりも長く漬けるなら、冷水を使って肉を冷蔵庫に入れておくこと。)

ポークチョップを塩水に漬けている間に、以下の材料をボウルに混ぜ合わせ、詰め物を作る。

☐ ポブラノペッパー(ローストしてから刻む):カップ1/4(40g)、ローストしてから刻む(約1個分、ローストする方法についてはノート参照)
☐ チェダーチーズまたはモントレージャックチーズ(さいの目に切る):カップ1/4(40g)
☐ 塩:小さじ1/2(3g)
☐ 挽いた黒コショウ:小さじ1/2(1g)

ポークチョップの塩漬けが終わったら、塩水から出し、ペーパータオルで水気をふき取る。ポークチョップに詰め物を入れる準備をする。小さなペアリングナイフを使ってポークチョップの側面に小さな切込みを入れ、そしてポークチョップの中心まで刃を差し込む。刃をポークチョップの中で弧を描くように

動かし、中央に空洞を作る。この際、空洞の「口」、つまり肉にナイフを差し込んだ穴が、なるべく小さくなるようにすること。

ポークチョップ1個あたり、約大さじ1の詰め物を詰める。ポークチョップの外側に**油**をすり込み、**塩**をひとつまみ振っておく。（たぶん詰め物は余るはずだ。足りないよりは余るほうがまだいい。余った詰め物は、スクランブルエッグを作るときに使おう。）

鋳鉄製のフライパンを中火にかけて熱する（約400°F / 200℃、水滴を落とすとジュッと音がして蒸発する程度）。ポークチョップをフライパンに並べ、外側全体に焼き色がつくまで、各面につき5〜7分ほど焼く。内部の温度をチェックして、温度計が145°F / 62.8℃を示すまで調理する。それからポークチョップをフライパンから出し、まな板の上で少なくとも3分間休ませる。

盛り付けの際には、ポークチョップを半分に切って中身が見えるようにするとよい。ローズマリー風味のマッシュポテトの上に盛り付ける（225ページを参照してほしい）。

NOTES

◎ポブラノペッパーをローストする方法は？　ガスコンロの場合には、バーナーの上に直接ポブラノペッパーを乗せ、トングを使って回転させながら皮が焦げるまで焼けばよい（皮が炭化して黒くなるまで焼くこと。これでいいのだ）。ガスコンロがなければ、（ガスまたは電気の）グリルを強にセットして、必要に応じて回しながら焼く。皮が全体に焦げてきたら火から下ろし、触れるようになるまでまな板の上で冷ます。ふきんかペーパータオルを使って、焦げた皮をふき取って捨てる。身をさいの目に刻み（種とわたやへたは捨てる）、ボウルに入れる。

◎別の詰め物も試してみよう。例えばバジルソースやセージ、ドライフルーツ（クランベリー、サクランボ、アプリコット）、そしてナッツ（ピーカン、くるみ）を混ぜたものなど。

◎米国では、旋毛虫症のリスクをなくすため、かつては調理ガイドラインによって豚肉を165°F / 74℃まで加熱調理することが求められていた。しかし繊毛虫症は動物集団から根絶されたため、2011年にUSDAの調理ガイドラインは肉の切り身については145°F / 62.8℃に引き下げられた（豚肉を切り分けたり食べたりする前に3分間休ませること）。他の国では、旋毛虫症が発生しているかどうかにもよるが、今でも160°F / 71℃まで加熱調理することがガイドラインで求められているかもしれない。

◎実験として、塩漬けにしたポークチョップと塩漬けしていないものと、料理コンテストをしてみよう。塩漬けによって、調理中の重量減少は変化するだろうか？　グラム単位の秤を使って、塩漬け前、塩漬け後、そして調理後のポークチョップの重量を測定し、塩漬けなしで調理した「対照」ポークチョップと重量減少パーセンテージを比較してみよう。また、塩漬けによって風味がどう変わるかもテストしてみたい。他の人のために料理する場合、その人たちに審査員になってもらおう。塩漬けしたものとしないもの、両方のポークチョップを調理して、それぞれ切り分けて全員に食べてもらい、審査員たちがどちらを好むかを見てみよう。

RECIPE ムール貝のフライパン焼き、バターとシャロット添え

たっぷりと塩を振りかけ、バターに浸したムール貝は、素晴らしい味がする。鋳鉄製のフライパンを十分に加熱する。フライパンを温めている間に、**ムール貝1ポンド（約500g）**を洗って、殻の壊れたものや口の開いたものは捨てる。熱くなったフライパンに、ムール貝を投入する。3分後には、ムール貝は口が開いて火が通っているはずだ。海の粗塩**大さじ山盛り1杯**を振りかけ、**さいの目に刻んだシャロット1個分**を加える。スパイシーな料理がお好きなら、さいの目に刻んだセラーノペッパーも加えてみてほしい。フライパンを少しあおって食材を混ぜ合わせてから、火から下ろす。ムール貝はフライパンに入ったまま食卓に出し、フォークと自分の指を使って食べてもらう。食卓には、ムール貝を浸して食べるための**溶かしバター**の入った小さなボウルと、食べた貝の殻を入れるための大きなボウルも出しておく。

甘味

塩味と同じように、われわれは甘い食品を本能的に好む。甘味は、素早く消化できるカロリーがあり、したがってすぐにエネルギーにできることを示している。このことは、狩猟に食料を依存していた時代には、今よりももっと重要だったはずだ。塩味が生物学的に必要とされる塩分の摂取を促進するように、甘味はわれわれが生命の維持に必要な、エネルギー豊富な食品を摂取するように仕向ける。われわれの甘味への欲求は年齢とともに変わって行き、年を取るに従って減少する。子どもが甘いものを欲しがることは、生物学的に見れば骨の成長という物理プロセスと関連している。（さあ子どもたち、お父さんやお母さんのところへ行って、甘いものが好きなのは**生物学的な理由**があるんだ、と言ってごらん！）

「甘い」というメッセージを発生させる味覚細胞受容器は、塩味のものよりもだいぶ複雑だ。われわれの身体が分解してエネルギーを引き出すことのできるさまざまな物質と、単純なナトリウムイオンとの複雑さの違いを考えれば、そうなっていて当然だろう。ある物質が甘味を感じさせるためには、甘味を測定する味覚受容器細胞上の2つの外部点に、その物質がはまり込む必要がある。そのためには、その物質は2つの外部点の両方に接続できるとともに、これら2つの点に化学的に結合できるような化学構

ネコは砂糖に味を感じない！　さまざまな動物は、食生活に応じて異なる味覚受容器を持つよう進化してきた。ネコを含め、大部分の純粋肉食動物は、自然界の食生活では炭水化物を摂取することはないので、甘味受容器を持つ必要がないということらしい。

造を持っていなくてはならない。これは非常に特殊な「鍵穴」なので、自然界にある通常の「鍵」でこれに合うものは数十種類しかなく、そのほとんどはさまざまな種類の糖だ。

この受容器細胞の「鍵穴」にどれだけぴったりとはまり込めるかという微妙な違いが、さまざまな物質の甘味の強さに影響する。グラニュー糖（ショ糖）は比較的うまくはまり込むが、ミルクに含まれる糖（乳糖）はそれほどぴったりではないので、あまり甘味を感じさせない。フルーツに多く含まれる果糖は、室温ではショ糖よりもむしろ甘く感じられるが、果糖の甘さは温度とともに減少する。これは化学と生物学の複雑さを示す好例だ。果糖分子の形状は温度の上昇とともに変化するため、甘味受容器と結合する能力も変化するのだ。（化学オタクのために説明しておくと、果糖は熱によって変化するいくつかの**互変異性体**、つまり水素原子が場所を変えることによって隣接する単結合と二重結合とが入れ替わるような構造変異体を持っている。また、高い温度で優勢となる互変異性体は、受容器細胞を同じように刺激することができないのだ。）

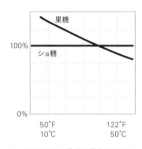

ショ糖と比べて、果糖は温度が上がると甘さが減少する。冷たい飲み物に果糖が使われるのには意味があるのだ！

甘味の感じ方は、物質の味覚受容器への結合のしやすさと、結合している時間の長さにも依存する。グラニュー糖（ショ糖）は、受容器と弱くしか結合しないため、甘味を感じるのが遅く、舌に乗せてから甘味を感じるまで1〜2秒かかる。ショ糖は、非常に濃い濃度であっても、快い後味がある。一方、果糖は甘味受容器にとても速く結合するが、洗い流されてしまうのも速い。さまざまな甘味料によって感じられる甘味は違い、甘味を感じる速さや後味の長さも異なる。味覚に関しては、感覚の強さだけでなく、時間と共にどう感じ方が変わるかも重要だ。

糖以外の物質にも、甘味受容体の検出器にはまり込めるものがある。酢酸鉛の形態の鉛には、甘味が感じられる。このことは、古代ローマ人によってたまたま発見された。モネリンなどの一部のタンパク質も甘く感じられ、甘味受容器を刺激しやすいため砂糖の代用品として使われる。砂糖の代用品には、化学的に合成されたものと植物から選択的に抽出されたものとがあるが、どちらの場合も味覚受容器と非常にうまく結合するものが選ばれている。鍵穴を調べて、できるだけぴったり合う鍵を設計するようなものだ。ステビオシドは、ステビアという植物の甘味成分だが、ショ糖の甘味が感じられる限界よりも300〜600倍薄くても甘味が感じられる。合成甘味料のアスパルテームは、それよりも少し甘味が弱く、ショ糖と比べて150〜200倍薄くても甘味が感じられる。

砂糖の代用品が体重管理に役立つかどうかは、一般的に考えられているほど明確なことではない。最近の研究によれば、ダイエットソーダは体重の**増加**を引き起こすことがわかっているが、その理由はよく判明していない。おそらく、われわれの体はカロリーだけではなく甘味の感覚にも応じて脂肪を蓄えるのか、あるいは特定の人工甘味料が腸内バクテリアに影響を与えて食品の消化吸収方法を変化させるのかもしれない。

砂糖の代用品は、高い濃度で苦味を感じさせる場合がある。これは、苦味受容器と甘味受容器の働きに類似性があるためだ。苦味受容器の中には、砂糖の

砂糖をめぐる状況は込み入ったものだ。米国の食品の栄養表示には、砂糖以外のすべてについて「1日摂取基準量に対する割合（percent daily value）」が示されていることに気付いているだろうか？ 世界保健機関（WHO）では、遊離糖類をカロリー摂取量の10％、理想的には5％に制限するように勧告している。

代用品の非平面的に「ねじれた」バージョンを受け付けるものがある。つまり、1つの鍵穴だけでなく、別の鍵穴にもはまり込む可能性のある鍵が存在するのだ。この問題は、大部分砂糖（ショ糖）で製造されるキャンディーが、砂糖の代用品では作れない理由のひとつともなっている。食材としての砂糖は、甘味以外の理由でも使われる。水と結合したり、褐変反応を引き起こしたり助長したり、発酵、そして結晶化など、この単純な分子が果たす役割は実にさまざまだ。それならば、もっと複雑な分子がさらに奇妙な性質を持っていたとしても不思議はない！

ヒント	・特定の糖（例えばコーンシロップ）が指定されているレシピは、味ではなく機能的な理由のためであることが多い。コーンシロップ（ブドウ糖100％）は、ざらざらとした食感を与える結晶の形成を阻害するので、キャラメルやアイスクリーム作りには必要とされる場合がある。 ・現在のブラウンシュガーは白砂糖に糖蜜を、約10:1の比率で加えて作られている。料理中にブラウンシュガーがないことに気付いたら、カップ1（200g）の砂糖に対して約大さじ2（30ml）の糖蜜を混ぜればよい（糖蜜を増やせば濃い色のブラウンシュガーになる）。 ・アイスティーなどのドリンクに加えるシュガーシロップを作る場合には、熱に注意しよう。水に溶かしたグラニュー糖は、熱を加えて煮立てると果糖とブドウ糖に分解し、甘味が弱くなる。シュガーシロップは、加熱して煮立てたものよりも、完全に溶けるまで短時間だけ加熱したものほうが、甘味を強く感じる。
甘味を強くするには	・砂糖やはちみつなどの甘味料を加える（67ページを参照してほしい）。酸味や苦味のある食材を減らす。
料理の甘味が強すぎる場合	・酸味（例えば、レモンジュースや酢）または辛味（例えば、カイエンヌペッパー）を加える。 ・甘味抑制剤（416ページを参照してほしい）を利用する（料理実験家向け）。

RECIPE　かんたんショウガシロップ

砂糖には、酸味や苦味をマスクすると共に他の風味を引き立てる働きもある。それを実証するのが、このシンプルなショウガシロップだ。砂糖は、ショウガの強烈で刺激的な、そしてわずかに酸っぱい味を和らげてくれる。

鍋に以下の材料を入れて沸騰させ、弱火で煮る。

☐ 水：カップ2（480ml）
☐ 砂糖：カップ1/2（100g）
☐ 生のショウガ（みじん切り）：カップ2/3（64g）

30分煮た後、冷ましてから濾してショウガの粒を取り除き、びんや容器に移す。

このシロップを炭酸水に加えてシンプルなショウガ風味のソーダを作るのもよいが、パンケーキやワッフルの上にも掛けてみてほしい。長さ方向に切り開いたバニラビーンズを加えて煮ると、より豊かな風味が得られる。

RECIPE アーティチョークを調理する方法

料理の初心者にとって、アーティチョークは他のどんな食べ物にも似ていない、パズルのような存在だ。（花の開いていないつぼみを食べるような食材が、他にあるだろうか？*）またアーティチョークは味覚錯誤（この場合には食材の甘味を変えてしまうこと）も引き起こす。

通常食べるのはアーティチョークの花弁で、加熱調理したつぼみから花弁をむしり取り、ソースや溶かしバター、あるいは風味抽出油（424ページを参照してほしい）に浸し、それから前歯で花弁の付け根の葉肉をしごき取って食べる。最も簡単にアーティチョークを調理するには、電子レンジを使えばよい。茎を切り落とし、先端部分を1インチ（約2cm）切り落とし、水ですすいで濡らしてから、電子レンジに6〜8分間かける（大型のアーティチョークや、複数個の場合にはもっと長く）。

アーティチョークの芯（花の中心部分）は、ピザやサラダに使っても、あるいはシンプルにローストしてもおいしい。調理するには、まずアーティチョークの根元と先端を切り落とし、色の濃い花弁をちぎり、緑色の部分が残っていれば取り去って、中心にある空洞部分をくりぬく。レモンジュースを少量振りかけておくと、変色が防止できる。アーティチョークの芯は、つぼみの根元にある白い肉質の部分だ。ある私の友人は、もっと大ざっぱな指示に従ってアーティチョークの芯を初めて調理しようとして、何もかも取り去ってしまって何も残らなかったことがある。

* 訳注：日本では菜の花やふきのとうは春の味覚だが、欧米では食べる習慣はないようだ。

酸味

ピリッとした酸味は食品に含まれる酸性物質によって生じ、また甘味や塩味と同様に、われわれは生まれたときから本能的に酸味に反応するようにできている。塩味と同じように、酸味も酸味受容器上のイオンチャネルが、酸性物質の水素イオンと相互作用することによって検知される。まさに文字通り、あなたの酸味受容器は素朴な化学物質の酸性検出器なのだ。水素イオンが酸味受容器を刺激する。オンになる味蕾の数が多いほど、食べ物の酸味は強く感じられる。

人類は、酸っぱい食品の味を楽しむという点でユニークな存在となっている。苦味と同様に、酸味は潜在的に危険な食品の指標だ。酸味を避けることによって、われわれは腐敗した食品を食べずに済む。われわれがどうやって酸味を楽しむようになったのかは、ちょっとした生物学的なミステリーだ。おそらくビタミンCの豊富なフルーツを定常的に摂取していたため、われわれは過去のある時点でビタミンCの合成能力を失った。もしかすると、十分なビタミンCを確実に摂取して壊血病のような病気を避けるため、われわれは酸っぱい食品を好むようになったのかもしれない。

COLUMN アーティチョークとミラクルベリーの味覚錯誤

われわれの味蕾は、正しい鍵で開く鍵穴のように、適合する化学物質がやってきて刺激を引き起こしてくれるのを待ち構えている、受容細胞の詰まった化学物質の検出器だ。しかし、その鍵穴をピッキングすることができたらどうなるだろう？

味覚錯誤は、何らかの化合物によって一時的に、舌で食品に感じる味が変わってしまうことだ。例えばアーティチョークには、シナリンとクロロゲン酸という2種類の化合物が含まれ、これによってその直後に食べた食物の味が少し甘く感じられるようになる。新鮮なアーティチョークを蒸して、その花弁をソースなしで食べてから、水を少し口に含んでみてほしい。水がわずかに甘く感じられることに気付くだろう。（これは、アーティチョークとワインを合わせるのが難しい理由でもある！）

さらに良い味覚錯誤の例は、食品に含まれるミラクリンというもうひとつの化合物だ。ミラクリンは甘味受容器と結合し、酸性の化合物がやってくると甘味受容器を刺激する（この効果はpH 6.5の水溶液で起こり始め、pH 4.8まで強くなり続ける）ため、通常ならば（酸性のpHによって）酸っぱく感じるはずの食品を、甘く感じることになる。

ミラクルフルーツという植物には、ミラクルベリーという名前の小さな赤い実がなるが、これには高い濃度のミラクリンが含まれている。このベリーを数分間噛むとミラクリンが放出され、その後レモンを食べるとレモネードの味がするようになる。

この現象が最初に観察されたのは1725年の西アフリカで、そこでは現地の住民が酸っぱいビールを「甘く」するためにこれを使っていた。1852年、この「ミラクルな」ベリーが医学専門誌に初めて記載された。最近では、糖尿病への利用可能性に焦点を絞った研究が多くなってきている。ここ数十年間に、ミラクリンの食品添加物としての利用が何回か試みられたが、食品添加物には「昔ながらのフルーツ」とは異なる規制要件が適用される（397ページを参照してほしい）ため、ミラクリンはまだそのハードルをクリアできていない。

幸いなことに、ミラクルベリーはインターネットで注文することもできる。しかし不幸なことに、これは生鮮食品だ。このベリーから作られた乾燥タブレットも入手できるし、このほうが実験しやすいだろう。（入手先については、http://cookingforgeeks.com/book/miraculinを参照してほしい。）ベリーやタブレットが入手できたら、友達を呼び集めてミラクリンを噛んでから、酸っぱい食品を食べてみよう。プレーンヨーグルトでもいいし、グレープフルーツやレモンやライムのスライスでもいい。

この「風味のトリップ」体験を起こせるのは、酸っぱい食べ物だけではない。ある私の友達は、自分の食べているローストビーフサンドイッチには、はちみつがかかっているに違いないと言い張ったし、別の友達はウスターソースをなめて刺身の味がすると言った。サルサ、トマト、りんご酢、ラディッシュ、パセリ、スタウトビール、ホットソース、チーズなど、いろいろな食べ物を試してみよう。ただ、ミラクリンは酸っぱい食べ物を甘く**感じさせる**だけで、実際に食べ物のpHを変えるわけではないことを忘れないように。だから、あまりレモンを食べ過ぎて、ひどい胸やけを起こさないように注意しよう。

ミラクリンを使った実験は楽しいが、そのままでは一般的な砂糖の代用品として実用的ではない。1時間程度は舌に残るので、その間に食べた食物の味も影響されてしまうからだ。ミラクリンに類似したタンパク質を穀物に添加する研究も行われている。甘く感じるが、実際には砂糖を含まない朝食用シリアルを想像してほしい（米国特許番号#5,326,580を参照）。しかしその行く末はどうなるか、そして消費者がそれを受け入れるかどうかは誰も知らない。

理由の如何に関わらず、われわれは年を取るに従って酸っぱい味を好むようになる。一部の食品（主にフルーツ）は、化学的にもともと酸味がある。レモンなどの柑橘類に含まれるアスコルビン酸とクエン酸はフルーツを我慢できないほど酸っぱくするので、調理する方法を知らない草食動物に対する防御として有効だ。りんごに含まれるリンゴ酸は、りんごにおいしい酸味を付け加える。腐敗によって酸っぱくなる食品もある。ヨーグルトや酢、発酵ピクルス、キムチやサワー種のパンなどは、すべて発酵によって作られる。発酵は、乳酸や酢酸などの酸味を含む、おいしく腐敗した食品を作り出すための方法だ。

　もちろん、「酸は酸っぱい」というルールにも例外や厄介な問題がある。酸は水素イオンを提供する化合物だが、その化合物の別の部分が別の味覚受容器にはまり込む場合がある。グルタミン酸にはうま味があり、ピクリン酸は苦く感じられる。そして、酸味を感じる速度も酸の種類によって異なることがある。これは、糖にも甘味をすぐに感じるものと、時間がかかるものがあるのと同じようなことだ。酸味のある食品は、成分の化学的性質によって、酸味を感じるまでの時間や持続時間に違いがある。クエン酸は非常に速く検知され、バースト的な酸っぱい風味を与える。しかしリンゴ酸は、酸味を感じるまでの時間も持続時間も長い。食品製造業者はこの性質を賢く利用して、複数の酸を組み合わせることによって、時間と共に望ましい強さとなる酸味プロファイルを作成している。

ヒント	・調理の最終段階で味見をして、塩味と酸味の両方のバランスをチェックし、レモンジュースや酢などの調味料を加えて風味を「際立たせ」よう。
酸味を強くするには	・レモンジュースや酢、あるいは酸味のある食材を加える（76ページを参照してほしい）。
料理の酸味が強すぎる場合	・甘味を強くしてマスクする。

苦味

　酸味と同じように、苦味も危険な食物（一般的には有毒植物）を避ける生物学的な必要性から発達したものだ。酸味とは違って、苦味ははるかに複雑な検知メカニズムを持っている。苦味物質の味を感じる受容器細胞は約35種類あると見積もられており、鍵穴と鍵のたとえを使えば、それぞれ異なる化学物質の「鍵」に対応している。われわれがこれらの異なる信号をすべて「苦い！」と感じるのは、これらさまざまな受容器細胞が共通の神経線維に接続されているからだ。

RECIPE 自家製ヨーグルト

ヨーグルトは、良質のミルクが善玉のバクテリアによって「悪くなった」ものだ。Streptococcus thermophiles と Lactobacillus bulgaricus というバクテリアが、乳糖を消費して乳酸を作り出すことによってミルクをヨーグルトに変える。これによってヨーグルトは、特徴的なピリッとしたすっぱい味となる。もちろん、十分な糖（例えば、はちみつやジャム）または塩（例えば、マリネ。66ページを参照してほしい）を加えれば、酸味をマスクすることもできる。乳酸はpHを低下させるため、ミルクのタンパク質を変性させてヨーグルトに粘り気を持たせる働きもある。

鍋（できれば二重鍋）に以下の材料を入れ、ゆっくりと加熱する。

☐ ミルク：カップ2（約500ml）（乳糖を含んでいれば、どんな種類のものでもよい。バクテリアには乳糖が必要だ。好みにもよるが、入手できればヤギや羊のミルクを使ってみてほしい）

デジタル温度計を使って、200°F / 93.3℃までミルクを加熱する。ヨーグルトの風味に影響するので、沸騰させてはいけない。

ミルクを魔法瓶か断熱容器へ移し、115°F / 46℃に冷めるまで待つ。**プレーンヨーグルト 大さじ2（30g）** を加えて混ぜる。ヨーグルトは、必ず材料に「活性乳酸菌」と書いてあるものを使うようにしてほしい。これは、ヨーグルトに生きた善玉菌が含まれることを意味しているからだ。ヨーグルトを加えることによって必要なバクテリアが供給されるため、ミルクが冷める前に加えてはいけない。バクテリアが熱で死んでしまう！

容器のふたを閉め、4〜7時間保温する。中身を保存の容器へ移し、冷蔵庫で保存する。

NOTES

◎加熱した牛乳を保温する前に、はちみつかジャムを加えてみよう。こうすると、ヨーグルトの鋭い酸っぱさが和らぐ（甘味は酸味をマスクする働きをする）。スープの浮き実や、マリネ、肉や魚に掛けるソースのベースに使う（30ページを参照してほしい）など、食材としてヨーグルトを使う文化も多い。

◎このレシピでは、牛乳を殺菌し（低温殺菌された牛乳にも、わずかなバクテリアが存在する可能性がある）、保温期間を短くすることによって、食中毒原因菌が増殖するリスクを減らしている。他の食べ物と同様、もし変な味や悪臭がしたり、あなたを見上げてジョークを飛ばしてきたりするようだったら、そのヨーグルトは食べないほうがよいだろう。（その逆は、残念なことに正しくない。匂いが良くても安全とは限らないのだ。）食品に多少のリスクを覚悟できるのなら、保温時間を長くすれば、強い発酵の進んだ風味になる。伝統的なレシピでは単純にミルクに覆いをして、一晩放置して発酵させる。

◎伝統的なヨーグルトの水っぽい感じがあまり好みでない人もいるだろう。ギリシャ風の濃いヨーグルトを作るには、ヨーグルトをボウルの上に乗せたざるに空け、冷蔵庫の中で一晩水切りすればよい。お好みで、ペクチンや寒天やゼラチンなどの増粘剤を加える実験もしてみよう（431ページを参照してほしい）。もっとリッチにしたければ、加熱前のカップ1/2（120ml）のミルクを生クリームに変えてみよう。その他のヨーグルト作りのヒントについては、http://cookingforgeeks.com/book/yogurt/ を参照してほしい。

ソテーパンに金属製のボウルを入れ、その下にスプーンを入れて水が循環できるようにすれば、即席で湯せん（二重鍋）ができる。

苦味は、学習によって好きになるという点で独特だ。文化が違えば苦味の好みも違い、米国人や英国人は他の文化と比べて苦味にあまり重きを置かない傾向がある。苦味は学習によって好きになるということはわかっているが、苦い風味を好むようになるのは接触効果のためなのか、あるいは社会的条件付けのためなのかという点は、未解決の問題となっている。われわれが生を受けた時点では、苦い食物を好まないことは明らかだ。「好きになることを学ぶ」必要があるため、苦味のある食品は子どもたちには人気がない。子どもは苦味の感覚を、楽しむことはおろか、受け入れることすら学んでいないためだ。タンポポの葉やルバーブ、そして生ゆでのアーティチョークの葉などには苦味のある化合物が含まれている。当然のことながら、私自身も子どものころはこれらの食品が嫌いだった。私は年齢を重ねるにつれ、サラダに入っているタンポポの葉などの苦味を味わえるようになってきた。

また、苦味は混乱を引き起こしがちな味覚でもある。驚くほど多くの人が、苦味と酸味を取り違えている。英語を話す人々の8人に1人近くは、クエン酸を溶かした水を、酸味ではなく苦味があると間違って表現するのだ。コーヒーは苦いと表現されるのが普通だが、非常に酸性が強く、強い苦味だけではなく酸味もあるものが多い。酸味は、コーヒー以外の飲み物にも非常によく合うようだ。紅茶やホップ（ビール作りに使われる）、そしてコーラの実（コーラなどのソフトドリンクに使われる）などは、すべて苦味を持っている。そして苦味のある食品と同様に、苦味を好むことを学んだ人にとっては、これらの飲み物はおいしく感じられる。

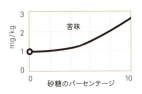

純粋な水に溶かした場合、リモニンの苦味は1mg/kg（以上の濃度）で感じられる。10%の砂糖の溶液と混ぜた場合、苦味を感じるには約3倍の量が必要だ（Guadagni, 1973）。

ヒント	・苦味に関する遺伝的な差異は、甘い食べ物に対する好みも変える。これは特に子どもの場合に顕著だ。他の人に食事を出す際には、われわれは全員が同じ「味覚風景」を体験しているわけではないこと、そして成長期の食べ物の違いがおいしいと思える苦味の強さに影響することを知っておいてほしい。 ・塩味や甘味は苦味をマスクする。現代のトニックウォーター（キニーネ*を苦み成分として使っており、食料品店で簡単に手に入る）を使って、シンプルな「苦味テスト」をしてみよう。（甘味料の入っていないものを探してほしい。）トニックウォーターを2個のグラスに注ぎ、片方には十分に塩を加えて味を和らげる。2個のグラスのトニックウォーターの味を比べてみよう。
苦味を強くするには	・他のすべての味覚とは違って、苦味を強くするための標準的な調味料が存在しないことは興味深い。苦味のある葉物野菜やココアなど、苦い食材を使おう（67ページを参照してほしい）。
料理の苦味が強すぎる場合	・塩味や甘味を増やしてマスクする。タンポポの葉など、苦い食材の入ったサラダに塩をひとつまみ加えると、風味のバランスが取りやすくなる。 ・脂肪を含む食材を加えてみよう。適度なレベルの脂肪は、他の味に影響を与えずに苦味を弱めるという研究がある。

*訳注：日本で市販されているトニックウォーターにはキニーネが入っていないものが多い。

RECIPE フリゼのサラダ、ポーチドエッグとラードン添え

エンダイブと呼ばれることもあるフリゼは苦味のある葉物野菜で、ポーチドエッグとラードンを添えてサラダに使われることが多い。このサラダは、フランスではリヨン風サラダ（Salade Lyonnaise）と呼ばれる。ラードン（要はベーコンのみじん切りのことだ）の脂と卵の黄身が、フリゼの苦味を和らげてくれる。このサラダを食べた後で、味の付いていないフリゼの葉を食べて、その違いを感じてみてほしい。このレシピで、前菜サイズのサラダが2人分できる。

フリゼ1玉、約1/3ポンド（約150g）を洗い、根元を切り落として葉の部分を分ける。サラダスピナーを使うかタオルを使って水気をふき取ってから、葉を大き目のボウルに移す。大きな葉があれば、ちぎって小さくしておく。

ラードンを作る。**豚バラ肉の厚切り**または**厚切りベーコン2～3切れ（80～120g）**を大き目の角切りにする。（塩漬けのバラ肉を使う場合には、湯通しして塩分を多少取り除いておくのが良いだろう。） 中火に掛けたフライパンに肉を入れ、時々ひっくり返しながらラードンを加熱する。ラードンにおいしそうな焼き色がついたら、火を止めてボウルに移す。出てきた脂はフライパンに残しておく。

ビネグレットソースを作る。小さなボウルまたは計量カップに、フライパンから**豚の脂を大さじ2（30ml）**移す。さいの目に切った**シャロット 大さじ2（20g）**、**オリーブオイル 大さじ1（15ml）**、**ホワイトビネガー 大さじ1（15ml）**（あればシャンパンビネガーやシェリービネガーを使ってほしい）、そして**ディジョンマスタード 小さじ1（5g）**を加える。**塩とコショウ**で味を調える。

好みに応じて、フライパンに残った脂を使ってクルトンを作る。1/2インチ（1cm）角に切った**食パン2枚**を入れて中火にかけ、必要に応じてフライパンをゆすりながらパンをこんがりと焼く。できたクルトンはボウルに移す。

ボウルに入ったフリゼの葉にビネグレットソースを掛け、フリゼの葉とラードン、そしてオプションのクルトンをあえる。

卵2個をポーチドエッグにする（作り方は205ページを参照してほしい）。フリゼサラダを皿に取り分け、その上にポーチドエッグを乗せて食卓に出す。

RECIPE 焼きチコリ

チコリ1株を縦に4つ割りし、天板か耐熱皿に乗せる。**砂糖**を少々振りかけ、少量の**溶かしバター**か**オリーブオイル**を上から掛ける。

トレイをグリルに入れて数分間、チコリが少し柔らかくなり、葉の縁が茶色く色づき始めるまで焼く。

ブルーチーズを添えて食卓に出すか、風味の強い魚料理の付け合わせにする。

うま味

　うま味は、リッチな食べ物の特徴である、舌なめずりしたくなる感覚を引き起こす。ピザや肉、そしてパルメザンなどのエージングされた硬質チーズには、良質のブイヨンやキノコやトマトと同様に、うま味を感じさせる物質がたくさん含まれている。うま味は、これまで取り上げた4つの味覚と比べて西洋料理で話題に上る機会は今のところ少ないが、日本料理では基本となる味だ。うま味受容器は最近になって発見されたばかりで、2002年には研究者が甘味受容器の働きに類似したうま味受容器のメカニズムを発見し、うま味が真の味ではないのではという議論に終止符を打った。

　日本人がうま味を重視するのは、日本の地理や気候、そしてその結果として食用植物に見られる魅力的な特質によるものだ。日本料理は海藻を一貫して大量に利用する唯一の料理であり、海藻にはグルタミン酸という化学物質が非常に多く含まれている。1908年に日本人化学者の池田菊苗博士が初めて突き止めたのが、このグルタミン酸。彼は最初、おいしさを意味する「うまい」という日本語を使って、この味が他の味覚を高めることを示し、この味覚の名前として「うま味」と「グルタミン味（glutamic taste）」を提案した。この味についてそれまでにも述べた人はいた（フランス人食通のジャン・アンテルム・ブリア＝サヴァランはほとんど1世紀前に、フランス語でosmazomeと呼ばれたうま味について考察している）が、その分離と商業化に成功したのは池田博士だ。

　平均的な欧米人の味覚では、うま味は他の4つの基本的な味ほど強くは感じられないが、これは別に不思議なことではない。西洋料理に日常的に使われる食材には、うま味を引き起こす味物質を含むものが少ないからだ。ケチャップや魚醤（古代ローマ人も使っていた）などのソースは、典型的なうま味調味料だ。しょうゆなどの輸入食材もよく使われる。（現代のケチャップは、甘味と塩味とうま味とわずかな酸味を感じさせるが苦味はない、魔法のような味がする。子どもたちがこの味が好きなのも不思議はない！）

うま味を感じた記憶がない？　大さじ1杯分の干しシイタケをカップ1（240ml）の熱湯で戻して、シンプルなだし汁を作ってみてほしい。シイタケを15分間浸してから、味見してみよう。シイタケから溶けだしたグルタミン酸が大量に含まれているはずだ。（その代わりに少量のグルタミン酸ソーダをコップの水に溶かしてもいいが、この液体はナトリウムを含んでいるため塩味もする。）

　生物学的な観点からは、舌に存在するうま味受容器はグルタミン酸などのアミノ酸やヌクレオチドを検知する。グルタミン酸（うま味調味料のグルタミン酸ソーダに含まれるグルタミン酸と同じもの）は、うま味を感じさせる最も普通の物質だ。池田博士は当初この味覚をグルタミン味と表現したが、実際にはもっと幅広い範囲に見られる。イノシン酸やグアニル酸、そしてアスパラギン酸も、食材に天然に含まれることが多い。しかし現実的に言えば、うま味を加える最も簡単な方法は遊離グルタミン酸を豊富に含む食材を使うことだ。（遊離グルタミン酸は、食品から溶けだして舌の上の受容器と結合できる。結合状態のグルタミン酸は、簡単には検知できない。）

さまざまな食材の遊離グルタミン酸含有量

　われわれが、グルタミン酸などの物質を感じ取る理由は何だろうか？　うま味には他の味のような生物学的な素因はないが、われわれがうま味に引きつけられるのは事実だ。おそらく、タンパク質豊富な食料を確実に食べるという進化論的なメリットが存在したのだろう。タンパク質は、筋肉組織を作り上げ修復するために必要なアミノ酸を供給してくれるからだ。われわれの大部分が生涯で最初に味わうもの、つまり母乳は、驚くほど多量のグルタミン酸を含んでいる。甘味や塩味が食品のプラス面（甘味の場合には迅速なエネルギー、塩味の場合には血圧調整に必須の元素）と関係しているのと同様に、われわれはうま味を追い求めることによって十分なアミノ酸の摂取を確保している。それはともかく、うま味はそのおいしさのためにも、理解しておく価値がある。

　グルタミン酸は、さまざまな天然原料から得られる。英国やオーストラリアでベジマイトがよく食べられているのも、うま味があるためだ。伝統的な日本料理の多くは「だし」、つまり昆布（重量比で2.2%のグルタミン酸を含む）などの天然のグルタミン酸を多く含む材料から取ったスープストックを使っている。だしを作るのは簡単だ。鍋に水カップ3（720ml）と6インチ／15cmに切った昆布（乾燥した海藻）を入れ、そのまま10分間置く。弱火でゆっくりと加熱する。沸騰直前に昆布を取り出し、削り節（カツオを乾燥させて燻製にし、フレーク状に削ったもの）を10g加える。沸騰させ、火から下ろし、濾して削り節を取り除く。この液体が、だしだ。みそ汁を作るには、みそとさいの目に切った豆腐、そして（オプションとして）薄切りにしたネギやのり、あるいはワカメ（食用の海藻）を加える。

　グルタミン酸は、例えば牛肉（0.1%）やキャベツ（0.1%）など、その他のさまざまな食品にも天然に含まれる。また、あなたが大部分のギークと同じくピザに目がないとしたら、それはパルメザンチーズ（1.2%）やトマト（0.14%）、そしてマッシュルーム（0.07%）などの食材に含まれるグルタミン酸のせいかもしれない。グルタミン酸化合物を天然に多く含む食材を使う以外にも、MSG（うま味調味料）を使って食品に直接グルタミン酸を加えることもできる。MSGを使ってうま味を加えることは、砂糖を使って甘味を加えるのと同じことだ。精製された化学物質なので、ほとんど匂いはない（うま味はたっぷりなのに！）

が、舌の上の受容器を刺激する。

うま味を増やすことには、副次的な効果もある。他の味覚を強める働きがあるのだ。うま味によって塩味や甘味を持つ化合物の感受性が高まるので、料理にうま味のある食材を加えたり、MSGを使ったりすれば、料理に使う塩の量が減らせることになる。(MSGを使う場合、いずれにせよ塩は減らす必要がある。MSGは水に溶けるとナトリウムイオンとグルタミン酸となるが、このナトリウムイオンが塩味を強めるためだ。)

医学界ではMSG症候群と呼ばれる、グルタミン酸ソーダ過敏症が人口の約1%から2%の人に時折見られることが知られている。耐性のない人が、他の食品なしに3グラムのMSGを摂取すると、約1時間後に頭痛、しびれ、あるいは顔面紅潮などの短期的な症状を経験することがある。食品に加えられるMSGの量は一般的には0.5グラムを超えることはないし、またプラシーボを用いた二重盲検対照研究では、この過敏症に多くの疑問が投げかけられている。

ヒント	・野菜料理やベジタリアン料理にグルタミン酸を豊富に含む食材を加えると、風味が全体的に向上する。
うま味を強くするには	・トウモロコシ、エンドウ豆、トマト、パルメザンチーズ、あるいはしょうゆなどのうま味のある食材を使う。 ・うま味成分を増加させるような料理のテクニックを使う(例えば、ベーコンやしょうゆ、魚醤などの食品は熟成や発酵によってグルタミン酸のレベルを高めている)。 ・MSGを使うことに抵抗がなければ、それを加える。(アレルギー反応を引き起こすと言われた「中華料理レストラン症候群」は、完全なプラシーボ効果だ。今までに対照研究で再現できた例はない。しかし、プラシーボ効果も強力なのだ!)
料理のうま味が強すぎる場合	・有効な対策はない。薄めてみよう。

COLUMN 枝豆

日本語で「枝についた豆」を意味する枝豆は、若い大豆を蒸して軽く塩をしたもので、食事の前のおいしい前菜にぴったりだ。さやから豆を押し出して食べるのは楽しいし、ディナーまでの時間を持たせてくれる。枝豆は伝統的には枝についたまま売られていたが(アジア食材店では今でもそうして売られている)、品ぞろえの豊富な食料品店の冷凍食品コーナーを探すほうが大部分の人にとっては簡単だろう。

調理するには、**枝豆を塩を加えて沸騰させた熱湯に**入れて2〜5分間ゆでるか、ふたのある容器を使って**水 カップ1/4(約60ml)**を入れ、電子レンジで2〜5分間蒸す。塩を振りかけてから食卓に出す。さやから出した枝豆を**オリーブオイル**でソテーし、**つぶしたにんにくとしょうゆ**で味付けするのも試してみてほしい。

辛味、冷涼味など他の味覚

味蕾は、主要な味覚以外にも、一部の食品の化学的特性に関連した各種の刺激も感じ取ることができ、そのような刺激にさらされることによって、われわれはその味を学んで好きになって行く。料理の世界では、**ひりひり感**（chemesthesis、化学物質によって引き起こされる感覚）が、トウガラシやにんにくの辛さ、そしてメントールキャンディーの冷涼感などの味覚に関与している。

スパイシーな辛味は、料理のひりひり感の最も一般的な形態だ。トウガラシに含まれるカプサイシンなどの化学物質は細胞を刺激するとともに、P物質（Pは痛み「Pain」を意味する）と呼ばれる神経伝達物質を用いて、熱さの検知と同一のメカニズムを発動させる。自然の奇妙な働きのひとつとして、P物質は利用されるたびにゆっくりと枯渇して行き、そして数日、あるいは数週間という時間をかけて再び補充される。つまり、頻繁に辛い食品を食べる人は、カプサイシンなどの物質を検知する能力が低下するため、辛い食品への耐性をどんどん積み上げて行くことになる。このため、他の人から辛くないと聞いた料理であっても、自分には耐えられないほど辛いということも起こり得る。聞いた相手が、辛い食品を食べ慣れている人かもしれないからだ。また、辛い食品を食べるにつれ、同じレベルの辛味を感じるためにはより多くの辛い食材が必要となってくる。

スピラントールは、オランダセンニチ *Acmella oleracea*（四川ボタン、山椒ボタン、バズボタン、電気ボタンなどとも呼ばれるが、花椒とは関係ない）というエディブルフラワーに含まれる成分で、しびれるようなピリピリ感を引き起こす受容器を刺激する。このピリピリ感は、9V電池の端子をなめたときに感じるものと同様だ。この奇妙な感覚を味わってみたい人は、インターネットで購入することもできる。

刺激的な辛味の感覚は、熱を感じるメカニズムを働かせずに感じることもできる。にんにく、わさび、そしてマスタードなどは、すべて突き刺すような、ツンとする感覚を呼び起こす。鋭い、焼けただれるような性質の、匂いの強烈なフランスのチーズも同様だ。四川料理に使われる花椒やアフリカで使われるマニゲットは、穏やかな辛味としびれるような感覚を引き起こす。

ひりひり感には、スパイシーな辛さや刺激感以外の感覚もいくつか含まれる。ペパーミントキャンディーは、ペパーミントなどの植物から取れるミントオイルに天然に含まれる、メントールという化学物質から冷涼感を得ている。メントールは冷たさを感じるのと同じ神経経路を活性化するため、ミントガムを噛んだりミントキャンディーを食べたりするとひんやりした感覚が引き起こされる。

われわれの口は、その他の種類の口への刺激からもデータを取得している。**渋味**は、乾いた収斂感をもたらす感覚で、ある種の化合物（通常はポリフェノール）が、おそらく通常は潤滑を提供する唾液中のタンパク質と結びつき、口の中を乾かすことによって引き起こされる。渋味のある食品にはカキや一部の茶、未熟なフルーツ、そして低品質のザクロジュース（樹皮や果肉に渋味がある）などが含まれる。炭酸飲料も細胞に刺激を引き起こし、同時に他の味覚を部分的にマスクする。びん入りの炭酸水を口に含み、次にその「炭酸を抜いて」試してほしい（スクリューキャップを閉めてびんを振り、慎重にふたをゆるめてゆっくりとガスを抜く）。ブランドにもよるが、炭酸が抜けると強い塩味が感じられることにびっくりするかもしれない。（また炭酸は、炭酸脱水酵素4と作用して酸味受容器を活性化するが、なぜ実際には酸味を感じさせないのかは今のところわかっていない。）酸味のある食品も口を刺激するが、ひりひり感の関与する他の味覚より、その感覚はずっと弱いものだ。

大部分の西洋文化では、スパイシーな辛味は主要な味覚とはみなされていない。タイなどの他の文化では辛味は重要だし、インド亜大陸のアーユルベーダ伝統医学では「温味」が基本的な食品の処方として定義されている。なぜこのような違いが生じるのだろうか？　説明のひとつとして、欧米人と他の地域に住む人たちとの間で、味覚受容器に遺伝的な違いがあるという説がある。（味覚受容器が多い＝刺激を受ける細胞の数が多い。）

ヒント	・辛い食品は、甘味や塩味の感覚を減少させる。また、一部の匂いを検知する能力を向上させるが、他の匂いについては逆に減少させる。
辛味を強くするには	・カイエンヌペッパー（カプサイシン）や黒コショウ（ピペリンという化合物のため、弱い刺激感がある）などの辛い食材を使う。
料理の辛味が強すぎる場合	・カプサイシンは無極性分子（421ページを参照してほしい）なので、糖分や脂肪を含む食材は辛味を部分的に中和するのに有効だが、水を飲んでも灼熱感を鎮めるためにはあまり役に立たない。いくつかの理由から、乳製品は有効だ。カゼインタンパク質がカプサイシンと結合するとともに、乳糖がカプサイシンの溶解を助けるからだ。料理が辛すぎる場合には、できれば乳製品を加えてほしい。それができない場合には、糖分や脂肪を含む食材を加えれば辛味を抑えることができる。

自家製スコヴィルスケール

アメリカの薬剤師ウィルバー・スコヴィルは、20世紀初頭に多くの時間をかけて植物から化学物質を抽出する方法を研究した。彼の最も著名な業績は、トウガラシに含まれるカプサイシンの量を測定するための**官能検査**（organoleptic test、感覚に関するテスト）だ。官能検査は正確性には欠ける（ある人の感覚は時間とともに変化し、他の人の感覚とも異なる）が、誰でも自宅で行えるという利点がある。

1911年に最初に発表されたスコヴィルの手法は簡単なもので、さまざまなトウガラシ（*Capsicum*属）から作った乾燥パウダーを使う。「1グレイン（64.8 mg）の粉末トウガラシを100cc（78.9g）のアルコールに一晩浸し、その後良く振り混ぜて濾す。次にこのアルコール溶液を、明瞭だが弱い刺激が舌に感じ

られるようになるまで、決まった比率で砂糖水に加える。」彼は「砂糖水」に使う砂糖の量を規定していないが、もし試してみる気があるなら、水に対して10%の砂糖が妥当な出発点だ。アルコールに関しては、ウォッカなどの中性グレインアルコールを使ってほしい。トウガラシのスコヴィル値を求めるには、かろうじて辛味が感じられる溶液中の粉末トウガラシの希釈倍数を計算すればよい。いくつかの品種のトウガラシを使って、比較してみよう！

RECIPE ペパーミント入りチョコレートミント

Junior Mints、Peppermint Patties、Andes、After Eight［訳注：すべて米国で販売されているミント入りチョコレートの商品名。］など、砂糖とメントールがチョコレートの中にコーティングされたキャンディーの種類の多さは、メントールの冷涼感の人気［訳注：日本ではあまり人気がないようだが。］を如実に物語っている。高品質のチョコレートを使って、自分で作ってみよう。

以下の材料を計量してボウルに入れ、均一な粘り気のあるペーストになるまで混ぜる。

☐ 粉砂糖：カップ1（120g）
☐ 室温に戻したバター：大さじ1（15g）
☐ 牛乳またはコーンシロップ：小さじ2（10ml）（ホロホロ感の少ないシロップ状のセンターが好きなら、コーンシロップを使ってほしい）
☐ ペパーミントエキス：小さじ2（10ml）
☐ グラニュー糖：小さじ1（5g）

次に、このペーストを好きな形に成形する。これにはいくつものやり方があるが、最も簡単な方法は、丸めて小さな団子を作ることだ（Junior Mintキャンディーがこの形だ）。またペーストを丸太状にしてスライスし、円盤の形にしてもよい。形ができたら、調理台の上で1〜2時間休ませて部分的に乾燥させるか、冷凍庫に30分入れて固める。

別のボウルに、テンパリングの指示（167ページを参照してほしい）に従ってダークなビタースイートチョコレートを4〜8オンス（110〜220g）溶かす。手を抜きたければ、チョコレートキャンディー用のコーティングを使ってもよい。これはココアバターの代わりに別の種類の脂肪を使っているので、テンパリングの必要がない。

フォーク（プラスチックのフォークの両端だけを残して他の刃を折ったものが便利だ）を使って、ペパーミントをチョコレートに浸し、ひっくり返してコーティングしてから、ボウルの縁でフォークを叩いて余分なチョコレートを落とす。できたキャンディーは、オーブンペーパーかワックスペーパーを敷いた皿か天板に移し、室温で固まらせる。（冷蔵庫や冷凍庫で固まらせると、チョコレートがうまくテンパリングされない！）

市販製品のメーカーは、さまざまなトリックを使ってキャンディーを作っている。例えばAfter Eightミントでは、センターが液状だ。メーカーではこのフィリングを、インベルターゼという酵素を砂糖に混ぜて作っている。何日か経つと、この酵素が砂糖（ショ糖）を単糖（果糖とブドウ糖）に分解するので、シロップ状になるのだ。（酵素について、詳しくは455ページを参照してほしい。）お気に入りのチョコレートミントキャンディーを、完璧に再現できるとは思わないでほしい！

LAB 遺伝的な味覚の違い

あなたと私は、すべてのものについて同じ味や匂いを感じているのだろうか？ 家族や友人のためにディナーを作っているあなたが、野菜にもっと塩が必要かどうかという白熱した議論に巻き込まれたと想像してみてほしい。（人の親にとっては、こういう議論に巻き込まれるのは大歓迎だろう。） 1人はまだ塩は足りていないが、もう1人はもう十分塩辛いと言っている。あるいは香菜を使うチキンのレシピ（30ページを参照してほしい）を作っていて、味見してみたらひどかったとしよう。なぜ、こういうことが起きるのだろうか？

遺伝的差異によって目の色が違うように、われわれの味蕾や嗅覚受容器にも違いがある。あなたの味覚や嗅覚に関する遺伝子がどのように組み合わされているか理解してもらうために、3種類の味覚実験を用意した。これらのテストはどの順番で行ってもよいが、おいしい味で実験を締めくくるために、ペパーミントキャンディーの実験は最後に行うことをお勧めする。

まず、これらの材料を準備しよう

テスト1
- 香菜の葉、数枚

テスト2
- PTC/PROP試験紙（インターネットで「supertaster test paper」と検索するか、http://www.cookingforgeeks.com/book/supertaster/ を参照してほしい）

または、
- 青い食用色素
- 綿棒またはスプーン
- 穴が3つ開いたルーズリーフの紙（または、舌に乗せても大丈夫な直径5/16インチ（8mm）の穴が開いたもの）を、穴の周りの小さな四角形に切り抜いておく
- 鏡、またはあなたの舌を見てくれるパートナー

テスト3
- ペパーミントキャンディー（AltoidsやPep-O-Mint Life Saversなど）。時間と共に風味が弱くなるので、新しいものを使おう！
- 口をすすぐための水またはマイルドな飲み物が入ったコップ

実験手順

テスト1：香菜の匂い
1. 鼻をつまんでから、香菜を食べてみる。どんな感覚がするか注意しよう。
2. 鼻をつまんでいた手を放して、呼吸する。どんな匂いが感じられるか注意する。

テスト2：PTC/PROPバージョン
1. 試験紙を舌の上に乗せ、数秒間そのままにしておく。
2. どんな味覚がするか、注意する。味覚は強かっただろうか、弱かっただろうか、それとも濡れた紙の感触だけだっただろうか？

テスト2：青い食用色素バージョン

試験紙がなければ、自分の舌を突き出してみてほしい（もちろん、すべては科学のためだ）。

1. 青い食用色素を1滴、綿棒に含ませるかスプーンに乗せる。
2. それを使って自分の舌を染色する。口をすすいで色素を一部洗い流す。
3. 舌の上に見える斑点を探す。ダークブルーに囲まれた、ピンク色の斑点が見えるはずだ。（これらのピンク色の斑点が「茸状乳頭」、つまり味蕾のある舌の上の小さな突起だ。茸状乳頭は、食用色素によって染色されない。見つからない場合もあり得る。）
4. 斑点が最も多い領域を選ぶ。通常は舌の先端部分だ。穴を通して斑点が見えるように、紙を乗せる。
5. 鏡を使うか、パートナーの助けを借りるかして、

目に見えるピンク色の斑点の数を数える。

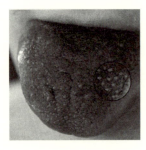

舌の上に見える、このような斑点を探して数を数えてほしい。この例では、およそ12個の斑点がある。

テスト3：三叉神経の感受性

1. 新しいペパーミントキャンディーを口に入れ、口を閉じる（口を開いたり、かみ砕いたりしないように！）
2. 約30秒間、唾液がキャンディーにしみこんで分解するまで待つ。
3. **口を開かずに**、キャンディーをかみ砕く。どう感じるだろうか？　その感覚は強いものだっただろうか、それともマイルドなものだっただろうか？
4. 口で呼吸して、どう風味が変化するか注意する。

考察してみよう！

3つのテストで、何に気付いただろうか？　驚きはあっただろうか？　味覚の違いが、人々の食生活にどう影響すると思うだろうか？　苦い食品への感受性が強いと、調味料の量や使い方はどう変化するだろうか？

以下のことに気を留めておいてほしい。

◎約10人に1人の人は、香菜を違った匂いに感じる。
◎青い食用色素テストで、30個を超える数の乳頭があれば、おそらくあなたはスーパー味覚者だ。通常味覚者は15〜30個の場合が多く、味盲の人は平均で15未満だ。約25％の人が味盲であり、50％の人が通常味覚者であり、そして25％がスーパー味覚者だ。
◎ペパーミントキャンディーテストは、三叉神経刺激に対する感受性の大まかな目安を与えてくれる。冷涼感が「おお、これは強烈だ！」と感じられたら、あなたは三叉神経の感受性がとても高いのだろう。ほとんど何も感じられなければ、感受性が低いのだろう。しかし大部分の人の感じる冷涼感は、この両極端の中間的なものだ。

応用問題

われわれの感覚は、遺伝以外の理由によっても違ってくる場合がある。病気によって、一時的または恒久的に、感覚が損なわれる可能性がある。味覚に関する神経に損傷を受けているかどうかを最も簡単にテストするには、指を湿らせてインスタントコーヒー（できれば本当に苦いエスプレッソ）に突っ込む。指をなめてから、感じられる感覚に注意を払いながら飲み込む。舌で苦味が感じられただろうか、それとも飲み込むときに感覚が大きく変動しただろうか？　もしそうなら、舌の先端から信号を伝える神経（鼓索神経）が損傷を受けているが、舌の後方から信号を伝える神経（舌咽神経）は機能している可能性が高い。

味の組み合わせからインスピレーションを得る

　食材の組み合わせによって、われわれが食べるものの風味は驚くほど変化する。ひとつまみの塩は、苦味を減らすことによって料理の風味を変え、それによって甘味が強く感じられるようになる。この種の相互作用のため、料理に味をもたらす食材を加えることには、望ましい風味をバランスさせ、際立たせる効果もあるのだ。

　塩味＋甘味、苦味＋甘味など、大部分の味の組み合わせは、風味も変化させる。これは注目すべきことだ！　あなたの舌が検知する味が変わると、あなたの鼻が検知するアロマも変化する。味覚システムと嗅覚システムは、一般的には別個のものと考えられているが、実際にはオーバーラップがある。ほとんど気づかないレベルであっても、微量のカイエンヌペッパーが、例えばぶどうゼリーに入っているぶどうなど、関係なさそうなアロマを検知する能力を向上させることもある。われわれの感覚は複雑なシステムであり、ある物質を感じ取り検出する閾値や強度は、別の物質によって変化するのだ。

　調理の際には、味見をして強すぎる味や足りない味がないかよく考えてみよう。簡単に修正できる場合もある。新鮮なフルーツがちょっと単調な味に感じられたら、砂糖を振りかけたり（いちごで試してみてほしい）、少量の塩を加えたり（グレープフルーツ）、あるいはライムジュースを垂らしたり（パパイヤ、スイカ、桃にははちみつを試してみよう）してみよう。さらにインスピレーションを発揮して、基本的な味の違う食材を組み合わせてもいい（甘いスイカと塩気のあるフェタチーズ）。非伝統的な味の組み合わせも試してみよう。いちごと黒コショウは？　マンゴーサラダにハラペーニョと香菜は？　基本的な味の組み合わせによって、素晴らしいインスピレーションが得られる。

　味の組み合わせは、標準的に定義される味以外にも適用できる。スパイシーな辛い食材を、別の基本的な味の食材と組み合わせる実験をしてみよう。辛味＋甘味＝？　バッファローウィング＊！　脂肪と混ぜることによっても、味は変化する。カプサイシンなどの化合物は脂溶性だからだ。アボカドとシラチャソース（メジャーなブランドのびんに雄鶏の絵が描かれているので、「ルースターソース」とも呼ばれる）で実験してみよう。シラチャソースは、どんなパッとしない料理でもおいしくしてくれるという評判だ。しかし、使いすぎると貨物列車のように強烈な味がするので気を付けて！

塩や砂糖をひとつまみ、あるいはカイエンヌペッパーを小さじ1/4（0.5g）加えると、料理は塩辛くなったり甘くなったり、あるいは辛くなったりしたようには感じられないのに、風味が変わることがある！　しかし、料理している最中はその変化に気付かないかもしれない。味見をする際、ひとつの味にとらわれ過ぎると、他の味の変化を見過ごしてしまいがちだ。**官能分析**（人間の感覚を測定すること）は、魅力的で複雑なものだ。

＊訳注：鶏手羽を揚げて辛いソースで味付けした料理。

多くの食品は、3つか4つの基本的な味の組み合わせでできている。例えばケチャップは、うま味（トマト）、酸味（酢）、甘味（砂糖、トマト）、そして塩味（塩）という、驚くほど複雑な味がする。料理の味の組み合わせを考えることが手に余るようなら、別の料理を2つ並べて食卓に出してもよい。互いに引き立て合うように、2つの料理を組み合わせるのだ。

RECIPE　夏のスイカとフェタチーズのサラダ

スイカのシーズンになったら、このサラダを作って、フェタチーズの塩味とスイカの甘味との組み合わせを体験してみてほしい。

ボウルに以下の材料を入れ、あえる。

☐ スイカ：カップ2（300g）、角切りにするかスプーンでくりぬく
☐ フェタチーズ：カップ1/2（75g）、細かく刻む
☐ 赤タマネギ：カップ1/4（40g）、ごく薄切りにし、数分間水にさらしてから水気を切る
☐ オリーブオイル：大さじ1（15ml）（風味の良いエキストラバージンを使おう）
☐ バルサミコ酢：小さじ1/2（2.5ml）

NOTES

◎酸味の素として、酢の代わりにライムジュースを小さじ1〜2使ってみよう。あるいは、味がどの方向へ向かうのか考えながら、黒オリーブ（塩味）、ミントの葉（冷涼味）、または砕いた赤トウガラシ（辛味）を加えて、味の変化を楽しんでみよう。

スイカを素早く角切りにする方法：ナイフを使って1方向に平行な切れ目を数本入れ、それを他の2軸についても繰り返す。

組み合わせ	単一食材の例	組み合わせの例
塩味＋酸味	ピクルス プリザーブドレモン	サラダドレッシング
塩味＋甘味	海藻（マンニトールによるわずかな甘味がある）	スイカとフェタチーズ バナナとシャープなチェダーチーズ マスクメロンとプロシュート チョコレートがけプレッツェル
酸味＋甘味	オレンジ	レモンジュースと砂糖（例えばレモネード） 焼きとうもろこしとライムジュース
苦味＋酸味	クランベリー グレープフルーツ（クエン酸による酸味とナリンギンによる苦味）	ネグローニ（ジン、ベルモット、カンパリで作るカクテル）
苦味＋甘味	ビターパセリ グラニースミスりんご（青りんご）	ビタースイートチョコレート 砂糖／はちみつ入りのコーヒー／紅茶
苦味＋塩味	（なし）	塩でソテーしたケール マスタードの葉とベーコン ゴーヤの炒め物

INTERVIEW

リンダ・バルトシュークが味とおいしさについて語る

リンダ・バルトシューク（Linda Bartoshuk）はアメリカの心理学者で、匂いと味の感覚に遺伝的な差異や病気がどう影響するかを幅広く研究している。彼女の最も著名な業績は、スーパー味覚者に関する発見だ。

どんなきっかけで、匂いと味を研究するようになったのですか？

私は哲学を研究していて、認識論に魅了されていました。どのようにしてわれわれは、自分たちが知っていることを学ぶのでしょうか？　私はある人と別の人との味覚を比較することに興味を持つようになりました。これは、非常に興味深い哲学的問題なのです。それについて考えてみれば、あなたと私とでは経験を共有できないことがわかります。あなたが何かを味わうとき、あるいは痛みなどの感覚を感じるとき、どのようにして私はあなたが何を経験しているか知ることができるのでしょうか？

私の考えでは、1から10までのスケールを使うか、あるいはいくつかサンプルを用意して、それに順位付けをしてもらう識別テストをすればいいと思います。

順位付けによっていくらか情報は得られますが、それによって他の人が何を経験しているか知ることはできません。痛みを例に取って説明しましょう。あなたは病院にいて、看護師があなたの痛みを1から10で表してくださいと聞いてきます。これは、あなたが鎮静剤を投与されていて痛みが良くなっているかどうかを知るには、合理的なスケールです。しかしあなたの痛みは、隣のベッドに寝ている人の痛みと比較できるでしょうか？　それはできませんよね。あなたは、その人に取って10がどれだけの痛みなのか知らないからです。この問題を解決することが、スーパー味覚者、つまり他の人よりも強く味を感じる人の存在などの発見につながったのです。

あなたは、人によって感じる味の違いを、どのようにして比較するのですか？　特に、度合いの違うスーパー味覚が存在するような場合に。

私たちは彼らに、味とは全く関連のない何かと味を比較するように依頼します。例を示しましょう。われわれは何人かの人を集めて、彼らの舌を見ます。舌には、「茸状乳頭」と呼ばれる構造が見えます。これは舌に見える比較的大きな突起で、味蕾が格納されている構造物です。そして、われわれは茸状乳頭がたくさんある人のグループと、少ない人のグループを作ります。それから被験者たちにイヤホンを渡し、ソフトドリンクの甘さに合わせて音の大きさを設定してもらいます。彼らには、音を大きくしたり小さくしたりできるノブを渡しておくのです。味蕾がたくさんある人たちは、ノブを90デシベルまで上げます。味蕾の少ない人た

ちは、80デシベルまで下げます。10デシベルの違いは音が倍の大きさに感じるという意味なので、茸状乳頭つまり味蕾の多い人はソフトドリンクの甘さを倍の大きさの音と対等に見ていることがわかります。ここで、「聴力も違っているかもしれない」という人もいるでしょう。しかし、聴力が味覚と関連していると考える理由は何もありませんし、もしわれわれが正しければ、平均的には味蕾の多い人は甘さを倍の強さで経験しているということになります。安全を期して、われわれは音の大きさの他にも、数多くの他の基準を使います。

われわれは、スーパー味覚者について多くのことを知りました。あなたがスーパー味覚者であった場合、砂糖をなめると私より2倍から3倍甘味を感じることになります。私はスーパー味覚者ではないからです。私はスーパー味覚者とは遠く離れた反対側にいます。私はよく視覚に例えて、私の味覚はパステル調だが、スーパー味覚者の味覚はネオンサインだ、と言っています。

つまり、あなたはスーパー味覚者と同じおいしさを、食べ物に感じていないということですか？

ええと、食べ物の好みは、単なる生物学よりもずっと深いものです。大部分は過去の経験に基づいていて、前に経験したものを好きになる傾向があります。私はスーパー味覚者になりたいとは思いません。私は、私の住んでいる世界が気に入っているからです。

私はチョコレートチップクッキーが好きです。もし私がスーパー味覚者だったとしても今以上に好きになるとは思えませんが、もちろん私はその経験を共有できないわけですから、断言はできません。しかし、われわれの新しい手法を使えば、人々が食べ物に感じるおいしさを比較できるのです。おそらくチョコレートチップクッキーは、私の感じるおいしさよりも、多少は多くのおいしさをスーパー味覚者に感じさせていることが、おいしさスケールを使って測定してみればわかるでしょう。一般的に言って、スーパー味

覚者はそれ以外の人よりも、自分の好きな食品をよりおいしく感じます。

食べ物のおいしさは、何に由来するのでしょうか？

われわれは、それは学習する必要があると考えています。この分野で現在、最も一般的に信じられていることは、匂いの情動はすべて学習の結果だということです。ときには匂いが、われわれが「本能的」と呼ぶ一次情動とみなされるものと結びつけられることもあります。人は生まれたときから砂糖が好きなので、ある匂いを砂糖と結びつけることによって、それを大好きな匂いにすることができます。また、肉の匂い、つまり脂肪と主要な関連があるものの匂いを使うこともできます。カロリーが必要なので、あなたの脳はあなたに脂肪を食べてほしいと思っているのです。

脳は、胃腸で検知される脂肪が特定の匂いを伴っていることに気付きます。そして脳は脂肪を食べてほしいので、あなたがその匂いをもっと好きになるように仕向けます。その匂いが、脂肪という望ましいものと結びついていたからです。そしてこれが、条件付き選好のメカニズムなのです。このような理由から、実験心理学によって、われわれが特定の食品を好む理由について多くのことがわかります。実験心理学はそのシステムを見つけ出しました。そこにはルールが存在するのです。

もしあなたが誰かに、ある食べ物をよりおいしく感じてほしいとしたら、どうするでしょうか？

評価的条件付けの分野では、情動をある刺激から別の刺激へ移行することが研究されています。匂いに関しては情動が移行されることが多いので、嗅覚は特に興味深い研究対象です。誰かに新しい料理を好きになってもらいたいとしましょう。その食べ物の匂いを、その人が大好きな人との食事といった、本当に楽しい状況と結びつけるのです。その後、その人はその新しい料理がもっと好きになります。最初に大好きな人と一緒に食べたからです。

これは、私が食品行動学の講座で教えていたとき試験に使った問題でした。私は学生たちに、「あなたは化学者で、それまで地球上に存在しなかった全く新しい匂いを発明しました」と言います。それは実際にあり得ることです。「そこで、あなたはその新しい匂いを社長に気に入ってもらい、宣伝してもらいたいのです。どうすれば、社長にその匂いを好きになってもらうことができるでしょうか？」解答には、非常にクリエイティブなものがありました。「彼のガールフレンドに、その匂いを香水として付けてもらう。」「彼は野球が好きなので、野球を見に行くときに座席にその匂いをスプレーしておく。」「彼が一番好きな食べ物に、その匂いを付ける。」これらはすべて、情動の移行の例です。何か中立なものを、すでに好かれているものと関連付けると、中立だったその刺激が好まれるようになるのです。

われわれが特定の風味の組み合わせを好むのは、それが理由ですか？

それは、おいしさという視点から見ることができます。例えば、鴨とオレンジは、素晴らしい組み合わせです。ラズベリーとチョコレートも、われわれが好む組み合わせです。一方、鴨にチョコレートを加えたり（これはあまり面白いものとは思えません）、オレンジにラズベリーを加えたりするのはどうでしょうか？ おいしそうな匂いと、それがどうやって獲得されたかを考えてみれば、そこにはあまり関心を払われることのない構造が見出されると私は確信しています。例えば、オレンジは甘味と結びつけられているため、最初からおいしいと感じられます。鴨は、脂肪と結びつけられているため、最初からおいしいと感じられます。オレンジの匂いは、本能的に好かれるわけではありません。それを甘味と結びつけることによって、好きになることを学ぶのです。そして鴨の匂いも、本能的に好かれるわけではありません。それを脂肪と結びつけることによって、好きになることを学ぶのです。異なる方法で情動を獲得した匂い同士を結び付けることによっ

て、より強力な情動がもたらされることもあります。

このことは味、つまり味覚という意味での味と、どう結びつくのでしょうか？

われわれは、味の混合の法則を知っています。甘味、塩味、酸味、苦味を組み合わせると、どうなるかを知っているのです。共通の味を持つ2つの食材を組み合わせれば、足し算になります。サッカリンの甘さと砂糖の甘さとは、足し算になるのです。しかし例えば砂糖の甘さとキニーネの苦さなど、2つの異なる味を組み合わせれば、互いに打ち消し合うことになるでしょう。ですからここでのルールは、2つの異なる性質の味を組み合わせた場合には、互いに打ち消し合うということになります。

これについて考えてみれば、とても良いメカニズムかもしれないということがわかるでしょう。本当に複雑な中華料理のソースを考えてみてください。酢としょうゆを使い、砂糖を少々加え、そしてもちろんショウガを使ってよい風味を付け加えます。これらが線形に加算されることになったとしたら、あなたの頭は爆発してしまうことでしょう。

味に関しては、混合による打ち消し合いがとても強力なので、味は合理的な範囲に収まります。そうでなかったとしたら、複雑な味ははるかに強いものになり、使い物にならなくなってしまうでしょう。この世界では、味に基づいて異なる食材を識別するほうが大事だからです。線形に加算されることは、本当に望ましくないのです。

嗅覚に関しては、さらにひどいことになります。さまざまな匂いを混ぜ合わせることを考えてみてください。匂いが線形に加算されるとすれば、あらゆる複雑な混合物は信じられないほど強い匂いになり、シンプルな匂いは弱くなってしまうでしょう。これは実際とは違います。嗅覚の場合、味覚よりもさらに強力な打ち消し合いが働くのです。

われわれが食品をどう認識し、どう反応するかという話題は、非常に広範囲に及

ぶようですね。食品には味や匂い以外にも数多くの要素があり、それによって食品は非常に複雑なものになっています。食べ物への愛は、われわれの人生の中で信じられないほど強い力です。われわれは、人々が何によって食べ物を好きになったり嫌いになったりするのかについて、多くのことを知っています。生物学は、比較的小さな役割しか演じていません。大部分は経験だからです。

匂いと嗅覚

匂いは概念的には単純だが、ディテールは複雑だ。概念的には、匂いはわれわれを望ましいものへと導き、危険なものから遠ざけてくれる。しかし匂いが役立つ文脈は、食物よりもはるかに広い。結婚相手を選ぶ？　幼児が母親を見つける役に立つ？　一度着たシャツをもう一度着て大丈夫かどうか判断する？　これらはすべて、われわれの匂いの感覚、つまり**嗅覚**を利用している。嗅覚が複雑なのは、それがさまざまな役割を果たすように進化してきたからだ。

味覚は数種類の属性に限られているが、嗅覚には大量のデータがあふれかえっている。われわれはおおよそ360種類の属性を検知する能力を持ち、また10,000種類以上のアロマを識別し記憶できる。強弱という面を考慮すれば、区別できる匂いの種類は1兆にも上るだろう。またその感度も驚くべきものだ。人間の鼻は、一部の化合物を1兆分の1未満のオーダーで検知できる。これはいわば、宇宙空間からマンハッタン全体を見て、1粒の米を見分けるようなものだ。もし匂いがなかったとしたら、食べ物の風味は一握りの基本的な味覚に限られてしまい、ディナーテーブルでの体験はもっとずっと退屈なものになってしまっていたことだろう。

われわれがどうやって匂いを感じるかという魅力的な話題は、比較的最近になってようやく理解されてきた。2004年のノーベル生理学・医学賞は、匂いを感じるメカニズムを発見した業績に対して、リチャード・アクセルとリンダ・バックという2人の研究者に授与された。味覚と同様に、われわれの嗅覚は化学物質による受容器細胞の活性化作用だ。嗅覚の場合、これらの化学物質は**匂い物質**と呼ばれ、これがわれわれの鼻の中の化学受容器細胞を活性化する。しかし匂いには、さらに多くのディテールが存在するのだ。

一見したところ、嗅覚と味覚の受容器細胞の働きは似ている。味覚と同様に、嗅覚受容器細胞はちょうど1つの属性を検知するようにできていて、各受容器細胞はちょうど1つの嗅覚受容器遺伝子にエンコードされている。甘さを感じる味覚受容器が、ショ糖、果糖、サッカリンといった異なる物質によって刺激されるように、どんな嗅覚受容器もさまざまな化合物によって刺激され得る。嗅覚の場合、受容器細胞は鼻腔内に存在し、**揮発性物質**に反応する。つまり、蒸発し空気中を漂っている化学物質が鼻腔を通過する際に、嗅覚受容器細胞によって検出されるチャンスがあるわけだ。

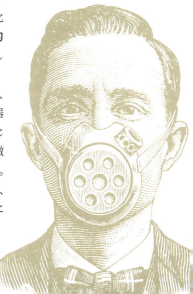

COLUMN　風味の良い食材を手に入れるには

良い風味は、高品質の食材から生まれる。完璧な桃はスライスして皿に並べただけでごちそうになるが、匂いもせず野球のボールに使ったほうがいいんじゃないかという代物なら、おいしいとは感じられないだろう。ここでは、風味の良い食材を手に入れるためのコツをいくつか紹介する。

五感を働かせる。品質を知るためには、あなたの鼻や目、そして手が頼りになる。フルーツは香り高く、魚はほとんどまったく匂わず、そして肉はかすかに、おそらくちょっと獣っぽく感じるが、決して悪い匂いがしてはいけない。メロンは甘い匂いがするが、甘すぎる匂いがしてはいけない（過熟！）。色や触った感じも重要だ。表面に注意を払おう。桃やナシなどのフルーツは、やさしくしっかりと握ってみれば、未熟か、熟しているか、あるいは悪くなってしまったかがわかるはずだ。

食材について知っておく。感覚が頼りにならないこともある。フルーツの中には、収穫後もエチレンガスの存在下で熟成し続けるものがあり（そのリストは128ページを参照してほしい）、そのため緑色をしたバナナを買うことにも意味がある。しかし、熟成と風味とは別の話だ。熟したフルーツには望ましい食感と糖・デンプン比率があっても、ほとんど風味化合物はないかもしれない。トマト愛好家なら、よくわかっているはずだ。

時期をずらして購入する。購入と保存方法を工夫すれば、フルーツの熟す時期をコントロールすることができる。バナナを1房買う代わりに、半分は熟しかけのものを、そしてもう半分は緑色のものを買うようにすれば、熟す時期をずらすことができる。エチレンガスで熟すバナナや桃などのフルーツの場合、エチレンガスがたまるように紙袋の中で保存すれば熟すスピードを速められる。

妥協するのではなく、代わりのものを探す。指定された食材の低品質のものを使うくらいなら、何かその代わりになる、風味の強いものを使ったほうが良い。

旬の時期を理解する。食料品店は1世紀も昔から存在するが、さまざまな種類の新鮮なフルーツや野菜が一年中手に入るようになったのは、ほんのここ数十年のことだ。しかし、農産物の種類が違えば育つ時期も違うし、旬の時期を外れた農産物はあまりおいしくない。食料品店で、トマトのように見える赤い物体のそばに「トマト」という表示があったとしても、熟す前に収穫されたものに含まれるのは成熟によって作りだされるおいしい風味化合物ではないため、そのトマトの風味プロファイルは魅力的ではないかもしれない。良質の新鮮なトマトが手に入らない場合、トマトの旬の季節に収穫された缶詰のトマトを使ったほうがいいだろう。それに缶詰や冷凍の食材は、無駄になってしまう可能性も少ない。

マーケティングに気を付けよう。われわれは、自分の運命は自分が握っていると考えがちだが、マーケティング担当者はそれが間違いだということを教えてくれる。たくさん緑色を使ったパッケージはヘルシーに見えるが、そのラベルを食べるのでない限り、食品自体の味は何も変わらないかもしれない。企業は棚の目立つ位置に置いてもらうためにお金を払っているので、上や下の棚を見まわしてマーケティングにお金を掛けていない代替製品を探してみよう。そして、店の奥へ行く途中の衝動買いに気を付けよう。乳製品売り場が店の奥にあるのには、理由があるのだ！　ほとんど誰でも買い物メモには乳製品が書いてあるものだし、店の側では乳製品コーナーを店の奥にすれば、その途中で理想的とは言えない衝動買いをたくさんしてもらえることを知っている。買い物リストを作って、子どもは家に置いて行こう。（豆知識：大部分の店は、あなたが反時計回りに歩くことを前提としたレイアウトになっていることに気付いているだろうか？　つまり、左手でカートを押しながら、空いた右手で品物をつかめるようにしているわけだ。）

匂いがさらに複雑なものとなっているのは、バラエティに富む嗅覚受容器細胞が、グループとして活性化されるためだ。簡単に名付けられる、数種類の感覚しか存在しない味覚とは違い、嗅覚にははるかに多くの感覚が存在する。われわれは「カビ臭い」、「フローラルな」、あるいは「レモンっぽい」などの言葉を使ってよくある感覚のカテゴリーを説明するが、これらの感覚はどれも1つの嗅覚受容器から生まれるものではない。嗅覚が複雑なのは、1種類の化合物が複数の嗅覚受容器を活性化し、そして刺激された嗅覚受容器の組み合わせが匂いとして感じられるという、驚くべき事実のためだ。もうひとつの重要な事実（花やコーヒーなどのアロマは化合物が混じり合ったものだ）を考え合わせれば、なぜ匂いがこれほどまでに複雑なのか、理解できるはずだ。

　生物学的な視点からは、味物質はピアノで1つの音だけを出すようなもので、匂い物質は神経学的な和音に例えられる。味覚の場合、われわれは1つの味覚受容器細胞が刺激されることによって味を感じる。嗅覚の場合、われわれは刺激される嗅覚受容器細胞の組み合わせに基づいて匂い物質を感じるのだ。化合物（例えば、バニラのアロマの主成分であるバニリンなど）は複数の嗅覚受容器細胞を刺激し、われわれの脳はその組み合わせを「バニラのような匂い」として感じる。本物のバニラには、状態の良いものであれば、バニラ豆に由来するいくつかの匂い物質が含まれていて、われわれはこれらすべてを1パスで検知する。それはちょうど、交響曲で同時に演奏される多数の和音が「バニラ！」と聞こえるようなものだ。

　このことはまた、かすかな匂いが間違って感じられることがあるという理由を説明してくれる。「和音」の一部が欠けていると、あなたの脳のパターンマッチング機能が働いて、最もよく当てはまるものを見つけてくるためだ。最近のことだが、私は鼻が詰まって匂いを感じる能力が低下した状態で部屋から外へ出てみたことがある。廊下に足を踏み入れると、アンズの匂いがした。ところが廊下を先へ進んで匂い物質がより多く私の嗅覚システムに感じられるようになると、その匂いは突然生乾きのペンキの匂いに変化したのだ。どうして私はそんなに違うものを「かぎ間違って」しまったのだろう？　私の鼻が詰まっていたため、最初はニューロンの一部しか刺激されず、それによって奏でられた和音がアンズに似ていたので、私の脳が見つけられる範囲で最も近いものにオートコンプリートしてくれたらしい。（しかし、なぜアンズだったのだろう？　私には見当もつかない。）

あなたの脳は、あなたの今までの経験と一致するように、欠けているディテールを埋めようとする。そのため、この図形が不完全な三角形として認識されるのだ。

　すべての化合物に匂いがあるわけではない。まず、化合物は**揮発性**であること、つまり蒸発して蒸気に変化する性質が必要だ。われわれが何かの匂いを感じるとき、それは「空気中」に存在しなくてはならない。チョコレートの包装紙をはがした時に匂いがするのは、チョコレートに含まれる化合物が蒸発してあなたの鼻腔へ漂ってきたからだ。チョコレートにはさまざまな揮発性化合物が含まれているが、ステンレスのスプーンにはほとんど含まれていない。だから、

オクタン

ノナン

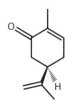
S-カルボン

R-カルボン

一方には匂いを感じるが他方には匂いを感じないのだ。化合物の揮発性は、温度によっても変化する。冷たい食べ物の匂いを感じにくいのは、温度が物質の揮発性に多少なりとも影響するからだ。(ちなみに、揮発性化合物の蒸発のため、チョコレートの重さは時間と共にわずかずつ減少する。「今すぐ」チョコレートを食べる言い訳が必要な場合のために覚えておくといいだろう。)

もともと匂いの強い食品もあるが、大部分の生の食材は手を加えられるまで匂いを閉じ込めている。皮をむく前のバナナ、レタスの玉、そして新鮮な魚などは、手を加えられるまであまりアロマを放たない。調理によって、揮発性化合物が解放されたり、不揮発性の化合物が別の化合物に分解されたりするため、数多くの匂い物質が発生する。タマネギをみじん切りにしたことのある人なら誰でも知っているように、野菜を切るだけでも匂いは解き放たれる。芝生を刈る前と、刈った後の匂いの違いを考えてみてほしい。「青くさい」草の匂いは、刈る前から草の葉の中に閉じ込められていた化合物のものだ。

化合物が揮発性であって「解き放たれる」だけでは、われわれが匂いを感じるためには十分ではない。サイズや形状、そして**キラリティ**と呼ばれる性質によって、その分子に匂いがあるか、そしてどんな匂いかが決まるのだ。われわれの嗅覚は、特定の種類の匂いに関しては、最新の実験機器にも匹敵する。数個の原子の違いを検出できるのだ。たった炭素原子1個と水素原子2個しか違わない、オクタンとノナンの匂いを区別できるし、ナシとバナナの主要な匂い物質も、やはりたった炭素原子1個と水素原子2個しか違わない。

匂いにキラリティが与える影響は、実に驚くべきものだ。**キラリティ**とは、ある分子とそれを鏡に映したもの(このペアは**鏡像異性体**と呼ばれる)が同一かどうかに関係する。例えば、あなたの右手と左手はキラルだ。基本的には同じ形をしているものの、同一ではないからだ。化学で古典的な例はカルボンで、S-カルボンはキャラウェイの香りがするが、R-カルボンはスペアミントの香りがする。嗅覚受容器細胞は、ここまで詳細な区別をしているのだ!

化学ギークには理解してもらえると思うが、匂いと揮発性物質との間には、大まかな一般的法則がある。特定の化学構造を取る化合物の族は、一般的には似たような匂いになる。エステルと呼ばれるカテゴリーに属する化合物は、伝統的にフルーツのアロマを持つと考えられている。アミンという別のカテゴリーの化合物は、まるで1週間たった生魚のような腐った嫌な匂いを持ち、カダベリンやプトレシンはその代表的な例だ。そしてアルデヒドという別のグループは、青くさい、あるいは植物のような匂いがすることが多い。このような類似性は、揮発性物質の化学構造に基づいて受容器が活性化することによって匂いが検知されるという理論を裏付けている。

単一の化合物の匂いは、例えば刈った草のアロマと同じものにはならないが、十分よく似た香りの化合物もあるので、化学者がそれらをいくつか組み合わせて使えば(草の匂いの場合、ヘキセナール、酢酸ヘキシニル、そしてメタノール)、われわれの脳を本物の匂いをかいでいるように錯覚させることができる。衣料用洗剤やキャンディーなどの製品にも使われている人工香料は、コストが

安いことが多く、元の香りよりも化学的に安定していて、さらには安全性が高い可能性さえある（「天然」香料には天然毒素が含まれる場合もある）。例えば人工バニラエキスは、バニリンだけを含むものが一般的だが、バニリンはバニラ豆に含まれる最も普通の化学物質だ。それ以外のバニラの化合物は人工香料には含まれていないが、それでもわれわれはバニラだと感じ、一般的には心地よさを覚える。

　これまでの説明でお分かりのように、匂いの化学的なディテールは非常に込み入っている。しかも、個人によって匂いを検知する方法の感じ方に違いがあることについては、まだ触れてもいないのだ！　特に他の人のために料理する際に、考慮しておきたい嗅覚の違いについていくつか説明しておこう。

　遺伝的な違い。味覚に遺伝的な違いがあるように、嗅覚にも遺伝的な違いが存在する。最も簡単な例は、香菜だ。食器用洗剤のように感じられて嫌でたまらないという人もいる。食事に加えるとおいしくなるという人もいる。香菜が嫌いな人には、心強い味方がいる。ジュリア・チャイルド*も嫌いだったのだ。香菜への嫌悪は、わずかな遺伝的変異（インターネットでrs72921001を検索してみてほしい）によるものだということがわかっている。約10人に1人の人がこの変異を有し、そしてこの比率はヨーロッパに先祖を持つ人でわずかに高く、アジアに先祖を持つ人でわずかに低い。

＊訳注：米国の著名な料理研究家。

　閾値の違い。それ以外の生理学的な違いが存在することも知られている。女性は嗅球中のニューロン接続が男性よりも約50％高く、匂いを検知する能力が高い。一部の人は、おそらく遺伝的な理由により、それ以外の人よりも匂いに敏感だ。このような違いは、さまざまな匂い物質を感じるために必要な最小閾値にばらつきがあることを意味する。アロマは匂い物質の組み合わせであり、さまざまなアロマには重なり合いがあるので、例えば私がアロマに含まれるすべての匂い物質を検知できる一方で、あなたはそのサブセットしか感じられない場合、私はユリの花の匂いを感じるが、あなたはほとんど糞便のような匂いを感じるかもしれない。

われわれが両耳で音をステレオで聞いているように、われわれは左右の鼻孔を独立に使って、匂いもステレオで感じているらしい。カリフォルニア大学バークレー校の研究者たちは、片方の鼻孔をふさぐと「鼻孔間のコミュニケーション」が阻害されるため、匂いの元を突き止めることがとても困難になることを発見している。

　年齢による変化。視力や聴力と同様に、われわれの嗅覚も30代のころから衰え始め、60代に達すると衰えが加速して行く。ゆっくりと低下するため、聴力や視力とは違って変化に気付くのは難しいが、われわれが食べ物に感じるおいしさにある程度は実際に影響がある。

　クロスオーバー。味覚と嗅覚は、互いに完全に独立したものではない。匂い物質は、われわれの基本的な味覚の感じ方を変えることがある。例えばバニラのアロマは、甘味の感じ方を増加させる。ブルーベリーのようなフルーツは、いちごと比べてブルーベリーのほうが多くの糖分を含むという意味で「より甘い」が、いちごに含まれる匂いによっていちごも同じように甘いと感じられる。実験によって、キャラメルなどの甘い食べ物の匂いをかいだ後で水を含むと、水

も甘く感じられることがわかっている。

　嗅覚疲労。嗅覚疲労に感謝しよう。それがなければ、あなたの家に特有の匂いや、外出先や滞在先に存在する匂いをいつも感じ続けることになってしまうだろう。匂いは数分間嗅ぎ続けると、おそらく脳が無視し始めるため、背景へ押しやられてしまう。たくさんの香りが充満する香水売り場には、匂い消しのためにコーヒー豆が置いてあることがある。これは疲労をリセットすることが期待されているのだろうが、少なくとも鼻をリセットする効果については、それを立証する研究はないようだ（もしかすると、財布をリセットする効果はあるのかも？）。

人工バニラエッセンスと天然バニラエッセンスの違いは？
米国では、天然バニラエッセンスはバニラ豆（重量比で〜10.5％）を少なくとも35％のエチルアルコールを含むベースに抽出して作られなくてはならない。一方、人工バニラエッセンスは、バニラのアロマの主な成分であるバニリンという化合物を合成することによって作られる。
人工バニラエッセンスは、天然のものと化学的に区別できないように製造することもできるが、店頭で普通に見かけるものは多少の違いがある。人工バニラエッセンスには、エッセンスの匂いを変える他の化合物（例えば、アセトバニロン）が含まれている場合がある。これらの化合物の中には、「バニラよりもバニラらしい」（より強い匂いを感じさせるため）ものもある。つまり、人工バニラエッセンスは、バニラ豆から作られたものよりも、匂いが強く感じられることがあるのだ。

匂いを表現する

　日常の言葉を使って「塩辛い」などと表現できる味覚とは違って、嗅覚を表現することは難しい。われわれは、いちごの香りを表現するのに適切な共通言語を「いちごっぽい」以外には持ち合わせていないのだ。いちごを食べたことのある人になら、それでも通じるだろう。しかし、ドリアンはどう表現できるだろうか？　コーヒーの焙煎者やワインの作り手、そしてチーズ愛好者たちは、彼らの業界独特の匂いの表現方法を編み出しているが、香りについてどのように語ればよいか、本当に知っているのはフレーバー化学者たちだ。
　記述的分類法とは、匂いにラベルを付けて食品を分類し、グループ化する方法だ。1950年代のJ. E. アムーアによる最も単純な記述的分類法では、7つの基本的な匂いだけが提案されている。樟脳（防虫剤の匂い）、エーテル（クリーニング液の匂い）、花（バラの匂い）、麝香（アフターシェーブの匂い）、ペパーミント、刺激臭（酢に含まれる酢酸の匂い）、そして腐敗臭（腐った卵の匂い）だ。このように小規模な分類法には、意見の衝突が付き物だ。その定義は何を

意味するのだろうか？　例えば私には、チョコレートの匂いをどこに分類していいのか見当もつかない。

　よりモダンな記述的分類法では、より大規模な語彙を使い、訓練された評価者によって利用される。よく使われるものの例としては、米国材料試験協会の『Atlas of Odor Character Profiles - DS61』(アンドリュー・ドラヴニクス編)がある。これに含まれる項目には不快なものや食品に関係ないものもあるが、多様な匂いが含まれることは確かであり、匂いについて考える際には有用だろう。このアトラスには全体として、さまざまな用語と関連付けられた数百種類の揮発性化合物含まれている。そして146項目からなるドラヴニクスのリストの粒度は、匂いに関して意味のあるモデルを作り出すのに十分だ。

　もうひとつのラベルに基づいた分類システムとして、Alluredの『Perfumer's Compendium』が香り業界、つまり衣料用洗剤や練り歯磨きなどの製品の香りを決める人たちによって使われている。新車に特有の匂いがするのは偶然だと思っていた人はいないだろうか。実は、訓練された従業員が新車のインテリアに使われる材料の匂いをかいで、新車の匂いを確かめているのだ。(『マトリックス』から引用すれば、「お前が今吸っているのは空気だと思っているのか？」) Alluredの分類法は、さらに記述的で限定された香り(バナナ、桃、ナシなどの親しみのあるもの)を使っているが、同時にヒヤシンス、パチョリ、ミュゲ(スズラン)など特殊なものも採用しているため、一般人にとっては利用しづらい。

　記述的分類法は、決して完全なものではない。例えば、ドラヴニクスのリストではレモンとオレンジが両方とも「フルーティー／柑橘系」に分類されている。記述的分類法は匂いの比較に多少は役立つが、さまざまな化合物の存在や量を測定する化学分析ではない。それでも、これらは読んで楽しいものであり、また共通の語彙を持てば匂いについてはるかに上手に伝えられるようになることが実感できるだろう。そのようなリストがあってさえ、匂いを表現することは科学的というよりは文学的な営みだ。ソムリエをしている1人の友達は、お客さんにワインの味を表現してほしいと頼まれるのにうんざりして、ついこんなことを言ってしまったことがある。「もし子猫のおならが虹になるのなら、このワインはそのような味がするでしょう。」

COLUMN 匂いの特徴プロファイル

以下に示す146項目の匂い用語（通常その匂いの元となるものに基づいて分類されている）は、アンドリュー・ドラヴニクスの作成した米国材料試験協会の文書から引用したものだ。このリストは、匂いについて考えるための大ざっぱな枠組みを提供してくれる。デートでいいところを見せたかったら、このリストを使ってアロマを表現してみてはどうだろう（このチーズは……うん、汚れた洗濯物の匂いがするね！）。

「甘い」が匂い用語として使われているのは不思議ではないだろうか？ 甘い匂いは、甘い味と同じ意味ではない。これは言語学の問題だ。甘い匂いは、甘いフルーツから発散されるアルコールベースの匂い物質と関係している。

一般的	甘い、芳香性の、香水のような、フローラルな、コロンのような、アロマのある、麝香の、お香の、苦い、よどんだ、汗臭い、軽い、重い、涼しい／冷涼感のある、暖かい
悪臭	発酵した／腐ったフルーツ、吐き気を催す、酸敗した、腐敗した、動物の死体、ネズミのような
食品一般	（新鮮な）バターのような、キャラメル、チョコレート、糖蜜、はちみつ、ピーナッツバター、スープのような、ビール、チーズのような、（新鮮な）卵のような、レーズン、ポップコーン、フライドチキン、焼き菓子／新鮮なパン、コーヒー
肉	肉の調味料、動物、魚、燻製魚、血／生肉、肉／良く焼けた、油脂
フルーツ	サクランボ／ベリー類、いちご、桃、ナシ、パイナップル、グレープフルーツ、ぶどうジュース、りんご、マスクメロン、オレンジ、レモン、バナナ、ココナッツ、フルーティー／柑橘類、フルーティー／その他
野菜	新鮮な野菜、にんにく／タマネギ、マッシュルーム、生のキュウリ、生のジャガイモ、豆、緑コショウ、ザワークラウト、セロリ、調理した野菜
スパイス	アーモンド、シナモン、バニラ、アニス／甘草、クローブ、メープルシロップ、ディル、キャラウェイ、ミントのような／ペパーミント、ナッツ／くるみ、ユーカリ、麦芽、酵母、黒コショウ、茶葉、スパイシーな
体臭	汚れた洗濯物、酸敗した牛乳、どぶ、糞便、尿、猫の尿、精液のような
材料	乾燥した／粉っぽい、チョーク、コルク、厚紙、ぬれた紙、ぬれたウール／ぬれた犬、ゴム／新しい、タール、皮革、ロープ、金属のような、焦げ臭い／スモーキーな、燃えた紙、燃えたろうそく、燃えたゴム、焦げた牛乳、クレオソート、すすのような、新鮮なタバコの煙、古くなったタバコの煙
化学物質	鋭い／刺激的な／酸味のある、すっぱい／酸味のある／酢のような、アンモニア、樟脳、ガソリン、溶剤、アルコール、灯油、都市ガス、化学物質、テレピン油／松根油、ワニス、ペンキ、硫化物のような、石鹸のような、薬っぽい、消毒液／石炭酸のような、エーテル／麻酔剤のような、クリーニング液、防虫剤、除光液
野外	干し草、穀物のような、ハーブ／刈り草、踏み潰された雑草、踏み潰された草、材木／松脂のような、樹皮／白樺、古臭い／土のような、カビ臭い、杉、オーク材／コニャック、バラ、ゼラニウムの葉、すみれ、ラベンダー、ローレルの葉

米国材料試験協会の『Atlas of Odor Character Profiles - DS61』から許可を得て再録。
COPYRIGHT ASTM INTERNATIONAL, 100 BARR HARBOR DRIVE, WEST CONSHOHOCKEN, PA, 19428

フレーバー化学者たちは、記述的な匂い用語と匂い物質のデータベースを使っている。例えば、コーネル大学の2名の研究者（テリー・アクリーとハインリッヒ・アーン）によって作成されたFlavornet（http://www.flavornet.org）には、人の嗅覚で検知できる700以上の匂い化学物質が記述されている。シトロネリル・バレレート（はちみつやバラの香りがし、飲料やキャンディー、アイスクリームなどに使われている）などの化合物が掲載されているこのデータベースは、特定の風味を人工的に合成するには便利だ（Xのような匂いのする化合物は何だろう？）。

COLUMN 空の上で味覚や嗅覚はどんな影響を受けるか

われわれの嗅覚は鼻腔に漂ってくる揮発性化合物によって引き起こされるため、気圧の変化によって嗅覚も変化するはずだ。気圧が低くなると、2つのことが起こる。揮発性化合物の蒸発が容易になる（つまり、より多くの化合物が検知されるようになる）ことと、一定の体積に含まれる空気の量が減少する（したがって、これらの化合物を検知する機会が少なくなる）ことだ。

何が起こるのか教えてもらうのに、航空会社の機内食を作っている人たちほどの適任者はいないだろう。私は、米国の大手航空会社の機内食を作っている会社のひとつ、Flying Food Groupのシェフであるスティーブン・パーカソンに電話してみた。彼は、高度の変化で食べ物の味がどう変わるか、以下のように説明してくれた。

われわれが空の上にいる際には、まさに砂漠にいるのと同じくらい湿度が低くなるので、粘膜や味蕾が影響を受けます。空の上では、甘味や塩味については味覚が約30%失われます。地上で食べれば完璧な味付けに思えるものでも、高度30,000フィートでは基本的に味気なくなるわけです。ただしうま味は例外で、高度による影響を受けません。

われわれは、空の上での風味のなさを補おうと努力を重ねています。サヤインゲンの塩ゆでなどの料理を作る際には、ゆで汁に入れる塩の量を倍にします。使う比率や方程式は、必ずしも決まっているわけではありません。レストランで働いていると、料理の味付けをどうすればいいか、わかってくるのと同じことです。われわれは、機内食についてもどうすればいいかわかっています。地上で食べたとしたら塩辛かったり風味がありすぎたりするような機内食でも、空の上ではいつもの夕食のような味に感じられるのです。

次に飛行機に乗る機会には、飛行中に機内食を一部味わっておき、それから同じものを地上に降りてからまた味わってみてほしい。風味の強さの違いに驚かされることだろう。

RECIPE モックアップルパイ

初めて作る人のために説明しておくと、モックアップルパイは疑いを知らない食べ手をだまして驚かせる料理だ。りんごの代わりにクラッカーを使うことで、本物と似たような食感となり、また砂糖とスパイスがそれっぽい甘さと酸っぱさ、そしてアップルパイに特有の風味を付け加えるので、本物のアップルパイを食べ慣れている人でもだまされてしまうほどだ。匂いの組み合わせが期待と結びつくと、脳をだますことができるという素晴らしい実例でもある。

パイ型に**パイ生地**を敷く。ダブルクラストのレシピについては273ページを参照してほしい。手を抜きたいなら市販のパイ生地を買ってきてもいいが、必ずダブルクラスト（パイの上にかぶせる生地があるもの）を用意すること。

ソースパンに**水 カップ1と1/2（360ml）**、**砂糖 カップ2（400g）**、そして**酒石酸水素カリウム 小さじ2（6g）**を加える。火にかけて煮立ったら中火にし、235〜240°F / 110〜115°Cで少し粘りが出るまで煮詰め、シロップを作る。火から下ろして数分間冷ます。

鍋に**バターの入ったクラッカー 30個（100g）**（リッツが最もよく使われるブランドだが、塩味のクラッカーやソーダクラッカーでもよい）、**シナモン 小さじ1（3g）**、**バニラエッセンス 小さじ1（5ml）**、**ナツメグ 小さじ1/4（0.5g）**、**レモンジュース 大さじ2と1/2（38ml）**、そして**レモンの皮1個分**を加える。軽く材料を混ぜるが、混ぜすぎてはいけない。クラッカーは形を保っている必要がある。

これをパイ生地の上にあける。**バター 大さじ2（30g）**を小さな角切りにして、フィリングの上にばらまく。その上から、シナモンを数つまみ振りかける。

上側のクラストをパイにかぶせて、端をつまんで下側のクラストとくっつける。これを全周にわたって行う。フォークか鋭いナイフを使って、規則的なパターンで上側のクラストに12回ほど突き刺す（または切り込みを入れる）。これがパイを焼くときの蒸気の逃げ道になる。

425°F / 220°Cに予熱したオーブンで、パイを約30分、クラストに焼き色が付くまで焼く。暖かいうちに（必要に応じて電子レンジで再加熱する）食卓へ出す。バニラアイスクリームを添えて「アラモード」スタイルにするのがおすすめだ。

酒石酸水素カリウムとは？

これはもともと、ワインづくりの副産物だった。酸っぱい味があるので、本物のりんごに含まれるリンゴ酸などの代わりに、ピリッとした酸味をモックアップルパイへ加えてくれる。酒石酸水素カリウムは、りんごの匂いはしない（匂い物質は含まれていない）が、酸味だけでだますには十分なようだ。

COLUMN 一般的なアロマの化学物質

食べ物に天然のアロマを与える化合物の例をいくつか紹介しておこう。一部のアロマはたった1つの化合物によって決まるが、複雑な組み合わせのアロマもあることに注意してほしい。多くのハーブやスパイスはほんの数種類の重要な揮発性物質から構成されているが、フルーツのアロマには何百種類もの化合物が関係しているのが普通だ。

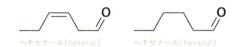

ヘキセナール(hexenal)　　ヘキサナール(hexanal)

ヘキセナールとヘキサナールは、水素原子たった2個分しか違わない。これらは両方とも自然界に存在し、同じ「青くさい」匂いがする。類似した化合物は匂いに違いがないことがあるという良い例だ。

同一の化合物を同一の濃度で組み合わせて人工のアロマを作ったとすれば、「天然」のものと全く違わないものになるだろう。しかし、人工のエキスは手抜きをされることが多い。例えばいちごの人工香料は、いちごに最も多く含まれるたった3種類か4種類の匂い物質を使って作られているので、多くの揮発性物質が欠けており、違った匂いがする。しかし、人工いちご香料を食べて育った人なら、合成されたもののほうが気に入るかもしれない！

風味の付いたジェリービーンズや、こすると匂いのするステッカーなどは、これらの化合物を使っている製品のほんの数例だ。ジェリービーンズの袋を開けて、ここに示した化合物の匂いが識別できるか試してみよう。

食品に含まれる化合物	コメント
アーモンド ・ベンズアルデヒド	ビターアーモンドオイルに含まれる主要な化合物。次に食料品店へ足を運んだ際には、人工アーモンドエッセンスの成分表示を見てみよう！　ちなみに、人工アーモンドエッセンスのほうがおいしいと感じる人もいる。また、天然のものには微量の青酸が含まれている。
バナナ ・酢酸イソアミル	人工バナナエキスを作ることは、古典的な化学実験のプロジェクトだが、隣の部屋にいる教師にとってはたまったものではない。また酢酸イソアミルはミツバチが攻撃の信号として使うフェロモンでもあるので、蜂のハイシーズンに屋外で熟れすぎのバナナを食べてはいけない！
黒トリュフ ・2,4-ジチアペンタン	黒トリュフオイルは、本物のトリュフから抽出したオイルの代わりにこれを使っていることが多い。この匂いを嫌うシェフもいる。おそらく、使いすぎると不快な匂いになってしまうからだろう。
バター風味 ・ジアセチル	電子レンジで作るポップコーンや、ジェリーベリーの「バターポップコーン」味の香料に使われる。大量に摂取すると「ポップコーン肺」と呼ばれる肺の病気を引き起こす。
一般的な「フルーティー」な風味 ・酢酸ヘキシル	ピンクの風船ガムや、ジェリーベリーの「Tutti Frutti」味に使われる。また、ゴールデンデリシャスなどの品種のりんごにも含まれる。
一般的な「青くさい」風味： ・ヘキサナール	刈ったばかりの草の匂いと形容される。りんごやいちごなどのフルーツ風味にも使われる。
グレープフルーツ ・1-p-メンテン-8-チオール ・ノートカトン	グレープフルーツには少なくとも126種類の揮発性化合物が含まれるが、これら2つが主要なものであるようだ。ジェリーベリーの「グレープフルーツ」味には、たぶんこれらの化合物が含まれている。
いちご風味 ・ジアセチル(バターの匂い) ・酪酸エチル(フルーティー) ・ヘキサン酸エチル(フルーティー) ・フラノン(キャラメルに似て甘い) ・ヘキセナール(青くさい)	いちごには、おおよそ150種類の匂い物質が含まれるが、そのうち4〜6種類だけでアロマの大部分を占めている。出来の良い人工いちご香料には、多くの成分が含まれる。あまりそれっぽくないものには、ほんの数種類しか使われていない。人工のフルーツ香料が一般的にはあまりそれっぽくないのは、これが理由だ。同じような香りが作れないわけではないが、経済的にすべての化合物を使うとコストが引き合わないのだ(たった1つの化合物から成り立つ人工アーモンドエッセンスなどとは対照的)。

風味とは何だろうか？

　風味はジェダイのマインドトリックであり、味覚と嗅覚の組み合わせからあなたの脳が合成する新たな感覚のことだ。あなたの脳がどれだけ賢く風味を作りだしているかを知りたければ、息を吸い込むときと吐き出すときとで脳が別々の匂いを検知していることを考えてみてほしい。これは実に驚くべきことだ。まるで、冷たい調理台の上で手を左から右へ動かすときと、右から左へ動かすときとで感じる温度が違うと言っているようなものだ。われわれの脳は、匂いの信号を2つの異なる方法で処理するようにできている。風味が利用するのは、その2番目の方法だ。

　この議論をするには、いくつか定義をしておくとやりやすい。オルソネーザル嗅覚作用（orthonasal olfaction）は、この世界に存在する何かの匂いをかいだ時に、あなたの鼻が検知するものという意味だ。バラの匂いをかいだ場合、同時にそれを噛んだりしない限り、オルソネーザル経路を利用して匂いが感じられる。レトロネーザル嗅覚作用（retronasal olfaction）は、食べ物を食べる際に口から取り込まれた空気が鼻腔に達することによって、あなたの鼻が検知するものだ。気が付いていないかもしれないが、実際にその作用は働いている。鼻をつまんで食べ物を噛んでみてほしい。空気の流れを遮断すると、とたんに風味の感覚はなくなってしまう。

　この脳のトリックを解明するため、ポール・ロジンという研究者が、被験者になじみのないフルーツジュースやスープをオルソネーザルな経路で与えた。「ほら、これをかいで、この匂いを覚えておいてください。」そして次に、被験者にその食品を、今度はレトロネーザルな経路で（プラスチックのチューブを使って）与え、彼らに以前記憶した匂いと対応付けてもらった。結果は惨憺たるものだった。物質も、感覚器官も同一なのに、完全に異なる経験が得られたのだ。先ほども述べたように、匂いは概念的には単純だがディテールは複雑なものであり、したがって風味についても同じことが言える。

　現実的な観点からは、あなたの風味の好き嫌いは経験と選好の問題だ。ロジンは、くさいチーズに閉口したのをきっかけにオルソネーザルとレトロネーザルの問題の研究を始めた。とても嫌な匂いのするものに、われわれが異なる風味の経験をするのはなぜなのだろうか？　今でも心理学者や生理学者は数多くの問題について研究を重ねている。幸いなことに、おいしい食事を作るには心理学者や生理学者である必要はない。食べ物を調理する際には、風味とは味覚と嗅覚という2つの感覚の特定の組み合わせであること、しかしこれら2つを単純に足し合わせたものではないことに注意してほしい。料理を食卓に出す前に、味見して風味を整えること！　匂いをかぐだけでは十分ではない。

　料理をする際に風味を高めるためのコツをいくつか紹介しておこう。

　　　　　　　　　噛むこと！　風味を高めるためのヒントとしては奇妙に聞こえ

るだろうが、食べ物は噛むことによって砕かれ、混ぜられ、そして数多くの化合物が嗅覚系に届いて検知されるため、匂いが加わり、風味に組み込まれることになる。ある物質が匂い受容器を活性化するためには、検出の時点でその物質が存在する必要があることを忘れないでほしい。ここで疑問が持ちあがる。口を開けたまま食べ物を噛むと、違った風味を経験することになるのだろうか？（そういえば動物は、いつも口を開けたまま噛んでいるようだ……）

ハーブは新鮮なものを使おう。大部分の乾燥ハーブは、アロマの元となる揮発性の精油が酸化し分解してしまうため、風味が弱い。つまり乾燥ハーブは効き目の弱い代用品に過ぎないのだ。しかし乾燥ハーブにもそれなりの使い道があり、バジルのような一年草が育たない真冬に乾燥ハーブを使うことには意味がある。乾燥ハーブは、スパイスに含まれる有機化合物の分解を促進する熱や光の影響を抑えるため、（コンロの上ではなく！）冷暗所に保存しよう。

スパースは自分で挽いて使おう。あらかじめ挽いてある黒コショウは使わないようにしよう。揮発性化合物が変化によって、時間と共に風味が大部分失われてしまうからだ。挽きたてのナツメグも、あらかじめ挽いてあるナツメグよりずっと風味が強い。あらかじめ挽いてあるスパイスに含まれるアロマ化合物は、時間と共に水和や酸化によって失われるため、風味が変化してしまうのだ。また大部分の乾燥スパイスは**ブルーミング**、つまり強すぎない適度な火力で乾煎りや油で調理すると、揮発性化合物が分解されることなく抽出される。

冷凍食品を賢く使おう。市販の冷凍野菜やフルーツは、使い勝手が良いし料理によっては立派に使える。農産物を収穫直後に冷凍することには、いくつか利点がある。栄養の分解が止まるし、また風味が最も豊富な旬の季節に取れたものが冷凍できる（その一方で、店に並んでいる生鮮野菜は収穫時期が早すぎたり遅すぎたりするかもしれない）。冷凍野菜は、必要な分量だけを取り出して使えるため、自分ひとりのために料理する際には特に便利だ。自分で育てた野菜や、CSA（コミュニティに支援された農業）フードシェアの余りを冷凍するなら、385ページを参照してドライアイスの使い方を調べてみてほしい。（家庭用冷蔵庫で冷凍すると、時間がかかりすぎる上に野菜の食感が悪くなってしまう。）

料理にアルコールを利用しよう。サンフランシスコにある私のお気に入りのレストランでは、フルーツスフレにキルシュワッサー*を使っている。また、ワインをソースに少し加えたり、ワインでフライパンをデグラッセしてソースを作ったりすることも多い。アルコールを使うと、その化学的性質から風味が変化する。通常は化合物に結び付いている水の分子と入れ替わるため、分子が軽くなって蒸発しやすくなり、また蒸発率が高くなるとより多くの揮発性物質が鼻で検知されるためだ。

* 訳注：サクランボを発酵させて作るお酒。

COLUMN 味覚嫌悪

私の友人のドーンは、卵の味が大嫌いだ。まだ小さかった頃、彼女は黒焦げになったバターで調理された卵を食べた。彼女の脳は、焦がしバターの嫌悪感を催す刺激的な味と卵の味とを結び付けてしまい、今日に至るまでその結び付きが彼女の脳の奥深くにしみついているため、彼女は卵が食べられないのだ。**味覚嫌悪**（食品への強い嫌悪であって、生まれつきの生物学的な選好によらないもの）は、典型的には食品に関する以前の悪い経験に根差している。その経験は、ドーンの黒焦げバターと卵のように、子ども時代のものであることが多い。食中毒が典型的な原因だ。

味覚嫌悪が興味をそそるのは、それが完全に学習された関連付けだからだ。食中毒を引き起こす食品が正しく特定できるのは、一部の場合だけだ。典型的には、食事の中の最も食べ慣れないものに罪がかぶせられる（これは「ベアネーズソース症候群」と呼ばれる）。時には食べ物と関係のない病気に関しても否定的な関連付けが学習され、容疑者とされてしまうことがある。この種の条件付けされた味覚嫌悪は、ネズミが砂糖水に触れた際に吐き気を催させることによって味覚嫌悪を引き起こすことができることを示した心理学者のジョン・ガルシアにちなんで、「ガルシア効果」と呼ばれている。われわれが自分の無意識に操作されているもうひとつの証拠として、このようなことを考えてみてほしい。たとえ食中毒の原因が間違って認識されているとわかっていても（「原因はジョアンナのマヨネーズサラダではあり得ない、他の人もみんな食べていたのに元気だから！」）、間違って関連付けられてしまった食品への嫌悪は変わらないのだ。

時にはたった一度の食中毒に至った経験であっても、あなたの脳が否定的な関連付けをするには十分な場合もある。味覚嫌悪の最も優れた研究のひとつは、カール・グスタフソンが博士号一歩手前のABD（論文未修了）の大学院生だったときに行ったものだ。味覚嫌悪が人工的に誘発できると推測した彼は、放し飼いのコヨーテの周りに（非致死性の）毒の入った羊肉を放置して食べさせることによって、コヨーテたちが羊を避けるように訓練した。コヨーテたちはすぐにその肉を食べると具合が悪くなることを学習し、それによって羊を避けることを「学んだ」。この話を聞いて試してみようと思った人もいるかもしれないが、ジャンクフードを食べる習慣を追放するためにこの手法を使うことはお勧めしない。しかし、奇妙な魅力があることは確かだ。

味覚嫌悪を克服するために、何ができるだろうか？まず、意志とオープンな態度が必要だ。卵に嫌悪感を覚えていて、その関連付けを切り離そうという意思がなければ、オムレツを食べられるようになる可能性はかなり低いだろう。不快に感じる食品に少量ずつ繰り返し触れれば（心地良く感じられる状況で）、最終的にはその食品と否定的な記憶との関連付けを取り除くこと（「消去（extinction）」と呼ばれる）ができるだろう。少量から始めて、サポートのある環境で繰り返し触れ続けるように注意してほしい。初めのうちこれはきついと感じられたら、例えば食感や調理法を変えるなどして食品の性格を一部変え、風味の関連付けがあまり強くならないようにするとよい。

INTERVIEW

ブライアン・ワンシンクが期待と風味、そして食べることについて語る

ブライアン・ワンシンク（Brian Wansink）はコーネル大学の教授で、われわれと食品との関わり合いについて研究している。また彼は、われわれが何を食べるかをどうやって決めているのか調査した、『Mindless Eating』（Bantam, 2007：日本語訳『そのひとクチがブタのもと』集英社）と『Slim by Design』（William Morrow, 2014）という2冊の本の著者でもある。

われわれの匂いや味の受け止め方は、何によって変化するのでしょうか？

フランス語には、味は説明できないものだ、という意味の言い回しがあります。でもこれは、非常に極端な味以外には、正しくありません。われわれの味蕾は結局自分たちの期待によって左右されるという点で、人は非常に主観的なのです。誰かが「これ食べてみて、苦いよ」と言ったとすれば、われわれは「苦い！」と言うことになるでしょう。しかし誰かが同じ食べ物について「うん、これはちょっと味気ないね」と言ったとすれば、われわれは「確かにこれは味気ない」と言うことになるでしょう。われわれは、このような例を何度も繰り返し見てきました。人の味の解釈を変えるための一番簡単な方法は、あらかじめ彼らの味の期待を変えておくことです。

人々は、自分の味の期待をどこから得るのでしょうか？

食品の見た目は、味に影響を与えます。レモン味のゼリーの色を食用色素で赤くしてチェリー味と呼べば、人は「おお、これはおいしいチェリー味のゼリーだね」と受け止めることがわかっています。食品の盛り付け方を変えることも重要なことがわかりました。ブラウニーを紙皿ではなく、上等の陶器の皿に盛り付ければ、人はそれにほとんど2倍のお金を払います。つまらない刺身のつまのようなものを皿に乗せただけでも、人々が払うお金の額が跳ね上がることがわかりました。

もうひとつの側面は、われわれがその食品に掛けられたと考える労力の大きさです。もしたいした労力がその食品に掛けられていないと考えれば、ずっと低い価値しか認められません。また、「ジューシーなイタリアンシーフードフィレ」のような名前を付ければ人は「これは良いものだ」と言ってくれますが、ただ「シーフードフィレ」と言っただけではあまり好きになってもらえないこともわかっています。

期待は信じられないほど重要なもののようですね。高すぎる期待を持たせないようにすることが、難しいのでしょうね？

いえ、そんなことはありません。この仕組みが逆に働くことは、一度も観察されていないのです。例えば私があなたにステーキを出して、「ステーキですよ」と言ったとしましょう。あなたはそれを食べて、「なかなかおいしかった、6点です」と言います。それから私はもう一度同じステーキを出しますが、「これからあなたに出すのは、世界中で最も素晴らしい、驚異のステーキです。これは小人さんが何年も手でマッサージして育てたもので」とかなんとか言ったとします。期待はどう設定されるでしょうか。高く設定されます。それからあなたはそのステーキを食べて、「ちょっと硬くてパサついていたよ。それほどおいしくはなかったね。せいぜい6.5点です」と言います。ここではアンカリング効果が働いています。どれほど高く期待を設定しても、人々が「こんなの最低だ」と言うことにはならないのです。それでも彼らは、何の期待も与えられなかった場合よりは、高い点数を付けるのです。

われわれは、平均して年額25,000ドル以上を接待費として使っているセールス担当エグゼクティブたちに協力してもらいました。彼らは高級レストランの味を知っているはずです。彼らにはChef Boyardee*を食べてもらいました。缶詰の中身を皿に出し、そして缶の裏側に書いてあった「この料理は、イタリアで何世代も受け継がれてきたレシピで作られました。作られた回数は数え切れないほどです」などという宣伝文句を読みあげました。少なくとも、膨大な接待費を使っている人については、それがChef Boyardeeだと言われない場合のほうが良い点数を付けました。値段が高すぎるという理由でブランド製品を一度も食べずに育った人なら、Chef Boyardeeブランドはハロー効果を与えることになったかもしれません。

ハロー効果は、われわれの期待にどんな役割をしているのでしょう？

ブランドは、そのブランドが好きな人には、大きなハロー効果があります。KC Masterpiece Barbecue**が好きな人が「KC Masterpiece Barbecueバーガー」という冷凍食品を見つけたとしたら、パッケージに「バーベキューバーガー」としか書いていなかった場合と比べて、ずっと「おお、これはおいしいに違いない」と思うことになるでしょう。

このハロー効果は、逆効果になる場合も

あります。大豆が食品に入っていると認識すると、その食品はまずいに違いないと考えがちだということについて調べました。われわれは人々にエナジーバーを食べてもらいました。このエナジーバーには、10グラムの植物性タンパク質が含まれていますが、大豆ではありません。われわれはラベルを「10グラムのタンパク質が含まれます」または「10グラムの大豆タンパク質が含まれます」と書き換えました。前者のすり込みを人々の心に行うと、「これはすごい、チョコレートみたいだ。食感が素晴らしい」と言ってくれます。大豆タンパク質のラベルの場合には、「チョコレートの味がしない。後味がいつまでも口の中に残る」と言います。全く同じものなのにです。人は、自分が味わうだろうと考えている味を感じるのです。

健康ハロー効果は存在するのでしょうか、つまりヘルシーだと受け止められることが味の点数を低くしてしまうようなことがありますか？

子どもを対象としたカフェテリアの研究で、野菜とパスタの料理に、ヘルシーと表示したもの、フレッシュと表示したもの、そして何も表示しないものを用意しました。何かにヘルシーと表示するだけで、フレッシュあるいは単にズッキーニパスタと表示したものよりも、人々が付ける点は悪くなります。大部分の人は、ヘルシーを何かしなくてはならないことと受け止めます。だれも「このデザートは信じられないほどヘルシーだ」などとは言わないのです。

こういった健康の受け止め方は、ほとんどの場合、見方をゆがめてしまいます。私は家に3人小さな女の子がいます。その子たちに何かを食べさせるとき、われわれは「ヘルシー」という言葉を一切使いませんでした。今では彼女らはヘルシーな食べ物が大好きです。

それは健康的な食品の受け止め方に関する、栄養政策の課題に思えますね。

その通りです。健康政策に携わる人たちが、行動主義者としての訓練を受けていないのが主な原因です。

それでは、人々の食べる方法を変えて行くための行動主義者のアプローチとはどんなものになるでしょうか？

まず、もっと食べやすくすることです。次に、もっと魅力的にすることです。3番目に、食べることをもっと普通にすることです。これら3つのことを行えば、大きな変化が起こります。

私が、自分の子どもたちに野菜を食べてほしいとしましょう。私は子どもたちに「野菜を食べなさい、きみたちの健康にいいからね」と言うでしょうか？ いいえ。私がするのは、こういうことです。夕食の時間、最初に食卓に出てくるのはサラダや野菜です。全員に取り分け、そして食べ終わるまで待ちます。食べ終わらないと、パスタやチキンは出てきません。こうすることによって、より良い食べ方をしやすくなるのです。

魅力に関しては、夕食にズッキーニが出てきたとしましょう。私は「今日の夕食は何だい、ハニー？」と言います。妻は夕食の説明をして「ズッキーニよ。みんなズッキーニがどんなものか知ってる？ どんな味がするかは知ってる？ メロンのような味がするかしらね？」と言います。ちょっとした会話から、興味がわいてきます。それによって、食べてみようという気になってくるのです。

食べることを、もっと普通にすることもできます。私の子どもたちが何かを食べようとしないとき、私ならこう言います。「ねえ、君がそれを食べないのなら、僕が食べてもいいかな？」子どもたちは「いいわよ」と言います。そして私は一口食べて、「これはおいしい。本当においしいよ、ハニー。僕はこれが大好きだ！」と言います。子どもはほくそ笑んで、「やった、パパをだましてやったわ」と思います。数分後、私はまた子どもたちの皿から一口食べて、「うん、これはおいしい。ありがとう、ハニー！ 今度はもうちょっと多く作ってほしいなあ」と言います。そうすると突然、子どもは「ちょっと待って、パパ、私のを取ってる！」と言い始めるのです。子どもたちは、大人と同じように授かり効果（endowment effect）を感じます。何回かこれを繰り返すと、「私のを取るのをやめてよ、パパ」となるのです。

皿のサイズや色などについてはどうでしょうか。食べ方に影響しますか？

色というものは、本当に奥が深いのです。大部分の人はシンプルなことが好きですが、色はシンプルとは言えません。色は重要ではないことがわかっています。重要なのは、あなたが食卓に出す料理と皿の色の間の、色の「コントラスト」なのです。

われわれがここコーネル大学で同窓会を開いたとき、赤いパスタか白いパスタのどちらかを、赤い皿か白い皿のどちらかに盛り付けてもらいました。赤い皿に赤いパスタまたは白い皿に白いパスタを盛り付けた場合、赤い皿に白いパスタや白い皿に赤いパスタを盛る場合と比べて、19％も多くパスタを盛り付けることがわかりました。盛り付けの際、コントラストがあると「うん、もう十分だ」となるのです。コントラストがないと、「おっと、ちょっと多いかな」と思えるまで盛り付ける傾向があります。

これは毎日起こっていることですし、健康な食品でも不健康な食品でも関係ありません。皿の色とあなたが盛り付けるものとの間のコントラストが大きいと、19％なのです。緑の皿か黄色の皿のどちらかにエンドウ豆を盛り付けてもらった際にも、それが見つかりました。あなたは人にもっとエンドウ豆を食べてもらいたいでしょう？ コントラストのため、黄色の皿よりも緑の皿のほうに、より多くエンドウ豆を盛り付けるのです。チョコレートプディングなら、黄色の皿よりも暗い色の皿のほうに多く盛り付けることになります。バナナプディングだと、暗い色の皿よりも黄色の皿のほうに多く盛り付けるのです。

食べ過ぎの危険が最も大きいのは、どんな食品だと思いますか？ 大部分の人にとっては、白い食品です。ですから、何も50種類も色の違う皿を用意する必要はありません。暗い色の皿だけあればい

いのです。

家庭の料理人が、自分たちの食事をもっとおいしく食べられるようにするために、知っておくべきことは他に何かありますか？

照明を暗くすることです。照明を暗くすると、人はゆっくりと食べ、また食べ物により良い点数を付けることがわかっています。われわれはこのクールな研究を、改装中のファーストフードレストランで行いました。レストランを2つに仕切って、片方は高級レストランのスタイルに、もう片方はいつもと同じ明るい照明と大音量の音楽にしたのです。照明を落とすだけで、人は3分の1長い時間を食事に掛け、食べる量は約18％少なく、そしてその食品をずっと良く評価することを発見しました。

その結果は、高級レストランにいるみたいだという感覚にどれほど影響されているのでしょうか？　文化的にアメリカ人にとって、高級レストランは照明が暗いものだと考えられていることを私は知っています。

そういうこともあるでしょうが、私は期待や活動や楽しさを予期させることもあるんじゃないかと思っています。先日、家でちょっと残念なことがあって、夕食はそれを取り返すために特別なものにしようと思いました。われわれは子どもたちに「今晩はろうそくの火で食事をしよう。ろうそくの火だけだよ」と言いました。子どもたちは、とても喜んでいたようです。

* 訳注：缶詰パスタ食品のブランド名。
** 訳注：バーベキューソースのブランド名。

探求によってインスピレーションを得る

　主要な味覚に関しては生まれつきの好みがあるのに対して、われわれは大部分の匂いについては生まれつきの好みや嫌悪は持っていない。われわれが好む風味は学習して好むようになったものであるため、他の文化の食品にはなじめないことがある。これはまた、他の文化の料理を探求することが、新たな風味を学習する素晴らしい方法だという理由にもなる。私の大好きな料理の中には、慣れ親しんだ食材を新たな組み合わせ（他の文化の料理にヒントを得たものが多い）で調理したものがある。私が最初にチキンのタジン（チキンをシチューにした北アフリカ料理）を食べたときには、慣れ親しんだ味（鶏もも肉、トマト、タマネギ）とエキゾチックな風味の両方が感じられた。（ところでタジンは、それが調理される鍋の名前でもあり、食材の組み合わせは何でもよい。）　このような風味のインスピレーションを得るためには、風味について学ぶとともに、どんな食材からその風味が得られるかを知っておくと役立つ。しかし、その知識をどうやって手に入れればよいのだろうか？　以下に、（地理的なものでもそれ以外でも）風味の探求に役立つ方法をいくつか紹介する。

食べている食事に使われている材料について質問してみよう。時間をかけて食べている食事のアロマに思いを巡らし、識別できない匂いに気を留める。次に外食するときには、食べ慣れていない料理を注文し、その材料を推測してみよう。どうしてもわからなかったら、恥ずかしがらずにスタッフに聞いてみよう。私は以前、焼いた赤ピーマンのスープが出てきたときのことを覚えている。そのスープのリッチなボディ（とろみ）が、どこから来たものか皆目見当がつかなかったのだ。5分後の私はシェフと差し向かいで座っていて（お客さんの少

ない夜だった)、キッチンで実際に使われているレシピをシェフが私に手渡し、そしてアルメニアの赤ピーマンのペーストという本当の秘密を教えてくれたのだ。私はその日、新しい種類の風味を学んだだけでなく、新しいテクニック(焼いたフランスパンをピュレしてスープに入れるという、実に古くからあるスープにとろみをつけるための秘訣)と、近くの街にあるすばらしいアルメニア食材店の場所まで知ることができたのだ。

「料理のミステリー材料」ゲームをして遊ぼう。次に食料品店へ行ったら、食べる気はあるが今まで料理に使ったことのない食材をひとつ買ってきてほしい。「中級者」向けには、よく知ってはいるが料理の仕方がわからない食材を買ってくる。そして「上級者」レベルに達した人なら、まったく見当もつかないものを買ってくるのだ。きっと多くの食品が、たとえ食材としては見慣れない形のものであっても、食事として調理されたものは食べたことがあったり、時には全くありきたりのものだったりすることに驚くことだろう。ユッカの根なら、ユッカフライにしてみよう。レモングラスやこぶみかんの葉なら、トムヤムスープを作ってみよう。平均的な食料品店でも何万種類という食材が手に入るので、インスピレーションを与えてくれる新しい食材には事欠かないはずだ。

ある文化でおいしいと思われるものでも、他の文化ではまずいと感じられることがある。Gourmet Magazine(2005年8月号)に、中国から来た3人の著名な四川料理のシェフがアメリカの最高級のレストランのひとつで食事をしたという興味深い記事が載っていた。その風味は、シェフたちが賞賛するような範囲の和音を奏でなかったらしい。あなたの好みと、あなたのお客さんの好みとの間には、何らかの違いが必ず存在する。著名な四川料理のシェフたちに、料理を作る機会がないことを祈ろう! あなたにとってすばらしい風味の組み合わせが、一緒に食事をしている友人にはまあまあという評価しかされなかったとしても、驚いてはいけない。

別の料理の風味をまねてみよう。キッチンに入りたての初心者で、まだそれほど多くのレシピになじみがない人は、あなたが好きな料理にどんな食材が合うか考えてみよう。シンプルなピーナッツバターとジャムのサンドイッチからも、インスピレーションは得られる。チキンの串焼きに甘いジャムを塗り、あぶったピーナッツを砕いて振りかけてみてはどうだろう。タマネギとトマトとバジルを乗せたピザがお好きなら、パスタ料理にこれらのトッピングを使ったり、パンに乗せて前菜にしたり(ブルスケッタ!)、実験してみよう。

実際に料理に使われている食材のリストをインターネットで検索してみよう。北アフリカのタジン料理やトマトとタマネギとラム肉を使ったシチューを即興で作ろうとしていて、風味を完成させるための食材やスパイスを知りたければ、これらの食材と「レシピ」という単語で検索し、インターネットがどう言うか調べてみよう。検索結果のページのタイトルを眺めるだけでも十分役に立つ。この例では、コリアンダー、ジャガイモ、そしてチリパウダーを試してみるのがよさそうだ。

類似性は、互換性のよい物差しとなる。レシピにはAと書いてあるが、Bが

ても良く似ているのであれば、Bを代わりに使って結果を見てみよう。ケールとチャードはどちらも固い緑色の葉物野菜なので、多くの料理で相互に入れ替え可能だ。同様に、プロボローネとモッツァレラチーズはどちらも穏やかな風味で同じように溶けやすい性質があるので、オムレツのような料理で一方をもう片方に入れ替えるのは筋が通っている。同じような食品が常に入れ替え可能なわけではない。食材にはそれぞれ固有の風味があるので、特に伝統的な料理に代替品を使おうとすると、元の料理を忠実に再現できない場合がある。しかしおいしい料理を作ることが目的なら、似たような食材で実験してみることは、どこまでが同じでどこから違ってくるのかを知るためにはぴったりの方法だ。

素晴らしい風味を作り出すためには、量の調節を忘れずに。良い風味を得るために最も重要な手段は、新しい食材を試すことではなく、既存の食材の量を調節することだ。料理の上に顔を近づけて、匂いをかいでみよう。それから味見してみよう。バランスを壊している風味はどれだろう？　風味付けの食材を増やしたほうがいいだろうか？　塩味が足りない？　退屈な、平板な味の料理なら、酸味（レモンジュースまたは酢）を加えれば、味が引き立つだろうか？

COLUMN フランス料理のマザーソース

ラテン語で「塩をする」という意味の単語から派生した「ソース」という言葉は、元々は食品に調味料を加えるという意味だった。ソースは、少量の液体に多量の風味を含んでいて、食事に風味をもたらしてくれる。ソースは西洋の文化では少なくとも2千年前から使われており、またほとんどの国の料理に登場する。ロースト肉にはデミグラスソースをかけるし、マカロニチーズにチーズソースは欠かせない。モレソースには、ココアとトウガラシを使う。ペスト（バジルソース）はバジルと松の実を、にんにくやオリーブオイルと一緒にピュレしたものだ。ソースはデザートにも登場する。クレームアングレーズ（204ページを参照してほしい）は甘く濃厚な乳製品のソースであり、フルーツのピュレは色や新鮮な風味を加えるために使われる（濾して種を取り除けば、「クーリ」と呼ばれるソースになる）。

フランス料理はソースを使うことで有名だ。インスピレーションを得るために調べてみよう。フランス料理の**マザーソース**は、一般的には「シェフの王、王のシェフ」と呼ばれたシェフであるオーギュスト・エスコフィエが考案したとされている。エスコフィエは西洋料理で最も重要なシェフのひとりとされているが、それは業務用キッチンを効率化し、衛生基準を作成し、食べ物のシンプルさを追求した（「何よりもまず、シンプルにせよ！」）業績のためだ。エスコフィエが1903年に書いた画期的な著書『Le Guide Culinaire』（日本語訳『エスコフィエ フランス料理』柴田書店、1969年）では、最初の章に5つの基本ソースが定義されている。エスコフィエはこれらを広めたという功績に値するが、これらのソースの大部分は、もう1人の著名なフランスのシェフ、マリー＝アントナン・カレームの業績によるものだ。彼はこれらのソースのうち4つを、約50年前に定義している（オランデーズソースは含まれていなかった）。

RECIPE ベシャメルソース、別名ホワイトソース

ここで紹介するソースから1つだけ覚えるなら、ベシャメルソースがいいだろう。手軽な休日のグレイビーソースからデザートのベースまで、使い道が広いからだ。チーズやマスタードなどの風味付け材料を加えることによって、すばらしいソースになる。

フライパンに、**バター 大さじ1（15g）**を中火で溶かす。**小麦粉 大さじ1（9g）**を混ぜ入れ、粉とバターが完全に一体となるように混ぜ続けながら、ブロンド色から薄い茶色に色づき始めるまで数分間加熱する（このバターと小麦粉が一体となったものは「ルー」と呼ばれる）。**牛乳 カップ1（240ml）**を加え、強めの中火に火を強めて、とろみが出るまで混ぜ続ける。

伝統的には**塩**、**コショウ**、そして**ナツメグ**を加える。**乾燥タイム**を加えるか、牛乳に**ベイリーフ**を加えて予熱するのもよい。バターが嫌いな人は、バターと油を半々に使うこともできる。

すべてのマザーソースと同様に、このレシピを少し変えれば「娘」ソースができる。ルーを作って牛乳を加えた後、以下のバリエーションを試してみてほしい。

モルネーソース（別名チーズソース）	これは、ベシャメルソースに等量のグリュイエールチーズとパルメザンチーズを溶かし込んだものだ。カップ1の牛乳に対してすりおろしたチーズをカップ1（約100g）使い、3分の1ずつ3回に分けてチーズを加えて溶かす。伝統にこだわりのない人なら、溶けるチーズであればどんなチーズでもほとんどうまく行くだろう。
バイユーソース	大きいさいの目に切ったタマネギをバターでソテーし、それから数片のにんにくをさいの目に切ったものとクレオール調味料（ほぼ同量のオニオンパウダー、ガーリックパウダー、オレガノ、バジル、タイム、カイエンヌペッパー、パプリカ、塩、そして黒コショウ）を加える。小麦粉を加えて、ルーが暗褐色になるまで炒める。これは、ルイジアナスタイルのケイジャン料理に使われることが多い。
マスタードソース	これは、ベシャメルソースにマスタードシードか、マスタードをスプーン1杯加えたものだ（粒入りマスタードで試してみよう）。マスタードソースは、チェダーチーズとウスターソースを加えれば、おいしいチェダーチーズソースになる。あるいは、ルーを作りながらさいの目に切ったタマネギをバターでソテーし、最後にマスタードを加えれば、マスタードオニオンソースができる。

RECIPE マカロニチーズ

フランス料理のマザーソースは、あらゆる場所に登場する。マカロニチーズも、ベシャメルソースの娘ソースを基本にしたものだ。

まず**ベシャメルソースを倍量**作る。以下の材料を加え、ゆっくりと混ぜて溶かす。

☐ すりおろしたモッツァレラチーズ：カップ1（100g）
☐ すりおろしたチェダーチーズ：カップ1（100g）

別の鍋に、塩を加えた湯を沸かし、**パスタ カップ2（250g）**をゆでる。エルボ、フジッリ、ペンネなど、ソースの絡みやすいショートパスタを使おう。パスタのゆで具合を確かめるには、1個取り出してかじってみればよい。ゆで上がったら、湯を切ってチーズソースの入った鍋に移す。かき混ぜてあえる。

これで基本的なマカロニチーズのでき上がりだが、もっとおいしくしたければ、以下の材料を混ぜ入れる。

☐ ソテーしたタマネギ：カップ1/4（60g）
☐ ベーコン：2枚（15g）、焼いて細切れにする
☐ カイエンヌペッパー：ひとつまみ

耐熱皿か銘々皿に移し、**パン粉とチーズ**を振りかけて、中火のグリルで2〜3分、パン粉とチーズが色づくまで焼く。

NOTES
◎チーズソースに牛乳をもっと入れれば、薄いソースになる。
◎自分でパン粉を作るには、古くなったパンかトーストしたパンをフードプロセッサーかミキサーに入れて砕く。あるいは、ナイフを使って小さく刻んでもよい。

RECIPE ペンネ・アッラ・ウォッカ

パスタソースを作るのは、長く退屈な作業とは限らない。市販のフランス料理のマザーソースからスタートして派生ソースを作ることも可能だ。例えばトマトソースからスタートし、生クリームとウォッカを加えれば、ウォッカソースが作れる。市販製品を「ドレスアップ」することは、風味の実験にはぴったりの方法だ。私は、スパゲッティソースにベーコンやケイパーなどのシンプルな食材を加えることから料理を学び始めた人を知っている！

まず、ソース・トマト（115ページ）か、市販されている出来合いのパスタソースから**トマトソースを2カップ（480ml）**用意する。オプションとして、乾燥オレガノを小さじ1杯ほど加えてもよい。**ライトクリーム*カップ1/2（120ml）**と**ウォッカ 大さじ4（60ml）**を加える。このソースで**ゆでたペンネ1ポンド（約500g）**をあえ、**おろしたてのパルメザンチーズ**を掛ける。

*訳注：乳脂肪分18〜30％の生クリーム。

RECIPE **ヴルーテソース**

ヴルーテソースは、穏やかな風味の魚や肉料理に使われる数多くのソースのベースとなる。チキンポットパイを作るなら、まずダブルクラストのパイ生地を作り（273ページを参照してほしい）、それに焼いてさいの目に切った鶏肉、エンドウ豆、パールオニオン、そしてニンジンをヴルーテソースであえたものを詰めて焼けばよい。

ベシャメルソースと同じように、まずブロンドルーを作る。弱火に掛けたフライパンに**バター 大さじ1（15g）**を溶かす。**小麦粉 大さじ1（9g）**を混ぜ入れ、粉に火が通るまで待つが、茶色くならないようにする（このため「ブロンドルー」という名前になっている）。**チキンスープストック**または他の軽いスープストック（ローストした骨ではなく生の骨を使ったもの、魚のスープストックや野菜ブイヨンなど）を**カップ1（240ml）**加え、とろみが出るまで煮詰める。

いろいろな材料を加えて、派生ソースが作れる。ここにはいくつかヒントを示しておく。具体的な分量を示していないことに注意してほしい。風味を推測し、自分の好みに合わせて調整するためのたたき台として使ってほしい。

アルブフェーラソース	レモンジュース、卵黄、生クリーム（鶏肉やアスパラガスに使ってみよう）
ベルシーソース	シャロット、白ワイン、レモンジュース、パセリ（魚に使ってみよう）
ブーレットソース	マッシュルーム、パセリ、レモンジュース（鶏肉に使ってみよう）
オーロラソース	おおよそヴルーテ4に対して1の割合のトマトピュレを加え、バターで味を調える（ラビオリに使ってみよう）
ハンガリアンソース	タマネギ（さいの目に切ってソテーする）、パプリカ、白ワイン（肉に使ってみよう）
ヴェネチアンソース	タラゴン、シャロット、チャービル（穏やかな味の魚に使ってみよう）

RECIPE **ミネストローネ・スープ**

この簡単なミネストローネ・スープのように、ソースはスープのベースに使うこともできる。食材はヒントととらえてほしい。実際、どんなありあわせの良質な野菜とデンプン質を使っても、うまく行くはずだ。

オーロラソースを倍量（上記のヴルーテソースを参照してほしい）作る。ソースを煮たてながら、マカロニやエルボなどの**ショートパスタ カップ1/2（70g）**を加える。**さいの目に切ったニンジンとセロリ**を加え、**乾燥オレガノ**または**バジル**などのハーブも加える。パスタが柔らかくなるまで、スープを煮る。**塩**と**コショウ**で味を調える。

RECIPE ソース・トマト

フランス語で「トマトソース」を意味する**ソース・トマト**は、現在われわれが想像するシンプルなトマトソース（それはたぶんイタリアンなトマトソースだろう）と似ているが、同じものではない。エスコフィエの元のレシピでは豚の胸肉の塩漬けを使っているが、私はアメリカンベーコン（別名ポークベリー）を使っている。こちらのほうが手に入りやすいからだ。ベーコンとバターを使わずに、オリーブオイルなどを使ってもよい（そのほうがお好みなら）。

ソースパンに、**ベーコン 2枚（約60g）**と**バター 大さじ1（15g）**を入れて火にかけ、脂を溶かす。脂が溶けたら、**さいの目に切ったニンジン カップ1/3（50g）**、**さいの目に切ったタマネギ（小さいタマネギ半個分）カップ1/3（50g）**、そして**ベイリーフ1枚**または**タイム1枝**を加える。約5分間加熱して柔らかくなり色づいたら、**小麦粉 大さじ2（18g）**を加えて色づくまで加熱し続ける。

つぶしたトマト 2ポンド（900g）と**ホワイトソース カップ2（480ml）**を加える。ソースが煮立ったら、弱火にする。**つぶしたにんにく1片**、**砂糖 小さじ1（4g）**、そして**塩 小さじ1/2（3g）**を加える。ふたをして、ソースを1時間程度煮る。（オーブンに入れられるソースパンを使っている場合は、ふたをしたままソースパンを350°F / 180℃のオーブンに入れてもよい。）ざるを使ってソースを濾し、野菜とベーコンを取り除く。あるいはミキサーに掛けてもよい。**挽きたての黒コショウ**と**塩**を加えて味を調える。

粒入りトマトソース	煮込んだソースを濾したりミキサーに掛けたりする代わりに、最初からベーコンや野菜を細かく刻んで、ソースに残す。
イタリアンなトマトソース	もっとなじみ深いソースにするには、豚肉と小麦粉とホワイトソースを省略すればイタリアンなトマトソースができる。煮る時間を長めにしてとろみをつける。（エスコフィエは、このソースをトマトのピュレと呼んでいた。）
ケチャップ	ホワイトソースを加えずに、ソースを煮詰めてとろみをつけ、砂糖を多めに加えて味を調える。さらに風味を付けるには、カイエンヌペッパー、チリパウダー、シナモン、パプリカなどのスパイスを加える。
ウォッカソース	仕上げに生クリームをカップ1/2（120ml）とウォッカをカップ1/2（120ml）ソースに加え、数分間煮る。

RECIPE **オランデーズソース**

オランデーズソースはソースの中でもよく知られた名前で、アスパラガスやポーチドエッグ（205ページを参照してほしい）に掛けるのによく使われる。また、科学的に最も興味深いソースでもある。派生ソースのマヨネーズと同様に、水と油分のエマルションになっているからだ（エマルションについては後で説明する。453ページを参照してほしい）。伝統主義者でなければ、オランデーズソースの代わりにマヨネーズを使って娘ソースを作ってみてほしい。

バター 大さじ8（120g）を8枚にスライスし、取っておく。

ソースパンに、**Lサイズの卵黄2個（40g）**と**レモン（大）1個分のジュース（大さじ2／30ml）**、そして**塩ひとつまみ**を加えて泡立て器で混ぜる。弱火に掛け、粘り気が出る（泡立て器を動かした後に鍋底が見える程度）まで泡立て器で混ぜ続ける。加熱しすぎないように、泡立て器で混ぜながら必要に応じて鍋を火から短時間外すようにしてほしい。泡立て器でかき混ぜ続けながら**バターを大さじ1（15g）**ずつ加え、完全に溶けて混ざってから次のバターを加える。

オプションとして、**カイエンヌペッパー**と挽きたての**白コショウ**を少々加える。レモンの風味が強すぎるように感じたら（アスパラガスに掛ける場合は問題ないが、エッグベネディクトでは問題かもしれない）、大さじ1（15ml）のレモンジュースを大さじ1の水で置き換える。

ベアネーズソース	刻んだ新鮮なタラゴン大さじ2（10g）とみじん切りにしたシャロット2個分（大さじ2／20g）を、大さじ2（30ml）のシャンパンビネガーまたは白ワインビネガーで煮る。これを、バターを混ぜる前のソースに加える。タラゴンの代わりにミントを使うと、「ポー風ソース（Paloise sauce）」ができる。
ディジョンソース	オランデーズソースを作った後、マスタードを加えて味を調える。このソースは伝統的にディジョンマスタード（酢の代わりに白ワインが入っている）を使って作られる。
マルタ風ソース	オランデーズソースを作った後、すりおろしたオレンジの皮とオレンジジュース大さじ1（15ml）を泡立て器で混ぜ入れる。伝統的にはブラッドオレンジを使う。
ノワゼットソース	通常のバターの代わりに焦がしバター（166ページを参照してほしい）を使ってソースを作る。

オランデーズソースなどのソースはエマルションをベースとしており、油分と水分が分離すると「壊れて」しまう。オランデーズソースを作る際には、材料を加熱しすぎないように注意しよう！

RECIPE エスパニョールソース、別名ブラウンソース

ブラウンソースとも呼ばれる**エスパニョールソース**は、肉に掛けるデミグラスソースを作るのによく使われる。エスパニョールソースは、そのまま使うには風味が強すぎると考えられているためだ。また他のマザーソースよりも作るのはずっと大変だが、レストランでどのような料理の魔法が行われているのかを垣間見るためにも、作ってみる価値はある。

大きなソースパンに、**バター 大さじ4(60g)**を溶かす。(オプションとして、バターの半量をベーコンのスライスで置き換えてもよい。)

さいの目に切ったニンジン カップ1/3(50g)と**さいの目に切ったタマネギ カップ1/3(50g)(タマネギ(小)半分)**、そして**さいの目に切ったセロリ カップ1/3(50g)**を加える。色づくまで野菜をソテーする。**小麦粉 大さじ4(36g)**を加え、小麦粉が薄く色づくまで加熱する。**トマトピュレ カップ1/4(60g)**と**基本のブラウンストック 2クォート(2リットル)**を加える(基本のブラウンストックのレシピについては、370ページのノートを参照してほしい)。エスパニョールソースに使うブラウンストックは、伝統的にはローストした仔牛の骨から作るが、現在では鶏の骨から作るのが普通だ。(缶詰のストックを使うこともできるが、お勧めはできない。缶詰のストックは実際にはブイヨンで、ゼラチンが含まれていないので、同じ口当たりにならないのだ。これに対処する賢いトリックとして、ブイヨンを使う前に風味の付いてないゼラチンを1袋加えることもできる。)

ベイリーフ1枚と**タイムの枝を数本**加える。ソースを2時間煮て、半分の約1クォート(1リットル)になるまで煮詰める。煮ている間、表面に浮いてくるあくを定期的に取り除く。ソースを火から下ろして自然に冷まし、その後ざるで濾す。(もう一度ガーゼを敷いて濾し、細かい粒を取り除くとよい。)

ソース・ロベール	白ワインとタマネギ、そしてマスタードを加える。このソースは非常に古いソースで、1600年代にはよく使われていたが、その後は歴史の片隅に追いやられてしまった。
ボルドレーズソース	赤ワインとシャロット、そして芳香のあるハーブを加える。これは伝統的に、フィレミニョンなどの赤身肉に使われる。
ディアブルソース	カイエンヌペッパーとシャロット、そして白ワインを加える。「ディアブル」とはフランス語で「悪魔」のことで、カイエンヌペッパーに一部の人が感じる辛さを表している。
ピカントソース	ケイパー、ガーキン*、酢、白ワインを加える。鶏肉に使ってみてほしい。
ポワヴラードソース(別名ペッパーソース)	酢と大さじ1杯の砕いた黒コショウを最後に加えて、ソースを数分間煮る。長く煮すぎるとコショウから苦い風味が出てくるので、ソースを煮すぎないように気を付けてほしい。

*訳注:小さいキュウリのピクルス。

INTERVIEW
リディア・ウォルシンが
なじみのない食材について語る

リディア・ウォルシン（Lydia Walshin）は、食に関するプロのライターで、大人に料理を教える講師もしている。私は彼女に、新しい食材へアプローチする方法について聞いてきた。彼女のブログのURLはhttp://www.theperfectpantry.com。

なじみのない食材は、どうやって使い方を知るのですか？

新しい食材の使い方を知るために一番いいのは、なじみのあるものを新しいもので置き換えるという方法です。例えば、私は秋や冬においしいバターナット・スクワッシュ*のスープを作ります。手に入れた新しいスパイスが、このスープに入っているものと似たような特徴があると思えば、置き換えてみることから始めます。まず、食材の一部を別の食材で置き換えて、どんな味になるかを見てみます。その後、その食材を完全に置き換えてしまうこともあります。

バターナット・スクワッシュスープを例にとると、私のレシピではカレー粉を使いますが、カレー粉そのものは多くの食材をブレンドしたものです。最近、vadouvanという食材を見つけました。フランスのカレー粉です。この食材の使い方を学ぶにはどうすればいいでしょうか？　まずは既に知っている料理に入れてみます。つまり、カレー粉の半分をvadouvanに置き換えると、味はどう変わるでしょう？　そして次に作る時は、カレー粉をすべてvadouvanに変えます。味にどんな影響があるでしょうか？　こうしてなじみのある食材となじみのない食材との違いを理解したら、他の種類のレシピでも使ってみることができます。しかし、よく知らないレシピによく知らない食材が使われていた場合、その食材がそのレシピの中で果たしている役割を理解することはできません。レシピ全体の中からその食材だけを抜き出して考えることができないからです。

食材を抜き出す、という表現は、プログラマがコードを書くときに、1度に1つだけの変数を抜き出して変化させ、システムがどう変化するか試すのとよく似ています。われわれの多くは、食品に対しても同様な方法論的アプローチが適用できることを忘れてしまっていると思います。

ただし、結果はプログラミングの時のように、定量化できたり、予測できたりするものではないかもしれません。でも私の非科学的な心の部分は、私にとって料理は芸術でもあり、科学でもあると言っています。いくつかの基本は知る必要があります。たった一度でも、鋳鉄の鍋でトマトソースを作ってみれば、それが科学的にも味覚的にもよくないことだということがわかります。ソースが緑色になり、泡立ってくるのを見るのは恐ろしいものです。ですから、料理をするには科学の基本を理解している必要があります。しかし、科学者である必要はありません。そして、コンピューターの研究と比べれば、料理のでき上がりにはバラつきがある、ということを受け入れる必要があります。

vadouvanはフランス料理に発想を得た、乾燥タマネギとシャロットの入ったスパイスのブレンドだ。自分でも作ってみよう！　レシピはhttp://cookingforgeeks.com/book/vadouvan/ にある。リディアのバターナット・スクワッシュのスープのレシピについては、http://cookingforgeeks.com/book/squashsoup/を参照してほしい。

---

* 訳注：細長い形をした、カボチャの一種。

COLUMN 文化による風味付け食材の違い

異なる文化では異なる食材を使って食品の基本的な味覚を調整する（62ページを参照してほしい）のと同じように、匂いやアロマを加えるために使われる食材もまた異なる。世界のさまざまな地域では、植物の育つ気候や地理的な違い、そしてアロマの好みの違いによって、世界各地で手に入る風味付け食材もさまざまだ。これらの風味付け食材の中には基本的な味覚を変えるものもあるが、一見してわかるように、これらはすべて非常にアロマのある食材だ。次に食事のメニューを考えたりソースを作ったりするときには、この表を見てインスピレーションを得てほしい。

カリブ料理	オールスパイス、ココナッツ、香菜、トウガラシ、ピーマン、ジャークスパイス（主にオールスパイスとスコッチボネットというトウガラシ）、ライム、糖蜜、トマト
中国料理	もやし、豆板醤、にんにく、ネギ、ショウガ、海鮮醤、キノコ類、ごま油、しょうゆ、八角、花椒
フランス料理	ベイリーフ、バター、バター、そしてさらにバター、チャイブ、にんにく、パセリ、シャロット、タラゴン、vadouvan
ギリシャ料理	キュウリ、ディル、にんにく、レモン、ミント、オリーブ、オレガノ、パセリ、松の実、ヨーグルト
インド料理	カルダモンシード、カイエンヌペッパー、コリアンダー、クミン、ギー、ショウガ、マスタードシード、ターメリック、ヨーグルト
イタリア料理	アンチョビ、バルサミコ酢、バジル、柑橘類の皮、フェンネル、にんにく、レモンジュース、ミント、オレガノ、砕いた赤トウガラシ、ローズマリー
日本料理	ショウガ、みりん、キノコ類、ねぎ、しょうゆ
ラテンアメリカ料理	チリ、香菜、にんにく、サルサ（地域によって違いがある）、ソフリート（タマネギを他の農産物やハーブと一緒にフライにしたもの）、トマト
北アフリカ料理	アーモンド、アニスシード、香菜、シナモン、クミン、デーツ、ショウガ、ハリッサ、パプリカ、プリザーブドレモン、サフラン、ゴマ、ターメリック
東南アジア料理	カイエンヌペッパー、ココナッツ、魚醤、こぶみかんの葉、レモングラス、ライム、タイペッパー
スペイン料理	にんにく、パプリカ、ピーマン、トウガラシ、シェリー酒、サフラン
トルコ料理	オールスパイス、クミン、はちみつ、ミント、ナッツ、オレガノ、パセリ、パプリカ、赤トウガラシ、タイム

もともと南インドに自生していたつる植物の実であるコショウには長く語り継がれた物語があり、ほとんどすべての文化で使われている。その実を加工する方法によって、さまざまな風味が生まれる。

黒コショウは、熟しかけた実を短時間煮てから乾かして作られる。

乾燥緑コショウは、未熟な実を保存したもので、風味が少し柔らかい。

白コショウは、完全に熟した実を塩漬けにして黒い外皮を取り除いたもので、スパイシーな刺激はだいぶ少ない。

季節からインスピレーションを得る

晩春のいちごや新鮮な夏場のトウモロコシの風味には、魔法のような魅力がある。新鮮な食材を使って料理すれば食事に素晴らしい風味がもたらされることは、誰でもよく知っていることだ。買うものを旬の食材に限定してみることは自分自身への楽しい挑戦であり、また旬の食材はパンチのある風味が詰まっているものが多いので、すばらしい味の料理を作ることもずっと簡単になる。旬の食材を使うメリットは、もうひとつある。需要と供給の法則により、値段も安いことが多いのだ。食料品店では、収穫時期を迎えたズッキーニをどうやって売りさばくか、頭を悩ませているに違いない！

次に食料品店へ行くときには、どんなフルーツや野菜が新しく入荷したか、またどの食材の供給が終わりかけているかに注意しよう。私の住んでいるところでは軸付きトウモロコシが最も季節的な食材のひとつで、旬の時期以外に手に入れることはほとんど不可能だ。また桃などその他の食材も、近所の店でほとんど一年中手に入るが、おいしいことはめったになく、食べてみるとがっかりすることが多い。インスピレーションを得るために、このような料理の挑戦をしてみてほしい。生育期以外の食品をすべて禁止するのだ。4月にピーチパイ？ アウト。たとえ4月に桃が手に入れられたとしても、夏の盛りの桃とは全然風味が違うので、それで作ったパイは味気ないに違いない。

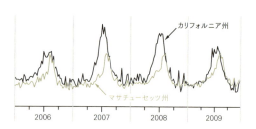

Googleでの「Peach」(桃) の検索数
(カリフォルニア州在住のユーザー対マサチューセッツ州在住のユーザー)

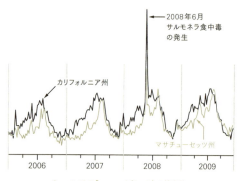

Googleでの「tomato」(トマト) の検索数
(カリフォルニア州在住のユーザー対マサチューセッツ州在住のユーザー)

住む場所と季節によって、食べるものも変化する。このGoogle Trendsからのデータは、カリフォルニア州在住のユーザーとマサチューセッツ州在住のユーザーの「peach」(上)と「tomato」(下)の検索数を示している。マサチューセッツ州の収穫時期はカリフォルニア州よりも遅く、期間もかなり短い。

もちろん、すべての食材に旬の時期があるわけではない。貯蔵タマネギや貯蔵りんご、そして米や小麦粉やインゲン豆などの乾物は、一年中供給されている。真冬に雪が1フィート（30cm）積もっている時期に（地元の有機食材専門のレストランで外食するにも良くないタイミングだ）、良い風味の新鮮な農産物を見つけるのは実に難しい。寒い地域の冬の料理が、主に料理のテクニックによって風味を作り出しているのには理由があるのだ。カスレ（伝統的にはインゲン豆とじっくり煮込んだ肉で作る）やコック・オー・ヴァン（ワインで煮込んだ鶏肉のシチュー）など、古典的なフランスの冬の料理は、保存のきく野菜と家畜の肉を使う。しかし夏場には、新鮮な葉物野菜と一緒にさっとソテーした魚料理が素晴らしい。私には、ずっしりとした濃厚なカスレを真夏に食べることなど想像もできないが、真冬に食べるにはこれほどおいしい料理もないだろう。

われわれは幸運にも、すばらしい食料供給システムの整った時代に生きている。各国の料理には、その地域の

食環境に関連した歴史と、季節料理が存在することが多い。19世紀のフランス人は、当時の食料事情に合ったカスレやコック・オー・ヴァンなどの料理を好んでいた。スカンジナビア諸国の海岸部では、ほんの数十年前まで道路網が整備されていなかったため、現代の北欧料理でシンプルなチーズや魚の塩漬けなどの保存手法が使われる一方で複雑なスパイスはあまり利用されていないのもうなずける。

　現代の食料供給システムには欠点もある。季節の食材という制約がなくなったため、上手に料理する方法を学ぶのが難しくなってしまった。農産物直売所で買い物をすることは、季節によるインスピレーションと、風味豊かな食材を手に入れる素晴らしい方法だ。124〜127ページに掲載した季節のスープを考えてみてほしい。7月にバターナット・スクワッシュを買うことはほとんど不可能だし、私は冬にガスパチョを作ろうとは思わない。同じことが、季節のサラダにも言える。モッツァレラチーズとトマト、そしてバジルを使った夏のサラダ（122ページを参照してほしい）はおいしい。フェンネルを使った冬のサラダ？ 煎ったカボチャの種とスプラウトを使った、秋の収穫のサラダ？（私がこれを書いている時点で、おなかをすかせているのは誰でしょう？） 季節の観点から風味を理解するには、農産物売り場をぶらついてみればいい。さまざまな可能性に目を光らせていれば、前のセクションで説明したように探求によってインスピレーションを呼び起こすことができるだろう。

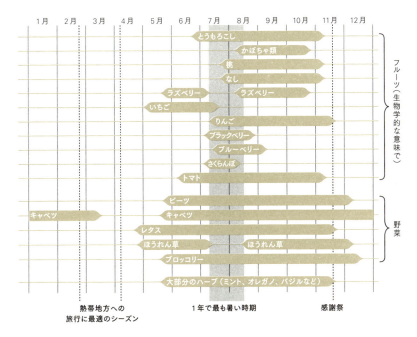

ニューイングランドのフルーツと野菜の時期を示すチャート。フルーツの旬は野菜よりも短く、また初霜よりも遅い時期まで収穫できる野菜は少ない。一部の植物は最も暑い時期に耐えられないが、同じ時期に旬を迎えるものもある。

RECIPE フレッシュなバジルとトマトとモッツァレラのサラダ

フレッシュなバジルとトマトは、夏の一番暑い時期が最もおいしい。素晴らしい風味を作り出す化合物には、暑い気候が必要だからだ。この古典的な組み合わせは、良質のトマトが手に入るときに試してみてほしい。（冒険好きなら、456ページを参照して自分でモッツァレラチーズを作ってみよう。）

ボウルに以下の材料を入れてあえ、食卓に出す。

- [ ] トマトのスライス：カップ1（180g）、中2個分
- [ ] 新鮮なバジルの葉、カップ1（15g）、3〜4本分
- [ ] モッツァレラチーズ：カップ1/2（100g）
- [ ] オリーブオイル：大さじ1（15ml）
- [ ] 塩コショウ：適宜
- [ ] バルサミコ酢：小さじ1（5ml）（お好みでもっと多くてもよい）

NOTES

◎バジルとチーズとトマトの比率には、特に決まりはない。それぞれの食材を少し取っておいて、出来上がったサラダを見て、もう少し入れたほうがよいと思う食材を加えてみよう。唯一、気をつけてほしいのは塩だ。入れすぎると場合、修正するのは難しい。

◎トマトとチーズを切る厚さも、自由に決めてほしい。トマトとチーズを厚く切り、皿の上に交互に重ねてもよい。あるいは、トマトとチーズを一口大に切って、ボウルに入れて食卓に出してもよい。

◎このレシピを2回作ってみよう。最初は通常のトマトで、2回目は伝統野菜のトマトを使って作り、違いを比べてみよう。

RECIPE フェンネルとジャンボマッシュルームとパルメザンのサラダ

フェンネルの茎（フローレンスフェンネルとも呼ばれる）は涼しい季節の食材で、通常は厳しい冬の寒さの前、秋か初冬に収穫される。このシンプルなサラダは、風味の素晴らしい組み合わせだ。すべての食材をなるべく薄切りにし、高品質のパルメザンチーズとバルサミコ酢を使うようにしてほしい。

以下の材料をボウルに入れてあえる。

- [ ] フェンネルの茎（小）：1個（100g）、薄切り
- [ ] ジャンボマッシュルーム（中）：1/2個（60g）、薄くスライスする
- [ ] 高品質のパルメザンチーズ：2オンス（60g）、薄く幅広に削る
- [ ] オリーブオイル：大さじ2（30ml）

あえたものを、ひとつかみずつ皿に盛り付ける。少量の**バルサミコ酢**を振りかけ、オプションとして**ザクロの粒または煎ったカボチャの種**をのせる。

NOTES

◎ザクロの粒を分けるには、水の入ったボウルの中に沈めるのが一番簡単だ。ザクロを半分に切り、水がいっぱいに入った大きなボウルに入れ、それから指を使ってザクロの粒をバラバラにする。白くて食べられないわたの部分（中果皮と呼ばれる）は浮かぶが、粒は沈むので簡単に分けられる。

COLUMN 環境にやさしい食材を選ぶには

「季節に合った」料理をすることは、環境的な影響に目を向けて料理するためにも素晴らしい方法だが、環境にやさしい食材の選択をするためには季節以外の要因も考慮する必要がある。何を買うか、どのように判断すればよいだろうか?

緑の野菜とフルーツは、最も影響が少ない。最初に、よいニュースをお知らせしよう。最も環境にやさしい食材、野菜に関するニュースだ。最小限の輸送で包装せずに売られる、地元で育った野菜は環境にも、あなた自身にとってもやさしい。野菜を食べなさい、という昔からの言い伝えは、環境問題についても素晴らしいアドバイスなのだ。

シーフード:多少の影響がある。養殖と天然のどちらがよいかという問題は、その魚の種に依存するので、一概には言えない。どちらにも問題はある。養殖は、方法によっては汚染物質を作り出したり逃げ出した魚が野生種と雑種を作ったりするおそれがあるし、天然の魚を食べることには、海洋資源の枯渇を招くおそれがある(そして魚の乱獲による世界的な漁業の壊滅は、目前に迫った食糧供給システムへの脅威だ)。あなたができる最大の貢献(少なくとも夕食の食卓に関して)は、乱獲されている種のシーフードを避けることだ。Monterey Bay Aquariumでは、Seafood WATCHというすばらしいサービスで、頻繁に更新され地域によって整理された「お勧め」、「食べてもよい」、そして「避けるべき」種のリストを提供している。現在のお勧めについてはhttp://www.seafoodwatch.orgを参照してほしい。

赤身肉:最も影響が大きい。トウモロコシで飼育された牛肉など、赤身肉の生産は環境への負荷が大きい。牛には飼料が必要だし、(草ではなく)トウモロコシを食べさせる場合、トウモロコシを育て、収穫し、加工する必要がある。その結果、鶏肉のような小さな動物の肉よりも、肉1ポンドあたりのカーボンフットプリントが大きくなるのだ。それに輸送にかかる燃料や、包装が環境に与える影響もある。ある試算によれば、1ポンドの赤身肉の生産によって、1ポンドの鶏や魚よりも平均で4倍もの温室効果ガスが排出されることになるそうだ。(ウェーバーとマシューズの「Food-Miles and the Relative Climate Impacts of Food Choices in the United States」http://cookingforgeeks.com/book/foodmiles/ を参照してほしい。) しかし、すべての赤身肉が悪いわけではない。草を食べて地元で育った牛ならば、実際には環境にプラスの影響を与えているかもしれない。草に貯蔵されたエネルギーを肥料(つまり堆肥)に変換し、他の生物が利用できるようにしているからだ。しかし一般的なルールとして、脚の多い動物ほど環境に「やさしくない」ということが言える。(この論理で行くと、ムカデが最も邪悪な生き物ということになってしまうが……。)

私は何をすべきか?

地元の食材しか買わない菜食主義者にとっても、トウモロコシで飼育された牛肉にベーコンを巻いて食べる肉好きにとっても、消費の抑制は環境を守る最良の方法であり、またあなたの健康にも(もちろん、お財布にも)良いことだ。環境への影響が少ない食品を選び、食品を無駄にしないよう気を付けよう。

動物性タンパク質に関しては、現在のデータによれば、魚を食べるほうが鶏や七面鳥を食べるよりも総合的な環境への影響は少ないということになっている。そして同様に鶏や七面鳥は豚よりも環境にやさしく、豚はトウモロコシで飼育された牛よりも環境にやさしい。ある私の友達は「買わない」ポリシーを貫いている。食べることはかまわないが、買うのはいけないというものだ。また日中に肉は食べないが、夕食にはいくら食べてもかまわないという、「ディナーまでは菜食主義者」ダイエットの変種を採用している人もいるらしい。

RECIPE 春のレタスのスープ

レタスのスープは私にとって驚きだった。特に、外食する際に一度も見かけたことがなかったので。レタスのスープは、ブロッコリーのスープと同様に新鮮な、どこかヴィシソワーズ（ジャガイモとポロねぎとタマネギから作るスープ）を思わせる味がする。CSA（コミュニティに支援された農業）フードシェア（131ページを参照してほしい）に加入していて、春先に8玉のレタスを持て余している人には、その使い道にこのスープはぴったりだ。

大きなソースパンを中火にかけ、**オリーブオイル**または**バター 大さじ2（30g）**を溶かす。以下の材料を加える。

- ☐ タマネギ：中1個（100g）、さいの目に切る
- ☐ ジャガイモ：中1個（150g）、さいの目に切る
- ☐ 塩：小さじ1/2（3g）

タマネギとジャガイモを5〜10分間ソテーする。以下の材料を加える。

- ☐ 鶏または野菜のスープストック：カップ4（約1リットル）
- ☐ にんにく：2片（5〜10g）、さいの目に切る
- ☐ 挽きたての黒コショウ：小さじ1/2（1g）

煮立ったら、以下の材料を加える。

- ☐ レタス：1玉（400g）、葉をちぎるかざく切りにする

野菜は他のものでもよい。ルッコラ、豆苗、ほうれん草など、手元にあるものを使ってほしい。野菜を混ぜ入れ、柔らかくなるまで数分間煮る。クリーミーなスープにするには、**全乳 カップ1（240ml）**または**生クリーム カップ1/2（120ml）**を加える。

ソースパンを火から下ろし、数分間冷ます。ハンドブレンダーを使うか、数回に分けてミキサーに移してスープをピュレする。**塩**と**コショウ**で味を調え、オプションとして**コリアンダー**や**ナツメグ**などのスパイスを加える。暖かくしても（**チェダー**などのチーズを浮かべてみてほしい）、冷たくしても（**サワークリーム**と**新鮮なチャイブ**をスプーン1杯か2杯浮かべる）、おいしくいただける。

RECIPE 冬の白インゲン豆とにんにくのスープ

ボウルに以下の材料を入れ、数時間から一晩水に浸す。

☐ 白インゲン豆などの乾燥した白豆：カップ2（400g）

浸した後、水気を切って鍋に入れ、たっぷりの水を加える（**ベイリーフ**を数枚、または**ローズマリー**を1枝加えるとよい）。沸騰させ、少なくとも15分煮る。湯を切って豆を鍋に戻す（ハンドブレンダーを使う場合）か、フードプロセッサーのボウルへ移す。

鍋またはボウルに入った豆に以下の材料を加え、よく混ざるまでピュレする。

☐ 鶏または野菜のスープストック：カップ2（480ml）
☐ 黄タマネギ：中1個（150g）、さいの目に切ってソテーする
☐ フランスパン：3切れ（50g）、オリーブオイルを塗って両面を焼く
☐ にんにく：1/2玉、皮をむいてつぶし、ソテーまたはローストする
☐ 塩コショウ：適宜

NOTES

◎豆をゆでる工程を飛ばしてはいけない。絶対に。豆に含まれるタンパク質の1種、フィトヘマグルチニンは、胃腸に重大な障害を引き起こす。豆は、煮てこのタンパク質を変性させる必要があるのだ。低温（例えばスロークッカー）での調理では、このタンパク質を変性させることができず、実際にはさらに事態を悪化させる。急いでいる場合には、缶入りの白インゲン豆を使おう。これなら、すでに調理されているので安心だ。

◎応用として、新鮮なオレガノをスープに混ぜ込んでみよう。ベーコンの細切れを上に乗せたり、パルメザンチーズを振りかけたりしてもよい。他のスープと同じように、歯ごたえを残すかクリーミーにするかは、個人の好みだ。

RECIPE 夏場のスープ、ガスパチョ

ガスパチョは、トマトと生野菜をミキサーに掛けて混ぜ合わせた冷たいスープで、熱い夏の日の食卓に完璧な、すばらしいスペイン料理だ。風味たっぷりのものならば、どんな食材を組み合わせてもおいしい。

以下の材料を、ハンドブレンダーかフードプロセッサーを使ってピュレする。*

☐ トマト：大2個（500g）皮をむき、種を取る

ピュレしたトマトを大きなボウルへ移す。以下の材料を加える。**

☐ キュウリ：1本（150g）、皮をむき、種を取る
☐ トウモロコシ：1本（125g）、直火で焼いて軸から切り離す
☐ 赤ピーマン：1個（100g）、直火で焼く
☐ 赤タマネギ：小1/2個（30g）、薄切りにし、水にさらしてから水気を切る
☐ オリーブオイル：大さじ2（30ml）
☐ にんにく：2片（5〜10g）、みじん切りにするか、にんにく絞りで絞る
☐ 白ワインビネガーまたはシャンパンビネガー：小さじ1（5ml）
☐ 塩：小さじ1/2（3g）

混ぜ合わせ、塩で味を調え、好みに応じて**挽いた黒コショウ**を加える。

NOTES

◎このレシピ中の重量は、下ごしらえ済みの材料のものだ（つまり、種を抜いたり、茎を取ったり、水に浸したりした後）。
◎滑らかなガスパチョが好きなら、すべての材料を最後にピュレする。あるいは、一部の野菜をピュレして加え、その後残りの野菜を加えれば、一部は滑らかで、一部は歯ごたえのある食感となる。好みに合わせて選んでほしい。
◎ガスパチョは、新鮮な材料の風味の違いを楽しむ料理だ。ここに書いた分量には特に機械的な理由や化学的な理由はないので、好みに合わせて増減してもらってかまわない。トウガラシや新鮮なハーブなどの食材を加えて、このレシピを拡張してみよう。
◎トウモロコシとピーマンを焼くのは、高熱で起こる化学反応による、燻製の風味をスープにつけるためだ。詳しくは後の章で説明する。「生」のバージョンが好きな人もいるかもしれない。あるいは、燻製の風味が好きな人は、「燻液」（425ページを参照してほしい）を少々加えてみてもよい。

レシピの中に「野菜を焼く」と書いてある場合、デフォルトとして焼く前にオリーブオイルを少々すり込んでおくとよい。こうすると野菜の乾燥を防げるからだ。

トマトの皮のむき方

トマトスープのサプライズディナーを作ろうとしたボーイフレンドが、実はトマトの皮のむき方を知らなかった、という経験をした友達がいる。彼女が家に帰ってみると、そのボーイフレンドが一生懸命ピーラーでトマトの皮をむこうとしていたそうな……。

トマトの皮をむくには、沸騰している湯に10〜15秒間浸けてから、トングか網じゃくしを使って取り出すと、簡単に皮がむける。湯がく前に「×」の形に皮に切り込みを入れておく方法もあるが、私が試してみたところでは、それをしなくても熱湯につければ自然

にトマトの皮ははじけてくれるようだった。違いがあるかどうか、ぜひ実験してみよう！

* 訳注：時間のある方は、ぜひトマトを裏ごしして作ってみてほしい。手間はかかるが、ものすごくおいしいガスパチョができる。
** 訳注：パン粉とにんにくとオリーブオイルをすり混ぜて、分離を防ぐとともにとろみを付けるとよい。

RECIPE 秋のバターナット・スクワッシュのスープ

カボチャやスクワッシュが豊富に収穫される秋は、季節の料理を作るのに私が一番気に入っている時期だ。このレシピは出発点のテンプレートととらえて、風味付けや他の農産物を加えてみてほしい。

フードプロセッサーかハンドブレンダーで、以下の材料をピュレする。

- ☐ バターナット・スクワッシュ：カップ2（約600g、およそ中1個分）、皮をむき、さいの目に切ってローストする
- ☐ 鶏、七面鳥、または野菜のスープストック：カップ2（480ml）
- ☐ 黄タマネギ：小1個（110g）、さいの目に切ってソテーする
- ☐ 塩：小さじ1/2（3g）

NOTES

◎ガスパチョのレシピと同様に、ここに示した重量は下ごしらえした材料のもので、おおざっぱな目安に過ぎない。したがって、それぞれの食材を別々に用意してほしい。スクワッシュは、皮をむいてさいの目に切ってからオリーブオイルをまぶし、塩をふりかけ、400〜425°F / 200〜220℃程度のオーブンで、色づき始めるまで焼く。材料をピュレする際には、スクワッシュとスープストックを少し残しておき、ピュレの味を見て、必要と思えるものを足す。濃くしたいなら、スクワッシュを足す。薄くするには、スープストックを足す。

◎このスープそのものは、とても基本的なものだ。例えばガーリッククルトンやベーコンなど、手持ちの材料で合うと思うものを浮き実として加えてみてほしい。あるいは、生クリームを少し浮かせ、焼いたくるみ少々とドライクランベリーを乗せれば、感謝祭の雰囲気が出る。小さじ1杯のメープルシロップや牛肉の薄切り、そして新鮮なオレガノを加えてみてはどうだろう？　チャイブ、サワークリーム、そしてチェダーチーズは？　いろいろと試してみよう。レシピ通りに食材を買ってくるのではなく、前の食事で残った食材を使って、このスクワッシュスープを改良してみてほしい。

◎急いでいるときには、最初にスクワッシュを電子レンジにかければ時間短縮が図れる。スクワッシュの皮をむいて4つ割にし、スプーンを使って種を除く。それから1〜2インチ（3〜5cm）角に切ってガラス製の耐熱皿へ入れ、4〜5分電子レンジにかけて途中まで火を通す。電子レンジから取り出し、スクワッシュにオリーブオイルをまぶして軽く塩をふりかけ、予熱したオーブンで火が通るまで約20〜30分焼く。急いでいないときには、皮をむく工程を完全に省くことができる。スクワッシュを半分に切り、種を取り除き、オイルと塩をかけ、約1時間焼き、それからスプーンを使って中身をくりぬけばよい。

スクワッシュのような皮の厚いカボチャ類を切るには、大きなシェフナイフと木づちを使うとよい。まず、まな板の上で安定して転がらないようにするために、カボチャの皮を一部分だけ薄くそぐ。それからナイフの刃を当ててやさしく叩く。

COLUMN 新鮮な農産物の保存のヒント

新鮮な農産物を素晴らしい味に保つには、風味の維持と熟成のコントロールが不可欠だ。管理すべき主要な変数は2つある。保存温度と、エチレンガスとの接触だ。

保存温度は、比較的コントロールしやすい変数だ。熟した、冷蔵可能な農産物は、冷蔵庫に入れよう。未熟な、または冷気で傷みやすい農産物は、調理台の上に置いておくか、冷蔵機能のない食品貯蔵庫へ入れよう。「低温障害（chill injury）」は、食品が低すぎる温度で保存された際に受けるダメージを意味する業界用語で、通常は50°F（10℃）未満で起こる。熱帯や亜熱帯原産のフルーツ、例えばバナナや柑橘類、キュウリ、マンゴーやスイカなどは、冷蔵庫に入れないほうが風味を保てる。レタスや大部分のハーブは冷蔵庫に入れても大丈夫だが、例外としてバジルは生花のように取り扱ってほしい（茎を切り詰めて水の入ったコップにさし、調理台の上に置いておく）。

第2の保存に関する変数、エチレンガスは、ちょっと厄介だ。エチレンガスは植物（通常は実の部分）から、熟成プロセスに伴って、自然に発生する。エチレンガスを発生する農産物を別の農産物の近くで保存すれば、後者の農産物の熟成を速めることができるが、望ましくない結果をもたらす可能性もあるので、以下のリストを参照してほしい。

どんな種類の農産物でも、成熟した、風味が最も高まった時点で収穫するのが望ましい。熟成と風味の高まりとは、違うプロセスだ。早く収穫しすぎた農産物は、エチレンガスによって熟成されても良い風味にはならない。

エチレンガスの存在下で熟成するもの

熟成を早めるには、紙袋に入れて口をゆるく折り曲げてふたをし、直射日光を避けて室温で保存する。未熟なフルーツを冷蔵庫で保存してはいけない。温度が低すぎて、エチレンガスによる熟成が進まないからだ。

アプリコット、桃、プラム。 これらの果物は、熟すと香りが高くなり、軽く握ると少しへこむようになる。こうなったら冷蔵庫に入れても大丈夫だ。未熟な核果は室温で保存する。冷蔵庫で保存すると低温障害を起こし、傷んでしまうからだ。また未熟な核果を保存する際には直射日光を避け、ポリ袋に入れないようにする（湿気がこもってしまうため）。幸運にもこれらの果物を大量にもらった場合は、悪くなり始める前に冷凍するか、ジャムを作るか（442ページを参照してほしい）、あるいはドライフルーツにしよう（472ページを参照してほしい）。

アボカド。 熟しても若干硬さが残っているが、軽く押すとへこむ。アボカドは、色だけでは熟れているかどうかがわからない。切ったアボカドに種を付けて保存すると、酸化と酵素の作用による果肉の褐変を防ぐことはできないが、種がガードとなるため空気にさらされない個所の褐変は防ぐことができる。ラップで果肉をぴったり覆うようにしても空気との接触を防ぐことができるし、グアカモーレならオリーブオイルを注いで薄くコーティングしておこう。

バナナ。 熟すまで室温で保存する。熟しすぎを防ぐには冷蔵庫に入れる。皮は茶色くなるが、中身は変化しない。

ブルーベリー。 ブルーベリーはエチレンガスの存在下で熟成するが、これによって風味がよくなることはない。ブラックベリーなどの項を参照してほしい。

トマト。 55°F / 13℃より高い温度で保存する。未熟なトマトは冷蔵庫に入れると熟成が進まず風味と食感も落ちるが、完全に熟したトマトは冷蔵してもあまり影響ないと感じている人もいる。ソースを作るのが目的なら、先にソースを作ってから冷蔵庫や冷

凍庫で保存してもよい。

ジャガイモ。ジャガイモは、涼しくて乾燥した場所に置く（しかし甘くなってしまうため、冷蔵庫に入れるのは避ける）。日光に当たると、皮が緑色になってしまうことがある。そうなった場合、食べる前に**必ず皮をむかなくてはならない**。緑色になるのはクロロフィルが原因で、同時に神経毒ソラニンとチャコニンが生成される。ほとんどのジャガイモの栄養素は、皮のすぐ下に含まれているので、皮をむく必要がない場合は残した方がよい。（緑色になったジャガイモに平均的に含まれるソラニンは0.4mg程度なので死に至る危険はほとんどないが、その後1日くらいは消化器の不調を感じるかもしれない。詳しくはこちら http://cookingforgeeks.com/book/solanine/ を参照してほしい。

エチレンガスの影響がないか、悪影響のあるもの
これらは、エチレンガスを発生する農産物とは別の場所に保存すること。

アスパラガス。茎の下部を湿ったペーパータオルで包み、冷蔵庫の野菜室か一番温度の低い場所に入れる。切り花のようにコップやマグカップに入れてもよい（最初に茎を切り詰める）。風味は時間とともに落ちるので、できるだけ早く食べること。

ブラックベリー、ラズベリー、いちご。かびや変形があるものは、取り除いて捨てる。熟しすぎているものはすぐに食べる。その他のものは元の容器に戻すか、（洗わずに）ペーパータオルを敷いた浅い皿に入れ、冷蔵庫で保存する。湿気を吸い取るため、ベリーの上にペーパータオルを乗せる。食べる直前に水洗いする。水洗いしてから保存すると、湿気によってかびが生えやすくなってしまう。

ブロッコリー、キャベツ、コラードグリーン、ケール、ポロねぎ、スイスチャード。冷蔵庫の野菜室に入れるか、穴を開けたポリ袋に入れて湿気やエチレンガスを逃がすようにする。エチレンガスがあると、房や葉が黄色くなってしまう。

にんじん。数週間たつと、エチレンによってニンジンに苦い風味が発生することがある。葉を取り除き、洗ってからポリ袋に入れ、冷蔵庫の野菜室に入れる。にんじんを冷蔵庫で保存すると、風味や食感とベータカロテンの含有量を保つことができる。

柑橘類。エチレンガスは緑色から黄色への変色を促し（催色と呼ばれる）、また傷みを速める可能性もあるが、食味は向上しない。中程度の期間の保存（6～8週間）でカビを防ぐには、フルーツをジッパー付きの袋に入れて冷蔵庫の野菜室で保存する。

キュウリ。キュウリは冷蔵庫で保存すると表面にくぼみができ、数日で傷んでしまう。調理台の上に置くのが良いが、エチレンガスに敏感なので、フルーツからは離して保存すること。

にんにく。冷暗所で保存するが、匂いが移るので冷蔵庫には入れないこと。芽が出ても食べられるが、風味は落ちる。にんにくの芽そのものも、ねぎやチャイブのようにきざんで料理に使える。

レタスとサラダ菜。まとめ買いした葉物野菜は、虫をチェックする。葉を洗い、レタスをタオルかペーパータオルに包み、いくつか穴を開けたポリ袋に入れて冷蔵庫の野菜室で保存する。レタスを数日間使わない場合には、すぐに洗わないほうが良い。水分によって傷みが進んでしまうからだ。

タマネギ。エチレンによってカビの生育が助長されることがある。涼しい、乾燥した場所で、明るい光を避けて保存する。換気の良い場所で保存するのがよい。タマネギはジャガイモのそばに置かないこと。ジャガイモから湿気とエチレンガスが発生し、タマネギが早く悪くなる。また、タマネギは冷蔵庫に保存してはいけない。柔らかくなってしまうし、匂いが他の食品に移ってしまうからだ。

INTERVIEW

ティム・ウィークマンと リンダ・アンクティルが季節から得る インスピレーションについて語る

ティム・ウィークマン (Tim Wiechmann)は、マサチューセッツ州ケンブリッジにあるT. W. Foodのオーナーシェフだ。

どうやって料理を計画するのですか？

まず食材を決めます。すべて旬のものでなくてはなりません。ピレネーの余ったチーズで作る料理を思い付いたことがあります。アメリカンチェリーとビートが旬だったので、ビートサラダをどうやってドレスアップしようかと考えました。ピレネーでは、サクランボを羊の乳で作ったチーズと合わせます。うちの大部分のスタッフは世界中を旅してさまざまな文化的背景を持っていますし、ヨーロッパで使われる食品をよく把握しているのです。私は世界中の人々が使っている食材を研究しています。彼らはさまざまな食材を、何千年もの昔から使い続けているのです。私はこれらに関する知識を得ようと試み、それから自分がここで使っている食材を見て、両方を融合させているのです。

私のメニューは、実際のところ本当に難しいのです。すべては一連の料理のパラメータに従って、厳密に、正確に行われます。特定の下ごしらえについては、時間と温度がすべてです。観察は不可欠ですし、経験を積んでどうすれば見映えがよくなるかを理解することも重要です。タマネギを調理する際には、時間とともに色が変わります。カラメル化が進行するとともに苦味が増すため、ある特定の段階で調理をやめなくてはなりません。深い鍋でタマネギをじっくり炒めると、浅い鍋で調理した場合とは様子が違います。深い鍋では、タマネギは水分を放出し、その水分が失われないので、均一に調理できるのです。特定の調理には、それに適した特定の鍋があります。タマネギを炒めるなら、この鍋を使い、あの鍋を使ってはいけない、というような具合です。しかし新米の料理人は、手近にある鍋を使ってしまいがちです。

何かがうまく行くことは、どうやってわかるのですか？

とにかくやってみることです。ピアノを弾き始めたときには、どこにどの音があるかもわかりません。まずテクニックを身に付けて、それから音の組み合わせが考えられるようになるのです。この音を弾いたら、この音が出る。タマネギを甘くしたければ、カラメル化します。テクニックは知識の後に付いてくるのです。私は自分のレシピの記録をとっていて、すべての時間を計っています。サクランボやりんごを袋に入れて水槽で調理するには何分かかるか、その答えは経験から導き出されるのです。

私はよく、「とにかく手を付けて、やってみろ」という言葉を口にします。いつでも何かを料理することは、たとえ焦がしてごみ箱行きになってしまったとしても、それは失敗ではないのです。ただ、次からは焦がさないことを学んだということなのです。

ティムのローストしたビートのサラダのレシピについては、以下を参照してほしい。
http://cookingforgeeks.com/book/beetsalad/

リンダ・アンクティル (Linda Anctil) は、コネチカット州のプライベートシェフ。

PHOTO USED BY PERMISSION OF LINDA ANCTIL

食品の見映えについてどう考えていますか？

私はデザイナーとして食品に接していますが、食品であるからにはその機能を果たす必要があります。最終的には、おいしくなくてはならないのです。時に私は材質、季節、形、あるいは色などからインスピレーションを得ますが、インスピレーションはあらゆる場所からやってきます。私は視覚的なものであれ、他の感覚に訴えるものであれ、いつでも驚きの要素を取り入れるようにしています。

私にとって、自然はいつもインスピレーションの源泉です。昨年の冬、私はセージを摘みに庭へ出ました。すると、クリスマスツリーに使っていた針葉樹の香りが、私の手袋に付いていました。その2つの香りが私の心の中で混ざり合い、突然私は針葉樹をハーブとして使うことを思い付いたのです。これにインスピレーションを得て、私は針葉樹の香りを使った料理をいろいろと作ってみました。さまざまな食感と香りを組み合わせて最終的に出来上がったビデオが、「The Winter Garden（冬の庭）」です。これは、私が今まで作った中でも最も抽象的な料理だと思いますが、ある冬の日に外へ出て感じた氷と雪と霜と針葉樹の香りを、本当によく捉えていると思います。結局、この料理を食べたのは私一人だけです。私はとてもこの料理を楽しみました。私にとって、非常に個人的な表現でした。

食品を演出しようと考えている人に、何かアドバイスはありますか？

心を開くことです。フルーツを1切れ取り、自分が始めてこの惑星へやってきた異星人だと想像して、そのレンズを通して経験するのです。これはどのように見えるでしょうか？ この香りは？ 味は？ あなたはこれを使って何をするでしょうか？ 枠を超えて発想し、想像の旅行を楽しむのです！ 誰かアーティストかシェフの料理を見れば、それが彼ら自身の個人的な表現だと気付くでしょう。それは、その人物の経験を物語っているのです。これが料理のすばらしい側面です。

リンダのビデオを見るには、以下のURLを参照してほしい。http://cookingforgeeks.com/book/winterdish/

COLUMN 有機食品、地元の食品、そして通常食品

農産物の季節は、何を食べるべきか選ぶ基準の1つに過ぎない。有機食品や地元の食品、そして通常の食品についてはどうだろうか？ この話題に関しては多くの意見と事実があり、またそれらが混同されることもしばしばだ。ネタバレ注意：一般的な意見の多くには科学的な裏付けがなく、また科学とは無関係の哲学的な深い問題もいくつか存在する。

有機（オーガニック）食品は、肥料や殺虫剤や除草剤やホルモンの使用を制限する政府の規制に従って生産された食品で、動物の人道的な取り扱いも要求される。米国に拠点を置く食品生産者は、有機と称するためにはUSDA（アメリカ農務省）National Organic Program（NOP）の規制に従っていると認定されなくてはならない。同様に、欧州連合（EU）域内の事業者は欧州委員会の一般食品法規則に従い、年次監査に合格しなくてはならない。（ちなみに、EUと米国では同一の有機食品の定義が使用されているため、これら2つの地域では互いに有機食品を輸出することができる。） 現在有機食品への消費者の需要が高まっているため、供給が需要に追い付かず、有機食品は高くつくのが普通だ。また有機食品には書類の作成や認証にまつわるコストが負担となるため、小規模な事業者の中には法的規定に従っていてもあえて認証費用を支払わず、自分たちの食品に「有機」と表示しないことを選択している場合もある。

地元産の（ローカルな）食品には公式な法的規定は存在しないが、一般的には食品がどのくらい離れた場所で（通常は「車で数時間」の距離まで）生産されたかに基づいて定義されるのが普通だ。**フードハブ**（地元の農家や牧場が食料品店などの大量購入者へ製品を販売する交易所）があちこちで立ち上げられ、地元や地域の食品システムを素晴らしい形で応援している。地元で作られた食品を食べることには数多くの利点があり、地元の経済を支援したり、「季節に合った」料理をしたり、より深いレベルで食品供給システムとの結び付きを持つことができる。（USDAの「Know Your Farmer, Know Your Food」サイトをインターネットで検索してみてほしい。）「地元」という言葉は「有機」とは無関係だが、持続可能性や食の安全、そして環境保護などの精神が共通していると考える消費者もいる。しかし、地元産だからと言って、それらが保証されているわけではない。

通常食品は、「有機」と表示して販売することを認可されていない食品のことだ。当然ながら通常食品も、政府の許容基準に従って育てられなくてはならない。通常食品は地元の食品のこともあれば、そうでないこともある。

味の違いは？

有機食品は一部の消費者からより正統的とみなされているし、「おいしさのハロー効果」がある。例えばあなたの近所の食料品店で売られている有機のロメインレタスと通常のロメインレタスとの間には、微小気候の違いや農産物の取り扱いによって、味の違いが確かに存在することもある。しかし同一の植物品種について通常農法で育てられたものと有機農法で育てられたものとを直接比較した研究によれば、味に関する違いはゼロだった。一般的な殺虫剤ではなく有機殺虫剤を使うこと自体は、味の違いにはつながらないのだ。

地元の農産物も味が良いと思われていることが多いし、同様の「ハロー」効果がある。一部の農産物に関しては、収穫後に風味が落ちるため、地元の農産物のほうが新鮮でおいしいことはあるだろう。しかし、それは必ずしも事実ではない。例えばラディッシュは、暖かい地域で育ったもののほうがおいしい。比較的冷涼な地域に住んでいる人なら、遠く離れた場所で育ったラディッシュのほうがおいしいかもしれないし、地元での栽培に温室が必要な場合には、環境的な負荷も少ない可能性がある。

この答えに驚いた人は、プラシーボ効果の大きさを考えてみてほしい。もしあなたが何かをおいしいに違いないと信じていたとすれば、それはおそらくおいしく感じられる。味覚のプラシーボ効果は、本当に信じられないほど強力なのだ。食品マーケティン

グ企業は、そのことをよく知っている。しかし、味の違いに関して大部分の消費者が信じていることは、データによって裏付けられてはいないのだ。

化学物質の影響は？
通常食品であれ有機食品であれ、最終製品中に存在することが法的に許されるあらゆる種類の農薬のレベルは政府の規制によって制限されている。誰も一定のレベルを超える農薬には接触すべきではないし、またこれは農場労働者にとっては切実な問題だ。しかし、それはあなたにとって問題だろうか？　その答えは込み入っている。

有機農薬への接触が一般的な農薬への接触よりも**総体的に**安全だということは、今のところ立証されていない。種類に関わらず、一部の化学物質は、濃度が高ければ発がん性がある（よく化学者が「摂取量が問題だ」と表現するように）。人体に検出される農薬のレベルは、何らかの毒性を示すレベルよりもはるかに低い。われわれが通常食品に含まれる発がん性のある農薬にどの程度接触しているのかを数値的に知りたければ、ベリッツ博士らによる『Food Chemistry』（Springer, 2009）の以下の記述について考えてみてほしい。「発がん性が知られている［カップ1杯のコーヒーに含まれる］自然由来の化学物質の量は、発がん性のある合成農薬の残留量の1年分とほぼ同じだ。」

有機食品は、同等の通常食品と比べて農薬のレベルは低いという試験結果は出ているが、栄養価が高いという試験結果は出ていない。有機食品を食べている人を検査すると、血液中の残留農薬のレベルは確かに低い。しかし、血流中の農薬がごく少量であることが、総合的な健康や寿命に影響するだろうか？　このような不確定性が、多くの消費者（特に、これから子どもを産み育てる人たち）が有機食品を買う理由となっている。農薬とわれわれの身体との長期的な化学作用については、わかっていないことが多い。わかっているのは、認可されているすべての農薬は、よく研究されているという意味で、基本的に安全だということだ。しかし、100％の確率で、長期的な影響が完全にゼロかどうかはわからない。たぶんゼロではないのだろうが、その影響は意味のあるものだろうか？　その答えは、知ることができないのかもしれない。このような理由から私は、有機食品を買うか通常食品を買うかという問題を哲学的な問題だとみなしている。あなたは、この不確定性についてどう感じるだろうか（科学者の中には、リスクがあると考える人はほとんどいない）？

化学物質不使用については？
実際には食品も化学物質なのだから、このような質問をする人は農薬などの化学物質が使われていないことを意味しているのだろう。わざわざ指摘するほどのことではないと思えるかもしれないが、私はこれが重要だということを学んだのだ！　例えば、1999年の調査では3人に1人の回答者が「通常のトマトには遺伝子は含まれないが、遺伝子組み換えされたトマトには含まれている」と信じていることが判明している。それ以外の選択肢があれば、農業者は自分の作物に除草剤や殺虫剤を散布しないことを選ぶだろうし、牧場主はワクチンや抗生物質を使わなくて済む方法を選ぶだろう。農薬や抗生物質にはコストと時間がかかるからだ。

お得なのはどっち？
地元の食品や有機食品を買うべきかどうかは、科学的な問題というよりは倫理とモラルの問題だ。栄養価や味覚以外にも、これらの選択の背後には、さまざまな動機がある。

地元の農産物を買うのは、一般的には安くつく。輸送費がかからないからだ。食料品店だけでなく、農産物直売所も探してみよう。農産物直売所は、食品がどこから来るのかを本当に理解し、季節に合わせて料理し食べるためには素晴らしい場所だ。その上、地元の農業者はあなたに感謝してくれることだろう。「レベルアップ」したいなら、近所にCSA（コミュニティに支援された農業）のフードシェアがあるかどうか探してみよう。これは、生育期の最初に数百ドルを払って、農場の収穫の一部を受け取ると共にリスクを共有するという、一種の共同出資（干ばつの年でないことを祈ろう）。これは、自分で育てるのと同じくらい農産物を身近に感じられるし、自分自身に料理の試練を与えるための素晴らしい方

法でもある。(レタス10玉をどう処理すればいい？ レタスのスープを作ってみよう。124ページを参照してほしい。)

有機食品を買いたいが予算が厳しいという人のために、有機のメリットが大きい農産物を見分けるための目安をいくつか示しておく。フルーツに関しては、果皮を食べるのであれば、有機食品を買おう。皮をむいてしまうのであれば、有機食品を買うメリットは比較的少ないだろう。野菜については、有機栽培のピーマン、セロリ、ケール、レタスなどは、通常栽培のものよりも残留農薬のレベルが低いという試験結果が出ている。バターや脂の乗った肉など、脂肪分の多い畜産品は、有機食品を買おう。農薬の多くは脂溶性なので、最終製品にも残りやすい。

私の個人的な意見を言わせてもらえれば、食品がどこで作られるかに関心を持ち、自分自身や他の人のために時間をかけて料理を作ることのほうが、食品の法律的な定義が有機か通常かということよりも、はるかに重要なことだ。

「法的に許容されるレベル未満」とは「100%保証」という意味ではない。それは有機食品を買う場合でも通常食品を買う場合でも同じことだ。米国では、FDAが検査している輸入食品は1%に満たず（2012年時点）、独立した研究者たちによって試験された際には海外から輸入された食品の一部に過剰な残留農薬が見つかっている。行政機関へのテコ入れ（および十分な予算の裏付け）が必要だ。

コンピューターを使って風味のインスピレーションを得る

コンピューター、アールグレイのホットティーに合う食べ物は？

テクノロジーがこのような質問に答えられる日はそれほど遠くないし、それはエキサイティングなことだ。冷蔵庫のドアを開けて、前の日の夕食の残り物を見て、デバイスのボタンを押して「鶏肉と香菜、それにレモンを使ったレシピを教えてくれ」と言うようなことを想像してみてほしい。私の今持っているハイテク腕時計は、すでにそれができるのだ！

より多くのインスピレーションを得るという可能性はどうだろうか？　いくつかの食材を使うレシピを見つけるのもいいが、コンピューターを使って新しいレシピを予測し、今まで一度も試されたことのない、すばらしい風味の組み合わせを作りだせたとしたらどうだろう？　風味の作用がより良く理解され、さまざまなデータの組み合わせを吟味できるようになった現在、それは可能だ。

コンピューターを使って風味のインスピレーションを得るには、大きく分けて食材の共起性と、食材間の化学的な類似性という2つのアプローチがある。どちらにも長所と短所があり、最近の研究ではこれらを組み合わせた手法が実を結び始めている。コンピューターは膨大な数の比較をすることが得意なので、これらの手法に役立つことは間違いない。（またコンピューターはプログラミ

ングされた**通り**に何かをすることは得意だが、**意図された動作**をすることは必ずしも得意ではない。）

　最初に、免責事項を示しておこう。快い風味、あるいは少なくとも感情的な反応を呼び起こしたり記憶を呼び覚ましたりする風味を選ぶことは、芸術と科学の中間に位置する。科学的な方程式だけで全体像をつかむことはできないし、その時々であなたの欲求も異なるだろう。それでも、「風味の互換性アルゴリズム」の動作を理解しておけば、食品に対するあなたの考えを整理する方法が得られるだろうし、またその結果は好奇心旺盛な、レシピに頼らない料理人にとっては役立つことだろう。

食材の共起性

　食材A、B、およびCがひとつの料理に共存し、また別の料理にはB、C、およびDが使われていると仮定しよう。すると、Aは2番目の料理にも使えるかもしれない。この種の推移律は常に成り立つとは限らないが、十分に役立つため大部分の良い料理人は直観的にこの方法を使っている。あなたの好物がグアカモーレで、それには通常アボカドとにんにく、タマネギ、ライムジュース、それに香菜が含まれていることがわかっているとしよう。すると同様の食材、例えばトマトとアボカドのスライス、それにタマネギなどを使ってあえたサラダには、粗く刻んだ香菜と、おそらくつぶしたにんにくの入ったフレンチドレッシングが合うだろうと推測できる。

　このアイディアをもう一歩進めて、コンピューターで何千ものレシピとそれに使われる食材とを調査してみてはどうだろう？　いくつかのプロジェクトと注目に値する書籍で、すでにこのようなことは行われているが、まだ楽しい練習の域を出ていない。数千のレシピを集め（私自身のように計算機科学を専攻していた人にはたやすいことだ）、そのデータをクリーンアップするような処理を施せば、ある食材が別の食材と共に使われる相対的な確率を示す共起マトリックスが作成できる。これを少し加工してやれば（重み付けを0から1の間に正規化し、どんな食材ともリンクしている塩を除く）、ほとんど人間に可読な結果が得られる。(http://cookingforgeeks.com/book/cooccurrence/ に .csv ファイルがある。)

　チョコレートであれば、最も普通に組み合わされる食材はバニラだ（正規化された共起マトリックスでは重み1となる）。次に（私のデータでは）よく使われる食材は牛乳だ（0.320）。次の4つは、ウォールナッツ（0.243）、食用油（0.166）、生クリーム（0.128）、そしてピーカンナッツ（0.121）になる。このリストを読みあげても驚く人はいないだろう。チョコレートはバニラや乳製品、そしてナッツが入っているのが普通だからだ。他の食材については、驚きがあるかもしれない。牛肉によく使われるスパイスは何だろう？（黒コショウ、パセリ、タイム、ベイリーフ、オレガノ、チリ。）鶏肉では？（パセリ、タイム、バジル、パプリカ、カイエンヌペッパー、ショウガ。）さまざまなレシピのコレクショ

ンを付け加えて、このマトリックスを拡張すること
もできるだろう。文化によって食材の共起性はどの
ように変化するだろうか？（コンピューター、この
レシピをテックスメックス風に変更してくれ。）また、
時間による変化はあるだろうか？　さまざまな可能
性が想像できる。

　データは、それを理解しそれに基づいて行動する
ことができなくては意味がないので、あなたがス
プレッドシートのオタクでない限り、何らかの形で
データを可視化することが必要だ。私は、さまざま
な食材をクリックできるシンプルなインタフェース
をハックしてみた（http://cookingforgeeks.com/book/
foodgraph/ を参照してほしい）。時がたてば、これも
使い物にならなく（あるいはオフラインに）なって
しまうことだろう。ソフトウェアには「コードロッ
ト（code rot）」という表現がある。われわれが使う
システムがアップデートされ、100％後方互換でなくなってしまうことによって、
ソフトウェアがよりバギーになり、役に立たなくなって行くことだ。上記のイ
ンタフェースがロードできない場合には、上の画像を見てイメージをつかんで
ほしい。

レシピにおける共起性に基づいて、チョ
コレートとよく組み合わされる食材が
表示されている。アーモンド、バナナ、
バター、シナモン、ココナッツ、トウガラ
シ、牛乳、ウォールナッツ、そしてバニ
ラがよく使われていることがわかる。

化学的類似性

　食材に特有の風味を与える化合物の多くは、測定や定量化が可能だ。ただし、
クロマトグラフィーなどを行える実験機器を使えることが前提だが！　試料を
投入し、化合物を分離し、そしてその結果を既知の化合物と比較する。もちろ
ん、これは大幅に単純化した話だ。たぶん遠い未来には、私の腕時計でも同じ
ことができる日がやってくるのかもしれないが、現時点では簡単にはできない。
また最高の実験機器でも、われわれの鼻がかぎ分けられるすべての匂い物質を
検出するには感度が不足している。このような理由から、私は匂いの説明を使っ
て化学的類似性の概念を説明することにした。つまり、われわれの鼻を化学物
質の検出器として使うわけだ。これは、匂い物質の直接測定から、ほんの一歩
しか離れていない。

　類似性を判定するひとつの方法は、さまざまな変数（例えば、候補となる化
合物や匂いの量）を測定し、その結果に基づいて食材を比較することだ。これ
は、個別の食材を記述する一連の数値を特定し、次にさまざまな食材について
これらの数値を比較するという、2段階のプロセスとなる。

　この手法を説明するには、実例を使うのがわかりやすいだろう。ある食材の
風味プロファイルを想像してほしい。そのプロファイルとは、アンドリュー・
ドラヴニクスの146項目の匂いのリスト（100ページを参照してほしい）中の

項目に、その食材の匂いがどれだけ似ているかを示すものだ。リスト中のすべての項目について、食材を1から5のスケールで評価する。ここで1は「全くその匂いがしない」ことを、5は「その言葉の定義そのもの！」であることを意味する。ナシを例に取ると、「重い」匂いにはどれだけ近いだろうか？　1だ。フルーティー？　たぶん3かな？　芳香性についてはどうだろう？　熟れたナシだとすれば、4だろう。(ドラヴニクスの作成した匂いアトラスは、全体として既知の化学物質のコレクションを使うのと同じような効果がある。) この前半のランキング段階は、その食材と匂いの記述が合うかどうかではなく、ラベルがその匂いを正確に記述しているかどうかを判定し、それを数字で定量化することを求めている。

　類似性マッチングを行う後半の段階では、スコアが類似する食材は互いに組み合わせたり置き換えたりすることが可能だという仮説に基づいて、さまざまな食材の値を比較する。あなたがナシに感じた匂いのスコアと、あなたがバナナに感じたスコアは、どの程度重複しているだろうか？　これら2つの食材について、匂いがどれだけ類似しているかを示す（ほとんどヒストグラムのような）グラフをプロットすることができる。これをさまざまな食材について行えば、例えばサーモンとナシよりも、ナシとバナナのほうが類似した匂いであることを示すのは簡単だ。

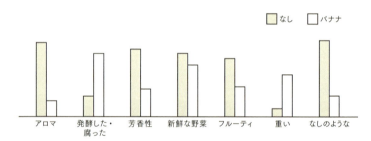

さまざまな匂い項目がバナナとなしにどのくらい当てはまるかを未訓練のユーザー数千人にインターネット上で投票してもらった結果（棒グラフが高いほど、食品と匂いの一致度が高いことを示す）。

　食材の共起性とは異なり、化学的類似性の手法では歴史的に存在しなかった風味の重複を見つけ出すことができる。個々の食材の匂いに存在するすべての「周波数」を示す、料理のすべての食材についてのグラフを想像してみてほしい。これは、音楽を構成するさまざまな楽器のようなものだ。個々の楽器には固有の周波数範囲があり、すべての楽器の組み合わせがその曲全体の周波数分布を構成する。調律が合っていれば、それらの周波数がハーモニーを奏でる。つまり、さまざまな食材が同一の、多すぎない数の匂い項目に該当する状態だ。そして音楽と同じように、料理の調律が狂っていると、たとえ個別の項目それぞれは美しくても、それらの組み合わせは耳障りな不協和音となってしまう。

　もちろん、この音楽のたとえは風味についての思考と完璧には対応しない。調理や食材に含まれる化合物間の反応によってもたらされる化学的な変化はヒ

ストグラムを変化させる。また音楽のアナロジーでは食感、重さ、口当たりといった食品の他の変数をカバーできない。この手法は、食材が主に匂いをもたらす目的で利用される場合に最もうまく行く。スープやアイスクリーム、あるいはスフレといった料理は、すべて元の食材の食感やボリュームを持ち込むことなく、食材の風味やアロマを伝達するための手法だ。

多くのシェフ（プロの多くと、アマチュアでも長年料理をしてきた人であれば）は、このプロセスに似たようなことを頭の中で行って、風味の組み合わせを思い描くことができる。作曲家が楽曲の中の各声部とパート譜を想像できるのと同じように、経験を積んだ料理人は料理全体のプロファイルを、見た目から食感やアロマに至るまで、想像できるのだ。よい料理人はどの音が欠けているか、あるいは弱すぎるかを考えて、どの食材を加えればそれらの値を増やしたり、他の値を減らしたりできるかを判断する。

全く新しい取り合わせ、伝統的に前例のない組み合わせに行き着くためにはどうすればよいだろうか？　それこそ、この手法の得意とするところだ。新しいアイディアを探求する研究者シェフは、新しい風味の組み合わせを調べるために法外な時間を費やしている。最高級レストランの中には、化学などの自然科学の修士号と最高峰の料理学校の学位を両方とも持ったスタッフを抱える実験専用の研究用キッチンを運営しているところもある。斬新奇抜な高級レストランや加工食品業界にとって、新しい風味を考え出すことは大きな収益につながるのだ。そのような一風変わった組み合わせにはあまり食欲がわかないかもしれないし、珍しい食材（最後にキャビアを使ったのはいつ？）を必要とするかもしれないが、それは実際に行われていることだ。少なくとも、この種のツールから新しいことを試すための楽しいインスピレーションが見つかるかもしれない。実験してみよう！

イギリスのレストラン、ザ・ファットダックの有名なシェフ、ヘストン・ブルーメンタールは、新奇な風味の組み合わせを数多く利用している。いちごとコリアンダー、かたつむりとビート、チョコレートとピンクペッパー、にんじんとすみれ、パイナップルとある種のブルーチーズ、そしてバナナとパセリなどだ。信じられないと思うかもしれないが、これらは研究によって裏付けられており、実際に彼の料理に使われている。

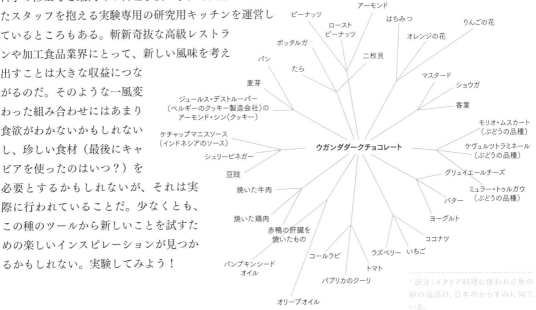

* 訳注：イタリア料理に使われる魚の卵の塩漬け、日本のからすみに似ている。

化学的類似性に基づいた、チョコレートに類似した食材。伝統的なもの（ラズベリーやいちごなどのフルーツ）から珍しいもの（グリュイエールチーズ、タラ、トマトなど）まで、食品の種類によってグループ分けされている。

Graphs used by permission of Bernard Lahousse

RECIPE 魚のタコス、ピクルスといちごのレリッシュ添え

この章は、ピクルスといちご、そしてトルティーヤをどう組み合わせればいいかという質問で始まった。あまり台所へ駆け込もうという気分にはしてくれない組み合わせだ。しかし、可能性を調べつくしてくれるスーパーコンピューターが利用できたらどうだろう？ IBMの「シェフ・ワトソン」（http://www.ibmchefwatson.com）は、まさにそのような研究プロジェクトであり、『Cognitive Cooking with Chef Watson』（Sourcebooks, 2015）という料理本が書けるほど魅力的であることが証明済みだ。私はこの成果を、コンピューターが世界を支配するという証明、あるいは生命がなくても出版契約が結べるという証明のどちらかだと受け取っている（両方かもしれない）。

シェフ・ワトソンは興味深い作品で、それが持つレシピのデータベース（現在のところ、Bon Appétitからの9,000種類ほどのレシピ）中の食材の共起性と、食材間の化学成分の類似性の分析を行う。あまり制約がない場合（例えば、卵とチョコレートからスタートした場合）、提案されるレシピは妥当なもので、インスピレーションを刺激する程度には変わっている。バターではなく、グリュイエールチーズを使って作るブラウニー？ 必要とされる脂肪はチーズが提供してくれるし、ブラウニーにクリームチーズを入れることは聞かないわけでもない。さらに制約を増やすと（ピクルスといちご、そしてトルティーヤ）、提案されるレシピは奇妙なものから不気味なものへと変わって行く。たとえそうであっても、その結果は洞察に富むものだ。これら3つの食材の場合、提案されたレシピの大部分には魚が含まれ、タコスの形態を取っていた。いちごにはトマトと共通の匂い化合物がいくつか含まれているので、それを知ればこの組み合わせを生かす方法を理解するのも簡単だ。

小さなボウルに、以下の材料を混ぜ合わせてタコスのトッピングを作る。

☐ いちご：カップ1/2（90g）、へたを取り、さいの目に刻む
☐ ピクルス：カップ1/4（40g）、さいの目に刻み、水気を切る
☐ 香菜：カップ1/4（15g）、刻む
☐ 白ワイン、ドライベルモット、またはジン：大さじ1（15ml）

このトッピングを取っておく。

オヒョウ、マグロ、またはカニなどの魚かシーフードを1/2ポンド（約250g）、1〜2インチ（3〜5cm）の大き目の角切りにする。これに**パン粉 カップ1/4（約20g）**と**海塩 小さじ1/2（2g）**を混ぜたものをまぶして衣を付ける。

中火に掛けたフライパンに、**バター 大さじ2（30g）**を溶かす。バターが色づき始めたら、衣を付けた魚を入れる。約2分間加熱したら裏返し、魚に火が通って衣がこんがりと焼けるまで、時々ひっくり返しながら加熱する。

タコシェルまたはトルティーヤを皿に乗せ、大さじ1杯ほどの魚と小さじ1杯ほどのトッピングを乗せる。その上から**スライスしたライム**を絞る。

LAB 風味のことをどれだけよくわかっていますか？

あなたは、どれだけ風味についてわかっていると思っているだろうか？ ここでは、2種類のグループ活動を通して、参加者が感じていると思っていることを疑ってみる。最初の実験は味覚と嗅覚の両方を使うもので、事前の準備が必要だ。2番目の実験は嗅覚しか使わずアレルギーの心配もないが、その分実りも少ないかもしれない。

まず、これらの材料を準備しよう
実験1：風味（味覚と嗅覚の両方を使う）
- 小型のサンプルカップ10個または少なくとも10個の氷が作れる製氷皿（もっと大人数のグループで行う場合には、6～10人に1セットを割り当てる。例えば36人の場合、4グループに分けて製氷皿を4つ用意すればよい）
- カップに印をつけるためのペン。製氷皿を使う場合、書き込みのできるマスキングテープ
- 参加者ごとに数本のサンプルスプーン（「二度漬け」を禁止しないなら、1人に1本でも構わない）
- 各参加者が予想を書くための紙と鉛筆
- 味見する食材。（一部はちょっとわかりづらいが、よくある風味に慣れた人にとっては楽しい挑戦になるだろう。近くの食料品店で全部がそろわない場合、あなたの住む場所と参加者の経験に応じて、適当と思われる材料に置き換えてほしい。）
  - 白カブ、調理してさいの目に切る
  - 調理済みのポレンタ、さいの目に切る（トウモロコシの粉を煮たもの。店によっては、簡単に切れる調理済みのポレンタを売っている）
  - ヘーゼルナッツ、粗い砂のサイズまで挽く
  - 香菜のペースト（冷凍食品コーナーを探すか、新鮮な香菜を買ってきてすり鉢とすりこ木を使ってペーストにする）
  - タマリンドペーストまたはタマリンドの濃縮物
  - オレオクッキー、砕く（チョコレートクッキーとクリームのフィリングの両方を使う。ミキサーやフードプロセッサーで砕くと、粗くて黒い粉になる）
  - アーモンドバター（または、ピーナッツバター以外のナッツバター）
  - キャラウェイシード
  - ヒカマ（クズイモ）の塊根、さいの目に切る
  - ブラックベリーのピュレ

実験2：嗅覚のみ
- プラスチックまたはロウ引きの紙コップ15個（匂いサンプル1セットで30～40人に使える。もっと大人数の場合には、それに応じて数を増やす）
- カップを覆うためのガーゼかチーズクロス15枚と、ガーゼやチーズクロスを止めるための輪ゴム
- 各参加者が予想を書くための紙と鉛筆
- 匂いをかぐ食材。（これらのうち手に入りづらいものがあれば、同様のもので置き換えるか、あるいは単純に省略してほしい。）
  - アーモンドエキス
  - ベビーパウダー
  - チョコレートチップス
  - コーヒー豆
  - コロンまたは香水（カップの中に直接、またはティッシュにスプレーする）
  - にんにく、つぶす
  - ガラスクリーナー
  - 草、刻む
  - レモン、くし形に切る
  - メープルシロップ（パンケーキ用のシロップではなく、本物のメープルシロップ）
  - オレンジの皮
  - しょうゆ
  - 茶葉
  - バニラエッセンス
  - 木くず（おがくず、鉛筆の削りかすなど）

実験手順
実験1：風味（味覚と嗅覚の両方）

事前準備：
1. カップに1から10までの番号を振る。製氷皿を使う場合には、仕切りごとにラベル付けできるようにマスキングテープをトレイの長さ方向に貼り、そこに1から10までの番号を振る。
2. 食材をさいの目に切ったりピュレしたりして、通常のサイズや食感といった視覚的な手がかりをなくしてから、適切な番号の付いた場所に移す。さいの目に切るときには、すべて1/4インチ（1cm）程度の同じ大きさに切りそろえるようにしてほしい。
3. サンプルに覆いをしておく。数時間以上前に準備する場合には、冷蔵庫に保存する。

準備ができたら：
1. 必ず、ナッツアレルギーや珍しいアレルギーのある人は参加を遠慮してもらうよう警告する。
2. 参加者に、食材を試食して推測を書き留めてもらう。最初の推測は、全員が無言で行うことが望ましい。参加者に最初の考えを言ってもらい、もし考えを変えた人がいれば、さっき書いたものを消さずに追加してもらうようにする。

実験2：嗅覚のみ

事前準備：
1. カップに1から15の番号を振る。
2. 食材をカップに入れてガーゼかチーズクロスでふたをし、輪ゴムで止める。

準備ができたら：
カップを参加者に回して匂いをかいでもらう。サンプルをかぐ順番は重要ではないが、大きなグループでは順番に回すほうがやりやすいだろう。参加者には、声に出さずに推測を書き留めてもらうように依頼する。

考察してみよう！

これらの実験は、近所の食料品店で大部分が手に入る、普通の食材を使っている。提案した食材の大部分は日常的に使うものではないかもしれないが、それでもなじみ深いものであるはずだ。一部の食材については、これほど識別が難しいものかとびっくりするかもしれない。香菜の葉を見たりヘーゼルナッツチョコレートのカップケーキだと教えてもらったりして、食材が何であるかあらかじめ「知っている」ことが、どれだけその食材に期待される風味を感じ取ることに役立っているかを発見して驚くことだろう。

各食材について、参加者にどんな推測をしたか聞いてみよう。全員の推測について、グループとして気付いたことはあっただろうか？ 推測が簡単な食材はあっただろうか？ オレオクッキーを正しく推測した人の数は、あまり加工されていない食材の場合と比べてどうだっただろうか？ 他の人よりもずっと上手に匂いをかぎ分けられた人はいただろうか？

「本物」の嗅覚テストを受けてみたければ、ペンシルベニア大学の研究者たちが開発した、こすると匂いの出る、UPSITと呼ばれる実証済みのテスト用紙が通信販売で入手できる。インターネットで「University of Pennsylvania Smell Identification Test」と検索してみよう。

INTERVIEW
ゲイル・ヴァンス・シヴィルが風味の学習について語る

「味と匂いのギーク」を自認するゲイル・ヴァンス・シヴィル（Gail Vance Civille）は、ゼネラルフーズの技術センターでの感覚専門職としての仕事を振り出しに、現在ではニュージャージー州のニュープロビデンスにあるSensory Spectrum, Inc.の社長兼オーナーを務めている。

風味と味、そして感覚について考えることを訓練された人物が、これらを知覚する際に普通の人と違っているのはどの点でしょうか？
訓練された食味検査員と訓練されていない人との最も大きな違いは、鼻や味覚ではなく、脳のそれらの情報を処理する能力が優れていることです。自分の脳を訓練することによって、感じている感覚や、それらと結び付く言葉に注意を払うことができるようになるのです。

それはほとんど、今までに経験したことを思い起こす能力のように思えます。そのように脳を訓練するために、できることはありますか？
スパイスやハーブを入れた戸棚へ行って、分類しながら匂いをかいでみるとよいでしょう。例えば、オールスパイスはクローブと非常によく似た香りがします。これは、オールスパイスの種子にクローブオイル、別名オイゲノールが含まれているからです。「あっ、このオールスパイスはクローブとよく似た香りがするぞ」と思うでしょう。すると今度同じ匂いをかいだときには、「クローブだ、いや待てよ、オールスパイスかもしれない」と思うかもしれません。

それは料理の場合、経験を積んだシェフが材料を代替したり、組み合わせたりする際に行っていることなのでしょうか？
そのとおりです。私は、皆さんにこのような実験をして学ぶことをお勧めしたいと思います。そうすれば、例えばオレガノがなかった場合、代わりにバジルではなくタイムを使えばよいことがわかるはずです。オレガノとタイムは化学的には類似しており、類似した感覚的印象を与えます。それを知るには、いつでもそばに置いて使ってみなくてはいけません。

ハーブとスパイスは、どのように使えばよいのでしょうか？
まず、学習することです。取り出して匂いをかぎ、「ああ、よし、これがローズマリーだ」と認識します。それから何か別のものの匂いをかぎ、「よし、これがオレガノだ」と認識する、このようなことを続けて行きます。次に、目を閉じて手を伸ばし、びんを手に取ってその匂いをかぎ、名前を言い当てられるかどうか試してみます。もうひとつの練習方法としては、いろいろな異なるスパイスを、似たもの同士に分類してみることです。オレガノとタイムも同類です。また、信じられないかもしれませんが、セージとローズマリーは同類になります。両方ともユーカリプトールという同じ化学物質を含んでおり、したがって同じ風味プロファイルの一部を共有しているからです。

スパイスと食品との相性、例えばりんごとシナモンについてはどうでしょうか？
シナモンとりんごを合わせるのは、りんごには茎や種など木質の部分があり、風味にも木質の部分が含まれているからです。そしてシナモンにも木質の成分が存在し、これがりんごのあまり魅力的でない木の匂いを覆い隠し、その上に甘いシナモンの特徴を付け加えるのです。これがシナモンの働きです。同様に、トマトの場合にはにんにくかタマネギを加えるとトマトの臭みを覆い隠してくれますし、同じようにバジルやオレガノもトマトのカビ臭さや土臭さを隠してくれます。これらは総体的に作用して、トマトのおいしさを引き出し、あまり魅力的でない部分を隠してくれるのです。シェフたちが特定の食材を一緒に使うのは、これが理由です。彼らはいろいろな物を試し、混ぜ合わせ、融合させることによって、個々の材料を単に合わせたものよりも優れた、ユニークで異なるものを作り出しているのです。

そのレベルに達するまでには多少の時間がかかります。料理人として、またレシピから離れることについて本当に自信を持つ必要があるからです。レシピから離れてみましょう。他の人にもレシピを離れ、おいしさについて考えるように仕向けてください。味見をして「ああ、何が足りないかわかった。料理全体の構造の、ここに何かが欠けているんだ。どうやってこれを付け足せばよいか考えてみよう」と考えるようにするのです。私は何かを料理していて、中間に何かが欠けていると思うことがあります。トップノート（和音の最高音）はありますし、例えば牛肉をこんがりと焼けば本当にずっしりとしたボトムノート（和音の最低音）が得られます。私は風味を三角形として考えます。つまり、それならオレガノか何かを

足す必要があるのです。レモンは必要ありません。それは別のトップノートになってしまいますし、褐変しカラメル化したものも、すでにボトムノートにありますから必要ありません。味を見て、何を足せばよいかを考えるのです。

何かを味わって「おっ、これを家でも作ってみたいんだけど、どうすればいいんだろう？」という質問にはどう答えればよいのでしょうか？

私が世界で最高のレストランのひとつで食事しても、何が使われているかはわかりません。食材の味が緊密に結び付いているので、別々に味わうことができないのです。ですから、これが経験だけの問題ではないことがわかります。これは、シェフの経験の問題でもあるのです。古典的な訓練を受けたフランス料理かイタリア料理のシェフを連れてくれば、私に「困ったわ、何が使われているのかわからない」と頭をかきむしらせる料理を作ってもらうことができます。食材が緊密に融合しているので、分けて考えることができないからです。全体としての味だけがわかるのです。

しかし、多くのアジアの料理では、こういうことは起こりません。新鮮で、刺激の強い料理だからです。そのため中国料理は、フランス料理やイタリア料理と同じような味がしません。気付いていましたか？ アジアの料理には、ねぎやにんにく、しょうゆ、そしてショウガなどが使われており、すべて刺激の強い味がします。しかし翌日になるとこれらの風味は溶け合ってしまい、それほど面白いものではなくなってしまうでしょう。

料理を始めようと思ったら、ひとつの方法としてはアジアの料理を食べに行って、風味を識別してみるとよい、ということでしょうか？

ああ、そのとおりです。それは取っ掛かりとしてはとてもよい方法ですし、中でも中国料理は適しています。私のクラスにはアジアの人もいますが、私がこの話をしたら侮辱されたように感じたと言っていました。違うんです、私の言いたかっ

たことは、それはそういうものだということです。アジアの料理にはそういう傾向があります。新鮮で興味深く、刺激が強いのです。それは古典的なヨーロッパの料理、特に南ヨーロッパの料理とは違うところです。

古典的なヨーロッパ料理の場合、例えばあなたが外食したときになすのパルメザン焼きを食べて、非常においしかったとしましょう。どうやって作るか、解明したいときにはどうしますか？

私なら、まず私が識別できるものから識別しようとするでしょう。つまり、「よし、トマトとなすはわかった、でもなすは何か面白いもので揚げてあるような気がする。ただのピーナッツオイルやオリーブオイルではない。いったい何だろう？」などと考えるのです。それから私はウェイターに聞いてみるでしょう。「これはとても面白い料理ね。私がいつも食べているなすのパルメザン焼きとは全然違うわ。何か特別なオイルを使っているのかしら、それとも副料理長のなすの揚げかたに何か秘密があるのかしら？」とね。具体的に質問すればするほど、キッチンから答をもらえる確率は高くなります。例えば「レシピをいただけますか？」と質問しても、答えてはもらえないでしょう。

匂いの説明について考えるとき、味を記述する語彙もほとんど同じくらい重要になってくるような気がします。

それは、私たちが自分の経験について話し合うときに必要です。「新鮮な」とか「家庭料理の味がする」などといったとき、実際にはいろいろなことを意味している可能性があります。これらは、例えば次のような言い方よりも、ずっとあいまいな言葉です。「揚げたなすに、これこれのソースとこれこれのチーズを付けた味」これなら非常に具体的です。そして実際にこの場合「新鮮な」という言葉を使ったとしたら、揚げたてのなすという意味になるでしょう。私は以前、レストランでラタトゥイユを食べていて、同じような経験をしたことがあります。私はウェイターに、「このラタトゥイユが

出来立てかどうか、教えていただけますか？」と聞いたのです。ウェイターの答えは「ええ、これはついさっき作ったもので、ディナーに出す直前まで食材を合わせたりはしていません」というものでした。「家庭料理」という言葉が使われる場合、たいてい洗練されてはいないけれども、上手な家庭の料理人が作ったような味がすることを意味します。つまり、田舎風ではあるけれども、非常に味がよくなじんでいるという意味です。

家庭のシェフが、料理を食べてもらう直前に食材を合わせるということに、特別なメリットはあるでしょうか？

ああ、それはもちろん、料理の性質によります。長い間鍋の中で煮込んだほうがよい料理もあるからです。大部分の家庭のシェフは、直感的であれ認知的であれ、何が何に合うかということや、一番おいしくなるまでにはどのくらい調理したらよいかということを、ちゃんと理解しているものです。

ついさっき、「レシピから離れる必要がある」とおっしゃいましたね。もう少し詳しく説明していただけますか？

私が料理をするときには、7種類程度のレシピを読みます。最初にザウアーブラーテンを作ったときには、私は少なくとも5種類のレシピを作ってみました。どれが見映えがよく思えるか、またどの風味が気に入ったか、ということに基づいてレシピを選びます。古典的な実験という言葉の意味で、実験をするのはよいことだと思います。ギークは何でも実験してみるべきです。最悪の場合、何が起こるでしょうか？ あまりおいしくないかもしれませんが、毒ではないし、それほどひどい味もしないでしょう。完璧ではないかもしれませんが、それは別に問題ありません。こういうやり方をして行けば、食材のリストに縛られることがなくなるので、もっと自由にもっといろいろな料理が作れるようになると思うのです。レシピとは、少なくとも私にとってはスタート地点ではありますが、すべてではありませんし、またゴールでもないのです。

本章の内容   CHAPTER CONTENTS

調理＝時間×温度	145
・熱の伝わり方	149
・調理方法	151
85°F / 30℃：脂肪の平均的な融点	158
・バター	164
・チョコレートとココア脂肪とテンパリング	167
104〜122°F / 40〜50℃魚や肉に含まれる	
タンパク質が変性し始める	172
140°F / 60℃：危険ゾーンの上限	181
・食中毒の危険を減らすには	191
141°F / 61℃：卵が固まり始める	198
154°F / 68℃：I型コラーゲンが変性する	208
158°F / 70℃：植物性デンプンが分解する	218
310°F / 154℃：メイラード反応が顕著に現れる	226
356°F / 180℃：糖が急速にカラメル化する	234

レシピ   RECIPE

フライパンで焼くステーキ	150
魚の塩釜焼き、レモンとハーブ詰め	157
自家製ビタースイートチョコレート	171
バターミルクでマリネしたスカートステーキ	178
サーモンのオリーブオイル煮	179
マグロの塩クミン焼き	180
タルタルステーキ、ポーチドエッグ添え	186
帆立のセビーチェ	188
ベルギー風ミートボール	196
オーブンで作る卵料理	203
クレームアングレーズ、バニラカスタード、	
そしてブレッドプディング	204
ポーチドエッグ	205
簡単に殻のむける固ゆで卵	206
スローなスクランブルエッグ	207
トマトとハーブとイカのブルスケッタ	212
鴨のコンフィ	213
鴨のコンフィを使ったパスタ	215
じっくり調理したショートリブ	216
かんたん蒸しアスパラガス	221
葉物野菜とごまのソテー	222
ナシのワイン煮	223
野菜の網焼き	224
ローズマリー風味のマッシュポテト	225
スキレットで作るフライドポテト	229
おいしいガーリックブレッド	230
バタフライチキンのロースト	231
帆立のバター焼き	233
シュガークッキー、バタークッキー、	
そしてシナモン入りスニッカードゥードル	237
2種類のカラメルソース	240
ニンジンと赤タマネギのロースト	243

実験   LAB

コラーゲンタンパク質の実験	217
おいしい反応速度：理想のクッキーを見つけよう	239

インタビュー   INTERVIEW

ダグ・パウエルが食品安全について語る	189
ブリジット・ランカスターが	
料理の勘違いについて語る	224

3　時間と温度
Time and Temperature

　洞窟に住んでいたわれわれの祖先が火を発見しディナーをローストし始めて以来、人類は食物の全く新しい味わいを楽しめるようになった。
　熱によって、動物や植物の組織中に存在するタンパク質、脂肪、そして炭水化物に物理反応や化学反応が引き起こされるため、食品の性質は変化する。これらの反応は食品の風味や食感や見た目を変え、非常においしく、また満足感を与えるものにしてくれる。
　料理する際の温度は、熱に関係して起こる反応の目安に過ぎない。オーブンの温度ではなく食品自体の温度が、どんな変化が起こるかを左右する。煮る、蒸すといった水によって熱を伝える調理方法では食品の温度が水の沸点までしか上がらないため、食品に焼き色が付くことはない。ソテーやローストなどの調理方法は水の沸点による制約がないためより高い温度が得られ、より多くの反応が引き起こされる。
　食材への熱のフローをコントロールすること、そしてさまざまな反応の起こり始める温度を習得することは、キッチンを攻略するための大きな武器になる。加熱方法が違えば食品が調理速度も変わるが、時間と温度という重要変数を理解していれば、「もう火が通った？」という、よく耳にする質問への答えも得られるはずだ。

調理＝時間×温度

　調理には熱が必要だ。しかし熱とは何だろう？　熱を2倍にしても、調理のスピードが2倍にならないのはなぜ？　そしてチョコレートチップクッキーの生地を焼く際には、いったい何が起こっているのだろうか？
　キッチンへ足を踏み入れたそのときから、あなたは知らず知らずのうちに物理学者となり、化学者ともなっている。チョコレートチップクッキーの生地がオーブンで加熱されると、卵のタンパク質が変性し（化学）、卵やバターの水分が蒸発し（物理）、小麦粉のデンプンが溶け（これも物理）、そしてメイラード反応とカラメル化によってクッキーの外側が茶色く色づく（これも化学）。そして、クッキーが焼き上がるのだ！

水が水蒸気になることやデンプンが溶けることは、物理学者が**相転移**と呼ぶ、ある相（固体、液体、気体）から別の相への物質の変化だ。これらの変化は可逆的であり、温度が下がれば水蒸気は水に戻るし、脂肪は再び固まる。それに対して、カラメル化やメイラード反応は**化学反応**、つまり物質が変化して異なる分子が作り出されることだ。化学反応は可逆的な場合もあるが、通常はそうではない。焼いたものを元に戻すことはできないのだ！　反応の起こる速さ（瞬間的に起こる物質の変化はない）は、**反応速度**と呼ばれる。もっと厳密に言えば、反応速度とは所与の時間に反応の起こる割合のことだ。

　ここで、この章で最も重要な概念が登場する。温度を上げると、反応速度も上がる。これは反応速度論の基礎であり、宇宙の基本法則だ。ある温度ではゆっくりと起こる反応は、より高い温度ではより速く起こる（酵素や反応物質が変化しないと仮定した場合）。高い温度では反応速度が高くなるため、「調理＝時間×温度」という経験則が得られる。「もう火が通った？」という質問への答えは、必要な反応が十分に起こったかどうかに依存し、それは時間と温度によって決まるのだ。

COLUMN **調理＝時間×温度**

「もう火が通った？」という質問には、加えられた熱と時間に基づいた理論的な答えが存在する。以下の動的数理モデルには、肉の熱伝導率やアクチンやミオシンなどのタンパク質の変性速度といった因子が含まれている。より詳しくは、http://cookingforgeeks.com/book/meatmath/ を参照してほしい。ミディアムレアに調理するのを忘れないように！

$$\begin{cases} t_{i(J+1)} = (q_i \cdot \tau dh + 1_m \cdot d\tau \cdot (t_{i(j-1)} + t_{i(j+1)}) + m_c \cdot c_m \cdot h_{i,j})/2 \cdot 1_m \cdot Fd\tau + m_c \cdot c_m \cdot dh \\ K_{1i} = 0.00836 - 0.001402\, pH + 5.5 \cdot 10^{-7} \cdot t^2 \\ K_{2i} = -0.278 + 7.325 \cdot 10^{-2} pH - 3.482 \cdot 10^{-5} \cdot t^2 \\ K_{3i} = 2.537 \cdot 10^{-3} - 1.493 \cdot 10^{-4} \cdot t_i + 2.198 \cdot 10^{-5} \cdot t^2 \\ K_{4i} = 2.537 \cdot 10^{-2} - 9.172 \cdot 10^{-3} pH + 3.157 \cdot 10^{-5} \cdot t_i^2 \\ m_{1t,i} = m_0^b - (m_0^b - m_t^b) \cdot e^{-K_{1i} \cdot t} \\ m_{2t,i} = m_0^b - (m_0^b - m_t^b) \cdot e^{-K_{2i} \cdot t} \\ m_{3t,i} = m_0^b - (m_0^b - m_t^b) \cdot e^{-K_{3i} \cdot t} \\ m_{4t,i} = m_0^b - (m_0^b - m_t^b) \cdot e^{-K_{4i} \cdot t} \end{cases}$$

SOURCE: M. A. BELYAEVA (2003), "CHANGE OF MEAT PROTEINS DURING THERMAL TREATMENT," CHEMISTRY OF NATURAL COMPOUNDS 39 (4).

クッキー用天板の上に砂糖を振って320°F / 160℃のオーブンで1時間焼くと、一部は反応（カラメル化）するがその速度は遅い。もっと熱い天板に同じ量の砂糖を乗せて340°F / 170℃で焼けば、反応は約2倍の速度で起こる。つまり、同じ量をカラメル化するためには30分しかかからない。ただしこれは、砂糖が瞬間的にその温度になると想定した場合の話だ。より完全な調理のモデルには、熱いオーブンに入れてから食品が温まるまでの時間を考慮する必要がある。

温度が高くなれば反応速度が上がるのに、温度をものすごく上げて調理時間を短縮しないのはなぜだろうか？ それは、スピードアップするさまざまな反応の速度が、**同じ比率では上がらない**からだ。チョコレートチップクッキーがいい例だ。内部は水分があり、表面では褐変反応が起こる。あまりに温度を上げ過ぎると、中心が固まる前にクッキーの外側が完全に茶色くなってしまうだろう。他の反応も起こり始める。例えば、炭化に関連する反応は390°F / 200℃付近で加速し始める。一方温度が低すぎると、外側が焼き上がりリッチな風味が得られる前に、クッキーが乾いてしまう。これからこの章を通して見て行くように、時間と温度は熱や化学的なバランスを取るための方策なのだ。

ここで2つ、気に留めておいてほしい重要なことがある。

嗅覚、触覚、視覚、聴覚、味覚の五感をすべて使って料理することを学んでほしい。ミディアムレアに調理された肉には引き締まった感触があり、見た目にも縮んでくる。ミディアムレアを超えて調理すると、他の種類のタンパク質が変性するにつれて肉はさらに縮む。ソースを煮込んでいるときの泡立つ音は、大部分の水分が蒸発すると違って聞こえてくる。十分に褐変反応が起こったパンの皮はすばらしい香りがするし、こんがりとした焼き色が付いてくるのがわかるはずだ。

- 料理で最も重要な変数は食品自体の温度であり、食品が調理される環境の温度ではない。チキンをローストする際、オーブンの温度でチキンが温まる速度は決まるが、反応の起こる速度が決まるわけではない。最終的に重要なのは、チキンそのものの温度だ。
- 食品の温度によって反応速度は決まるが、温度が同じでもさまざまな反応が違った速度で起こる。つまり温度を変えると、生成される化学反応物の**比率**が変化するのだ。熱が食品に浸透するには時間がかかるので、このプロセスはさらに複雑となる。

食品を加熱すると数多くの興味深い変化が起こるが、その大部分は食品の脂肪やタンパク質、そして炭水化物に関わるものだ。この章は、下記のチャートに示した反応に基づいて組み立てられている。このチャートは、反応の起こる温度と、さまざまな調理テクニックの温度の全体像をつかむために役に立つはずだ。これは私のお気に入りのチャートのひとつでもある。

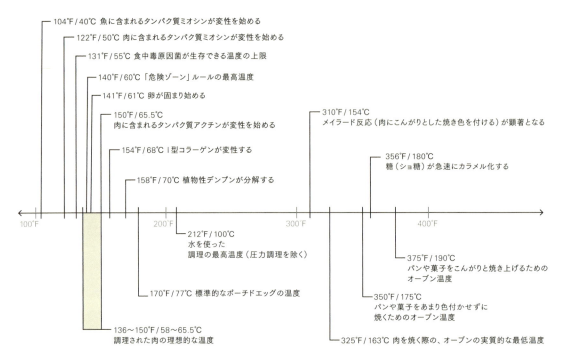

調理温度と、さまざまな反応の起こる温度。

COLUMN 未変性タンパク質と変性タンパク質

植物や動物の組織に自然な状態で見られるタンパク質は、通常の自然な状態にあるとき「未変性(native)」と呼ばれる。タンパク質は、数多くのアミノ酸が互いに結合し、特定の形状に折りたたまれることによって作り上げられている。タンパク質は、絡み合った金属チェーンのようなものだと考えてほしい。チェーンの輪は互いに結合した状態で作られ、それから特定のやり方で折り曲げられることによって、3次元の形状となる（これを**立体配座**という）。

タンパク質は加熱されると3次元形状が変化し、ねじれや折りたたみがほどけてタンパク質の機能が変化する。これを**変性**という。（熱でバクテリアが死滅するのは、このためだ！）いったん形状が変化してしまうと（うめき声）、タンパク質はそれまでくっついていたものにくっつけなくなってしまうことがある（これによって食感が柔らかくなる）。あるいは、新しい立体配座となったタンパク質は、別の分子にくっつけるようになる場合もある（これによって食感が硬くなる）。タンパク質を変性させる調理方法は加熱だけではない。酸やアルコール、そして機械的な泡立てや冷凍によっても変性を引き起こすことができる。

熱の伝わり方

先ほど、チョコレートチップクッキーを焼くときに何が起こるかを簡単に説明した。タンパク質が変性し、水分が蒸発し、外側が茶色くなる。しかし、実際にはクッキーはどのように熱くなって行くのだろうか？ 料理で熱に関係して起こる反応について詳しく見て行く前に、そもそも食品の内部へ熱が伝わる方法について調べておく必要がある。クッキーは実に複雑なので、ここではステーキの調理について説明するが、この概念は普遍的なものだ。

ステーキを調理するには、中心が望ましい温度になるまで好きな方法で加熱すればよい、というアイディアはあまりにも安直に聞こえる。どこかに落とし穴があるはずだ。実はその落とし穴も1つではない。

まず、食材に熱を加える方法が問題だ。ほどほどの温度のオーブンでローストした場合より、熱いグリルに入れたほうが速くステーキの中心までミディアムレアの状態になる。熱力学の法則によれば、2つの系の間に温度差がある場合には常に、高温の系（グリル）から低温の系（ステーキ）へと熱が伝わる。また、2つの系の間の温度差が大きいほど、熱の伝わる速度は速い（図を参照してほしい）。

* 訳注：「球形の牛を真空中に置く」というのは、物理学で単純化したモデルを使うことを揶揄したジョーク。

このチャートはもちろん、単純化しすぎだ。グラフはステーキの中心での温度を示しているに過ぎず、蒸発冷却による温度の停滞などの要素は無視されている。（また、ここでは球形の牛*を考えていることも確かだが、真空ではない。） これら2つのステーキの中心が135°F / 57℃に達した直後の断面図を見ることができれば、グリルの場合とオーブンの場合とでかなり大きな差が見られるはずだ。

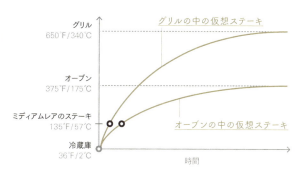

この、中心から外側にかけての温度の違いは、**温度勾配**と呼ばれる。これら2つのステーキの温度勾配は大きく違う。より熱いグリルのほうが熱を速く伝えるためだ。温度差が大きいほど「火の通りの勾配」が急峻となるため、この場合にはグリルしたステーキは焼き過ぎになっている。

ステーキが焼き過ぎになってしまうのなら、グリルでステーキを焼く利点はどこにあるのだろうか？ それは、肉をどう焼きたいかによって違ってくる。上手に焼けたステーキは、外側が香ばしくこんがりと焼けてジュージューと音を立てていて（例えば310°F / 154℃）、内側はレアとウェルダンの間のどこかにある。ステーキをレア（125°F / 52℃）に焼きたいなら、急峻な火の通りの勾配が必要となるので、熱い環境で短時間焼くのが良い。一方、ステーキをウェルダン（160°F / 71℃）まで焼きたいなら、低い温度で長時間焼くのが良いだろう。大部分の人はミディアムレア（135°F / 57℃）に焼けたステーキが好きだ。適度に柔らかく、最も満足できる水分量が保たれているからだ。

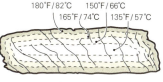

グリル（650°F / 343℃）で調理したステーキの温度勾配

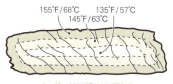

オーブン（375°F / 190℃）で調理したステーキの温度勾配

RECIPE フライパンで焼くステーキ

余熱とは、熱源から食材を下ろした後でも調理が進む現象を意味する。一見、さまざまな熱力学の法則に違反しているように思えるかもしれないが、実際には単純な話だ。さっきまで調理されていた食材の外側の部分は内側よりも高温なので、外側の部分から熱の一部が内側へ伝達されることになる。余熱の大きさは食材の形状と温度勾配によって決まるが、一般的には5°F / 3℃程度になることが多いようだ。

ステーキを焼くことは、余熱の働きを理解するのにぴったりの方法だ。以下の指示に従い、ステーキを休ませている間、プローブ式の温度計を見続けていてほしい。休ませてから3分後、中心の温度が5°F / 3℃高くなりピークを迎えるのがわかるはずだ。経験を積めば、見た目と感触でステーキが焼けたことがわかるようになるが、最初はプローブ式のデジタル温度計を使おう。

鋳鉄製のフライパンを強火でよく予熱する。厚さ1インチ（2.5cm）のサーロインステーキ肉を用意し、脂身との境目に1インチおきくらいに切れ目を入れて筋切りし（こうすると、焼いている間にステーキが縮んで反ってしまうのが防げる）、水気をふき取る（表面の水分が多すぎると、ステーキの外側の食感が変わってしまう）。

ステーキを鋳鉄のフライパンへ投入し、そのまま2分焼く。肉をいじらないように！　手を触れずに焼き付けること。2分たったら裏返し、さらに2分焼く。もう一度裏返し、弱めの中火から強めの中火程度に火を弱めて5〜7分焼き、途中で一度裏返す。ミディアムレアに焼くには、中火で中心が130°F / 54℃になるまで焼く。ミディアムに焼く場合には、火をもう少し弱くしてステーキの中心が140°F / 60℃になるまで焼く。これらの温度は、余熱で温度が数度上がることを見越した数字だ。

ステーキを、まな板の上で5分間休ませる。好みに応じて、焼いた後に塩と挽きたてのコショウを振る。（焼く直前に塩を振らないようにしよう。塩は内部から水分を引き出して、表面を濡らしてしまう。事前に塩を振りたければ、1時間くらい前に振っておいて焼く前に表面から水気を完全にふき取る。事前にコショウを振ると、コショウが焦げて苦い焦げた味になってしまうことがある。）

かたまり肉を含め、通常の食材の調理温度については191ページのチャートを参照してほしい。

最初に強火で焼いてから中火にすると書いてあるレシピが多いのはなぜ？

冷たいステーキを熱いフライパンに入れると、フライパンから冷たいステーキへ熱が伝わるため、フライパンの温度が急激に下がってしまう。**回復時間**とはフライパンが元の温度に戻るまでの時間の長さのことで、バーナーから加えられる熱に依存する。火力が違えばバーナーから熱が伝わる速さも変わるし、フライパンの熱容量も重要だ。最初に強火で焼くのはこの温度の低下を見越してのことで、回復時間をなるべく短くするためだ。

この温度のルール（温度が高いほど温度勾配が急峻になる）のため、望み通りの結果を得るためにはそれに合った温度で調理することが重要だ。レシピの調理時間と温度は、食品のさまざまな部位を正しいレベルまで加熱するよう選ばれる必要がある。確かに、理論的には単純な話かもしれないが、実際にオーブンをどう設定すればよいのだろうか？　よく言われるように、「理論的には理論と実際は違わないが、実際には違いがある」のだ。現実的には、時間と温度に関して経験に基づく推測を行い、食品の内側と外側が正しく調理されたかどうか気を配るのが一番だ。内側よりも先に外側に火が通ってしまった（外側が焦げたり内側が生焼けだったりする）場合には、次回は温度を下げてもっと長い時間調理しよう。マフィンなどの焼き菓子の場合には、温度を25°F / 15°Cほど下げて焼く時間を10%増やす。肉や野菜の場合には、50°F / 25°Cほど下げて、加熱時間をそれに合わせて調節してほしい。逆の問題が起こった場合には、この割合で温度を上げて、どうなるかチェックしてみよう。

調理方法

　これまで温度の違いと温度勾配についていろいろと書いてきたが、実際には調理とは「熱を伝えること」だ。厳密な言い方をすれば、**熱**とは2つの系の間でのエネルギーの伝達であり、それは温度差によって生じるものだ。確かに、これは混乱を招く言い方だが（それなら温度って何？）、例を挙げて説明すれば簡単にわかってもらえるだろう。

　鍋の中で沸騰している湯の温度は212°F / 100°Cだ。鍋を加熱すると、運動エネルギーがバーナーから鍋へ、そして鍋から湯へと伝達される。沸騰している湯へさらに熱を加え（運動エネルギーを増やし）ても、湯の温度は**変わらない**。湯は、加熱されても212°F / 100°Cの温度を保つ。熱によって湯は水蒸気となり、そこにすべての運動エネルギーが費やされる（たとえ水蒸気と湯が同じ温度であっても）。

　水を利用して熱を伝える調理方法は、**湿熱法**と呼ばれる。他の調理方法は、すべて**乾熱法**と呼ばれる。（念のために説明しておくと、バーナーの上で湯の入った鍋を加熱することは乾熱法だが、その水の中で何かを加熱することは熱湯を利用するので湿熱法ということになる。）

　湿熱法では、カラメル化やメイラード反応による風味を作り出せるほど十分に温度を上げることはできない。（ひとつの例外が圧力調理で、食品に水分を保ったまま必要な条件を満たすことができる。326ページを参照してほしい。）このような風味を避けたい場合には、湿熱法を選ぶとよい。蒸し野菜は調理中に茶色くならず、あまり風味が変化しない。これはブロッコリーなどには向いている。しかし、時には褐変反応の風味が欲しい場合もある。ゆでた芽キャベツが嫌いな人は多いが、次の機会には4つ割にした芽キャベツにオリーブオイルなどをまぶして塩を振りかけ、中火

のグリルで軽く焼き色が付くまで焼いてみてほしい。こう調理すれば、嫌いな人はそれほど多くないはずだ！

　湿熱法と乾熱法は、熱の伝わり方によって伝導と対流と放射の3つに分類できる。

伝導

　伝導は熱を伝える最も単純な方法なので、理解もしやすいだろう。これは、冷えた調理台を触ったとき、あるいは温かいコーヒーカップを持ったときに経験することだ。調理では、スキレットの金属などの熱い物体と食材との直接的な接触によって熱を伝える方法が、これに分類される。

　熱した鋳鉄のフライパンにステーキを投入すると、隣り合った分子が運動エネルギーを分散して温度差を小さくしようとするため、フライパンからより温度の低いステーキへと熱エネルギーが伝わる。ステーキのフライパンと接している部分に熱が伝わると、その部分からより温度の低い部分へ、肉を通して熱が伝わる。これもまた、基本的な熱平衡だ。

　素材が違うと、熱を伝える速度も異なる。これは**熱伝導率**と呼ばれ、室温の木を触ったときに、室温の金属を触ったときほど冷たさを感じないのは、これが理由だ。フライパンは、金属の種類によって熱を伝える速度が非常に異なる（フライパンに使われる金属について詳しくは、49ページを参照してほしい）。

　調理媒体の選択も、伝導率を変化させる。湯は、同じ温度の熱い空気よりも約23倍、油と比べても3.5倍も速く熱を伝える。これは大きな違いだ。そのため固ゆで卵を作るには、高温の乾いたオーブンよりも、ゆでたり蒸したりするほうが速い。またこれは、湿度によって調理にかかる時間が変わってくる理由でもある。水蒸気も水なのだ！　湿度が高いということは空気中に湿気が多いということであり、湿気が多いということは熱が良く伝わるということを意味する。（ヘリウムは、オリーブオイルと同じくらい熱をかなり良く伝える。手近にタンクがあればの話だが。水素もそうだが、お勧めはしない。）

油は空気よりも熱を速く伝えるが、水よりは遅い。しかし油は水よりもはるかに速く熱くなる！　このため油は、カラメル化やメイラード反応を引き起こすだけの高い温度が得られる、高速な調理方法となっている。（ドーナッツ！）

対流

オーブンで焼く、ゆでる、蒸すなど、対流によって熱を伝える手法では、冷たい食材の周りを熱い流体が流れることによって熱が伝わる。厳密には対流も伝導による調理の一種とも言えるが、間接的である点が異なる。素材の循環によって、熱が食品へ伝えられるのだ。

乾熱法では、熱い空気や油、あるいは金属が熱を伝える。天ぷら鍋で揚げ物をする場合には、油の対流によって冷たいポテトが加熱される。オーブンでクッキーを焼く場合、主に熱い空気の循環によって冷たい生地が加熱される。コンベクションオーブンは、より速く空気を対流させるために内部にファンが付いているもので、25％ほど速く食品を加熱でき、オーブンの中のコールドスポットがなくなる。(厳密には、熱い空気の対流によって熱が伝わるという意味で、すべてのオーブンはコンベクションオーブンだ。ファンは、より速く空気を対流させる役割をしている。)

食品自体も、対流によって一部の場所から別の場所へ熱を伝えることがある。ケーキ生地は固まる前はゆっくりと流れるので、温度の高い外側の部分は上昇し、中央へ向かって流れて行く。

ゆでる、蒸すといった湿熱法では、水が熱を伝える。ポーチドエッグや蒸しパンは、水や水蒸気が食品の表面の温度を上げることによって調理される。(水や水蒸気は常に対流しているため、湿熱法はすべて対流と考えられる。) 湿熱法では熱が速く伝わるので、食品を調理しすぎてしまうことが多い。脂肪分の少ない肉や魚を液体の中で調理する場合には、温度が高くなりすぎないように注意しよう。160°F / 71℃から180°F / 82℃の低い温度で煮るのが良いだろう。

湯気と水蒸気の違いは？

言葉とは、なんと厄介なものだろう。**水蒸気**は簡単だ。気体となった水であり、目には見えない。しかし**湯気**は水蒸気を指すこともあるが、沸騰している湯の上に見える、空気中に懸濁した凝結した水の小滴を指すこともある。

沸騰している湯の上に見える湯気と水蒸気との間には、熱的には大きな違いがある。気体の状態の水には**膨大な**潜熱があり、凝結する際に1グラム当たり540カロリーものエネルギーを放出するのだ。私は、沸騰している湯の上の湯気が自分の顔に当たるのは平気だが、水蒸気が当たるのは御免だ。湯気の水は空気中ですでに凝結しているが、水蒸気が顔に当たったとすれば凝結の際のエネルギーでやけどしてしまうに違いないからだ。

放射

放射による加熱は、電磁エネルギー（通常はマイクロ波か赤外線）によって行われる。肌に太陽の光が当たったときに感じる暖かさは、この放射熱によるものだ。調理の場合、放射熱によって食材に加えられるエネルギーは食材から反射されるか、食材に吸収されるかのどちらかとなる。これは、他の加熱方法には見られない特徴だ。さまざまな食材は、その分子がエネルギーとどのように相互作用するかに応じて、放射熱を吸収したり反射したりする。例えばマイクロ波は、水のような極性分子には非常によく吸収されるが、油脂のような非極性分子にはほとんど吸収されない（分子の極性について詳しくは、421ページを参照してほしい）。

放射熱は、熱源から直接食品へ、あるいはオーブンの内壁や反射性のある天板の表面などで反射して、直線的に伝わる。この特性を利用すると、食品の焼き具合を変化させることができる。例えば、パイシートを焼く際のテクニックとして、外側の縁をアルミホイルで覆っておけば、クラストの外側の縁の焼き過ぎを防ぐことができる。放射熱源を使っていて料理の一部分で調理が速く進み過ぎてしまう場合、その部分をアルミホイルで覆えば熱を反射できる。これも「ギークのように考える」ハックのひとつだ。

ガスオーブンは、空気の循環によってオーブンの内壁を温める。そしてこの内壁が熱を放射する。電気オーブンの場合には、オーブンの底にある熱源から直接大量の熱が放射される。これは、主に空気の対流による加熱を想定しているレシピにはあまり適当ではない。食品の下側が速く加熱され過ぎてしまうのだ。このため、オーブンの最下段のラックにいつもピザストーンやベーキングストーンを入れておくことを私は強くおすすめしたい。ストーンが放射熱を吸収し拡散してくれるため、オーブンの熱プロファイルが格段に向上する。（オーブンの校正については、38ページを参照してほしい。）

暗い色は放射熱をよく吸収する。冬用のジャケットは黒く、夏の衣服が明るい色をしているのは、この理由からだ。暗い色の天板は放射熱をよく吸収し、そのエネルギーは天板の素材を通してクッキーを下から加熱するので、クッキーは下側のほうが速く焼ける。クッキーの下側が焼けすぎるようであれば、オーブンの温度を25°F / 15℃ほど下げてみてほしい。

ガスオーブンと電気オーブンの違いは？

熱源の違い以外にも、湿度の変化の違いという小さな理由から、食品の焼け方は微妙に違ってくる。ガスオーブンは、オーブン室を通して燃焼副産物（二酸化炭素と水蒸気）が排出されるのが普通だ（必ずしもそうではないが）。つまり調理されている食品の周りには、常に湿気を含んだ空気が流れ込んでいる。また、その空気は常にオーブン室から外部へと排出されている。ガスが入ってくるためには、その分何かを外に出さなくてはならないためだ。

それに対して電気オーブンでは、燃焼して水蒸気を作り出すガスがないので、最初は非常に乾燥した状態から始まる。しかし多くの機種では食品を調理する間に空気を排出して湿気を逃がすことをしないので、調理中に食品に含まれる水分が蒸発するに従って、どんどん湿度が高まってくる。

熱を伝える手法の違いによる調理方法の分類。

	伝導	対流	放射
説明	直接接触する2つの物質の間で熱が受け渡される	熱い物質が冷たい物質の周囲で動くことによって熱が受け渡される	電磁放射によって熱が伝わる
例	フライパンに接触したステーキ；電熱器に接触したフライパン	食品の外側を流動する湯、熱い空気、油	炭火からの赤外線の放射
用途	ソテーする フライパンで焼く	乾熱法： ・オーブン調理 ・油で揚げる* 湿熱法： ・ゆでる ・蒸し煮／湯せん ・圧力調理 ・煮る ・蒸す	電子レンジ グリル 網焼き

* 原注：油は液体だが水分を含まないので、乾熱法に分類される。

熱を伝える手法の組み合わせ

　調理のテクニックでは、常に複数の熱を伝える手法が併用されている。オーブンの中でクッキーを焼く際には、熱い空気（対流）や熱せられて下側から熱を伝える天板（伝導）以外にも、熱いオーブンの内壁からの放射熱も多少は貢献している。

　クッキーなどの食品は、一定の方向から一定の量で熱が伝わったほうがうまく調理できる。それが明らかな場合もある。クッキーの下側が焼きすぎるのを防ぐには、熱をあまりよく伝えない（明るい色や別の素材の）天板に変えるか、天板の上にオーブンペーパーを敷くなどして、下側から伝わる熱を減らせばよい。料理によっては、簡単にわからない場合もある。例えばパイやカスタードは、熱を下側から伝えたほうがうまく焼ける。こうすると、上側が先に固まってしまった後に下側が膨張してひびが入るのが防げるからだ。湯せんにするか、ベーキングストーンの上に直に置くのがいいだろう。

　調理テクニックを選択する際に考慮すべき点をいくつか挙げておこう。

複数の調理方法を使おう。

　ラザニアの作り方で私が一番好きなのは、まずオーブンで焼いて（対流）中心まで加熱すると共にチーズを溶かしてから、仕上げにグリル（放射）でおいしそうな焼き色を付けることだ。直観で料理するタイプの人は、食品のさまざまな部位を適切な目標温度まで加熱する調理方法を、必要に応じて組み合わせて使うのが良いだろう。

食材の形状に合った調理テクニックを使おう。

オーブン調理は、熱がすべての方向から押し寄せるので、チキンを丸ごとローストするにはぴったりだ。しかしフライパンで炒めたりソテーしたりする場合には、片側からしか熱が伝わらないので、平たい魚の切り身や鶏の胸肉に向いている。パンケーキ（コンロの上で下側から加熱される）はひっくり返すのに、ケーキ（オーブンの中ですべての方向から加熱される）はひっくり返さないのは、この理由からだ。

ある料理テクニックが使えないときには、類似のもので置き換えてみよう。

網焼き（下からの放射熱）ができない場合には、グリル（上からの放射熱）を試してみよう。これらは最も近いテクニックだからだ（また、チキンが加熱される方向が逆になるので、食品の上下をひっくり返す）。圧力鍋がなければ、液体の入った鍋を使おう。これらはどちらも湿熱法だ。

テクニックを入れ替えて実験してみよう。

パンケーキの生地を油で揚げれば、ファネルケーキによく似たものができる。卵は、炊飯器のご飯の上でもうまく調理できる。ご飯が炊き上がった直後に、卵を上に乗せればよい。チョコレートチップクッキーの生地を、ワッフル型で調理することも可能だ。ナシを食器洗浄機で煮てみてはどうだろう？（346ページを参照してほしい。）常識外れかもしれないが、加熱するために通常の調理器具を使う必要はないのだ！

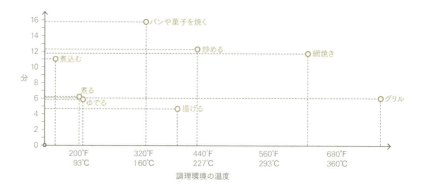

揚げるのが一番早く、パンや菓子を焼くのには最も時間がかかる。このグラフは、各調理法で同一の大きさの豆腐の中心を36°F / 2°Cから140°F / 60°Cまで加熱するのに必要な時間を示している。調理に使う鍋の材質（鋳鉄、ステンレス、アルミニウム）や耐熱皿の材質（ガラス、セラミック）の違いは、この豆腐を使った実験では加熱時間にわずかな影響しか与えなかったが、クッキーなど別の食品では違ってくるだろう。

RECIPE 魚の塩釜焼き、レモンとハーブ詰め

塩は、調理中の食品の「熱シールド」としても使える。魚や肉、あるいはジャガイモなどの食材を塩の山の中に埋めて食材の外部表面を保護すると、塩は放射熱の直撃を受け止めるとともに、水分の蒸発を抑えて食材の水分を保つ役割をする。尾頭付きの魚が手に入りづらい場合には、豚ロース（黒コショウ、シナモン、カイエンヌペッパーなどのスパイスを塩に混ぜる）や、丸ごとのリブロースなど、他の食品で試してみてほしい。

重さ2〜5ポンド（1〜2キロ）の**シマスズキやマスなどの尾頭付きの魚**を手に入れる。魚のうろことはらわたを取り、よく洗ってから**スライスしたレモン**と**ハーブ**（新鮮なディルや新鮮なオレガノを試してみてほしい）を詰める。皮はついたままにしておく。魚が塩辛くなりすぎるのを防ぐためだ。

塩を準備する。**コーシャソルト数カップ**に**水**を加えて扱いやすいペースト状にする。水の代わりに**卵白**を使ってもよい。魚よりも複雑な形状のものを包む場合には、そのほうが便利だ。

耐熱皿か天板にオーブンペーパーを敷き（後片付けが楽になる）、塩を薄く敷く。その上に魚を乗せ、残りの塩で魚の周りと上を覆う。あまり厚く魚を覆う必要はない。全体を1/2インチ（1cm）ほどの厚さの塩で覆うようにしてほしい（表面の熱を受け止めるには十分だが、魚の中心部の温度が上がるのに時間がかかりすぎない程度）。

400〜450°F / 200〜230°Cにセットしたオーブンで20〜30分間焼く。プローブ式の温度計を使って、内部温度が125°F / 52°Cに達したことをチェックする。オーブンから魚を出して5〜10分休ませる（この間に余熱によって温度が130°F / 54°Cまで上がる）。塩釜を割り、魚の表面にくっついた塩を払い落として、食卓へ出す。

85°F / 30°C：脂肪の平均的な融点

> この文章を含め、すべての一般化は誤りだ。　　──マーク・トウェイン

　さあ、この章の最初の温度範囲について説明して行こう。最初に、細かいが注意しておきたいことが1つある。反応速度のため、食品の中で化学反応が起こる温度範囲を厳密に示すことは非常に難しい。実用性を考慮して、この章で示す温度範囲は料理に役立つものになっている。（後で説明するコラーゲンは、厳密に言えば104°F / 40°C未満でも変性するが、それを食べてみたい人はいないだろう。）　脂肪については、融点を一般化して説明する。これは誤った一般化だが、それでも通常の脂肪酸について平均値を理解するには役に立つ。脂肪の多くは室温以上、体温未満の温度で溶けるからだ。（これは、チョコレートのメーカーが「お口で溶けて手で溶けない」と言える理由の1つでもある。）

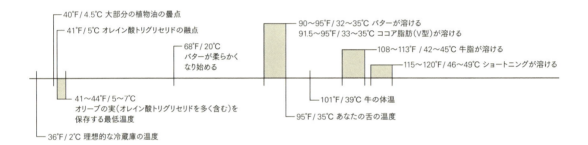

　油脂は、われわれの食べ物には不可欠なものだ。おいしいパンに塗る有塩バターやサラダにかける良質のオリーブオイルのように、油脂は風味を付け加えてくれる。また、クッキーやマフィンにはサクサクとした食感を、アイスクリームにはなめらかな口当たりをもたらす。そしてソテーや揚げ物などの料理では、熱の伝導と対流によって食品を調理する役割をしている。しかし、油脂とは何だろう？　料理や食事にどんな役割を果たしているのだろう？　そして飽和脂肪やオメガ3脂肪、トランス脂肪とは何だろう？　これらの質問に答えるためには、シンプルな化学のビルディングブロックの説明から始める必要がある。

　油脂（油は単に室温で液体のものを指すので、これからは「脂肪」ということにする）とは、「トリグリセリド」と呼ばれる脂質の一種だ。「トリグリセリド」という単語は脂質の化学構造を示しており、この化学構造によって脂肪の性質が決まる。「トリ」は3という意味だが、何が3つあるのだろう？　実はグリセリドが3つあるのではなく、1つのグリセリドにあるものが3つ、くっついているのだ。「グリセリド」はグリセロール分子からスタートするので（分子に何かがくっつくと名前が変わることがあるのだ）、脂肪を理解するためにまずグリセロール分子を調べて行こう。

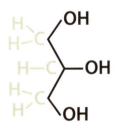

すべての原子を表示したグリセロール分子の構造式。

これは化学者が「構造式」と呼ぶものだが、これを理解するのに化学ギークである必要はない。Oは酸素を表し、Hは水素を表している。直線は、原子の間で電子が共有されていることを示す。線が曲がっているところや終わっているところ（グリセロール分子には線が終わっているところはない）は、そこに1個の炭素原子があることを示しており、通常は水素原子も何個かある。

　炭素をベースとした生命体には、大量の炭素と水素が含まれている。あなたの体の5分の1は炭素で、10分の1は水素でできているのだ！　これら2つの元素はあまりにもありふれているので、自明な場合には構造式には示されない。（化学者も料理人と同じように、わかりきったことは省略するのだ。）

　この構造式は、ちょっと工夫して書いたつもりだ。薄い色の部分は、通常は描かれない。ここに炭素と水素があるということを、化学者は線の書き方から察するのだ。炭素は常に4本の結合を持つため、中央のCには水素が1個だけ結合していることがわかる。脂肪の最初のビルディングブロックであるグリセロールの分子式は$C_3H_8O_3$（炭素原子が3つ、水素原子が8つ、酸素原子が3つ）なので、この図に書いてあるOとHとCを数え上げるとこの数になるはずだ。（しかし、この分子式は原子の配列については何も示していない！）

　これが、さっき「1つのグリセリドにあるものが3つ、くっついている」と説明した脂肪の化学の最初のビルディングブロックだ。脂肪では、これらの「何か」は3つの**脂肪酸**になっている。脂肪酸は、グリセロールのOHの部分にくっつくことができる構造（カルボキシル基）を一方の端に持ち、炭素原子が連なった構造をしている。絵を見れば簡単に理解できると思うので、最も一般的な脂肪酸のひとつ、オレイン酸を見てほしい。

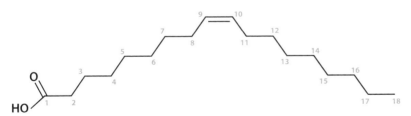

オレイン酸は18個の炭素が連なっていて、9個目と10個目の炭素原子の間に二重結合が1つある。

　脂肪酸は、2つの変数（連なっている炭素の長さと、これらの結合の中に二重結合があるかどうか）しかないシンプルな分子だ。オレイン酸には18個の炭素原子があり（数えてみよう！）、9個目と10個目の炭素原子の間に**二重結合**が1つある。その部分が二重線で描かれていることがわかるはずだ。二重結合は、1つの炭素原子と隣接する炭素原子との間で、2つではなく4つの電子が共有されている場合に生じる。ここに水素分子を1つ追加すれば、この二重結合は通常の結合となり、脂肪酸の名前も変わる。（この場合には、オレイン酸がステアリン酸になる。）

この二重結合が、脂肪を理解するカギだ。飽和脂肪酸と不飽和脂肪酸、オメガ3脂肪とオメガ6脂肪、トランス脂肪、そして脂肪の融点までもが、これらの二重結合がどこに、そしていくつあるかによって決まるのだ。

これで、脂肪を形作る2つのビルディングブロックについて理解できただろう。3つの脂肪酸と1つのグリセロール分子がくっついたものが、脂肪なのだ。(これらが結合するときに、水の分子が放出される。そのため、構造式はわずかに違ってくる。)

脂肪は、3つの脂肪酸がグリセロール分子に結合したもの。ここに示したものはオリーブオイルに多く含まれ、その20～25％を占める多価不飽和脂肪。

一般的な脂肪酸は数十種類存在し、炭素の数が8～22個、二重結合の数が0～3個のものが普通だ。そして脂肪の分子は、数十種類の脂肪酸の組み合わせでできている。つまり、脂肪の分子のバリエーションには、数百種類の可能性があるのだ。このため、脂肪は複雑なものになっている。

これで化学の入門編は片付いたので（幸いなことに試験はない）、これまでずっと私を悩ませてきた脂肪に関する質問に答えて行こう。

飽和脂肪と不飽和脂肪との違いは？

炭素原子間に二重結合のない脂肪酸は**飽和脂肪酸**と呼ばれる。このような脂肪酸は水素原子で飽和しているので、さらに水素を付け加えることはできない。上に示したパルミチン酸は、飽和脂肪酸だ。二重結合を1つだけ持つ脂肪酸は**一価不飽和脂肪酸**と呼ばれる。このような脂肪酸には水素分子を1個だけ、二重結合のある場所に付け加えることができる。さっき示したオレイン酸は、一価不飽和脂肪酸だ。二重結合が2つ以上ある脂肪酸は**多価不飽和脂肪酸**と呼ばれる。同様の定義が、脂肪についても当てはまる。上の図に示した脂肪は二重結合が2つあるので、多価不飽和脂肪だ。健康に関して言えば、不飽和脂肪のほうが飽和脂肪よりも良いことが多いが、常にそうとは限らない。良い飽和脂肪もあれば、悪い不飽和脂肪もある。植物は不飽和脂肪を作りだすのが普通だが、必ずしもそうではない（ココナッツオイル、きみのことだよ）。動物は飽和脂肪を作り出すのが普通だが、必ずしもそうではない。

脂肪分子の融点を決めるのは何？

融点は脂肪分子の形状によって決まるが、これは構造式からは正確にはわからないし、また分子の重なり方にも影響される。分子の形状は、存在する二重結合の数に関係している。飽和脂肪酸は非常に柔軟性が高く（どの炭素原子の間でも折れ曲がったり回転したりできる）、通常は直線状に引き伸ばされているので簡単に積み重なって固体となる。油には二重結合が多く、その部分は回転できないため、より「ねじれた形状」となり、積み重なりにくい。二重結合が多い＝不飽和度が高い＝融点が低い＝常温で液

体の油になりやすい、というわけだ。分子の積み重なり方は、他にも大きな違いを生み出す。トリグリセリドが固体になる際の結晶構造には3種類あり、それぞれ融点が違う。（また、異性体に関連する専門的な違いも多少ある。）これらの結晶構造の違いが良いチョコレートを作るうえでのカギとなるのだが、これについては数ページ後に説明する。

オメガ3脂肪酸って何？　オメガ6脂肪酸は？

これらについては健康効果が取りざたされているので、理解しておけば役に立つだろう。オメガ3脂肪酸には、最後の炭素原子（グリセロールにくっついているのとは反対側）から数えて3番目に二重結合がある。それだけのことだ。二重結合が少なくとも1つあるので、定義により飽和脂肪酸ではあり得ない。そしてオメガ6脂肪酸は、ご想像通り、最後の炭素原子から6つ目に二重結合のある脂肪酸のことだ。オレイン酸は、オメガ9脂肪酸だ。さっき示した図の右側から、9個の炭素原子を数えてみてほしい。人体にはオメガ3脂肪酸とオメガ6脂肪酸が必要だが、他の脂肪酸から作りだすことができないので、これらは必須脂肪酸と呼ばれている。（多いほど良いという意味ではない！）

それじゃトランス脂肪って何？

「トランス」とは、ラテン語で「交差」とか「反対」という意味の言葉で、「シス」（ラテン語で「同じ」を意味する）の対義語だ。トランス脂肪は、二重結合の反対側に2個の炭素原子が結合している。シス脂肪は二重結合の同じ側に炭素が結合しているもので、自然界では二重結合を持つ脂肪酸はシス脂肪酸として作られるため、非常に一般的だ。（動物の腸内バクテリアによって一部のシス脂肪がトランス脂肪に変換されることはあるが、その量は多くない。つまりトランス脂肪も自然界に存在する。量が問題だ！）多価脂肪酸に水素を添加すると（成分表示に「硬化油」と書いてあれば、1902年にドイツ人化学者によって特許が取得されたこの処理が行われている）、脂肪酸に水素を押し込む形となって一部の二重結合が通常の結合に変化する。これによって融点が上がり、室温で固体の脂肪となるため、食品から漏れ出ることが防げる。（豆知識：「Crisco*」という名前は、「結晶化綿実油（crystalized cottonseed oil）」に由来する。）菓子作りに油ではなく融点の高いバターを使うように、水素を添加した硬化油は用途の幅が広がるのだ。しかし水素を添加する際に、トランス脂肪ができてしまうことがある。水素を添加するために用いられる一部のプロセスで、既存の二重結合が変化する可能性があるためだ。これが起こって作りだされたトランス脂肪は、他のトランス脂肪と積み重なるような構造となっている。これが大量に存在すると、健康上の問題を引き起こすのだ。（分子が互いにくっつきあうような「ねじれた形状」になる。）

* 訳注：ショートニングの商品名。

精製した牛脂に芯を入れて固めて作ったキャンドル。牛脂は大部分ステアリン酸とオレイン酸でできているので、室温では固体となる。脂肪はすばらしいエネルギー源だ！

もうひとつ、キッチンの料理人に関係する脂肪の化学の問題点が1つある。動物や植物に含まれる脂肪は、さまざまな種類の脂肪分子が混じりあったものだ。オレイン酸（オリーブオイルは大部分がオレイン酸だ）だけでできた脂肪が容器に入っていたとすれば、その融点は正確に41°F / 5°Cになる。しかし実際には他の脂肪が混じっているので、良質のオリーブオイルのびんを冷蔵庫に保存すると濁ってくるが完全には固まらない。脂肪の一部は固まるが、それ以外は液体の状態を保つからだ。

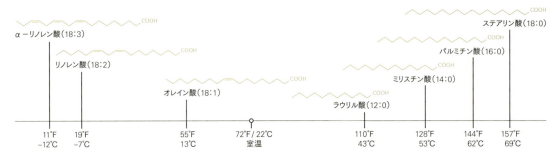

一般的な脂肪酸とその融点。飽和脂肪酸（二重結合のない脂肪酸で、「0」がそれを示している）の融点がずっと高いこと、そして鎖状に並んだ炭素の数が多いほど融点が高くなっていることに注意してほしい。

溶けるものと焦げるものがあるのはなぜ？

それは、その化合物の性質によるものだ。溶けるのは物理的変化（固体から液体への相転移）であり、分子構造は変化しない。一方、焦げるのは化学的変化（通常は燃焼または熱分解）だ。一部の物質は溶けてから焦げるが、溶ける前に焦げてしまう物質もあるし、溶けたり焦げたりしたりしなかったりするものもある。食品はほとんど必ずさまざまな物質が混じりあっているので、さらに複雑になる。例えばバターは、加熱するとまず脂肪が溶け、さらに温度を上げると乳固形分が焦げる。

脂肪	一般的な脂肪酸				
	リノレン酸	オレイン酸	ラウリル酸	ミリスチン酸	パルミチン酸
バター	4%	27%	2%	11%	30%
ラード	6%	48%	−	1%	27%
ココナッツオイル	1%	6%	50%	18%	8%
オリーブオイル	5〜15%	65〜85%	−	0〜1%	7〜16%
キャノーラ油（別名、菜種油）	20%	63%			4%
サフラワー油（高オレイン酸）	16〜20%	75〜80%			4.5%
サフラワー油（高リノレン酸）*	66〜75%	13〜21%			3〜6%
卵黄	16%	47%		1%	23%
ココアバター	3%	35%	−	−	25%

*原注：同じ植物でも品種によって脂肪酸プロファイルが異なる場合がある。例えば、サフラワー油には2種類あり、高オレイン酸のものは調理用に使われるが、高リノレン酸のものは塗料に使われる（亜麻仁油に似ている）。品種を区別するために、違う名前が使われる場合もある。キャノーラ油はエルカ酸の含有率の低い菜種油の一種で、業界によって別の名前が与えられたものだ。生育条件によっても、脂肪酸の組成は変化する。

COLUMN 脂肪のさまざまな温度とその意味

流動点（pour point）

少なくともこの温度にならないと、脂肪は「注ぎ出せる」ようにはならない。これは溶けているように見えるかもしれないが、必ずしも完全に液体とはなっていない状態。大部分の堅果油の流動点は、34°F / 1℃近辺にある。

曇点（cloud point）

この温度以下で脂肪は濁るが、それでもまだ注ぎ出すことは可能だ。キッチンでこの状態の油を見かけることは、めったにないだろう。もし見かけたとすれば、それは油の保存温度が低すぎたということだ。オリーブオイルを冷蔵庫ではなく調理台の上で保管するのは、この理由からだ。大部分の堅果油は、40°F / 4.5℃近辺で濁り始める。

融点（melting point）

これは、十分な数の脂肪の分子が融けて、脂肪が液体となる温度範囲だ。ほとんどすべての脂肪はさまざまな結晶形態の脂肪酸が混じりあっているため、実際には融点は温度範囲となり、その範囲で脂肪は硬い状態から柔らかくなり、そして液体となる。典型的には、室温で固体の脂肪は焼き菓子作りに使われ、そして室温で液体の脂肪（油！）はサラダドレッシングやディップに使われる。（凝固点はこれよりも10°F / 6℃程度低いことが多い。）

25°F / －4℃程度：オリーブオイル
90〜95°F / 32〜35℃：バター
95〜113°F / 35〜45℃：ラード
115〜120°F / 46〜49℃：ショートニング

煙点（smoke point）

これは、脂肪が熱分解し始める温度だ。フライパンがこの温度になると煙が細く立ちのぼってきて、炒め物の食材を投入する温度だということを教えてくれる。未精製の油脂には粒子状物質が含まれていてこれが焦げるので、煙点は低くなる。

230°F / 110℃：未精製のキャノーラ油
350〜375°F / 177〜191℃：バター、植物性ショートニング、ラード
400°F / 205℃：オリーブオイル
450°F / 232℃：サフラワー油
475°F / 245℃：澄ましバター、ギー、精製高オレイン酸キャノーラ油
510°F / 265℃：精製サフラワー油

引火点（flash point）

この温度になると脂肪に火が付くことがあるが、燃焼を継続できるほどの温度ではない。ガスコンロで何かをソテーしているとき、瞬間的に炎が上がることがある。そういった現象だ。

540°F / 282℃：ラード
610°F / 321℃：オリーブオイル
630°F / 332℃：キャノーラ油

燃焼点（fire point）

これは、引火した脂肪が燃焼を続けるようになる温度だ。ろうそくの場合には重要だが、キッチンでは絶対に良くないことだ！ もし火がついてしまったら、火から下ろしてふたをかぶせること。

666°F / 352℃：ラード
682°F / 361℃：オリーブオイル
685°F / 363℃：キャノーラ油

自己発火点（autoignition point）

この温度になると、物質は火をつけなくても自然に発火する。ディーゼルエンジンには必要だが、キッチンでは避けるべき現象だ。

689°F / 365℃：エタノール（アルコール）
800〜905°F / 427〜485℃：木材（マツ、オーク）

バター

バターは実に魅力的な存在だ。料理に使われる他の油脂とは異なり、バターは純粋な脂肪ではない。乳脂肪（80〜86%）と水（13〜19%）の混合物であり、水にはタンパク質やミネラルや水溶性ビタミン、そして有塩バターの場合には添加された食塩が含まれている。バターのすばらしい風味は、このような脂肪と混じりあった水というめったにない組み合わせに由来しており、脂肪のグリセリド分子が水の小滴を包み込むことによって実現されている。

バターの融点もまた、すばらしい。冷蔵庫の中では、脂肪の3分の2以上が固体になっている。暑い夏の日に調理台の上に放置すると、固体のまま残るのは脂肪の3分の1だけだ。このようにバターは固体と液体の脂肪が混じりあっているため、天然の油脂としては唯一、室温で**可塑性**（形状を保つ一方で、変形しやすく塗ることもできる）を持つものとなっている。バターに含まれる脂肪酸（大部分はミリスチン酸とオレイン酸とパルミチン酸）は、−11°F／−24℃から164°F／73℃の温度範囲で溶ける、さまざまな脂肪の分子の組み合わせとして存在している。通常の組成のバターは、68°F／20℃付近で柔らかくなり、約95°F／35℃で融ける。

バターの製造工程のビデオが http://cookingforgeeks.com/book/butter/ で見られる。

高品質のバターを作るには、単にチャーニングによって生クリームから脂肪分を分離するだけではなく、数多くの複雑な工程が必要とされる。バターに含まれる脂肪球のサイズは、パスチャライゼーションされた生クリームが冷える速さによって変化し、チャーニングされたバターに残る水分とともに、食感に影響する。また乳脂肪の脂肪酸の組成もさまざまだ。融点の低い脂肪が通常よりも多い割合で生クリームに含まれると、バターは柔らかくなる。（脂肪酸の比率は、牛の飼料によって変わる。草を食べて育った牛から作った生クリームは飽和脂肪が少なく、融点が低くなる。）一度自分でバターを作ってみることはこのプロセスを理解するために役立つが、実用上はバターを買ってくるほうがずっと簡単で経済的だ。しかし、どの種類のバターを買えばいいのだろうか？　そして保存方法は？　いくつかヒントを挙げておこう。

有塩バターと食塩不使用バター

有塩バターは、パンに付けて食べるのに向いている。室温に戻した有塩バターを、焼き立てのパンにたっぷりと塗って食べる喜びは何物にも代えがたいものだ。しかし有塩バターに含まれる塩分量はさまざま（1.5〜3%）であるため、料理には食塩不使用バターを使うのが望ましい。そのほうが意図した量の塩を加えることができるからだ。この本を含め、レシピに「バター」と書いてあったら、デフォルトとして食塩不使用バターを使ってほしい。有塩バターには、もうひとつのメリットがある。塩がバクテリアの生育を阻害するため、有塩バターは室温で保存しても悪くなりにくいのだ。

無発酵バターと発酵バター

伝統的にはバターは、ミルクを放置すると分離してくる生クリームを使って作られていた。生クリームは表面に浮かぶようになるまでの間に発酵し、少し酸っぱくなる。(もっと長い間放置すると、サワークリームができる！) 大部分のアメリカ人には*、無発酵の生クリームから作られた無発酵バターがおなじみだ。ヨーロッパやその他の地域では、生クリームを部分的に発酵させて、発酵バターが作られている。

*訳注：日本人にも。

バターの保存

理想的なバターは、粒状組織を保つほどに硬く、しかし塗ることができるほどには柔らかい、専門的には「ろう状」と呼ばれる質感を持つものだ。このような性質は、冷蔵庫に保存したバターでは得られない。有塩バターは調理台の上で保存しても安全だ。酸敗を防ぐため、光を遮断し空気の流通を制限する容器に入れて、2週間以内に食べ切るようにしよう。(酸素は脂肪酸に入り込んで、酪酸を作りだしてしまう。酪酸を意味するbutyricという単語は、酸敗したバターを意味する言葉に由来する。) 食塩不使用バターは冷蔵庫に保存すべきだが、使う1時間前に出して室温に戻しておこう。これは、菓子作りの際に砂糖とうまく混ぜるには必須の工程だ。

バターを使った菓子作り

固体のバターを生地と混ぜると、溶けたバターとは違う混ざり方をする。固体のバターを砂糖と混ぜると、小さな気泡ができる。溶けた脂肪を砂糖とクリーム状に泡立てると、小さな気泡を取り込む代わりに、砂糖の粒子が脂肪でコーティングされる。また溶かしたバターからは水分が分離するので、溶かしていない場合よりもグルテンが多くできる (263ページを参照してほしい)。また、バターのブランドによっても水分量は多少違う。これは、パイなどを焼く際には影響があるかもしれない。バターたっぷりの焼き菓子には、脂肪分の多いバターを使おう。

自家製サワークリーム

発酵バターは、軽い酸味のクリームから作られる。しかし、もっと長く発酵させたらどうなるだろう？ サワークリームができるのだ！ 自家製サワークリームの風味とクリーミーさは市販品とは比べ物にならないほど素晴らしいし、作るのも実に簡単だ。 **乳脂肪分36%以上の生クリーム**を買ってきて容器を開け、乳酸菌の生きている**風味の付いていないプレーンヨーグルトをスプーン1杯**加える。容器を閉じて軽く振る。スロークッカーやヨーグルトモード付きの圧力鍋があれば、それに1インチ (2.5cm) ほど水を入れて容器をその中に浸し、12時間発酵させる。あるいは、生クリームをキッチンの調理台の上に1日くらい放置して発酵させてもよい。こうしてできたサワークリームは冷蔵庫で保存し、1週間以内に使い切ってほしい。

COLUMN 澄ましバター、焦がしバター、そしてギー

澄ましバターを作るには、バターを熱して水分をすべて蒸発させてから乳固形分をろ過して取り除く。熱を利用した清澄化の一例だ。乳固形分が取り除かれているので、澄ましバターの煙点は高く、450°F / 230℃程度になる。

澄ましバターの作り方：中火に掛けたソースパンに**バター カップ**1（230g）と、食塩不使用バターの場合は**塩 小さじ**3/4（5g）を入れて溶かす。あるいは、ふたのある容器に入れて電子レンジで溶かしてもよい。溶けたバターが泡立ってくるのがわかるだろう。これは水分の蒸発によるものだ。数分後、水分が蒸発すると、白っぽい沈殿物の入ったバターが残る。この沈殿物が乳固形分だ。鍋を火から下ろし、乳固形分が混じらないように静かにバターを注ぎ出すか、細かい網目のざるで液体を濾す。こうして作った澄ましバターは、魚をソテーしたり、野菜をローストしたり、あるいはパンくずを炒めたりイングリッシュマフィンなどのパンを作るのに使ってほしい。

焦がしバターとギーは、清澄化プロセスをもう一歩進めて乳固形分をトーストし、香ばしくリッチな風味を付け加えたものだ。焦がしバターはトーストした乳固形分をそのまま残すので風味が素晴らしく、ギーは濾して取り除くので煙点がはるかに高くなる。ギーは揚げ物に使えるが、焦がしバターは使えない。

もともとインド料理で使われていたギーは、典型的には牛乳か水牛のミルクで作られ、時には（ヨーグルトのように）発酵させたミルクから作られることもあった。冷蔵庫を必要としないシンプルなソリューションであるため、暑い地域の料理によく見られる。自分で作ってみてはどうだろう？ メイラード反応によって作りだされる化合物は、日にちがたつと分解してしまう。最初の段階で作りだされた反応生成物はギーの中で数週間かけて分解を続けるため、酢酸が増える（ホワイトビネガーを想像してほしい）と共に風味が変化する。作りたてのギーは、違った味がするのだ！

焦がしバターとギーの作り方：澄ましバターと同じように作り始めるが、そのまま加熱を続けて乳固形分を軽くトーストする。注意深く見守り、乳固形分が茶色くなり始めたら、すぐに火から下ろす。乳固形分が濃い茶色になるほど、香ばしい風味は増す。ギーを作る場合には、少なくとも5〜10分間休ませてから濾してほしい。休ませている間に、トーストした乳固形分の風味を脂肪に溶け込ませるためだ。

焦がしバターは、パンケーキやマフィン、あるいはクッキー（マドレーヌ！）などの焼き菓子に使ってみよう。普通のバターの代わりに85％の焦がしバターと15％の水、つまりバター1/2カップ（115g）につき、おおよそ焦がしバターを大さじ7（100g）と水を大さじ1（15ml）使えばよい（クリーム状に泡立てるレシピの場合には、水は液体の材料に加える）。ソースを作ってみるのもいい。焦がしバターを溶かし、レモン汁を絞り入れ、セージなどの香りの良いハーブを加える。

ギーは揚げ物やロースト料理などに、揚げ油代わりに使ってみてほしい。

チョコレートとココア脂肪とテンパリング

チョコレートはおいしい。甘く、苦く、またナッツやフルーツやスパイスが入っていることもある。チョコレートは喜びと楽しみ、そして人によっては落ち込んだ気分に慰めをもたらしてくれる。どのように表現しても、おいしいことには変わりない。いや実際、科学的にもそのおいしさは証明されている。これまで、どんな文化に紹介されても例外なくチョコレートは受け入れられ、愛されてきた。ベーコンにしてみれば、うらやましい限りだろう。

チョコレートの素晴らしさの一部に、食感とパキッと割れる性質がある。食感は、チョコレートに含まれる糖分と脂肪を混ぜ合わせる方法（**コンチング**と呼ばれる）と、ココア脂肪を溶かして冷やす**テンパリング**（冷却中にココア脂肪が固まる結晶構造を特定のものにコントロールすること）によって決まる。テンパリングされたチョコレートは、チョコレートトリュフのコーティングや、乾燥アプリコットや新鮮ないちごなどのフルーツのディップ、そして焼き菓子やキャンディーのコーティングに使われる。ひとつのこと、つまりトリグリセリドの積み重なり方を変えるだけで、これほど大きな変化が得られるのは驚くべきことだ。

テンパリングを理解するには、チョコレートそのものについて知ることが必要だ。非常に単純に言えば、チョコレートはココアバターとココア固形分からできている。これらは両方とも、*Theobroma cacao*という植物の実に由来する。甘味を加えるために砂糖が、そして風味を加えるためにミルクやバニラなど他の材料も加えられることがある。**ココアバター**（実際にはココア脂肪のことだ）は、この植物の種子から得られるトリグリセリドから構成され、主成分はステアリン酸とオレイン酸、そしてパルミチン酸だ（これはバターを構成する脂肪酸に非常に近く、したがって融点も近い）。**ココア固形分**は、この脂肪が取り除かれた後に残るもので、すりつぶして加工すると**ココアパウダー**、つまりチョコレートの風味のほとんどすべてをもたらすリッチな茶色の粉末になる。**ダッチプロセス**は、ココアパウダーの溶解性を改善し（親水性が高くなり、良く混ざるようになる）風味を変化させる処理のことだ。（ダッチプロセスはココアパウダーのpHを上げるため、重曹を使う焼き菓子ではダッチプロセスされたココアパウダーを通常のココアパウダーとそのまま置き換えることはできない。詳しくは288ページを参照してほしい。）

M&Mは、1940年にフランク・C・マーズとその息子フォレスト・マーズ・シニアによって開発された。スペイン内戦（1936〜1939年）の最中、フォレストはスペインの兵士が砂糖でコーティングされたチョコレートを食べているのを見かけた。砂糖でチョコレートを「包装」して、べとべとになるのを防いでいたのだ。

「カカオ」と「ココア」の語源に関しては、ちょっとしたミステリーがある。スペイン語ではどちらも「カカオ（cacao）」だが、どこかで音位転換した「ココア（cocoa）」が英語に入ってきたらしい。それはおそらく、辞書製作者のサミュエル・ジョンソンが（「より正確には『カカオ』と書かれる」という注釈付きで）「ココア」を見出し語として載せている1755年ころのことだったろう。

現代英語では、カカオは植物やそれから採取された未処理の部位を意味し、ココアは乾燥して発酵させた種子から作られた製品を意味するのが普通だ。また、ココアは米国の定義ではココアパウダーのことも指すので、スペイン語翻訳者にとっては頭痛の種となっている。

チョコレートを溶かしてテンパリングする際、実際に溶けるのはココア脂肪だ。ココア固形分は溶けないので、「チョコレートを溶かす」という言い方は厳密には正しくない。チョコレートをテンパリングするには、まずココア脂肪に含まれる脂肪を溶かし、それから選択的に固化させる必要がある。これは手ごわく、細心の注意が必要なプロセスだ。伝統的には、まずチョコレートを110°F / 43°Cを超える温度に熱し、次に82°F / 28°C程度に冷やし、それから再度89°F / 31.5°Cと91°F / 32.5°Cの間の温度に加熱する。この温度に達した後は、熱的なバランスを保つ必要がある。温かすぎるとテンパリングの効果が失われ、冷たすぎると固まってしまうからだ。おいしいチョコレートを作るためには、温度を正確に知る必要がある。そのためには良い温度計を使うか、注意深く観察することが必要だ（約90°F / 32°Cという温度は、偶然にもあなたの唇の温度とほぼ同じだ）。

しかし、こういった温度は何に由来するのだろうか？ トリグリセリドに含まれる脂肪酸の配置により、ココア脂肪は6種類の異なる形態の結晶構造で固化する可能性があり、それぞれの融点は微妙に異なっている。テンパリングでカギとなるのは、脂肪の結晶構造を変化させることだ。一度融けた脂肪は、6種類のどの形態にも再結晶できる。テンパリングはこの性質を利用して行われる。テンパリングによって脂肪は、強制的に望ましい構造で固化される。適切にテンパリングされたチョコレートは、質量の3〜8%が「良い」ココア脂肪の結晶で占められている。

良いココア脂肪の結晶は、V型とVI型という2つの形態を取る。（この呼び方は、1966年の研究論文に使われていたものだ。研究者によっては、これら2つの形態を$beta_2$結晶、$beta_1$結晶と呼んでいる場合もある。） この2種類は緊密な格子状の結晶となって堅固な構造を作りだすため、チョコレートに心地よいなめらかさとパキッと割れる硬さを与えてくれる。（この性質は、他の形態よりも緊密に積み重ねられるというV型とVI型のトリグリセリドの形状と関係している。） 他の4種類の結晶構造（I型〜IV型）は、柔らかくぼそぼそした食感をもたらす。

チョコレートは、極端な温度変化にさらされると悪くなることがある（なんと恐ろしいこと！）。良いココア脂肪の結晶が、ゆっくりとI型〜IV型に変わっ

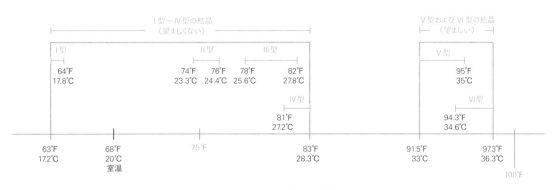

ココアバターの6つの多形の融点。

て行くからだ。そのようなチョコレートは**ブルーミング**したと呼ばれ、斑点が浮き出してざらざらした食感となる。ブルーミングが起こる理由は、室温でココア脂肪の約4分の1が液体であり、時間に伴うわずかな温度変化によってこの液体の脂肪分が表面に移行し、その過程で良い脂肪を再結晶化させるためだ。（チョコレート全体がチョークのようにボロボロになった場合には、砂糖が湿気によってブルーミングしてしまっている。全体を溶かしてテンパリングし直し、その後はもっと湿気の少ない場所に保存しよう。）

大部分の天然脂肪と同様に、ココアバターに含まれる脂肪はさまざまな種類のトリグリセリドが混じりあったものだ（主にステアリン酸とオレイン酸、そしてパルミチン酸）。さらに T. cacao という植物も、全く同じように生育するわけではない。例えば、標高の低い場所で育ったカカオ豆から作られたチョコレートに含まれる油脂は、標高の高い、涼しい場所で育ったカカオ豆から作られたチョコレートよりも、融点がわずかに高い。それでも温度のばらつく範囲は比較的狭いので、ここで説明した温度範囲はダークチョコレートについては一般的に当てはまるはずだ。ミルクチョコレートでは、約2°F / 1°C低い温度が必要とされる。追加された原材料によって、さまざまな結晶構造の融点が影響を受けるからだ。テンパリングするチョコレートを買う際には、他の油脂やレシチンが混ざっていないことを確認しよう。これらは融点に影響する。だいたい0.5%よりもレシチンが多く含まれると、テンパリングの速度は大幅に遅くなる。

世界中のチョコレート愛好家にとってラッキーなことに、チョコレートは2つの特異な性質を持っていて、そのためこんなにおいしくなっている。まず、望ましくない形態の油脂はすべて90°F / 32°C未満で溶けてしまうのに対して、望ましい形態が顕著に溶け始める温度は約94°F / 34.4°Cだ。この間の温度にチョコレートを加熱すれば、望ましくない形態は溶け、望ましい形態に固まってくれる。もうひとつのラッキーで特異な性質は、単純に生物学的なものであり、人の口の中の温度は95〜98.6°F / 35〜37°Cの範囲、つまりテンパリングされたチョコレートの融点よりわずかに高いが、人の手の表面温度はこれよりも低いということだ。

チョコレートが固まってしまうのはどうして？

チョコレートを密輸しようとしていたのでなければ*、固まったチョコレート（seized chocolate）は少量の水分がココア固形分とココア脂肪に混ざることによって起こる現象だ。乾いた砂に、数滴の水を加えるとどうなるか考えてみてほしい。かたまりができるはずだ。まさに同じことが、チョコレートにも起こる。ココア固形分は砂に似ているが、砂が空気に取り囲まれているのに対して、ココア固形分は脂肪に取り囲まれている。ココアパウダーを乾いた2本の指でつまみ、こすってみてほしい。なめらかになるはずだ。そこに少量の水を加えると、固まって動かなくなる。さらに水を加えると、再びなめらかになる。チョコレートに水が入ってしまった場合には、さらに液体を（ココア固形分が含まれる割合にもよるが、重量比で約20～40%）混ぜ込むと、再び流動性が出てくる。チョコレートが固まらなくて困るかもしれないが、ガナッシュを作るにはぴったりだ（296ページを参照してほしい）！

*訳注：seizedには「押収された」という意味がある。

テンパリングは伝統的に、チョコレートに含まれるすべての形態の脂肪を溶かし、核となる結晶ができる温度まで一度冷やし（つまり、一部の脂肪を種となる結晶に変化させるが、その中には望ましくない形態のものも含まれている）、それからまたI型〜IV型を融かすほど高いがV型とVI型を結晶化させるほど低い温度まで上げることによって行われてきた。この3温度プロセスには、注意深い観察と、2番目と3番目の段階では結晶化を促進すると共に結晶を小さく保つために絶えずかき混ぜることが必要とされる。

すばやくチョコレートの種を作り出すことをねらって、2番目の段階で刻んだチョコレートを加えるテンパリング手法もある。これには冷却を速める効果もあるので、有効かもしれない。また、少量のテンパリング済みのチョコレート（板チョコを使うこと。チョコレートチップはテンパリングが不可能なので使わないこと。だから安いのだ！）を直接約90°F / 32°Cまで加熱してテンパリングすることも可能だ。これには、電子レンジを慎重にコントロールする（10秒間隔でチンしてそのたびにかき混ぜ、温度が92°F / 33.3°Cを超えないように気を付ける）か、水槽を使えばよい（359ページを参照してほしい）。

簡単にテンパリングを行うには、**クーベルチュール**チョコレート（クーベルチュールとはフランス語で「カバー」の意味だ）を使うとよい。これはフルーツやケーキなど別の食材をコーティングするために使われるチョコレートで、ココア脂肪の割合が高いためテンパリングしやすい。EUでは、クーベルチュールチョコレートはココア脂肪を（ココア固形分ではなく！）少なくとも31%含まなくてはならないが、米国では法的な規制はない。ココア脂肪が多く含まれるほど、十分な量の脂肪を正しく結晶化させて望ましいメタ構造を得ることが簡単になる。手に入らなければ、あるいは実験を楽しみたい場合には、ココア脂肪を買ってきてチョコレートを溶かす際に重量比で10%の割合で加えてみよう。必ずホワイトチョコレートではなく、ココア脂肪を買ってくること。ホワイトチョコレートには、約20～25%しかココア脂肪が含まれていないのだ！

RECIPE 自家製ビタースイートチョコレート

ビタースイートの板チョコには、通常54〜80%のココアが含まれている。EU食品規則と米国FDAの定義では、両方ともビタースイートチョコレートをセミスイートチョコレート（「重量比で35パーセント以上」）に含めているが、ガイドラインとしては、だいたい30%がココア脂肪、40%がココアパウダー、そして30%が砂糖でできている。70%ビタースイートチョコレートと銘打った板チョコがあれば、その数値はココア脂肪とココアパウダーの比率だ。あるメーカーの70%は脂肪／パウダーが30 / 40%かもしれないし、別のメーカーは35 / 35%かもしれない。ココアパウダーは苦いので（ココア脂肪はショートニングのような味がする）、同じ70%でもココアパウダーを少なくココアバターを多く含む板チョコのほうが甘く感じる。

ココアパウダーとココア脂肪、そして砂糖は、**コンチング**と呼ばれるプロセスで撹拌される。ロドルフ・リンツというスイスの企業家が、スパイス工場から購入した機器を使ってコンチングプロセスを開発したのは1879年のことだった。この混合物を保温しながら、砥石でできたローラーの間で6時間から72時間という時間をかけてすりつぶす。長い時間をかけて砂糖の結晶とココア固形分を細かくするほど、なめらかな食感となる。リンツのプロセスが生まれる前のチョコレートがどんなものだったかを知るために、コンチングされていないチョコレートのサンプル作りに挑戦してみてほしい。

小さなボウルに**ココアバター 大さじ1（9g）**（小さなペレット状のもの）を入れ、湯せんまたは電子レンジを使って溶かす。

ココアバターを火から下ろし（または電子レンジから出し）、**砂糖 小さじ2（10g）**と**ココアパウダー 大さじ2（12g）**を加える。スプーンで1〜2分間かき混ぜて、しっかり混ぜる。

無糖チョコレートはコンチングされていないのが普通だ（ココア固形分が細かくなるメリットはあるので、いくつかのプレミアムブランドではコンチングを行っている）。ココアバターが手に入らなければ、**無糖チョコレート** 7に対して**砂糖** 3の割合で加えたものを使ってみてほしい。

お好みであれば、このセクションで説明した温度のガイドラインに従ってチョコレートをテンパリングする。柔軟性のある型かオーブンペーパーを敷き詰めた容器に移して、冷蔵庫で冷やす。

このチョコレートを味わってみると、最初は渋味と苦味が、その後に甘みが感じられることに気付くだろう。口の中で砂糖が溶けるにしたがってフローラルな風味が感じられるかもしれない。製菓用の粒子の細かい砂糖を使えばなめらかな食感が得られるが、コンチングされた板チョコと同じ口当たりにはならないだろう。

ローストしたナッツ、シナモン、チリフレーク、ショウガ、ココアニブ*、**粗塩、挽いたコーヒー豆、ミントの葉、あるいはベーコン**など、他の食材を加えて実験してみよう。店先で見かけるさまざまな風味のチョコレートが、簡単に作れるのだ！

市販のコンチングされたチョコレート（上）と、自家製のコンチングされていないチョコレート（下）の拡大写真。

*訳注：カカオ豆の胚乳を砕いたもの。これをさらにすりつぶしたものはカカオマスと呼ばれる。

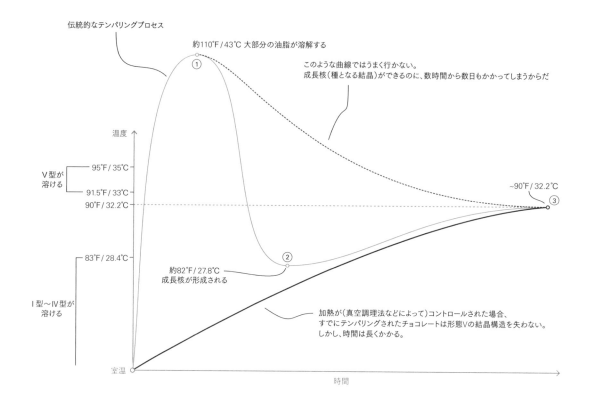

104〜122°F／40〜50℃：魚や肉に含まれるタンパク質が変性し始める

　適切に調理された魚や肉は、生涯で最も素晴らしい食事の主役ともなる。まるで肉食動物のように聞こえるかもしれないが、私の大切な食事の思い出には、父が焼いてくれた七面鳥の丸焼きや、初めて作った鴨のコンフィなどが欠かせない。七面鳥や鴨をおいしくしているのは、見映え、アロマ、風味、ジューシーさ、柔らかさ、そして食感という6つの変数の組み合わせだ。料理人は時間と温度をコントロールすることによって最後の2つの変数を操り、適切な調理によって素晴らしい柔らかさと食感を得る。しかしその方法を理解するためには、肉とはそもそもどういうものなのかを知っておく必要がある。

　動物が屠畜された際、動物組織にどのような化学反応が起こっているか考えたことのある人は少ないだろう。最も重要な変化は、当然のことだが循環系による筋肉組織への、肝臓からのグリコーゲンや血液中の酸素の供給が止まってしまうことだ。酸素がないために筋肉の細胞が死に、筋肉組織中に蓄えられていたグリコーゲンが散逸する。筋肉中の太いミオフィラメントと細いミオフィラメントが遊離したグリコーゲンを消費し始め、「死後硬直」と呼ばれる、ミオフィ

ラメント同士がくっついて硬くなった状態となる。

8時間から24時間ほど経過すると、グリコーゲンの供給が先細りとなり、死後硬直をもたらした結合を肉の中にもともと存在する酵素が分解し始める（死後タンパク質分解）。このプロセスが起こる前に食肉加工を行うと、肉の食感に影響する。屠畜時の動物に存在するグリコーゲンのレベルも同様だ。長期間ストレスを与えられた動物は、屠畜時の筋肉組織内のグリコーゲン量が減少し、屠畜後のpHが変化して傷みの早い肉になる。死の直前に短期間高いストレスを与えられると血液中のグリコーゲンが増加し、死後硬直フェーズが加速されて青白い、柔らかい肉や魚となり商品価値が落ちる。魚を殺す方法によって、食感が変わるのだ！

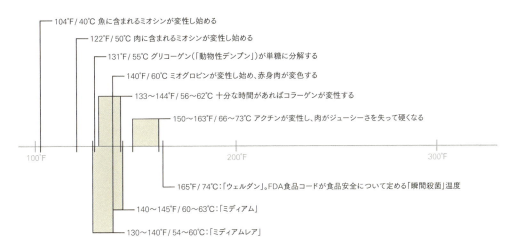

各種のタンパク質の変性温度（上側）と標準的な焼き加減（下側）

屠畜プロセスと動物の取り扱い方法による違いは、きわめて顕著だ。官能パネル調査によって、死後硬直が終わる前に死んだ鶏から切り取られた鶏の胸肉は、もっと長い間骨と一体になっていた肉よりも硬い食感になることが判明している。（どうして鶏の丸焼きがおいしいのか、もちろん私はわかっていたさ！）

賢く買い物をする以外に、魚や肉が店頭に並ぶ前の取り扱いをコントロールできる方法はほとんどない。調味液を注入された極端に安い肉や適切に冷凍されていない魚からは、栄養はともかく良い食感は得られないだろう。自分の料理の出来栄えが平均以下だと感じられたら、食材の品質をチェックして、「マリネされた」とか「風味付けされた」と書いてあるものは避けるようにする。可能であれば、適切に取り扱われた魚や肉を取り扱っている魚屋や肉屋を見つけてほしい。

魚や肉を調理する際の課題は、病原体を死滅させるほど高く、しかしタンパク質を固くさせ過ぎない程度には低い温度で調理することに尽きる。魚や陸上動物は、主に水（65〜80％）とタンパク質（16〜22％）と脂肪（1.5〜13％）から

構成されており、グリコーゲン（0.5〜1.3%）などの糖類やミネラル（1%）は重量比でわずかな割合しか占めていない。

　タンパク質をどれだけ加熱調理するかによって調理後の食感は大きく左右され、柔らかくなったり硬くなったり、パサついたりする。肉に含まれるタンパク質は一般的に、構造タンパク質、結合組織タンパク質、そして筋形質タンパク質の3つに分類される。ここでは筋形質タンパク質についての説明は省略する。他と比べて、あまり料理には関係しないからだ。（ウェイトトレーニングをするときには、このタンパク質を鍛えている。）しかし、構造タンパク質と結合組織タンパク質は、非常に重要だ。

　構造タンパク質（筋原線維タンパク質）は、筋肉を収縮させる役割をしている。魚に含まれるタンパク質の約70〜80%は構造タンパク質だ。陸上動物の場合には約40〜50%になる。加熱されると、このカテゴリのタンパク質は固まってゲル状の構造を取るようになる。このためタンパク質は「結合剤」、つまり食材同士をくっつけるための材料として使うことができる。筋原線維タンパク質には、いくつかの種類がある。

COLUMN　白身の肉や赤身の肉があるのはなぜ？

「豚肉も白身肉です」* というマーケティングはさておき、赤身肉は鶏肉よりも多くミオグロビンタンパク質を含む肉と定義される。肉が赤いのは血液のためではなく、タンパク質のためだ。**ミオグロビン**は紫がかった色をしているが、酸素と結びついて**オキシミオグロビン**になると赤色に変化する。（解剖模型で静脈が青く、動脈が赤く表示されている理由も、これで分かっただろう！）

鶏の胸肉に含まれるミオグロビンタンパク質は非常に少ないが（0.05mg/g）、鶏のもも肉では約2mg/g、豚肉では1〜3mg/g、そして牛肉では10mg/gにも達する場合がある。牛と比べて豚にはいわゆる「色素」が少ないため色が薄く見えるが、それでも鶏肉よりは多いのだ（マーケティング担当者には申し訳ないが）。

色の濃い肉（鶏のもも肉を想像してほしい）には高レベルのミオグロビンが含まれる。ミオグロビンは酸素を筋肉組織に供給する役目をしており、動物が歩いたり羽ばたいたりするための部位は酸素をたくさん必要とするので、これはうなずける話だ。その他にも肉の色は、酸素との接触やpHのレベル、そして保存条件によっても変化する。そのため、肉に火が通っているのにピンク色に見えたり、調理不足なのに茶色になったりする場合もある。

これに関連して注意してほしいことがある。ひき肉の色が赤から茶色に変わっても、それは酸素に触れていないミオグロビンの色や、オキシミオグロビンが酸素を保持していられなくなり（構造中の鉄原子の1つが電子を失って）茶色のメトミオグロビンに変化したためだ。どちらにしても、腐ったというサインではない。

* 訳注：米国で豚肉の消費拡大をねらって使われた宣伝文句。

- **ミオシン**は筋原線維タンパク質の大部分（約55%）を占め、アデノシン三リン酸（ATP）をエネルギー源として実際に収縮を行う物質だ。死後硬直の話に戻ると、グリコーゲンはATPに変換される際に副産物として乳酸を作りだす。屠畜されたばかりの肉に含まれるグリコーゲンの量によって、ミオシンが残ったグリコーゲンを燃やして作りだす乳酸の量が決まる。
- **アクチン**は筋原線維タンパク質の約25%を占め、ミオシンと結合している。この結合によって、アクチンとミオシンが筋肉を収縮させる機構が実現されている。
- その他の筋原線維タンパク質は、ミオシン―アクチン機構の結合を助けている。この中にはチチン、ネブリン、デスミンなど、時間がたつとカルパイン酵素によって分解し、肉の食感を変化させるものもある。この食感の変化が感じられるのは屠畜から1週間後からで、その後数週間にわたって進行する。熟成肉のステーキが柔らかい食感となるのは、このためだ。

タンパク質の3番目のカテゴリはコラーゲンのような結合組織（間質）タンパク質で、腱などの筋肉組織中の構造を提供する。魚のタンパク質の約3%が結合組織タンパク質であり、サメでは10%に達する。哺乳類では、結合組織タンパク質は約17%を占める。料理においてコラーゲンを理解することは重要なので、この章の後のほうで別に説明する（208ページを参照してほしい）。ここでは、コラーゲンに富む肉を調理するにはそれなりのテクニックが必要だということだけを覚えておいてほしい。

構造タンパク質であるアクチンとミオシンの量は、動物の種類と部位によって異なり、またタンパク質の実際の化学的構造も異なる。ミオシンはタンパク質のファミリーであり、哺乳類は海生生物とは異なるバージョンのタンパク質を持つように進化してきた。魚に含まれるミオシンは、104°F / 40°Cという低い温度で顕著に変性し始める。アクチンが変性するのは、140°F / 60°C付近だ。陸上動物では、海の中よりも暖かい環境や熱波を生き抜く必要があるため、ミオシンは122～140°F / 50～60°Cの温度範囲で変性し、アクチンは150～163°F / 66～73°C付近で変性する。

パサついた調理しすぎの肉が硬いのは、肉の水分が失われたためではない。顕微鏡レベルでタンパク質が互いに絡み合ってしまっているため、噛み切れないほど硬くなるのだ。肉に熱を加えると、顕微鏡レベルで物理的にタンパク質が変化するため、食感が変わる。タンパク質は変性するに従って、ゆるんでほどけてくる。変性に加えて、ほどけることによってタンパク質の一部が新たに露出し、別のタンパク質の一部と接触し、相互に結び付くことも起こる。このプロセスは**凝固**と呼ばれ、調理の際にタンパク質の変性に伴って起こることが多いが、別の現象だ。

研究者たちは実験のデータから（「総合咀嚼試験」とか「総合食感選好」などが私の好きな言葉だ）、肉が140～153°F / 60～67°Cで調理された場合に最高の食感が得られることを突き止めた。これは、ミオシンは変性するがアクチン

は未変性の状態を保っている温度範囲とぴったり一致する。この温度範囲では、魚はしっとりとしてパサつかず、赤身の肉はピンクの色合いを保って暗赤色の肉汁を含んでいることが多い（必ずそうなるとは限らないが）。

　証明は困難だが、理想的な食感の温度範囲がミオシンの変性する温度とアクチンの変性する温度の間であるという符合は、食感がこれら2種類のタンパク質の状態に依存していることを強く示唆している。これは魚と哺乳類の両方で体温ともつじつまが合っており、またこの温度に長時間保持すればわかるが、単なる時間と温度の速度現象でもない。このセクションからひとつだけ学んでほしいことがあるとすれば、それは「変性したミオシンはおいしいが、変性したアクチンはまずい」ということだ。もちろん、他にも関係するタンパク質はあるし、温度の微妙な違いによってそれらの変性が与える影響も変わってくるだろうが、筋肉組織の大部分はアクチンとミオシンが占めるので、これら2種類のタンパク質が良い食感に重要な役割を果たしているようだ。

　肉の種類によっては、テンダライズ（軟化）によって食感を改善できる場合もある。マリネや調味液は、酵素の働き（パイナップルに含まれるブロメラインは結合組織を分解し、パパイヤに含まれるパパインはさらに筋肉繊維を分解する）や溶媒としての作用（タンパク質の中には塩水に溶けるものもある）によって、化学的に肉を柔らかくする。また熱によって活性化する化学軟化剤が、パック詰めされた食肉に注入される場合もある。ステーキのドライエイジングは、時間をかけて肉にもともと含まれる酵素にコラーゲン組織とミオシン―アクチン機構を分解させる手法だ。またドライエイジングによって、肉の風味も変化する。エイジング期間が短い牛肉は金気くさく「血のような」味がする一方で、長く熟成させた肉は獣くさい味がするようになる。どちらが「よい」味かは、個人的な好みによる。（生理的に金気くさい味を受け付けない人もいるだろう。）　食料品店で買える赤身肉は5日から7日熟成させたものが一般的だが、レストランによっては2～3週間熟成された赤身肉を使っているところもある。

　また、機械的に肉を柔らかくする手法もある。これは実際には、固い肉を小さな硬いかたまりに切り分けているだけのことだ。ハンバーガーのようにひき肉にすることによって、結合組織タンパク質や筋原線維の構造は切り刻まれることになる。タルタルステーキ（186ページを参照してほしい）やロンドンブロイルなどのように、筋肉を「繊維を断ち切るように」（筋原線維構造と垂直に）薄切りにすることも効果がある。ちょうどフォークで何度も突き刺すのと同様に、非常に細い針で顕微鏡的にスライスされた肉もある。次の（食品安全に関する）セクションで見て行くように、このような肉にはいくつか問題がある。

104〜122°F / 40〜50°C：魚や肉に含まれるタンパク質が変性し始める

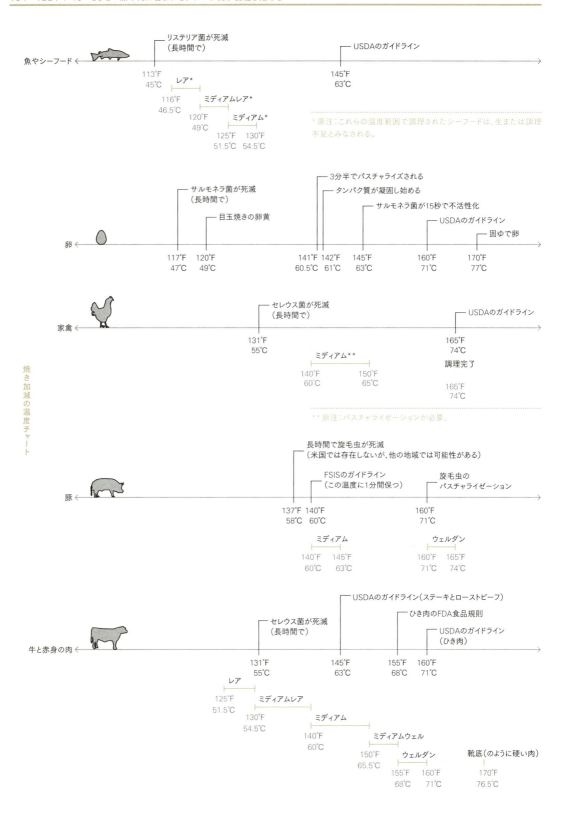

焼き加減の温度チャート

RECIPE バターミルクでマリネしたスカートステーキ

大部分の牛肉は、「穀物仕上げ」（屠畜前の数か月、穀物を含む飼料に切り変えること）された牛のものだ。それに対して最後まで牧草で育てられた牛を、私は「牧草仕上げ」と呼んでいる。すべての牛は、最初は牧草を食べて育つからだ。穀物仕上げによって、リブアイやストリップステーキなどの部位の肉は、牧草仕上げの牛と比べて2倍以上の脂が乗っている（筋肉中の脂肪が2.3%に対して約5.2%含まれる）。牧草仕上げの牛肉を料理するのが難しいのは当然だ。

マリネ液の成分は肉にあまり深くはしみこまないものが大部分だが、酵素の働きを助ける物質や酸は、時間さえかければ深くしみ込む。一般的な目安として、食塩中のナトリウムイオンなど小さな分子が肉の中に1インチ（2.5cm）しみこむには約24時間かかる。マリネ液に漬けるレシピが、長時間を必要とするのはこのためだ。マリネ液の濃さだけでなく、それに筋肉組織が浸されている時間の長さも重要なのだ。

理論的には、非常に脂身の少ない肉（特に牧草で育った牛肉）に適切なマリネ液を使えば、食感が改善できるはずだ。屠畜プロセスの初期に行われる商業的な加工では酵素軟化剤が使われるが、家庭では食感が柔らかくなりすぎる場合がある。バターミルクに含まれる乳酸（もしかするとカルシウムも）は、このような問題なく肉を柔らかくしてくれる。

現実的には、マリネが肉の食感に与える影響に関しては多くの議論がある。マリネした肉を半分に切って見てみると、外側の薄い層にしか変化は見られず、また風味試験もこれを裏付けているようだ。しかし、食感の違いは風味とは違う。酸や塩が組織にしみこんでいることは明らかだ。セビーチェのようにマリネしたホタテ貝を半分に切ってみれば、見た目にも違いがわかる。実験して、自分の考えをまとめてみよう。

ジッパー付きの袋に**約2ポンド（1kg）のフランクステーキかスカートステーキを1枚**入れ、袋を置いたときにも肉が十分浸るように**バターミルクを数カップ**加える。お好みで、バターミルクに**すりおろしたレモンの皮1個分**と**薄切りにしたにんにく数かけ**などのハーブやスパイスを加えてもよい。袋を冷蔵庫に入れ、8〜24時間休ませる。袋から肉を出し、マリネ液を捨てて、熱い鋳鉄製のフライパンで片面につき2〜3分ずつ焼いて焼き色を付ける。繊維を断ち切るように、筋肉繊維と垂直に薄切りにすると食感が良くなる。

このマリネ液は他の肉にも使える。鶏肉の場合には、少なくとも12時間マリネしてほしい。

RECIPE サーモンのオリーブオイル煮

サーモンやアルプスイワナなどの魚は、火を通し過ぎるとパサついて微妙な味わいが失われてしまう。魚を煮る際のコツは、低い温度でゆっくり火を通すことだ。こうすると簡単に火の通りぐあいが調節できるので、驚くほどおいしい料理が作れる。

魚の切り身を、皮目を下にして、魚がちょうど入る大きさの耐熱ボウルに入れる。魚にたっぷりと塩をして、切り身が浸るまでオリーブオイルを注ぐ。（魚がぴったり入る大きさのボウルを使えば、必要なオリーブオイルの量を減らせる。）

中温（325〜375°F / 160〜190℃）に設定して予熱したオーブンに魚を入れる。

レアに仕上げるには（良質のサーモンにはぴったりだ）、115°F / 46℃で鳴るように設定したプローブ式の温度計を使い、15〜20分ほど調理する。（レアに調理した魚は、パスチャライゼーションしない限り生または調理不足とみなすべきだ。詳しくは351ページを参照してほしい。）

ミディアムな煮加減にするには、内部の温度が130°F / 54℃に達するまで20〜25分ほど調理する。

温度計が鳴ったら魚を取り出す。余熱で温度はあと数度上がるはずだ。

NOTES

◎玄米またはワイルドライスの上に盛り付け、ポロねぎ、タマネギ、それにマッシュルームを炒めたものをその上に乗せてみよう。（オレンジジュースをポロねぎに振り掛けると実においしい。）あるいは、砕いた赤トウガラシとサヤインゲンを炒めたものと白米を一緒に盛り付け、上からしょうゆをかけてもよい。

◎サーモンにはアルブミンというタンパク質が含まれ、写真の下側のように切り身から流れ出して白く凝固することがある。あまり見た目のよいものではない。これは、ハンバーガーやその他の肉から染み出して、よく表面に灰色がかった「しみ」を作るタンパク質と同じものだ。これを防ぐには、魚を（重量比で）10％の食塩水に20分浸してタンパク質を固定すればよい。次の写真中の上の切り身は、この処理を行ったものだ。違いがよくわかるだろう。魚を塩水に漬ける場合、調理の際に塩を振る必要はない。

サーモンにはアルブミンというタンパク質が含まれ、この写真の下側のように、煮る際に切り身から流れ出して魚の表面に凝固し、見た目を悪くすることがある。

RECIPE マグロの塩クミン焼き

フライパンで焼くという調理法は実にシンプルだが、すばらしい風味を生み出すとともに、バクテリアの表面汚染対策にもなっている（これについては次のセクションで説明する）。

衣をこんがりと香ばしく焼くためのコツは、他の材質のフライパンよりも熱容量の大きな、ステンレスか鋳鉄製のフライパンを使うことだ（さまざまな金属の熱特性の違いについては、48ページを参照してほしい）。このレシピには、鋳鉄製のものをお勧めする。高温でゆがんでしまう心配がないからだ。マグロの切り身を熱いフライパンに入れ、内側の大部分は生のまま、外側をすばやく焼き付ける。

1人につき3〜4オンス（85〜110グラム）の生のマグロを用意する。マグロを大まかに同じ大きさに切り分ける。これを一度に1個か2個ずつ焼く。

平らな皿に、「マグロ1切れにつき」**クミンシード 大さじ1（6g）**と**粗塩 小さじ1/2（2g）の塩**（できればフレーク状の海塩がよい）を量り取る。別の皿に、キャノーラ油、サンフラワー油、またはサフラワー油などの**揚げ油を大さじ数杯（約30ml）**入れておく。

鋳鉄製のフライパンをコンロに掛けてできるだけ強火にし、煙が出るまでフライパンを十分に熱する。

1人分のマグロの全ての面にクミンと塩をまぶし、すばやく油に浸して全ての面を薄くコーティングする。

魚のすべての面を焼く。いま焼いている面のクミンシードがこんがりと焼けてきたらひっくり返し、各面を30秒ほど焼く。

1/3インチ（1cm）幅に切り、サラダ（緑の野菜の上に魚を乗せる）か、メインディッシュ（米、リゾット、または日本のうどんを添えてみてほしい）として食卓へ出す。

マグロのすべての面にクミンシードと塩をまぶす。スパイスを均等に混ぜて広げた皿の上に、マグロを上から押し付けるようにするとよい。

フライパンが本当に熱くなっていることを確かめてほしい。魚を焼いているうちに煙が出てくるようなら大丈夫！

フライパンで焼いたマグロは非常に鋭い「焼き上がり勾配」となっており、薄いウェルダンの表面の中に中心部が大きく生のまま残っている。

NOTES

◎この料理はニース風サラダにもぴったりだ。サヤインゲンと固ゆで卵、小さく切ったジャガイモやトマト、オリーブを加え、レタス（ビブレタスやバターヘッドレタスが良い）を敷いた上に乗せ、軽いビネグレットドレッシングをかけて賞味しよう。

◎マグロを入れた瞬間に、フライパンの温度が下がってしまうことに気を付けてほしい。だから、フライパンに対して魚が大きすぎてはいけない。自信がなければ、1人分ずつ調理しよう。

◎岩塩（コーシャソルト）や食卓塩ではなく、海の粗塩を使ってほしい。海の粗塩は粒が大きくてフレーク状をしているので魚に触れてもすぐには溶けず、食べるときに舌で溶けてよい風味を加えてくれる。

140°F / 60℃：危険ゾーンの上限

危険ゾーンのルール：2時間を超えて、食品を 40°F / 4℃から 140°F / 60℃の温度範囲に置いてはいけない。

　1980年代の音楽のファンなら「ハイウェイ・トゥ・ザ・デンジャー・ゾーン」*を突っ走りたくなるかもしれないが、食品に関しては反対方向へのハイウェイに入ることをお勧めしたい。現代の食品供給システムは、かつてないほど絡み合い、依存し合っている状況だ。私は今、この文章を書きながら朝食のシリアルとヨーグルト、バナナ、それにアーモンドを食べている。ミューズリーシリアルはスイス製だし、ヨーグルトは地元ニューイングランド産で、バナナはコスタリカから、アーモンドはカリフォルニアから来たものだ。世界中の3,000マイルも離れたありとあらゆる方角から、食料はやってくる。例外といえば北極くらいのものだ！

　一年中新鮮な農産物や世界中の食材が手に入ることはすばらしいが、その反面、何か間違いがあった際に影響を受ける人の数も増加している。ひとたびホウレンソウ畑に汚染された水がまかれると、汚染源が特定される前に、数多くの州や国境を越えて何百人もの消費者が食中毒を起こすかもしれない。

　食品安全はセクシーな話題ではないが、重要なことだ。そして興味深い生物学の問題もいくつか含まれている。（液体窒素の中でも生き延びられる寄生虫がいるって、知っていましたか?!）　この章（というより、この本全体）の他のセクションとは違って、ここでは「上手に料理するために」という発想からしばし離れて、「自分や他の人を死なせないために」どうすればよいか、十数ページにわたって説明して行く。なるべく読んで楽しいものにはするつもりだ。

　食品を安全でないものにしてしまう主な原因は、バクテリアと寄生虫、そして不適切な取り扱いだ。ウイルスやカビ、そして汚染物質など他の要因も問題だが、これらは比較的対処しやすい。ウイルスへの感染は、手洗いをしなかったり病気のときに料理したりすることによって起こるが、両方とも対策は簡単だ（手洗いの徹底、病気のときには人に料理を作らない）。何かにカビが生えていたら、捨ててしまおう（カビに関するインタビューについては、458ページを参照してほしい）。カビは目に見える範囲から1インチ（2.5cm）までしか存在しないという通説は間違いだ。最後に、汚染物質や毒素は食品の製造者にとっては主要な懸念事項だが、消費者にとってはあまり気にする必要はない（自分で野菜を育てているのなら、土壌に汚染物質が含まれていないか検査してほしい）。

* 訳注：映画「トップガン」の主題歌の一節。

バクテリアと寄生虫の話に戻ろう。食中毒を引き起こす犯人の大部分は40°F / 4°Cを超える温度で増殖し、種によっては131°F / 55°Cまで活動を続ける。数度の安全マージンを考慮すれば、このセクションの最初に提示した「危険ゾーン」が40°F / 4°Cから140°F / 60°Cの温度範囲に定義されている理由も理解できるだろう。冷蔵庫の中では、バクテリアや寄生虫が生き残ることは可能だが増殖できないのが一般的で（例外はある）、140°F / 60°Cを超えると最終的には死滅する。しかしこの2つの温度の間は病原体のパーティー会場だ。

ご想像通り、この危険ゾーンの時間範囲は実際の微生物の生態を大幅に単純化している。このルールが時間を2時間に制限しているのは、最悪のケース、つまり非常に悪質な病原体のひとつであるセレウス菌 *Bacillus cereus* に汚染された場合に食中毒を引き起こすまでの時間を想定しているためだ。(科学者にはユーモアのセンスがないなんて誰が言った？ 「*B. cereus*」（セレウス菌）と叫んでみよう*。)

> *原注：「Be serious（まじめにやれ！）」と発音が同じ。

温度範囲もまた、大幅に単純化されている。微生物は、温度が違えば増殖する速度も違う。例えばサルモネラ菌は、100°F / 37.8°C近辺で盛んに増殖する。（だから感染すると食中毒になるのだ。） 40°F / 4°Cでは全く増殖しないが41°F / 5°Cになるといきなりパーティーが始まる、というものではない。至適生育温度まで、ゆるやかに上昇するカーブを描くのだ。危険ゾーンや調理温度のガイドラインは単純化されたものであり、全体像を理解しておけばよりおいしく安全に食品を料理できるようになるだろう。

食中毒を引き起こすバクテリアの増殖速度は、至適生育温度範囲を中心とした曲線を描く。危険ゾーンルールから想像される形とはかなり違っている。

時間と温度の範囲が単純化されていることを理解するためには、確率について触れる必要がある。食中毒になるかどうかは確率のゲームだ。リステリア菌 *Listeria monocytogenes* はリステリア症の原因となり生乳に存在するおそれのあるバクテリアだが、約1,000個体を飲み込まなければ発症しない。これはずいぶん多いように聞こえるかもしれないが、実際はそうではない。汚染されたミルクを一口飲むだけで、食中毒になる可能性があるのだ。1個体の大腸菌 *E. coli* は問題とならない可能性が高い（でも私は実験台になろうとは思わない！）が、10〜100個体ではかなり確率が高くなる。ハンバーガーをミディアムレアに焼けばバクテリアの数は減らせるが、ゼロになることは保証できない。どの程度のリスクを受け入れるか（**本当に**そのハンバーガーをミディアムレアに焼いてほしい？）判断するためには、その深刻度と確率を知っておく必要がある。

大部分の人にとって、ほとんどの食中毒が引き起こす結果は下痢、嘔吐、筋肉の痙攣などの「胃腸障害」だ。しかし**リスクありグループ**つまり食中毒によってさらに深刻な事態が引き起こされるおそれのある人たちにとっては、そのような食中毒が命にかかわる場合もある。高齢者、乳幼児、妊産婦、あるいは免疫不全の人の食事を調理する際には、食品安全の問題に特に気を配り、高リスクの料理（残念ながら、ミディアムレアのハンバーガーも含まれる）を避けるべきだ。

米国疾病対策センター（CDC）によれば、1年間に食中毒になる確率は約6分の1であり、その約4分の1が入院を必要とする事態となる。食中毒となる過程は、かなり複雑なものだ。まずサルモネラ菌を具体例として見て行き、同じ概念が他の病原体にも当てはまることに注意しながら、異なる点があれば指摘して行こう。

サルモネラ菌は驚くほど普通に見られるバクテリアで、毎年世界中で何千万人もの人々が感染している。サルモネラ菌は44〜118°F / 7〜48°Cの温度範囲で増殖し、さらに広い温度範囲で生き続ける。160°F / 71°Cに加熱すると、即座に死滅する。つまり**加熱致死時間**（ある温度でバクテリアが死滅するまでにかかる時間）はゼロだ。

米国農務省（USDA）では、消費者向けに調理時間のガイドラインを公表している。鶏肉の場合、大腸菌やサルモネラ菌に汚染されているおそれが高いため、USDAのガイドラインでは165°F / 74°Cまで加熱するよう指示している。これは、鶏肉をおいしく調理するためではなく、シンプルさに重きを置いたガイドラインだ。一方、実際の食品関連法規を策定している米国食品医薬品局（FDA）の食品衛生規則（Food Code）では、民間企業が鶏肉を調理する際には155°F / 68°Cまで加熱することを要求している（興味のある人のために書いておくと、セクション3-401.11）。

この温度の違いはなぜだろうか？　部分的には、米国の食品規制システムの不可解さと、規制団体間の違いのせいだ。（まじめに言って、USDAやFDAやCDCやNSAが、それぞれ何を担当しているかわかっている人がどれだけいるだろうか？）　消費者向けのガイドラインでは多少のエラーを考慮して、安全側にマージンを取っている。民間企業は法的な基準に従う責任があり、より良い測定テクニックと機器を持っていることが前提となっている。

そして**保持時間**（その温度に食品を保持する時間の長さ）の問題がある。FDAの要求は155°F / 68°Cにおける加熱致死時間15秒を根拠としたもので、調理した鶏肉はこの温度に達した後15秒間保持されなくてはならないことを意味している。

この章の始めのほうに説明した反応速度は、バクテリアや寄生虫にも当てはまる。保持時間を長くすれば、より多くの病原体を殺すことができる。USDAの食品安全検査局（FSIS）というもうひとつの団体では、まさにこれを説明する保持時間のチャートを公表している。145°F / 63°Cまで加熱した鶏の胸肉の食感ははるかに良い（火が通っていてパサつかない）が、8分24秒という保

持時間を必要とする。これを家庭の料理人が安全に行うことはできないと消費者向けガイドラインが想定しているのも当然だ（しかし、低温調理法なら可能だ。339ページを参照してほしい。） しかし150°F / 66°Cであれば、保持時間はわずゕ2分42秒となり、多少の注意があればあなたにもできるだろう。誰にも言わないでほしいのだが、私が鶏肉を調理しているのもこの方法だ。5°F / 3°Cのエラーを見込んで、155°F / 68°Cまで温度を上げてから3分間保持している。（しーっ！）

保持時間を守るために必要なのは、その温度に達することだけではない（しかし私は、何もないよりは単純化されたガイドラインを守って調理されたものを食べたいと思う）。具体的な保持時間は対象となる微生物だけでなく、調理される食品によっても変化する。鶏肉の場合、脂肪分が少なく表面が滑らかなため、サルモネラ菌をパスチャライゼーションするには145°F / 63°Cに8分24秒間保持すれば十分だ。しかしビーフジャーキーを作る場合、サルモネラ菌は145°F / 63°Cで10時間生存する可能性がある。これはおそらく、牛肉を乾燥させる際に水の蒸発による冷却が起こることと、表面に温度の上がりにくい小さな割れ目があることによるものだろう。

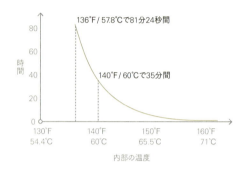

USDA FSISによる、鶏肉を調理する際の保持時間（分）。
（鶏肉に12％の脂肪が含まれると想定している）

保持時間がわかりにくければ（私も最初はそうだった）、サウナで過ごす時間のようなものだと考えてほしい。サウナの乾燥した暑さの中でも、しばらくの間なら生き延びることはできるし、楽しむことさえできるだろうが、長時間入っていれば最後には死んでしまうことになる。冷たいタオルと氷の入った飲み物を持ってサウナに入れば、より長い時間持ちこたえられるはずだ。同じことが病原体にも言える。十分に長い時間をかければ最後には**死滅するが瞬間的に死ぬわけではない**ので、単純化されたガイドライン未満の温度で調理する際には、正しくパスチャライゼーションできる調理時間を正確に守ることが必要となる。

ところで**パスチャライゼーション**（pasteurization）とは、典型的な病原体を安全なレベルにまで減少させることしか意味していない。これを**滅菌**（sterilization）とは混同しないでほしい。滅菌とは、病原体を完全になくすことだ。調理後にサルモネラ菌がゼロになれば、再汚染がない限りその食品は食中毒を引き起こさないことは明らかだ。しかしパスチャライゼーションの場合、病原体のレベルは低下するがゼロになるとは限らないので、生育温度になれば再び危険なレベルにまで戻ってしまうかもしれない。ツナの缶詰や放射線照射＊されたミルクなど、滅菌された食品には病原体は全く存在しないので、適切に密封されていれば室温で長期間保存できる。

＊訳注：日本では放射線照射によるミルクの殺菌は認められていない。

パスチャライゼーションの保持時間は、特定の温度で病原体が死滅する速さと、（想定される最悪の汚染レベルと受容できるレベルとの差に基づいて）どれだけの個体を殺菌する必要があるかによって決まる。パスチャライゼーションについて話すとき、科学者は**対数減少率**（$\log_{10}$減少率）という用語を使う。対数

減少率1とは、存在する病原体の数を10分の1に減らすことだ。サルモネラ菌の場合、ガイドラインでは対数減少率7が規定されている。これは10,000,000個体のバクテリアのうち1個だけが生き残れることを意味する。

食品を調理することによって病原体の数を減らせるのなら、うっかり放置して病原体が再び増殖した可能性のある食品を再調理してはいけないのだろうか？バクテリアそのものではなく、それらが作りだす毒素が問題となる場合もある。適切な調理によってバクテリアの数は安全なレベルにまで減らせるかもしれないが、B. cereus などが作りだす毒素そのものには耐熱性があって、調理された食品の中に残っていることがある。

次のセクションでは、守るべき具体的な時間と温度について見て行く。食品中の病原体に関する追加情報については、FDAの「Bad Bug Book」を参照してほしい。現時点でのリンクはhttp://cookingforgeeks.com/book/badbugbook/ にある。

COLUMN **酸で調理する**

タンパク質を変性させ病原体を殺すことができるのは、熱だけではない。タンパク質は、分子構造上の押し引きの力のバランスによって未変性の形状を保っている。酸や塩基を加えると、この力のバランスが崩れる。酸や塩基のイオンがタンパク質の構造を押して電荷の変化を引き起こし、タンパク質の形状を変化させる。**セビーチェ**（柑橘類でマリネしたシーフード）などの料理では、ライムやレモンのジュースの酸が、加熱による調理と同様の分子レベルでの変化をもたらす。またこの変化が起きるのは表面だけではない。十分な時間があれば、酸性や塩基性の溶液は食品の中まで浸透する。

セビーチェは、酸を使って病原体を死滅させる典型的な例だ。コレラ菌（V. cholerae）はシーフードによって媒介されることの多い病原体だが、4.5未満のpHレベルの環境では、たとえ室温であっても急速に死滅する。もうひとつの例は、米酢を加えた寿司飯だ。米酢なしで室温に放置すると、白いご飯はセレウス菌の格好の培地となる。水分と、理想的な温度と、バクテリアの養分となる十分な栄養素が存在するからだ。しかし環境のpHレベルを約4.0まで下げると、寿司飯はバクテリアの生育可能範囲を外れる。このため、レストランで寿司飯を適切に準備することは非常に重要だ。正しくpHレベルを調整しなければ、食中毒患者を出す結果となってしまう。

米を炊いてもバクテリアが死なないのはなぜ？
バクテリアは死ぬが、その効果は一時的なものだ。セレウス菌など一部のバクテリアは、耐熱性があり煮沸にも耐える芽胞を作って増殖する。芽胞は土壌中や水中のあちこちに存在するので、取り除くことはほとんど不可能だ。また、缶詰などのテクニックを使わない限り、冷めた食品に二次汚染によって病原体が再導入されるおそれもある。

RECIPE タルタルステーキ、ポーチドエッグ添え

タルタルステーキは、一部の人にとってはおいしいものだが、それ以外の人には嫌悪感を催させる。食べ物の好き嫌いは別として、カルパッチョ（生肉を薄いそぎ切りにしたもの）とタルタル（生肉をみじん切りにしたもの）は、科学的な観点からは驚くほど面白く興味深いものだ。これらは両方とも筋肉組織を断ち切ることによる機械的なテンダライズを利用しており、食品安全管理の良い例ともなっている。

ここで私が使うのは、熱湯に浸すことによって表面に存在するおそれのあるバクテリアの99%以上を除去するというテクニックだ。昔からの食品科学の言い伝えに、こういうものがある。「安全な食べ物などというものはない。比較的安全な食べ物があるというだけのことだ。」183°F / 83.5℃の熱湯に浸すことによって、大腸菌は10秒後に99.4%減少し（対数減少率2.23）、20秒では99.9%減少する（対数減少率2.98）。かなり良い数字だが、100%ではない。ポーチドエッグ（少なくとも米国では、サルモネラ菌のおそれがある）を食べない人なら、タルタルステーキも食べないほうがいいだろう。しかしその気があるのなら、ぜひ試してみてほしい。びっくりするほどのおいしさかもしれない*。

前菜サイズ1人分につき、**テンダーロイン（ヒレ肉）やトップサーロインなどの脂肪分の少ない「かたまり肉」1/4ポンド（約100g）**が必要だ。4人分なら、1ポンド（450g）のかたまりを1つ買ってくる。**ひき肉を買ってきてはいけない**。その肉が、機械的にテンダライズされた（「pinned」とか「jaccarded」と表示されている）ものでないことを確認してほしい。肉屋に確認するのが良いだろう。私は幸運にも、2週間乾燥熟成されて店頭で食肉加工された、出どころのはっきりした肉を買うことができている。

肉を大きな鍋に入れ、肉がかぶるだけの量の水を張る。肉を取り出し、水をおおよそ183°F / 83.5℃まで加熱する。10〜20秒間肉を浸し、取り出してペーパータオルで水気をふき取る。肉は灰色になっているはずだ**。（豆知識：この色は、時間と共に部分的に元に戻って行く。）

肉を皿に乗せて冷凍庫に30分間入れて固め、切りやすくする。

冷凍庫の中で肉が十分固まったら（凍らせてはいけない）、すばらしくよく切れる包丁を使って「ブリュノワーズ」（小角切り）、つまり約1/8インチ（0.3cm）の角切りにする。最初に肉を薄切りにして、次に千切りにし、最後に小角切りにするとよい。引き切りでうまく行かない場合には、上から押し付けて切ってみよう。肉をボウルに移し、たっぷりの**良質の海塩とコショウ**で風味付けする。

タルタルの愛好者には、調理方法と付け合わせについてゆるぎない信念を持っている人が多い。もしヒントが欲しければ、少量の**レモンジュースとマスタード、そしてオリーブオイル**を混ぜて味を調えてみてほしい。

ほとんどすべての場合、タルタルステーキは生の卵黄を乗せて食卓に出される。私はポーチドエッグを乗せるのが好きだ。卵黄はまだとろっとしているが、生の卵黄なんて考えるだけでもいや、という人にも受け入れやすい。1人分のタルタルステーキを皿に盛り付け、丸い形に整える。その上に**ポーチドエッグ**（205ページを参照してほしい）を乗せて、**良質のポテトチップス**を添えて食卓に出す。

---

* 訳注：日本では厚生労働省の「生食用食肉（牛肉）の規格基準」により、生食用牛肉を販売する場合には「肉塊の表面から深さ1cm以上の部分までを60℃で2分間以上加熱する方法又はこれと同等以上の効果を有する方法で加熱殺菌しなければならないこと」などが規定されている。これは肉塊を85℃の湯に10分間浸すことに相当する（下記PDF中のQ19）。http://www.mhlw.go.jp/topics/syokuchu/dl/110928_01.pdf

** 訳注：先ほど示した通り、日本の厚生労働省の基準を守るためには、85℃の湯に10分間浸す必要がある。

COLUMN パントリーの食材が悪くならないのはなぜ？

病原体は増殖するために、好適な温度以外のものも必要とする。多くの貯蔵食品は（クラッカーや、豆や穀物などの乾物、油、ジャムなども）、有効水分が少ないため保存性が高いが、他の変数も重要だ。以下に示す6つの要素が適切な範囲にないと、微生物は生育できない。頭文字を取ってFAT TOM（太っちょトム）と覚えてほしい。これらのうち1つでも範囲外にすれば、その食物での微生物の生育は抑制される。

最近では、カリシウイルス科のウイルス（ノロウイルスが最もよく知られている）が猛威を振るっている。これらのウイルスは、感染者が作った料理によって感染が広がるのが特徴だ。今までに一晩中「トイレの神様に祈った」経験がある、つまり下痢、嘔吐、寒気、頭痛などの症状に見舞われたことがあるのなら、それは50％の確率でノロウイルスのせいだ。このような症状があるときには、他の人の食べる料理を作ってはいけない！

F = Food（養分）
バクテリアが増殖するためには、タンパク質と炭水化物が必要となる。養分がなければ、増殖も起こらない。しかし、それでもまだ存在はするかもしれない！ 例えばボトル入りの飲料水には、有機物が含まれないので微生物は育成しない。

A = Acidity（酸度）
バクテリアは、特定のpH範囲でのみ生存できる。酸性が強すぎたり、逆にアルカリ性が強すぎたりすると、バクテリアのタンパク質が変性してしまうのだ。酢漬けの食品が常温保存可能なのは、酸性が強いためだ。自家製のジャムの場合、検証済みのレシピに正確に従わない限り、酸性が十分に強いかどうか知ることは難しい。

T = Temperature（温度）
温度が低すぎると、バクテリアは事実上冬眠してしまう。逆に高すぎると、死滅する。一方、大部分の寄生虫は適切な冷凍（シーフードの場合、−4°F / −20℃で7日間）によって死滅する。またバクテリアと同じように、高温でも死滅する。

T = Time（時間）
バクテリアが人体に悪影響を与える数に増殖するには、十分な時間が必要だ。貯蔵食品の場合、温度や時間は制約要因ではない。

O = Oxygen（酸素）
pHレベルと同様に、バクテリアの増殖には十分な酸素が必要だったり、あるいは嫌気性バクテリア（例えばボツリヌス菌 $Clostridium\ botulinum$）の場合には酸素が存在しないことが必要だったりする。たとえ真空パックされていても、酸素が存在しないとは限らないことに注意してほしい。油の中で保存した食品は、完全に酸素が存在しないが、にんにくやハーブやチリを使って風味抽出油や酸性の強くないドレッシングを作った場合には、冷蔵庫に保存して4日以内に使い切ってほしい。

M = Moisture（水分）
バクテリアは、増殖に水を必要とする。食品学者は**水分活性**という尺度を使っている。これは食品中の自由水を表す数値だ（0から1まで）。バクテリアが増殖するには、0.85以上の水分活性が必要だ。

豆知識：ボトックスは、ボツリヌス菌（$C.\ botulinum$）の作りだす毒素を原料としている。この毒素は、現在知られている中では最も急性毒性の強い物質だ。250ナノグラム（米粒の1/120,000の重さ）であっても、命にかかわる。

RECIPE 帆立のセビーチェ

この帆立のセビーチェは簡単に準備でき、暑い夏の日にはぴったりのさわやかな料理だ。また、酸（この場合にはライムとレモンのジュース）を使って食品を安全に食べられるようにするという、よい実例にもなっている。

ボウルに、以下の材料を混ぜる。

- ライムジュース：1/2カップ（120ml）
- レモンジュース：1/4カップ（60ml）
- 赤タマネギ：小1個（70g）、できるだけ薄く切る
- 薄切りにしたシャロット：大さじ2(20gまたは1個)
- オリーブオイル：大さじ2（30ml）
- ケチャップ：大さじ1（15ml）
- にんにく：1かけ（7g）、みじん切りにするかにんにく絞りでつぶす
- バルサミコ酢：小さじ1（5ml）

以下を加えて混ぜ、コーティングする。

- 帆立（アメリカイタヤガイ）：1ポンド（450g）、洗って水気をふき取る

冷蔵庫に保存し、2時間たったら再び混ぜ、一晩保存して酸を帆立にしみ込ませる。**塩**と**コショウ**で味を調える。

NOTES

◎2時間後に、帆立を1個輪切りにしてみよう。透明な中心部を、白い輪が取り巻いているのが見えるはずだ。外側の輪は、それまでにクエン酸が反応した部分で、色が変わったのはタンパク質が変性したためだ（熱を加えた場合と同様）。同じように、1日か2日マリネした後で輪切りにしてみれば、断面は完全に白くなっているはずだ。

◎このマリネ液のpHが重要だということを忘れないようにしよう。他の食材が極端に塩基性ではないと仮定して、この料理の少なくとも15%はライムまたはレモンジュースでなくてはならない。ライムジュース（pH 2.0～2.35）はレモンジュース（pH 2.0～2.6）よりも酸性が強い。

◎オレガノなどのハーブを少量マリネ液に加えるか、（マリネした後で）盛り付けの際にチェリートマトと香菜を加えてみよう。

ライムジュースはバクテリア対策としてどれだけ効果的？

シーフードに存在するおそれのある種類のバクテリアに対しては、非常に効果的だ。文献から引用してみよう。「コレラの流行の際、ライムジュースで処理したセビーチェを食べることは、コレラ菌への感染を避けるための最も安全な方法のひとつであろう。」(L. Mata, M. Vives, and G. Vicente (1994)、『酸性培地中でのコレラ菌の死滅：汚染された魚のライムジュースによるマリネ（セビーチェ）』Revista de Biología Tropical 42(3): 472 - 485.)

INTERVIEW
ダグ・パウエルが食品安全について語る

ダグ・パウエル（Doug Powell）はカンザス州立大学の診断医学・病理生物学科の准教授だ。彼のブログ「barfblog：食品安全とあなたを嘔吐させるものに関する熟考」は http://www.barfblog.com にある。

料理の品質と安全は対立するものなのでしょうか？ もしそうなら、両立させる方法はありますか？

安全と品質とは大きく違う。品質について話をするのはみんな大好きだ。ワインやオーガニック食品、栽培方法など、話の種は尽きない。私の仕事は、人々が嘔吐するのを防ぐことだ。

家庭で料理する人たちにとって、品質の違いを見分けるのは簡単なことです。しかし実際に食中毒になるまで、安全性の違いを見分けることは非常に難しいのではないかと思うのですが、その点いかがですか？

一年を通して新鮮な果物や野菜が手に入ることは、栄養の面から言えばとてもすばらしいことだ。しかし同時に、果物や野菜の豊富な食生活は、北米における食中毒の大きな原因となっている。それら生の食材と接触するものは、すべて汚染源となる可能性があるからだ。それでは、どうすればリスクと有益性のバランスを取ることができるのだろうか。リスクを知り、農場に始まる安全性プログラムを確立することだ。

1920年代のがんの動向を見てみれば、当時最も多かったのは胃がんだったことがわかる。すべての人々は、冬の間中ピクルスと酢と塩ばかり食べていたからだ。現在では、新鮮な食物が手に入るようになって、胃がんはほとんど撲滅されている。しかし今度は農場からキッチンまでの間の汚染を防止する必要が出てきた。多くの食物が生で食べられるようになってきたからだ。すべての物事の間にはトレードオフがある。ハンバーガーや鶏肉を調理するときには完全に火が通るように気を配り、温度計で確かめたりするが、実際には大部分のリスクは二次汚染に起因する。ジャガイモは泥の中で育ち、そこに鳥は糞をし、そして鳥の糞にはサルモネラ菌やカンピロバクターがうようよしている。ジャガイモをキッチンや食品提供業者へ持ち込むときには、バクテリアも一緒に持ち込んでいるのだ。

摂取から症状が現れるまでの時間は、通常どのくらいですか？

サルモネラや大腸菌の場合は1日から2日。リステリア菌などは2か月になる場合もある。A型肝炎は1か月だ。昨日や一昨日に何を食べたかはっきり覚えている人は少ないだろう。1か月前に食べたものを覚えていられるわけがない。食中毒の原因が実際に突き止められるのは、奇跡的なことなんだ。昔は、何百人もの人々が結婚式や葬式に出席し、同じ食事を食べていた。その人たちが2日後に救急病棟に殺到し、彼らが同じメニューの食事を食べていたことがわかれば、原因を突き止められる。今ではDNA指紋があるので、もっと簡単だ。テネシー州の人とミシガン州の人とニューヨークの人が何かで食中毒になったとすれば、サンプルを採取してDNA指紋を調べればよい。一致しているかどうかチェックしてくれるコンピュータや人が、24時間休むことなく稼動している。食中毒になった人々が全国のあちこちに散らばっていても、同じDNAが見つかれば、同じ食品を食べたことがわかる。

2006年に起こったホウレンソウの汚染を考えてみよう。食中毒になった200人は、全国のあちこちに散らばっていた。どうやって同じ原因だとわかったのだろうか。それは彼らから同じDNA指紋が見つかり、また同じDNA指紋がひとりの患者のキッチンにあったホウレンソウの袋の中の大腸菌から見つかったからだ。それから同じDNA指紋が、ホウレンソウ農場の近くの牛から見つかった。これは、最高に決定的な証拠が見つかったベストケースのひとつだ。通常は、これほど多くの証拠を見つけることは難しい。何をすべきか明らかでないことも多いが、大部分の食中毒の事例を見ると、天災とは考えられないものが多い。たいていは、もっと早く食中毒が起こらなかったことが不思議に思えるほどの、衛生上の重大な違反が原因だ。生食用の農産物の事例の多くでは、灌漑用水に人間や動物の排泄物が流れ込んでいて、それを使って作物を育てていた。これらの病原体は自然界に存在する。規制によってある程度は予防できるが、それ以上はどうしようもない。すべての鳥を全滅させるわけには行かないからだ。しかし影響を最小限に抑えることはできる。

農場主が作物を収穫する際、塩素殺菌された水道水で洗えば付着しているバクテリアを減らせる。牛や豚などの動物にこ

れらのバクテリアがいて、屠畜の際に汚染のおそれがあることは知っているだろう。だから他の段階で、なるべくリスクを減らす必要がある。家に持ち帰ったりハンバーガーを作ったりするまでに、間違いを犯すかもしれないからだ。私は博士号を持っているが、私だって間違いはする。だから、なるべくバクテリアの数を減らしておきたい。私の1歳の子どもを病気にさせたくはないからね。

バクテリアが食中毒の症状を起こすために必要な数というのはあるのですか?

それは微生物によって違う。サルモネラ菌やカンピロバクターなどの場合、正しい用量 – 応答曲線はわかっていない。食中毒が起こってから、さかのぼって調べることになる。冷凍食品などの場合には、冷凍庫によいサンプルが残っている可能性があるので、もっと多くのことがわかる。サルモネラ菌やカンピロバクターなどでは、感染を引き起こすためには百万個の細胞が必要となるようだ。病原性大腸菌O157などの場合には、5個あれば感染が起こる。

また、病原体の致死率を考慮する必要もある。病原性大腸菌O157の場合、患者の10%が腎臓を破壊され、死に至る人もいる。リステリア症では、患者の30%が命を落とす。サルモネラやカンピロバクターは命にかかわることは少ないが、不快なものだ。これらすべてを勘案する必要がある。妊婦はリステリア症に20倍もかかりやすい。妊婦が惣菜の肉やスモークサーモン、それに冷蔵された調理済み食品を食べてはいけないとされるのは、これが理由だ。リステリアは冷蔵庫の中でも増殖し、妊婦は20倍もかかりやすく、そして胎児を死なせるおそれがある。でもこのことを知っている人は少ない。

食品安全について、消費者に伝えたいメッセージはありますか?

飲酒運転や、その他どんなキャンペーンとも違いはない。十分注意することだ。われわれの現在の文化では、食品に関するメッセージは食品ポルノグラフィーに支配されてしまっている。テレビをつければ料理番組が延々と放送されていて、みんなが料理に関するうんちくを垂れているが、安全については誰も話そうとしない。スーパーマーケットへ行けば、40種類の牛乳やさまざまな方法で栽培された100種類もの野菜が手に入るが、どれも大腸菌がないことを保証してはいない。小売業者は食品安全を売り物にすることに非常に消極的だ。人々に「なんてことだ、食品は全部危険なのか!」と思わせたくないからだ。新聞を読めば、食品が危険なものであることはわかるはずだ。

私の見たところ、40~140°F / 4~60°Cを危険ゾーンとしているガイドラインが多いようです。

そんなガイドラインの多くは全くばかげたものだ。危険ゾーンを設定することはよいことだし、危険ゾーンに食品を放置しないことは大事だが、何も説明していないことも事実だ。人は、ちゃんと理由を説明されないと納得しないものだ。ただ「食べ物にこういうことをしてはいけない」と言うだけでは意味がない。「ふーん、でもなぜ?」と聞き返されてしまうだろう。私は、なぜすべきか、あるいはなぜすべきではないのかをちゃんと説明できる。ガイドラインによって人々の行動は変わっていないし、だからわれわれは人間の行動、つまり人々にすべきことをしてもらうための方法を研究しているのだ。ジョン・スチュワート*が2002年に言っていたとおり、トイレにこんな掲示(「従業員は手を洗うこと」)をすれば食中毒が減らせると思ったら、大間違いだ。ちゃんと効き目のある掲示を考え出さないといけないのだ。

あなたの考える掲示とは、どういうものですか?

いくつか考えてあるよ。一番気に入っているのは、レタスの上に頭蓋骨が乗っているものだ。ニンジンジュースで死んだ人もいいね。

ボツリヌス毒素は「油に漬けたにんにく」や「焼いた後ホイルに包まれたまま放置されたベイクドポテト」など、酸素のない食品中で作りだされる。調理しても芽胞を殺すことはできない。それどころか熱によって生育が助長されるおそれがある。

「要冷蔵」と書いてあるジュースは、冷蔵庫に入れよう。

* 訳注:米国のコメディアン。

食中毒の危険を減らすには

　しばらく前のことだが、近所の食料品店で魚屋が「その天然もののサーモンは寿司に使っても大丈夫だよ」とお客に話しているのを立ち聞きしたことがある。しかし、その魚のラベルには「冷凍」とは書かれていなかったし、ケースの中で他の魚と直接接触していたことを考えると、有害な寄生虫やバクテリアがいないという保証はできないはずだ。まったく、まともな魚屋はどこへ消えてしまったのだろう？

　まず、リスクに注意を払い、それがどこにあるのかを理解しよう。すべての農畜産物に、同じリスクがあるわけではない。例えばサルモネラ菌は、陸上動物や不適切に取り扱われた農産物に見つかることが多い（この点から言えば、野菜をよく洗わないために感染することが実際には多いのだ！）。ビブリオ・バルニフィカス（*Vibrio vulnificus**）のように、例えば天然もののサーモンなど河口部の汽水域にいる魚から見つかるバクテリアもある。マグロ類のような外洋性の魚や養殖もののサーモンなどは、比較的安心だ。このような詳細を具体的に覚えている人はほとんどいない（私も天然と養殖のサーモンの違いについて詳しく覚えられるほど記憶力が良いわけではない）が、大部分の食品（寿司用のものを除く）の調理に適用できる大まかなルールがいくつか存在する。

　食中毒を予防する最も安全な方法は（外界から遮断されて殺菌された粥だけを食べる以外には）適切な調理によって二次汚染を防ぐことだ。二次汚染は実に厄介なものであり、調理不足の肉よりも大きな問題となる。手を頻繁に洗い、そして洗ったばかりの手を汚れたタオルでふかないように気を付けよう。

　調理温度については、存在するおそれのある病原体が即座に死んでしまうような温度で食品を加熱調理することをUSDAは勧告している。このUSDAの勧告は安全性のためにおいしさを犠牲にしているが、リタイアした人がクルーズ船で食べる食事や病院食にはそれでもいいだろう。しかしそれ以外の場合には、勧告に従うと食品は調理しすぎになってしまう。

　良質のプローブ式デジタル温度計があれば、保持時間のガイドラインに従って食品のパスチャライゼーションを行うと同時に調理し過ぎを防ぐことができる。先ほど述べたように、米国FSISでは保持時間の表を公表している。「FSIS time-temperature guidelines」で検索してみよう。

　メニューの警告表示によく見かける「生または調理不足の肉」を食べたい場合には、どうすべきだろうか？　食材にもよるが、それでもやはり賢く取り扱う（二次汚染を避け、食品の温度を低く保つ）べきだし、農産物や肉やシーフードにどんなリスクがあるのかも理解すべきだ。これらの話題について、簡単にまとめてみよう。

USDAの消費者向けガイドライン

145°F / 63℃：魚介類
145°F / 63℃：牛の「かたまり肉」や類似の肉
160°F / 71℃：ひき肉
160°F / 71℃：卵
165°F / 74℃：家禽や食べ残し

* 訳注：「人喰いバクテリア」の異名がある

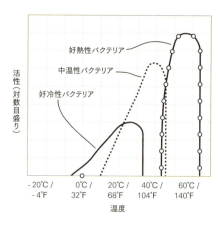

安全な調理温度は、存在する可能性のある病原体とその生存温度範囲によって決まる。食中毒を引き起こすバクテリアに好冷性のものは非常に少ない。だから冷蔵庫が有効なのだ。(リステリア菌は例外。) 大部分の病原菌は中温性(体温に近い温度で最も活発)であり、幸いにも好熱性のものは数種しかいない(例えばカンピロバクター)。

グラフはE. Andersen, M. Jul, and H. Riemann (1965), "Industriel levnedsmiddel-konservering ," Col. 2, Kuldekonservering , Copenhagen : Teknisk Forlagによる。

二次汚染を防止する

スポンジやふきんは、二次汚染の原因として悪名高い。途方もなく、無条件に悪名高いのだ。汚れた調理台を拭いたふきんを洗剤と湯で洗って絞り、1時間後にまた同じふきんで別の調理台を拭いたとしよう。それは結果的に、病原体を薄いコーティングとして見事に塗り広げてしまったことになる。蛇口から出るお湯は、病原菌を殺せるほど熱くはないからだ。あるいは、生の食材を扱った後に湯と石鹸で手を洗い、タオルで手を拭いたとする。しかしそのタオルが汚れた手で触ったものだったりすると、それもアウトだ。

手を拭いたりこぼれた食材を拭いたりするのにはペーパータオルを使い、清潔な食器用のふきんはたくさん用意しておいて、食事の後に洗い物をするたびに取り替えよう。食器洗い用のスポンジは1週間に1度電子レンジに掛ける(水ですすいだ後、「強」で2分間チンする)か、5分間煮沸するか、食器洗浄機で洗うようにしよう。

言うまでもないことだが、生の食材と調理済みの食材とは別のまな板や皿を使おう。まな板にラップをかぶせれば、即席の使い捨てまな板として使える。あるいは、肉の包み紙を使うこともできる。ただし、ラップや紙を切ってしまわないように気を付けよう。

食品の温度を低く保つ

冷蔵庫の中の温度をチェックしたことがあるだろうか? 温度は40°F / 4℃以下であるべきだし、理想的にはより低い温度(34〜36°F / 1〜2℃)であってほしい(食品を早く冷やし、傷みを遅らせるため)。

加熱調理によって大部分のバクテリアは死滅するが、少数が生き残ったり二次汚染によって戻ってきたりするおそれもある。また、耐熱性の芽胞が生き延びている可能性も大いにある。適切な温度と時間に恵まれれば、そのようなバ

クテリアはまた危険な数まで増殖してしまうかもしれない。残り物が出たら、すぐに冷蔵庫にしまうこと。後片付けのときまでそのまま置いていてはいけない。例外として熱い食品がたくさんある場合には140°F / 60℃まで冷ましてから、氷水に浸けてさらに急冷し、その後冷蔵庫にしまおう。

　食品をしばらく外に出しておく場合（のんびりと長い時間かけて食べるブランチの牛乳や、公園へのピクニックのために作ったポテトサラダなど）には、温度を低く保つようにする。ミルクなどの液体の容器は氷の入ったボウルに入れ、ポテトサラダなどの食品の容器は保冷材を使って冷たい状態を保つ。適切に調理され冷却されたとわかっている食品には、ガイドラインとして危険ゾーンのルールが使える。2〜4時間は経過しても大丈夫だが、それを超える場合にはリスクがある。

農産物を洗う

　あなたが冷蔵庫の野菜室を最後に掃除したのはいつ？　そんなことだろうと思ったよ。（私自身も同罪だ！）　レタスなど、生で食べる野菜はポリ袋に入れて保存し、食べる前には水ですすぐ。また、野菜を蒸せば病原菌がいたとしてもすぐに殺せる。少量の水の入った容器に入れ、ふたをゆるく閉めて電子レンジに入れよう。ふたは、蒸気を閉じ込めて野菜と接触させる役割をしてくれる。

　フルーツや野菜の汚染は、栽培中に使われた水の汚染やその他の原因（鳥が畑の上空を飛んでいる間にふんをするとか！）によって、購入前に発生する可能性もある。ニンジンやジャガイモ、ビートなどの根菜や、それ以外にも土がついているものは、徹底的に洗うべきだ。すべて徹底的に洗うようにしてほしい。店先で誰かがその食品に向かってくしゃみをしたかもしれない。（読んで気持ちが悪くなる話だとは分かっているが、先日読んだRedditのスレッドでは、ビュッフェ方式のレストランの従業員は絶対に……いや、聞きたくない人もいるだろうから、やめておこう。）

「未加工のかたまり肉」を使う

　食肉業界の用語で「未加工のかたまり肉（whole-muscle, intact）」とは、内部が手付かずの肉のかたまりを指す。つまり、ひき肉になっていたり、「機械的にテンダライズ」（小さな刃のたくさんついた器具で突き刺して肉眼では見えないほど細かい切れ目を入れること）されたりしていないという意味だ。牛や豚、仔牛や羊の未加工のかたまり肉は、おいしい料理を作るのにぴったりだ。汚染は表面に限定されているので、手早く焼き付けたり熱湯に浸したりすれば、内側が完全に生であっても安心して食べられる。未加工のかたまり肉なら、タルタルステーキも大丈夫だ*。

　しかしここで、「機械的にテンダライズ」という言葉に注意してほしい。米国で市販されているステーキ肉やロースト用の肉の4つに1つは機械的にテン

*訳注：先ほども指摘したが、日本の厚生労働省によれば「菌体の生肉への接種から1時間後、肉塊の表面から1cmの部分から菌体が検出されたこと」が判明したため、生食用牛肉を販売する場合には「肉塊の表面から深さ1cm以上の部分までを60℃で2分間以上加熱する方法又はこれと同等以上の効果を有する方法で加熱殺菌しなければならない」とされている。

ダライズされている。つまり、柔らかくなったことと引き換えに、表面が汚染されていた場合にはそれが肉の奥深くまで浸透してしまっているのだ。残念なことに、そのミクロな切れ目は肉眼で見ることはできず、またいらだたしいことに、食品表示法では加工業者に機械的にテンダライズされた肉の表示を義務付けていない。消費者団体が20年も訴え続けているというのに、今のところ表示が義務付けられているのはカナダだけ。肉屋と知り合いになる以外に、その牛肉が未加工のかたまり肉かどうかを知るすべはない。肉を買う際には気を付けてほしい。

ひき肉はウェルダンに調理する

　ハンバーガーのようなひき肉は、すべてが外側になる。つまり表面が汚染されていると、ひき肉にする際に肉全体が汚染されてしまう。USDAではひき肉を160°F / 71℃まで加熱するように言っている。しかしこの温度では、タンパク質の大部分が変性してしまい、固い食感になってしまう。油脂は肉のパサつきをマスクしてくれるので、脂身の多いひき肉を使えばジューシーなハンバーガーになるだろう。「85/15」の牛ひき肉、つまり85％は赤身で15％は脂身のものを探してみてほしい。これよりも脂肪が少ないと、パサついたハンバーガーになってしまう。

　色の変化は、火の通りぐあいの正確な指標ではないことにも注意してほしい。ミオグロビンとオキシミオグロビン、それにメトミオグロビンは140°F / 60℃程度で白くなることもあれば、pHが6.0程度なら160°F / 71℃になってもピンク色のままのこともある。ひき肉を調理するときには、温度計を使おう！

　ミディアムレアのハンバーガーを安全に調理することは、実は可能だ。自分でひき肉を作る覚悟があれば、未加工のかたまり肉を買ってきて、タルタルステーキのレシピ(186ページを参照してほしい)に従って加工すればよい。あるいは、コールドパスチャライゼーション（別名、放射線照射[*]）された肉を探すか、低温調理法（339ページを参照してほしい）で自分でパスチャライゼーションしてもよい（厚さ1/2インチ / 15cmのハンバーガーであれば、141°F / 61℃で約30分）。器材さえあれば、私が今まで食べた中で最高のハンバーガーは、低温調理してさっと焼き色を付けて、たっぷりと塩を振ったものだった。

[*] 訳注：日本では放射線照射による肉の殺菌は認められていない。

魚介類は調理方法によって選ぶ

　大部分の魚介類の寄生虫は、人間に寄生することはない。しかし、アニサキス（*Anisakis simplex*）とサナダムシ（条虫類）は、一般的に問題となり得る寄生虫だ。十分に（内部温度145°F / 63℃まで）火を通したシーフード料理では、いたとしても寄生虫は死んでしまう。寄生虫を食べていると思うとぞっとするかもしれないが、死んだ寄生虫を食べることには心理面以外の心配はほとんどない[**]。

[**] 訳注：アニサキスはアレルギーを引き起こす場合がある。

生や調理不足のシーフードは、全く別の問題だ。レアに調理したタラ、オヒョウ、サーモン。刺身や冷燻された魚。これらはすべて、回虫、条虫、吸虫などの宿主となり得る。幸いなことに、大部分の動物と同様に、冷凍状態で生き延びる寄生虫はほとんどいない。(例外はある。トリコモナスは液体窒素で冷凍されても生き延びることができる。幸いなことに、食品の中からは見つかっていない。) 低温で調理する際には、冷凍されていた魚を選ぼう。

自分で冷凍して寄生虫を殺したい人のために、ガイドラインを示しておく。ドライアイスや液体窒素が手に入る人は、最初に魚を急速冷凍すると良い食感が得られる。

> FDA 2005 Food Codeのセクション 3-402.11：「生魚、生でマリネされた魚、部分的に調理された魚、またはマリネされ部分的に調理された魚は、(1) 冷凍庫で最低168時間 (7日間) −20℃ (−4°F) 以下の温度で保存すること、または (2) −35℃ (−31°F) 以下の温度で完全に凍るまで冷凍し、その後最低15時間−35℃ (−31°F) 以下で保存すること。」

調理不足の魚で、もうひとつ問題となるのはバクテリアだ。冷凍によって寄生虫は死滅するが、バクテリアは死なない。「氷漬け」になるだけだ。(研究者が将来の研究のためバクテリアのサンプルを−94°F / −70℃で保存するのはこのためだ。) 幸いなことに、魚のバクテリアのほとんどは不適切な取り扱いのため表面に存在するものなので、フライパンでさっと焼けば全滅させることができる。

缶のふたは開ける前に洗っておこう。缶切りも洗っておくこと。缶を切る際に、中身の食材が缶切りの刃に触れるからだ。

食料品店で生魚と「刺身グレード」の魚を分けて売っている場合、その違いは表面汚染を起こさないように注意して取り扱われたかどうかだ。また多くの場合、刺身グレードの魚は寄生虫が懸念される種であれば一度冷凍してある。FDAが刺身グレードやスシグレードの意味を具体的に定義しているわけ

魚の寄生虫は、野菜の虫のようなものだ。野菜を食べるときは、一緒に虫も食べている。魚を食べるときは、一緒に寄生虫も食べているのだ。

ではないが、寄生虫がいるおそれがあり完全に調理されずに提供される可能性のある魚は冷凍して寄生虫を殺さなければならない、と明示的に定めている。この冷凍要件から一部のマグロや養殖魚 (生きた寄生虫を含まない飼料ペレットで育てられたもの) は除外されている。寄生虫の問題がないためだ。

カキが好物だという人には幸いなことに、FDAは貝類を冷凍の必要から除外している。カキには*V. vulnificus*がいる可能性があるが、これをディナーの席で確認することはできない。*V. vulnificus*感染事例の報告数は5月から10月までの間に跳ね上がるため (*V. vulnificus*は温かい水が好きなのだ)、買うときには気を付けよう。そしてリスクありグループの人は、生ガキを食べないようにしよう。(ママ、ごめんね！)

RECIPE ベルギー風ミートボール

ひき肉はすべてが外側で内側がないので、未加工のかたまり肉よりも高い温度で調理する必要がある。カフェテリアや病院、そして機内食でミディアムレアのハンバーガーを提供しないのには理由がある。食中毒の危険が大きすぎるためだ。しかし、事前に調理されることの多いミートボールは、完全に火が通っていてもおいしいものだ。

ミートボールを作るのに間違ったやり方はひとつしかない。それは調理不足だ。それさえしなければ、風味付けや盛り付けは完全にあなたの自由だ。どの文化にも、さまざまなひき肉とスパイスを組み合わせたミートボールのような料理がある。ベルギー風ミートボール（ballekes）は、牛ひき肉、豚ひき肉、タマネギとパン粉を合わせて作るもので、私のお気に入りだ。ひき肉は、どんな組み合わせでも構わない。ただ、脂身が十分に含まれるように気を付けよう。脂身が少ないとミートボールが硬くパサついたものになってしまう。風味付けは、完全に個人の好みだ。ベーコンやフェンネル、チリペッパーなど、何でも思い付いたものを試してみてほしい。

未調理のミートボールを乗せるために、皿の上にラップをかぶせておく。

中〜大の大きさのボウルに、以下の材料を混ぜ合わせる。

☐ タマネギ：中1個（110g）、みじん切りにする
☐ パン粉：カップ1/2（45g）、食パン約1枚分
☐ 乾燥オレガノ：大さじ2（8g）
☐ 塩：小さじ1（6g）

以下の材料を加える。

☐ 卵：Lサイズ1個（50g）

☐ 豚ひき肉：1/2ポンド（約250g）
☐ 牛ひき肉：1/2ポンド（約250g）、80〜85% 赤身で15〜20% が脂身のもの

必要に応じてひき肉をほぐしながら、手を使ってよく混ぜる。スプーンではうまく混ざらないし、さらに肉をつぶしてしまうことにもなってしまう。

ミートボールを形作り（私は直径2インチ／5cmに作るのが好きだが、スープに使うつもりならもっと小さいほうがいいだろう）、皿に移す。手とボウルをきれいに洗う。

ソテーパンを中火に掛け、**バター 大さじ2**（30g）を溶かす。バターが溶けたら、トングを使ってミートボールの約半量を鍋に入れる。入れすぎないように注意すること。数分ごとにひっくり返しながら、外側全体がこげ茶色になるまでミートボールに火を通す。ミートボール全体に焼き色がついて来たら、一度トングを洗うこと。

ミートボールが焼けたら、オプションとしてソースを加えて弱火で煮る。**パスタソース カップ2**（480ml）程度が適当だろう。あるいは、中火でミートボールをさらにソテーするか、中温のオーブンで仕上げる。

ミートボールの中心に突き刺したプローブ式のデジタル温度計が160°F / 71°Cを示すまで火を通す。私の使っているモデルは長いリード線とアラーム機能がついているので、完全に火が通る直前の155°F / 68°Cで鳴るように設定している。

米国では、「ハンバーガー」には牛脂が混ざっていてもよい。しかしこれは「牛ひき肉」では許されない。

COLUMN 生鮮食品の保存のヒント

シーフード。 シーフードは、通常使う食材の中では最も傷みやすい。理想的には、シーフードは買ってきたその日に調理するべきだ。1日か2日くらいなら大丈夫だが、それを過ぎると酵素と腐敗性バクテリアがアミン化合物を分解し始め、あの嫌な魚臭い匂いを発生させる。

科学の豆知識： 魚は、冷蔵庫とだいたい同じ温度の環境に生息している。この温度では、哺乳類よりも魚類に含まれる一部の酵素の比活性がはるかに高い。シーフードを氷の上に置けば、多少は時間稼ぎができる。これらの反応に必要な活性化エネルギーが増加するためだ。肉類は冷蔵庫の中でも理想的な反応温度にはほど遠いので、氷の上に置いて少し温度を下げてもあまり変化はない。魚屋ではカウンターに氷があるのに肉屋にはないのは、これが理由だ。

肉類。 販売期限または消費期限に従う。**販売期限**以降の製品を、安全に販売できるとみなしてはならない。（厳密に考えすぎる必要はない。次の日の午前12時1分になったとたんに肉が緑色に変色して悪臭を放つわけではないからだ。）**消費期限**とは、ご想像通り、その食材を調理に使うための推奨期限のことだ。買ってきた鶏肉の消費期限が今日だったとしたら、すぐに食べるつもりがなくても今日「調理」すること。調理した後なら、あと数日は保存できる。

生肉は、必ず冷蔵庫の一番下で保存すること。こうすれば、肉から肉汁が漏れ出したとしてもレタスなど生で食べる他の食品にかかることがないので、二次汚染の起こる確率を減らすことができる。肉を他の食品よりも下に保存することは、商業施設では衛生規則によって要求されている。それほど重要なことなのだ。

買ってきた魚や肉を消費期限までに調理できない場合、0°F／－18℃以下の冷凍庫に入れればよい。冷凍は肉の食感に影響するが、少なくとも食べ物を無駄にしないですむ。冷凍した食品には安全面での期限はないが、肉に含まれる酵素が活性を保って次第に食感を悪くして行き、3～12か月後には顕著になる。

肉を冷凍してもバクテリアを殺せるわけでは**ない**。サルモネラ菌に汚染された肉を完全に殺菌するには、放射線照射（コールドパスチャライゼーション）する必要がある。知っていれば話の種にはなるだろうが、コバルト60が手近にない人にはあまり役に立たない知識だ。

果物と野菜。 果物や野菜は、処理と保存の方法が熟成や風味に影響する。またカビの発生を遅らせることも可能だ。季節の農産物を保存するヒントについては、128ページを参照してほしい。

COLUMN 調理不足でも安全な食品

調理不足の食品のリスクを受け入れられない人のために料理を作っているのに、その人がミディアムレアのハンバーガーや、おいしい食感のミ・キュイ（半生）の魚が食べたいと言い張ったら、どうすればいいだろう？ タンパク質を加熱しすぎずに、食中毒病原体を殺す方法はいくつかある。

魚の場合、冷凍を試してみよう。表示ラベルに「解凍」と書かれている魚を探すか、まっすぐ冷凍食品コーナーへ行ってほしい。非常に低品質の（歯ごたえも味わいもない、気の滅入るような）冷凍魚を売っている店もあるが、それは魚を冷凍したことが原因なわけではない。（厳密に言えば、冷凍は一部のタンパク質を変性させる。グルタミン酸を加えることによって、これを防ぐことができる。）日本の最高峰の寿司職人は、急速冷凍されたマグロが非常においしいということをよくわかって使っている。漁獲直後に海で（液体窒素とドライアイスの混じった液体の中で）冷凍されたマグロは、劣化するだけの時間がないためだ。いくつかのブランドを食べ比べて、品質の違いを確かめてみよう。冷蔵庫の中で一晩かけて解凍させると、より良い食感が得られる。

141°F / 61°C：卵が固まり始める

鶏卵に関する重要な温度。

卵には、おそらく他のどんな食材よりも多くの言い伝えがある。卵はおかずにもスイーツを作るのにも、スープにも冷たいデザートにも、朝食にもディナーにも使われ、そしてあらゆる文化で利用されている。ミートローフや詰め物をまとめる結合剤として働き、スフレや一部のケーキ、それにメレンゲのようなクッキーでは膨張剤の役割を果たす。マヨネーズやオランデーズソースでは、乳化剤としても働く。卵は、コクのあるカスタードクリームやアイスクリームを作るためには欠かせない。また言うまでもないことだが卵自体の風味はすばらしく、産みたての卵を上手に料理したときのおいしさはたまらないものだ。

卵には色の薄い部分と濃い部分があり、料理の世界をひとつにまとめてきた。まさに驚異の食材だ。次に卵をフライパンに割り入れる機会があったら、注意して見てほしい。殻以外に、目で見て分かる4つの部分があるはずだ。卵黄、卵黄のそばの**濃厚卵白**、その周囲の薄い水様卵白、そして**カラザ**と呼ばれる小さな白くねじれたもの。これらには、それぞれの役割がある。

- **殻**そのものが、工学的な驚異だ。弱い生まれたてのひよこを外界から保護しながら、なおかつ簡単に外へ出られるように形作られている。（卵を1つ無駄にしてもよければ、流しの上で手のひらに乗せた卵を握りつぶそうとしてみてほしい。ものすごい力がいるはずだ！）殻のすぐ内側には、主にコラーゲンタンパク質でできた2枚の強靭な膜がある。この殻と膜は、バクテリアや病原体を締め出す一方で、成長中のひよこが呼吸できるように空気を通過させなくてはならない。ある推定によれば、鶏卵の殻には17,000個もの顕微鏡的な穴が開いているそうだ！殻の色は鶏のエサと関係しており、味や栄養には影響がない。

- **卵黄**は、私の子どものころの考えとは違い、ひよこが生まれてくる場所ではない。卵黄のほぼ半分は水で、半分が栄養だ。栄養の3分の2を脂質、3分の1をタンパク質が占めており、それ以外に数多くの脂溶性微量栄養素も含まれている。卵黄がオレンジ色をしているのは、鶏の飼料に含まれる色素のためだ。色の濃い卵黄のほうがおいしそうに見えるが、実際には栄養特性が薄い色やクリーム色の卵黄と比べて優れているという印ではない。構造の面から見ると、卵黄は中心の周りにほぼ同心円状に沈着した多数の脂肪の層でできている。この層は、固ゆでにした鶏卵では見ることは難しいが、もしダチョウの卵を固ゆでにする機会があれば（お金がかかるので、私もたった1度しか経験がない）、ゆでた卵黄からこの脂肪の層をむくことができるはずだ。

- **カラザ**は卵黄の近くにあるねじれたヒモで、卵黄を中心に固定し、殻の中で下に沈むことを防ぐ役割をしている。料理の面からは、カラザにはあまり価値はない。フォークで取り除くか、泡立ててソースやカスタードを作る際には濾して取り除けばよい。

- **濃厚卵白**は、目玉焼きを作るときに卵黄の周りに盛り上がって見える部分で、厳密には「外濃厚卵白」と呼ばれる。鶏卵の卵白は88〜90%が水分で、残りがタンパク質だ。濃厚卵白には**オボムシン**というタンパク質が高い濃度で含まれるため、粘り気がある。卵の品質の尺度のひとつに、平らな表面の上で卵を割ったときの濃厚卵白の高さで測定されるものがあり、これには（食品にはよくあることだが）「ハウ単位（Haugh unit）」という特別な単位がある。これは発明家のレイモンド・ハウにちなんだ名前だ（誰かが高さ（high）をなまって「この卵白のハウ（haugh）は？」と言ったからではない）。

- **水様卵白**は、卵殻膜の隣にある外水様卵白と、卵黄のすぐ外側にある内水様卵白の2か所に存在する。フライパンの中を見たときに、濃厚卵白の周りに広がって見えるのが外水様卵白だ。濃厚卵白と同様に、水様卵白も大部分が水で、多少のタンパク質が含まれている。古い卵は水様卵白の割合が高くなる。濃厚卵白が時間と共に分解するからだ（そのためハウ単位で卵の新鮮さが測定できる）。

卵を調理するのが難しいのは、これらの卵のパーツが時間と共に変化するとともに、さまざまなタンパク質の熱への応答が異なるためだ。卵は動的な複雑系であり、常に変動している。濃厚卵白は分解し、空気は殻を通って出入りし、水分は蒸発する。卵は、時空間が凍結された、小さなタイムカプセルではない！

卵が古くなると、まず変化するのはpHだ。二酸化炭素が入り込むため、雌鶏の体内で作られる際の卵白のpHは7.6〜8.4になる。数週間たつと（あるいは室温なら数日で）二酸化炭素が液体から抜け出して卵殻の小孔から放出されるため、卵白のpHは9.1〜9.3に上昇する。このpHの変化によって濃厚卵白は分解し、水様卵白の体積が増加する。

卵の正しい割り方は？

ボウルの縁ではなく、平らな調理台に打ち付ける。平らな面で割った卵の殻は大きなかけらになるので、卵の中に入り込まない。鋭い縁で割った卵は、殻が細かく割れて卵の中に入り込む可能性がはるかに高くなる。そのような殻は、後でボウルの中から取り出さなくてはならない。（もしそうなってしまったら、半分に割った卵の殻をひしゃくのように使って殻のかけらを取り出すとよい。）

悪い

良い

料理に関して言えば、固ゆでにしたときにはこのpHの変化のため古い卵のほうが殻をむきやすくなる。内側の膜と卵白との結合が弱くなるからだ。自分で鶏を飼っている幸運な人は、卵を室温に数日置いてから固ゆでにしてみてほしい。蒸すことによっても殻をむくのはずっと簡単になる。pHの変化による水様卵白の体積変化により、ポーチドエッグを作る際にゆらゆらと漂う卵白の量も多くなる。これを取り除くには、酢を使うより濾すほうがずっと簡単だ（調理のコツについては206ページを参照してほしい）。

さて、これからが本題だ。卵の調理を難しく魅力的なものにしているのは、卵の異なるパーツに含まれる多様なタンパク質が、熱に対して違った速度で応答するという性質だ。卵白と卵黄は何十種類ものタンパク質で構成されていて、それぞれのタンパク質は違った温度で変性し始め、その速度もまた異なる。ここでは、いくつかのタンパク質の性質を探ってみることにしよう。そうすれば、この議論と共にお見せする気の利いた写真やチャートの意味が分かってくるは

ずだ。

　もともとの未変性の状態では、タンパク質は丸まって小さな団子状になっていると考えてほしい。タンパク質がこのような形を取るのは、その分子構造の一部が**疎水性**だからだ。つまりタンパク質を構成している原子の一部は、水の極性から電磁的な反発力を受けている。この疎水性によって、タンパク質は折りたたまれた構造を取る。

　通常は熱によって、また時には機械的なエネルギー（例えば卵白を泡立てる）によって運動エネルギーがタンパク質に加えられると、分子の疎水性の部分がほどけ始める。こうして、よりオープンになった構造は他のタンパク質と絡まり合い、もつれ合って凝固し、結びついた構造を作る。卵を加熱すると、流動性を失って固まるのはこのためだ。

　鶏卵の中で最も熱に敏感なタンパク質は**オボトランスフェリン**で、141°F / 61°C程度で容易に変性し始め、重量比で卵白のタンパク質含有量の12%を占める。（アヒルなど別の種が産む卵は、タンパク質の形態や比率が異なる。これ以降は、鶏卵に的を絞って説明する。）　**オボアルブミン**という別のタンパク質は卵白タンパク質の54%を占め、より高い温度（176°F / 80°C程度）で変性する。その他の卵白タンパク質はこれらの間の温度で変性し、オボトランスフェリンとオボアルブミンの間の35°F / 19°Cという温度範囲でさまざまに食感を変化させる（水のような状態から、バター状、そして固くてもろい状態まで）。この温度範囲のため、ポーチドエッグ作りは楽しい挑戦となっている。難しすぎるわけでもないが、決して簡単でもない。

　卵黄のタンパク質は卵白よりも狭い温度範囲で凝固する。とろとろの卵黄が固まり始めるのは149°F / 65°Cから158°F / 70°Cの間だが、長い保持時間ではもっと低い温度で固まるものもある。（反応速度の傾きの違いを利用して、卵白よりも卵黄が硬くなるように調理することは可能だ。）

　ご想像通り、卵のタンパク質の変性は、反応速度に基づく変化だ。タンパク質は、ある魔法の温度に達すると瞬間的に変性するわけではないし、別の物質と混じった際にはタンパク質の変性温度が変化する。さらに、研究者が報告する温度は通常は分離されたタンパク質のもので、実際に卵を料理する際のものではない。料理人どの、ご注意あれ！　さらに、変性は温度だけによって起こるものでもない。卵白を泡立てる際には、変性も起こっているのだ。（泡立てについては後で説明する。308ページを参照してほしい。）

　卵を141°F / 61°Cで十分に時間をかけて調理して一部のタンパク質を変性させると、柔らかいカスタードのような食感の卵白が得られる。156°F / 70°Cで十分な時間調理すると、卵白は包丁で切れるほどの硬さになる（卵サンドイッチにはぴったりだ）。176°F / 80°Cで長く調理しすぎると、卵白はゴム状になってしまう（たぶんオボアルブミンの変性によるものだろう）。卵黄のタンパク質も、調理しすぎ

未変性

変性

凝固

タンパク質の疎水性領域は、未変性の状態（上）では周りの液体との相互作用を避けて丸まった形を保っている。熱を加えると変性し（中央）、水の分子とタンパク質の一部が反発し合うエネルギーを運動エネルギーが上回るため、変性しほどけ始める。変性してほどけた状態になると、今まで内側に隠れていたタンパク質の疎水性の部分が他のタンパク質と相互作用し、結合できるようになる（下）。

平均的な、普通の（裏庭を走り回っているような）鶏は、1世紀前は1年にたった84個の卵しか産まなかった。21世紀を迎えるまでに、繁殖法と給餌法の改善によって、1年間に鶏が産む卵の数はほぼ3.5倍の292個にまで増えた。

るとパサついた不快な味になってしまう。（また、卵白の硫化物が卵黄の鉄分と反応して、卵黄の表面に灰色の膜ができる。）百聞は一見に如かずということわざもあるので、さまざまな時間と温度で調理した卵の写真をこの後すぐにお見せしよう。

　半熟卵や固ゆで卵は、熱湯でゆでるか蒸して調理するのが普通だ。7〜8分調理すると半熟卵が、11〜12分でしっかりした固ゆで卵ができる。温度を低くすると調理時間は延びるがうまく調理できるし、特に半熟卵はずっとおいしくなる。卵を水中で正確な温度に保てる機器をお持ちなら、144°F / 62℃で1時間ほど調理すればとろりとした半熟卵が、147°F / 64℃では固まりかけのものができ上がる。

レシピに「卵」と書いてあった場合、どのサイズの卵を使うべきだろうか？米国のデフォルトでは、Lサイズの卵を使う。EUでアメリカのレシピを使う場合には、Mサイズの卵を使えばよいだろう。地域が違えば卵のサイズの定義も違ってくるのだ（重さには殻も含まれる）。

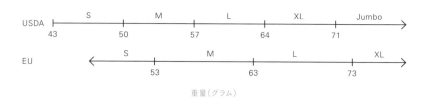

　卵の時間と温度の関係は、非常に込み入ったものだ。私は、卵だけを使って大学の講座が開けるんじゃないかと冗談を言ったことがある。卵には、他のディテールもたくさんある。タンパク質の変性速度によって食感が変わるし（速く変性するほど卵白のゲル構造が微細になる）、卵白は標準的なキッチンにある2種類*のアルカリ性の食材の1つだし（もうひとつは重曹）、そしてもちろん、鶏よりも卵のほうが先なのだ（爬虫類の卵は、鶏よりもずっと前から存在していた）。さまざまな種の鳥には、独特の性質がある。例えばアヒルの卵の卵白は泡立てるのが難しいが、レモンジュースなどの酸を加えると泡立てやすくなる。卵についてはもっと書き続けることもできるが、そうするとこの章の名前を変えなければならなくなってしまうだろう……。

* 訳注：日本の納豆もアルカリ性。

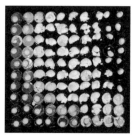

さまざまな時間（Y軸、6分〜60分）と温度（X軸、135°F / 57℃〜162°F / 72℃）で調理した卵。

卵を冷蔵庫で保存する国と、そうしない国があるのはなぜ？

卵を冷蔵するのはサルモネラ菌（*Salmonella enteritidis*）の感染を防ぐためだが、洗ってあるからという理由ではない。卵の殻を洗うことによってキューティクルが傷つき、バクテリアが侵入できるようになるのは確かだが、卵にサルモネラ菌が入り込む経路としては親鳥のほうが多い。サルモネラ菌に感染した鶏は、卵が体内で作りだされる際にサルモネラ菌を感染させる可能性があるのだ。卵を冷蔵することにはバクテリアの増殖を予防して、目玉焼きのおかげで食中毒になってしまう確率を減らす意味がある。

S. enteritidis は、米国では1970年代になって卵に見つかり始めたバクテリアだ。この時期は、鶏を殺してしまう別の種類のサルモネラ菌が根絶された時期に近い。注意深い群れの管理と鶏への予防接種により、感染は防げる。お住まいの地域の鶏に *S. enteritidis* がいないとわかっている場合には、その卵を冷蔵庫で保存する必要はないが、冷蔵には卵の保存期間を2倍にのばす効果がある。

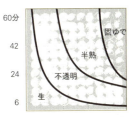

卵の時間と温度の写真に、ラベルを重ねてみた。タンパク質の固まる速度は、温度によって異なる。卵は最も熱に敏感なタンパク質が変性すると不透明になり、その後半熟や固ゆでになる。

RECIPE オーブンで作る卵料理

ブランチや、おひとり様のディナーにぴったりの簡単な卵料理を紹介しよう。ぜひ創造性を発揮して、チーズやハーブ、穀物などを加えてみてほしい。また朝食バージョンには砕いた赤トウガラシをちぎって乗せたり、ディナーバージョンにはシラチャソース*を添えたりして、パンチの効いた味にしてみよう。この料理は1日か2日前に用意しておき冷蔵庫に入れておけば、好きな時に調理して食べられる。

1人分の大きさの耐熱ボウル（そのまま食卓に出せるものがよい）に、以下の材料を混ぜ入れる。

朝食バージョン：
- 刻んだ新鮮なホウレンソウ：カップ1（30g）
- すりおろしたモッツァレラチーズ：大さじ3（20g）
- 生クリーム：大さじ3（45ml）
- バター：大さじ1（15g）

ディナーバージョン：
- 刻んでつぶしたトマト：カップ1/2（100g）
- ブラックビーンズ（缶詰でよい）：カップ1/4（50g）

食材をボウルの縁に寄せて、中心にくぼみを作る。そこへ**卵1個か2個**を割り入れ、**塩ひとつまみと挽きたてのコショウ**を振りかけ、アルミホイルで覆い、350°F /180°Cで予熱したオーブンに入れ、卵が固まるまで約25分焼く。（何か別のことをしたり友達とのおしゃべりに夢中になったりしても大丈夫なように、私は140°F / 60°Cで鳴るようにセットしたプローブ式温度計を使っている。）

*訳注：タイの辛いソース。

RECIPE
クレームアングレーズ、バニラカスタード、そしてブレッドプディング

「卵黄を生クリームと混ぜて甘味を付けたものはおいしい」ということに、はるか昔の古代ローマ人は気が付いていた。クレームアングレーズ、カスタード、そしてブレッドプディングはこのオリジナルのアイディアを段階的に改善したもので、すべて卵を使って食感と風味を出している。

クレームアングレーズは、バニラアイスクリームのベースでもある。これをアイスクリームメイカーで凍らせるか、381ページを参照してもっと創造的な作り方をしてみてほしい。また、すばらしいフレンチトーストも作れる。厚切りにしたパンをこれに10〜15分間浸してから、弱めの中火で溶かしたバターの中で片面あたり3〜5分ずつソテーすればよい。

以下の材料をボウルに入れ、泡立て器でよく混ぜる。

- □ 卵黄：Lサイズの卵4個分（80g）
- □ ハーフアンドハーフ：カップ2（480ml）、または牛乳 カップ1（240ml）と生クリーム カップ1（240ml）
- □ バニラエッセンス：小さじ2（10ml）、オプションとしてバニラ豆1/2さやを長さ方向に切り開いて中身をかき出したものを加える
- □ 砂糖：カップ1/4（50g）
- □ 塩：ひとつまみ

これを網目の細かいざるで濾して別のボウルに移し、卵のカラザを取り除く。

ハーフアンドハーフって何？

ハーフアンドハーフは、牛乳と生クリームが半々という意味だ。米国では、ハーフアンドハーフは10.5〜18％の乳脂肪を含むものと法律で決められている。自分でハーフアンドハーフを作るには、牛乳と生クリームを混ぜればよい。さまざまな種類の牛乳と生クリームの乳脂肪分を示したチャートは、317ページを参照してほしい。

バニラ豆のさやを包丁で切り開き、スプーンを使ってバニラの種をかき出す。

クレームアングレーズ：中火に掛けたソースパンに入れ、170°F / 77℃（浸したスプーンの裏側がコーティングされるようになる）まで加熱する。加熱しすぎて、卵が固まってしまわないように注意すること。

カスタード：カスタードを作るには、液体を小さなラムカン型か耐熱カップに注ぎ分けて、耐熱皿に入れる。ラムカン型やカップが半分まで浸る程度の水を耐熱皿に注いでから、325°F / 160℃のオーブンで45〜60分焼く。

ブレッドプディング：ブレッドプディングを作るには、小さめのパン1かたまりの半分（250g）程度を1/2〜1インチ（1〜2cm）角に切る。だいたい4カップ分になるはずだ。シナモンレーズンパンを使って風味を加えたり、**ドライフルーツ カップ1/4（40g）**と**シナモン 大さじ1（8g）**を加えてみたりしてほしい。角切りにしたパンを耐熱皿かカップに入れ、クレー

ムアングレーズ液を注ぎ、耐熱皿やカップを揺らしてみてカスタードが固まったかどうかチェックしながら、325°F / 160℃のオーブンで30〜60分焼く。

スーパープレミアムアイスクリーム（食料品店で売られている最高級のアイスクリーム）には、10〜16%の乳脂肪が含まれている。クレームアングレーズを使ってアイスクリームを作る場合には、12〜22%（重量比）を目指してほしい。このレシピの乳脂肪分は約12%だ。ハーフアンドハーフの代わりに普通の生クリームを使えば、乳脂肪分22%のものができる。

RECIPE ポーチドエッグ

ポーチドエッグは何時間も前に作っておくことができるので、朝食や友達とのブランチにはぴったりだ。多少生煮えに作って、氷水に浸した容器の中で保存しておき、食卓に出す前に熱湯の入った鍋で1分間再加熱すればよい。ポーチドエッグの調理には、3つの課題が待ち構えている。綿毛状の卵白、風味、そして適切に固まった卵黄だ。

- **綿毛状の卵白**は、できの悪いポーチドエッグの外側に見られるふわふわした部分で、ポーチドエッグを作る際に外水様卵白が熱湯と混じりあうことによってできる。外水様卵白は、卵白の粘り気を生むタンパク質**オボムシン**の濃度が低い。綿毛状の卵白には、簡単な解決策がある。ポーチドエッグを作る前に、小さな網目の細かいフィルターか穴あきスプーンで卵の水気を切っておけばいいのだ。（お湯をかき混ぜて渦を作ってから渦の中心に卵を落としてもうまく行くが、大人数の場合に卵を1個ずつ調理するのは面倒だ。）

- **風味**は、この本ではお湯に塩や酢を加えるべき理由となる。ただのお湯で作ったポーチドエッグは、味気なくつまらない味になる。塩（1〜3%ほどの濃度）を加えることによって、ポーチドエッグの風味は劇的に改善される。酢は、綿毛状の卵白問題を解決するために加えられることが多く、実際にそのために役立つが、同時に私にはあまり好みでない風味も付け加える。ただ、その風味がお好みなら、加えてほしい。

- **適切に固まった卵黄**は、適切な時間と温度から生まれる。室温に戻した卵を熱湯（180〜190°F / 82〜88℃）で2〜3分間調理してほしい。とろとろの卵黄が好きなら時間を短めに、固いのが好きなら長くする。

RECIPE 簡単に殻のむける固ゆで卵

私が『Cooking for Geeks』の第1版を書いたとき、おいしくて簡単に殻のむける固ゆで卵を作るための賢い「衝撃と畏怖」手法を説明した。卵を熱湯に30秒間入れて衝撃を与えることにより、殻が簡単にむけるようになる。それから冷たい水に入れ替えて沸騰点近くまで温度を上げて行くことにより、より良い食感が得られる。その後、私は卵を蒸すほうがずっと良い結果が得られることを発見(正確に言えば再発見)した。卵を蒸すと、殻は簡単に2つに割れるようになるのだ。

卵が新鮮すぎず、数日間たったものであること(あるいは、少なくとも卵のpHが高いこと)を確認してほしい。本当に新鮮な卵が手に入るのは幸運なことだが、殻はむきにくくなる。

オプションとして、殻の底側(エアポケットのある場所)に穴を開ける。これは卵をお湯の中でゆでる場合には意味がない(水が入ってきてめちゃくちゃになる)が、卵を蒸す場合にはこの穴がエアポケットの空気を逃がす役目をするので殻が割れにくくなる。

フライパンの底に1/2インチ(1cm)の深さで湯を沸かし、卵を入れてふたをして、12分間待つ。ずっと強火を保つこと。卵を調理するためには、蒸気が常に卵に当たっている必要があるからだ。

卵の殻をむく前に、冷ます必要がある。殻をむきやすくするために冷たい水に入れてショックを与える必要はないが、冷たい水(氷は必要ない)に入れると卵の形が丸くなる(「底が平らに」ならない)。熱いうちに殻をむくこともできるが、少し水があったほうが卵白から膜をはがしやすい。

RECIPE スローなスクランブルエッグ

スクランブルエッグを作るのは、火の通し過ぎにさえ注意すれば簡単だ。普通のスクランブルエッグを作るには、中火（絶対に強火はダメ！）にして、火が通ったと思える直前に火から下ろす。余熱でその後も卵に火が入るからだ。

30分かけて作る方法には、きわめて弱い熱と、絶え間なくかき混ぜること、そして油断なく見張っていることが必要とされる。作るのに時間はかかるが、何年も卵を食べ続けていると、新しい方法で料理してみたくなるものだ。きわめて弱い熱を加えながら絶え間なく卵をかき混ぜ、固まりをほぐしながら水分を大部分蒸発させると、普通のスクランブルエッグとは全く違う、まるでチーズやクリームのような風味が生じる。調味料なしで（塩さえ加えずに）、その風味を堪能してほしい。

ボウルに**卵2個か3個**を割り入れ、泡立て器で完全に白身と黄身が混ざるまでかき混ぜる。塩などの調味料を入れずに、卵だけで試してほしい。フッ素樹脂加工のフライパンに移し、コンロをできるだけ弱火にセットする。

シリコーン製のへらで卵を絶え間なくかき混ぜ、へらが満遍なくなべ底へ当たるように「ランダムウォーク」する。また、フライパンがなるべく160°F / 71°Cを超えないように、本当に弱い火でなくてはいけない。コンロの火が強すぎるようなら、フライパンを1分間コンロからはずして加熱しすぎないようにする。スクランブルエッグのような固まりができるようであれば、フライパンが熱すぎる。

卵がカスタードのようにむらなくとろとろになるまで、かき混ぜ続ける。私が自分で試してみたときには20分かかったが、短くて15分、長くて30分かかる場合もあるだろう。

豆知識：ウズラの卵は平均で約9グラム。アヒルの卵は通常70グラムほどの重さがある。面白いことに、アヒルの体重もウズラの約8倍だそうだ（クイズ番組「Jeopardy!」に出るときのために覚えておこう）。

154°F / 68°C：I型コラーゲンが変性する

コラーゲンの加水分解とゼラチンに関連する温度。

　この章で動物のタンパク質と変性について説明した際、コラーゲンは特別なのでそれ専用のセクションで説明すると書いた。そしてこれが、そのセクションだ！　まず、簡単に復習しておこう。動物のタンパク質（魚やシーフードを含む）は、構造タンパク質、結合組織タンパク質、そして筋形質タンパク質という、3つのカテゴリに分類できる。一般的に、構造タンパク質が料理で取り扱われる最も重要なタンパク質だが、一部のシーフードや肉にとっては結合組織がさらに重要となってくる。

　動物の結合組織は、構造を支え、筋肉や臓器を体内で支持する働きをしている。筋肉を取り巻く筋膜やじん帯など大部分の結合組織、それに腱や骨などの構造組織は、コンクリートに入った鉄筋のようなものだと考えてよい。筋肉組織のようにそれ自体が伸縮するわけではないが、筋肉が伸縮するための構造を支えているのだ。（豆知識：重量当たりの強さで言うと、コラーゲンは鋼鉄よりも強靭だ。）

　結合組織中に最もよく見られる種類のタンパク質はコラーゲンで、動物に含まれるコラーゲンにはいくつかの種類がある。料理の観点から見た場合、化学的な性質の違いとして大きいのは変性する温度だ。コラーゲンは2種類の形で現れる。腱のように筋肉の外側の分離したかたまりと、筋肉の中を走る網の目だ。コラーゲンは硬いので（構造を支える必要があるので当然だ）、十分に高い温度で十分に長い時間調理しなければ、食べられるようにはならない。

　分離したかたまりとして現れるコラーゲンを処理するのは簡単だ。切り取ってしまえばよい。肉の切り身で言えば、肉を包む結合組織の薄い膜（筋膜と呼ばれる）は、なるべく切り取って捨ててしまおう。牛肉のテンダーロインの部分には、片側にこの膜があるのが普通だ。調理の前にできるだけ切り取ってし

> 圧力鍋は、コラーゲンを素晴らしく調理してくれる。コラーゲンが分解する反応速度は温度に依存するので、250°F / 120°Cまで温度を上げれば調理時間を約75%減らせる。圧力鍋についてさらに詳しくは、326ページを参照してほしい。

まおう。鶏の胸肉にも、鶏のささみにつながった小さいが目につく腱が存在する。未調理の状態では、虹色に輝く白いリボンのように見える。調理後は、小さくて白い輪ゴムのようなものに変化し、いくら噛んでも噛み切れないので決しておいしいものではない。一般的に言って、この種のコラーゲンはたやすく見つかるし、たとえ見逃したとしても食べている間に気付いて取り除ける。

　筋肉組織を貫いて3次元の網の目を形成するコラーゲンは、もっと取り扱いが難しい。これを多く含む肉の場合、硬い食感を取り除くための唯一の方法は加熱調理だ（通常は長時間かけてゆっくりと調理する）。コラーゲンの反応速度は、肉に含まれる他のタンパク質と比べてはるかに遅い。コラーゲンの調理法と、直面する可能性のあるいくつかの問題の解決法を理解するためには、コラーゲンの分子構造について調べておく必要がある。

　未変性のコラーゲンの形態はロープに似ていて、互いに絡み合った3本の紐から構成される直線状の分子だ。この3本の紐は、弱い（しかし大量に存在する）二次的な結合によって保持されていて、少数の、より強力な共有結合である**架橋結合**によって補強されている。（**共有結合**とは、原子の1か所の電子が別の原子と共有されることによって形成される結合だ。）

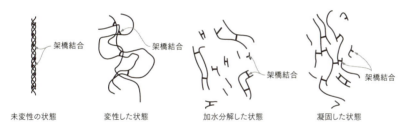

未変性の状態　変性した状態　加水分解した状態　凝固した状態

コラーゲンの変性前の状態は三重らせんで、そのらせん構造は二次結合（左端の図）によって保持され、架橋結合によって補強されている。熱が与えられると二次結合は分解してタンパク質は変性するが、紐の間の架橋結合によってまだ結び付けられた構造をしている（左から2番目の図）。十分な熱と時間が与えられると、三重らせんを構成している紐自体が加水分解によって分解し（左から3番目の図）、冷えるに従って水を含んだ分子のゆるいネットワーク（右端）に変化する（ゲル）。

　この紐は、架橋に加えて同じ分子の別の部分との間の二次結合によっても、らせん状の構造を保っている。1本の紐が他の2本の紐と絡まっている、組み紐のようなものを想像してもらいたい。紐が「カール」しているのは、内部構造によって最も安定する形態がその形だからだ。

　条件がそろえば（料理の場合には、熱か適切な酸にさらされることによって）コラーゲンが未変性の形態から変性し、直線状の構造を失ってよりほどけた乱雑な状態になる。これは、運動エネルギーによって構造が文字通り振動し、動き回ることによって起こる。これが激しくなると、通常は三重らせん構造を保持している電磁エネルギーが持ちこたえられなくなってくる。エネルギーの増加に従ってコラーゲンはさらに変形し、引きしまって元の長さの3分の1から4分の1の長さに縮んでしまう。（タンパク質の未変性の姿は1通りしかないが、変性した姿はさまざまなのだ。）

酸もまた、コラーゲンタンパク質を変性させる。酸の化学的性質によって、らせん状の構造の二次結合が電磁的に引き離され、破壊されるのだ。コラーゲンが変性する際に失われるのはらせん状の構造だけであり、架橋結合はそのまま残り、紐も損なわれない。この形態では、コラーゲンはゴムに似た状態（実際、材料科学の見方からするとゴムそのものだ）になり、そのためまさにゴムのような食感となる。

　しかし、よりいっそう熱や酸を加えると、コラーゲンの構造にもうひとつの変形が起こる。紐そのものが切り刻まれてばらばらとなり、ついにコラーゲンは大規模構造を失ってしまう。この反応は**加水分解**と呼ばれる。熱加水分解は熱によって生じ、酸加水分解は酸によって生じる。結合を分断するためには一定量のエネルギーが必要であり、確率過程も関係してくるので、加水分解には時間がかかる。

　コラーゲンを加水分解すると、変性した構造のゴムのような食感が改善されるだけではなく、一部がゼラチンに変化する。（ゼリーの素に使われているゼラチンは、このようにして作られている！）　コラーゲンが加水分解されると、さまざまな大きさの破片に分解されるが、小さいものが周りの液体に溶けてゼラチンを形成するのだ。このゼラチンが、オックステールの蒸し煮やじっくり調理したショートリブ、それに鴨のコンフィなどの料理に独特の舌触りを与えている。また抽出されたゼラチンは、ゼラチン入りのデザートやアスピックなど、数多くの製品にも使われる。

　ショートリブやオックステールの蒸し煮などの料理のすばらしい食感はゼラチンによってもたらされるので、コラーゲンを多く含む肉の部位で作る必要がある。ビーフシチューを赤身の肉で作ると、固くてパサついた仕上がりになってしまう。アクチンが変性する（この反応は150〜163°F / 66〜73℃の温度範囲で起こることを思い出そう）一方で、アクチンの変性によってもたらされるパサつきや硬さをマスクしてくれるゼラチンが筋肉組織中に存在しないからだ。高価な肉を使えばビーフシチューを「アップグレード」できるとは思わないでほしい。むしろその逆なのだ。

　「なるほど、でも肉をじっくり調理する必要があるかどうかは、どうやったらわかるんだ？」と疑問に思っている読者もいるだろう。これから料理しようとしている肉（または魚でも鶏でもよい）が、動物のどの部位のものかを考えてみてほしい。一般的に言って陸上動物では、その動物の重量を支える部位にコラーゲンが多く含まれている。

　これは理屈に合っている。重量を支える部分には負荷がかかるので、強い構造を持つ必要があり、したがってより多くの結合組織が存在するはずだからだ。しかしこの目安は完璧ではないし、肉の切り身には複数の種類の筋肉が含まれていることが多い。

魚のような動物の場合、陸上で重さを支える必要がないので、コラーゲンの含有量ははるかに少ない。イカやタコは、この法則の注目すべき例外だ。イカやタコでは、コラーゲンが魚の骨と同じように構造を支持する役目をしているからだ。これらを調理する際のコツは、非常に短い時間だけ加熱してタンパク質を未変性の状態に保つか、あるいは十分に時間をかけて加水分解させるかの、どちらかを行うことだ。中途半端だと、ゴムのような食感になってしまう。

　もうひとつの目安として、動物が年を取ると、コラーゲンの含有量が高くなる。動物が年を取るとともに、コラーゲン組織には時間とともにコラーゲンのらせんの紐の間の架橋結合が発達し、硬さが増す。そのため、伝統的には年を取った鶏の肉は長時間かけてゆっくりローストされる。（フランス語では、若鶏（poulet）に対して年を取った鶏に別の単語（poule）を使うほどだ。）食肉用に育てられる動物は大部分若いときに屠畜されるので、年齢は肉の種類と同じくらい重要な要因だ。

　コラーゲンの含有量を知るもうひとつの手がかりは、相対的な肉の価格だ。コラーゲンを多く含む肉の部位は料理に手間がかかり、パサついた食感となることが多いので、コラーゲンを多く含む肉の部位は比較的人気がなく、値段が安い。

肉を小さな角切りにして、つぶしたパパイヤでマリネしてみよう。パパイヤには**パパイン**という酵素が含まれ、これがコラーゲンを加水分解するため肉の軟化剤として働く。その後、食感を確かめてみてほしい。

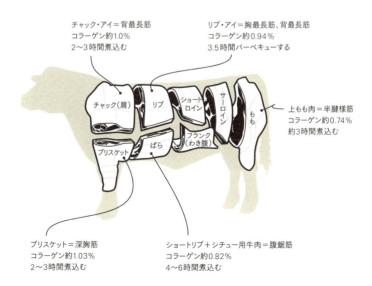

動物の重量を支える部分の肉はコラーゲンの割合が高く、長時間の調理が必要となる（主にチャック、リブ、ブリスケット、およびもも肉）。

RECIPE トマトとハーブとイカのブルスケッタ

長い間、イカは私にとって謎の食材だった。数分間調理するか、1時間調理するかのどちらかなのだ。その中間の時間では、硬くて輪ゴムを噛んでいるような気分になってしまう。（別に私がしょっちゅう輪ゴムを噛んでいるわけではない。） これはなぜだろう？

イカのコラーゲンは、未変性の状態や加水分解された状態ならばおいしいが、変性した状態ではおいしくない。変性には数分間かかるので、素早くフライパンで焼けば未変性の状態を保てる（新鮮なトマトを乗せてブルスケッタのトッピングにすると、おいしい）。また加水分解には何時間もかかるので、じっくりと煮込むとタコはおいしくなる。トマトと一緒に蒸し煮にすれば、pHの低下によって加水分解プロセスが加速されるので、さらに好都合だ。

簡単にイカのブルスケッタを作るには、まず**フランスパン**か**イタリアパン**を1/2インチ（1cm）幅に切るところから始めよう。斜めに切れば、大きなスライスができる。（端にできる三角形の部分は、誰も見ていないときに食べてしまおう。） パンの両面に**オリーブオイル**を軽く塗る（これには普通ペストリーブラシを使うが、なければ折ったペーパータオルを「ブラシ」として使うか、皿にオリーブオイルを注いでパンを軽く浸せばよい）。パンをトーストする。上火のグリルで焼くとうまく行く（切ったパンが上火から4～6インチ / 10～15cm離れるようにする）。こんがりと焼けてきたら、すぐにひっくり返す。上火のグリルがなければ、400°F / 200°Cにセットしたオーブンが使える。数が少なければ、トースターでもいい。

パンが焼けたら皿に並べ、火を止めたオーブンに入れて保温しておく。

以下の材料を包丁でスライスするか、キッチンばさみを使って一口大に切る。

☐ イカ（胴体と足、または胴体だけ）：1ポンド（450g）

ソテーパンを中火で熱しておく。イカの温度がすぐに上がるように、十分に熱くしておこう。**オリーブオイル**を少量、鍋を回して薄くコーティングされる程度に加え、イカを鍋に投入する。

木製のスプーンかシリコーンのへらを使って、イカをかき混ぜる。イカが白っぽく不透明になり始めたら、そこからさらに30秒ほど調理する。以下の材料を鍋に加えて混ぜる。

☐ さいの目に切ったトマト：カップ1（250g）（中程度の大きさのトマト2個分、種は除く）
☐ オレガノやパセリなどの新鮮なハーブ：大さじ1（5g）
☐ 粗塩：小さじ1/4（1g）
☐ 挽いたコショウ、適宜

イカとトマトのトッピングをボウルに移し、トーストしたパンを添えて食卓へ出す。

キッチンばさみを使って、イカを切った端から熱い鍋の中に落とすようにしてみよう。トマトとハーブを加えて混ぜ、食卓へ出す。

RECIPE 鴨のコンフィ

鴨のコンフィは鴨の脚を脂の中で調理したものだが、他のどんな方法で料理した鴨とも全く違った味わいがある。ベーコンと豚肉の関係にも似ている。ホーマー・シンプソンの言葉を借りれば、「何かすごい、ふしぎな動物」から作られたもののようなのだ（私にとっての不思議な動物は鴨のようだ……）。

よい鴨のコンフィはジューシーで味わい深く、柔らかくておいしくて、たぶんちょっと塩気がある。鴨を「コンフィ風」に調理する際に大事なのは、硬いコラーゲンタンパク質をゼラチンに変化させることだ。

私は現実的な料理人だ。伝統的な鴨のコンフィのレシピは長ったらしくて、ゆったりとした日曜日の午後にワインを飲みながら友達と一緒に作るには向いているかもしれないが、物事は単純が一番という私の主義とは相容れない。

鴨のコンフィを作る際の秘訣は時間と温度であり、決して料理の腕前ではない。要するに、スロークッカーや超低温に設定したオーブンを使えば、あなたにも鴨のコンフィは作れるのだ。鴨を煮るのに使う脂の種類も関係ない。ある実験では、お湯で鴨のコンフィを作ってその後油でコーティングしても、伝統的な作り方の鴨のコンフィと区別できなかったということだ。いずれにしろ、エキゾチックな鴨の脂のかたまりを買う必要はない。鴨の脚だけでも十分な出費だ。

1人前につき鴨の脚1本の表面に塩をすり込み、皮の付いた部分と肉が出ている部分の両方を覆うようにする。私は**鴨の脚1本あたり約大さじ1（18g）の塩**を使った。十分に塩を使って、完全に外側が覆われるようにしよう。

塩をした鴨の脚をボウルかポリ袋へ入れ、冷蔵庫で数時間塩漬けする。肉に塩をすることには風味を増し水分を多少取り除く効果があるが、ものすごく急いでいる場合にはこのステップを省略して、鴨の脚に塩を多少すり込むだけでもよい。塩漬けした鴨の脚から、塩をすべて洗い落とす。

注意：生肉は冷蔵庫の一番下に保存すること。そうすれば、肉汁が流れ出たとしても新鮮な農産物や惣菜を汚染する心配はない。

十分に長い時間調理された鴨の脚は、筋肉を結合していたコラーゲンや結合組織が大部分なくなっているので、簡単にほぐれる。

ここで、熱源を選択する。

スロークッカーを使う方法

鴨の脚をスロークッカーか多用途の炊飯器または圧力鍋の内釜へ入れる。かぶるほどの油（私は**キャノーラ油**か**オリーブオイル**を使っている）を注ぎ、スロークッカーモードで最低でも6時間（できれば10〜12時間）調理する。

オーブンを使う方法

鴨の脚を耐熱容器に入れ、かぶるほどの**油**を注ぐ。170°F / 約80°Cにセットしたオーブンで、最低でも6時間調理する。

調理時間が長いほど、鴨の脚は柔らかくなる。私は36本の鴨の脚を一晩、オーブンに入れて保温した

大きな鍋の中で調理してみた。一度に大量に調理するなら、2時間以内に中心の温度を約140°F / 60°Cまで上げる必要があるということを覚えておいてほしい。そのような場合には、鴨の脚を入れる前に油を250°F / 120°C程度まで熱しておこう。こうすると、熱い油が冷たい鴨の足の温度をガツンと上げてくれる。

調理後、鴨の脚はまだぶよぶよのままで、正直言って気持ち悪いかもしれない。しかし肉は柔らかくなっていて、ちょっと突っつくだけでほぐれるはずだ。皮は取り除いてもよいし（皮だけをフライパンで焼けば鴨のラードンが作れる）、皮にナイフで切れ目を入れてからフライパンで鴨の脚の皮目を焼けば、カリッと仕上げることができる。

鴨の脚をすぐに使う予定のない場合は、冷蔵庫で保存しよう。

調理後の油には、鴨の脂と元の油が混じっている。捨てずに取っておこう！ 緑の野菜をソテーしたり、フライドポテトを作ったりするのにも使える。

NOTES

◎伝統的なレシピでは、オリーブオイルではなく鴨の脂を使う。鴨の油を使う利点としては、室温まで冷めると固まるので、殺菌された脂の層で鴨の脚を包んで密封する効果がある。保存のためにロウで密封してあるジャムがあるが、それと同じようなものだ。1世紀前にフランスに住んでいた人にとっては、長い冬の間鴨の脚を保存しておくために優れた方法だったに違いないが、冷蔵庫や食料品店のある現在では、たとえ数日間保存期間が延びたとしても鴨の脂で肉を保存する必要はない。オリーブオイルを使おう。そのほうが安いし健康的だ。

◎油と液体を別の容器に注いで冷やすと、下のほうにゼラチンの層が分離してくる。ぜひこのゼラチンを料理に使ってみよう。スープに入れるのもよい。

RECIPE 鴨のコンフィを使ったパスタ

前ページで説明したとおり、コンフィ風に調理した鴨の脚を2本用意する。事前に準備して冷蔵庫に入れておいてもよい。1日たりとも待ちたくない気分のときは、近所の食料品店で調理済みの鴨のコンフィを売っていないかチェックするか、圧力鍋があればそれを使って鴨の脚を手早く調理する。

大きなパスタ鍋にパスタをゆでるための**塩を入れた湯**を沸かす。

鴨のコンフィの脚2本の肉を外し、骨と皮は捨てる（取っておいてスープを作ってもよい）。フライパンを中火で熱し、鴨の脚の肉を入れて焼き色がつくまで軽くソテーする。

フライパンに以下の材料を加える。

☐ 缶入りダイストマト：28オンス（800g）
☐ 缶入りトマトソース：8オンス（225g）
☐ カイエンヌペッパー：小さじ1/2〜1/4（0.5〜1g）

トマトとトマトソースを5分ほど煮る。ソースを煮ている間に、パッケージの指示に従ってパスタをゆでる。

☐ できればパッパルデッレ（卵ベースの幅の広い平らなパスタ）、またはスパゲッティなどのロングパスタ：1/3ポンド（150g）

パスタがゆで上がったら、湯を切って（水洗いはしない）ソテーパンに入れる。以下の材料を加えて混ぜ、よくあえる。

☐ 新鮮なオレガノまたはタイムの葉（乾燥ものはお勧めしない）：大さじ2（2g、約12枚）
☐ すりおろしたパルメザンチーズ：カップ1/2（50g）
☐ すりおろしたモッツァレラチーズ：カップ1/4（30g）

葉を外すには、まず茎のつぼみの付いている側の端をつまみ……

……次に茎の下端へ向かって指を滑らせる。

NOTES

◎フライパンが小さい場合は、パスタをゆでた鍋に鴨肉を入れて混ぜた方がやりやすいかもしれない。仕上げに、すりおろしたパルメザンチーズを乗せ、オレガノまたはタイムの葉をさらに振りかけてもよい。

◎このレシピの秘訣は、材料の組み合わせにある。カイエンヌペッパーの辛さがチーズに含まれる脂肪や糖分とバランスし、鴨肉の脂肪がトマトの酸で抑えられ、新鮮なハーブに含まれる香りのよい揮発性化合物がフレッシュな風味を加えるので、とにかくこの料理はおいしい。世界が明日で終わるとしたら、私は最後にこの料理を食べたいくらいだ。

◎鴨肉を（冷蔵庫に入っていた）冷たい鴨の脚から外す際には、白くてつるつるしているものが鴨の脂肪だ。鴨肉は黒っぽく、繊維質に見える。よくわからなければ、見た目がおいしそうであれば、たぶんそれが肉だ。肉には焼き色を付けるので、黒っぽいゼリーのようなものは入れないようにしよう（それがゼラチンだ）。溶けて水分が蒸発すると焦げてしまうからだ。

◎新鮮なタイムを茎から外すとき、茎を料理に入れないように気を付けよう。木片のようで硬く、あまりおいしいものではない。葉を外すには、茎の一番上を指でつまみ、もう一方の手で葉が生えている方向とは逆の方向に指を滑らせる。

RECIPE じっくり調理したショートリブ

ショートリブなど、コラーゲンを豊富に含む肉の部位の料理は難しくない。コラーゲンが加水分解する温度に長時間保っておくだけだ。これは、肉をスロークッカーで調理すれば達成できる。スロークッカーモードのある調理器具を使うか、耐熱皿を使ってオーブンで数時間かけて調理すればいい。冬の寒い季節にはぴったりの料理だ。

（この料理は圧力鍋を使えば速くできるが、誰でも持っているわけではないし、持っていたとしても調理中に肉の食感がどう変わって行くかを理解するためには役に立たない。）

このレシピは意図的に簡略化してあるが、だからと言って味に妥協はない。スロークッカーで調理した肉は「驚くほど」おいしいし、ディナーパーティーの料理を準備する際には大いに手間が省けるはずだ。

炊飯器か圧力鍋を持っている人は、それにスロークッカーモードがあるかどうかチェックしてみよう。このモードでは、調理器具は食材を170〜190°F / 77〜88°C程度の温度範囲に保つ。これは、バクテリアによる汚染が安全に防げる程度には高く、肉が水分を失って乾いてしまわない程度には低い温度だ。

圧力鍋がなければ、ショートリブを耐熱皿に入れてアルミホイルで覆い、180°F / 約80°Cにセットしたオーブンで調理すればよい。

バーベキューソースを1瓶調理容器に注ぐ。（ここでは簡単のため、店で買ってきたソースを使うことを想定している。簡単さは、スロークッカーを使った料理の魅力の一部だからだ。自分でソースを作るには、330ページのレシピを参考にしてほしい。）

ショートリブを入れ、重ならないように並べてバーベキューソースに浸るようにする。

ショートリブを少なくとも4時間（もっと長くてもよい）、スロークッカーで調理する。朝、仕事へ行く前に仕掛けておいてもいい。スロークッカーで食品は安全に保たれるし、時間をかけることによって帰るころにはコラーゲンのたっぷり溶け込んだ料理が出来上がっているはずだ。

NOTES

◎もう一手間かけて1分から2分、ショートリブにフライパンで焼き色を付けてから調理すれば理想的だ。これによって褐変反応が生じ、風味がよりいっそう豊かになる。

◎前に説明した危険ゾーンのルールを心に留めておいてほしい。スロークッカーに冷たい肉をたくさん入れすぎて、2時間たっても140°F / 60°Cまで温度が上がらないようではいけない。

◎ソースに別の材料を足したり、自分でお好みのソースを作ったりしてみよう。私はよく、空になったBBQソースのびんにワインやポートワインを大さじ1杯ほど入れて、残ったソースを「すすいで」から、ワインとソースの混じったどろどろとした液体をスロークッカーに入れている。

LAB コラーゲンタンパク質の実験

未変性、変性、そして加水分解というコラーゲンタンパク質の状態の違いを理解するために、この実験をしてみてほしい。コラーゲンは、温度とコラーゲンの種類によって異なる速度で変性し加水分解する（これらは異なるプロセスだ！）が、それぞれどれだけの時間かかるのだろうか？

まず、これらの材料を準備しよう
- コラーゲン豊富な動物組織の小サンプル6個。イカを使う場合は、イカの胴体を輪切りにするか、冷凍イカを買ってくればよい。またシチュー用の牛肉を1/2インチ（1cm）角に切ったものを6切れ使ってもよい（牛肉は調理に約3倍の時間がかかる）。
- 自然な風味の食用油（キャノーラ油などの植物油）カップ1（240ml）
- オーブンまたはスロークッカー
- フォーク2本と皿1枚
- **スロークッカーではなくオーブンを使う場合**：ガラス製の計量カップなど、耐熱性の小さな容器

実験手順
1. **オーブンを使う場合**：食用油を入れた計量カップをオーブンに入れる。**スロークッカーを使う場合**：油をスロークッカーの内釜へ入れる。
2. オーブンを200°F / 95°Cにセットする。または、スロークッカーをシチューまたは「保温」モードにする。
3. フォークを使ってすべてのサンプルを油の中に入れ、タイマーをスタートさせる。
4. **イカなどのシーフードの組織の場合**：20分調理したら、フォークを使ってサンプルを1個取り出し、後で調べるために皿の上に乗せておく。これを20分ごとに繰り返し、そのたびにサンプルを1個ずつ取り出す。**牛肉などの哺乳類の組織の場合**：20分おきではなく、1時間おきにサンプルを取り出す。
5. すべてのサンプルを取り出したら、オーブンまたはスロークッカーをオフにして、油を冷ましてから捨てる。

考察してみよう！
皿の上に並んだサンプルを見てみよう。何が見えるだろうか？ 2本のフォークを両手に持ってサンプルをほぐし、どのサンプルが簡単にほぐれるか、どれが硬かったかを記録してみよう。

応用問題
この実験をシーフードのサンプルと哺乳類のサンプルとで行い、時間の違いを比較してみよう。

もうひとつのアイディア：ビーフシチューを作り、30分後にシチューを1カップ取り出し、2時間後にもう1カップを、そして6時間後に3カップ目を取り出す。煮込んだシチュー肉を噛んでみて、食感の違いを比べてみよう。（子どもと一緒にこの実験をする場合には、プラシーボ効果を除去するために二重盲検法を行ってみよう。子どもに目隠しをして2時間のサンプルを2つと6時間のサンプルを1つ、食べ比べてもらう。どれが違うか、わかるだろうか？）

158°F / 70℃：植物性デンプンが分解する

植物に関連する温度と調理法。

　肉は主にタンパク質と脂肪分からできているが、植物は主に炭水化物からできている。生焼けから靴底になってしまうまでの温度範囲が狭い肉と比べれば、植物の炭水化物はずっと許容範囲が広いのが普通だが、あまり長く調理しすぎると食感と色が損なわれてしまう。

　植物の細胞には、料理に関係するいくつかの化合物が含まれている。ご想像通り、これらの化合物の特性はそれぞれ異なる。以下、最も普通に見られる5種類の化合物と、それらが熱にどう反応するかを示す。

- **セルロース**は植物の細胞壁の主要な構造成分だ。生の状態では人間には全く消化できず、ゼラチン化する温度も608〜626°F / 320〜330℃と非常に高いため、調理中の化学反応を論じる際には無視できる。（豆類を圧力調理することによって、一部のセルロースが実際に分解するという証拠が存在する。どんなルールにも例外はあるのだ！）

- **リグニン**は、木など一部の植物細胞に見られる二次細胞壁に存在する繊維質だ。セルロースと同様に、リグニンも調理中にはあまり変化しない。これが注目されるのは、歯の間に挟まったり、木を噛んでいるような食感を与えたりする場合だ（アスパラガス、きみのことだよ）。アスパラガスの茎の根元にはかなりのリグニンが含まれているので、折り取るのがよい。

- **ヘミセルロース**はセルロースと同じものではなく、細胞壁中に見られる非常にさまざまな多糖類でセルロースやリグニンを束ねる役割をしている。これは150〜158°F / 66〜70℃の温度範囲から、酸、塩基、そして酵素によって容易に分解する。柔らかい植物を調理する場合、ターゲットとなるのはこのヘミセルロースだが、食感を損ねないためには分解しすぎないように気を付けなくてはならない。リグニンやセルロースとは異なり、ヘミセルロースは水に一部溶ける。これら3種類の物質は、不溶性植物繊維の大部分を構成し、

あなたの体の消化管を掃除する働きをしてくれる。

- **デンプン**は植物のエネルギー貯蔵庫で、われわれが植物を食べたときにエネルギーとなってくれるものだ。未変性の状態のデンプンは、アミロースとアミロペクチンという2種類の炭水化物分子から構成される半結晶構造として存在する。水分のある状態で加熱されると、この半結晶構造は**糊化**つまり水を吸収し、溶けて分解する。その後冷えても、吸収された水分は保持され続ける。この半結晶構造は加熱調理によって、より容易に消化できる形態となるのだ。これが、われわれ人類が初めて植物を加熱調理した時から他の種に対する優位性を獲得したという説の根拠となっている。糊化に関連して、いくつかの温度範囲が存在する。ひとつはアミロペクチンが水分を吸収する温度、もうひとつはアミロース構造が溶けるより高い温度、3つ目は冷却の際にゲルとなって固まる温度だ。これらの温度は、アミロースとアミロペクチンの比率と具体的な構造、そして周囲の液体の酸度またはアルカリ度などの環境要因によって変化する。調理の際、関心のある温度範囲はデンプンが植物の細胞にどのような形で存在するかによって決まる。主に関心のあるのはアミロースが溶ける高いほうの温度範囲で、135〜220°F / 57〜105°Cが典型的だ。

- **ペクチン**は細胞の糊であり、動物の場合にコラーゲンが筋肉組織を結合しているのと同じように、植物の細胞壁を結合している。硬い果物の骨組みはペクチンの化合物からできている。りんごの皮と芯の10〜20%はペクチンだ。これらの化合物は、酸性条件（pHが1.5〜3）で140°F / 60°C以上に加熱されると分解を始める。ジャムづくりの際にペクチンを糊化させるための推奨目標温度は217°F / 103°Cだ（砂糖の入った液体では簡単に達成できる）。料理に使われる大部分の果物や野菜の場合、ペクチンは主要な構成要素ではないが、ジャムづくりには非常に重要だ（419ページを参照してほしい）。

これらが、野菜や果物の調理とどう関係するのだろうか？　果物や野菜を調理するために必要な温度は、その組成に基づいて決められる。必要とされる正確な温度には、その温度に保つ時間の長さ、組織中の水分量、そして加工条件が影響するので、以下の説明はガイドラインとしてとらえてほしい。

- ジャガイモなどの**根菜**は、175°F / 80°C以上で調理する。より高い温度で調理すれば、水が蒸気となるためさらに食感の変化が得られるが（よりホクホクとしたベイクドポテト）、ポテトグラタンを見ればわかるように、多少低い温度でも大丈夫だ。根菜は、穀物と比べて高い割合でアミロペクチンが含まれるので、そのデンプンはより簡単に（典型的には135〜160°F / 57〜70°Cほどで）糊化される。調理の際、調理時間を現実的なものにするには、これよりも少し高い温度範囲にする。根菜には十分な水分が含まれるので、糊化の際にデンプンが吸収するための液体

を加えることは気にしなくてもよい。もちろん、葛粉や片栗粉など、植物から抽出されたデンプンを使っている場合には、吸収させる液体が必要だ。(より詳しくは431ページを参照してほしい。)

- **米などの穀物**は、沸騰中かそれに近い液体で調理する。アミロペクチンはもっと低い温度で分解するが、穀物の構造の中により多く含まれるアミロースは200〜220°F / 93〜105°C程度まで溶けない。(低温調理法(339ページを参照してほしい)に詳しい人のために説明しておくと、根菜が低温調理できるのに穀物はできないのはこのためだ。) また、大部分の穀物には糊化するために十分な水分が含まれない(種子は寒い冬を耐え抜く必要がある!)ため、調理の際には水を加えなくてはならない。

- りんごのような**硬い果物**は、十分に時間をかけて細胞壁に含まれるペクチンを分解させる。温度は、果物の酸度によって変わるが、140〜212°F / 60〜100°C程度が必要だ。煮る際には、硬い果物を使うと食感が悪くならない。同様に、すばらしいフルーツパイを焼く秘訣は2品種または2種類のフルーツを混ぜることだ、と言っている人もいる。一方は硬くて煮崩れしにくいものを使い、もう一方は調理中に分解するものを組み合わせるのだ。グラニースミスとマッキントッシュなど、焼き菓子作り用のりんごとソース作り用のりんごを混ぜて使ってみてほしい。あるいはボスクやバートレットなどの焼き菓子用の西洋ナシを、マッキントッシュやコートランド、あるいはゴールデンデリシャスなどのソース用のりんごと組み合わせてみてほしい。(ペクチンについて詳しくは、445ページを参照してほしい。)

- **水分量の多い果物や野菜**は、中程度の温度で調理する。ヘミセルロースを分解するには、150〜158°F / 66〜70°Cという温度で十分だ。ホウレンソウなど、あまり硬くない葉物野菜は、少量の水または油と一緒に鍋に入れればすぐにしんなりとする。湯を切ったゆでたてのパスタとあえてもよい。スイスチャードやケールなど、より頑丈な葉物野菜は、茎や筋を取り除いて先に調理しておく。これらの部分は構造的に強く、おいしく食べられる柔らかさにするためにはより多くのヘミセルロースを分解する必要があるためだ。

角切り野菜などをソテーしていて、柔らかくしたいが焼き色を付けたくない場合には、少量の水を加えて温度を下げればよい。

果物や野菜には、加熱した際に変化する化合物が他にも含まれている。そのうち、特に取り上げる価値があるものがクロロフィルだ。緑色野菜を調理すると、この化合物が変化するため、鮮やかな緑色がくすんだ茶色に変わって行く。細胞中の葉緑体の周りの膜が熱によって破裂し、クロロフィルの反応が引き起こされて茶色っぽい色の別の分子(フェオフィチン)に変化してしまう。この変化はpHと温度に依存するため、酸度の高い

環境では速く進行し、低い温度ではゆっくりと進む。煮汁に重曹をひとつまみ加えると、この反応を抑えることができる。（しかし重曹を加えすぎると、別の反応が起こってしまう。水の化学については、次の章で説明する。） 沸騰しない程度の熱湯で調理し、ゆで過ぎを避けるのが伝統的な解決法であり、また調理した食材をすぐに冷水に取ることも、温度を下げて反応をストップさせる効果がある。個人的には、私はサヤインゲンやアスパラガスはちょっとゆで方が足りないくらいにしている。これらの野菜は少し生煮えでもおいしいが、ゆで過ぎてしまうとまずいからだ。

RECIPE かんたん蒸しアスパラガス

電子レンジを使えば、硬い緑色野菜やデンプンを豊富に含む野菜を簡単に調理できる。サツマイモやジャガイモなどの根菜類は、数分間電子レンジに掛ければ上手に調理できる。また、電子レンジで野菜を蒸すこともできるのだ！

電子レンジ用の容器に、茎の根元を切り落とすか折り取った**アスパラガス**を入れ、**水**を少し注ぐ。ふたをゆるく閉めて、蒸気の逃げ道を作っておく。途中で出来具合をチェックしながら2〜4分間電子レンジにかけ、必要に応じて追加調理する。

NOTES

◎この調理法では、食材を2種類の方法で調理している。放射熱（マイクロ波の電磁エネルギー）と、対流熱（容器中の水が熱せられて発生する蒸気）だ。蒸気が食材の周りを循環するので、マイクロ波の放射にむらがあったとしても全体を熱することができ、十分に食材を調理して、仮に表面にバクテリアがいたとしても殺すことができる。

◎レモンジュース、オリーブオイル、あるいは砕いたにんにくをバターでソテーしたものをアスパラガスに加えてみよう。

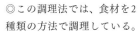

デンプンを多く含む根菜ほど、調理には長い時間が必要となる。ニンジンがジャガイモよりも短い時間でローストできるのは、そのためだ。また右の写真（左がデンプンの少ない品種、右がデンプンの多い品種）を見て分かるように、デンプンを多く含むほどホクホクした食感となる。

RECIPE 葉物野菜とごまのソテー

ホウレンソウなどの葉物野菜や、ケールなどの硬い植物の葉の柔らかい部分は、簡単に調理できる。分解が必要なデンプンや繊維質が少ないからだ。ヘミセルロースを分解することだけを考えればよい。

ソテーパンかフッ素樹脂加工のフライパンを中火で予熱し、以下の材料を加える。

☐ ごま油またはオリーブオイル：大さじ2（30ml）（フライパンをコーティングするのに十分な分量）
☐ ごま：大さじ1（8g）

手早くごまを炒めてから、以下の材料を加える。

☐ ホウレンソウ、スイスチャード、コラードグリーンなどの葉物野菜：1束。茎と太い筋を取って、1インチ（2.5cm）幅に刻むかちぎる

トングを使って手早く野菜に油とごまを絡める。フライパンは野菜の温度が急激に上げるように熱くなくてはならないが、油が燃えるほど熱くてはいけない。野菜全体がしんなりするまで炒める。**塩とコショウ**で味を調える。

NOTES

◎好みに応じて、以下の組み合わせのどれかを加えてみてほしい。

みじん切りにしたにんにく5かけ、小さなレモン1/2を絞ったジュース（おおよそ小さじ1／5ml）

バルサミコ酢 小さじ2（10ml）、お好みで塩ひとつまみ

シェリービネガー小さじ1（5ml）、砕いた赤唐辛子小さじ1/4（0.3g）、白インゲン豆1缶（425g）、みじん切りにしたにんにく3かけ

薄切りにしてソテーした赤タマネギ1/4個、一口大に切って焼いたりんご1/2個、刻んであぶった胡桃ひとつかみ

◎ベーコンを数枚焼いて、ベーコンを取り出してからその脂で葉物野菜をソテーし、バルサミコ酢を小さじ1ほど（約5ml）加えてもよい。ベーコンをさいの目に切ってあわせ、お好みでブルーチーズ（またはその他のチーズ）を加える。食材の量は個人の好みによるので、実験してみよう！

◎スイスチャードのように硬い緑の野菜から茎と太い筋を取り除くには、茎を片手で持ち、葉の部分をもう片方の手で持って、茎を引っ張る。

葉物野菜をしんなりと炒める際には、火が通る前に火から下ろすと、余熱でうまく火が通る。

RECIPE ナシのワイン煮

ナシのワイン煮は簡単でおいしく、そして手早く作れる料理だ。果物のおいしさは風味だけでなく、食感からももたらされる。パリッとした歯触りのないりんごや、黒ずんで柔らかくなったバナナを想像してみてほしい。独特の食感が欠けると、その果物の魅力は失われてしまう。しかし、いつもそうだとは限らない。ナシなどの果物を煮ると、果肉の構造に同様の変化が生じるが、細胞壁が壊れて細胞間の結合が失われるので、煮汁の風味がしみこんだ柔らかい食感が味わえる。

浅いソースパンまたはフライパンに、以下の材料を入れる。

- ナシ：中2個（350g）、長さ方向に8つまたは12個に割って、芯を取り除く
- 赤ワイン：カップ1（240ml）、または水カップ1（240ml）と砂糖カップ1/2（100g）にバニラエッセンス小さじ1（5ml）を加える
- 挽いたコショウ：小さじ1/4（0.5g）

鍋を中〜弱火に掛け、ワインを沸騰させてからナシを5〜10分、柔らかくなるまで煮る。途中でナシをひっくり返し、両側の切り口が同じ時間だけ煮汁に浸るようにする。ナシを取り出して煮汁を捨てる。（煮汁を煮詰めてシロップを作ってもよい。）

NOTES

◎化学の豆知識：ワインの沸点は水よりも低い。正確な温度は糖とアルコールの濃度によって変わり、ワインが煮詰まってくるとその比率も変化する。最初の沸点は、おおよそ194°F / 90°Cだ。だからと言って、ナシの煮すぎがそれで防げるかどうかは疑わしい。

◎ナシは、未熟だと思って目を離していると、いつの間にか腐ってしまうような果物だ。ナシを速く熟させるには、未熟なナシを紙袋に入れて放出されるエチレンガスに植物組織がさらされるようにするとよい。私は、生で食べるにはちょっと未熟なナシでも煮ればおいしく食べられるが、多少は柔らかくなったナシを使うようにしてほしい。

◎この料理にカラメルソース（240ページを参照してほしい）とバニラアイスクリームを添えてみよう。あるいは新鮮なイチジクなど別の果物を使ったり、煮汁を変えてみたりするのもいいだろう。ポートワインかはちみつ水のシロップで煮たイチジクに、後から少量のレモンジュースとレモンの皮を加えたものは、甘くておいしい。

◎食材を実際に計量する必要はない。煮汁にナシが浸るだけの量があれば、おいしくできるはずだ。お好みで、挽きたてのコショウを振ってみよう。

あらかじめ挽いてあるコショウは、絶対に使わないでほしい。あらかじめ挽いてあるコショウからは、使うずっと前の時点で複雑なアロマ成分が失われている。ピリッとした辛さは残っているが、コショウの微妙な風味は全くない。

RECIPE **野菜の網焼き**

網焼き料理は、アップルパイと同じくらいアメリカ的な料理だ。アメリカ文化の一部ではあるが、その起源をたどって行くと、大西洋の反対側に行き着く。網焼きがアメリカの伝統となったのは第二次世界大戦以降のことで、ウェーバー兄弟金属加工所のオーナーがウェーバーグリルを発明し、たちまち裏庭での娯楽として広まったのだ。

プロパンガスのグリルと炭火のグリルのどちらが優れているかは、使い方による。プロパンガスのグリルは着火が簡単で、ちょっとハンバーガーや野菜を焼くだけならこちらが便利だ。一方、炭火のグリルは多少扱いが面倒だが、より強い火を起こせるので、風味よく焼き上げることができる（より多くの褐変反応が起こるため）。どちらにしても、グリルはスカートステーキやハンバーガー、あるいは切った野菜など、比較的薄い食材の調理に適している。また、大きな食材をグリルでじっくり調理することもできる。夏の午後、豚の丸焼きが焼き上がるのを待ちながら、友達と飲むビールの味は格別だ。

プロパングリルと炭火グリルのもうひとつの大きな違いは、温度だ。プロパン自体の燃焼温度はおおよそ3,100°F / 1,700°Cだが、熱がグリルに伝わる時には650°F / 340°C程度になってしまう。ふんだんに（しかしほどほどに）薪や炭を燃やすと、熱源からははるかに高い熱放射が得られる。薪や炭火のグリルで測定してみたことがあるが、温度はおおよそ850°F / 450°Cだった。

夏野菜の網焼き

野菜の網焼きはすばらしいごちそうだし、作るのも簡単だ。レタスのケバブなんてものはまだないが、伝統的な方法なら簡単だ。水分の含有量の少ない、硬い野菜を選べばよい（**アスパラガス、カボチャ、ピーマン、タマネギ**など）。

野菜を大きめに切り、少量の**オリーブオイル**と**塩**ひとつまみを入れたボウルであえる。マリネやソースに凝るのもよいが、新鮮な野菜はそれ自体の風味を楽しみたいものだ。

私はいつも、最初にハンバーガーや肉を焼き、それから肉を休ませている間に野菜を網焼きしている。野菜を数分間焼いたら、ひっくり返して同じ時間だけ焼く。

サツマイモフライの網焼き

サツマイモをくし形に切る。（サツマイモが手に入らない？　ヤムイモを探してみよう。アメリカ人が「ヤムイモ」という言葉を使うときには、たいていサツマイモ（*Ipomoea batatas*）を意味している。）

表面に**オリーブオイル**を塗り、**海の粗塩**を振りかける。網に載せて10分間焼き、ひっくり返してもう10分間ほど、柔らかくなるまで焼く。熱いうちに食べてほしい。

オリーブオイルと塩でコーティングする代わりに、おおよそ同じ分量の**バター**と**はちみつ**を溶かし合わせたものを刷毛で塗ってもよい。スパイシーなものが欲しければ、焼いたサツマイモに**砕いた赤トウガラシ**を振り掛けてみよう。

RECIPE ローズマリー風味のマッシュポテト

この簡単なマッシュポテトのレシピでは、電子レンジを使ってジャガイモを調理している。ジャガイモなどのデンプン質に富む根菜を料理するには、それに含まれるデンプンを糊化することが必要だ。このためには、デンプンの粒子が文字通り溶けるほどの加熱と、デンプン粒子が吸水して膨張する（これによって組織の食感が変化する）ための水の存在が必要となる。幸いなことに、イモ類にはもともと十分な水分が含まれているので、水分を加える必要はない。試しにサツマイモを5〜8分間電子レンジに掛けて、結果を見てみてほしい。フォークを使って最初に穴を開けておくように！

以下の食材を、火が通るまで12〜15分程度、電子レンジにかける。

- ☐ 赤ジャガイモ：中3〜4個（600g）

火が通ったら、ジャガイモをフォークの背でつぶせるくらいの大きさに刻む。つぶしながら以下を混ぜ合わせる。

- ☐ サワークリーム：カップ1/2（120ml）
- ☐ 牛乳：カップ1/3（80ml）
- ☐ バター：小さじ4（20g）
- ☐ 細かく刻んだ新鮮なローズマリーの葉：小さじ2（2g）
- ☐ 塩：小さじ1/4（1g）（ふたつまみ）
- ☐ 挽いたコショウ：小さじ1/4（0.5g）

NOTES

◎ピリッとした味が好きなら、牛乳をプレーンヨーグルトに変えてみよう。

◎ジャガイモの種類によって、デンプンの含有量は異なる。デンプン質を多く含む品種（茶色くて皮がざらざらしているラセットなど）は焼くとホクホクした食感になるので、ベイクドポテトやマッシュポテト向きだ。デンプン質の含有量の低い品種（通常は小さくて皮がつるつるしている、赤ジャガイモや黄ジャガイモ）は煮崩れしにくいので、ポテトサラダなどジャガイモの形を残したい料理に向いている*。もちろん、個人の好みも大きい。マッシュポテトについて言わせてもらえば、映画で感謝祭のシーンに出てくるような完璧に滑らかでクリーミーなマッシュポテトよりも、粒々の残った食感のほうが好きなので、私は赤ジャガイモを使うことが多い。

*訳注：アメリカのポテトサラダは日本のものと違って、ジャガイモをつぶさずに作るのが一般的。

310°F / 154°C：
メイラード反応が顕著に現れる

　感謝祭の七面鳥や独立記念日のハンバーガー、それに日曜日のブランチのトーストなどの、こんがりとした焼き色と豊かなアロマはメイラード反応のおかげだ。コーヒーやココア、そしてローストナッツなどの風味も、メイラード反応の副産物から得られる。それでもまだメイラード反応によってもたらされる風味を思い出せないというのなら、パンを2枚スライスしてトースターに入れ、ひとつは茶色く色づく直前に、もうひとつはこんがりと焼けてから取り出し、風味を比べてみてほしい。

　メイラード反応によって生成される風味豊かで香ばしい複雑な香りは、タンパク質に含まれるアミノ酸とある種の糖（**還元糖**と呼ばれる）が結合し、そして分解することによって作り出される。これを1910年代に初めて記述したフランス人化学者ルイ・カミーユ・メラールにちなんで名付けられたメイラード反応は、1950年代まであまりよく理解されていなかった。この反応では、まず遊離アミノ基を持つ化合物が還元糖と縮合反応を起こす。例えば、肉には還元糖であるブドウ糖（これは筋肉組織に存在する主要な糖だ）が存在し、またリシンなどのアミノ酸も含まれるため、熱によってこれら2つの化合物は容易に反応し、2つの新しい分子が形成される。

　メイラード反応は、これまで説明してきた他のどの反応よりも、はるかに複雑だ。この反応で最初に生成される2つの新しい分子のうち、1つはおなじみのH_2Oだが、もう一方は複雑で不安定な分子であり、すぐに更なる連鎖反応を引き起こす。この連鎖反応が収まるまでに数百種類もの化合物が作りだされ、そしてこれらの化合物が、われわれの好む色や風味を作り出してくれる。

　さらに事態を複雑にしているのが、この反応をスタートさせた化合物によって、最初の縮合反応によって生成される分子が違ってくるという点だ。遊離アミノ基を持つどんな化合物も（アミノ酸、ペプチド、またはタンパク質）、任意のカルボニル化合物（通常は還元糖）と結びつくことができるので、最初の分子には実に数多くの可能性がある。このためメイラード反応の風味副産物は、ハンバーガーを焼く際とパンを焼く際とではわずかに違ってくる。これら2つの食品に存在するアミノ酸と還元糖（例えば、ブドウ糖や果糖、あるいは乳糖）の比率と種類が異なるためだ。さらにもうひとつの問題として、副産物が分解してできる化合物はそれが溶けている溶液のpHによっても違ってくるため、風味が変化する。実に複雑だ！

　ものすごく複雑に聞こえたかもしれない（実際そうなのだ）が、それではどうすればメイラード反応と、そこから生まれるアロマや色をコントロールできるのだろうか？　幸いなことにメイラード反応は、化学者の視点よりも料理人の視点から理解するほうがはるかに簡単だ。それをコントロールするには4つ

の方法があり、またその理解には反応速度に関する化学法則の簡単な説明が必要になる。

　アミノ酸か還元糖のどちらかが存在しなければ反応が引き起こされない、つまり両方の存在が必要とされることは明らかだ。標準的な化学法則に、「反応物質の濃度が高いほど、反応速度が高まる」というものがある。ある種のパンを焼くには材料としてミルクが必要とされたり、ペストリーの表面に卵白を塗ると色が付いたりするのは、これが理由だ。ミルクに含まれるタンパク質と乳糖、そして卵に含まれるアミンは、両方とも反応物質の量を増加させるため、より多くのメイラード反応による風味と色を作り出す。これらの存在なしでは、反応は起こらない。メイラード反応をたくさん起こしたければ、最初に取るべき方策は、それを引き起こす材料の濃度を上げることだ。

　温度は、反応速度に関するもうひとつの化学法則の基本だ。**活性化エネルギー**（ある化学反応が起こるために必要なエネルギー量）は、分子の運動エネルギーによって決まる。温度が高ければ、反応が起こるために必要なエネルギー障壁を分子が乗り越える可能性はずっと高くなるが、それでもそれは確率だ。温度が低くても反応は起こる可能性はあるが、速度ははるかに遅くなる。（反応の種類によっては、最小閾値が存在する場合もある。）　反応物質が十分に存在すると仮定した場合、食品を調理する環境の温度を上げることは、反応をスピードアップする最も簡単な方法だ。

　環境のpHは、食品の数多くの面に影響するが、メイラード反応の起こり方も変化させる。反応の最初のステップは遊離アミノ基に依存するが、強い酸性の条件下ではアミノ基が固定されてしまう。このため、タマネギに重曹を加えると速く茶色くなったり、プレッツェルの生地をアルカリ性溶液に浸すと茶色が濃くなったりするのだ。キッチンには、アルカリ性の食材は非常に少ない（卵白と重曹だけだ）が、幸いなことにこれらは少量ならばほとんど味がしない。焼き菓子に焼き色が付くのを速めたければ、生地の表面に水で薄めた卵白をブラシで塗ってみよう。タマネギをカラメル化（この呼び方はちょっと間違っているのだが）させる際には、重曹をひとつまみ加えると反応がスピードアップする。

　メイラード反応の速度は、水分によっても変化する。多すぎても、少なすぎてもよくない。メイラード反応の最初のステップでは、容易に逆反応を引き起こす（2つの状態を行ったり来たりできる、化学式では⇌記号で表現される）化合物が生成されることがあり、その際に最初のステップで生成された水の分子が再吸収される場合がある。水の分子が化合物に取り込まれると、反応の第2段階の発生が抑制される。環境の水分が多すぎると、水の分子が化合物に取り込まれたままになる確率が増加し、反応の継続が阻害されてしまう。しかし環境の水分が少なすぎても、反応は始まらない。アミノ酸と糖が結びつくには、流動性が必要だからだ。（反応速度がピークとなる水分量は、水分活性で言うと0.6〜0.7 a_w 付近、実用的には水分が約5%の場合になる。）　水分の違いは、メイラード反応の速度の問題を解決してくれることはあまり期待できないが、同じ天板

メイラード反応は、湿った食品では簡単には起こらない。肉を焼く直前には、ペーパータオルで表面の水分をふき取っておこう。調理の直前に赤身の多い肉へ塩を振ると水分が表面に吸い出され、調理の際に蒸発させるのに余計な時間がかかる。十分前もって肉に塩を振っておき調理前に水分をふき取るか、調理後に塩を振るようにしよう。

で湿った生地と乾いた生地を焼くテストで見られる違いの説明にはなる。

　これらの変数をすべて考慮しても、料理ではほとんどの場合メイラード反応からおいしい風味と快い色を得るためにはそれなりに高い温度が必要とされる。ここに掲げた310°F / 154°Cという温度は、オーブンのドア越しに見る際にもコンロで何かをソテーする際にも、メイラード反応が顕著な速度で起こり始める温度の良い目安となるはずだ。スキレットやオーブンなど、ほとんどの料理で風味を高めるには350°F / 180°Cが妥当な温度だろう。何時間もオーブンに入れておくロースト料理など、長い調理時間を必要とするレシピでは、325°F / 160°Cで調理することもできる。メイラード反応の速度が遅くなりすぎるため、これよりも低いオーブン温度をレシピで見かけることはめったにない。メイラード反応を避けたい場合もある。例えばマカロン（310ページを参照してほしい）などのメレンゲクッキーでは、メイラード反応の風味は望ましくない。その方法は簡単だ。水、pH、温度のうち1つを、反応が起こるために必要な範囲から外してしまえばよい。たいていの場合、これはオーブンを非常に低い温度（例えば250°F / 120°C）に設定することを意味する。まさにメレンゲクッキーを焼くときの方法だ。

　もうひとつの主要な褐変反応であるカラメル化については次のセクションで説明するが、ここではメイラード反応に必要な還元糖がカラメル化によって奪われてしまう可能性があることを指摘しておきたい。温度の高すぎるフライパンで肉を焼くと、肉に含まれるブドウ糖がアミノ酸と反応する前にカラメル化してしまう。したがって肉を料理する際には、熱すぎない中高温の温度で調理しよう。

　メイラード反応は、この310°F / 154°Cという目安以下でも起こる。ただし、速度は非常に遅い。212°F / 100°Cで何時間もかけて煮るスープストックでは、反応物質が十分な濃度で存在すれば、ゆっくりと茶色に変わり始めると共にメイラード反応による風味が発生する。（スープストックを作るために圧力鍋を使っているシェフもいる。温度が高くなれば、メイラード反応も高速になるからだ。）十分な時間と反応物質があれば、室温でメイラード反応を起こすことさえ可能だ。マンチェゴやゴーダといったエイジングされたチーズには、一部のメイラード反応副産物がわずかに含まれているものもある。人工日焼けクリームは、これと同じメカニズムを応用しているのだ！

RECIPE スキレットで作るフライドポテト

ごく普通のジャガイモは、卵と同じように色の濃い部分（皮）と薄い部分（内部）があり、また他の食材のつなぎにもなる（デンプン）。しかし、どうしてジャガイモは揚げると茶色くなるのだろうか？ 豊富なアミノ酸とブドウ糖、そして多少の水分という、メイラード反応に必要な環境が整っているためだ。このようなジャガイモを、朝食やローストチキン（231ページ）の付け合わせとして食卓に出してみよう（朝食の場合には、赤ピーマンと黄タマネギ、そしてベーコンの細切りも加えてみよう）。

このレシピでは、2種類の加熱方法を利用している。最初にゆでてジャガイモ全体の温度を上げ、デンプンを素早く調理してから、ソテーして外側の温度をさらに上げている。ジャガイモをゆでる代わりに電子レンジに掛けてもよいが、塩の入った湯でゆでると程よい塩気が付いてくる。

中くらいの大きさの鍋に湯を沸かして塩を加え、以下の材料を5分間ゆでる。

☐ ジャガイモ：中3〜4個（700g）、フォークで食べるのにちょうどよい大きさに切る

ジャガイモの湯を切り、重い鋳鉄かホウロウの鍋に移して中火にかける。以下の材料を加える。

☐ オリーブオイルまたはその他の脂：大さじ2〜4（30〜60ml）（鶏肉や鴨を料理した残り、またはベーコンの脂を使うとおいしい）
☐ コーシャソルト：小さじ1（6g）

ジャガイモを数分ごとにかき混ぜてひっくり返し、すべての面が十分な時間だけ下向きになり、きつね色になるまで炒める（焦がしてはいけない）。おおよそ20分後、大部分のジャガイモの大部分の面がきつね色になったら弱火にし、必要なら油（または脂）を足して、以下を加える。

☐ パプリカ：小さじ2（4g）
☐ 乾燥オレガノ：小さじ2（2g）
☐ ターメリックパウダー：小さじ1（3g）

下ごしらえ（その後の調理をスピードアップするために、食品を部分的に調理しておくこと）の意味は、汚れた皿を増やすことだけではない。下ごしらえを事前に済ませておけば料理を仕上げるまでの時間が短縮できるし、調理方法をスイッチする前の最初の段階として行うこともできる。この例では、調理の最初の段階で湯を使ってジャガイモを速く加熱し、全体の調理時間を短縮している。下ごしらえせずにいきなりジャガイモを炒め始めてもいいが、それだと料理が出来上がるまでに30分かそこら、余計な時間がかかってしまうだろう。

RECIPE おいしいガーリックブレッド

にんにく愛好者にとって、トーストしたパンにガーリックとバターを塗ったものほどおいしいものがあるだろうか？　にんにくには驚くべき料理の歴史があり（「four thieves vinegar」でインターネット検索してみてほしい）、数多くの健康効果が知られている（アリシンによるものであり、にんにく絞りに関するノートを参照してほしい）。

しかし、ガーリックとバターでも平均以下のパンを救うことはできない。スーパーマーケットのパン（食料品店チェーンで焼かれたもの）は、本物のパン屋のパンには及ぶべくもない。可能であれば、まずすばらしいパンを手に入れてほしい。

にんにくをたくさんみじん切りにする（にんにく絞りは使わないこと！）。にんにく6かけ（大さじ4／60g）、球茎の半分ほどを使ったとしてもおかしくはない。本物のにんにく愛好家なら、もっとたくさん欲しいところかもしれない。にんにくを小さなボウルに移して、以下の材料を加える。

- ☐ 室温に戻したバター（または溶かしバター）：大さじ4（60g）
- ☐ オリーブオイル：大さじ2（30ml）
- ☐ 海塩またはガーリックソルト：小さじ1/2（有塩バターを使う場合は省く）
- ☐ 刻んだ新鮮なパセリ：大さじ2〜4（10〜20g）
- ☐ 砕いた赤トウガラシ：スプーン1〜2杯（オプション）

これらの食材を混ぜ合わせておく。
イタリアパンまたは**フランスパン**を上下半分に切り分ける。両方とも切った面を上にして、アルミホイルを敷いた天板の上に乗せる。ブラシまたはスプーンで、先ほど作ったにんにくミックスをパンに塗る。350°F / 180°Cで予熱したオーブンでパンを8〜10分間（カリカリのガーリックブレッドが好きなら、もっと長く）焼いてから、グリルモードに切り替えてこんがりと焼き色が付くまで焼く。

NOTES

◎パルメザンチーズやモッツァレラチーズを乗せてみよう。あるいは、パセリの代わりに乾燥オレガノなど、別のハーブを使ってみよう。パセリは、にんにくの体臭を抑える効果があるという間違った思い込みから伝統的に使われている。また、焼く前にパンを薄切りや角切りにしてもよい。

◎にんにくは、260〜280°F / 125〜140°C程度でこんがりと焼き色が付き始める。茶色くなりすぎると、焦げた味がする。パンを焼いている間は、にんにくの色に注意しよう。

にんにく絞りを使わずに、にんにくをみじん切りにするのはなぜ？

手間を省くためには、にんにく絞りをお勧めする。手軽に絞ったにんにくと、にんにくなしのどちらかを選べと言われたら、私は手軽に絞ったほうを選ぶ。しかし、にんにくの風味が変わってしまうという理由から、絶対ににんにく絞りを使おうとしない人もいる。でも、風味が変わるのはごく一部の場合だけだ。

この風味の問題は、にんにくに含まれる**アリナーゼ**という非耐熱性の酵素（加熱されると分解してしまう）に起因している。にんにくがつぶされると、アリナーゼは**アリイン**という化合物と接触して、アリインを**アリシン**という別の化合物に変換する。アリシンはあまりよい匂いはしないが、硫黄化合物なのでまあ当然のことだ。6秒で、アリインの半分はアリシンに変換されてしまう（アリナーゼはにんにくに最も多く含まれるタンパク質なので、反応速度はものすごく高い）。にんにくを薄切りやみじん切りにするとアリインとアリナーゼはあまり混ざらず、にんにくが加熱されるとアリナーゼは失活するので、アリシンはそれほど生じない。にんにく絞りを使ってこの反応を避ける唯一の方法は、にんにくを絞った液体を熱い油のようなものに直接落とすことだ。それが不可能なレシピを使う場合には、代わりに

んにくを薄切りやみじん切りにすれば、味が落ちるのを防ぐことができる。

しかし、この話にはまだ続きがある。アリシンは良い匂いはしないが、にんにくに含まれる中で唯一、健康効果があることが知られている化合物なのだ。残念なことだが、生のにんにくや絞ったにんにくをそのまま使わない限り、健康効果は知られていない！

RECIPE バタフライチキンのロースト

肉の処理は肉屋に任せておけばよいと考えている人もいるだろうが、生肉にしり込みしてしまう人でもバタフライチキンの作り方は覚えておく価値がある。この処理は英国ではスパッチコック、フランスではクラポディーヌと呼ばれる（少なくとも、グリルで焼かれる小型の家禽に関しては）。バタフライチキンは、丸のままの鶏よりも簡単に料理できる。また大してお金をかけずにちょっと手間をかけるだけで4人から6人分の食事が作れるので、経済的でもある。

羽毛をむしって内臓を取り除いた鶏は、トポロジー的には円筒と同じだ。この大きなかたまりは、基本的に皮と脂（外側）、肉（中間）、そして骨（内側）から構成されている。鶏を丸のまま料理することは、バタフライチキンより難しい。円筒形だとどうしても方向によって加熱される速さが違ってくるからだ。ただし電動式の回転肉焼き器を使えば、外側を均一に熱し、均一に調理し、そして均一においしく焼くことができる。

鶏の背骨を取り除けば、鶏を円筒形から平面へ変形できる。上側が皮、中間が肉、そして一番下が骨だ。そして、このような平面のトポロジーは、一方向から照射される熱による調理（つまり、網焼きやグリル）に適している。つまり、おいしくてこんがりと焼けた、パリパリとした皮が、ずっと簡単に得られるということだ。

1. 作業場所を確保する。私はローストパン（ロースト用の深い天板）を使っている。いずれにしろ後で汚れてしまうからだ。鶏を包みから出し、内臓肉を取り除き（捨ててしまうか、あるいは別に使うために取っておく）、頑丈なキッチンばさみを用意する。鶏は乾いているほうがよい。もしぬれていたら、ペーパータオルで水気をふき取っておく。

2. 鶏の首が自分のほうを向くように置く。はさみで背骨の右側（左利きの人は左側）を切り開く。大して力は必要ないはずだ。背骨自体を切ってしまわないように、その脇を切るように気を付けよう。

3. 背骨の片側を切り終わったら、今度は鶏の首が反対側を向くように置き直し（利き手の側のほうが切りやすいからだ）、背骨の反対側を切り開く。

4. 背骨を取り除いたら（捨ててしまうか、あるいはスープストックを作るために冷凍庫で保存する）、鶏をひっくり返して皮を上にし、両手を使って（左手は左胸に、右手は右胸に）胸骨を押しつぶして鶏が平らになるようにする。竜骨突起も取り除いてもよいが、その必要は特にない。（竜

骨突起とは、開いた鶏の半身をつないでいる骨のことだ。）

これでバタフライチキンができたので、後は簡単だ。片面に皮が、反対面に骨があるので、両方ともちょうどよく焼けるように、2種類の熱源を使って2方向から焼くことができる。つまり、まずメイラード反応が起こってこんがりとするまで皮の側を焼き、それからひっくり返してプローブ式の温度計か肉眼で見て火が通るまで焼けばよいのだ。

バタフライチキンの表面に**オリーブオイル**を塗り、**塩**を振り掛ける。（オリーブオイルは、焼いている間に皮が干からびるのを防いでくれる。）鶏を、皮を上にしてローストパンのワイヤートレイの上に置く。（ワイヤートレイを使うのは、天板から鶏を持ち上げて、滴り落ちてくる肉汁に浸らないようにするためだ。）手羽を折り返して胸肉の下へ入れ、直接火が当たらないようにする。

中火の上火で約10分間、または皮がこんがりとしてくるまであぶり焼きにする。鶏とオーブンの上火の間には、6インチ（15cm）以上の間隔をあけること。上火が強すぎて、一部が焦げてきてしまったら、アルミホイルで「ミニ熱シールド」を作ってかぶせる。

皮がこんがりとしてきたら、鶏を裏返す（私は皮を傷つけないように、トングではなく折ったペーパータオルを使っている）。オーブンをローストモードに切り替えて、350°F / 177°C程度にセットする。160°F / 71°Cにセットしたプローブ式の温度計を使えば理想的だ（余熱で鶏の温度は165°F / 74°Cまで上がる）。プローブ式の温度計がない場合には、おおよそ25分経過したら、片方のももを切り取ってみて焼き具合をチェックする。透明な肉汁が流れ出て肉に火が通っているように見えればよい。まだ生焼けだったら、また鶏をオーブンに戻して定期的にチェックする。

NOTES

◎鶏肉を塩水に漬けるのがよいという人もいる。そうすれば肉に塩気が加わるので、風味は変わるはずだ。鶏を塩水に1時間ほど漬けてみよう（冷たい水道水2クォート（2リットル）に塩1/2カップ（150g）が目安だが、飽和するまで水に塩を入れればよい）。それ以上塩漬けするつもりなら（それだけ鶏が塩辛くなる）、冷蔵庫に入れて塩漬けしている間の温度を40°F / 4°C未満に保つこと。

◎アルトン・ブラウンの料理番組「グッド・イーツ」で、バタフライチキンを取り上げたことがあった。彼はにんにく・コショウ・レモンの皮で作ったペーストを鳥の皮と肉の間に詰め、根菜類（ニンジン、ビート、ジャガイモ）を敷き詰めた上で鶏をローストしていた。これはすばらしいレシピだ。ペーストが鶏によい風味を加え、根菜類が鶏の肉汁を吸ってくれる。このバリエーションとして、刻んだにんにくとローズマリーのような香りのよいハーブを皮と肉の間に詰めてもよいだろう。

◎もっと他のアイディアをお探しなら、ジュリア・チャイルド他著の『Mastering the Art of French Cooking, Volume 2』（Knopf, 1970年）を読んでみてほしい。Volaille Demi-Désossée（半分骨を抜いた鶏）のすばらしいレシピが載っている。彼女は胸骨を取り除き（背骨はついたまま）、鶏に詰め物をし（フォアグラ、トリュフ、鶏レバー、それに米）、縫い合わせてローストしている。最近のものであれ古いものであれ、歴史的なレシピを見返すことは、食材をよりよく理解するためのすばらしい方法だ。

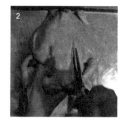

RECIPE 帆立のバター焼き

帆立は驚くほど調理が簡単なのに、無視されることの多い食材だ。調理中に水分がしみ出してくることを防ぐために、ドライパックされた（液体に浸っていない）帆立を探そう。高品質の冷凍ものも十分使える（これもドライパックされたものが良いので、原料に「帆立」とだけ書いてあることを確かめよう）。冷蔵庫で一晩かけて解凍する。

調理に使う**帆立**をペーパータオルで拭き、皿かまな板に並べて準備しておく。帆立にヒモが付いていたら、指ではがして後で使うために取っておこう。

帆立の貝柱の脇の小さな筋肉やヒモ（外套膜）を、どう調理すればよいかわからない？ 貝柱を調理した後に炒めて、誰も見ていないときに食べてしまおう*。

フライパンを強めの中火にかけ、温まったら**バター大さじ1（15g）**ほど（フライパンを厚くコーティングするのに十分な量）を溶かす。トングを使い、帆立の平らな面を下にして、バターの中に入れる。フライパンに置いたとたんにジュージューと音が出るはずだ。音が出ない場合には火を強める。

フライパンと接した面がきつね色になるまで、おおよそ2分焼く。焼いている間に帆立を突っついたりしてはいけない。バターから帆立の身への熱の伝導を邪魔してしまうからだ。片面が焼けたら（トングを使って持ち上げて焼き加減を見るとよい）、ひっくり返して反対側もおおよそ2分、きつね色になるまで焼く。ひっくり返したときには、フライパンの中で今まで帆立がなかった部分へ置くようにする。その部分は高温でバターもたくさん残っているので、帆立に早く火が通る。

焼き終わったら、帆立を清潔な皿に載せて食卓へ出す。

NOTES

◎帆立を小さいシンプルなサラダの上に乗せてみよう。例えばルッコラ（ロケット）を、さいの目に切ったエシャロットとラディッシュと一緒にバルサミコ酢のドレッシングであえたもの。

◎帆立に火が通ったかどうか自信がない場合には、1個をまな板にとって半分に切ってみる。できばえを確かめてみたという事実を隠蔽するには、全部の帆立を半分に切って食卓に出せばよい。また、こうすると全部に火が通ったことも確かめられる。

◎生の帆立にパン粉などの軽いデンプン質の衣をつけてもよい。わさび豆があったら、すり鉢かミキサーで砕いて皿に取り、帆立にまぶしてみよう。

焼く前に、わさび豆を砕いて帆立にまぶしてみよう。

*訳注：ウロと呼ばれる中腸腺（暗緑色の部分）には貝毒や重金属が含まれていることがあるので、食べないほうがいい。

356°F / 180°C：
糖が急速にカラメル化する

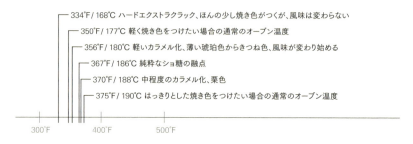

ショ糖のカラメル化と菓子作りに関連する温度。

　おいしくてカロリーたっぷりのカラメルソースは、砂糖の加熱というシンプルな作業によって作られる。メイラード反応がそれを最初に記述した化学者の名前から命名されているのに対して、カラメル化はその結果から名付けられたものだ。**カラメル化**（caramelization）という単語はフランス語の「焦げた砂糖」に由来し、さらに後期ラテン語の「サトウキビ」（cannaまたはcalamus）と「はちみつ」（mel）までさかのぼることができる。溶けて茶色くなった砂糖の外観を、なかなか的確に示しているではないか！

　砂糖を焦がすには、いくつかのやり方がある（料理の最中に他のことに気を取られてしまう以外に）。最も簡単なのは、水を加えずに加熱する方法だ。水を加えずに鍋に入れた砂糖は文字通り**熱分解**する。ショ糖の場合、分子構造が壊れて一連の反応が起こることにより、4,000を超える種類の化合物が作り出される。これらの化合物の中には、茶色いもの（これまで見た中で最も美しい、味のない重合反応だ！）や、すばらしい香りを放つものもある（フラグメント化反応によるものだが、同時に苦い味も生み出してしまう）。

　水を加えるカラメルづくりのレシピのように、砂糖を水と共に加熱した場合には、状況が多少異なる。水が存在すると、ショ糖は**水和**つまり水を取り込む反応を起こす。ショ糖の場合、水和するとブドウ糖と果糖になるが、この反応は**転化**と呼ばれる。熱を加えると、これらの分子から水の分子がはじき出されて別の形態に再構成され、一連の化学反応が始まる。ショ糖の水和はシンプルな反応だ。高校の化学の授業を思い出せなくても、次の式の右辺と左辺とで原子の数が一致していることはわかるだろう。

$$C_{12}H_{22}O_{11} + H_2O = C_6H_{12}O_6 + C_6H_{12}O_6$$

ショ糖　＋　水　＝　ブドウ糖　＋　果糖

パティシエは、こうやって転化糖シロップを作っている。糖の濃度、温度、そしてpHによって反応は加速されるので、酒石酸水素カリウムを使うと書いてあるカラメルづくりのレシピがあれば、それはブドウ糖と果糖への転化をスピードアップするためだ。そして、果糖はより低い温度でカラメル化する（これについてはすぐ後で説明する）ため、水を加えたカラメルソースは、理論的には水を加えないものよりも低い温度でカラメル化し、また化学的な組成も異なることになる。カラメル化の化学的な全体像は、まだよく理解されていない。研究者たちは反応の一部を記述することはできているが、一連の化学反応のたどる道筋にはまだ謎が残っているのだ。

　また、カラメル化の温度を記述することも難しい。融点と分解の起こる温度範囲が非常に近いためだ。溶融は物理的な変化であり、化学的な変化である分解とは異なる。定義により、ショ糖は純粋な物質であり、特定の分子構造を持つ。純粋なショ糖は367°F / 186℃で溶融、つまり固体から液体へ相転移する。同様にブドウ糖の融点は294°F / 146℃であり、果糖は217°F / 103℃という比較的低い温度で溶融する。

　しかしこれらの糖は、融点よりも低い温度で熱分解を始める。この分解は、あまり高くない温度では非常に遅いが、温度が高くなると顕著に速度を上げ始める。ショ糖の場合、その変曲点は338°F / 170℃付近、つまり融点より30°F / 16℃も下にある。もしショ糖が融点まで加熱される前に十分な熱分解が起こると、砂糖の結晶は（研究者たちの言葉を借りれば）「溶けたように見える」。グラニュー糖（膨大な数のショ糖の分子と、多少の不純物が結晶構造に詰め込まれている）を融点よりもわずかに低い温度まで加熱すると、ショ糖分子の一部が熱分解によって別の化合物に変化する。砂糖の粒は、もはや純粋な物質ではなくなってしまう！　このため、グラニュー糖をゆっくりと加熱すると、本来の融点よりも低い温度で「溶けたように見える」。砂糖は（食品を構成する他の物質と同じように）、魅力的で複雑な存在だ*。

　風味の点では、カラメル化はメイラード反応と同様に何千もの化合物を生成し、これらの新しい化合物が焼き色とおいしそうなアロマをもたらす。しかし食材によっては、それ自体ではすばらしいこのアロマが、逆に食材自体の持つ風味を打ち消したり妨げたりしてしまう場合がある。このためカラメル化があまり起こらないように350°F / 177℃とか325°F / 163℃という低い温度で焼く菓子もあるが、カラメル化を促進したい食品は375°F / 191℃以上の高い温度で焼く。調理するときには、食材にカラメル化によるアロマが欲しいかどうかを考えてみて、それが欲しい場合にはオーブンを少なくとも375°F / 191℃に設定するか、焼く時間を十分に長くして反応を起こせばよい。焼き色が付いていなければ、オーブンの温度が低すぎる可能性があるので、温度を上げる。

*訳注：日本でよく使われる上白糖にはもともとショ糖以外にブドウ糖や果糖が含まれているため、グラニュー糖よりも低い温度で溶け始める。

COLUMN 何かが溶けたことを、科学者はどうやって判断するの？

よく使われるテクニックのひとつが示差走査熱量測定（DSC）だ。DSCでは、科学者が閉じた環境に置かれたサンプルを加熱しながらサンプルの温度を綿密に監視し、温度を一定の速度で上昇させるために必要なエネルギーの正確な量を記録するか、エネルギーを一定の速度で加えながら温度変化を正確に測定する。DSCでは、（例えば固体から液体への）相転移と化学変化（タンパク質の変性や熱分解など）が検出できる。これらの変化は熱エネルギーを必要とするが、温度を上げないからだ。

DSCのグラフを見てみよう。このグラフでは、約1分間かけて温度を一定の速度で上昇させながら、室温のサンプルを融点まで加熱するまでにどれだけのエネルギーが必要だったかを示している。このグラフは、338°F / 170°C付近と356°F / 180°C付近の2か所で顕著に傾きが増加している。このため、カラメル化はこれらの温度のどちらかで起こると説明されることが多い。しかし、これらの温度に達するはるか以前から、曲線が上向きになっていることに注意してほしい。もっとゆっくりショ糖を加熱すると、これら2つの変曲点はより低い温度にシフトする。十分にゆっくりと加熱すれば、分解と融解は2つの別個のピークとして現れる。砂糖を「低温でゆっくり」加熱しても、熱分解は起こる。ただ、長い時間がかかるというだけのことだ。

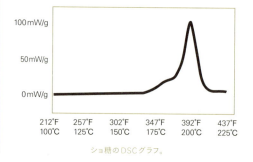

ショ糖のDSCグラフ。

デンプンはカラメル化するか？

直接的にはカラメル化しない。デンプンは複合炭水化物だが、カラメル化は単純炭水化物、つまり糖の分解によって起こる。時間をかけて加熱することによって、デンプンはデキストリンに分解する。デキストリンは多数のブドウ糖分子がつながりあったもので、接着剤として使われることが多く（切手の裏に塗ってあって貼るときになめる糊がこれだ）、デンプンを何時間も加熱して作られる。さらにデキストリンを加工すればマルトデキストリン（439ページを参照してほしい）などになるが、食品を調理して茶色くなるのは、ほとんどすべて糖（カラメル化）や還元糖とアミノ酸（メイラード反応）によるものだ。デンプンは、酵素反応や水和によってブドウ糖に分解され、これがカラメル化する場合もあるので、例外もある。違いを理解するために、乾いたコーンスターチと砂糖と小麦粉をひとつまみずつ、これらをわずかに湿らせたもの（水分による違いを理解するため）と並べてオーブンペーパーを敷いた天板に乗せ、375°F / 190°Cで10分間焼いてみて、結果を調べてみよう。

356°F / 180°C：糖が急速にカラメル化する

よく焼かれるパンや菓子の温度を、ショ糖が明確に茶色くなり始める温度の上下に分類した。	
325～350°F / 163～177°Cで焼くもの	375°F / 191°C以上で焼くもの
ブラウニー	パン シュガークッキー
チョコレートチップクッキー（10～12分焼く噛みごたえのあるクッキー、297ページ参照）	ピーナッツバタークッキー
シュガーブレッド：バナナブレッド、パンプキンブレッド、ズッキーニブレッドなど	チョコレートチップクッキー（12～15分焼くパリッとしたクッキー。高い温度のため水分が多く蒸発する）
ケーキ：キャロットケーキ、チョコレートケーキなど	小麦粉とトウモロコシ粉のパン マフィン

RECIPE シュガークッキー、バタークッキー、そしてシナモン入りスニッカードゥードル

シュガークッキーとバタークッキー、そしてスニッカードゥードルの違いは何だろう？ 重量比で言うと、これらはすべて約25%の砂糖、約25%のバター、約44%の小麦粉、約5%の卵、その他1%でできている。この「その他1%」が、違いを生み出しているのだ。バタークッキーには何の膨張剤も入れないが、シュガークッキーやスニッカードゥードルには入れる。またスニッカードゥードルには酒石酸水素カリウムが入っているため、ピリッとした風味と噛みごたえのある食感がある。

クッキーは、カラメル化とメイラード反応の両方を理解するための格好の実例だ。ほとんど焼き色が付いていないクッキーが好きな人もいるし、こんがりと焼けたものが好きな人もいる。個人的には、シュガークッキーは柔らかくてほとんど焼き色の付いていないものが好きだが、バタークッキーはきつね色に焼けたものが好きだ。

小さなボウルに、**小麦粉 カップ2と1/2（350g）**と**塩 小さじ1（6g）**を混ぜておく。オプションとして**ベーキングパウダー 小さじ1/2（2.5g）**を加えるが、バタークッキーを作る場合には入れない。スニッカードゥードルを作る場合には、**酒石酸水素カリウム 小さじ2（6g）**も加える。泡立て器かフォークを使って、粉の材料をよく混ぜ合わせる。

大きなボウルに、**食塩不使用バター カップ1（230g）**（室温に戻しておく）と**砂糖 カップ1（200g）**をクリーム状に泡立てる。**Lサイズの卵1個（50g）**と**バニラエッセンス 小さじ1（5ml）**を加えて混ぜ合わせる。オプションとして、例えば**アーモンドエッセンス 小さじ1/4（1.25ml）**や**すりおろしたレモンの皮 小さじ1（2g）**などを風味付けに加えてもよい。

粉の材料の半量を大きなボウルに加え、混ぜ合わせる。残りの粉の材料も加えて混ぜ合わせる。時間があれば、この時点で生地を数時間冷やしておくとよい。伝統的にこれらの生地は、のばしたり切り分けたりしやすいように固く作られる。

お好みなら、団子状の生地にまぶすための**砂糖 カップ1/4（50g）**を小さな皿に用意しておく。スニッカードゥードルの場合、**シナモン 大さじ1（8g）**を加えて砂糖と混ぜる。シュガークッキーに風味を付けたければ、**フェンネルシード 大さじ2（12g）**を砂糖に加えてみてほしい。クリンクルクッキーを作るには、別の皿に**粉砂糖 カップ1/4（30g）**を用意しておく。

焼く前に、生地を1/2オンス（15g）ずつに分けて直径約1インチ（2.5cm）の団子を作り、砂糖をまぶす。（また、生地をのばしてクッキーの抜き型を使ってもよい。抜き型を自分で作りたい人は、360ページを参照してほしい。）オーブンペーパーを敷いた天板の上に団子状の生地を置いて、フォーク（表面に筋が付く）か手のひら（平らなクッキーができる）を使ってつぶす。柔らかくて軽いクッキーにしたければ、325°F / 165°Cで10〜12分間焼く。パリッとした硬いクッキーにしたければ、375°F / 190°Cで10〜12分間焼く。完全に茶色く硬いクッキーが好きなら、325°F / 165°Cで25〜30分間焼いてみてほしい。

NOTES

◎シュガークッキーやバタークッキーが好みでなければ、生地に風味付けを加えたり、砂糖や刻んだナッツをまぶしたり、焼き上がったクッキーをチョコレートに浸したりしてみよう。チョコレート風味のクッキーを作るには、小麦粉カップ1/2（70g）をダッチプロセスされたココアパウダー カップ1/2（40g）で置き換える。お祭り気分にしたいなら、団子状の生地に色付き砂糖をまぶしてみよう。（色付き砂糖を自分で作るには、ポリ袋に入れた砂糖カップ1/4（50g）に食用色素を数滴混ぜて、口を閉じてよく振ればよい。）あるいは、ちょっと手をかけて生地を2種類作り（バニラ風味とチョコレート風味、あるいは色違いなど）、片方の生地を別の生地で巻いて丸太状にして、スライスするのもいいだろう。

◎最近のスニッカードゥードルは基本的にシナモンをまぶした歯ごたえのあるシュガークッキーだが、昔はそうではなかった。私が知っている最も古いレシピでは、小麦粉を使っていない。おそらく、粉を切らしていることに気付いた19世紀の料理人にとって、それでもなお何かおいしいものを作りたいと彼女（まれに彼）が思ったときに役立ったのだろう。昔ながらのスタイルでスニッカードゥードルを作りたければ、http://cookingforgeeks.com/book/snickerdoodles/ を参照し、Sサイズの卵を使ってほしい（現代の卵は当時より大きくなっている）。

◎クリンクルクッキーは、ココアパウダーや糖蜜の入った色の濃い生地で作られることが多く、砂糖がまぶされるため割れ目の入った外観となる。砂糖が水分を吸収し、表面が乾燥して固まった後にクッキーが膨張するからだ。上手に作るには、団子状の生地に砂糖を2回に分けて（最初はグラニュー糖、2度目は粉砂糖）まぶしてほしい。

325°F / 160°C　　350°F / 180°C　　375°F / 190°C　　400°F / 200°C

350°F / 180°C以下の温度で焼いたクッキーは、あまり色が付かない。この温度では、標準的な焼き時間の場合、ショ糖があまりカラメル化しないからだ。クッキーを2種類作り、片方はグラニュー糖の代わりに果糖を使って、カラメル化の違いを比べてみよう！

LAB　おいしい反応速度：理想のクッキーを見つけよう

これは簡単に行えて、しかもおいしいデータが取れる実験だ。誰にでも理想のクッキーについてその人なりの考えがあり、そして少なくともクッキーに関しては、そのかなりの部分を食感が占めている。ねっとりしたクッキーが好きなら、卵のタンパク質の一部は固まらないように焼く必要がある。パリッとしたクッキーが好きなら、生地の水分が大部分蒸発するように焼く必要がある。しかし、周辺はパリッとしていて中心がねっとりしたクッキーが欲しければ、どうすればいいだろう？　時間と温度を正しく組み合わせれば、それは可能だ。

料理のほとんどすべての反応は、温度に関係している。違う温度では違う反応が起こるが、「この反応はx度で起こる」と言えるほど簡単なものではない。温度が高くなると反応速度は上がるし、さまざまな反応の温度範囲の多くは重複している。例えば、クッキー生地の水分が蒸発するのと同時に、生地に含まれる卵のタンパク質も固まっているのだ。

理想のクッキーを見つけるには、さまざまな時間と温度の組み合わせを試して、最も気に入った性質となる、ちょうどいい組み合わせを見つけ出すことが必要だ。いろいろな時間と温度でクッキー生地を焼いてみて、さまざまな反応がどう変化するか見てみよう。

まず、これらの材料を準備しよう

- 色の薄いクッキー生地（シュガークッキーの生地については237ページを参照してほしい。店で買ってきた生地を使ってもよい）
- クッキーを焼くための道具：スプーン、へら、オーブンペーパー、天板、タイマー、そしてオーブン
- レターサイズまたはA4の紙2枚と筆記用具

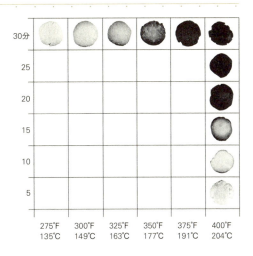

実験手順

1. 実験したい時間と温度の範囲、そして間隔を選ぶ。例えば、300°F／150°Cから375°F／190°Cまで25°F／12.5°C刻みの温度範囲と、6分から21分まで3分刻みの時間を選んだことにしてみよう。
2. 2枚の紙にマス目を書き、X軸に選んだ温度を、Y軸には選んだ時間をそれぞれラベルとして書き込む。ラベルの間には2.5インチ（6cm）の間隔を開けておく。
3. クッキーを焼く。
    a) 選んだ最も低い温度にオーブンをセットする。
    b) 生地を少量、約1/2オンス（15g）ずつすくってオーブンペーパーを敷いた天板に並べる。それぞれの温度について6通りの時間で焼くつもりなら、6個の団子状の生地を天板に並べる。
    c) 最初の時間（例えば6分）にタイマーをセットして、クッキーを焼き始める。
    d) タイマーが鳴ったら、クッキーを1個取り出して、該当するマス目の中に置く。

e) タイマーを時間の刻み目（例えば3分）に設定し、タイマーが鳴ったらクッキーをもう1個取り出す。これと同じことを、現在の温度ですべてのクッキーが焼けるまで繰り返す。

f) 1つの温度で焼き終わったら、オーブンを次の温度に設定し、オーブンの温度が上がるまで10分ほど待つ。（これをグループで行う場合には、誰がどの温度を担当するか割り振ってもよいが、オーブンを校正することと、同じ素材の天板を使うことを忘れないようにしてほしい。）

考察してみよう！

クッキーを焼く際には、メイラード反応とカラメル化という2つの異なる褐変反応が起きている。きつね色に焼き色が付くまでの時間を、ある温度と別の温度とで比較して、何か気が付いたことがあるだろうか？　温度が25°F / 12.5℃上がると、クッキーがどれだけ速く焼けるか予測できるだろうか？

最も低い温度で最も長い時間焼いたクッキーと、最も高い温度で最も短い時間焼いたクッキーとを見比べてみよう。周囲と中央の色の違いに関して、何か気付いたことがあるだろうか？　それは何が原因だろうか？

例えば砂糖の量を減らしたりレモンジュースなどの酸を加えたりして生地の材料を変えると、何が起こるだろうか？

RECIPE 2種類のカラメルソース

カラメルソースは、一見複雑で神秘的に思えるが、実際に作ってみると「なんだ、こんなに簡単だったのか！」と思えるレシピのひとつだ。次にアイスクリームを食べるときや、ナシのワイン煮を食卓に出すとき、あるいはブラウニーやチーズケーキのトッピングがほしいときには、ぜひ自分でカラメルソースを作ってみてほしい。

カラメルソースを作るには、2通りの方法がある。水を加える方法と、加えない方法だ。

水を加える方法：これはカラメルソースの伝統的な作り方で、この方法でないと薄い色のカラメルソースは作れない。コーンシロップをソースに加えると、ショ糖の分子が結晶化して大きなかたまりになってしまうことが防げる。コーンシロップがなければ、

水を加えない方法でカラメルソースを作っているところ。

かき混ぜすぎないように気を付けてほしい。かき混ぜると結晶の形成が促進されるからだ。

電子レンジで作る

電子レンジを使えば、簡単にカラメルソースが作れる。電子レンジが急激に水を加熱し、それによって砂糖が加熱されるからだ。透明な耐熱ボウルに**グラニュー糖 カップ1（200g）**と**水 カップ1/4（60ml）**を入れて、砂糖の色に気を配りながら1～3分間加熱する。まず泡立ち、しばらくの間は

透明な色を保っているが、急に茶色くなってくるはずだ。そうなったら電子レンジをストップする。あと数秒長く電子レンジに掛けて、きつね色にすることもできる。電子レンジからボウルを出し、泡立て器かへらでかき混ぜながら、ほんの少しずつ**生クリーム カップ**1/2〜1（120〜240ml）を加える（クリームが多いほど、ゆるいソースになる）。

コンロを使って作る

ソースパンに**グラニュー糖 カップ**1（200g）と**水 カップ**1/4（60ml）を入れる。オプションとして**コーンシロップ 大さじ**1（15ml）を加える。これを5〜10分間煮立たせると、その間に水分が大部分蒸発し、泡立つ音が変わってくるのがわかるはずだ。デジタル温度計を使って、このシロップを約350〜360°F／175〜180℃まで、または琥珀色になってくるまで加熱する。温度が高いほどリッチな風味が得られるが、それには水を加えない方法のほうが簡単だ。火から下ろし、泡立て器かへらでかき混ぜながら、ほんの少しずつ**生クリーム カップ**1/2〜1（120〜240ml）を加える（クリームが多いほど、ゆるいソースになる）。

水を加えない方法：きつね色の（ショ糖の融点を超える）カラメルソースを作りたいなら、キャンディー用の温度計や水やコーンシロップを省略して、砂糖だけを加熱すればよい。フライパンに水気がないことを確かめてほしい。水気があると、蒸発するときに砂糖が結晶化したり、うまく砂糖が溶けなかったりする原因になる。

乾いたスキレットまたは大きなフライパンを強めの中火に掛け、**グラニュー糖 カップ**1（200g）を加熱する。

砂糖が溶け始めるまで注意して見守り、溶け始めたらコンロを弱火にする。外側の部分が溶けて茶色くなり始めたら、木製のスプーンで溶けていない部分と溶けた部分を混ぜ合わせ、熱を均一に分散させるとともに、熱い部分が焦げないようにする。

砂糖がすべて溶けたら火から下ろし、泡立て器かへらでかき混ぜながら、ほんの少しずつ**生クリーム カップ**1/2〜1（120〜240ml）を加える（クリームが多いほど、ゆるいソースになる）。

NOTES

◎カラメルソースはカロリー爆弾だ。生クリームカップ1と砂糖カップ1を合わせると、1,589カロリーにもなる。しかし、おいしいのも事実だ！

◎出来上がったカラメルソースに、塩をひとつまみ、あるいはバニラエッセンスやレモンジュースを1振り加えてみよう。バーボンを大さじ1〜2杯加えてもおいしい！

◎分解する温度が違うと、異なる香り物質が生み出される。より複雑な風味を楽しみたいなら、カラメルソースを2種類（一方は砂糖がやっと溶ける温度で、もうひとつはカラメルソースがもう少し茶色くなるまで熱して）作ってみるとよい。明らかに違った風味になるはずだ。これらを（冷えてから）混ぜ合わせると、より深い、複雑な風味が得られる。

◎ショ糖の潜熱は大きい。つまり、糖の分子はいろいろな方向に動いたりゆれたりできるのだ。このため、ショ糖の分子は液体から個体への相転移の際に、大量のエネルギーを放出する。だから、キッチンにある他の同程度の温度のものよりも、はるかにひどいやけどをすることになる。パティシエがこれを「液体ナパーム弾」と呼んでいるのには、そういう理由があるのだ。

COLUMN テンサイ糖とカンショ糖は何が違うの？

分子という観点からは、ショ糖はショ糖だ。ショ糖には規定された分子構造があり、あなたの砂糖入れに入っているショ糖の分子と私の砂糖入れに入っているショ糖分子には全く違いはない。しかし、われわれが使うグラニュー糖は、「ほとんど」純粋なショ糖だ。高度に精製された白砂糖には0.05％〜0.10％程度の微量不純物が存在し、そしてこの不純物は原料となる植物とその生育条件によって変化する。また結晶構造の性質にも違いがあるかもしれない。1粒の砂糖はショ糖分子の小さな結晶であり、またホープダイヤモンド＊と同様に、結晶構造は100％純粋なものではない。2種類のショ糖のサンプルにDSC分析を行った2004年の研究論文では、これらの違いにより溶融と分解の速度に顕著な違いが見られた。

米国の砂糖の半分はサトウキビから、もう半分はサトウダイコンから作られている。砂糖に原料の植物を表示する義務はないし、訓練された官能パネル調査でも違いはわからないと砂糖メーカーは主張している。パン職人やインターネット上の意見は違う。彼らはサトウキビから作った砂糖のほうが、サトウダイコンから作った砂糖よりもはるかに味が良いと感じている。2014年のイリノイ大学の論文も、この意見を支持している。アロマや風味の違いは顕著であり、62名のパネリストがパブロワ＊＊やシンプルなシロップに使われた2種類の砂糖の違いを感じ取れたという。しかし彼らは、シュガークッキーやプディング、ホイップクリーム、あるいはアイスティーに使われた際にはこれら2種類の砂糖の違いを感じ取れなかった。

＊ 訳注：スミソニアン博物館に展示されている45.5カラットのブルーダイヤモンド。
＊＊ 訳注：メレンゲにホイップクリームとフルーツを乗せたデザート。

RECIPE ニンジンと赤タマネギのロースト

ニンジンのような野菜をローストすると、メイラード反応とカラメル化の両方によって香ばしい豊かな風味が生みだされる。砂糖（はちみつ、ブラウンシュガー、メープルシロップなど）を加えることにより、この風味と色がさらに強調される。

2ポンド（1kg）のニンジンの皮をむいて（皮は非常に苦いことがあるし、皮をむくと味が良くなる）葉があれば切り落とす。他よりも極端に太いニンジンがあれば、半割にする。皮をむいて根を切り落とした**赤タマネギ1〜2個（70〜140g）**をくし形に切る。

ニンジンを1層か2層に並べられる大きさの耐熱容器を選び、**オリーブオイル**または**ごま油**を薄く塗る。**海塩 小さじ1（3g）**とお好きなスパイスを加える。**挽いたクミン、シナモン、コリアンダー**、そしてほんの少し**カイエンヌペッパー**を加えたものがおいしい。**ブラウンシュガーまたはメープルシロップ 大さじ2（25g）**と**レモンジュースまたはオレンジジュース 大さじ1（15ml）**を加えて混ぜる。ニンジンとタマネギを容器に移し、転がして全体をコーティングする。

オーブンを400〜425°F / 200〜220℃に予熱しておく。20〜30分間、時々ひっくり返しながらニンジンを加熱して、焼き色が付いて柔らかくなったら取り出す。

NOTES

◎刻んだ新鮮なセージなどの香りの良いハーブを、焼いた後に混ぜ入れてみよう。

INTERVIEW

ブリジット・ランカスターが料理の勘違いについて語る

ブリジット・ランカスター（Bridget Lancaster）は、America's Test Kitchen のテレビ、ラジオ、そしてメディア編集責任者だ。彼女は、テレビ番組 America's Test Kitchen と Cook's Country（両方とも公共放送サービス（PBS）で放送されている）の開始当初からの出演者でもある。America's Test Kitchen に入社する前、彼女は米国の南部や北東部にあるレストランで料理人として働いていた。

どのようにして料理の道に入ったのですか？

私は料理の楽しさを母から教わりました。母は偉大な料理人です。当時は調理済み食品や、パック詰め食品、商品名の最後に「Helper（〜の素）」とついた食品が市販され始めていた時代でした。母は、そのような商品とのかかわりを断固拒否して、いつも手作りのケーキ、パンなどすべてを最初から作っていました。

また、私の祖父は何年も陸軍で働いていました。彼は韓国にいたとき、同じ中隊の人たちに送られたケアパッケージの中に何か珍しい食べ物があればそれをもらって、陸軍制式のものとは違った特別な食事を作っていたようです。彼は、何か平凡で退屈なものから特別なものを作りだすことを、いつも楽しんでいたのだと思います。そんなわけで私は、低いレベルで妥協するのではなく、いつも「もう少しうまくできるはずだ、もう少し手間をかけてみよう」と考えるようになったのでしょう。『Cook's Illustrated』*では、いつもそのようなことを心がけています。

あなたはかつて、パスタソースなどがびんに入って売られているということさえ知らずに育った、とおっしゃっていましたね。あなたが料理について学んで行く途上で、他の人が作らずに買っていると

知って驚いたものは何ですか？

ええ、その話は本当です。素晴らしいパスタソースは、最初から作っても10分もかからずにできるのですから。冷凍食品コーナーにある、冷凍マッシュポテトを添えたソールズベリーステーキでしょうか？ まるでわれわれ全員が宇宙飛行士になったとでも言うのでしょうか、そして食品を実際の食事としてではなく、単に消費するものとして見るようになったということなのでしょうか。

調理済み食品においしいものがないと言っているわけではありません。良質のソーセージやトマトの缶詰などはすばらしいものです。私は冬の間はトマトの缶詰を使います。冬に新鮮なトマトを買いたくないからです。あれはトマトではなく、赤い発泡スチロールです。

先ほど、お母さまから料理の楽しさを学んだとおっしゃいましたね。お母さまから学んでおけばよかったと思うもの、つまり誰かと一緒に作る以外の方法では学ぶのが難しいと思えるものはありますか？

最もシンプルな食材が、まさにそういうものです。余計な手をかけないほど、おいしくなるのです。

私は、魔法のステップを理解することが欠けていたと思います。例えばブラウニーをオーブンに入れたとしましょう。オーブンの中で焼かれて出てきたときには、前とは全く違うものに見えます。そのとき何が起こっているのでしょう？ 私はそういう質問をしたことがありません。私はそれを、ありのままに受け入れただけなのです。

多くの人は、それを魔法の箱のようなものだと考えていると思います。クッキー生地を入れて焼けば、どういうわけかクッキーができ上がるというわけです。そのような魔法のステップで、他に重要だと気付かれていないものはありますか？

箱に入れる前から起こっていることもあります。たぶんその1つはかき混ぜることでしょう。ケーキやクッキーなど、どんな種類でもいいので焼き菓子を考えて

みてください。それを魔法の箱に入れる前に、かき混ぜすぎてしまうと硬くなってしまいます。グルテンという新しい悪党の登場です。グルテンは構造をしっかりさせるためには重要ですが、かき混ぜすぎるとすぐにグルテンができすぎてしまいます。そうすると、柔らかいケーキではなく、硬いケーキができてしまうのです。

ステーキの場合、魔法のステップは塩です。母ならマリネと言うでしょうが、主な材料はしょうゆなので、塩漬けといったほうが近いでしょう。塩漬けが、風味を高めてくれるのです。母がたっぷり30分浸けていた液体は主にしょうゆで、実際には酸は入っていませんでした。それから肉はグリルへ行き、そして戻ってくると、とてもおいしくなっているのです。われわれの祖父母は、結合組織のことやコラーゲンがゼラチンに変化することを知りませんでした。しかし彼らは、本当に硬い肉も、文字通り全く違う構造を持つものに変えられるということは知っていました。ちょうどケーキ生地が焼くとケーキになるように、その硬い肉をオーブンに入れて長時間じっくり調理すればするほど、それだけおいしくなるのです。温度と時間だけで実際に構造は変化しますし、それが起こるには長い時間が必要です。

野菜を調理するブラックボックスについて、知られていないことは何ですか?

私は、もし時間をさかのぼって母にある種の野菜をローストしてもらうことができたなら、もう少し好き嫌いが少なくなっただろうなあと思います。子どものころの味蕾はとても違っていて、まず苦味を感じてから、他の味を感じるようになるのです。

ローストすると苦味はなくなりますし、苦くない、もっと甘くて深い風味へと変化します。私は、それが野菜の調理法として一番優れたものだと思います。芽キャベツのローストは、今ではレストランのメニューにも載っています。彼らがローストした芽キャベツをかごに盛って出してくるのを見ると、おかしくなってしまいます。レストランの調理場へ行って、そこにいる人に「子どものころ、芽キャベツを食べてましたか? 子どものころ、残すと叱られた最悪の食べ物じゃありませんでしたか?」と聞いてみたいくらいです。今ではポップコーンのように芽キャベツを食べていますけどね。

もうひとつの例がカリフラワーです。これはベジタリアンやヴィーガンの人たちが、食べ応えのある主菜になるものを探してくれたおかげだと思います。今はカリフラワーのステーキがあります。カットして、焼き色が付くまで焼くのです。高温で焼いたり、グリルしたり、肉を焼くのと同じように取り扱います。そうすることによって風味が増し、今までずっと付け合わせだったものが、もっと特別なものになるのです。

それをベジタリアン料理やヴィーガン料理と結びつけるのは興味深いですね。それ以外に、小さなグループで食べられていた食品が一般に紹介されて新しく興味深いものになった例は何かありますか?

現在では、さまざまな穀物が注目されています。ベジタリアンやヴィーガンに限らず、グルテン感受性の高い人たちにもです。彼らは大麦が食べられません。もちろん小麦もダメです。ですから、何か別のものを探すことになります。新しい穀物や穀物の組み合わせから作ったパンなど目新しいものもありますが、南部のコーンブレッドなど、もともとグルテンフリーだった食べ物が再注目されることもあります。北部のコーンブレッドには小麦粉とコーンミールの両方が使われていることが多いのですが、南部のコーンブレッドはコーンミールだけでできています。

このようなトレンドの多くは、レストランから始まります。誰かがレストランに来て、「私は乳製品のアレルギーがあるんです」と言ったりするからです。また、もともと乳製品のない食生活を送っていた文化もあります。タイ料理が良い例です。タイ料理にはあまりチーズは使いません。乳製品のミルクも見かけません。その代わりにココナッツミルクを使います。われわれの文化は人だけでなく、料理の面でもどんどん多様化していると思います。料理本やレストラン、そして家庭の料理にもその傾向が見られます。われわれは世界中から新しい料理を取り入れていますが、そのような料理がグルテンフリーだったり乳製品フリーだったりするのは偶然で、そのように作り上げられたものではないのです。今ではオートミール粥を牛乳の代わりにココナッツミルクで作ったり、別の種類の乳製品でスムージーを作ったりする人をよく見かけます。

料理を学んでいる人にありがちな間違いは何だと思いますか?

おそらく、最大の間違いは塩を恐れることだと思います。料理のさまざまな段階で塩を加えることは、食品の味だけでなく、食感にも影響するということを知らないのです。油やバターを引いたフライパンにタマネギを入れることを考えてみてください。塩を少量加えると水分がより多く引き出されるので、カラメル化が促進されて風味が増します。コンロの火を消した後の最も重要なステップは、味見をすることです。最後に調味料を調整するのです。ちょっと退屈な味かな? 塩を加えれば味が引き締まるかな? というように。

2番目に大きい間違いは、時間ばかり気にしていることです。鶏の胸肉の下側をのぞいてみれば、ちょうど良い焼き色が付いたかどうか確かめられます。そうすれば、ひっくり返すべき時もわかります。それは必ずしもレシピに載っている時間ではないのです。

もうひとつ、道具に対する恐怖心があります。料理に使う最も安全な道具は、非常に良く切れる包丁です。料理に使う最も危険な道具は、なまった包丁です。そして、コンロにもある種の恐怖を感じている人がいます。私は中火までしか火を強めない人を見てきました。彼らはフライパンに食品を入れたとき、蒸気が出るだけで、本当にしっかりとしたきれいな焼き色が付かないのはどうしてだろうと不思議に思うことでしょう。思い切り強火にして、フライパンに油を入れ、そし

て油から煙が出るまで加熱しなくてはいけません。煙は確かに危険のサインですが、同時に準備ができたという知らせでもあります。そのような恐怖は理解できますが、熱が食品をカラメル化させ、焼き色を付けてくれるのです。

このようなキッチンでの恐怖は、どこから来ると思いますか？

われわれが失敗を恐れていることは確かですが、私はキッチンから離れてしまった世代が存在すること、そして電子レンジがほとんど下ごしらえの必要ないもうひとつのブラックボックスになってしまったためだと思います。すぐに食事ができるようになりました。私もこれまでに何度か、Stoffer**のマカロニチーズの誘惑に負けて、電子レンジで調理したことがあります。なかなかおいしいものでした。

何かに恐怖心を持ったとき、それと毎日向き合えば、恐怖心は去って行きます。週に1度か2度しか料理しないのであれば、失敗したくはないでしょう。また、本当に良い食材を買った場合、値段の高いのに驚いて、絶対に失敗したくなくなるでしょう。

私は、料理が束縛だと受け止められていた世代があったと考えています。別に政治の話をしたくはありませんが、われわれはコンロに縛り付けられたくはなかったのです。数世代の間、キッチンにいてもいいことはありませんでした。イタリア人のおばあちゃんが、大きな魔法の鍋に常に何かを足してかき混ぜて、最後にこの素晴らしいグレイビーができ上がるなんてことを考えてみてください。誰にもそのような経験があるわけではありません。私は今それが復活してきているのだと思います。しかし、それがテレビ番組になると誰が思ったでしょうか？　私にもその責任の一端があります。しかし世界中でジュリア・チャイルド***以外のだれが、テレビで料理の作り方を教えてくれると思ったでしょうか？　たぶんジャスティン・ウィルソン****かグラハム・カー******だったかもしれません。9・11の後、巣作りをする必要があると

いう気持ちに駆られて、キッチン用品を買い求める人が大幅に増えたという記事を読んだことを覚えています。家庭に安心を必要としていたのです。私はその記事を読んで、「これは一部の人にとっては大きな変化のひとつなのでしょう」と思ったことを覚えています。

料理や化学のどのような面に驚きましたか？　簡単なはずなのに実際は難しかったり、あるいは逆に難しいと思ったら簡単だったりしたことはありますか？

たった今あなたが言ったことはよく理解できます。簡単なはずのことが、一番難しいのです。今ではそのことを知っていますが、それは驚きでした。料理人として働いていたころ、仕事の一部として、シェフにオムレツを作らなくてはいけなくなりました。考えてみてください。オムレツは本当にシンプルなはずですし、確かにそうでした。しかし作るのは難しいのです。オムレツの材料は非常に少なく、ほんの小さな変更がすべてを変えてしまうからです。

でも一番大事なことは、何かにとらわれていない限り、いつでももっと上手にできるということだと私は思います。「豆に塩をするな」という、古いキッチンの言い伝えを考えてみてください。これは私の大好きな言い伝えで、私は大人になるまで一切豆に塩をしたことはありませんでした。料理全体をだめにしてしまうという理由からです。その後、実際には豆に塩をしても大丈夫だということがわかりました。料理に風味を加えるだけでなく、豆の構造を変えて少しクリーミーなものにしてくれるのです。

* 訳注：America's Test Kitchenから発行されている隔月刊の料理雑誌。
** 訳注：冷凍食品メーカー。
*** 訳注：米国の著名な料理研究家。
***** 訳注：軽妙な語り口で人気のあったケイジャン料理のシェフ。
****** 訳注：テレビ番組「世界の料理ショー」のホストを長年務めた。

本章の内容 / CHAPTER CONTENTS

空気、熱い空気、そして水蒸気のパワー	250
水の化学と、パンや焼き菓子作りへの影響	252
粉の種類を賢く選ぶ	260
焼き菓子作りの許容誤差	272
イースト	276
• 最高のピザを求めて	282
バクテリア	286
重曹	288
• クッキーの食感の科学	297
ベーキングパウダー	302
卵白	305
• 泡立てた卵白を最大限活用する	306
卵黄	313
ホイップクリーム	317

レシピ / RECIPE

水蒸気のパワーを使ったポップオーバー	254
父さんの1-2-3クレープ	265
種入りクラッカーとかんたんフラットブレッド	267
ピスタチオとチョコレートのバクラヴァ	270
焼きセイタンのスパイシーサヤインゲン添え	271
ダブルクラストパイ生地	273
こねないパン	275
パン（伝統的な作り方）	278
イーストワッフル	281
こねないピザ生地	286
バターミルクパンケーキ	293
休日に作るスパイシーな　ジンジャーブレッドクッキー	294
ボウルひとつで作るチョコレートケーキ	295
特許侵害チョコレートチップクッキー	300
シナモンレーズンパンプキンパイ	303
ティムのスコーン	304
フレンチメレンゲとイタリアンメレンゲ	309
メレンゲクッキーとココナッツマカルーン	310
私の大好きなポートワイン入り　チョコレートケーキ	311
かんたんにできる白ワインとチーズのソース	314
ザバリオーネ（サバイヨン）	315
フルーツスフレ	316
ホイップクリームの作り方	318
チョコレートムース	318

実験 / LAB

塩水を使って冷凍庫を校正する	258
自分でグルテンを作ってみよう	268
重曹ともっと仲良しになる	291

インタビュー / INTERVIEW

ジム・レイヒーがパンを焼くことについて語る	274
ジェフ・バラサーノにピザについて聞く	284
デビッド・レボビッツが　アメリカとフランスの料理について語る	319

4

Air and Water

空気と水

　パンや焼き菓子を理解するには、時間と温度以外にも理解が必要なものがある。空気と水もまた、重要な変数だ。空気や水を食材として考える人は少ないかもしれないが、これらはパンや焼き菓子には非常に重要だ。パンもケーキも、空気と水分によって食感や風味、そして外見を作り出している。イーストはパンを膨らませると共に風味を加え、ベーキングパウダーや重曹は二酸化炭素を作り出してケーキを膨らませる。泡立てた卵白の中の空気はスフレを膨らませ、マカロンを軽い食感にし、エンジェルケーキをふっくらとさせる。そして、チョコレートチップクッキーのもちもちした食感とカリッとした食感の違いは、そのクッキーが焼かれた後に含まれる水分の、ほんの数パーセントの違いによるものだ。

　最初から化学的組成が固定されている通常の料理（サーモンの切り身に含まれるタンパク質の種類をシェフが変えることはできない）とは異なり、焼き菓子作りではガスを作りだしたり空気を閉じ込めたりするために、材料の比率をバランスよく整えることが必要になる。このバランスを達成するため、最初に精密な計量が必要になることもあるし、生地が膨らんで行く様子を注意深く見守り、感じ取ることが必要になる場合もある。もしあなたが、のびのびとレシピにアドリブを加えて行く直観的な料理人なら、おそらくパン作りが楽しめるだろう。また、正確さを楽しめ、整然とした環境が好きな几帳面な料理人や、料理によって愛情を表現することが好きな人なら、ケーキやペストリー、クッキーなどを焼くほうが向いているだろう。どちらにしても、これらの背後にある科学は興味深いものだ。

　この章では、まず空気と水と粉について簡単に調査してから、甘くない料理と甘い料理の両方で空気を作り出すためのさまざまな手法と材料について説明する。これには生物学的な手法（イーストやバクテリア）、化学的な手法（ベーキングパウダーや重曹）、そして機械的な手法（卵白、卵黄、そしてホイップクリーム）がある。

空気、熱い空気、そして水蒸気のパワー

古代ギリシャ人が料理雑誌を作ったとしたら、きっと火、土、水、そして空気が材料とされていたことだろう。アリストテレスや同時代の哲学者たちは、これらの四大元素を根本的に分割できないものとみなしていた。その証明は？ 水を火にかけると、どちらも増えたりしない代わりに、「水蒸気」と呼ばれる新しい「構造」が作りだされるためだ。

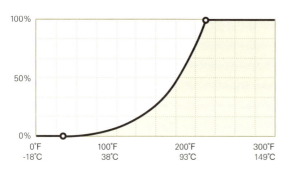

水蒸気の最大パーセンテージと温度との関係。熱くて湿度の高い気候では、オーブンの中の食品を温めてくれる水蒸気の量も多くなる。

古代ギリシャ人たちの科学の理解は比較的単純なものだったが、彼らは水と火に関する概念には通じていた。空気の性質は、温度によって変わるのだ。空気の温度が上がると、それに含まれ得る水の量も多くなる。これは些細だが、重要なことだ。大部分が窒素と酸素からなり、通常は0.5～1%の水蒸気しか含まない空気は、**どこかから水が供給されれば、温度が高いほどより多くの水蒸気を含むようになる**。

水蒸気が料理にとって重要なのは、冷える際に仕事をしてくれるからだ。厳密に言えば、湯気は水蒸気と同じものではない。科学の世界では、湯気は空気中に懸濁した水の小滴であり、水蒸気は目に見えないものだ。この本では、科学について話すときには科学の定義を使うことにする。温度が低下すると、空気中に含まれ得る水蒸気のパーセンテージも低下する。どこかの点で、冷えて行く空気に溶け込んでいる水蒸気の量が過大となり、凝結を引き起こす（この温度は**露点**と呼ばれる）。おそらく通常は、暑い夏の日にアイスティーのグラスに起こるようなものを凝結と考える人が多いだろうが、実は凝結はオーブンの中でも起こっていることなのだ！ 冷えたクッキー生地を熱いオーブンに入れると、その周りの空気が冷却され、そこに含まれる水蒸気が凝結する。

水蒸気は、凝結するときに膨大な量の熱を放出する。オーブンの中にたくさん水蒸気があれば、それだけクッキー生地やケーキ生地が凝結から受け取る熱のパンチ力も強くなり、より速く加熱されるようになる。熱いが乾燥したオーブンで食品を調理すると、同じ温度だが水蒸気が飽和したオーブンよりも時間がかかる。水蒸気はパワフルなのだ！

クッキーをオーブンに入れると、熱い空気は対流と凝結という2通りの方法でクッキー生地を熱することになる（対流の定義については、153ページを参照してほしい）。対流をイメージするのは簡単だろう。熱いオーブンの空気が冷えた食品の表面を循環して温めるわけだ。（お持ちのオーブンに「コンベ

プロの料理人は、「コンビスチーマー」を使うことが多い。これは、湿度と温度の両方をコントロールできるオーブンだ。たぶんこれが家庭用オーブンでも標準的な機能となる日は来るのだろうが、それまではオーブンの中に水をスプレーしたり、耐熱皿に水を張ったりすることで我慢しよう。

クション」モードが付いていれば、それはより速く空気を循環させるために、内部にファンが設置されていることを意味している。コンベクションモードを使うと、食品は速く調理され、速く乾燥することになる。これはカリッとしたペストリーやパリパリのパンを焼く際には素晴らしいことだが、蒸しパンやカスタードにはあまり向いていない。)

通常のレシピでは水蒸気について考慮していないため、凝結は理解することが難しい概念だ（オーブンを湿度50%に設定するように書いてあるレシピを見たことがあるかい?!）。キッチンの湿度の変化によって、今日と明日とで食品の調理される状況が変化し、加熱が速くなったり遅くなったりする。

どんな状況でも完璧な湿度というものは存在しない。田舎風のパンの皮をパリパリに焼き上げたり、ローストチキンの皮をカリッとさせたりするためには、表面を乾燥させる必要があるので、少なくとも調理の終わりには乾燥したオーブンが必要となる。(メイラード反応は、液体の水が存在する状況では起こらない。226ページを参照してほしい。)ディナーロールのように、表面が柔らかくて色の薄いパンを焼く場合には、もっと湿度の高いオーブンが適している。蒸しパンを作るには、蒸し器や炊飯器など、さらに湿度の高い調理環境が必要だ。

湿度を高めることは簡単にできる。オーブンが温まったら、下段に水を張った耐熱皿を入れて、水がなくならないようにつぎ足せばよい。あるいは、料理を入れる前に霧吹きでオーブンの中に霧を吹いてもよいが、電球には水がかからないように気を付けてほしい（割れてしまうかもしれない！）。湿度を下げるのは難しい。キッチンでエアコンや除湿器を使うのが関の山だろう。

レシピが生まれた場所の文化や気候について考えてみよう。昔のパン焼き職人は、自分の置かれた環境と戦ったりはしなかった。彼らは気候に合わせてレシピをアレンジし、望ましい結果を得ていたのだ。

湿度は、イーストを使う食品にはさらに重要となってくる。イーストやその酵素はどれも温度に敏感であり、イーストは90〜95°F / 32〜35°C程度の温度で最も活発に二酸化炭素を放出する。イーストが利用している酵素の反応も温度が上がると共にスピードアップするが、ある温度になると酵素が変性してしまい、働かなくなってしまう。（大部分の酵素はタンパク質なので、「調理」されてしまうのだ。）「オーブン・スプリング」（オーブンに入れた後で生地がさらに膨らむこと）は、パンの表面がどれだけ速く乾燥するか、酵素によって糖がどれだけ作りだされるか、そして生地がどれだけ速く加熱されるか（その結果としてイーストがどれだけ長く生き続けられるか）によって決まる。

パンを焼くときに直面する2番目に大きな問題は、気候だ。冬の間は湿度が低く室内の気温も低いので、イーストの働きが遅くなる（生地を冷蔵庫の上や、ラジエーターの近くに置いて膨らませてみてほしい）。夏の気候は高い湿度をもたらすため、ケーキが十分に強い「外骨格」を発達させることができずに崩れてしまう確率が高くなる（水分を少なくしてみよう）。また雨の降る日があったり（少なくとも室温では湿度100%）、1週間後には湿度が50%にまで下がったりすることもあるかもしれない。これは水蒸気の量が2倍違うことを意味し、

室温やオーブンの温度に全く変化がなくても食品の加熱速度に大きな違いをもたらす。湿度と生地を膨らませる時間、そして室温に注意深く気を配れば、パンを焼く際のミステリーを解決することができるだろう。

パン作りに空気が重要となるもうひとつの理由は、食品の中で空気が物理的体積を占めることだ。空気は、加熱されると膨張する。大部分のパンや焼き菓子は熱で「固まる」ので、膨張する空気が多く存在すれば、それだけ焼いた後にできるスペースも大きくなる。ただしそのためには、内側の卵のタンパク質や外側の小麦粉デンプンが十分に固まって、冷えた後にも全体をサポートするために必要な骨組みが作り上げられていなくてはならない。

> オーブンはもうチェックした？ もしまだなら、38ページのコラム「オーブンに今すぐすべき2つのこと」を読んでほしい。

これからこの章では、生地へ空気を取り込む方法を説明して行く。**膨張剤**（イーストや重曹など、ガスを作り出すもの）を使うレシピでは、それらを使って小さな泡（ほとんどの場合、二酸化炭素）を作り出して体積を増やしている。ポップオーバーやメレンゲ、そしてスフレなど膨張剤を使わないものは、既に存在するガスの膨張や、水分が蒸発してガスになることだけを利用して膨らませている。いずれにせよ、空気を理解しコントロールすることが、おいしいパンを焼くための科学の重要な部分だ。

水の化学と、パンや焼き菓子作りへの影響

水は、すばらしく不思議な物質だ。水に関するトリビアはたくさんあり、その中にはわかりやすいもの（気体になると体積が1,600倍から1,700倍に増えるので、一部の焼き菓子を膨らませるために使われる）もあれば、想像をはるかに超えた驚くべきものもある（トマトに含まれる水の組成を調べることによって、そのトマトが育った大まかな高度がわかる）。

水道水に含まれるのは、H_2Oだけではない。これ以外にも微量のミネラル、塩素などの添加物、そして溶け込んだガスなどが水と一緒に蛇口から流れ出て、生地に入り込む。イーストとグルテンの形成（これについては次のセクションで説明する）に関して言えば、これらの微量ミネラルと、水のpHを変化させるものが問題となる。ある場所では完璧にうまく行ったレシピが、水の違いだけのために、よそでは手直しが必要になることもあるのだ！

最初に、微量ミネラルについて話すことにしよう。水に含まれる微量ミネラルは主にカルシウム（Ca^{2+}）とマグネシウム（Mg^{2+}）だが、これらは水がカルシウムやマグネシウムを含む岩（石灰岩やドロマイトなど）を流れる際に取り込まれ、自然と水に含まれる。われわれの身体が必要とするこれらのミネラル

COLUMN 料理をレベルアップする：高度についてのヒント

コロラド州でキャンプをしたりスイスのアルプス山中でパンを焼いたりする場合、標高の高さによる低い気圧が、さまざまな頭痛の種を引き起こすことがある。パンの身のきめが粗くなりすぎたり、ケーキが崩れてしまったり、そしてゴージャスな景色を楽しんだ後のひどい日焼けなどだ。ここでは、ヒントを2つ挙げておこう。

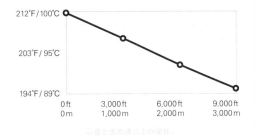

高度と水の沸点との関係

生地の中の空気の泡は、より大きく（たぶん大きすぎるくらいに）広がる。イーストを使う場合には、発酵時間を短くしよう。化学的な膨張剤は、10〜25%少なくすべきだ。卵白は、少し柔らかめに泡立てるのが良いだろう。生地を少し固めに作ると、内部に大きなエアポケットができることを防げる。263ページのグルテンを増やすためのヒントを読んで、レシピをどうアレンジすればよいか考えてみよう。

水が速く蒸発するため、乾燥した焼き上がりになったり、蒸発冷却が増加したりする。うまく焼き色が付かない場合、蒸発冷却の増加を埋め合わせるために温度を15〜25°F／10〜15℃上げてみよう。柔らかい生地は、液体の材料の約10%の水を加えて補正しよう。

水に塩を加えると、沸点が上昇する。完全に飽和した塩水は、沸点が4°F／2℃ほど高くなる。また、水から蒸発する水蒸気の温度も上がる！　高地で蒸し料理を作る場合、水に塩を加えると蒸気の温度を数度上げることができる。

は、はるかな昔から水に存在していた。さまざまな地域の水道水には、溶け込んだ微量ミネラルの比率や量に違いがあり、それらの違いが食品にも影響している。（英国で飲まれているさまざまな種類の紅茶は、水の違いが紅茶の風味に影響するために発達したという説もある。例えば、スコットランドでは水源の大部分は雨水などの表面水だが、イングランド南東部では地下の帯水層から大部分の水をくみ上げている。この水源の違いによって微量ミネラルの量が変わり、紅茶に含まれる化合物との反応も変わってくる。）

　水の硬度という言葉は、水に溶け込んだ微量ミネラルの濃度を表している。**軟水**は濃度が低く、**硬水**は濃度が高い。水の硬度には正確な尺度はない。これらのミネラルと他の物質（特にグルテン）との作用には、温度やミネラルの配合やpHも影響するからだ。研究者は一般的にカルシウムの百万分率（ppm）を使うので、われわれもそれにならうことにしよう。カルシウムの量が増えると、水は「硬くなる」と言われる。おそらくこれは、ミネラルによっていろいろなものが文字通り「硬く」なるためだろう。

RECIPE 水蒸気のパワーを使ったポップオーバー

ポップオーバーは簡単にできるロールパンで、水が水蒸気に変わる際に膨張することだけを利用して膨らませる。すりおろしたチーズやハーブを加えた甘くないバージョンもいいが、私は小さいころ母が作っていてくれたものがお気に入りだ。バターがたっぷり入って、スプーン1杯のイチゴジャムやアプリコットジャムを添えて週末の朝食に出てきたものだ。

ポップオーバーは中空になっているが、これは他のほとんどどんなパンとも違った特徴だ。ポップオーバーは、ヨークシャー・プディングの子孫でありダッチベイビー・パンケーキのいとこなのだ。生地が加熱されると上部の表面が内部よりも先に固まり、そして内部の温度が上がると水分が蒸発して水蒸気となり、これが上部の表面によって閉じ込められる。

伝統的にポップオーバーは、専用のポップオーバーカップで作られる。これは幅が狭くてわずかに末広がりになっていて重さがあり、良く熱を保つようにできている。代わりにマフィン型やラムカン型を使っても、うまく作れる。

以下の材料をボウルに入れて泡立て器で混ぜるか、ミキサーに入れて混ぜる。

- ☐ 全乳：カップ1と1/2（355ml）
- ☐ Lサイズの卵：3個（150g）
- ☐ 小麦粉：カップ1と1/2（210g）（グルテンの含有量を増やすために、中力粉と強力粉を半々で使ってみてほしい）
- ☐ 溶かしバター：大さじ1（15g）
- ☐ 塩：小さじ1/2（3g）

オーブンとポップオーバーカップ（またはマフィン型）の両方を、425°F / 220℃で予熱しておく。

ポップオーバーカップまたはマフィン型に、たっぷりとバターを塗る。大さじ数杯のバターを溶かし、カップ1個ごとに小さじ1のバターを入れる。カップの1/3から1/2まで生地を入れて焼く。15分たったら温度を350°F / 180℃に下げて、外側が固まって濃い焼き色が付くまでさらに約20分焼く。

焼きたてにジャムとバターを添えて、食卓へ出す。

NOTES

◎あなた（またはお子さん）が本当に甘いもの好きなら、砂糖とシナモン、あるいはバターとメープルシロップを加えてみてほしい。

◎焼いている間、様子を見るためにオーブンのふたを開けてはいけない。そうすると空気の温度が下がり、ポップオーバーの温度も下がるので、膨らむために必要な水蒸気も失われてしまう。

◎粉の選択が、ポップオーバーの中身とクラストにどう影響するか知りたい？ 2種類の生地（片方はグルテン含有量の少ない小麦粉、もう片方はグルテン含有量の多い小麦粉）で作ってみよう。半数のカップに一方の生地を、もう半数のカップに他方の生地を入れる。これらを同じ時間だけ焼いて、何が起こるか見てみよう！

ポップオーバーは中空になっているので、バターやジャムを入れて食べるにはぴったりだ。

硬水にはカルシウムが多く（そして一般的にはマグネシウムも多く）含まれるので、グルテンは硬くなり、弾力性は減少し（弾力性とは、元の形に戻る能力のことだ）、のばすことが難しくなる。この3つの影響により、パンはずっしりと重い焼き上がりになる。お住まいの地域の水の硬度によっては、これを補正するためにレシピをアレンジする必要があるかもしれない。

水が硬すぎる場合（イーストが発酵しなかったり、ずっしりと重いパンが焼けたり、野菜や豆が硬く煮えたりする）、まず浄水器を使うことを試してみてほしい。浄水器がなければ、水を煮沸してみよう（これによって溶け込んだ二酸化炭素が除去されるため、炭酸カルシウムが沈殿する）。どちらもうまく行かない場合、それが可能なレシピであれば、塩の量を減らすか、レモンジュース（クエン酸）やビタミンCの粉末（アスコルビン酸）や酢（酢酸）などの酸を少量加えて、うまく行くかどうか試してほしい。

蛇口に水あかがこびりついているのを見つけたら（家庭の掃除の悩みの種だ）、それは炭酸カルシウムかステアリン酸カルシウムかもしれない。硬水のカルシウムは空気中の二酸化炭素や、石鹸に含まれるステアリン酸と結合することがある。これは酢（約5％の酢酸が含まれる）で溶かすことができる。

炭酸ナトリウム*で処理された水の場合、ナトリウムイオンが溶け込んでいるので、使う塩の量を減らして風味や食感の問題を調整する必要があるかもしれない。

塩素処理された水の場合、ピッチャーに入れて一晩放置すれば塩素が放出されるので、イーストへの影響を減らせる。

* 訳注：海外では硬水を軟水にするために広く使われている。

カルシウムの濃度(ppm)	問題	解決法
60 ppm未満：軟水	柔らかくべとべとする生地、歯ごたえのない野菜	塩を増やす
60〜120 ppm：中硬水	硬くなることがある	浄水器を使う
120 ppm以上：硬水	生地が膨らまない、硬い	イーストを増やす、酸を増やす、塩を減らす、浄水器を使う

水が柔らかすぎると、生地がべとべとしたり、イーストがうまく働かなかったりすることがある。イーストも、われわれと同じように、成長し繁殖するためにミネラルを必要としているのだ。正しい比率で水を加えているのにうまく行かない場合には、適度な量の塩を加えてみよう。しかし塩が多すぎると、硬すぎる上に塩味のパンになってしまうかもしれない！

水のpHについてはどうだろう？

アルカリ性の水（pHが7以上、通常は硬水だが、必ずしもそうとは限らない）でイーストを使う場合には、酸性の材料を加えて補正する必要がある。イーストを使ったパンや焼き菓子にpHが7未満の水が必要なのは、イーストがエネルギー源としている糖をデンプンから作り出す酵素（例えば、小麦粉の場合にはアミラーゼ）がpHに敏感だからだ。同様に、塩基性の重曹を使って二酸化炭素の泡を作り出すレシピにアルカリ性の水を使う場合には、重曹の量を減らす必要があるだろう。そうしないと、未反応の重曹が焼き上がったパンや焼き

菓子に残り、まるで石鹸を食べているようなまずい味になってしまうかもしれない。

酸性の水については、特に対策は必要ないはずだ。米国EPA（環境保護庁）では水道水のpHを6.5から8.5の間に保つことを推奨している。われわれの大部分にとっては、水のpHはパンを焼く際の問題とはならないが、特に硬度の高い水（通常は塩基性でもある）を使っている人には問題となる可能性がある。

（蛇足：豆をゆでるときにどれだけ塩を入れるべきかという議論には、水の違いが無視されていることが多い。約15%の料理人が使っている水の硬度は柔らかすぎるし、水のpHの問題もある。塩が多いと豆は速く煮える。酸性の強い水では、煮え方が遅くなる。歯ごたえのない豆は、調理時間が長すぎることが原因だ。事前に水に浸さなかったり調理時間が短すぎたりすると、お腹にガスがたまってしまう豆もある。湯に塩を加えると沸点が上がることは事実だが、調理時間に影響するほどではない。調理時間を決めるのは、化学的な変化であって物理的な変化ではないからだ。）

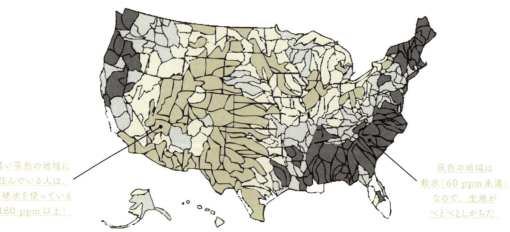

住んでいる地域によって、パン生地にできるグルテンの量も違ってくる。
米国内務省／米国地質調査所の地図を修正。

COLUMN いかにしてシャーロック・ホームズはトマトの産地を言い当てたか？

基本的なことだよ、ワトソン君。アイソトポマー（同位体分子種）だよ、具体的に言えばね。ワトソンを含め、ほとんどの人はコップの水をH_2Oだと思っている（もしかしたら微量元素やガスなどが溶け込んでいるかもしれないが）。H_2Oは、2個の水素原子が1個の酸素原子と結合しているという意味だ（水の場合には共有結合であり、共有結合については209ページで説明している）。「H_2O」という表記は、これらの原子のどの**アイソトープ（同位体）**が存在するかを明示していない。

元素としての酸素は8個の陽子を持つ原子であり、それは原子番号と周期律表上の位置で示されている。酸素は通常、同じく8個の中性子（これは安定な原子核を作り上げるために必要な最小の中性子の数だ）も持っているため、化学者はわざわざ^{16}Oと書いたりはしない。（この16という数は質量数と言って、陽子と中性子の合計の数を示している。また^{16}Oは「さんそじゅうろく」と読む。）

99.73%の場合、H_2OのOは^{16}Oなので、$H_2^{16}O$ということになる。しかし、残りの0.27%は？ ^{16}O以外に、酸素の安定同位体には^{17}Oと^{18}Oの2つがあり、それぞれ9個と10個の中性子を持っている。水素にも、3つの同位体（中性子がないもの、1つあるもの、2つあるもの）があり、最初の2つは安定だ。（3番目の同位体は無視していい。ごくわずかしか存在しないからだ。）コップに入った「シンプルな」H_2Oが、がぜん複雑なものになってきた。

水ひとつをとってもこれほど複雑なことを考えると、スーパーマーケットがトマトに同じSKU（在庫商品識別）番号を表示して均一に取り扱うことができているのが不思議に思えるほどだ。トマトについて言うと、質量の軽いバージョンの水は重いバージョンの水（中性子が多いほど水は重くなる）よりも速く蒸発する。蒸発は赤道に近いほど盛んに起こるため、土壌中の6種類のアイソトポマーの比率は偏ってくる。適切な機器（質量分析計）さえあれば、シャーロック・ホームズはトマトの水の組成を分析して、トマトの育った気候を大まかに言い当てられたはずだ。さらに微量ミネラルを分析し、それを地理的な土壌の違いと突き合わせることによって、おそらく彼は原産国を突き止めることもできただろう。これにはホームズの仇敵であるモリアーティ教授も、舌を巻いたはずだ。

$^1H_2^{16}O$: 99.73%　^{16}O — ^1H　^1H	$^1H^2H^{16}O$: 0.03%　^{16}O — ^1H　^2H
$^1H_2^{18}O$: 0.20%　^{18}O — ^1H　^1H	$^2H_2^{16}O$: 10億分の22　^{16}O — ^2H　^2H
$^1H_2^{17}O$: 0.04%　^{17}O — ^1H　^1H	$^2H^3H^{16}O$: ごくごく微量　^{16}O — ^3H　^2H

→ これは「中性子を持たない水素＋1個の中性子を持つ水素＋8個の中性子を持つ酸素」を表している

→ これは放射性物質なので、少ないのは良いことだ……

LAB 塩水を使って冷凍庫を校正する

水の化学は、グルテンの形成以外にも多くのことに影響する。水に塩を加えると、沸点だけではなく氷点も変化する。これが**氷点降下**と呼ばれる現象だ。塩の濃度によって、氷点の降下量も変わってくる。砂糖の化学を使ってオーブンが校正できるなら（39ページを参照してほしい）、塩水の化学を使って冷凍庫を校正することもできるはずだ！

もちろん温度計を使って冷凍庫の温度をチェックするほうが簡単だが、その温度計が正確だということはどうしてわかるのだろう？ 華氏温度、つまりファーレンハイト度（ドイツ人物理学者、ダニエル・ファーレンハイトにちなむ）は、もともと氷と水と塩化アンモニウム（塩化ナトリウムと同様に、一種の塩）を混ぜたものの温度を0°Fと定義していた。それはともかく温度計を使うよりもこっちのほうが楽しいし、何かを水に溶かすことによって水のふるまいが変わるという面白い事実を示してくれる。

まず、これらの材料を準備しよう

- デジタルスケール（オプションだが、強くお勧めする）
- スケールがない場合には、1/2カップの計量カップと小さじ
- 使い捨てカップ6個
- カップに記入するためのペンか鉛筆
- 食卓塩
- 水の入ったピッチャー
- そして、もちろん冷凍庫

実験手順

1. カップに、0%、5%、10%、15%、20%、25%と、各サンプルの塩の濃度を記入する。
2. スケールを使って、それぞれのカップに100グラムの水を入れる。スケールがなければ、水1/2カップ（118g）を入れるか、計量カップにmlの目盛りがあれば、それを使って水100mlを入れる。
3. 正しい量の塩を加えて、食塩水を作る。100グラムの水を使って20%の食塩水を作るには、25グラムの塩を加える必要がある。20%の食塩水は、80%が水で20%が塩だからだ。したがって100グラムの水を0.80で割って、食塩水の全体の重さは125グラムになる。

- スケールがない場合：小さじ1の標準的な食卓塩の重さは5.7グラムなので、水カップ1/2（118g）を使って20%の食塩水を作るには：
    1. 118グラムを0.80で割ると147.5グラム。これが全体の重さだ。
    2. 147.5から118を引くと29.5グラム。これが塩の重さになる。
    3. 29.5グラムを5.7グラムで割ると、水カップ1/2に対して標準的な食卓塩を小さじ5と1/4加えれば20%の食塩水ができることがわかる。

- 水カップ1/2で5%の食塩水を作るには、塩を約小さじ1加えればよい。10%なら小さじ2と1/3、15%は3と2/3、20%は5と1/4、そして25%は7だ。

4. カップを冷凍庫に入れて、完全に冷えるまで（理想的には1日）待つ。

冷凍庫はどれだけ冷えていればよい？

FDAでは、冷凍庫を0°F／－18°Cに設定することを推奨している。これは、腐敗菌や食品病原体の増殖が停止するほど冷たいが、アイスクリームがレンガのように硬くなったり冷凍ペパーミントパティを食べて凍傷になったりするほどには冷たくない温度だ。

考察してみよう！

食塩水が冷凍庫と同じ温度になってから、どれが液体でどれが凍っているかチェックしてみよう。

1個か2個のカップが部分的に凍っていて、一番上の氷の層の下がみぞれ状の塩水になっていることに気付くだろう。塩水を凍らせると、凍った塩水ができるわけではない。氷（水の固相）ができることによって塩水がより濃縮されるため、残った液体の氷点がさらに下がるのだ。（透明な氷を作るためにも溶媒から溶質を分離することが必要となるが、これはまた別の本が書ける話だ。）

ここに示したチャートを使って、いくらかでも氷のできたサンプルの濃度（冷凍庫は少なくともこの温度よりは低いはずだ）と、完全に液体のままのサンプルの濃度（冷凍庫は少なくともこの温度よりは高いはずだ）から、温度範囲を求めてみよう。

仮に15％の食塩水が凍っていたとすると、冷凍庫の温度は14°F／－6℃よりも低いはずだ。

このチャートが25％の前で終わっている理由は、何だろうか？（このチャートは、－6°F／－21.1℃で凍る23.3％の濃度で終わっている。）

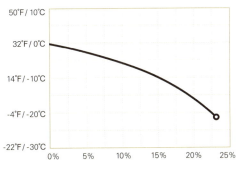

塩の濃度と食塩水の氷点との関係。

応用問題

フォローアップ実験として、凍っていない濃度と凍った濃度との間で1％刻みの塩水を作り、同じ手順を繰り返してみよう。

粉の種類を賢く選ぶ

パンのように軽くふんわりとした食べ物には、必要なものが2つある。空気と、空気を閉じ込めておいてくれるものだ。これは当たり前のように聞こえるかもしれないが、焼いている間に空気を閉じ込めておくことができなければ、クロワッサンはパイ皮のようにぺったんこになってしまうことだろう。そこで、粉の種類を選ぶことが必要となってくる。

粉は、最も一般的な意味では、「何か」を挽いたものだ。その「何か」は通常は穀物であり、普通は小麦だ。米、ソバ、トウモロコシなど他の穀物から作った粉もよく使われるし、種子やナッツから作った粉もある(アーモンド粉、ヒヨコマメ粉、アマランサス粉など)。

食材としての小麦粉には数多くの特性があり、パンの職人やメーカーはそれらを考慮する必要があるが、家庭でパンを焼く場合に選択可能な小麦粉は数種類に限定されるのが一般的であり、その違いは主に作りだされるグルテンの量の違いにある。近い将来、小麦粉にもリンゴやコーヒー豆のように数多くの選択肢が提供されることを期待しよう。(しかしまじめな話、どれほど多くのリンゴの品種が必要なのだろうか?)それまでの間、大部分の人には数種類の選択肢しかないため、あなたの焼いたパンが粉々に砕け散ってしまわない(そして「愚かな選択だな……*」と言われない)ように、小麦粉の選び方と取り扱いについて役立つ知恵を授けよう。

米国で市販されている小麦粉の大部分は中力粉**であり、これは大部分のパン作りや焼き菓子作りに向いている。中力粉は小麦の内胚乳から作られ、こねるとだいたい10～12%(重量比)のグルテンができる。英語のレシピに「flour(小麦粉)」と書いてあったら、この粉を使えばよい。ヨーロッパの一部では、灰分(ミネラルの含有量)によって等級が分けられている。灰分は、穀粒のどの部分をどのくらいの比率で使うかによって決まる。内胚乳だけを使うと、例えばイタリアの「00」(ドッピオ・ゼロ)のように灰分が低く白い粉ができ、また精製度が高い粉は細かく挽かれることが多い。「00」粉は、灰分の高い小麦粉と比べてタンパク質が少ないことや細かく挽かれていることが保証されているわけではないが、大部分の「00」粉は細かく挽いた中力粉に似ている。

また、レシピに全粒粉や薄力粉などが指定されている場合もある。全粒粉の場合、小麦のふすまや胚芽が内胚乳と一緒に挽かれているので、食物繊維(ふすまに含まれる)が多く、作りだされるグルテンの量は少なくなる(グルテンを作り出すタンパク質は、主に内胚乳に含まれる)。超薄力粉や薄力粉は中力粉と似ているが作り出されるグルテンの量が少なく、タンパク質の少ない軟質小麦から作られるか、化学

*訳注:映画「インディ・ジョーンズ 最後の聖戦」に出てくるセリフ。

**訳注:英語ではAP flour(万能粉)と呼ばれるが、日本ではあまり見かけない。

小麦アレルギーとグルテン過敏症とは別ものだ。小麦に含まれるタンパク質にアレルギーがあっても他の粉に含まれるグルテンは問題ないこともあるし、またその逆の場合もある。「小麦」アレルギーの人のために料理を作る場合には、471ページを参照してほしい。グルテン過敏症の人には、米やソバ、トウモロコシやキヌアなど、グルテンを作り出さない食材を使うこと。

処理（漂白）によって改質されたものだ。

　グルテンは、パンや焼き菓子の骨組みを作り出す役割をするため重視される。2種類のタンパク質（小麦粉の場合にはグルテニンとグリアジン）が互いに接触し、化学者が**架橋結合**と呼ぶものが形成されると、グルテンが作り出される。キッチンでは、パン職人が粉に水を加えて混ぜることによってこの架橋結合を作り出すが、架橋結合ではなく「グルテンができる」という言い方をする。混ぜている間に、これら2種類のタンパク質は水によって結合し、その結果できたグルテンの分子が互いにくっつきあって弾力性と粘りのある膜を作り出す。この膜が、イーストや重曹、あるいは水などから作り出された空気の泡を閉じ込めて、パンを膨らませ、弾力のある食感をもたらすのだ。

　グルテンの形成をコントロールする方法を理解しておけば、パンや焼き菓子を作る際にとても役に立つ。もちもちした食感が欲しい場合や、ふっくらしていて押しても手を放すと元に戻るように焼けてほしい場合には、必要とされる食感や弾力性を提供するために十分グルテンを作り出す必要があるだろう。ふんわりしたパンケーキや柔らかいケーキ、あるいはカリッとしたクッキーを作りたければ、グルテンを作り出すタンパク質の量を減らしたり、バターや卵黄や砂糖などグルテンの生成を妨げる食材を加えたりして、グルテンの量を減らすのが良いだろう。

　タンパク質の量を変えることによってグルテンの量を制御するという、簡単なほうから始めよう。小麦はグルテンを作り出すために最もよく使われる食材で、また最も多くの割合のグルテンを作り出すことができる。小麦の系統によってグルテニンやグリアジンの含有量は異なり、また生育する気候も影響するので、どの小麦を使うかによって小麦粉に含まれるタンパク質の量も変わってくる。ライ麦や大麦などの穀物にもこれらのタンパク質は含まれるが、量は少ない。トウモロコシや米、ソバ、キヌアなどから作られた粉からは、グルテンはできない。

　小麦の品種の違い、小麦の挽き方の違い、そして小麦以外の粉をブレンドすることにより、空気を閉じ込めてくれるグルテンの量は変化する。今まで中力粉を使っていた人なら、全粒粉や他の穀物の粉を使うとグルテンの量が減るため、あまり膨らまない（それでもきっとおいしい！）パンが焼けることだろう。強力粉を使えば（最初は重量比で50％から始め、水の量を少し増やしてみよう）グルテンの量が増えるため、良く膨らむパンが焼ける。

　特定の種類の粉（例えば、全粒粉やそば粉）の風味が気に入っているが、もっとグルテンが欲しい場合はどうすればよいだろう？　小麦粉からふすまとデンプン質を取り除いた**小麦グルテン**を加えればよい。これには70％以上のグルテンが含まれている。

　フィロ生地は、バクラヴァなどのペストリーに使われる膨張剤の入っていない生地だ。これを作るには小麦粉と水を混ぜ、何度も折りたたんではのばしてグルテンを作り出す。フィロ生地は紙のように薄く、私がチェックしたシートの厚さは0.0065インチ（0.175mm）しかなかった。フィロ生地は湿っている間は柔軟性を保つが、乾くともろくなってしまう。取り扱う際には乾かさないように注意して、必要に応じて霧吹きで水をかけて湿り気を保つようにしてほしい。

中力粉を完全に全粒粉で置き換えたい場合には、適切なグルテンの量を保つため、粉の10%（重量比）を小麦グルテンで置き換えてほしい。（通常の小麦粉を全粒粉で置き換える場合には、ふすまや胚芽が水を吸収するため、水を余分に加えるか粉の量を減らす必要もあるだろう。どちらの場合も、生地を休ませる時間を倍にすること。）

　適切な種類の粉を選ぶことは、パンや焼き菓子に含まれるグルテンの量をコントロールする最も簡単な方法だ。必要なタンパク質を多く含む小麦粉を使えばたくさん作り出されるし、より軟質の小麦粉や他の種類の粉を使えば少なくなる。もうひとつの方法は複雑だが、時には必要な場合もある。グルテニンとグリアジンが架橋結合を形成するのを邪魔したり、形成された後に架橋結合を壊してしまったりする方法だ。

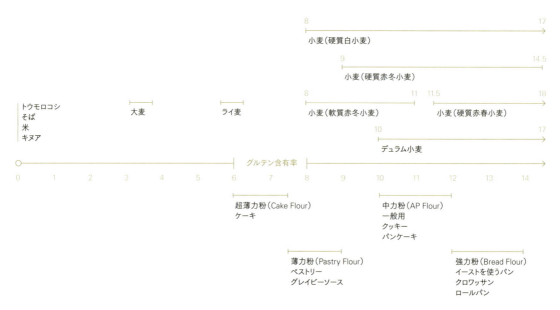

各種の穀物のグルテン含有率と、小麦粉の種類。小麦以外に大麦やライ麦もかなりの量のグルテンを形成するが、ライ麦にはグルテンの形成を妨げる物質も含まれる。

ビスケットは南部料理でワンダーブレッドは中西部で生まれた理由

寒い気候は、グルテニンとグリアジンを多く含む品種の栽培に向いている。例えばフランスの小麦は米国で栽培されている小麦と同じではないし、地域による違いもある。小麦の産地で性質は変わるのだ。製粉所によって使っている小麦粉は違うので、いくつか違うブランドの小麦粉を使ってパンを焼いてみよう。

グルテンのレベルを管理するために、以下のヒントを参考にしてほしい。

脂肪や砂糖を使うと、グルテンの形成が減る。

サクサクしたクッキーや柔らかいケーキが焼けるのは、脂肪と砂糖のおかげだ。これらは両方ともグルテンの形成を妨げる。油やバターや卵黄は油脂を生地に加えることによって共有結合を妨げ、砂糖は吸湿性があるためグルテンから水を横取りしてしまう。焼き菓子が思ったようにサクサクとした食感に焼き上がらない場合、脂肪（例えば、卵1個に卵黄1個分を追加する）や砂糖（甘くなりすぎない程度に）を増やすことが解決策になるかもしれない。

機械的な撹拌と休ませる時間がグルテンを作る。

機械的な撹拌（別名「こねる」こと）は物理的にタンパク質を衝突させるため、グルテンが作り出される確率が増加する。また生地を休ませることも、グルテンを作り出す効果がある。生地がわずかに動く際にグルテニンとグリアジンが結合する機会が増えるからだ。275ページの「こねないパン」のレシピは、このことを利用している。

混ぜすぎない。

こねすぎると、グルテンが弱くなる。生地を混ぜると、はじめのうちはタンパク質が結合してグルテンができるが、数分後には小麦粉に含まれる酵素がグルテンを分解し始める。

レシピによって、「さっくりと合わせる」（マフィン）と書いてあったり、「数分間混ぜる」（パンやディナーロール）と書いてあったりするのを、不思議に思ったことはないだろうか。研究者たちはファリノグラフというチャートを使って混ぜる時間と生地の粘度との関係をチェックしている。このグラフを見れば一目瞭然だ。粉と水の生地を混ぜて、十分なグルテンが生成され、もちもちしたパンのような食感が得られるまでには、1分ほどかかる。それよりも短い時間ではそのような食感とならず、マフィンには良いがパンには向かないだろう。反対に、数分以上混ぜると小麦粉に含まれる酵素によってグルテンが分解され、魔法の「500ブラベンダー単位」の閾値を下回ってしまう。（ブラベンダー単位は粘度の任意単位。）この1分・5分ルールは生地や食材によっても変わるが、良い目安だ。

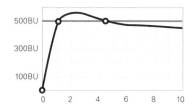

時間（分）とブラベンダー単位の関係は、生地を混ぜる際の粘度の変化を示している。

水に注意。

量が重要だ。グルテンを形成するには十分な水が必要だが、加えすぎるとタンパク質同士がぶつかり合わなくなってしまう。パン生地では、粉に対する水の比率が0.60〜0.65程度になるようにすると良い（重量比で水が30〜35%）。これよりも多いと大きくて不規則な穴ができてしまい、田舎風パンには良いかもしれないが、サンドイッチ用のパンには向かないだろう。グルテンの多い小麦粉は水を多く吸収するので、それに合わせて水の量を調整してほしい。蒸発冷却のため、水の多すぎる生地は表面がうまく焼けず、ケーキの場合には焼いた後に崩れてしまったりする。このような問題が起こったら、液体の材料を減らしてみてほしい。湿度が高すぎる場合にも同様の問題に直面することがあるので、その場合にも液体の材料を減らしてみよう。

砂糖、小麦粉、塩などの食材はすべて空気中の湿気を吸収するので、湿度の変化によってこれらの食材が持ち込む水分量も変わってくる。気密性の容器に入った状態で購入し、保存するのが理想的だ。それができない場合には、湿気の多い日には液体の材料の5分の1程度を取り分けておき、適度な粘り気になるように必要に応じて加えるようにしてほしい。

ミネラルと塩分に注意。

グルテンには、水に溶け込んだミネラルに含まれる適量のカルシウムやマグネシウムも必要とされる。多すぎたり少なすぎたりする場合には、生地の塩の量を調整して補正が可能だ。塩に関しては多少の変動の余地はあるが、パンの場合には塩を全体の重量の1%から2%に収めるようにすれば最適なふくらみが得られる。最後に、高いpHに気を付けよう。アルカリ性の水を使う場合には、酸（ビタミンC、レモンジュース、酢）を加えること。（水がパン作りに与える影響については、252ページを参照してほしい。）

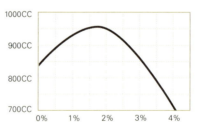

塩（NaCl）の割合と、パンの体積（cc）の関係。

RECIPE 父さんの1-2-3クレープ

私の父は時々、私たちを学校へ送り出す前にこの「1-2-3」クレープを作ってくれた。この名前は、材料の比率を表している。(仕事に出かける前にも、こういうものを作ってみてはどうだろう？！)

クレープでは小麦粉ではなく卵が主体となるので、別の粉も試してみよう。フランスでは、甘くないクレープにはそば粉を使うのが普通だ(また、そば粉はグルテンフリーでもある)。そば粉は、すばらしく豊かな風味をもたらしてくれる。

以下の材料を、約30秒かけて泡立て器で完全に混ぜる。

- ☐ 牛乳：カップ1（240ml）（できれば全乳）
- ☐ Lサイズの卵：2個（100g）
- ☐ 小麦粉：カップ1/3（45g）
- ☐ 塩：ひとつまみ

少なくとも15分、できればもっと長い時間休ませる。

フッ素樹脂加工のフライパンを強めの中火にかけ、水滴を落としてジュッという音が出るまで1分ほど予熱する。

バター：冷たいバターの包み紙を少しはがしてバターを出し、包み紙の部分を持ってフライパンに少量のバターを塗り広げる。

ふき取る：ペーパータオルでフライパンの表面のバターをふき取り、ほとんど乾いているように見えるほど、非常に薄くバターをコーティングする。

注ぐ：片手で生地を注ぎながら、もう一方の手でフライパンを持ち上げ、生地が表面全体に広がるようにフライパンを回す。10インチ（25cm）のフライパンなら、カップ約1/4（60ml）を注ぐが、フライパンの底全体に均等に生地が広がるように、必要に応じて量を調整する。

フライパンの火加減をチェックしよう。フライパンは、生地がレース状になる程度に熱くなっている必要がある（生地に含まれる水分が沸騰し、生地を通して蒸発するので、クレープ全体に小さな穴が開く）。レース状の穴ができないようなら、火を強める。

ひっくり返す：クレープの縁が色づき始めるまで待ってから、へらでクレープの縁全体を下に押し付けるようにする。こうすることでクレープの縁がはがれて反りかえる。へらを使ってクレープをひっくり返す。あるいは私がしているように、反りかえった縁を指先で持ち、手でひっくり返してもよい。裏返した面を30秒ほど焼く。

もう一度ひっくり返す：こうすると、完成時にきれいに焼けた面が外側になるので見映えが良くなる。

具を乗せる：この段階で火を止めずに、卵を焼いたりチーズを溶かしたりすることもできる（焼き上がったクレープの上に直接具を乗せる）。あるいは、クレープを皿に移してから具を乗せてもよい。具を乗せた後は、クレープを半分に折ってからさらに半分に折るか、葉巻のように巻く。

お勧めの具をいくつか挙げておこう。

- チーズ、卵、ハム
- クリームチーズ、ディル、ロックス*
- ローストした野菜とヤギのチーズ
- 粉砂糖とレモンジュース
- バナナとチョコレートスプレッド
- 新鮮なフルーツにリコッタチーズを添えて
- パイのフィリングにホイップクリームを添えて

*訳注：鮭を塩漬けしたもの。塩抜きしてスライスした状態で売られていることが多い。

COLUMN 自分で小麦粉を挽いてみよう

小麦粉を挽くのは、想像するよりずっと簡単なことだ。小麦の実、つまり小麦の穀粒から殻だけを除き、ふすまや胚芽や胚乳は残したものを、近所の健康食品店か農産物直売所で買ってきてミルで挽けば、新鮮な小麦粉ができ上がる。

わざわざ手間をかける理由のひとつは、小麦に含まれる揮発性の化合物が分解する前の、よりフレッシュな風味が味わえることだ。また、粉のサイズや使う穀物の種類も選べる。それに、健康にもよい。市販されている全粒粉の小麦粉は、胚芽の酸敗を防ぐために熱処理されたものが多いが、この熱処理によって小麦粉に含まれる油脂の一部も変質してしまうのだ。

欠点もある。挽きたての小麦粉は、挽いてから時間のたった小麦粉ほどグルテンができない。田舎風のパンならそれでもいいだろうが、全粒粉のパスタ（グルテンがつなぎの役目をしている）を作るにはあまり向いていない。もちろん、いつでもグルテン粉を足してグルテンの含有率を上げたり、生地改良剤を使ったりはできるが、それでは「最初から作る」という魅力が失われてしまう（少なくとも、私にとっては）。

ミルにはいくつか選択肢がある。スタンドミキサーをお使いなら、メーカーでミルのアタッチメントを作っているかどうかチェックしてみよう。でもそれに飛びつく前に、ミキサーにかなりの負荷がかかるということは注意しておく必要がある。低速にセットして、穀粒を2パスで挽くようにしてほしい。最初は粗く挽き、2回目は細かく挽くわけだ。スタンドミキサーを持っていない場合や、コストが高く専用の調理台スペースが必要なことを気にしない人は、小麦グラインダーをインターネットで探してみてほしい。

米や大麦など、別の穀物もミルで挽ける。しかし、アーモンドやココアニブなど、水分や油分が多すぎるものは向いていない。ミルに詰まってしまうのだ。（そういったものには、強力なミキサーを使ってみてほしい。）

もうひとつだけ。ミルで、例えば超薄力粉が挽けるとは思わないでほしい。超薄力粉は、ふすまと胚芽を取り除き、さらに塩素ガスで漂白して熟成させたものが多い。熟成は、酸化によって自然に起こるものだが、塩素処理によって加速する。また小麦粉に含まれるデンプンも変質し、糊化の際により多く吸水するようになるし（デンプンの糊化について詳しくは、431ページを参照してほしい）、小麦粉に含まれるタンパク質が劣化するので、作り出されるグルテンの量が減る。それに加えて、塩素処理によって糊化の温度が下がるので、ナッツ、フルーツ、チョコレートチップなど固形物の入った生地がうまく焼けるようになる。固形物が沈んでしまう前に、デンプンがその周りで糊化するからだ。物事を最初からやり遂げることは楽しいが、限界もある。

小麦の実。

第1パス：粗挽き。

第2パス：細挽き。

RECIPE 種入りクラッカーとかんたんフラットブレッド

料理の実験を探求したいのなら、まず「小麦粉3、水1」の割合で混ぜたものをオーブンで10分間焼くことを6回ほど繰り返してみてほしい。そうすると、古代エジプト人が最初に作ったと言われる**フラットブレッド**を再発見することになるはずだ。クラッカーやフラットブレッドは、あなたが思っているよりも簡単に作れる。はるかに簡単だ。

クラッカーや、その整形していないバージョンのフラットブレッドは、膨張剤を使うこともある（例えば、ピタパンや塩味クラッカーなどはイーストを使う）が、たいていは膨らませない。膨らませないバージョンは数分間で混ぜて数分間で焼くことができるので、ユダヤ教の過ぎ越しの祭りやキリスト教の聖体拝領などの宗教的な象徴となっている。象徴的な意味は別にしても、作るのに時間はかからない。最初から最後まで20分もあれば作れる。

こうして作ったクラッカーは、膨張剤が入っているものよりもパリッとしているので、トッピングを乗せて食べるのにちょうどいい。

ボウルに、以下の材料を量り取る。

- ☐ 強力粉：カップ1（140g）
- ☐ 水：カップ1/3（80ml）
- ☐ 食卓塩：小さじ1/2（3g）（粒の大きい塩は、うまく混ざらないので使わないでほしい）
- ☐ オリーブオイル：小さじ2（10ml）
- ☐ 種やハーブ：小さじ2〜4（これはオプションだ。同量のポピーシードとゴマを混ぜたものを試してみてほしい）

スプーンを使って混ぜ、「ボソボソした」生地を作る。かなり乾いた感じになるはずだ。手で集めて1分から2分ほどこねる。半分に分け、一方は後で作るために取っておく。

まな板に軽く打ち粉を振り、6インチ（15cm）ほどの幅でなるべく長い長方形に生地をのばす。生地はなるべく薄く、8分の1インチ（3mm）を目標にのばすようにしてほしい。クラッカーの焼き上がりが硬かったら、もっと薄くのばすこと！

ナイフを使って、生地を正方形か長方形に整形する。あるいは整形せずに、大きなフラットブレッド風のクラッカーにしてもよい。

フォークの先で生地に穴を開けてから（こうすると、エアポケットのせいでクラッカーの形が崩れることが防げる）、天板に乗せる。

400°F / 200℃で10〜12分間、軽く色づくまで焼く。焼き上がったクラッカーがパリッとしていなかったら、あと数分長く焼く。

NOTES

◎こんがりと焼ける種やハーブなら、クラッカーによく合うはずだ。ゴマ、ヒマワリの種、ポピーシード、フェンネルシード、挽いた黒コショウ、ローズマリーなどの組み合わせを試してみてほしい。

◎ここでちょっと脱線。技術者の間では、「クラッカー」はシステムに不法侵入する人のことだが、ハッカーは「ギークのように考え」て、本来の目的とは別の創造的な使い方をする人のことを言う。

LAB 自分でグルテンを作ってみよう

まず、これらの材料を準備しよう
- 中力粉：カップ1（140g）
- 強力粉：カップ1（140g）（オプションだが、中力粉と比べてみると面白い）
- 薄力粉：カップ1（140g）
- 小さなボウル3個（3種類の小麦粉のサンプルに1つずつ）
- 水を入れたピッチャー
- スプーン
- デジタルスケール

自分で小麦粉を挽く方法（266ページを参照してほしい）と、パンや焼き菓子作りにおけるグルテンの重要性（260ページを参照してほしい）についてはすでに説明したが、研究者たちは小麦粉のさまざまな品種にどれだけグルテンが含まれているかをどうやって判別しているのだろうか？ このシンプルな実験を行ってグルテンを分離し、さまざまな種類の小麦粉にどれだけグルテンが含まれているかを自分の目で確かめてほしい。

小麦粉で主に利用されるのはタンパク質とデンプンだが、一歩戻って小麦粉の袋の中に他に何が含まれているのかを見てみよう。

  デンプン：65〜77%
  タンパク質：8〜13%
  水：約12%
  食物繊維：3〜12%
  脂肪：約1%
  灰分：約1%

小麦粉に含まれる2大成分は、デンプンとタンパク質（主にグルテニンとグリアジン）だ。割合を範囲で示しているのは、暖かい気候で育つとタンパク質の含有率が低く、デンプンが高くなるためだ。食物繊維は炭水化物（生化学者は多糖類と呼ぶ）という点ではデンプンと同じだが、人体はすべての多糖類を消化する仕組みを持っていない。われわれが消化できない種類の多糖類が食物繊維（時には非デンプン多糖類とも呼ばれる）に分類される。灰分は、微量元素やカルシウム、鉄、そして塩などのミネラルに対する総称だ。

実験手順

1. 同量の粉を、それぞれのボウルに量り取る。団子が作れるだけの水（約カップ1/4／60g）を各ボウルに加え、スプーンを使って粉をかき混ぜて、湿った粘り気のある団子を作る。
2. 団子がかぶるまでボウルへさらに水を注ぎ、そのまま少なくとも30分置く（一晩でもよい）。こうして休ませている間にグルテンができてくる（パン作りの用語では、このプロセスを「自己分解テクニック（autolyse technique）」と呼ぶ）。
3. 団子が十分に水を含んだら、水の中で手で揉んだりこねたりしてデンプンを洗い流す。水が極端に濁ってくるのがわかるはずだ。これは洗い流されたデンプンによるものだ。ボウルが小さければ、必要に応じて水を入れ替えるか、細く流した水道の水の下でこのステップを行ってもよい。小麦粉を数分間こね続けると、非常に弾力性のあるものになる。これがグルテンだ。
4. 分離したグルテンの重さを量り、比べてみよう。こうしてできたグルテンの団子は水を吸収しているため、粉のパーセンテージから計算した重さよりも重くなる。

考察してみよう！

グルテン団子の重さの比率はどうだっただろうか？（重さには吸収した水の重さも含まれているが、グルテン団子同士の重さの**比率**はある傾向を示しているはずだ。）

この結果は、さまざまな種類の粉のグルテンの比率から予測したものと比較して、どうだっただろうか？ 例えば、強力粉は約13％がグルテンで薄力粉は約8％がグルテンなので、大ざっぱに言って強力粉から作ったグルテン団子は薄力粉から作ったものと比べて重さが1.62倍（13÷8）になると予想できる。他の種類の粉、特にそば粉のようなグルテンフリー料理に使われるものでこの実験を行うと、どうなるだろうか？ 全粒粉を使った場合、ざらざらした茶色の団子になることに気付くだろう。これはなぜだろうか？

応用問題

グルテン団子を低温（250°F / 120℃）で数時間焼いて乾燥させると、グルテンだけが残る。焼いたグルテン団子の重さを最初の粉の重さで割れば、かなり良いグルテン含有率の近似値が得られるはずだ。グルテン団子を消毒用アルコールの入ったコップに入れると、グルテニンとグリアジンを分離することができる。グリアジンは長くて薄い、粘り気のある紐状となり、グルテニンは硬いゴムのような感触となる。

RECIPE ピスタチオとチョコレートのバクラヴァ

フィロ生地は扱いやすく、またこれを使うと素晴らしい食感が得られる。バクラヴァは中東のデザートで、フィロ生地とナッツのペーストを交互に重ねて焼いてから、外側をはちみつソースでコーティングして作られるのが普通だ。

ここで紹介する私のバージョンは、葉巻のように巻いて丸太状にし、焼いてからスライスして、食卓に出すときにホイップクリームとレモンの皮のみじん切りを添える。この2つの食材は、風味を素晴らしくバランスの取れたものにしてくれるので、ケチらないようにしてほしい。

フィロ生地1パッケージを、箱に書いてある指示に従って解凍する（通常は数時間冷蔵庫に入れてから調理台の上に1時間置くので、その時間を見込んで準備してほしい）。生地は6～9枚必要だ（破けてしまった場合に備えて、何枚か余分に用意しておこう）。

オーブンを350°F / 180℃に予熱しておく。

フライパンで、**粗く刻んだピスタチオナッツ カップ1（100g）**と**粗く刻んだクルミ、ピーカン、またはアーモンド カップ1（100g）**を軽く色づき始めるまで乾煎りする。

ナッツを小さなボウルに移し、以下の材料と合わせて、バターが溶けるまでかき混ぜる。

- ☐ 砂糖：カップ1/4（50g）
- ☐ 食塩不使用バター：大さじ2（30g）
- ☐ シナモン：小さじ1（2g）
- ☐ 塩：ひとつまみ

別の小さなボウルに、**刻んだビタースイートチョコレートを2オンス（約60g）**量り取っておく。

小さなボウルか計量カップに、**バター カップ1/2（115g）**を溶かす。

大きなまな板の上に、フィロ生地のシートを1枚広げる。ペストリーブラシかゴムベラ（または、急場をしのぐには2本の指）で、溶かしバターをシート全体に薄く塗り広げる。もう1枚のフィロ生地のシートをその上に重ね、もう一度バターを薄く塗り広げる。

ナッツペーストの3分の1を、フィロ生地の短辺に沿って2インチ（5cm）幅に塗る。刻んだチョコレートの3分の1を、ナッツペーストの上に振りかける。（事前にチョコレートとナッツを混ぜてしまうと、チョコレートが溶けてしまう。）

ナッツの乗ったフィロ生地の短辺を慎重に折り返し、シートを巻き始める。折り返して上になった面にバターを薄く塗り、それから折り返すこととバターを塗ることを繰り返して、生地を完全に巻き上げる。

丸太状になった生地を天板に移し、再びバターでコーティングして、残りのフィロ生地のシートとフィリングを使って同じプロセスを繰り返す。

こんがりと焼き色が付くまで、15～20分間焼く。

バクラヴァを焼いている間に、シロップを作る。小さな鍋に以下の材料を入れ、煮立たせる。

- ☐ 砂糖：カップ1/2（100g）
- ☐ 水：カップ1/4（60ml）
- ☐ はちみつ：大さじ2（40g）
- ☐ シナモン：小さじ1/4（0.5g）

火から下ろし、**レモン（小）1/2個分のジュース（約大さじ1）**を加える。

砂糖の入ったホイップクリーム（318ページを参照

してほしい）をカップ1ほど作っておく。

食卓に出すには、バクラヴァのロールを2～3インチ（5～8cm）の長さに切り分ける。切ったものを皿に乗せ、上からシロップをかけて、大さじ1杯ほどのホイップクリームを添える。細かく切ったレモンの皮を振りかけて飾りにする。

RECIPE 焼きセイタンのスパイシーサヤインゲン添え

セイタンはグルテンとタンパク質に富み、ベジタリアンやヴィーガンの食卓に欠かせない食材だが、どんなシェフのレパートリーも広げてくれる。セイタンは、小麦粉のグルテンを使って作られる（自分でグルテンを作る方法については、268ページを参照してほしい）。水の量を変えたり、調味料を工夫したり、調理法に変化を付けることによって、さまざまな食感や風味を作り出すことができる。オーブンで焼くと、硬いセイタンができる。蒸したりゆでたりすると、柔らかい食感になる。うま味たっぷりで肉とほとんど同じ味がするこの焼きセイタンを、あなた自身の「代用肉」作りの第一歩として試してみてほしい。

大きなボウルに以下の材料を混ぜる。

☐ 水：カップ3/4（180ml）
☐ しょうゆ：大さじ2（30ml）
☐ トマトペースト：小さじ1（5g）
☐ ガーリックペースト：小さじ1/2（5g）、またはつぶしてみじん切りにしたにんにく1かけ

以下の材料を加えてスプーンを使って混ぜ、粘り気と弾力性のある生地を作る。

☐ グルテン粉：カップ1と1/3（160g）

耐熱皿にオリーブオイルを薄く塗る。生地を平らなパティに整形し、耐熱皿に入れる。ホイルで覆って325°F / 160°Cで60～75分間、外側に部分的に焼き色が付くまで焼く。（半分に切ってチェックしてみよう。中心が「濡れて」いれば、まだ生焼けだ。よくわからないとき、あるいは食感の実験をしたい場合には、一切れ取り出して残りをもう少し焼き、比べてみよう。個人的には、この食材に関しては生焼けよりも焼き過ぎのほうがましだと思う。）

セイタンを焼いている間に、サヤインゲンを調理する。

小さな鍋に、**水1クォート（約1リットル）**と**塩 大さじ2（35g）**を入れて沸騰させる。

フライパンに**オリーブオイル**を薄く引き、**砕いた赤トウガラシのフレーク 小さじ1/2（0.5g）**を加える。

新鮮なサヤインゲン 2つかみ（200g）の茎を折り取り、伝統野菜品種であれば筋を取る。煮立った塩水に入れる。好きなゆで加減に応じて2～3分後、トングを使うか鍋の中身をざるにあけてサヤインゲンを取り出し、フライパンに移す。強火にして2～3分、さっとソテーする。**レモン（小）**1個分のジュースを加えてあえる。

セイタンを細切りにし、サヤインゲンを添えて食卓に出す。

焼き菓子作りの許容誤差

ペストリーやケーキでは、計量の**許容誤差**がパンや通常の料理の場合と比べてずっと狭い。小麦粉と水、砂糖と油脂の比率が少し違っただけでも、焼き菓子の出来ばえが大きく変わってしまうことがある。

水が十分にないと、グルテニンとグリアジンからうまくグルテンができない。これはスコーンやビスケットやパイ皮には良いが、パンのような高グルテン食品には向いていない。しかし水分が多すぎるのも問題だ。パンに大きなエアポケットができたり、ケーキがうまく固まらずに自重で崩れたりする。

同様に、クッキーやパイ皮を作る際にショートニングが本来の分量よりも少ないと、グルテンができすぎて硬いパイ皮ができてしまう。しかしショートニングが多すぎると、生地があまり膨らまずに「サクサク（short）」した仕上がりになる。ショートブレッドという名前は、ここからきているのだ。

以下の2つのダブルクラストパイ生地のレシピを比べてみてほしい。

ジョイ・オブ・クッキング			マーサ・スチュアートのパイとタルト		
100%	240g	小麦粉	100%	300g	小麦粉
60%	145g	ショートニング	–	–	（ショートニングなし）
11.25%	27g	バター	76%	227g	バター
25%	59g	水	19.7%	59g	水
0.8%	2g	塩	2%	6g	塩
–	–	（砂糖なし）	2%	6g	砂糖

左端の列は「パン職人のパーセンテージ」と言って、小麦粉に対する重量比で材料の量を表したもの。左から2番目の列はパイ1個分の生地に必要なグラム数だ。

これら2つのレシピを比べてみると、小麦粉と油脂の比率が1:0.71および1:0.76と異なっており、またジョイ・オブ・クッキングのほうが水の割合が高いことがわかる。

しかし、バターはショートニングと同じではない。バターは約13～19%が水分で、約1%が乳固形分だが、ショートニングは油脂だけだ。これを考慮して、レシピをもう一度見直してみよう。マーサ・スチュアートのバージョンは（100gの小麦粉に対して）76gのバターを含み、この油脂分は約64gとなる。ジョイ・オブ・クッキングのバージョンにはショートニングとバターが含まれ、100gの小麦粉に対して油脂分は69gだ。また水も、バターに含まれる水分を計算に入れれば、ほとんど同じ量だということがわかる。

許容誤差の狭いレシピ（通常はペストリーで、パンには少ない）を使う場合には、必ず**デジタルスケール**を使うこと。このことひとつを変えるだけで、焼き菓子の出来ばえには大きな影響があるはずだ。

小麦粉の分量が重さで示されていないレシピを使う場合には、著者が意図した1カップあたりの小麦粉の重さを推測する必要がある。レシピが米国のものならば、最初の推測は140グラムから始めてみよう。ヨーロッパのレシピなら、125グラムで試してみてほしい。

RECIPE ダブルクラストパイ生地

パイ生地には大きく分けて2種類ある。サクサクしたものと、もっちりしたものだ。豆粒ほどの大きさになるまで油脂を粉と混ぜて水を多めに使えば、下焼きするパイ皮にぴったりのサクサクの生地になる。コーンミール状になるまで混ぜると、耐水性の強い、もっちりしたもろい生地になる。こちらは、生地に中身を入れて焼くのに適している。

このレシピでは、パイの上側と下側の両方をカバーするのに十分な生地ができる（そのようなパイ生地は**ダブルクラスト**と呼ばれる）。オープンなパイを作る場合には、パイ2個分のクラストができることになる。冷蔵庫で数日間は保存できる。

272ページのどちらかのレシピの分量に従って、小麦粉と塩をミキシングボウルかフードプロセッサーのボウルに量り取る。バターを小さい角切り（1/2インチ／1cm）にして加える。ショートニングを使う場合には、それも加える。

キッチンが暖かい場合には、用心のためにボウルを冷凍庫で15分間冷やしておく。作業中にバターが溶けてしまうのは避けたいからだ。バターが溶けると、あまりサクサクしない、硬いパイ皮ができてしまう。

フードプロセッサーを使う場合、少しずつ水を注ぎながら材料を2秒間ずつ断続的に混ぜる。生地がまとまるだけの水を加えること。材料がまとまってくるまで、生地を断続的に混ぜ続ける。

フードプロセッサーを持っていない場合、両手に持った2本のフォークの裏側を使って（あるいは、持っていればクッキーの抜き型を使って）バターを刻んで粉と混ぜる。材料がまとまるまで、必要に応じて水を加える。

生地が粗い砂か小石のような状態になったら、打ち粉をしたまな板の上にあけ、ほぼ同じ大きさの2つに分け、それぞれ円盤状に整形する。この片方がパイの下側、もう片方が上側の生地になる。

のし棒を使って、円盤状の生地をシート状にのばし、それからたたんでもう一度のばす。生地が締まってまとまってくるまで、これを何回か繰り返す。パイ型に移して、パイのレシピに従って中身を詰める。

> のし棒がない？
> 急場しのぎにはワインボトルや、背の高いストレートグラスも使える
> 生地にラップをかけて、その上からのばそう

パイ皮の下焼き

レモンメレンゲパイ（434ページのレシピを参照してほしい）のようなパイを作るには、パイの皮を下焼きしておく必要がある。パイの皮を下焼き（**空焼き**とも言う）するには、生地を伸ばしてパイ型に移し、その上にオーブンペーパーを敷き、パイウェイトを入れる。（米や豆を使ってもよい。オーブンペーパーは、パイウェイトが生地にくっついたり風味を移してしまったりすることを防ぐ。）パイウェイトなしでパイ皮を焼いてはいけない！ パイウェイトは、焼いている間にパイ型の縁から生地が滑り落ちるのを防いでくれる。

私は生焼けの小麦粉が大嫌いだ。口の中をやけどしてしまうこともある。パイ生地が焼けたかどうかよくわからなければ、長めに焼くようにしてほしい。

425°F／220℃にセットして予熱したオーブンにパイ皮を入れて、15分焼く。パイウェイトを取り除き、パイ皮がきつね色になるまでさらに10〜15分焼く。

オーブンペーパーを敷いて乾いた豆か米粒を入れておけば、焼いている間にパイ皮の側面が滑り落ちてくることを防げる。

INTERVIEW

ジム・レイヒーが
パンを焼くことについて語る

ジム・レイヒー（Jim Lahey）は、彼の著書『My Bread: The Revolutionary No-Work No-Knead Method』（W. W. Norton, 2009）で「こねない」パンの作り方を広めたことでよく知られている。彼は 2015 年に James Beard Foundation の Award for Outstanding Baker を受賞している。

どうやってパン焼きの道に入ったのですか？
若いころイタリアを旅したことがあって、そこで食べ物に触れる機会があったんだ。良い食べ物ということに関してそれまで持っていた考えが根底から揺さぶられたよ。このほとんど孤立した国には、地域ごとに素晴らしい食べ物の伝統があったんだ。僕がこの驚くべき、それだけで十分おいしいパンを食べたとき、僕の中で何かに火が付いて、その作り方を知りたくてたまらなくなったんだ。そのときのローマのパンは素晴らしかった。膨大な数の、昔ながらのパン職人がまだ残っていたんだ。だが現在では、ローマの大部分のパン職人は冷蔵に頼ってそこそこの出来ばえを得ている。僕は冷蔵しない派なんだ。

食べ物やパン焼きへのアプローチの点で、アメリカとイタリアの文化の違いはどういうものでしょうか？
アメリカは、さまざまな文化とさまざまな伝統が存在する、非常に多様な社会だ。アメリカの食べ物は、必ずしも特定の伝統に基づいたものではない。そこら中にある地元産の「職人の手作り」と銘打った食べ物や、さまざまな文化の料理の人気を見れば、われわれが「他人」の寄せ集めであることがわかる。僕は近所のイタリア移民からミートボールのレシピを教えてもらったり、アイルランド系アメリカ人の母親と一緒にミートボールを作ったりしながら育った。アメリカにはハンバーガーという食べ物があるけど、いったいハンバーガーは誰の食べ物なんだろう？

ここ数十年の食べ物の変化には驚くべきものがあります。
それは一部にはインターネットのため、そして一部には海外旅行のためだろうね。パンをどう整形するか知りたければ、インターネット上で何千本ものビデオが見られる。そうだけど、ビデオを見てもそれがどんなものか大ざっぱには知っていないと、パン作りはうまくできないだろうね。

パンについて教えてください。さっき冷蔵しない派とおっしゃったのはどういう意味ですか？
ああ、もちろん食べ物を保存したり発酵させたりするには、何らかの形で冷やすことは必要だ。僕自身がパンを作るときには、混ぜた後で生地を冷蔵しないほうが好みなんだ。冷蔵庫の中の貴重なスペースを取らないしね。

つまり、生地の風味を変えるためというわけではなく、より実用的だからというわけですね？
そうだね。発酵のさまざまな段階で生地を冷たい温度に保てば、室温では得られないようなある種の風味プロファイルを作り出せるのは確かだ。冷蔵庫を使えばうまく行くことが多いという点では便利だけど、発酵について本当の知識を得ることはできない。僕はパン作りという行為を、ヨガや武道と同じような修行だととらえている。パン作りを室温ですれば、実用的な知識が得られる。どんな温度範囲に生地を保つ必要があるか、直観的にわかるようになるんだ。
ドライイーストとこねないパン作りの方法の素晴らしく便利なところは、そのような知識を持っているかどうか関係ないってことさ。実際にやってみれば、発酵のパワーを理解する最初のステップになる。

あなたのこねないパン作りの方法をマーク・ビットマンがニューヨーク・タイムズに書いたことによって、大勢の人たちが自分のキッチンでパン作りをするようになりました。
典型的なパンがどういうものなのか、地中海の田園地帯でどのようなものが作られているのか、などを知らなくてもよいのは、すばらしいことだったね。

家庭のパン作りで見過ごされがちな変数について教えてください。
温度は重要な役割を果たしている。僕は温度を、必要なイーストの量、そして時間の長さと関連付けて考えている。今の僕のベーカリーには、たいした暖房は備わっていない。冬の時期、イーストを使うパンを作る際には、小麦粉1キロ当たり6グラムものイーストを使わないとい

けないだろうね。夏には、全く同じ製法に従ったとしても、4分の1グラムだけ使えばいいはずだ。

また、生地そのものの性質も温度によって変わってくる。あなたの作った生地は、液体でも固体でもなく、その中間の粘性のあるかたまりだ。生地には特有の性質があり、特定の粘り気、粘着力、粘性がある。しかしその生地が発酵を始めてスポンジになると、性質が劇的に変化するんだ。冬に、例えば30キロなどという大量の生地を作ると、かたまりの外側から中心にかけて10度から15度（5～8℃）の違いがあることに気が付くはずだ。発酵をうまく進めるためには、天気を予想する必要があるんだよ！

あなたの経験から、こねないパンとこねたパンとの間に予想される違いは何ですか？

小麦に色が付いている場合、こねない生地ではその色が保たれる。だから実際に、使う小麦の種類に応じてパンの身が黄色かったりピンクがかっていたり茶色がかっていたりするのがわかるはずだ。生地を機械的にこねる場合、そのプロセスを通じて酸素が導入されるため、漂白作用によって色が薄くなる。こねた生地とこねない生地を並べて見比べてみれば、その違いはかなり明確にわかるはずだ。食感の点では、こねないパンのほうが不明確でゆるい構造になる。

こねないパンでは時間をかけることによってグルテンを作り出しているので、こねないパンと標準的なこねたパンの間を取って「あまりこねないパン」みたいなものを作ることは可能でしょうか？

フランスのパン作りでは、材料を合わせた後、そのアイディアを使っている。生地に水を吸わせ、香りが出てきて目覚め始めてから、塩を生地の機能調整剤として加えるんだ。メゾンカイザーでは生地をあまりこねない手法を昔から売り物にしている。

人の考えることについては、よくわからない神話のようなものがたくさんある。一日の終わりに、われわれは最終製品に食べ手として向き合うことになる。どのスーパーマーケットでも、特定の小麦の品種を取り扱っていたりはしないだろう。いろいろな小麦があっても、その産地や、製粉所を知ることはできないんだ。

僕がいつも言っているのは、すばらしいパンを作るのに大事なのは小麦ではなく、パン職人の知識だということなんだ。世界最高の小麦を使っても、とても低品質なパンができてしまうことだってある。そして市販されている世界で最悪の小麦粉だと思えるようなものを使っても、どこか小さな農場のある、「フランスの山の中腹を思い出させる」ようなことだってあるかもしれない。

RECIPE こねないパン

ボソボソの生地ができるまで、大きなミキシングボウルの中ですべての材料を15～60秒ほど混ぜる。覆いをして、室温で12～24時間休ませる。

中くらいの大きさの鋳鉄製の鍋か、パイレックスまたは陶器の耐熱皿をオーブンに入れ、ふたをして500°F / 260℃に予熱する。

重量	体積	パン職人のパーセンテージ	材料
450g	カップ3～3と1/4	100%	小麦粉
350g	カップ1と1/2	78%	水
8g	小さじ1と1/4	1.8%	塩
約2g	小さじ1/2	―	インスタントイースト

オーブンを温めている間に、小麦粉か小麦のふすまかコーンミールで打ち粉をした台に生地を移す。生地は、ボウルをひっくり返してもくっついているほどねばついているはずだ。何回か折りたたみ、ブール（丸いパンの形）に整形する。たっぷりと粉を打った布タオルの上に生地を移して、大きさがほぼ倍になるまで、さらに1時間ほど二次発酵させる。タオルを持って、丸く膨らんだ生地をひっくり返して予熱した耐熱皿の中に入れ、ふたをして30分焼く。ふたを取り、皮がこげ茶色になるまで、さらに15～20分ほど焼く。

イースト

　これまで、小麦粉と水によってグルテンができること、そしてグルテンが空気を閉じ込める優秀な働きをしてくれることについて述べてきたが、そもそも空気を取り込むにはどうすればよいのだろうか？　生物学的な膨張剤（主にイースト、しかし塩入り自然発酵パンにはバクテリアも使われる）は空気を発生させる方法として非常に古くから使われてきた。おそらく先史時代のパン職人は、小麦粉と水を入れたまま放置されていたボウル（いつの時代も皿洗いを面倒くさがる人はいたものらしい）が発酵を始めることを発見したのだろう。ローマ帝国の時代、パン職人のギルドの代表が元老院に議席を持っていたほど、パンはとても重要なものだった。農業は、はるかな昔から政治と深く関わっていたのだ。そしてイーストを使ったパン焼きは、さらにその前から行われていた。

　イーストは単細胞の菌類で、糖などの炭素を含む物質を消費して、二酸化炭素とエタノール、そしてその他の副産物を作り出す。イーストの作り出すこれら3つの物質は、それぞれ役に立っている。二酸化炭素はパンを膨らませ、エタノールは飲み物を殺菌し保存する働きをし、そして副産物はサワー種パンに独特の風味をもたらしてくれる。長い年月をかけて、人類は選抜育種によって数多くのイーストの株を「飼い慣らして」きた。*Saccharomyces cerevisiae*（通常は単に**パン酵母**と呼ばれる）はパン作りに利用され、ビールづくりに利用される株もある（通常はルイ・パスツールにちなんで命名された*Saccharomyces pastorianus*）。

　飼い慣らしたイーストが使われるようになる前は、パン職人は環境中に存在する野生のイーストを利用して、うまく行った株を保存し分かち合ってきた。しかし、キッチンではこのような「ロシアンルーレット的手法」を使ってイーストを選ぶことはお勧めできない。種の入っていない生地をボウルに入れて放置すれば、不快な硫黄やフェノール化合物の匂いを作り出す悪い株のイーストに当たってしまう（あるいはさらに悪い結果となる）可能性も十分にある。これが、「スターター」（種）を使うべき理由だ。特定の株のイーストを加えて、環境中に存在する他の酵母を締め出してしまうのだ。（パンが速く膨らみすぎる場合、パンが崩れたり穴だらけになったりするので、使うスターターの量を減らしてみよう。）

現在使われているイーストの株は、誰かがその風味に気付いて「おっ、こいつはなかなかいけるぞ。これからも使い続けよう！」と思ったものだ。不思議なことは何もない。フレンドシップ・ブレッド（イーストの「幸運の手紙」）は、何十年も引き継がれている。

他のすべての生物と同じく、イーストも特定の温度範囲でよく生育する。この温度範囲はイーストの株によっても違う。パン酵母は室温（55〜75°F / 13〜24°C）で最もよく働く。料理に使われるその他の株、特に醸造（ラガーやスチームビール*）に用いられるものは、32〜55°F / 0〜13°C程度の地下室のような環境を好む。あなたの料理の冒険がどこへ向かうにしても、使うイーストの好む温度範囲に注意しよう。温度が低すぎると、イーストは居眠りをしてほとんど膨らまない。温度が高すぎると、死んでしまう。

*訳注：カリフォルニアで作られる発泡性の強いビール。

COLUMN イーストをチェックしよう！

生地が思うように膨らまないことに気付いたら、イーストに以下のような健康診断をしてみてほしい。

1. イーストを小さじ2（10g）と砂糖を小さじ1（4g）量り取り、コップに入れてぬるま湯（100〜105°F / 38〜40°C）をカップ1/2（120ml）注ぐ。
2. かき混ぜて、2〜3分休ませる。
3. イーストを休ませた後、小さな泡が表面にできてくるのがわかるはずだ。もし泡ができなければ、イーストは死んでいる。店に行って買って来よう。

パン職人の間では、これは**プルーフィング**と呼ばれている（成形したパンを焼く前に休ませる**ベンチプルーフィング**（二次発酵）とは混同しないようにしてほしい）。活性イーストを使う場合には、イーストの粒子の周りの硬い層を柔らかくするために、必ずこのプルーフィングを行わなくてはならない。

イーストをプルーフィングする際には、ぬるま湯を使ってほしい。100°F / 38°C以下の温度では、グルタチオンと呼ばれるアミノ酸が細胞壁から流れ出してしまい、生地がべとついてしまう。

蛇口から出る湯の温度が高すぎてイーストが死んでしまうのではないかと心配する必要はない（熱湯が出てくるように設定されていない限り！）。イーストが実際に死ぬのは130°F / 55°Cよりも高い温度なので、蛇口から出る湯でイーストが死ぬことはないはずだ。ただ、活動が鈍ることはある。蛇口から出る一番熱い湯でイーストをプルーフィングしてみれば、このことが確認できる。イーストが活動を始めるまで、少し長く時間がかかるはずだ。

生きているイーストはぶくぶくと泡を出すが（左）、死んだイーストは分離してしまって泡立たない（右）。

RECIPE パン（伝統的な作り方）

まだ一度もパンを作ったことがない人でもシンプルなパンは簡単に作れるが、完璧を求めようとすれば何年も研究を重ねる必要がある。このレシピを一度にひとつずつ変更を加えながら何日も作り続けてみれば、その変更が出来ばえにどう影響するのか理解できるようになるだろう。

大きなボウルに、下記の材料を泡立て器でしっかり混ぜ合わせる。

- ☐ 強力粉：カップ1と1/2（210g）
- ☐ 全粒粉：カップ1と1/2（210g）
- ☐ グルテン粉：大さじ3（25g）（オプション）
- ☐ 塩：小さじ1と1/2（9g）（コシャーソルトやフレーク状の塩を使う場合には小さじ2）
- ☐ インスタントイースト：小さじ1と1/2（4.5g）（活性ドライイーストではなく）

以下を加える。

- ☐ 水：カップ1（240ml）
- ☐ はちみつ：小さじ1（7g）

さっくりと混ぜ合わせ（スプーンで10回くらいかき混ぜればよい）、20〜30分休ませて水を吸わせる。

生地を休ませたら、こねる。まな板の上で、手のひらを使って生地を押し広げ、2つに折りたたみ、数回ごとに向きを変える。これを繰り返せばよい。私は時々、生地を手に持って引き伸ばしたり畳んだりしてこねるが、たぶんこれは正統的な方法ではないだろう。生地が「引き伸ばしテスト」を通るまでこね続ける。これは、生地を小さくちぎって引き伸ばしてみることだ。ちぎれなければ合格。ちぎれてしまったら、こね続けよう。

生地を丸く整形し、大きなボウルに入れ、ラップをかけて（くっつき防止に油をスプレーしておくとよい）、2倍の大きさになるまで休ませる。これには通常4〜6時間ほどかかる。生地を72°F / 22°Cから80°F / 26.5°Cの温度に保つようにしよう。気温が高かったり、温風の吹き出し口に近すぎたりして生地の温度が高すぎると、もっと短い時間で倍の大きさに膨らむので、注意するとともに常識を働かせてほしい。しかし、温度が高い（つまり膨らむのが早い）ことが良いとは限らない。長く休ませるほど、良い風味が作り出されるからだ。

生地が膨らんだら、もう一度軽くこねる。これは**パンチダウン**（ガス抜き）と呼ばれるが、実際にはやさしくマッサージして大きなガスの泡を逃がし、グルテンがうまくできていない部分を分散させることだ。オプションとして、ナッツやハーブなどの風味付けをこの時点で加えてもいい。生地を丸く整形する。軽く粉をはたいて、ピザ用のへら（または厚紙）の上に置き、もう一度ラップをかけて、さらに1時間から2時間休ませる。

イーストが酢酸と乳酸を作り出す速度は温度によって異なるので、膨らませる際の温度が違うと作り出される風味も違ってくる。膨らませる際に温度を72°F / 22°Cから80°F / 26.5°Cの間に保つのが望ましいのは、このためだ。

温度が低すぎるとガスがあまりできないので、生地が硬くてぺちゃんこになってしまい、焼きあがったパンは身が不均一で不規則な穴が開き、皮は色が濃すぎて硬くなってしまう。

逆に、高すぎる温度の環境で膨らませた生地は、乾燥して柔軟性がなく、引き伸ばすとちぎれるようになり、焼きあがったパンは身が酸っぱくて大きな空洞と厚い壁ができ、皮は色が薄くて白っぽくなってしまう。

生地が二次発酵するのを待つ間、ベーキングストーンをオーブンに入れて425°F / 220°Cに予熱する。(理想的には、いつでもオーブンにベーキングストーンを入れておくことが望ましい。38ページを参照してほしい。ベーキングストーンがなければ、鋳鉄製の鉄板か鋳鉄製のフライパンを、上下をひっくり返して入れればよい。)パンを焼く前に、オーブンが十分に熱くなっていることを確認しよう。場合によっては、1時間予熱したとしても大げさではない。

生地をオーブンに入れる前に、カップ1杯か2杯の熱湯を耐熱皿か天板に入れ、ベーキングストーンの下の棚に入れておく。(天板は古いものを使おう。洗っても取れない水の跡が付いてしまうかもしれないからだ。)または、霧吹きでオーブンの中に数十回霧を吹いて湿度を上げてもよい。ただしオーブンの中の電球には水をかけないように注意しよう（割れてしまう場合がある）。

のこぎり刃のナイフで生地の上部に軽く「X」の形に切れ目を付けてから、オーブンに入れる。皮がこんがりと焼け、パンの下のほうをこぶしで叩いてみてうつろな音がするようになるまで、約30分焼く。理論的には、焼け具合をチェックするには食品用の温度計で内部の温度を測り、210°F / 98.5°C程度、つまり小麦粉に含まれるデンプンが分解する温度になっていればよいはずだ（デンプンの糊化について、詳しくは219ページを参照してほしい）。しかし、ここでは理論はうまく行かない。パンは適度に乾燥する必要もあるからだ。温度をチェックすることは、生地が十分に熱くなったことを確認し、生焼けを防ぐためには役立つだろう。(たぶん重さを量ってもうまく行くだろうが、それには耐熱の秤が必要だ……。)現実的には、焼き上がりの感覚を学び取るほうがはるかに役に立つ。見た目と、手で持ってこぶしで叩いたときの音を聞けば、より多くのことがわかるはずだ。

パンを最低でも30分以上は冷ましてから切り分ける。糊化したデンプンを固めるため、十分に冷やす必要があるからだ。

NOTES

◎ローズマリー、オリーブ、あるいはさいの目に切ってソテーしたタマネギを、2回目にこねるときに加えてもよい。菓子パンを作るには、強力粉だけを使い、ビタースイートチョコレートの大きなかたまりやドライフルーツを加える。

◎もう少し複雑な作り方として、最初にスポンジ（小麦粉と水とイーストを予備発酵させたもの）を作ると、いっそう良い風味が得られる。小麦粉と水を最初に全部混ぜてしまうのではなく、半量（210g）の小麦粉と2/3量の水(160ml)、そして全量(4.5g)のイーストを混ぜ、表面に泡ができ始めてスポンジの形が崩れ始めるまで発酵させる。この状態になったら、スポンジを残りの水（80ml）と混ぜ、残りの小麦粉（210g）と塩（9g）を加え、先ほどの説明通りに膨らませる。

パンはなぜ固くなるの？

パンが固くなる原因はまだ完全には科学的に解明されていないが、いくつかのメカニズムが働いていると考えられている。一説には、パンを焼くと小麦粉に含まれるデンプンが水と結合できる形に変化するが、焼いた後でゆっくりと逆向きの反応が起こり、その過程で放出される水分がグルテンに吸収され、パンの身の質感を変えてしまう。そしてパンの皮には、パンの中から出てきた水分が吸収されるので、パンの皮の質感が変わってしまう。実際のメカニズムがどうあれ、パンを冷蔵庫に入れるとこの質感の変化が促進されるが、冷凍庫ではそうならないので、パンは室温か冷凍庫で保存しよう。デンプンが糊化する温度よりも高い温度でパンをトーストすれば、この変化が多少は逆転するので、固くなったパンはトーストすれば復活する。

COLUMN イーストの4段階

パン生地にスターターを加えた後には、何が起こっているのだろうか？

1. **呼吸。** 細胞がエネルギーを獲得して貯蔵する。酸素がなくては、呼吸は行えない。この段階では、イーストは増殖するためのエネルギーを蓄えながら、二酸化炭素（CO_2）を作り出している。

2. **増殖。** イーストの細胞が、酸素の存在下で出芽または分裂によって増殖する。酸性の化合物はこの段階で酸化されるが、その量と速度はイーストの株によって異なる。その結果として、食品中のpHレベルが変化する。

3. **発酵。** イーストが利用できる酸素をすべて使ってしまうと、嫌気的なプロセスである発酵が始まる。このプロセスでは細胞のミトコンドリアが糖をアルコールに変換し、その過程でCO_2などの化合物を作り出す。パン生地を発酵させる時間の長さによって、生地の膨らみ方をコントロールできる。

4. **沈殿。** イーストがエネルギーを作り出す手段（酸素や糖）を使いつくしてしまうと、細胞は活動をやめ、いつか酸素や養分が来ることを待ち続ける休眠状態となる。

イーストの細胞ひとつひとつがこれらの段階を経るが、同じ時点でも細胞によってどの段階にいるかは違う。つまり、一部の細胞は増殖しているが、一部は呼吸していたり発酵していたりすることもある。

パン酵母には、インスタントイースト、活性ドライイースト、そして生イーストの3種類がある。インスタントイーストと活性ドライイーストは、死んだ酵母の細胞でまだ生きている細胞の周りを取り囲み、保護層を作るように乾燥させたものだ。生イーストは、ケーキの形に圧縮されて売られているので**ケーキイースト**とも呼ばれるが、基本的には保護層のない生きた酵母のかたまりなので、（冷蔵庫の中での）保存期間は非常に短い。ケーキイーストは冷蔵庫の中で2週間ほど保存できるが、インスタントイーストは約1年、活性ドライイーストは食器棚の中で約2年保存できる。インスタントイーストと活性ドライイーストは、食料品店の冷蔵食品コーナーで売られていることもある。これらを大きなパッケージで購入した場合（小さな袋で買うよりも断然経済的だ！）、密封可能な保存容器に入れて冷蔵庫か冷凍庫で保存しよう。

インスタントイーストと活性ドライイーストは基本的に同じものだが、2つの違いがある。まず、活性ドライイーストの保護層のほうが厚い。このため保存期間は長いが、使う前に水に浸して保護層を柔らかくする必要がある。もうひとつの違いとして、活性ドライイーストの生きた酵母細胞の数はインスタントイーストよりも少ない。これは、厚い保護層がスペースを取ってしまうためだ。活性ドライイースト小さじ1（2.9g）を必要とするレシピの場合、インスタントイースト小さじ3/4（2.3g）で代用できるが、通常は1対1の割合で置き換えても大丈夫だろう。

インスタントイーストは、粉の材料に直接加えて混ぜられるので、取り扱いが最も簡単だ。活性ドライイーストやケーキイーストを使う理由がない限り、インスタントイーストを使うことをお勧めする。手間もかからないし、活性ドライイーストよりも手っ取り早い。冷蔵庫にしまっておくことを忘れないようにしよう！

RECIPE イーストワッフル

パン酵母には多くの酵素が含まれるが、そのひとつであるチマーゼは、単糖（ブドウ糖や果糖）を二酸化炭素とアルコールに分解する。この酵素によって、酵母はパンを膨らませることができるのだ。しかしチマーゼは乳糖を分解できないので、牛乳を使った生地は甘い味になる。一部のパンのレシピに牛乳が必要とされたり、イーストワッフルのような食品が豊かで甘い風味になったりするのはこのためだ。

少なくとも2時間前、できれば前の晩に、以下の材料を量り取って泡立て器で混ぜ合わせておく。

- 牛乳（できれば全乳）：カップ1と3/4（420ml）
- 溶かしバター：カップ1/2（115g）
- 砂糖またははちみつ：小さじ2（10g）
- 塩：小さじ1（6g）（コシャーソルトやフレーク状の塩ではなく、食卓塩）
- 中力粉：カップ2と1/2（350g）
- インスタントイースト：大さじ1（9g）（活性ドライイーストではなく）
- Lサイズの卵：2個（100g）

覆いをして、室温に置いておく。生地が膨らむことを考慮して、大きなボウルか容器を使うこと。

生地をさっくりと混ぜてからワッフル型に入れ、メーカーの説明に従って焼く。

NOTES

◎菓子作りには、粒塩やフレーク状の塩ではなく、食卓塩を使ってほしい。きめの細かい塩のほうが、生地と均一に混ざるからだ。

◎砂糖の代わりに、はちみつやメープルシロップ、あるいはアガベネクター*を使ってみよう。また中力粉の半分を全粒粉かオーツ麦の粉と替えてみてもよい。

◎ワッフルが思ったほどサクサクと焼き上がらなかった場合には、250°F / 120°Cで予熱したオーブンに入れて温めるとよい。この温度では水が急速に蒸発するが、カラメル化やメイラード反応は起こらないからだ。

* 訳注：リュウゼツランから取ったシロップ。

最高のピザを求めて

『Cooking for Geeks』という書名の本で、ピザを取り上げないわけには行かない。あなたが自分をギークだと思っていようがいまいが、ピザは食べるのと同じくらい作るのも楽しいものだ。ぜひ、ピザの作り方を学んでほしい。宅配で頼むピザよりも、はるかにおいしいピザが自宅で作れるのだ。トマトとチーズがたっぷり乗った、一切れのピザにふさわしい時間というものがある。それは通常、週末の午前2時ころだ。それ以外の時間はどうかって？ 素晴らしい人生には、最高の自家製ピザのニュアンスを味わうことが必要なのだ。

最初に、ピザの生地。食料品店でピザ生地を買ってくることもできるが、私の経験では最初から自分で作ったほうが良い結果が得られるし、私が父さんから教わったのもこのやり方だ。私はどうしても読者の皆さんに自分でピザ生地を作ってもらいたかったので、この本には2種類のレシピを掲載した。シンプルなこねないバージョンは286ページに、せっかちな人向けのイーストを使わないレシピは303ページに載せてある。

次に、オーブン。オーブンの温度によって、ピザのクラストの出来が決まる。ベーキングストーンを中段のラックに乗せて、もちもちしたクラストにしたければ375°F / 190℃、パリッと焼き上げたければ最低でも450°F / 230℃でオーブンを予熱する。(高熱で焼くピザについては、390ページを参照してほしい)。

生地の下焼き。たいていのピザのレシピには書いていないが、私は下焼きするのが好きだ。最初に生地を焼いておけば、生地が生焼けになったりトッピングが焦げてしまったりするリスクを避けられる。

1. 大きなまな板に、打ち粉をする。
2. 1ポンド（450g）の生地を取り、手でこねたり折りたたんだりしながら丸く整形する。生地はわずかに粘っているのが良いが、粘つき過ぎると手にくっついてしまう。そういうときには、生地に小麦粉をまぶせばよい。
3. 生地が全体に硬くなり、のばした時にいい感じで弾力性が感じられるまでこね続ける。
4. 生地を平らな円盤状に整形してから、円形または長方形にのばす。
5. ピザ生地をオーブンに入れる。注意しながら生地を持ち上げて、ベーキングストーンの上に置く（必要に応じてピザ用のへら、または丈夫で清潔な厚紙を使うとよい）。
6. ピザを3～5分、生地が固まるまで焼く。もし生地が一部だけ膨れてしまったら、シェフナイフを使ってその部分に小さな穴を開け、ナイフの平らな面を使って膨れた部分を元に戻す。
7. 下焼きしたピザ生地をオーブンから取り出して、再びまな板の上に置く。

トッピング。 ソースを塗り、トッピングを乗せる。これらを選ぶのが、ピザのだいご味だ。真っ白なキャンバスの上に、あなたの好きな風味を描いて行くのだ。一般的なアイディアをいくつか示しておこう。

- トマトソースを薄く塗り、良質のモッツァレラチーズをスライスして乗せ、焼いた後にバジルの葉をトッピングする。これは間違いなくおいしい。
- トマトソースがなければ、オリーブオイルを薄く塗ったり、ホワイトチーズソースを使ったりしてもよい（112ページのベシャメルソースを参照してほしい）。
- タマネギやソーセージなどのトッピングは、ソテーしてからピザに乗せる。生地とトッピングを別々に調理すれば、さまざまな食材を同時に調理するという難題を避けて、3つの目標だけに集中できる。つまり、チーズを溶かして食材と融合させること（チーズを使っている場合）、ピザの縁をこんがりと焼き上げること、そしてトッピングの表面に焼き色を付けることだ。

焼く。 仕上げに、トッピングを乗せたピザをオーブンに入れ、ピザがこんがりと焼けるまで、8〜12分ほど焼く。焼けたかどうかわからなければ、もっと焼いてみよう。きれいに焼き色の付いた（真っ黒に焦げてはいけないが）ピザは、見た目も味も素晴らしいものだ。

INTERVIEW

ジェフ・バラサーノに
ピザについて聞く

ジェフ・バラサーノ（Jeff Varasano）はニューヨークからジョージア州へ引っ越して、当地ではニューヨークスタイルのピザが食べられなかったため何年もの間実験を重ね、ついにオーブンのロックを外してクリーニングサイクルにセットした超高温のオーブンでピザを焼くことに成功した（390ページを参照してほしい）。彼は結局C++プログラマの職を辞して、アトランタに自分の店を開いたのだ。

どうしてC++のプログラミングを辞めてピザを作るようになったのですか？

僕はニューヨークからアトランタへ引っ越してきた。アメリカ北東部から移り住んだ人はみな同じだろうけど、僕も最高のピザが食べたかったんだ。ニューヨークスタイルのピザを看板に掲げている店は多いけど、実際に行って食べてみると「え、こいつニューヨークに一度も行ったことないんじゃないの？」と思ってしまうような店ばかりだった。だから僕は自分の家でピザを焼き始めた。最初は友達に電話をかけて、「今晩ピザを作るんだ。出来ばえは保証しないけど、食べてみるかい？」と誘ってみた。実際、ひどい代物だったよ。

いろいろと実験もしてみた。いろんな粉を試してみた。オーブンを加熱する方法も研究した。網焼きも試してみた。オーブンをアルミホイルでくるんで、熱が逃げないようにもしてみた。それから新しい家に引っ越したら、そこのオーブンにはクリーニングサイクルというものがあったんだ。僕はクリーニングサイクルがどんなものか知らなかった。今までクリーニングサイクル付きのオーブンなんて使ったことはなかったけど、実際にやってみると、それはオーブンの中にあるものを全部燃やしてしまうものだったんだ。「ああ、これは試してみる価値があるぞ！」と僕は思った。そこからロックを外してしまうというアイディアを思いついたんだ。

僕が、このウェブサイト（現在のURLはhttp://www.varasanos.com/PizzaRecipe.htm）を立ち上げたとき、特に考えがあったわけじゃなかった。1年半の間、ビジター数はだいたい3,000くらいだったんだけど、ある日突然11,000に跳ね上がってサーバーがクラッシュしたんだ。そのページに人々が押し寄せていることはわかった。それにその日から、結構な数の電子メールも来るようになった。これがきっかけで、ソフトウェアの仕事をやめてピザ屋を始めようと思うようになったんだ。

あなたがピザの焼き方を試行錯誤するプロセスで、期待していたよりも重要だったこととか、反対に重要ではなかったことは何でしたか？

うん、明らかに重要でなかったのは粉だね。何か特別な道具や秘密の材料を買えば、それでいきなりおいしいピザが焼けるようになると思っている人は多いけど、それは違うよ。僕はずっと前からわかっていたさ。魔法の弾丸なんてものはないんだ。僕が最高だと思う5件のピザ屋では、全部違うオーブンを使っている。ガスもあれば、薪を燃やすものも、石炭を燃やすものも、電気も、あと信じられないかもしれないけど、石油を燃やすオーブンを使っているところもあるんだ。燃料が違うだけじゃなく、形も違えば温度も違い、2分でピザが焼きあがる店もあれば、7分かかるところもある。これはいったいどういうことなんだろう？　答えは、ピザは芸術だってことさ。すべてが一緒になって、すばらしい瞬間を作り出すんだ。僕が気付いたのは、基本を学ぶことによって、言葉で説明できないようなスタイルや芸術の域に到達できるということだ。何かひとつの秘密があるわけじゃないんだよ。

料理を学ぼうとするギークは、細かいことにこだわりすぎて全体像を見失い、とにかくやってみるとか、楽しむということを忘れているような気がします。

そのとおりだね。僕は今までずっと実験を続けてきた。でも僕は、常に違った方法で問題にアプローチしてきた。物事をやり遂げる方法について、あまり多くの前提を置かないようにしているんだ。たいていの人は、物事をやり遂げる方法を知っていればうまく行くと思い込んでいるので、いつまでも堂々巡りしてしまう。それに対して僕はもっといろんなことをやってみている。その中にはうまく行くものもあれば、うまく行かないものもあるけどね。

では、いろいろなことをやってみてもうまく行かないときには、どうするのですか？

それは面白い質問だね。ちょっとわき道にそれるよ。大丈夫、後で戻ってくるから。たいていの人は科学的手法に慣れている。これはすべてを全く同じ条件にしておいて、ひとつだけ変化させるというものだ。僕は、ルービックキューブの1面だけを

そろえようとしている人を思い出してしまう。ルービックキューブの解き方はいろいろあるけど、たいていは面をそろえたりはしない。それは最後にやればいいことなんだ。たいていの人は、今までの自分の成果だと思っているものをあきらめようとしないから、うまく行かないんだよ。レベルをひとつ上げようとすれば、今までの方法論を全部捨てて、やり直さなくてはいけない場合もある。ピザも同じさ。

芸術は、技術が終わったところから始まる。技術とは、すでにわかっているものを持ってきて、それを論理的な結論に導くことだ。それじゃ、すべて知っていることはやりつくしてしまったけど、次のレベルに行きたいときにはどうすればいいんだろう？　その時点では、心を開いて手当たり次第にいろんな方法を試してみるべきなんだ。たぶん、一度に複数のステップを取ることも必要になってくるだろう。ひとつのことをあきらめるのではなく、5つをいっぺんにあきらめないといけないかもしれない。

ピザを例に取ると、粉を変えるなら水分量も変えないといけない。粉を変えたら水の量も変えないと、生地の固さが変わってしまうからだ。たぶんもうわかってると思うけど、水分量が増えると生地に火が通るのも遅くなる。より多くの水を蒸発させる必要があるからだ。だからオーブンの温度も変えないといけなくなるかもしれない。他の条件を全部同じにして、粉Bのほうが粉Aよりも優れている、なんて結論が出せる比較対象実験ができればそれに越したことはない。でも現実の世界では、そんなテストは意味がないんだ。これが、ピザを焼くことは芸術だという意味なんだ。

なるほど、よくわかりました。きっと大勢のギークが、これはピザのレシピやテクニックの最適解をひとつ見つけるための多変量アプローチなんだ、と言うと思います。

そのとおり。何が影響するか調べて別々に理解することは必要だけど、最終的には結果は独立事象の集合ではなく、互いに影響を及ぼしあう事象の集合になるんだ。

問題に取り組んだり技術を習得したりする最初の段階では、すべてが影響を及ぼしあっているように見えて、自分が無力に感じることだろう。次の段階では、独立な事象に分解したり分類したりできるようになる。要は、物事をどんどん細かく独立なテクニックに分割して行くことだ。最終段階では、今まで分離したこれらすべての部品を再結合して、独立な事象の寄せ集めではなく、部品同士が相互に依存し合っているような状態に再構成することができるようになる。

僕自身はまだ中間のステージにいるので、まだすべての部品がどう組み合わさっているのかよくわかっていない。例えば、レストランで暖房を消し忘れて帰ってしまうと、その一晩で数日前とは違った速さで生地が温まってしまう。実際、大きな違いはないのかもしれないけど、2度違っていたとわかればその修正をする。スタート地点から後ろに下がっているように思うかもしれないけど、実はそうじゃないんだ。時には何が違っているのか全然わからなくて、文字通り頭をかきむしることもある。何年もやっていれば、何が違うかはすぐにわかるようになるんだけどね。

例を挙げていただけますか？

僕が今までほとんど無視していて、実はすごく重要だったことに気付いていなかった食材のひとつに、オレガノがある。僕の家の前には小さなハーブガーデンがあって、オレガノを育てているんだ。僕は今まで育てていた品種が気に入らなかった。ある日、見捨てられたハーブガーデンで、よさそうなオレガノを見付けた。僕はそれを掘り上げて、自分の畑で育てて使い始めたんだ。その後、自分のレストランを立ち上げることになり、全部の仕入先でオレガノを探してみた。33種類のオレガノを試したけど、自分の畑で育てたオレガノほど風味のあるものは、まだ見つかっていない。

そんなに違いがあるなんて気付かないかもしれないけど、実際びっくりするほど違うんだ。僕の大好きなオレガノは大量生産するには1年はかかるだろうから、今ちょっと実験をしているところなんだ。もしかしたら今あるオレガノを乾燥するのにもっとよい方法があるのかもしれない。新鮮なオレガノをいろいろなやり方で乾燥すれば、僕がほしいものに近い結果が得られる乾燥方法が見付かるかもしれないと思ったんだ。だから今、5種類か6種類、もしかしたら7種類の違った乾燥方法を試してみている。ファンをまわした乾燥機を使って熱で乾燥する方法とか、熱はあまり加えずに除湿機を使う方法とか、その他いろいろな方法を試しているんだ。

この問題を解決する方法は、とにかくいろいろなことをやってみることだ、とおっしゃっているように聞こえますが？

実際、そうなんだ。「やってみなくちゃわからない」というのが僕の口癖なんだ。おかしいだろう？　僕はいろいろなことを試してみるけど、みんな「こんなことがわかるなんてすごい！」と言ってくれる。秘密の魔法か何かがあると思っている人もいるけど、問題は知恵を使い尽くしたとき、つまり技術を使い尽くしたとき、直感を使って試行錯誤してみるしかないってことなんだ。でもそれは、たいていの人が思っているよりもずっと効果のあることなんだよね。

RECIPE こねないピザ生地

生地以外にも、最高のピザを作るには多くのことが必要だ。この生地の使い方については、282ページを参照してほしい。このレシピで、薄くのばしたMサイズのピザ1枚分の生地ができる。何人分かをいっぺんに作るには、分量を人数倍すればよい。

大きなボウルかプラスチック容器に、以下を量り取る。

☐ 小麦粉：カップ1と1/3（185g）
☐ 塩：小さじ1（6g）
☐ インスタントイースト：大さじ1（9g）

スプーンを使って混ぜ合わせ、塩とイーストを完全に行き渡らせる。以下を加える。

☐ 水：カップ1/2（120ml）

スプーンを使って水を混ぜ入れ、粉と水をなじませる。

ボウルまたはプラスチック容器にラップをかけ、調理台の上で少なくとも6時間休ませる。できればもっと長いほうがよい。準備ができたら、打ち粉をしたまな板に生地を移し、中心からやさしく生地をのばして長方形または円形のピザの形にする。田舎風のクラストにするには、縁を厚いままなるべくいじらないようにして、エアポケットを残すようにする。薄いクラストにするには、のし棒で生地をのばす。ここからは、標準的なピザ作りの作り方に従ってほしい。

日勤の仕事に出かける前など、材料を朝食時に混ぜておけば、家に帰るころには生地の準備が整っているはずだ。これは、こねないパン（275ページを参照してほしい）と同じ原理だ。グルテニンとグリアジンという2種類のタンパク質が、勝手にゆっくりと架橋結合してくれる。

NOTES

◎実験してみたいなら、サワー種イースト培養微生物を注文してみるといいだろう（これは実際には、よく知られたサワー種株の酵母と*Lactobacillus*属の乳酸菌の培養微生物だ）。生地の中の酵母と乳酸菌の割合は、風味に影響を与える。この比率を調整するには、生地をある程度の時間冷蔵庫に入れて熟成させれば、酵母は増殖するが乳酸菌は増殖しなくなるし、ある程度の時間室温に置けば、乳酸菌が繁殖して風味が増す。

バクテリア

バクテリアは、ヨーグルト、キムチ、チーズ、チョコレートなど、さまざまな種類の食品に用いられている。またバクテリアはガスを作り出せるので、バクテリアで膨らませた食品を作れないかと考えたとしても不思議ではない。残念なことに、バクテリアが膨張剤として使われる頻度は非常に少ない。

私が知っている唯一のレシピは、塩入り自然発酵パン（salt-rising bread）だ。この名前はおそらく、冷涼な気候では温めた塩の山を使ってボウルを一晩保温

することからきているのだろう。塩入り自然発酵パンは、かつては米国中西部のコミュニティの一部でよく作られており、文字通り賞金が出されていたほどだった。1889年、アイオワ州農業協会がデモイン在住のM. L. ハーディング夫人の塩入り自然発酵パンに5ドルの賞金を授与している。(最近私が行った州農産物品評会では、イチゴジャムをたっぷり塗った揚げトゥインキー*が5ドルで売られていた。時代は変わったものだ！)

* 訳注：クリームの入ったスポンジケーキ。米国ではジャンクフードの代表格とみなされている。

塩入り自然発酵パンは、*Clostridium perfringens*というバクテリアが水素を作り出すことを利用して膨らませている。発火性のパンというアイディアには奇妙な魅力があるが、私にとっての問題は*C. perfringens*だ。これは、毎年何百万件もの食中毒を起こしているウェルシュ菌と同じバクテリアなのだ。公平に言えば、*C. perfringens*には複数の株があり、今までに塩入り自然発酵パンと関連づけられる食中毒は発生していない。研究者たちが関連する毒素についていくつかのサンプルをチェックしたが、何も見つからなかった。毒素が存在しないのは特定の株のためとされているが、同時に他のバッチには悪い株が含まれているという「非常に現実的な可能性」も指摘している。もし試してみようと思うなら、インターネットでハロルド・マギーの「The Disquieting Delights of Salt-Rising Bread」という記事を検索してみてほしい。

もちろん、パン作りでバクテリアが活躍する場所は他にもある。*Lactobacillus*属の乳酸菌はサワー種パンに独特の風味を与え、さまざまな種が発酵中に作り出す副産物によって、その風味は変化する。*Lactobacillus*属の乳酸菌には、別の利点もある。焼き上がったパンのカビの増殖を抑え、栄養価を高めてくれるのだ。

サワー種パンを作るのは簡単だ。お好みの粉にサワー種スターターと水を加え、こねればよい。しかし、サワー種スターターを作るには、もっと長い時間がかかる。サワー種スターター（マザー種と呼ばれることもある）は、環境中に存在する野生のバクテリアやイーストでギャンブルをして作るのが普通だ。重量比で1対1の水と粉を口の開いた容器で混ぜ、ガーゼかタオルをかぶせて通気性を保ちながら虫が入らないようにする。1日に2回混ぜ、何日か経ったら大さじ数杯の粉と水を栄養として与え始める。1週間たつと、サワー種のような匂いのするものができてくるはずだ。うまく行かなかったら、もう一度試してみよう。この「天然発酵」手法はたいていうまく行くし、これを産んだ伝統と文化、そしてそれを使う人たちを、私は大いに尊敬している。

サワー種スターター

安全でないバクテリアの株が天然スターターに定着してしまう可能性はわずかにある。大量の酢酸を作り出し、他のバクテリアが共存できないように、pHを十分に下げることが必要だ。良い*Lactobacillus*株と市販のイーストを使えば、リスクを減らすことができる。

ぬるま湯 カップ2（500ml）と**イースト 小さじ**1（5g）、**砂糖 大さじ**1（12g）、そして**プレーンヨーグルト カップ**1/4（60g）（乳酸菌が生きているもの）を混ぜ合わせ、**強力粉 カップ**2（280g）と合わせてこねる。1日に数回かき混ぜ、天然発酵手法に従う。

重曹

　イーストは数多くのおいしい食品を作ってくれるが、場合によっては時間と風味の2つが短所となり得る。大量のケーキを焼く食品工場や、キッチンで過ごす時間が限られる人にとっては、イーストが働いてくれるまでの時間を待てないこともある。また、イーストが作り出す風味やアロマが、例えばチョコレートケーキなどの風味とは合わない場合もある。このような問題を、最も簡単に解決してくれるのが重曹だ。

> 炭酸水素イオン（HCO_3^-）が、ナトリウム原子と結合したもの（関連する化合物にはカリウムやアンモニウムを使ったものがあり、同様の効果がある）。水に加えると、炭酸水素イオンが溶解し、酸と反応してCO_2を発生できるようになる。

　文化祭で酢と重曹を使って火山の模型を作ったことがある人なら、これらを混ぜると短時間に大量の気体が（大混乱と共に）発生することを知っているだろう。しかしキッチンでは、重曹は大きな謎のひとつだ。ベーキングパウダーと、どこが違うのだろうか。そして、どういう場合にどちらを使うべきなのだろうか？

　標準的な答えは、以下のようなものになるだろう。「重曹は酸と反応するので、酸性の食材とともに使いなさい。」そしてこの説明は簡単であると同時に、料理ではほとんどの場合に当てはまる。しかし、重曹はもう少し複雑なものなので（熱を加えると自分自身と反応する）、多少脱線して化学的な説明をしてみよう。短く済ませることをお約束する。

　店で売っている重曹は、炭酸水素ナトリウム、$NaHCO_3$という化学物質だ。炭酸水素ナトリウムは水に溶けなければ、不活発な白い粉だ。水分（どんな食材の水分でもよい）を含んだ炭酸水素ナトリウムは溶解し、ナトリウムイオンと炭酸水素イオンに分離する。

　ここで問題となってくるのが、物質のアルカリや塩基という性質だ。読者の皆さんも、pHはご存知だろう（Hは水素を表し、pは何の略かよくわからないが、おそらくパワーかポテンシャルの意味だろう）。pHは、溶液中に含まれる水素イオンの活量を示す数値だ。水素イオンの数に影響する化学物質は、次の2種類のいずれかに分類される。

> 重曹のナトリウムは、炭酸水素イオンを食品へ運ぶためだけに存在している。ちなみに、ナトリウムによって食品はわずかに塩辛くなるため、食品工場では場合によって炭酸水素カリウムのような物質も使われる。カリウムは体によいし、塩分を制限している人にとっても安心だ。

酸（pH＜7）

プロトンを与える。すなわち、溶液中のヒドロニウムイオン（H_3O^+、水素イオンが水の分子と結び付いたもの）の数を増やす。

塩基（pH＞7）

プロトンを受け取る。すなわち、ヒドロニウムイオンと結びつき、その溶液中の活性を減らす役割をする。

重曹の炭酸水素イオンは、**両性物質**と呼ばれる興味深い性質を持っている。酸と塩基の両方と反応できるのだ。キッチンには塩基性の物質はほとんどないので（卵白と、場合によっては水道水、そのくらいだ）、塩基と反応するという重曹の性質は無視でき、酸との反応のみを考えればよい。

コップ1杯の純水に重曹をスプーン1・2杯加えても、重曹から遊離した炭酸水素イオンは反応する相手がいないためにそのままの形で存在し、普通は飲むとまずい味がする。しかしそのコップへスプーン1杯の酢（酢酸が含まれる）を加えたとすると、炭酸水素イオンは酢酸と反応して二酸化炭素を発生する。最初の炭酸水素イオンの量に応じて、酢を加えた後のコップの中は3つの状態のいずれかを取ることになる（「まだ半分」とか「もう半分」とかの意味ではない！）。

- 炭酸水素イオンが残っているが、酢酸は残っていない
- 炭酸水素イオンは残っていないが、酢酸が残っている
- 炭酸水素イオンと酢酸のどちらも残っていない

パンや菓子を焼く場合には、最後の状態、つまり中性のバランスが取れた状態が望ましい。重曹が多すぎると、食品は石鹸を思わせるひどい味になってしまう。また重曹が足りないと、食品はわずかに酸性となり（これ自体は問題ない）、十分に膨らまないことがある（たぶんこれは問題だろう）。「ちょうどいい」状態に達するには、私のお気に入りの表現を繰り返せば、「分量が問題だ！」ということだ。

もちろん、「重曹と水」をそのまま使うわけではない。理由がわからなければ、重曹を水に溶かして口に含んでみてほしい。重曹は、フルーツジュースやバターミルク、糖蜜などの酸性の強い食材と共に使われるのが普通だ。砂糖や小麦粉はわずかに酸性だが、通常は重曹と反応するほど強くない。（次のセクションでは、ベーキングパウダーについて説明する。）レシピの食材を変更する（例えば、バターミルクがないので代わりに普通の牛乳を使う）場合、それに伴うpHの変化に気を付けてほしい。バターミルクの場合、カップ1（240ml）のミルクにつき大さじ1（15ml）のホワイトビネガーまたはレモンジュースを加える（そして牛乳の量を大さじ1減らす）

重曹は酸がなくても、熱を加えると二酸化炭素を発生する。少量の湯を沸騰させて、スプーン1杯の重曹を加えてみてほしい。炭酸水素ナトリウムが分解して泡立つはずだ。

必要があるだろう。これによって、重曹が反応する相手として必要な酸が供給される。もちろん、バターミルクの心地よいピリッとした風味は得られないが、少なくともぺったんこのワッフルを食べる羽目にはならないはずだ。

使うべき重曹の量は、料理に使う食材のpHによって決まる。pH測定器（http://cookingforgeeks.com/book/ph-tester/ を参照してほしい）がない場合、理想的な比率を割り出すには実験するのが一番簡単な方法だ。レシピの中の重曹の量を、望ましいふくらみ方となるまで、あるいは重曹の味がしてくるまで増やしてみるのだ。それでも十分なふくらみ方が得られない場合には、重曹の代わりにベーキングパウダーを加えてみてほしい。この酸と重曹とのバランスは、製造業者があらかじめ酸と炭酸水素イオンの比率を設定しているベーキングパウダーの場合には問題とならない。これについては、次のセクションで説明する。

食材のpHを知っていれば、重曹を使う際に役に立つ

時々、レシピに材料をふるうと書いてあるのはなぜ？

かつては、もみ殻や虫などの異物を粉から取り除くためにふるうことが必要だったが、現在ではその必要はもはやない。また食材の重さを量れば、密度の違いを考慮する必要もなくなる。ふるうことには、粉に空気を含ませて、他の食材と良く混ざるようにする効果があるが、これは泡立て器を使えばもっと簡単に達成できる。ふるう必要がある（例えば、実際にココアパウダーと小麦粉を混ぜる）場合には、ボウルの上にざるを置いて使えばよい。

LAB 重曹ともっと仲良しになる

もしかすると重曹と酢の素敵な解説を期待していた人もいるかもしれないが、それは第1段階ということになるだろう。炭酸水素ナトリウムは塩基（飽和水溶液のpHは8.3になる）であり、小学5年生なら誰でも知っているように重曹とホワイトビネガー（約5%の酢酸を含む）は酸・塩基反応を起こして二酸化炭素と酢酸ナトリウム、そして水を作り出す。

重曹についてあまりよく知られていない事実は、**自分自身とも反応する**ということだ。重曹を十分に熱すると、**熱分解**する。これは読んで字の如し、熱によって分解するという意味だ。炭酸水素ナトリウムの場合、二酸化炭素と水、そして炭酸ナトリウムに分解する（これが第2段階）。しかし、どれだけ熱すれば分解するのだろうか？ それをこれから調べて行こう。

まず、これらの材料を準備しよう

- 重曹（炭酸水素ナトリウム）：カップ約2/3（150g）
- アルミホイル
- アルミホイルに記入するための油性マーカー　*オプションだが、あると便利*
- 1グラム単位か、もっと細かく測定できるデジタルスケール　*オプションだが、この実験は秤があれば簡単にできる*

実験手順

重曹を5通りの温度で焼き、重量の変化を測定する。科学実験の用語で言うと、観察する**独立変数**は重曹の重量、温度、そして時間であり、**従属変数**は重量の変化だ。

1. アルミホイルで5つの「サンプル容器」を作る：
   a) アルミホイルを5インチ×5インチ（12cm×12cm）の正方形に切り取る。
   b) 各辺を折り曲げて、約4インチ（10cm）角で高さが1/2インチ（1cm）の小さな皿の形にする。

2. マーカーを使って、データテーブルに表記された温度を5個のサンプル容器に記入する。このうち2通りの温度だけについて行ってもよい。あるいは、他の温度も追加してもよい。その場合は170°F / 約80℃から500°F / 260℃までのどれかをお勧めする。

3. 空のサンプル容器の重量（ちょうど1グラムくらいのはずだ）を記録しておき、後で焼いたサンプルの入った容器の重量からこの数値を引き算できるようにしておく。

4. 30グラムの重曹を、各サンプル容器に量り取る。（サンプル容器をスケールに乗せた後、「ゼロ設定」ボタンを押して重量表示をゼロにする。）量り取った重曹の正確な重量をデータテーブルに記録する。デジタルスケールがなければ、重曹を小さじ6と1/2量り取ればよい。これでだいたい30グラムになる。

5. 重曹を焼く。オーブンをどれかの温度に設定し、オーブンが温まるまで待ってから、サンプルを天板に乗せて正確に15分間焼く。サンプルをオーブンから取り出し、数分間冷ましてから、サンプルの重量を測定する。　*このステップは、数人で分担して行うこともできる。各人に200°F / 90℃から400°F / 200℃の間の温度を割り振り、翌日報告してもらうのだ。*

考察してみよう！

温度によって、重量はどう変化しただろうか？ 温度による変化の割合を示すように、データをプロットしてみよう。（最初のデータは、150°F / 65°C で 0% の変化だ。）

温度が上がるにつれて、変化の割合について気付いたことはあるだろうか？

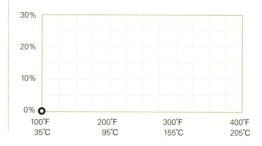

オーブンの温度	150°F / 65°C	200°F / 95°C	250°F / 125°C	300°F / 155°C	350°F / 175°C	400°F / 205°C
空のサンプル容器の重さ	1.01g					
焼く前の重曹の重さ（または小さじ何杯分か）	30.09g					
焼いた後のサンプル容器の重さ（または小さじ何杯分か）	31.10g					
重さを量った場合、焼いた後の重曹の重さ（焼いた後の重さから空の容器の重さを引き算する）	30.09g					
変化した重さのパーセンテージ（小さじを使った場合、変化した杯数のパーセンテージを記録する）	0%					

RECIPE　バターミルクパンケーキ

時間さえあれば、イーストや乳酸菌は心地よい風味を作り出してくれる。しかし今すぐ食べたい、あるいは今朝のうちに食べたい場合にはどうすればよいだろうか？　バターミルクを使えば近道ができる。すでに乳酸菌によって分解されているからだ。

以下の材料を、泡立て器でしっかり混ぜ合わせる。

- ☐ 強力粉：カップ2（280g）
- ☐ 砂糖：大さじ5（60g）
- ☐ 重曹：小さじ1と1/2（7g）
- ☐ 塩：小さじ1（5g）

別のボウルに、バターを溶かす。

- ☐ バター：カップ1/2（115g）

バターの入ったボウルに、以下を加えて泡立て器で混ぜる。

- ☐ バターミルク：カップ2と1/2（610g）（バターが固まらないように、生ぬるい温度にしておく）
- ☐ Lサイズの卵：2個（100g）

液体の材料を粉の材料の中へ、泡立て器かスプーンで混ぜながら流し入れる。鉄板かフッ素樹脂加工のフライパンを中火にかけ、（赤外線温度計を持っていれば、325〜350°F / 160〜175℃で）こんがりと焼き色が付くまで、片面につきおおよそ2分ずつ焼く。

NOTES

◎通常は、1カップ弱（240g）の牛乳に大さじ1（15g）の酢かレモンジュースを加えれば、バターミルクの代用品が作れる。こうすることによってpHがバターミルクとほぼ同じ値に調整されるが、食感や粘り気までは同じにならないので、このレシピにはその代用品は使えない。バターミルクがなければ、普通の牛乳を使って重曹を半量のベーキングパウダーに置き換えてほしい。

◎生地に十分バターが含まれているので、普通は焼く前に鉄板やフライパンにバターを引く必要はない。しかし必要だと思ったら、余分なバターをフライパンから拭き取ってからパンケーキを焼いてほしい。油が残っていると、メイラード反応を阻害してうまく焼き色が付かないことがある。

◎バターミルクと卵は、使う1時間程度前に冷蔵庫から出しておいて室温になじませること。急いでいる場合には、電子レンジ調理可能なボウルを使う手もある。最初にバターを溶かし、バターミルクを加えて30秒電子レンジにかけ、バターミルクの温度を上げればよい。

この生地を使って、バターミルクフライドチキンを作ってみよう。焼いたチキンを一口大に切り、コーンスターチをまぶしてこの生地にくぐらせ、375°F / 190℃の植物油で揚げる。コーンスターチが、生地とチキンのつなぎの役目をしてくれる。（コーンスターチがない場合は、小麦粉を使えばよい。）339ページの「真空調理法」で説明するように、真空調理法でチキンを調理すれば、理想的な食感が得られる。

RECIPE 休日に作るスパイシーなジンジャーブレッドクッキー

化学的な膨張剤は、軽くてサクサクした食品を作るためだけに使われるとは限らない。ずっしりとした食品であっても、食感をよくするために空気を必要とする場合がある。

下記の材料をボウルに入れ、木製のスプーンか電動泡立て器で混ぜる。

- ☐ 砂糖：カップ1/2（100g）
- ☐ 柔らかくはなっているが溶けてはいないバター：大さじ6（80g）
- ☐ 糖蜜：カップ1/2（170g）
- ☐ みじん切りにしたショウガ（またはショウガペースト）：大さじ1（17g）

別のボウルに、下記の材料を泡立て器で混ぜる。

- ☐ 小麦粉：3と1/4カップ（455g）
- ☐ ショウガパウダー：小さじ4（12g）
- ☐ 重曹：小さじ1（5g）
- ☐ シナモン：小さじ2（3g）
- ☐ オールスパイス：小さじ1（1g）
- ☐ 塩：小さじ1/2（2g）
- ☐ 挽いた黒コショウ：小さじ1/2（2g）

砂糖とバターの入ったボウルに、粉の材料をふるい入れる。（私は持ち手の付いたざるをふるいとして使っている。）粉と液体をスプーンか、（手を使うのが気にならなければ）手で混ぜ合わせる。ぽろぽろとした砂のような感触の生地ができるはずだ。カップ1/2（120g）の水を加え、生地が丸くまとまるまで混ぜ続ける。

生地を取り出し、大さじ数杯分の小麦粉を打ったまな板に乗せる。のし棒を使って、生地が約1/4インチ（0.6cm）の厚さになるまでのばす。クッキーの抜き型かペアリングナイフを使って好みの形に抜き、天板に乗せて400°F/200°Cのオーブンで火が通るまで約8分焼く。クッキーは少し膨れて乾いた感じになるが、乾きすぎないようにする。

ジンジャーブレッドクッキーを焼くのは、子供たちとの休日の楽しいひとときだ

ジンジャーブレッドクッキーのフロスティング

電子レンジ使用可能なボウルに、以下の材料をフォークか電動泡立て器を使って混ぜる。

- ☐ 柔らかくはなっているが溶けてはいないバター：大さじ3（40g）
- ☐ 粉砂糖：カップ1（120g）
- ☐ 牛乳：大さじ1（15g）
- ☐ バニラエッセンス：小さじ1（4g）

好みに応じて食用色素で着色する。このフロスティングを電子レンジで15〜30秒、溶けるが沸騰しない程度に加熱する。できたフロスティングにクッキーを浸して固めれば、クッキーにしっかり付着した、きれいな薄いコーティングができる。

RECIPE ボウルひとつで作るチョコレートケーキ

私はケーキミックスが苦手だ。確かに市販のケーキミックスは、ちょうどよい量のグルテンとバランスした味が得られるように調整された食品添加物と安定剤が入っているので、結果は非常に安定している。しかしちょっとしたバースデーケーキであっても、たいした手間をかけずに本当にチョコレートの味がする、本物の手作りのケーキは作れるのだ。

ケーキは通常**2段階製法**で作られる。これは、粉の材料を量り取ってひとつのボウルで混ぜ合わせ、液体の材料を別のボウルで混ぜ合わせ、そして両方を合わせるやり方だ。ここで使う**合理的製法**では、すべての材料を同じボウルで混ぜる。最初に粉の材料(重曹がしっかり混ざるように)を混ぜてから液体を入れ、最後に卵を加えるのだ。

大きなボウルか、大きなスタンドミキサーのボウルに、以下の材料を量り取る。

- 砂糖:カップ2と1/4(450g)
- 薄力粉または超薄力粉(中力粉でもよい):カップ2(280g)
- ココアパウダー(無糖):カップ3/4(70g)
- 重曹:小さじ2(10g)
- 塩:小さじ1/2(2g)

以上の材料を泡立て器で混ぜ、その後同じボウルに下記の材料を加えて泡立て器でしっかり混ぜ合わせる(おおよそ1分)。

- バターミルク:カップ1と1/2(360g)—急場しのぎには、牛乳カップ1と2/5(336g)に酢またはレモンジュース大さじ1と1/2(24g)を加えて代用できる
- キャノーラオイル:カップ1(218g)
- バニラエッセンス:小さじ1(5g)

卵を入れ、泡立て器で混ぜ合わせる。

- Lサイズの卵:3個(150g)

9インチ(22cm)の丸いケーキ型を2個、または8インチ(20cm)のものを3個用意し、オーブンペーパーを下に敷いておく。ここは重要なポイントだ。紙を敷かないと、ケーキがくっついてしまい、取り出すときに崩れてしまう。紙と型の側面に、くっつき防止の油をスプレーするかバターを塗り、それから小麦粉かココアパウダーをはたいておく。

オーブンペーパーでケーキ型の底を1ミリも残さないように覆う必要はない。オーブンペーパーを正方形に切り取り、四半分に折り、それから八つ折にして、型の半径に合わせて切り取り、できた八角形を型に敷けばよい。

生地を等分に型へ流し込む。秤があれば、それを使って同じ重さになるようにしてほしい。そうすると、ケーキはほぼ同じ高さになるはずだ。

350°F / 180°Cに予熱したオーブンで約30分、つまようじを差し込んで何もくっついてこなくなるまで焼く。十分に冷ましてから型から取り出し、フロスティングをかける。もしケーキの中央がへこんでいたら、生地に水分が多すぎたか(263ページの焼き菓子作りのヒントを参照してほしい)、オーブンの温度が低すぎたか(39ページのオーブンの校正の実験を参照してほしい)のどちらかだ。

プロのケーキ職人でも、つまようじを使って焼け具合をチェックしている。ブラウニーなら、1インチ(2.5cm)の深さまで差し込んだつまようじに何もくっついてこなければよい。ケーキなら、つまようじを

全部差し込む。

NOTES

◎ケーキ型をオーブンに入れる際、オーブンの中段に入れたワイヤラックに乗せるとよい。ピザストーンかベーキングストーンがオーブンに入っている場合（いつでもそうすることをお勧めする）、ケーキをストーンの上に直接乗せるのではなく、ストーンの上のラックに乗せるようにする。
◎バターミルクと同じように、ココアパウダーは酸性だ。しかしダッチプロセスされたココアはアルカリ処理されて、もともと5.5程度だったpHが6.0〜8.0程度（メーカーによって異なる）に調整されている。未処理のココアパウダーの代わりに、考えなしにダッチプロセスされたココアパウダーを使ってはいけない。重曹の一部をベーキングパウダーに置き換える必要があるはずだ。

チョコレートとエスプレッソを使ったガナッシュのフロスティング

中火にかけたソースパンに**生クリームをカップ1（240g）**入れ、沸騰直前まで加熱する。火から下ろし、以下の材料を加える。

- □ バター：大さじ2（30g）
- □ エスプレッソパウダー：大さじ1（5g）（オプションだが、おいしい）
- □ 細かく砕いたビタースイートチョコレート：11.5オンス（325g）（甘めのケーキが好きなら、セミスイートチョコレートを使ってもよい）
- □ 塩：ひとつまみ

チョコレートとバターが溶けるまで約5分休ませる。泡立て器でしっかりと混ぜ合わせる。

ケーキの飾りつけは、このガナッシュがまだ暖かいうちに上からかけて、側面を流れ落ちるようにしてもよい。失敗するかもしれないが、良いほうに考えれば、ガナッシュを半分食べてしまう素晴らしい言い訳にもなる。

あるいは、もっとオーソドックスにやるなら、ガナッシュを約30分冷蔵庫に入れて固め、それから電動泡立て器かミキサーを使ってふんわりとさせる。ケーキの各層の上にこのホイップしたガナッシュをコーティングして積み重ね、側面はそのままにしておく。

NOTES

◎飾り付けの前に、ケーキを十分に冷やしておくのを忘れないこと。そうしないと、熱でガナッシュが溶けてしまう。
◎ピリッとした味にしたければ、生クリームの半分をバターミルクに入れ替えてみよう。気が向いたら、トリュフに使えそうなものを何でも試してみてほしい。シナモンは簡単に思い付くだろうが、カイエンヌペッパーやラベンダーを入れてみては？　あるいは、クリームにアールグレイ紅茶で香り付けしてみるのはどうだろう？

クッキーの食感の科学

家庭で焼き菓子作りをする最大の利点のひとつは、時間だ。市販製品は少なくとも半日前（通常はもっと前）に作られるので、製造業者は賢いトリックを使ってあなたのキッチンで行われることを模倣しなくてはならない。われわれもそのような製造上のトリックを学んで、自分でも試してみてはどうだろう？

焼きたてのクッキー（「母の味！」）は、外側がカリッとしていて、内側はもっちりしている。カリフォルニア大学デービス校の野心的な研究者たちが、このことを証明した。MRI検査装置の内部にオーブンを設置してその中でクッキーを焼き、生地が焼かれている間に内部の水分がどうなるかをMRIでスキャンしたのだ。（この研究への助成金の申請書類をぜひ見てみたいものだ。）

カリッとしたクッキー

十数個のクッキーを焼いてMRIでスキャンした研究者たちは、証拠をつかんだ。焼いている間にクッキーの外側は、確かに（それもかなりの程度）乾いていたのだ。しかし1日か2日で水分が平均化し、クッキーは一様にしなやかな、柔らかい食感に戻り、焼きたての品質は失われてしまう。（そして1週間たつと、砂糖が再結晶する。クッキーがボロボロになるのは、このためだ！）

外側はカリッとして内側はもっちりしたチョコレートチップクッキーは、少なくとも商業的には、**想像を絶するほど**作るのが難しい。しかし幸運にも、大手メーカーではクッキー作りの妖精を呼び出してヒントをもらうことができたらしい。このようなヒントは企業秘密であり、スパイ小説家やジェイソン・ボーンが好きそうな産業スパイの領域だ。しかしわれわれにとって幸運なことに、メーカーも秘密を漏らさざるを得ない場所が1か所だけ存在する。それは特許だ。そしてこの場合には、その答えは米国特許#4,455,333（http://cookingforgeeks.com/book/cookie-patent/）にある。

もっちりしたクッキー

どの特許にも、その発明の土台となる背景説明が含まれており、この説明が「物事の仕組み」に関する明確なサマリーとして非常に役立つことがある。いくつかクッキーに関連する特許を読めば、柔らかいクッキーには水分が6％以上含まれ、カリッとしたクッキーはそれよりも水分が少ないことがたちどころにわかるだろう。水分は食感に影響する重要な変数なので、これはうなずける話だ。それでは、クッキーに含まれる水分をコントロールするにはどうすればよいのだろうか？

カリッとしたクッキーのほうが実際には作りやすい。水分の少ない生地を作るか、生地を焼く時間を長くすれば、仕上がりは乾燥したものになる。もっちりしたクッキーを作るには、焼いている間により多くの水分を保持するように生地を調合しなくてはならないが、単にクッキー生地に水をたくさん加えるだけではうまく行かない（クッキーが平らに広がってしまい、周囲が薄くなって焦げてしまう）。もっちりしたクッキーを作るための一般的な方法をいくつか挙げておこう。

カリッとしたクッキーの包装紙に書いてある原材料名をチェックして、同じブランドのもっちりしたクッキーのものと比べてみよう。私がチェックしたブランドでは、コーンスターチと糖蜜はもっちりしたクッキーにしか使われていない。

ショ糖の代わりに、ブドウ糖／果糖ベースの糖を使う。 焼き菓子作りでは、砂糖は卵やバターの水分に溶け込む。生地の温度が上がると、砂糖と水はシロップとなるが（ここが重要！）糖の種類が違うと吸収する水の量も異なる（飽和水溶液の濃度が異なる）。ショ糖の分子は、大まかに言って果糖やブドウ糖の分子の2倍の大きさがあるので、これらの糖と比べて吸収する水の量が少ない。つまり、単純な糖を使った生地のほうがより多くの水分を保持できるというわけだ。白砂糖（ショ糖）が多ければ、カリッとしたクッキーができる。ブラウンシュガー（ショ糖、ブドウ糖、果糖）が多ければ、もっちりしたクッキーができる。コーンシロップを使えば、さらにもっちりとしたクッキーができ上がる（コーンシロップはブドウ糖100％だ）。ブドウ糖や果糖は、**単糖類**（最も単純な形態の糖）であり、クッキーに保持される水分量を多くしてくれるので、これらを含むものなら効果がある。

誰でもクッキーには好みがあり、ねっとりしたものやもっちりしたもの、カリッとしたものが好きな人がいる。私は、ほとんど生焼けの「6分クッキー」（350°F / 180°Cで6分焼いたもの）が大好きだという人に会ったことがある。またクッキーを牛乳に浸して食べるのが大好きな人なら、焼き時間が15分より短いクッキーなど受け付けないことだろう。

大まかな目安として、1/2オンス（14g）のクッキーを350°F / 180°Cで：

- 7～9分焼くと、**ねっとり**
- 10～12分焼くと、**もっちり**
- 13～15分以上焼くと、**カリッ**としたクッキーになる。

クッキーのねっとり／もっちり／カリッとした加減が気に入らない場合には、焼く時間の長さを変えてみよう。同じ生地を使った場合、カリッとしたクッキーを焼くにはもっちりしたクッキーよりも25～30％程度長い時間が必要になる。全体がこんがりと焼けた、本当にカリッとしたクッキーが欲しければ、温度を275°F / 140°Cまで下げて約30分焼いてほしい。

コーンスターチを加える。コーンスターチは冷たい水には溶けないが、加熱されると糊化して水を吸収し、焼いている間にクッキーから水分が出て行くことを防いでくれる。（特許について言えば、生地にゼリーの素などの粉を加えるというものがある。これもまた、もっちりしたクッキーを焼くための賢いトリックだ。）

強力粉を使う。グルテンも、もっちり感を増やしてくれる。弾力性のある性質によって、焼き菓子が砕けたり割れたりしにくくなるからだ。グルテン含有量の高い小麦粉を使えばそれなりの効果はあるはずだが、もっちりした生地のレシピにはあまり見られない。生地には多量の砂糖と脂肪が含まれており、これが邪魔をするからだ。溶かしバターもこの変数に影響する。バターが溶けた際に出る水分が、グルテンの形成を助けるからだ（グルテンをコントロールする方法について、より詳しくは263ページを参照してほしい）。

焼く時間を短くする。水分をよく保持する生地を作る以外にも、もっちりしたクッキーを作るためのわかりやすいトリックがある。クッキーを長い時間焼かないことだ。（生地を冷やすというのもこれに関連する戦術だが、単に焼く時間を短くするだけで良い。）私はインターネット上で「chewy chocolate chip cookie recipe（もっちりしたチョコレートチップクッキーのレシピ）」と検索して出てきた最初の6つのレシピの焼き時間を調べてみた。平均焼き時間は12分20秒だった。「crispy chocolate chip cookie recipe（カリッとしたチョコレートチップクッキーのレシピ）」では14分55秒と、2分半も長かったのだ！（平均温度はほんの数度しか違わず、実質的に同じだった。）

実際には、もっちりしたクッキーやカリッとしたクッキーを焼くには、これらすべてのトリックに加えて、生地のpHを調節するとか、クッキーの種類によってはレーズンなど水分を保持する湿潤剤を使うといった、より微妙な戦術とのバランスも考慮することになる。

RECIPE 特許侵害チョコレートチップクッキー

われわれにとっては幸いなことに、この特許（#4,455,333）は失効しているので、このクッキーで直面する可能性のあるトラブルは、最後の1個を誰が食べるかという争いだけだ！

もっちりしたクッキーのレシピを平均すると、12分半焼くことになる。カリッとしたクッキーのレシピでは、15分焼くのが普通だ。外側が非常にカリッとしていて、内側は非常にもっちりとしたクッキーは、焼く時間を変えるだけでは作れない。その理由は、物理的なものだ。このような「外側はカリッ、内側はもっちり」としたクッキーを作るには、2種類の生地を使えばいい！　このアイディアは、同じテクニックを使った1980年代の特許を読んでいて思い付いたものだ。

2個のボウルを用意する。一方には「カリッ」、もう一方には「もっちり」と記入しておく。それぞれのボウルに、以下の材料を量り取る。

☐ ロールドオーツ：カップ 1/4（30g）
☐ 小麦粉：カップ 1（140g）
☐ 重曹：小さじ 1/2（2g）
☐ 塩：小さじ 1/2（2g）
☐ シナモン：小さじ 1/4（1g）

そして、「もっちり」のボウルだけに、以下の材料を加える：

☐ コーンスターチ：大さじ 1と1/2（12g）

泡立て器で、それぞれのボウルに入った粉の材料を混ぜ合わせる。

ボウルをもう2つ用意し、これにも「カリッ」と「もっちり」と記入しておく。新しい「カリッ」のボウルに、以下の材料を加える。

☐ 食塩不使用バター：カップ 1/2（113g）（ショートニングであればさらによい）
☐ ライトブラウンシュガー：カップ 1/8（25g）
☐ 白砂糖：カップ 1/2（100g）

空の「もっちり」のボウルに、以下の材料を加える。

☐ 食塩不使用バター：カップ 1/2（113g）
☐ ライトブラウンシュガー：カップ 1/2（100g）
☐ ライトコーンシロップ：カップ 1/4（88g）

ハンドミキサーかスタンドミキサーを使って、それぞれのボウルに入った砂糖とバターを混ぜ合わせ、なめらかなクリーム状にする。

砂糖とバターを混ぜ合わせたボウルのそれぞれに、以下の材料を加える。

☐ バニラエッセンス：小さじ 1（4g）
☐ レモンジュース：小さじ 1/2（2g）
☐ Lサイズの卵：1個（50g）

完全に混ざるまで、良くかき混ぜる。対応するボウルを間違えないように気を付けながら、粉の材料を液体の材料に加える。再び、完全に混ざるまで良くかき混ぜる。それぞれのボウルに、以下の材料を加えて混ぜ合わせる。

☐ ビタースイートチョコレートチップ：カップ 1と1/2（250g）
☐ 刻んだクルミ：カップ 3/4（75g）

さて、ここからが特許侵害の工程だ。カリッとした生地がクッキーの外側に、もっちりとした生地がクッキーの内側に来るように、2つの生地を合わせる。

1. **カリッとした生地をすくって、オーブンペーパーを敷いた天板に落とす。**

2. スクープかスプーンの裏側を使って、団子状のクッキーの中心をへこませて、クッキー生地のクレーターを作る（マッシュポテトにグレイビーソースを入れるくぼみを作るときのように）。

3. **もっちりとした生地をすくって、クレーターの中に入れる。**

4. 2種類の生地をまとめる。

お好みで、焼く前のクッキーの上に粒の粗い海塩を振りかける。

焼き過ぎないように気を付けながら、350°F / 180℃で10〜12分焼く。焼き過ぎると、内側のもっちりした生地がカリッと焼けてしまう！

NOTES

◎冷蔵庫クッキーを作り慣れている人の場合、2回すくう代わりに、もっちりした生地を中心にしてカリッとした生地を巻きつけた丸太状のものを作ってもよい。こうすると手間はかかるが、クッキーの縁がより均一になる。

◎コーンシロップがないけど今すぐこれを試してみたいという人は、はちみつ（38%の果糖と31%のブドウ糖を含む）が代わりに使えるかもしれない。どちらも単糖類だという点で、はちみつはコーンシロップとよく似ている（ショ糖は二糖類だ）。もちろん、はちみつは独特の風味と色をクッキーにもたらすが、それはそれで面白いかもしれない（クッキーの種類にもよるだろう）。外側がカリッとして内側がもっちりしたオートミールクッキーはいかが？

団子状のクッキー生地を、焼く前につぶして平らにしたらどうなるだろう？ あるいは、冷蔵庫で冷やした生地と、室温の生地を使った場合は？ 楽しく実験して、何が起こるか見てみよう！

私のクッキーのレシピでは、生地をつぶして平らにしても、サイズに影響したのはカリッとした生地のバージョンだけだった。冷蔵庫で冷やした生地と室温の生地は、サイズに違いはなかったが、食感は違った。

ベーキングパウダー

ベーキングパウダーは、重曹について説明した「バランス取り」の問題を解決してくれる。重曹の他に酸を含んでいるので、酸性の食材の比率をバランスさせる必要がないのだ。

自己完結した膨張剤であって、水の存在下で二酸化炭素を発生するベーキングパウダーは、定義により重曹と、重曹と反応する酸とを含む。

ベーキングパウダーに混ぜ込まれる酸の種類や量は、最適化することが可能だ。最も単純なベーキングパウダーは、1種類の炭酸水素塩と1種類の酸から作ることができる。しかし市販のベーキングパウダーは、これよりも少し複雑なのが普通だ。酸の種類が違えば反応速度や反応温度も違うので、複数の酸を使えば持続的に作用するベーキングパウダーが作れる。これは単なるマーケティング上のうたい文句ではない。パンや菓子を焼く際、CO_2の発生が遅すぎると、重くつぶれた感じの仕上がりになってしまう。また反応が早く起こりすぎると、食材が適切に固まって気体を閉じ込めるのが間に合わず、崩れたケーキのようなものが出来上がってしまう。

通常食料品店で売られている2回作用ベーキングパウダーは、ゆっくり作用する酸とすぐに作用する酸とを組み合わせて、このような問題が起きないようにしている。例えば酒石酸やリン酸一カルシウムのようにすぐに作用する酸は、室温でも反応する。硫酸ナトリウムアルミニウムのようにゆっくり作用する酸は、CO_2を発生するのに熱と時間を必要とする。

ベーキングパウダーの代用品

重曹1に対して、**酒石酸水素カリウム2**の割合で混ぜ合わせる。酒石酸水素カリウムは水に溶けて酒石酸（$C_4H_6O_6$）を遊離し、これが炭酸水素ナトリウムと反応する。

パンや菓子の材料の分量が大体正しくて、焼いている温度範囲も適切ならば、その実験が失敗したとしてもベーキングパウダーのせいではないだろう。使われる酸には味を感じさせるものもある（硫酸ナトリウムアルミニウムを含むベーキングパウダーは苦味を強く感じるという人もいる）ので、「変な」味を感じたら、原材料表示をチェックして、必要に応じて別の製品を選ぶようにしてほしい。市販のベーキングパウダーで思ったような結果が出なければ、食材の酸性が強くないかチェックしてみよう。酸性度はベーキングパウダーに影響する。レシピに酸性の材料が多ければ、ベーキングパウダーを少なくする必要があるだろう。酸性の材料も見つからなかったら、ベーキングパウダーを開封してからどのぐらいたつかチェックしてみよう。市販のベーキングパウダーはコーンスターチを含んでおり、これが湿気を吸収して保存期間を延ばしてくれるが、ベーキングパウダー中の化学物質は最終的には相互に反応してしまう。一般的な保存期間は、開封後6か月だ。

イーストを使わないピザ生地

すぐに膨らむピザ生地は、酵母アレルギーのある人にも安心だし、1時間以内にどうしてもピザを食べたいときにも便利だ。

小麦粉3〜4カップ（420〜560g） に、**塩小さじ1（6g）** と**ベーキングパウダー小さじ2（10g）** を泡立て器で混ぜ入れる。**水カップ1（240g）** を加えてこね、66〜75％程度の水分量の生地を作る。15分間休ませてから使う。

RECIPE シナモンレーズンパンプキンケーキ

ケーキの生地には大きく分けて2種類ある。砂糖と水の分量が粉よりも多い（または、定義によっては単に砂糖の多い）ハイレシオケーキと、ローレシオケーキだ。ローレシオケーキのほうが、きめが粗くてもろい場合が多い。ハイレシオケーキでは（重量比で）砂糖が粉よりも多く、（これも重量比で）卵が脂肪分よりも多く、そして液体（卵、牛乳、水）の質量が砂糖よりも多くなっている。このパンプキンケーキはハイレシオケーキだ（245gのカボチャには220gの水が含まれる）。これらの値はUSDA米国栄養データベース http://ndb.nal.usda.gov/ に掲載されている。

ボウルに以下の材料を量り取り、電動ミキサーでしっかりと混ぜ合わせる。

- ☐ カボチャ：カップ1（245g）（缶詰でも、自分で焼いてピュレしたものでもよい）
- ☐ 砂糖：カップ1（200g）
- ☐ キャノーラオイル：カップ3/4（160g）
- ☐ Lサイズの卵：2個（100g）
- ☐ 小麦粉：カップ1と1/2（210g）
- ☐ レーズン：カップ1/4（40g）
- ☐ シナモン：小さじ2（5g）
- ☐ ベーキングパウダー：小さじ1（5g）
- ☐ 重曹：小さじ1/2（2g）
- ☐ 塩：小さじ1/2（3g）
- ☐ バニラエッセンス：小さじ1/2（2g）

油を塗ったケーキ型に生地を移し、350°F / 175°Cに予熱したオーブンで、つまようじを刺して何も付いてこなくなるまで25〜30分ほど焼く。

NOTES

◎乾燥させたナシをブランデーに浸したものを入れてみよう。また、レーズンをいくらか残しておいて、後で上にちりばめてもよい。

◎ハイレシオケーキの利点のひとつは、グルテンを多く含まないので混ぜすぎてもパンのような食感になりにくいことだ。総重量920gのうちグルテンは約20gしか含まれていないので、このケーキがパンのような食感になってしまうことはない。また砂糖と脂肪の含有量が多いことも、グルテンができるのを妨げている。

形式張らないディナーパーティーの締めに、このパンプキンケーキのような簡単なケーキを作るつもりなら、直接1枚の皿か、まな板の上に載せて出してみてはどうだろう。楽しいカジュアルな雰囲気が出せるし、洗い物も減らせる！

RECIPE ティムのスコーン

ティム・オライリー（O'Reilly Mediaの創業者で、この本の発行人でもある）が私にこのスコーンを作ってくれたのは、私がこの本の初版を書くため彼の自宅でインタビューしたときだった。ティムは知らなかったはずだが、私が誰かにインタビューするのはそのときが初めてだったので、スコーンを作るたびに彼の親切さが8月の暑さと共に懐かしく思い出される。このレシピで、1ダースほどのスコーンができるはずだ。

ボウルに以下の材料を量り取る。

- ☐ 小麦粉：カップ2と1/2〜3（350〜420g）（実験して好みの量を決めよう）
- ☐ 冷えたバター：カップ1/2（115g）

ペストリー用のブレンダーかナイフ2本を使って、バターを粉に切り混ぜる。混ぜ終わると、バターと粉は小さな小石か豆粒のように見えるはずだ。

以下の材料を加え、泡立て器で混ぜる。

- ☐ 砂糖：大さじ3（36g）
- ☐ ベーキングパウダー：小さじ4（20g）
- ☐ 塩：小さじ1/2（3g）

（ここまで作ったら、生地を冷凍しておいて後で使ってもよい。）

生地の中心にくぼみを作り、以下を加える。

- ☐ カラント（またはお好みでレーズン）：カップ1/2〜1（50〜100g）
- ☐ 牛乳（または豆乳、ヤギの乳でもおいしい）：カップ1/2〜1（130〜260g）

生地全体がねばねばになる直前まで混ぜる。最初はカップ1/2（130g）の牛乳から始めて、生地がまとまるまで必要に応じて追加する。もしねばねばしすぎているようなら、ちょっと牛乳が多すぎたのだ。最初に粉を少なめにしていれば、ここで粉を足すことができる。しかし全部でカップ3以上になるほど粉を足すよりは、べとついたまま焼くほうがよい。べとついていると指にくっつくので形作るときにやっかいだが、それだけの問題だ。粉が多すぎると、スコーンが硬くなってしまう。

スコーンが崩れそうなら、スコーンに切れ目を入れる代わりに、スコーンをひっくり返して底の部分にジャムを乗せればよい。

天板にオーブンペーパーかSilpat（くっつき防止加工されたシリコーン製マット）を敷く。どちらもなければ、天板に薄く油を塗っておく。（バターの包み紙でこするだけでもよい。）手で生地を小さなかたまりに分けて、天板の上に等間隔に並べる。

425°F / 220°Cで、上側に焼き色が付くまで10〜12分ほど焼く。

ジャムと、がっつり食べたい気分の時にはデボンシャークリームを添えて、食卓に出す（缶入りのホイップクリームを乗せてもおいしい）。

NOTES

◎チーズおろし器を使ってバターを粉に混ぜてもよい。バターを数分冷やしておけば扱いやすくなる。

◎ティムは、生地を途中で冷凍しておき、冷凍庫から取り出した後で牛乳とカラントを混ぜて生地を作っていた。（冷凍した生地は砂のような質感になるので、必要な分量だけ取り出せる。）生地を冷凍しておくメリットは、冷たい生地に必要なだけ牛乳を混ぜて戻せば、一度に少しずつスコーンが焼けることだ。これはちょっとしたおもてなしには最適で、特に、不意の来客の多い人にはお勧めだ。また、無駄なく効率的なプロの技を学ぶ意味もある。

卵白

　泡立てた卵白は、料理の世界の発泡スチロールのようなものだ。ケーキやワッフルやスフレでは隙間を埋め、レモンメレンゲパイのようなデザートでは断熱材として働く。また調理しすぎると、まるで発泡スチロールのような味がする。たとえ話はこれくらいにしておくとして、実際には卵白は非常に扱いやすいものなのだ。多少の注意を払って化学を理解し、少し実験してみれば、卵白の泡立ては簡単にマスターできる。

　泡立てた卵白は、液体の中に空気をとらえることによって**フォーム**を形成している。フォーム（発泡体）とは、固体または液体が気体の**分散質**を取り巻いている混合物のことをいう。つまり、気体（通常は空気）が液体または固体の中に大きな空洞を作るのではなく、分散している状態だ。パンは固体のフォームであり、泡立てた卵白は液体のフォームだ。

　食品の化学的組成に依存するイーストや重曹、あるいはベーキングパウダーとは異なり、卵白はそれ自身の物理的な性質を利用して空気を取り込む。**機械的な膨張剤**（通常は泡立てた卵白だが、後で説明するように卵黄やホイップクリームの場合もある）を料理に加える際には、それと共に加わる水分や脂肪の影響も考慮しなくてはならない。この種の食材を加えると、小麦粉と水の比率や、砂糖と脂肪の比率が変わってしまうことがあるからだ。

　卵白を理解する鍵は、フォームそのものの働きを理解することにある。卵白を泡立てると、変性したタンパク質の網目に空気の泡が捕らえられて、軽くふんわりとしたフォームになる。卵白を形成しているタンパク質の一部分は**疎水性**、つまり水をはじく性質を持っているので、通常は水との接触を避けるために縮こまって小さく丸まった形をしている。しかし泡立てられると、そのようなタンパク質の部分が空気の泡とぶつかり合ってほどけ、より多くのタンパク質が泡とぶつかるに従って泡の周りに層を作って泡を液体中に取り込む結果となり、安定したフォームが形作られるのだ。

　卵白がうまく泡立たない原因はいくつかある。油脂はフォームの形成を阻害するし、泡立てすぎも分解を引き起こす。また長期間放置しすぎると、フォームの中の水分がタンパク質と一緒に抜け出してしまう。これらの点は、卵白の用途によっては問題とならない場合もある。例えば卵白をワッフル生地に加える場合、泡立てた卵白から水分がしみ出したとしても、生地に吸収されてしまうだろう。しかしメレンゲでは、その水分が焼いている間にクッキーの周囲にたまるので、よろしくない。

　油脂、特に卵黄や微量の油分がボウルに残っていると、泡立てられた卵白がフォームとして安定しなくなる。油脂もまたタンパク質の疎水性の部分と相互作用するからだ。卵白に卵黄を混ぜないように警告するレシピは多いが、ほんの少しならば卵白のフォームを形成する能力は損なわれない。しかし、焼いて固まるまでの安定性には影響する可能性がある。（Lサイズの卵1個分の卵白か

らできるフォームの体積が、1滴の卵黄によって135mlから40mlに減少するという古い論文がある。もしかするとある種の工業的用途ではそうなのかもしれないが、私が自分のキッチンで試してみたところ、そのような減少は起こらなかった。）

泡立てる際には、泡立てすぎないように気を付けよう。泡立てすぎると、どんどん小さな空気の泡ができてきて、フォームの柔軟性と弾力性が減少し、不安定になってしまう。ボソボソした角の立った状態まで泡立てた卵白（泡立て器の上で波や雲のような形になる）は、焼き菓子をうまく膨らませなくなる。泡立てすぎると、もろくなってしまうのだ。

卵白フォームの安定性を高める料理テクニックがいくつかある。レシピによっては、泡立てプロセスの初期に砂糖や酒石酸水素カリウムを加えるよう指示している。これらの材料は疎水性の部分と相互作用しないため、タンパク質ベースのフォームの形成を阻害することはない。少量の酸を加えることも、フォームを安定させ、卵白のタンパク質が固まる温度を上昇させて空気をより大きく膨張させるため、焼き菓子作りに役立つ。

泡立てた卵白を生地などの他の食材に混ぜ込む場合には、平らなへらを使ってさっくりと大きく混ぜる。泡立てた卵白の一部を生地の上に乗せ、へらを切り込んで重い生地をすくい上げ、泡立てた卵白の上に乗せるのだ。いったん卵白のフォームができてしまえば、簡単なことでは壊れなくなる。泡立てる前の卵白に油脂が入ってしまうことは問題だが、いったん泡立てた後では話は全然違う。卵白を軽く角が立つまで泡立てて、それから小さじ1/2（3g）のオリーブオイルを加えて泡立て続けてみてほしい。油がフォームに顕著な影響を与え始めるまでには長い時間がかかり、またそうなった後でもフォームは大部分安定していることに驚かされるだろう。

泡立てた卵白を最大限活用する

泡立てた卵白は、卵白タンパク質の絡み合った網の目に空気の泡をとらえて卵白フォームを形成するが、これらのタンパク質の絡み合い方や料理での卵白の使われ方によって、泡立てた卵白が提供できる体積の大きさは異なってくる。

卵白フォームの物理学は、非常に魅力的だ。フォームはコロイド、つまり異なる物質が混じり合ったものだ。これについては後でさらに詳しく説明するが（401ページを参照してほしい）、今のところは液体—空気のフォームと固体—空気のフォームという2種類が存在することだけを知っておいてほしい。パンは固体—空気のフォームであり、泡立てた卵白は液体—空気のフォームだ。卵白フォームに液体が含まれることが、すばらしい卵白を泡立てることを難しくしている。

卵白フォームには、2つの変数が存在する。**容量**（フォームが保持できる空気の量）と、**安定性**（時間と共にどれだけ体積が減少するか）だ。容量と安定性は、主に空気の泡のサイズと液体の粘性、そして隣接する空気の泡の間の壁の厚さによって決まる。これらをコントロールする方法は、また別の問題だ。

酸と酒石酸水素カリウム

卵白のpHによってゆで卵の殻のむきやすさが変わるように（206ページを参照してほしい）、卵白フォームの体積も変わる。古い卵は、あまり泡立たない。酸を加えるとこの問題は解決するが、フォームの安定性は減少する。酒石酸水素カリウムは、味がマイルドなのでよく使われる（指に少しつけてなめてみると、数秒後にマイルドなすっぱさを感じるはずだ）。レモンジュースに含まれるクエン酸など他の酸も使えるが、味が強すぎるかもしれない。卵白を泡立ててかさを増やすレシピで古い卵しかない場合、ひとつまみ、つまり卵白1個分につき小さじ1/8（0.5g）程度の酒石酸水素カリウムを加えてみてほしい。

砂糖

フォーム構造に含まれる液体は重力によって徐々に流れ出して行くため、この流出を遅らせることができれば安定性は増すはずだ。砂糖を加えると液体の粘性は増すが、同時に卵白を最適な体積に泡立てるまでの時間も増加する。砂糖を必要とするレシピに泡立てた卵白を使う場合、一部の砂糖を卵白と一緒に泡立ててみてほしい。

水

卵白に水を加えると粘性が減るため、安定性が低下しても不思議はない。しかし、（重量比で40%程度までの）水を加えれば容量が増すため、時間をかけずに調理するレシピには役立つかもしれない。

ボウルの選択

油脂は卵白フォームの発達を阻害し、保持する空気の容量を少なくしてしまう。素材によって油脂との親和性が異なるため、卵白を泡立てるボウルの素材が結果を変えることもある。

プラスチック製のボウルは避けてほしい。プラスチックは化学的には油脂と似ているため、油脂がくっつきやすく、また完全に洗い落とすことは不可能だ。プラスチック製のボウルで卵白を泡立てると、ボウルに残っているこの油のため、かさが減ってしまう。（もちろん、生クリームをプラスチックのボウルで泡立てることは問題ない。油脂ベースのフォームの構造を、油が邪魔することはないからだ。）

ステンレス鋼やガラス製のボウルは、安心して使える。よく洗えば、問題となる油脂が残ることはない。銅などの一部の金属は、卵白に含まれるタンパク質に（良い意味で！）作用するため、より安定性の高いフォームができる。（ステンレス鋼に錆ができにくくしている化学的性質のため、ステンレス鋼からは金属イオンが放出されない。）この効果を見くびってはいけない。卵白を銅製のボウルで泡立ててみると、明らかにやりやすい。これは銅に特有の効果ではなく、亜鉛や鉄も同様の効果があるが、色が赤

みがかってしまうという報告もある。理論的にはどんな貴金属でも（銀や金などの非常に反応性の低いものであっても）卵白に含まれるイオウと反応するはずだ。（ハロルド・マギーは銀で実験して良好な結果を得ている。金やロジウム製のボウルで試した人はまだ見たことがない。）銅のボウルは高価だが、たくさん卵白を泡立てる人なら、多少奮発して買う価値はあるだろう。（もしあなたが金のボウルをお持ちなら、私の住所は……。）

COLUMN 泡立てることと角について

どんな方法で泡立てればいいの？

ホイップクリームや卵白など、食材へ空気を取り込んでフォームを作るために泡立てるのなら、できれば手で、上下の回転モーションで空気を捕らえて閉じ込めるようにする。必ずしも空気を取り込むことなく材料を混ぜているのなら、水平の回転モーションで混ぜればよい。これは、特にスクランブルエッグのような、空気を取り込んでしまうと品質が落ちる料理では重要だ。また、泡立てる際には小さくかき混ぜる動きは避けてほしい。そうではなく、すべきことをする、つまり空気を取り込むようにする。

十分に泡立ったことはどうやってわかるの？

それはレシピによって違う。「軽く角が立つまで」とあれば、柔軟でしなやかだが泡立て器から流れ落ちない状態。「しっかりと角が立つまで」とあれば、フォームが形を保って崩れないようでなくてはならない。「ピンと角が立つ」とは、「しっかりと角が立つ」と見かけは同じだがより硬く、光沢のある状態だ。泡立てすぎると「ボソボソの角が立つ」状態となり、ふわふわした雲のように見えてあまり膨らまなくなる。私は、卵白やクリームを手で泡立てるのが好きだ。なぜかって？　間違って泡立てすぎてしまう心配が少ないからだ。

角が立っていない
ふんわりとしていて、
酒石酸水素カリウムを
加えるのに最適な状態。

軽く角が立つ
砂糖を加えるのに
最適な状態。

しっかりと角が立つ
硬いメレンゲを作るには
ここまで泡立てる。

ボソボソの角が立つ
泡立てすぎ。
あまり膨らまない。

RECIPE　フレンチメレンゲとイタリアンメレンゲ

一般的に、メレンゲには2種類の作り方がある。卵白を泡立てる際に直接砂糖を加える方法（フレンチメレンゲ）と、砂糖を溶かしてシロップを作ってから卵白に泡立てながら加える方法（スイスメレンゲとイタリアンメレンゲがあり、ここではイタリアンメレンゲについて説明するが、大きな違いはない）だ。フレンチメレンゲは、より乾いた（砂糖は吸水性が高く、卵白の水分を吸収するため、粘度が高くなる）、ざらざらした質感となり、作るのに時間がかからないという利点がある。イタリアンメレンゲは、よりなめらかで、クリームのような質感になるため、デザートのトッピングに最適だ。

メレンゲでは生の卵白を使うことに注意してほしい。サルモネラ中毒が心配ならば、メレンゲを焼くのが良いだろう。イタリアンメレンゲでは、熱い砂糖シロップを使っても、温度は115°F / 45°C程度にしか上がらない。加熱パスチャライゼーションされた卵白は、うまく泡立たない。パスチャライゼーションによって、フォーム構造を支えるタンパク質複合体のひとつが変性してしまうからだ。泡立てる時間を長くすれば、使い物になるフォームが作れる。圧力パスチャライゼーションされた卵白が、市販されるようになるといいのだが。

フレンチメレンゲ

清潔なボウルに、**卵白3個分**を軽く角が立つまで泡立てる。

泡立て続けながら、**砂糖 カップ**3/4（150g）（できれば粉砂糖）を、一度に大さじ1杯分ずつ加える。普通の砂糖を使う場合には、砂糖を完全に溶かすため、より長い時間泡立てる必要があるだろう。砂糖が溶けていることを確かめるには、メレンゲを少し取って指に挟んでみるとよい（ざらざらした感触があってはいけない）。

イタリアンメレンゲ

ソースパンに、**砂糖 カップ**1/2（100g）と**水 カップ**1/4（60g）を入れて240°F / 115°Cに熱し、シロップを作る。使うときまで取っておく。

清潔なボウルに、**卵白3個分**を軽く角が立つまで泡立てる。泡立て続けながら、シロップをゆっくりと流し入れる。こうすることによって、熱いシロップで卵白が固まってしまうことが防げる。

RECIPE　メレンゲクッキーとココナッツマカルーン

卵白を泡立てて砂糖を加えると甘くてふんわりとした食感となるので、そのまま焼いたり、どっしりとしたケーキに混ぜ込んで、軽さと甘さを付け加えたりするのにちょうどいい。フレンチメレンゲクッキーは、卵白と砂糖を合わせてオーブンで少しの時間焼いたものに過ぎない。しかし砂糖は甘味のためだけではなく、フォームに含まれる水分の粘度を上げて流れ出しにくくすることによって、卵白フォームを安定化させる役割もしている。その反面、砂糖を加えていないものと同じ体積になるまで泡立てるには、おおよそ2倍の時間がかかってしまう。もうひとつの砂糖の利点として、フォームに加えられるものの重さをメレンゲがよりしっかりと支えられるようになる。

メレンゲクッキーを作るには、まず**フレンチメレンゲ**か**イタリアンメレンゲ**のどちらかを作る。オプションとして、**挽いたアーモンド**、**チョコレートチップ**、**ドライフルーツ**、**ココアパウダー**など、好きな材料をメレンゲに混ぜ入れる。

スプーンか絞り袋を使って、オーブンペーパーを敷いた天板の上にメレンゲを分けて乗せる。(絞り袋がない？ 小さなビニール袋をマグカップに入れ、マグカップの口に沿って袋の口を折り返し、袋にメレンゲを入れ、マグカップから袋を取り出して角を小さく切り取ってみよう。)

マカルーンとマカロンの違いは？

マカルーン（*macaroon*）はフランス語のマカロン（*macaron*）という単語を英語式に綴ったものだ。英語では、メレンゲクッキーでフィリングをサンドイッチしたものをマカロンと言うようになった。マカルーンは、ずっしりした材料（米国では普通ココナッツだが、他の場所ではチョコレートやドライフルーツ）を混ぜ込んだ密度の濃いものを指す。

ココナッツマカルーンを作るには、まずメレンゲのレシピを作ってからココナッツを加える。**加糖ココナッツフレーク カップ2（160g）**を加えて混ぜたものを、オーブンペーパーを敷いた天板にスプーンで乗せてみてほしい。

オーブンを275°F / 140℃（マカルーンに少し焼き色を付けたい場合には325°F / 160℃）に予熱する。マカルーンが自然にオーブンペーパーからはがれてくるまで、20～30分焼く。

絞り袋がなくても大丈夫。中身を大きなジッパー付きの袋へ入れ、角を1箇所小さく切り取ればよい。

RECIPE 私の大好きなポートワイン入りチョコレートケーキ

このポートワイン入りチョコレートケーキの（チョコレートとポートワイン以外で）すばらしいところは、レシピの許容範囲が広いことだ。たいていのフォームケーキ（フォームによって空気を含ませたケーキ）は、非常に軽い（エンジェルケーキを考えてみてほしい）。このレシピの許容範囲が広い理由は、フォームにあまり軽さを求めていないためだ。

小さなソースパン1個、清潔なボウル2個、泡立て器1個、そして6〜8インチ（15〜20cm）の丸い耐熱皿か底の取り外せるケーキ型を1個用意しよう。

弱火にかけたソースパンに、以下の材料を溶かして混ぜる。沸騰させてはいけない。

☐ ポートワイン（赤でも白でもよい）：カップ1/2（125g）
☐ バター：カップ1/2（114g）

バターが溶けたら火を止め、ソースパンを下ろして以下の材料を加える。

☐ 溶けやすいように細かく刻んだビタースイートチョコレート：3オンス（85g）

そのまま放置してチョコレートを溶かしておく。

2個の大きなボウルに、卵黄と卵白を分ける。

☐ Lサイズの卵：4個（200g）

卵白用には清潔なガラスまたは金属製のボウルを使い、卵黄が卵白に混ざらないように注意してほしい。

卵白を、ピンと角が立つまで泡立てる。

卵黄のボウルに、以下の材料を加える。

☐ グラニュー糖：カップ1（200g）

卵黄と砂糖を、泡立て器でしっかり混ぜ合わせる。1分ほど泡立て器で混ぜると、卵黄と砂糖が白っぽくなってくるはずだ。溶けたチョコレートを卵黄のボウルに流し入れ、泡立て器でしっかりと混ぜる。

平らな木製のスプーンか平らなへらを使って、チョコレートミックスに以下の材料を混ぜ入れる（混ぜすぎないように！）。

☐ 中力粉：カップ3/4（105g）

次に卵白を、3度に分けて混ぜ入れる。つまり、泡立てた卵白の1/3をチョコレートミックスに移して混ぜることを、3回繰り返すのだ。卵白は完全に混ざっていなくてもよいが、生地は比較的よく混ざっている必要がある。

ケーキ型にバターを塗り、後でケーキが取り出しやすいように底にオーブンペーパーを敷いておく。生地をケーキ型に移し、350°F / 175°Cに予熱したオーブンで約30分、中心につまようじかナイフを突き刺して何も付いてこなくなるまで焼く。

最低でも10〜15分冷まし、縁が型から外れてきたら、ケーキを取り出す。粉砂糖を振りかける（茶こしに粉砂糖をスプーン数杯分入れて、ケーキの上で揺り動かせばよい）。

NOTES

◎チョコレートを使ったケーキを焼くときには、例えば80%ビタースイートチョコレートを単にセミスイートチョコレートに置き換えてはいけない。砂糖だけではなく、カカオ脂肪の量も違うので、脂肪を使うレシピはそれに応じて調整が必要になるからだ。

COLUMN　N人への最適なケーキ分割アルゴリズム

兄弟や姉妹のいる人なら、おやつの分け方でけんかになることを避ける方法はよく知っているはずだ。ひとりがおやつを分けて、もうひとりが好きなほうを選べばよい。しかし、2人以上兄弟姉妹がいる人は、どうすればよいのだろうか。

これにも解はあるが、ちょっと話は複雑だ。ここに示すのは、N人に丸いケーキを切り分けるためのアルゴリズムだ。このアルゴリズムは完璧ではない（だから遺産相続の時に使ってはいけない）が、子どもたちが集まって大きなチョコレートケーキを分けるときには、たぶんうまく行く。（しかし、筋金入りの数学ギークにケーキを切り分ける際には、ちゃんと文献を当たったほうがよい。Bram と Taylor の「An Envy-Free Cake Division Protocol（ねたみなしにケーキを分割するプロトコル）」[*The American Mathematical Monthly*, 1995] を読んで、十分習熟しておくことをお勧めする。）

実際にケーキを切るのは1人だけで、その人はケーキを食べる人であってもよいし、単なる審判でもよい。まずケーキをあなたの前に置き、ナイフとN枚の取り皿を用意する。手順は以下のとおりだ。

1. 通常通り、ケーキに最初の切れ目を入れる。
2. 次の説明を行う。これから、ケーキをどのくらいの大きさに切り取ろうかと考えている人のように、ナイフをケーキの上の空中で時計回りの方向にゆっくりと動かす。誰でも（ケーキを切る役の人も含む）「ストップ」と宣言して、その時点でのナイフの位置の大きさでケーキを切り分けることを要求できる。そこから次のケーキの切り分けが始まる。
3. 誰かが「ストップ」と声をかけるまで、ゆっくりとナイフをケーキの上の空中で動かす。
4. ケーキを切り分け、「ストップ」と声をかけた人へそのケーキを渡す。他のケーキを食べる人を相手にして、ステップ3と4を繰り返す。（念のため説明すると、「ストップ」と声をかけた人は交渉から抜け、再び声をかけることはできない。）
5. 残り1人になったら、その人の好きなようにケーキを切り分ける。余りが出るかもしれない。

このプロトコル（プロトコルはアルゴリズムに似ているが、開始後にユーザ入力を受け付ける点が違う）の優れている点のひとつは、何らかの理由で小さく切り分けてほしい人がいる場合にそれを許すことができ、またその人は最初に除外されるので、N等分よりも大きく切り分けてほしい人の望みもかなえることができるということだ。

誰か意地汚い人が1人いて、大きすぎる割り当てを望んでいたとすれば、その人は最後に残ったケーキを取ることになる。通常はこれが一番大きなケーキだ。しかし意地汚い人が2人以上いた場合には、最後まで誰も「ストップ」をかけずに終わるかもしれない。その場合には、あなた自身でケーキを食べてしまうことをお勧めする。このプロトコルがすべての人を満足させると言う保証はないが、正直者が損することはないようになっているのだ。

卵黄

　エスキモーの言葉に雪を表す言葉がN種類あるとすれば、フランス語やイタリア語には卵黄を使った料理を表す言葉が$N+1$種類あることだろう。魚にパン粉をくっつけるためや焼き菓子に照りをつけるためなど、ほとんどすべての文化で卵黄は数多くの目的に使われている。見過ごされがちなのは、卵黄は卵白と同じく、空気の泡をとらえてふんわりしたフォームを作るためにも使えるという事実だ。

　卵黄は卵白よりも、はるかに複雑だ。約51%の水、約16%のタンパク質、約32%の脂肪、そして約1%の炭水化物から構成されているが、卵白にはタンパク質（約11%）と水しかない。未変性の状態では、卵黄は**エマルション**になっている。エマルションとは、例えば油と水のように、混じり合わない2種類の液体が共存している状態のことであり、料理での典型的な例はマヨネーズだ。卵黄の場合、乳化剤の役割をする一部のタンパク質によって、脂肪と水が懸濁している。乳化剤とは、混じり合わない液体を懸濁させる化合物のことだ。乳化剤の化学について詳しくは、453ページを参照してほしい。

　卵白のフォームと同様に、卵黄のフォームも変性したタンパク質が空気の泡の周りで網の目を形成することによって空気を閉じ込める。しかし、卵黄を泡立ててもフォームはできない。卵黄に含まれるタンパク質を変性させるには、熱を加える必要がある。卵黄のフォームを作るための最適な温度は162°F / 72°Cだ。これよりも高い温度ではタンパク質が凝固するため、空気が失われ、食感が損なわれてしまう。

> ### COLUMN さらに空気を含ませるには
>
> 複数の方法を使って空気を食品に閉じ込めるレシピもある。例えばイングリッシュマフィンや中華の肉まんでは、イーストとベーキングパウダーの両方を使う場合がある。ワッフルのレシピには、ホイップした卵白とベーキングパウダーを使うものが多い。またムースのレシピの中には、ホイップした卵白とホイップクリームを使うものがある。レシピどおりに作っても思うように軽い食感にならない場合には、別の方法で空気を含ませることができないか考えてみよう。レシピに化学的な膨張剤が含まれていない場合、少量のベーキングパウダーを入れてもたいていは大丈夫だ。あるいは、レシピに卵が使われている場合には、その一部を取り分けておき、卵白を泡立てて生地に混ぜ込めばよい。

RECIPE かんたんにできる白ワインとチーズのソース

このソースは、材料の種類も少ないし道具も大して必要としない（必要なのは泡立て器とボウル、それにコンロだけだ）が、慣れないキッチンでも簡単に即席料理が作れる。（ソースについて詳しくは、111ページを参照してほしい。）

このソースに難しい点があるとすれば、卵に熱を加えすぎてスクランブルエッグにしないことくらいだ。ガスコンロで作る場合には、とても弱くした火にソースパンを近づけたり離したりして調節すればよい。片方の手で泡立てながら、もう片方の手で鍋を持つ。温度を調節するために、鍋を動かす必要があるからだ。電気ヒーターの場合には、二重鍋にすればよい。大きなソースパンにお湯を入れ、その中で材料を入れたソースパンを温めるのだ。

ソースパンに、**卵黄3個分**を分け入れる。卵白は何か他の料理に使うために取っておく。**白ワインをカップ1/4（60g）**加え、泡立て器で混ぜ合わせる。

料理の準備ができたら、鍋を火または湯せんにかけて泡立て器でかき混ぜ、卵黄が固まって軽いフォーム状になり、体積が元の2～3倍になるまでかき混ぜ続ける。これには5～10分かかるので、辛抱強くかき混ぜてほしい。早すぎるよりは遅すぎるほうがまだましだ。

おろしたてのパルメザンチーズを大さじ3～4杯（15～20g）加えて（缶入りの粉チーズは使わないように！）、泡立て器でしっかり混ぜ合わせる。塩コショウで味を調え、例えば魚のアスパラガス添えのような主菜にかけて食卓へ出す。

NOTES

◎白ワインは強い酸性で、pH値は3.4（シャルドネ）から2.9（リースリング）程度だ。酸は熱によって卵黄が凝固することを防いでくれるので、ワインには凝固を防ぐ役割もある。（自分にもワインをグラス1杯注いであげよう。きっと作業もはかどるだろう。）

RECIPE ザバリオーネ（サバイヨン）

この料理は簡単だが、何回か練習しておいたほうがよい。幸いなことに、材料はみな安く手に入る。

ザバリオーネは白ワインとチーズのソースのデザート版で、ワイン、砂糖、そして卵黄を弱火にかけながら泡立て器でかき混ぜて作る。基本的には泡立てたカスタードクリームだが、牛乳は入っていない。そして、白ワインとチーズのソースと同様に、このレシピを頭の片隅にしまっておけば、きっと役に立つはずだ。

マルサラワインを1/4カップ（60g）量り取り、後で使うときまで取っておく。

ザバリオーネには伝統的にマルサラワイン（アルコールを強化した白ワイン）が使われるが、グランマルニエ、プロセッコ、あるいはポートワインなど、他のアルコールを使ってもよい。

ソースパンに**卵黄3個分**を入れ、卵白は別の料理（メレンゲ！）に使うために取っておく。卵黄に**砂糖 カップ1/4（50g）**を加えて、泡立て器で混ぜ合わせる。

鍋を火にかけ、白ワインとチーズのソースの作り方に従う。マルサラワインを大さじ1加えて泡立て器で混ぜる。その後、泡立て器で1分混ぜてからマルサラワインを大さじ1加える、という手順を繰り返す。卵黄が泡で盛り上がり、フォームが形成されてくるのがわかるはずだ。熱によって最終的に卵黄は固まり、安定したフォームとなる。もし卵黄がスクランブルエッグになりそうだったら、すばやくマルサラワインをさらに注ぎ入れて温度を下げる。理想的とは言えないが、甘ったるいスクランブルエッグができてしまうよりはずっとましだ。ソースに軽く角が立ち始めたら、火からおろして食卓へ出す。

伝統的に、ザバリオーネはフルーツと一緒に食卓へ出される。スプーンで少量をボウルかグラスに取り、新鮮なベリー類を飾る。冷蔵庫に入れておけば1日か2日は保存できる。

RECIPE フルーツスフレ

どうして卵黄のセクションにスフレが登場するのか、不思議に思っている読者も多いに違いない。誰でも知っているように、スフレを膨らませるのは卵白だからだ。実を言うと、私はザバリオーネを使って、フルーツをベースにしたデザートスフレを作っている。(別にジェームズ・ビアード賞を狙っているわけではないけどね)。

オーブンを375°F / 190℃に予熱する。1クォート(約1リットル)のスフレボウル(これで2〜3人分のスフレが作れるはずだ)の内側にバターを塗り、砂糖でコーティングして準備しておく(砂糖をスプーンで数杯入れ、ボウルを傾けながら回して側面をコーティングすればよい)。

フルーツを準備する

新鮮ないちご、ラズベリーや白桃はすばらしくよく合う。**ナシ**のような水分の多いフルーツも使えるが、焼いている間に水分が出てくることがあるので、最初はベリー類で作るのがよいだろう。フルーツを洗って水気をふき取る。いちごを使う場合には、へたを取る。桃などの種のある果物は、皮をむいて4つ割りにして種を取る。カップ1/2(片手に収まるほど)のフルーツを、後でスフレの上に飾るために取っておく。それとは別に片手いっぱいほどのフルーツ(これもカップ1/2ほど)を、小さく切っておく。いちごなら8つ割りにし、桃ならば薄切りにすればよい。(ラズベリーは自然とばらばらになる。)

ザバリオーネを作る

ザバリオーネから作り始めよう。**卵黄3個分を砂糖カップ1/4(50g)**とともに弱火にかけて泡立て、マルサラワインの代わりに**キルシュ(サクランボ風味のブランデー)カップ1/4(50g)**を加える。(卵白は後で泡立てるので取っておく。)キルシュを入れたら、先ほど小さく切っておいたフルーツを加えて混ぜ、完全にフルーツをすりつぶす。実際には卵黄が固まるまで加熱する必要はない。あわあわした温かくて柔らかいフォームができるまで、泡立て器でかき混ぜるようにすればよい。次に卵白を準備する。

卵白を泡立てて混ぜ入れ、焼く

卵白を軽く角が立つまで泡立て、**塩ひとつまみ**で味を調える。卵白をフルーツの入ったザバリオーネに混ぜ入れ、スフレボウルに移す。オーブンに入れ、スフレが膨らんで上側がこんがりと色づくまで、15〜20分ほど焼く。スフレをオーブンから取り出して、木製のまな板の上に置く。**粉砂糖**を振りかけ、取っておいたフルーツを上に飾り(いちごや桃は細く切るとよい)、すぐに食卓へ出す。形式ばらない集まりなら、スフレをテーブルの真ん中において、みんなにフォークを渡して突っついてもらってもよいだろう。

前ページの白ワインとチーズのソースと同じテクニックを使って、甘くないスフレを作ることもできる。

ホイップクリーム

タンパク質がフォームの構造を支える卵とは違って、泡立てたクリームは脂肪分がフォームの構造を支えている。泡立てている間、クリームに含まれる油小滴の外側の膜が破れることによって、分子の疎水性の部分がむき出しになる。油脂の顕微鏡的な泡の表面の一部が、文字通りはぎ取られるのだ。この油小滴のむき出しになった部分は、他の油小滴と結合することもあれば（バター！）、空気の泡の周りにむき出しになった部分を向けて並び、十分にたくさん集まれば密に空気の詰まったフォームを形成することもある。

クリームを「ホイップする」もうひとつのテクニックは、ガスで加圧してスプレーすることだ。食料品店で買える缶入りのホイップクリームは、このようにしてホイップクリームを作り出している。液体に溶け込んだガスが、スプレーされた際に過飽和状態となって急速に泡立ち、クリームのフォームを作り出す。構造的に見ると、このようにして作り出されたホイップクリームは、泡立てて作ったフォームと完全に異なっている。表面活性物質の3次元構造が（油小滴のむき出しになった領域に）空気の泡を閉じ込めているのではなく、缶入りホイップクリームの空気の泡は基本的には懸濁しているだけなのだ。缶から放出されたホイップクリームは、重量比で泡立てて作ったホイップクリームの約2倍の体積を占めるが、安定性は低く崩れやすい。おそらく、缶から放出された後でも油小滴が形を保っているためだろう。クリームホイッパーを使って圧力をかけて作り出すフォームの他の用途については、331ページで説明する。

ホイップクリームを作る際には、油脂が構造を支えているということを覚えておこう。クリームの温度が高すぎると油脂が溶けてしまうので、泡立てる前にボウルとクリームを十分冷やしておくことを忘れないように。

缶から放出されたホイップクリーム（15mlが67mlに膨らむ）は、手で泡立てたクリーム（15mlが34mlに膨らむ）の2倍の体積になるが、時間がたつと崩れてしまう。

高品質なクリームを泡立てると体積が80%増加するが、卵白を泡立てると600%も膨らむことがある！

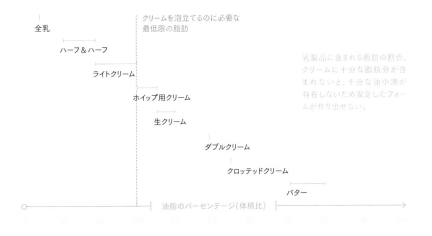

乳製品に含まれる脂肪の割合。クリームに十分な脂肪分が含まれないと、十分な油小滴が存在しないため安定したフォームが作り出せない。

RECIPE　ホイップクリームの作り方

手でホイップクリームを泡立てるには、電動ミキサーを取り出す時間よりも短い時間しかかからない。冷たいボウルを用意し（冷凍庫で数分冷やしたものが望ましい）、生クリームかホイップ用クリームをボウルに入れ、クリームの角が立つまでよく泡立てる。

シャンテイクリーム（甘味を加えたホイップクリーム）を作るには、**生クリーム カップ1**あたり**砂糖 大さじ1（12g）**と**バニラエッセンス 小さじ1（4g）**を加える。

30秒：
まだ液体、表面に少し泡ができている。

60秒：
まだ液体、表面に少し泡ができている。

90秒：
薄いクリーム状、ベリーを入れるとおいしそう。

120秒：
軽く角が立つ状態に仕上がった。理想的。

150秒：
泡立てすぎ。少しバターっぽくなってきている。

180秒：
バターになった状態。

RECIPE　チョコレートムース

以下の2種類のチョコレートムースの作り方を比べてみてほしい。卵白バージョンのほうがクリーミーでずっしりしたムースになるが、ホイップクリームバージョンのほうが硬くできる。

チョコレートムース（卵白ホイップバージョン）

ソースパンに、**ホイップ用クリームまたは生クリーム カップ1/2（120g）**を沸騰直前まで熱し、火を止める。
細かく刻んだ**ビタースイートチョコレート 4オンス（115g）**を加える。

卵4個を卵黄と卵白に分け、卵黄2個分をソースパンに入れる、卵白はすべて清潔なガラス製または金属製の泡立て用ボウルに入れる。卵黄2個分は取っておいて別のレシピに使う。

卵白を**砂糖 大さじ4（50g）**とともに、軽く角が立つまで泡立てる。
クリーム、チョコレート、そして卵黄を一緒に泡立て器で混ぜ合わせる。
卵白をソースに混ぜ入れる。

ムースをめいめいのグラスに移し、数時間冷やす。

NOTES
◎このレシピでは卵白に火が通っていないので、サルモネラ菌のおそれがある。心配ならパスチャライズされた卵白を使おう。

チョコレートムース（ホイップクリームバージョン）

ビタースイートチョコレート 4オンス（115g）を、電子レンジ調理可能なボウルで溶かす。**バター 大さじ2（28g）**と**クリーム 大さじ2（28g）**を加えて泡立て器で混ぜ合わせる。冷蔵庫で冷やしておく。

冷えたボウルに、**ホイップ用クリームまたは生クリーム カップ1（240g）**を**砂糖大さじ4（50g）**とともに、軽く角が立つまで泡立てる。
チョコレートミックスが少なくとも室温まで冷えていることを確認する（冷蔵庫で約15分）。
ホイップしたクリームをチョコレートミックスに混ぜ入れる。
ムースをめいめいのグラスに移し、数時間（できれば一晩）冷やす。

NOTES
◎大さじ2のクリームを、大さじ2のエスプレッソやグランマルニエ、コニャックなどの風味付けの液体と入れ替えてみよう。

INTERVIEW
デビッド・レボビッツが アメリカとフランスの 料理について語る

デビッド・レボビッツ（David Lebovitz）は、デザートについて数冊の評価の高い本を書いており、かつてはカリフォルニア州バークレーにある著名なレストラン、シェ・パニースのパティシエを10年以上にわたって務めていた。彼のウェブサイトは http://www.davidlebovitz.com にある。

アリス・ウォーターズのシェ・パニースで働くことは、どうでしたか？
シェ・パニースは、働くにはすばらしい場所だよ。お金を気にせず食材は使えるし、料理人にとってすばらしい修行の場だ。レストランではオーナーや料理人を本当によくサポートしていて、みんな一生懸命よい料理を作ろうとしている。こういう環境の中に一度身をおくと、なかなか離れられないね。よそに行けば、有象無象のコックたちと一緒になって、昨日のゲームはどこが勝ったとか、どうやったらステーキを早く焼き終わってビールを飲みにいけるか、なんてことばかり考えるようになるんだろうね。
シェ・パニースの考え方は、よい食材を見つけること、そしてなるべく手を加えずに料理すること、これがすべてだ。素晴らしいフルーツがあるときには、フルーツをボウルに盛り付けただけで、あるいはフルーツタルトにアイスクリームを添えただけで食卓へ出すこともよくある。また、本当によいチョコレートが入ったときには、チョコレートケーキを作るとしても、なるべく飾りつけせずに、変な細工もしないようにするんだ。シェ・パニースでは風味を大切にする。変わった料理は得てしておいしくないものが多いから、われわれは風味のほうに集中するようにしていた。
昨晩、僕は高級レストランでディナーを食べた。そこで出てきたチョコレートムースには、タプナード＊が添えてあった。オリーブの見た目は確かにクールだったよ。でも味は？　ひどいものだった。キッチンに怒鳴り込んでやりたいくらいだったよ。「お前らこれを味見したのか？ ばかばかしい！」ってね。

シェ・パニースで何年か働いてから、料理の学校に通ったそうですね。料理の学校でびっくりしたことは何かありますか？
僕は、おいしくないものを作るなんて考えたこともなかった。フランスでケーキ作りのコースを受講したとき、「これからおいしいケーキを作るぞ」と考えたんだ。実際には、ゼラチンや冷凍庫から出したフルーツのピュレでムースを作っていて、スポンジケーキと、ゼラチンを加えたフルーツのピュレと、飾り付けだけの授業だった。面白かったし、学ぶこともあったけど、そこで学んだスキルは僕の今やっていることには全然役立っていない。新鮮なフルーツを使ったとしても、それはベストの使い方じゃない。僕は食材ベースの料理人なんだ。
僕はチョコレートの学校に通ったけど、そこは良かった。チョコレートについて、扱い方、加工の仕方をたくさん学んだんだ。ここでも僕は、すばらしいヘーゼルナッツを見付けてそれをチョコレートに混ぜ込むほうに興味があった。ヘーゼルナッツペーストの缶を開けてそれを使ってチョコレートを作るんじゃなくてね。

パンや菓子作りを学びたいと思っている人に、何をアドバイスしますか？
とにかく焼いてみるのが一番いい。パンや菓子を作るには、とてもレシピが大事だ。パウンドケーキの焼き方を学ぶなら、まずレシピどおり作ってみる。長い間やっていくうちに、仕組みとか、どこをどう変えればいいのかが見えてくるようになる。卵黄を加えて豊かな風味を出すとか、レシピのサワークリームを牛乳に変えてみるとかができるようになってくるんだ。パン職人や菓子職人にはとても几帳面な人が多くて、それはプロの料理人の間でも有名だ。昔あるシェフに、「君たちは誰も彼もどうしてこんなに変なんだ？」と言われたことがあるよ。パティシエの世界に変わった人がいっぱいいるのは、僕たちがとても几帳面で、自分自身の小さい世界にいるのが好きで、それから一般的にはとても分析的に考えることが好きだからなんだ。僕たちはいろいろなことを考えるけど、普通の料理人は腕力のほうがものを言うよね。風味は大胆でおおまかで、野菜を炒めたり、肉を焼いたり。そうやって風味を引き出すわけだけど、パティシエはもっと繊細な仕事なんだ。ものすごい注意と、ものすごい微妙なスキルが要求されるんだ。

デザートを作っていて、思い通りの結果が出ないときにはどうするんですか？
そんな方法がわかっていれば、そもそも失敗なんてしないよ。僕はレシピを開発したり本を書いたりしていて、何回も何回も作ってみて、どうしてもうまく行かない場合には、頼りになる人たちのネットワークに助けを求めるんだ。例えば菓子作りの教授をしている友達にメールを

書いて、「柿のパイを作ろうとしているんだけど、今まで作ったことがあるかい?」と聞いてみるとしよう。すると彼は「ああ、柿にはそれを妨げる化学物質が含まれているから、こうしてみるといいよ……」みたいなアドバイスをくれるはずだ。それからパンや菓子作りの大部分は科学でもある。僕がケーキを作って、もう少ししっとりとして膨らんでほしいなと思えば、机に座って計算機を使って計算しないといけない。

どんな調合を使えばいいかは、どうやって見極めるのですか?

印刷された調合もあって、人によってはそれを使っている。でも僕はあまり数学が得意じゃない。マイケル・ルールマンが比率に関してすばらしい本を書いているけど、僕の脳みそはそういうことをするようにできていないみたいなんだ。だから僕は、単純に何百万回もうまく行くまで作ってみるんだ。

ということは、あなたは机に座って最適な調合を計算するよりは、「やってみて結果を見る」アプローチを取ることが多い、ということでしょうか?

そのとおり。
とても分析的に料理を考える人は多いし、彼らはうまく行く方法を知りたいんだと思う。僕とは違うやり方だね。ヨーロッパの人たちが、どうしてアメリカ人は計量カップやスプーンを捨てないのか、と不思議に思っているようなものだよ。不正確だし、いろんな失敗の元なんだ。アメリカ人は計量カップやスプーンを使うのが好きだ。そうすると気分がいいので、手放そうとはしない。でも料理とは直感的なものなんだ。レシピを分析しすぎている人が多いね。「このケーキは、バニラエッセンス小さじ1/4なしでもうまく作れるだろうか?」ってね。僕は「うん、どうかな、ちょっと考えてみよう。君はどう思う?」と答えると思う。たいていの人はどう答えていいかわからない。レシピを分析しすぎているからだ。彼らは馬鹿じゃないけど、馬鹿じゃないからこそ、うーん、どう言えばいいんだろう。

「もしタイヤの空気圧が5%少なかったら、この車は走るかな?」と聞かれて、「走るけど、ちゃんと空気を入れたほうがいいよ」と答えるようなものだね。

アメリカ人がレシピを分析しすぎるのは、なぜだと思いますか?

僕の意見では、アメリカ人は何をすべきか言ってもらうことに慣れすぎているんだと思う。誰か権威のある人に、これがレシピだ、変えちゃいかん、と言ってほしがっているんだね。「ちょっと待てよ、事実を見ろよ!」とは言わずにね。レシピには鶏肉を1時間焼くと書いてあるかもしれないし、誰かが自分は1時間焼いたけど、ぱさぱさになってしまったと書いたり言ったりするかもしれない。おそらく、鶏肉の重さが6ポンドじゃなくて4ポンドだったんだろうね。レシピに書けることには限界があるんだ。
僕のウェブサイトは1999年、僕が最初の本を出したときに、いま思えば能天気な話だけど、読者が何かレシピで困ったことがあった場合に、僕と連絡を取れる方法があればいいなと思ったからなんだ。レシピがうまく行かなかったとだけ言ってほしくないよね。できれば「このケーキを作ったんですが、うまく行きませんでした。私はどこで失敗したんでしょうか?」とか言ってほしいよね。
僕は、ケーキ全体で1個だけ卵を使うレシピを考えた。実際、今そのケーキを焼いているところなんだけどね。そのケーキに含まれる脂肪は、卵1個分だけだ。ある女性が僕にメッセージを送って来たんだ。彼女は食事の脂肪を減らそうとしているんだけど、その卵の代わりに何を使えばいいでしょうか、ってね。たった卵黄1個分だよ。12人分で5グラムの脂肪だ。実際そう質問してくる人がいて、僕はこういう人たちがどうやって毎日銀行へ行ったり、運転免許を取ったり、請求書の支払いをしたり、小切手を書いたり、働いたりできるんだろうと不思議に思ったね。彼らの頭の中は、いったいどうなっているんだろう?

ちょっとおっしゃることがよくわかりま

せんでした。
こんなことは、僕には常識の問題に思える。脂肪を減らす食生活をしているからと言って、卵の黄身8分の1とか12分の1の脂肪を気にする人がいるかい? そういう考え方は、僕には理解できない。まるで「私はチョコレートが嫌いなので、どうやったらチョコレート抜きでチョコレートチップクッキーが作れますか?」と言っているようなものだ。申し訳ないけど、そういうことなんだ。

いつでも最新の技術機器やおもちゃを所有する必要がある、と信じている人たちをどう思いますか?

うん、それは典型的にアメリカ的なことだね。僕がアメリカに帰ってみると、みんなワイン用の冷蔵庫を持っていて、そこにはケンドール・ジャクソン**のシャルドネのびんが入っている。良いワインを持っているなら、冷蔵庫に入れちゃいけない。冷蔵庫のコンプレッサーの振動が、ワインに悪影響を与えるからなんだ。振動のない最高級のワイン用冷蔵庫以外は、ないほうがましなくらいだ。みんなが家に中華鍋とかワイン用の冷蔵庫とか、そういうものを持っているのはおかしいね。みんな料理に幻想を持ちたがっているんだ。オリーブオイルのびんにラッピングをしてカウンターの上のバスケットに入れておくとか、そういうことをしたがっている人もいるけど、そんなものが本当に必要なんだろうか?

道具にこだわり過ぎないように、というあなたからのアドバイスですね?

そう。世界中の全部の種類のソースパンが必要なわけじゃない。3つもあれば十分だ。僕にとっては、ミキサーはとても大事だ。僕にとっては、アイスクリームマシンも大事だ。でもパニーニグリルは必要ない。スキレットを使って、トマト缶とかをその上に置いて重石にすればすむ話だからね。

---

* 訳注:オリーブやケイパー、アンチョビーなどのペースト。

** 訳注:カリフォルニア州ソノマにあるワイナリー。

本章の内容 / CHAPTER CONTENTS

高い圧力を利用する	324
・圧力調理器	326
・クリームホイッパー	331
低圧を利用したトリック	335
真空調理法：低温での加熱	339
・真空調理のハードウェア	341
・真空調理と食品安全	344
・魚、鶏肉、牛肉、そしてフルーツや野菜の調理時間	349
モールド（型）を作る	360
・500ポンドのドーナツを作る方法	363
湿式分離	366
・機械的ろ過	368
・キッチンで遠心分離機を使う	371
・乾燥	372
液体窒素とドライアイスで冷却する	381
・粉を作る	383
・アイスクリームを作る	383
高熱で調理する	387
・高熱ピザを焼く方法	390

レシピ / RECIPE

インドの緑豆キチディー	329
圧力調理器で作るプルドポーク	330
チョコレートムース	333
30秒で作るチョコレートケーキ	334
スクランブルエッグのフォーム	335
食器洗浄機で作る煮リンゴ	346
ビーフステーキ	355
48時間かけて調理するブリスケット	356
アイスクリームのシュガーコーンボウル	362
ケーキドーナツのレシピ	370
基本のホワイトストック	373
オーブンで作るケールチップス	373
5^3 ビーフジャーキー	374
ココア・ゴールドシュレーガー・アイスクリーム	384
クインのクレームブリュレ	388

実験 / LAB

結晶化による分離（砂糖マドラー）	376

インタビュー / INTERVIEW

ダグラス・ボールドウィンが真空調理法について語る	347
デイブ・アーノルドが業務用ハードウェアについて語る	378
ネイサン・ミアボルドがモダニスト料理について語る	393

5

Fun with Hardware

ハードウェアで遊ぶ

　もしキッチンで超能力が使えたら、何ができるだろう？　時間を遅らせる？　それとも熱が目で見えるようになる？　あるいは、部屋中の空気を吸いだしてしまえる？　最後のやつはあまり面白くないかもしれないが、料理の基本的な変数をコントロールできる超能力があれば、興味深いことが起こせる。通常、われわれは時間、温度、空気、そして水（これらは前の2つの章で説明した）といった変数を、ほどほどの値に設定している。半熟卵を作る時間は6分間、ピザを焼く温度は450°F / 230℃、アイスクリームを作るには−20°F / −29℃で30分撹拌する、といった具合だ。こういった通常の範囲を逸脱した時には、何が起こるだろうか？

　気圧が増加すると水の沸点が上がるので、食品が速く調理されるようになる。乾燥器や遠心分離機といった分離のテクニックやツールは、さまざまな形で食感と風味を変化させる。あるいは**真空調理法**を考えてみてほしい。基本的には、超低温で煮ることだ。時間という変数を増加させると、時間と温度の反応の関係を保つためには温度を低温にしなくてはならない。しかしそれには、魅力的な効果がある。温度をどんどん下げて行くと、最終的にはその食品を調理する目標温度と等しくなるはずだ。つまり、間違っても食品を調理し過ぎてしまう心配はなくなる。すばらしい！

　また、キッチン用温度計の限界を超えるような温度にするのはどうだろう？　アイスクリームは、−320°F / −196℃の液体窒素を使えば30秒で作れるだけでなく、とてもおいしい。氷の結晶が合体して大きくならないので、今まで食べたこともないようななめらかなアイスクリームができるのだ。そして900°F / 480℃では、薄いクラストのピザが1分もかからずにおいしく焼ける。これらの変数を変えてくれるハードウェアからどんなテクニックや楽しい創作料理が生まれるか、これから見て行こう。

高い圧力を利用する

　私は食品科学を学べば学ぶほど、水の重要性を認識するようになった。水は、蒸気となって熱を伝えたり、微量元素を溶かしこんでパンのグルテンの形成やイーストの増殖に影響を与えたり、ドライフードやクッキーの食感（もちもちしたりカリッとしたり）を変えたり、さまざまな面で料理に影響を与えている。水は、どこにでも存在するのだ。

　水に関する変数の中で、キッチンで大きく変化しないものが沸点だ。塩を加えることによって沸点を数度上げることはできるが、さらに上昇させると何ができるようになるだろう？　料理における熱に関係する反応のほとんどは、およそ18°F / 10°C温度が上昇するごとに速度が倍になる。つまり、水の沸点を212°F / 100°Cから230°F / 110°Cに上げることができれば、理論的には炒め煮の時間は半分に短縮され、米は2倍の速さで炊き上がるはずだ。さらに沸点を248°F / 120°Cまで上げれば、調理時間は何と75％も短縮されることになる。そして圧力調理とは、まさにこういうことなのだ。

　それは、どれほどの圧力で達成できるのだろうか？　ここに、**状態図**と呼ばれる便利な科学的チャートがある。状態図とは、さまざまな圧力と温度における物質の相（固体、液体、気体）を示したものだ。ここに示したのは水の状態図で、キッチンで一般的な温度と圧力の範囲を示している。

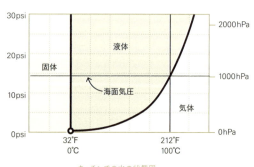

キッチンでの水の状態図

　このチャートの見方を簡単に説明しておこう。14.7psi（1,013hPa）に引かれた線は1気圧、つまり海抜ゼロメートルの地点での平均的な状態を示している。1気圧における氷点は32°F / 0°Cで、沸点は212°F / 100°Cだ。この線を少し下げて12.1psi（834hPa）にすると高度5,280フィート（1,609メートル）に相当するため、コロラド州デンバーでは203°F / 95°Cで水が沸騰する理由がわかる。30psi（2,070hPa）に気圧を上げると、水は約248°F / 120°Cで沸騰するようになる。これが、圧力調理器が素晴らしい働きをする科学的根拠だ。より高い温度でも水が液体に保たれるというアイディアに興奮するなんて変に思うかもしれないが、大丈夫、あなたもきっと気に入ってくれるはずだ。

　圧力を高めると、他には何が起こるだろうか？　水は、このシンプルな状態図から読み取れることよりも、はるかに複雑な挙動を示す。キッチンに存在するものはすべて、純粋な物質ではないからだ。塩には微量ミネラルが含まれる。砂糖は、実際には100％のショ糖ではない。スプーン1杯の砂糖には、灰分、タンパク質、そして無機質の不純物が入っている。そして水も、たとえ蒸留水であってさえ、実際には100％のH_2Oではない。ガスが溶け込んでいるからだ。圧力をかけて、より多くのガスを水のような液体に溶け込ませ、楽しく有益な

目的に役立てることもできる。

　食品は、常に固体と気体と液体の混合物だ。（実際には、食品はほとんど必ず混合物が混じりあったものであり、それらを分離する方法を見つけ出すという課題については、この章の後のほうで説明する。）前の章では**湿度**、つまり空気中に溶け込んだ水蒸気について説明したが、水に溶け込んだ空気は何と呼べばよいだろうか？　魚はまさにこれを呼吸しているのだが、われわれはそれを表す単語すら持っていない！

　ガスは、いつでも液体に溶け込んでいる。そのことは、炭酸飲料や、水を火にかけると出てくる小さな泡のことを考えてみればわかるだろう。そして圧力の変化によって、溶けるガスの量も変わる。これは、**ヘンリーの法則**として知られている。基本的には、液体と接するガスの圧力が高いほど、ガスはたくさん溶けるようになる。（残念ながら、まだポッターの法則は存在しない。たぶん遅すぎたのだろう。この種の法則は、ほとんど2世紀前には名付けられてしまっているようだ。英国の化学者ウィリアム・ヘンリーがこの法則を発見したのは1803年。）ホイップクリーム（あるいはエアロチョコレート）のようにフォームを作ってガスを食品に取り込んだり、圧力容器を使って発泡フルーツのような奇妙なものを作ったりすることもできる。

　この後のセクションでは、圧力調理器やクリームホイッパーを使った調理方法を、その原理や使い方を含めて見て行くことにしよう。

液体の温度を下げると、それに溶け込めるガスの量は**増加**する。液体にたくさんガスを溶け込ませたければ、まず液体を冷やしてみよう。

COLUMN
なぜポップコーンははじけるの？

それは圧力のせいだ！　ポップコーンの粒は、硬く気密性のある皮と湿った内部（約13％の水分）という魔法のような組み合わせでできているので、加熱されると爆発する。この組み合わせは多くの穀物に見られ、アマランサス、キヌア、そしてソルガムもはじける。体積が固定された状態で温度を上げると圧力も上昇し、さまざまな結果が得られる。

300°F（150℃）未満
粒が加熱されるにつれて、内部の水も加熱される。水は沸騰できない（水が膨張して水蒸気になるためのスペースがない）ため、粒の内部の圧力は増大する。

310〜340°F（155〜170℃）
一部の弱い粒が破裂するが、粒のデンプンを完全にはじけさせるほど十分に圧力が高まっていないため、小さくてあまりおいしくないポップコーンになる。

350°F（177℃）以上
135psi（大気圧の9倍！）で、粒の皮は破裂する。圧力が低下するため、内部の水は瞬間的に沸騰して水蒸気に変化し、デンプンの外側の層を道連れにして約1,500倍に膨張する。

圧力調理器

圧力調理器は、調理をスピードアップしてくれる便利な機器という点では、電子レンジの先祖のようなものだ。われわれの祖父母の世代にはマニュアルのバージョン、つまり基本的にロックできるふたの付いた頑丈な鍋が、コンロに乗せて使われていた。このバージョンは、安全ロックと安全弁が付いて事故を防止できるようになったものが現在でも使われており、本物の圧力調理器愛好家にとっては十分に買う価値があるものだ。メーカーでは電子制御バージョンも製造しており、目を離しても安全なので、初めて買う人にはこちらをお勧めする。キッチンが狭い人は、スロークッキングモードや炊飯モード付きのものを選ぼう。

食品の調理を速めてくれるのは圧力そのものではなく、物理的プロセスや化学的なプロセスに圧力が影響を与えるためだ。圧力が上がると、水の沸点は常に上昇する。湿式調理法においては、食品とそれを温める液体の間の温度差が、食品の加熱される速さを決める。（詳しくは149ページを参照してほしい。）圧力が上がると水の沸点は上昇するが、調理を行うのは沸騰している水そのものではなく、高温の液体と低温の食品との温度差であり、この差が大きいほど熱の伝わる速度は速くなる。

食品へ熱が伝わる速度は、液体が沸騰を続けられる温度の高さによって決まる。メーカーやモデルによって異なるが、圧力調理器が上げられる圧力は11〜15psi（758〜1,034hPa）程度だ。動作圧力に関して公式な標準があるわけではないが、大部分のレシピは高圧力で15psi（1,034hPa）、低圧力で8psi（550hPa）を前提として書かれている。（ULでは15psiを超える機器は認証されないので、この圧力を超えるものは販売されていない。）お手持ちのモデルの動作圧力に応じて、調理時間を調整する必要があるかもしれない。

動作圧力は通常の大気圧に対する相対値なので、水の沸点は通常の大気圧にお使いの機器の動作圧力を加えたものから求められる。海抜ゼロメートルに住んでいて高圧力の機器を使う場合、圧力は29.7psi（2,048hPa）まで上がるので沸点は250°F / 121°Cになるが、高度1マイル（1,609m）で動作圧力が11psi（758hPa）の機器を使う場合、沸点は236°F / 113°Cまでしか上がらないことになる。この図は前のセクションに掲載した水の状態図をズームインしたものだ。お住まいの場所の気圧にお使いの圧力調理器の動作圧力を加えて、食品が調理される温度（と、その速さ！）を調べてみよう。

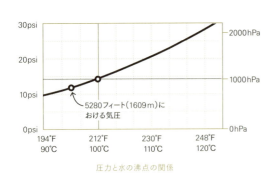

圧力と水の沸点の関係

あなたの住んでいる場所の気圧に、圧力調理器の動作圧力を加えると絶対圧力が得られる。この絶対圧力に対して、水の沸点をチェックしてみよう。

面白い科学の豆知識をひとつ紹介しておこう。メイラード反応は、ほとんどの湿式調理法ではまず起こらない。この反応を妨げているのは水そのものではなく、実際は食品中に多少の水分の存在が必要だ（226ページを参照してほしい）。反応を妨げているのは、熱伝導体として使われている水が必要な温度に達しないためだ（少なくとも通常の大気圧では）。アミノ酸と還元糖の組み合わせによっては、水の沸点のわずかに上でメイラード反応が起こり始めることもある。例えばリシンとブドウ糖の組み合わせは、pHが4～8の溶液中であれば212～230°F／100～110℃程度の温度で結合し、温度が高く塩基性が強いほど速く反応する。この性質を利用して、重曹を用いてスープの中でメイラード反応を起こしている新奇なレシピもあるが、圧力調理にこのような手法が使われることはめったにない。幸いなことに、メイラード反応は圧力調理器の圧力ではあまり起こらない（目に見えるほどの反応を起こすためには70psi／4,800hPaほどの圧力が必要だ）。また実際に起こったとしても、食品の中心から端まですべてメイラード反応が起こるため、ひどい味になってしまうことだろう。良いものが多すぎても、この場合のように、不快な風味となってしまうのだ。

長所

- スピード！　水の沸点を212°F／100℃から248°F／120℃に上げると、料理の反応の起こる速度はほぼ4倍になり、調理時間を60～70%ほど短縮することができる（食品の温度を上げるのに多少時間がかかるためだが、それがなければ75%に近くなるはずだ）。圧力調理器は、穀物や豆類、そしてコラーゲンの多い肉をスロークッキングするにはぴったりだ。米やレンズマメは30分ではなく5～8分で調理できるようになり、乾燥した豆は水に浸しておかなくても30分で食卓に出せるようになる。リブやポットロースト、そしてプルドポークも1時間以内でおいしく簡単にできる。
- 電気式の圧力調理器は非常にエネルギー効率が良い。つまり、通常では何時間もかけてゆっくり炒め煮にするような料理（例えばプルドポークなど）も、キッチンをあまり暑くせずに作れるので、夏の料理には最適だ。

ドニ・パパンというフランスの化学者が最初に圧力調理器を使った料理をロンドンで科学者たちのグループに提供したのは1679年のことで、彼はこれを「骨消化装置（bone digester）」と呼び、ゼリーのようになった骨を（調理した肉と共に）食卓に出した。17世紀のイギリス料理っていったい……。

短所

- 調理中に食品の様子を見て、味を調えたり火の通りをチェックしたりすることはできない。ケーキを焼くときのように、最初に鍋に入れたものがそのまま調理されて出てくることになる。もしあなたが料理しながら手を加えて行く直観的な料理人タイプなら、圧力調理はひとつの食材を調理する方法としてとらえ、次にそれを料理の部材として利用するようにするといいだろう。

圧力フライ（pressure frying）は、水の代わりに油を使ってさらに高い温度で調理する手法で、フライドチキンのような食品の外側をカリッと茶色く、内側をジューシーに仕上げてくれる。圧力フライは、カーネル・サンダースが彼オリジナルの「ケンタッキーフライドチキン」を作った方法であり、それが大成功した理由でもある。残念なことに、圧力フライヤーは工業製品であり、家庭で安全に使えるものではない。ハッキングしようとも思わないほうが良い。通常の圧力調理器で油を使うと、密閉ガスケットを溶かしてしまい、爆発的な圧力低下が起こって熱い油を周囲全体にまき散らしてしまうことにもなりかねない。

- 反応の速度が上がるため、あっという間に調理しすぎになってしまう。わずかに調理不足にしておき、「圧力なしで」しばらく調理し続けるのが良いだろう。レシピに調理時間をメモするようにしてほしい。（野菜の場合には、低圧力の設定にすれば調理しすぎは防げる。）圧力調理器によって動作圧力はわずかに異なるので、レシピの時間は出発点としてとらえ、メモを取るようにしてほしい。
- 圧力調理器は、水の沸騰か水蒸気を利用して熱を伝えているし（つまり湿式調理法）、水分を大部分とらえて凝結させるので、ソースを煮詰めるのは難しい。圧力調理の後、液体を煮詰める必要があるかもしれない。逆に言えば、液体をケチってはいけない。調理器の中に、少なくともカップ1か2の水は確実に入っているようにすること。そうしないと、蒸気が発生しないので、鍋底が焦げ付いてしまうことだろう。

ヒントとトリック

- 通常のレシピを圧力調理器向けにアレンジする場合、蒸し調理や炒め煮などの湿式調理法で通常ならどう調理するかを考えて、その調理時間の3分の1を目安とすればよい。内鍋には、3分の2よりも上まで食材を入れないよう気を付けてほしい。調理中に膨らむ食材もあるし、それが安全弁をふさいでしまったりすると大変だ。アップルソースや大麦、オートミールやパスタなど、調理中に泡立つ食材を使う場合には、3分の1よりも上まで入れないようにしてほしい。乳製品は圧力によって固まるので、乳製品の食材は圧力調理の後で入れること。
- コンロの上に乗せて使う圧力鍋は、水道の蛇口の下へ持って行き冷水をかければ、調理後すぐに冷やすことができる。これは野菜やポレンタなど、火の通りやすい食品が余熱で調理され続けないようにしたい場合に便利だ。
- 電気式の圧力調理器は、15psi（1,034hPa）ではなく12psi（830hPa）で動作するものが多い。つまり、高圧力タイプを使うと想定しているレシピの場合、調理時間を15〜20％増やす必要があるかもしれないということだ。マニュアルを読んで、定格圧力ではなく、動作圧力をチェックしてほしい。メーカーは、機器が達成できる最大圧力を目立つところに記載して、調理中の本当の圧力を隠そうとすることがあるようだ。
- 野菜やアーティチョークを蒸す場合には、金属製の蒸しトレイを使って水に浸らないようにすること。また、食品が少量ならば小さなコップか金属製のボウルを同じように使って蒸すこともできる。圧力調理器に、カップ1〜2

の水を注いでおくことを忘れないように！　圧力調理器には、プラスチック製の容器は使えない。溶けてしまうからだ。

- 圧力調理器は、スープストック作りにも便利だ。食事の際に外した骨を、容器に入れて冷凍しておこう。容器がいっぱいになったら、中身を圧力調理器に入れ、かぶる程度の水を加え、30分圧力調理する。冷めてから、液体を濾す。
- 圧力調理器を使って、牛脂やラードを精製してみよう。脂身を細かく刻んでジャーに入れ、かぶる程度の水を加え、そして圧力調理器に水をカップ1入れて、約2時間かけて脂を抽出する。安全に扱える温度まで脂を冷ましてから濾す。

RECIPE インドの緑豆キチディー

キチディー（khichdi、レンズマメと米をスパイスと混ぜたインド料理）を作るには、百万通りもの方法がある。キチディーは「混ぜたもの」という意味であり、まさにその名前の通りの料理だ。このレシピは私が最初に食べたものを元にしているが、いろいろと実験してみてほしい。フェンネルシードやクミンシード、ガラムマサラやカレー粉など、他のスパイスも加えてみよう。

スキレット、マニュアル圧力鍋、あるいはソテーモードにした電気式の圧力調理器で、以下の材料をソテーする。

- ☐ 食用油：大さじ2（30g）（バター、オリーブオイル、ギー、またはココナッツオイルなど）
- ☐ 赤タマネギ（中）：1個（110g）、刻む
- ☐ コリアンダーシード：大さじ1（5g）（ホールでも挽いたものでもよい）
- ☐ ターメリックパウダー：大さじ1（7g）
- ☐ カイエンヌペッパー：小さじ1/2（1g）

圧力調理器で米などの穀物を調理すると膨らむので、半分よりも上まで入れないこと。

以下の材料を加え、かき混ぜて油をなじませ、必要であれば圧力調理器に移す。

- ☐ 白バスマティ米：カップ1/2（80g）
- ☐ ムングダール（黄色い2つ割の緑豆）または赤レンズマメ：カップ1（190g）
- ☐ にんにく：6〜12かけ（18〜36g）、皮をむく
- ☐ 根ショウガ：大さじ1〜2（6〜12g）、皮をむいて角切りにする

水3カップ（710mL）を加えて圧力調理器のふたを閉める。高圧力で約5分調理する。

冷めてからふたを開けてかき混ぜる。**レモン1個分のジュース**と**塩**で味を調える。

香菜または**パセリ**を添えて食卓に出す。

私が初めてこの料理を食べたときには、新鮮な生のロケットが添えられていて、良い風味と食感を付け加えてくれた。

RECIPE 圧力調理器で作るプルドポーク

コラーゲンについてはすでに説明した（208ページを参照してほしい）が、圧力調理器にどんな効果があるのかを理解するために、ここでもう一度取り上げてみることにしよう。コラーゲンは硬いタンパク質であり、これを多く含む肉は長時間調理して適切に分解させる必要がある。ご想像通り、圧力調理器はこのプロセスをスピードアップして、丸1日かかるプロジェクトを仕事帰りにもできるものにしてくれる。

ボウルに、以下の材料を混ぜ合わせる。

☐ ブラウンシュガー：詰め込んだ状態でカップ2/3（150g）
☐ 赤ワインビネガー：カップ1/4（60mL）
☐ ケチャップまたはトマトソース：カップ1/4（60g）
☐ 粉末パプリカ：大さじ1（7g）
☐ 挽きたての黒コショウ：小さじ2（4g）
☐ 塩：小さじ1/2（3g）
☐ 挽いたコリアンダー：小さじ1/2（1g）（オプション）
☐ カイエンヌペッパー：小さじ1/2（1g）（もちろんオプション）

思い付くまま、自由に好きなスパイスを加えて（または削って）みてほしい。そして、混ぜ合わせる。

以下の材料を加える。

☐ 豚肩肉または豚もも肉：3〜4ポンド（1.5〜2 kg）骨は付いていてもいなくてもよい（お手持ちの圧力調理器に入るものを買うように気を付けてほしい。よくわからなければ、肉屋に半分または4分の1に切ってもらうとよい）

豚肉に皮が付いていれば取り除いてから、すべての面に先ほどのシーズニングをまぶす。圧力調理器に移し、ソースが残っていればそれも加えてから、高圧力で45〜60分調理する（圧力が15psiまで上がらない圧力調理器の場合、もう少し長くかかるかもしれない）。

調理が終わったら、肉を大きなボウルに移し、骨を引き抜く（自然に取れるはずだが、もしそうならなければ、もっと長い時間調理する）。大きな脂があればそれも取り除いて捨てる（あるいは取っておいて、329ページで説明したようなラードの抽出など、別の料理プロジェクトに使ってもよい）。2本のフォークを使って豚肉をほぐし、細かく裂く。

圧力調理器の内釜から液体をボウルへ注ぎ出し（肉が浸るほど十分な量があるはずだ）、混ぜ合わせてしっかりとソースを肉になじませる。

NOTES

◎プルドポークの利用方法のヒントをいくつか挙げておこう。トーストしたハンバーガー用のパンに乗せる、ジャガイモのパンケーキに乗せる、バゲット（フランスパン）に切れ目を入れて挟む、ご飯の上に乗せる。チリソースに混ぜる、タコスに使う、ピザのトッピングにする、ナチョスに入れる。あるいは、私がいつもしているように、フォークをつかんでそれだけを貪り食う。

調理不足　　　　　調理済み

圧力調理した肉がまだ硬ければ（左側）、それは調理不足が原因だ。もっと長い時間調理すればコラーゲンが分解し、プルドポークの素晴らしい食感が得られる。肉が乾いて細かく裂けているようなら、次回は調理時間を短くするようにしてほしい。

クリームホイッパー

　缶入りのホイップクリームを使ったことのある人は多いだろう。**クリームホイッパー**はこの再利用可能なバージョンで、自分でクリームなど好きなものを詰めて使う。単純だが、賢い設計だ。好みの中身を容器に入れ、ねじぶたを閉め、そして亜酸化窒素か二酸化炭素の入った小さな使い切りガスカートリッジを使って、逆止弁を通して加圧する。さあこれで、圧力を上昇させガスを液体にたくさん溶け込ませる能力が手に入った。これを利用して、面白い料理のテクニックを試してみよう。

　クリームホイッパーの本来の用途は、その名の通りホイップクリームを作ることだ。ホイッパーを使えば、材料の質や使う砂糖の量がコントロールできる。充填さえしてしまえば、通常の缶入りホイップクリームと全く変わりなく使える。すぐに思い付くのは、さまざまな風味のホイップクリームを作ることだろう。オレンジの皮と、少量のバニラシュガーを有機クリームに加えて、ねじぶたを閉めてガスカートリッジで加圧し、スプレーすればいい。茶葉を浸出させたクリームも作ってみよう。アールグレイや、燻製風味がお好みならラプサンスーチョンの茶葉を浸したクリームをホイッパーに入れるのだ。（ホイッパーの容器へ移す前に、茶葉をろ過して取り除くこと！）また、ちょっとアルコールを加えてもよい。生クリーム4に対してアマレットリキュールを2、それに粉砂糖1の割合で合わせて、コーヒーにぴったりのアマレットクリームを作ってみよう。

　しかし、クリームホイッパーが本当に面白いのは、生クリーム以外の液体を噴射できることにある。空気を含む性質のある液体や混合物なら何でも大丈夫だ。チョコレートムースは、クリームホイッパーを使えばあっという間にできてしまう。少量のゼラチンかレシチン（453ページを参照してほしい）を液体に加えて発泡させれば、風味が付いていて食べられる、軽くバブルバスのようなフォームが作り出せる。ニンジンジュースのフォームは奇妙に思えるかもしれないが、前衛的な食事の一品としては面白いかもしれない。さらには、クリームホイッパーにパンケーキの生地を入れることさえ可能だ（実際に「缶入りパンケーキ」の市販を試みた起業家もいる）。加圧された状態で中身が押し出されるため、圧力のかかった小さな泡が液体と一緒に出てきて瞬間的に膨らみ、機械的に空気が液体へ吹き込まれた状態となる。このようにしてクリームはホイップクリームとなるわけだが、作り出されたフォームは手で泡立てたホイップクリームほどは安定していない。

　クリームホイッパーのマイナス面は、使い切りガスカートリッジの費用だ。この費用を考慮する必要はあるが、缶入りホイップクリームをよく使う人なら長く使えば元が取れるという点だけでもホイッパーを買う価値はあるだろうし、品質も高められる。キッチンで食感や風味の実験をしてみたい人にとっては、絶対に安くつくはずだ。

　ホイッパーには、ちょうど魔法瓶のように断熱構造になっていて、中身を冷たく保ってくれるものもある。これは、ホイッパーを使ってホイップクリーム

しか作らない場合には便利だ。しかし、このような断熱構造のものは湯せんで温めることができないため、熱いフォームを作ったり、中身を真空調理法で調理して卵ベースのカスタードを作ったりすることが難しい。このような目的には非断熱のものを購入しよう。

　ホイッパーを圧力源として使うこともできる。ひとつのテクニックは、ホームセンターなどの配管部品コーナーで手に入るアダプターを使って、ホイッパーのスプレーノズルをプラスチックの管につなげることだ。管に熱い液体を満たし、寒天などのゲル化剤（これについては後で説明する。441ページを参照してほしい）を加えて固め、ホイッパーを使って圧縮空気で押し出せば「ヌードル」ができる。

　クリームホイッパーそのものが（スプレー弁を別にすれば）圧力のかかった容器だということを見過ごさないようにしてほしい。揮発性の化合物（大部分の匂いは揮発性だ。そうでなかったとしたら、どうしてその匂いをかぐことができるだろうか？）は、高い圧力の下ではより容易に液体に溶け込む。風味のある食材（スパイスやフルーツ、コショウなど）を容器に入れ、液体（水やアルコール、油など）を注いで容器を加圧すれば、簡単に風味を液体に浸出させることができる。それから容器を垂直に保ちながら、スプレーしないように気を付けて圧力を逃がし、ふたを開けて風味の抽出された液体をろ過しながら注ぎ出せばよい。

　もうひとつの使い方としては、二酸化炭素のカートリッジを使って「ホイッパー発泡フルーツ」を作ることだ。ぶどう、いちご、あるいは薄切りにしたリンゴやなしなどを缶に入れて加圧する。そのまま1時間置き、減圧してフルーツを取り出す。オート・キュイジーヌ（高級フランス料理）とは呼べないが、パーティーの余興としては面白いだろう。発泡させたラズベリーは、すばらしいカクテルのベースとして使える。

　ホイッパーを使うときに気を付けてほしいことを、いくつか挙げておこう。

- クリーム以外の液体にも使えるホイッパーであることを確かめて購入しよう。メーカーによっては、クリームにしか使えない「ミニホイッパー」を製造している場合もある。
- ふたをねじ込む際にはガスケットが適切に装着されており、ねじ山が汚れていないことをチェックしよう。さもないと、チョコレートケーキの生地やクリーム、あるいはパンケーキミックスをランダムな方向に10フィート（3m）もまき散らすことになる。
- 常に液体はろ過して、ノズルを詰まらせる微粒子を取り除いておこう（500ミクロン程度のフィルターがよい、368ページを参照してほしい）。もちろん、普通のクリームなどをろ過する必要はない。
- 重い生地を使う場合には、2回に分けて缶を加圧するとよい。1個のカートリッジで加圧したら、それを外してもう1個と付け替えるのだ。中身が減って行くに従って、圧力も減少して行くことにも気付くと思う。中身が出て行くと、その分ホイッパーの中の空気のスペースが増えるからだ。

- 液体がうまくフォームにならない場合には、冷えていることを確かめよう。クリームは、少しでも温まるとフォームにならないことがある。また、ゼラチンを加えてみよう。簡便法をとるなら、風味の付いたゼリーの素を使ってもよい。
- BBガンなど、食品以外に使うために製造されたガスカートリッジを使ってはいけない。これらのガスカートリッジは食品グレードではなく、製造時の油脂や溶剤などの不純物が混じっていることがある。

RECIPE チョコレートムース

ムース（フランス語で「泡」という意味）とは、空気の泡を取り込むことによって食感を作り出しているあらゆる料理（甘いものも甘くないものもある）を指す。ここで作るバージョンは非常に軽いものになる。ホイッパーから押し出される生クリームは、手で泡立てたホイップクリームと比べて2倍の体積に膨張するからだ。

以下の材料を、チョコレートを溶かすために十分な温度（130°F / 55℃）まで温める。

☐ 生クリーム：カップ1（240mL）

火から下ろし、以下の材料を加えて泡立て器で混ぜて溶かす。

☐ ビタースイートチョコレート：2オンス（60g）

☐ シナモン：小さじ1/4（0.5g）

ホイッパーの容器に移して、冷蔵庫または氷と水を半々に満たした容器に入れて冷やす。スプレーする前に、ムースの原料が完全に（冷蔵庫の温度まで）冷えていることを確かめよう。冷えていないと、クリームは泡立たない。ムースが薄すぎるようであれば、容器を数秒間激しく振ってクリームを部分的に固まらせる。

加圧し、好みに応じて銘々のグラスか皿に盛り付ける。

NOTES
◎ムースではなく、チョコレート風味の生クリームが噴出してくるようであれば、それはクリームが十分に冷えていないためだ。

RECIPE 30秒で作るチョコレートケーキ

電子レンジ調理可能なボウルに、以下の材料を入れて溶かす。

☐ チョコレート：3.5オンス（100g）（できればビタースイート）

以下の材料を加え、しっかりと泡立て器で混ぜ合わせる。

☐ Lサイズの卵：4個（200g）
☐ 砂糖：大さじ6（75g）
☐ 小麦粉：大さじ3（25g）

これをろ過して、かたまりとカラザ（卵黄と卵白をつないでいる小さな白いひも状のもの）を取り除く。ホイッパーに移して加圧する。

バターを塗ったグラス、ラムカン型、またはその他の電子レンジ調理可能な容器にスプレーするが、少なくとも上部1/3は空けておく。最初に作るときには、調理中にケーキが膨らんだりへこんだりするのが見えるように、透明なグラスを使うことをお勧めする。

電子レンジに30秒、あるいはフォームが固まるまでかける。皿に出し、粉砂糖をかける。

菓子の世界では、粉砂糖は通常の料理のベーコンに相当する。ほとんどすべての材料と相性がよく、裂け目や穴を隠すにはぴったりだ。この例では、チョコレートのフィリングを隠している。

もっとおいしくしたいなら、ヘーゼルナッツ風味のチョコレートクリームやマシュマロのクリームを加えてみよう。ケーキの生地を薄くスプレーし、中心にスプーン1杯のフィリングを入れ、そしてフィリングの上と周囲にケーキの生地を追加すればよい。

電子レンジから出した後、チョコレートをかけた上に白いアイシングで模様を描けば、市販のクリーム入りカップケーキのようなものが出来上がる。

NOTES

◎ 皿に生地を薄く正方形にスプレーして焼いてみよう。皿からはがして、上にジャムかホイップクリームを塗って巻けば、葉巻型のチョコレート菓子の出来上がりだ。

◎ クリームホイッパーがなくても、これに近いものは作れる。インターネットで「電子レンジ チョコレートケーキ」と検索してみてほしい。ホイッパーを使うと生地に空気が含まれるので、より均一でスポンジ状のケーキができる。

空気を含ませた電子レンジケーキ、調理前（左）と30秒調理したもの（右）。

ケーキに密度の高い部分ができてしまった場合（左側、1回加圧して作ったケーキの断面図）、ふんわりと空気を含んだものにしたければ（右側の断面図のように）、クリームホイッパーを2回加圧してみよう。1度加圧して空になったカートリッジを外し、新しいカートリッジを取り付けてもう1度加圧するのだ。

RECIPE スクランブルエッグのフォーム

この卵のフォームはホイップしたマヨネーズに似ているが、信じられないほど軽い。ステーキやフライに添えてみよう。このレシピは、インターネット（http://www.ideasinfood.com）や書店（『Ideas in Food』, Clarkson Potter, 2010）で入手できる、アレックス・トールボットとアキ・カモザワのレシピを元にしたものだ。

ボウルに以下の材料を量り取る。

- □ Lサイズの卵：4個（200g）
- □ 生クリーム：大さじ5（75mL）
- □ 塩：小さじ1/2（3g）
- □ ホットソース（シラチャソースなど）：小さじ1/2（2.5mL）

ブレンダーを使って、材料をしっかりと混ぜる。これをろ過して非断熱のホイッパーに入れ、ふたを閉めるが、加圧はしないでおく。ホイッパーを158°F / 70℃の湯せんに入れ、粘り気が出るまで60〜90分ほど加熱する。ホイッパーを湯せんから取り出し、卵が部分的にしか固まっていないことを確認してから、加圧する。小さな銘々皿に取り分けて付け合わせを添えるか、料理の部品として使う。

NOTES

◎ 私は最初にこれを作ったとき、うっかり熱すぎる湯せんに入れて卵を調理し過ぎてしまった。卵は容器の中で固まってスプレーできなくなってしまったが、これはまた私の人生の中で最高のスクランブルエッグだった。生クリームとホットソースのバランスがちょうどよかったのだろうか……。

ホイッパーに液体を入れる際にはろ過しよう。私はティーポットについてきた茶こしを便利に使っているが、網目の細かい濾し器なら何でも使えるはずだ。

低圧を利用したトリック

圧力を高くすると沸点が上がり液体へガスが溶け込みやすくなるのなら、気圧を低くすれば沸点が下がると共に液体に溶け込んだガスを除去できるはずだ。しかし、低圧を作り出す脱気システムを使ってできる面白いトリックはそれだけではない。ピクルスを**今すぐ**食べたい？　ケーキの生地に入ったりスープを濁らせたりする空気の泡を何とかしたい？　レストランで「スイカのステーキ」を、メーカーでエアロチョコレートやフリーズドライ乾燥したアイスクリームをどうやって作っているのか知りたい？　これらの質問への答えは、すべて低圧の条件を作り出す脱気システムにある。

- **インスタントピクルス。**一部の食品（特に、ピクルス作りによく使われるもの）は、真空に引かれた後に圧力が回復すると、元の形に戻ろうとする。こ

の性質を利用して、液体を植物組織の中へ巧妙に吸い込ませることが可能だ。濡れたスポンジを握りしめると、空気が出て行く。これを水の中に浸した状態で手を放すと、今まで空気が入っていた場所に水が入る。料理の世界では、これを**フラッシュピクリング**（flash pickling）と呼ぶ。キュウリやタマネギなどの食品に存在する顕微鏡的なエアポケットが吸い出され、漬け汁や風味抽出油やアルコールなどの液体に置き換えられる。そしてこのプロセスには、ほんの数分しかかからない。まさにインスタントピクルスだ。

- **空気の泡を取り除く。**圧力が減少すると、ガスが占める体積が増加し、その密度が減少する。粘性のある液体（スープや生地など）の中では、空気の密度が減少することによって、液体の中に存在する空気の泡の浮力が大きくなる。密度の低い、熱い空気の入った熱気球が周囲との密度差によって上昇するように、密度の低い空気の泡は液体の中で浮力を増し、表面まで上昇しやすくなる。これは**ストークスの法則**（小さな丸い粒子に粘性流体が及ぼす抵抗力）から導かれるものであり、密度の差が大きくなるとこの抵抗力に打ち勝つことができるようになる。（ケーキ型を揺すったり調理台に打ち付けたりしても小さな泡が取り除けないのは、この理由によるものだ。）スープなどの液体は、顕微鏡的な空気の泡が混ぜ込まれることによって、調理中に濁ってしまうことがある。これを脱気すると、小さな泡が浮かび上がって澄んでくる。これには見映えだけでなく、空気の泡を取り除くことによって、液体の味わいやカスタードの焼け方を変える効果も期待できる。

- **透明フルーツ。**脱気すると、パイナップルやスイカなどのフルーツに含まれる空気の泡が膨張して破壊的な効果をもたらす。細胞が破裂し、細胞壁が崩壊する。大気圧に戻ると、このような食品はつぶれて小さく、高密度になり、光を妨げていたエアポケットがなくなるため透明度が増すこともある。

- **食品のフォームを作る。**液体に空気の泡を吹き込んでから、周囲の気圧を低下させることによって泡を膨張させることができる。缶入りのホイップクリームは、このなじみ深いバージョンだ。圧力を高め、ガスを液体に溶け込ませてから、急激に圧力を低下させる。溶け込んだ空気が溶液から放出され、先ほど説明したストークスの法則によってその泡はその場に保たれる（ホイップクリームの場合、少なくとも短い時間であれば）。これは固体にも適用できる。1930年代に最初に試みられたチョコレートのフォームの作成は、溶かしたチョコレートに泡を吹き込み、圧力の変化によって泡のサイズを変えてから、チョコレートを固めることによって行われた。産業的にはメーカーでは、液体チョコレートの周囲の圧力を上昇させてガスを懸濁させ（ホイップクリームと同様に）、それから急激に減圧してチョコレートを発泡させてから固めることによってこれを行っている。プロのシェフでも急激に減圧できるチェンバーは持っていないので、料理の世界でこれを行うにはクリームホイッパーを使って溶けたチョコレートに亜酸化窒素を吹き込み、スプレーしてからチョコレートをチェンバーに入れて脱気して泡を成長させてから固めるという手順になる。

- **フリーズドライ食品を作る。**「水はすばらしく奇妙な物質だ」シリーズの続きとして、水の氷点と沸点は高真空下では同一になり、**昇華点**と呼ばれるようになる。324ページの状態図では、固体、液体、気体のすべてが集まる点として示されている。おおよそ0.08psi（6hPa）未満の気圧では、氷は液相を経由せず、直接水蒸気に変化するのだ。フリーズドライの効果はすばらしく、食品の栄養価と風味も大部分が保たれる。市販されているフリーズドライ食品（フリーズドライ製法のインスタントコーヒーなど）が伝統的な製法のものほどおいしくないと感じた人もいるかもしれないが、これはフリーズドライプロセスというよりは、コストや使われる原料の問題が大きい。

脱気の利用法をエキサイティングに感じてもらったところで（そうだといいのだが）、それでは実際に家庭でこれを行うにはどうすればよいのだろう？ 掃除機では十分に脱気できない。（それに、何とも気持ち悪い。）幸い、このタスクを大部分やってくれるキッチン用の装置が存在する。それは真空パックシーラーだ。真空パックシーラーは通常、家庭の料理人が食品を密封して保存するために使われる。食品を保存容器やラップを掛けたボウルに入れて保存する代わりに、食品安全なポリ袋に食品を入れ、空気ポンプで空気を吸い出して、融着バーで袋の開口部を溶かして密封するのだ。（融着バーの代わりに逆止弁を使うものもあるが、うまく密封できないので避けたほうが良い。）利点は、袋から空気を抜くので脂の酸化が減り、冷凍焼けの原因となる匂いをなくせること、開ける前に水中で簡単に解凍できることだ。次に説明する低温調理法でも、真空パックシーラーを使って調理される食品をパックする。

フラッシュピクリングのようなテクニックを使うには、びん詰めアタッチメントをサポートした真空パックシーラーを探してほしい。これは広口のガラス製のジャーのふたに接続して使うもので、ジャーから空気を吸い出せるようになっている。このジャーは通常の真空パック用のポリ袋とは違って、へこんで食品をつぶしてしまわないよう頑丈にできている。このツールはジャーの中の酸素を減らして食品の保存期間を延ばすのが本来の使い方だが、われわれの目的にとっては先ほど挙げたさまざまなトリックが実現可能になる。（残念ながら、本物のフリーズドライを行うには、家庭で容易に達成できるよりも低い温度で、もっと強い脱気を数時間にわたって行う必要があるようだ。）

もう一点。真空チェンバー式のシーラーを持っている人は、ラッキーだ。真空チェンバー式のシーラーは、内部のチェンバーの気圧を大気圧の10%程度にまで簡単に減圧できる卓上型の機器だ。家庭用真空パックシーラーと同様に、通常は手早く食品保存袋を密封するために使われるが、より速く、水分を引き出したり食品をつぶしたりせずにシールできる（再

真空パックシーラーでは、食品のパスチャライゼーションや滅菌はできない。
空気をなくすことには、**腐敗を引き起こす**バクテリアの影響を低減する意味はあるが、その一方で一部の**病原体**バクテリアの増殖する能力を高めてしまう。食品の缶詰や滅菌の具体的な指示に従う場合を除いて、真空パックされた食品は他の生鮮食品と同じように取り扱うこと。つまり冷蔵庫に保存して数日以内に使い切るか、冷凍する。

COLUMN 真空パックシーラーで強力な脱気を行う方法
（あるいは、製品保証を無効にする簡単な方法）

脱気すると、タマネギやキュウリなどの食品の顕微鏡的なエアポケットから空気が出て行く。大気圧に戻ると、大部分の食品は十分な剛性があるので形を保とうとして、ちょうど絞ったスポンジが元の形に膨らむときのように、空気を再び吸い込む。しかし、このとき食品が液体に浸っていたら？　空気の代わりに、液体が引き込まれることになるはずだ。

どうしてわざわざこのようなことをするかというと、こうして食品に液体を引き込むと、伝統的なピクルス作りとは全く違うパリッとした食感が得られ、液体の風味が食品に行き渡るからだ。これがインスタントピクルスだ！　あるいは、キュウリを食べるマティーニに変えたいなら、ニューヨークタイムズとデイブ・アーノルドによる「食べるマティーニ」のビデオ（http://cookingforgeeks.com/book/flashpickle/）をチェックしてほしい。

デイブのように真空チェンバーを持っているプロなら、何でも好きな食品と液体を容器に入れ、それを真空チェンバーに入れて、ふたを閉めるだけでいい。しかしわれわれアマチュアにとって、十分に強い脱気を行うことは必ずしも容易ではない。真空パックシーラーとそれに合うびん詰めアタッチメントがあれば、それを使ってフラッシュピクリングを試してみてほしい。キュウリをスライスして風味を付けた漬け汁（酢と水を半々に混ぜたものに塩を溶かし、コショウと好きなスパイスを加えたもの）に入れ、脱気するのだ。

家庭用のびん詰めアタッチメントを使って、フラッシュピクリングされるキュウリ。

お手持ちの真空パックシーラーでは十分に強い脱気を行えないかもしれない。しかしそれでも、製品保証を無効にする覚悟があるのなら、方法はある。（「製品保証を無効にするには」という章を別に書くべきだったかもしれない。きっといつかは……。）

家庭用の真空パックシーラーには、ポンプを止めてシールを開始するための圧力スイッチが付いている。こいつのおかげで、ピクルスが上手に作れるほど強い真空になる前にポンプが止まってしまうのだ。でも、もしこの圧力スイッチを無効にできれば、機械は延々と（またはモーターが焼き切れるまで）ポンプを動かし続けるはずだ。

真空チェンバーシステムを自作するには、以下のものが必要だ。

- トグルスイッチ
- リード線
- ドライバーとニッパー
- びん詰めアタッチメント付きの家庭用真空パックシーラー

真空パックシーラーのねじを外してカバーを開ける。中はこのようになっているはずだ。

圧力スイッチ（左側のハイライト）を見付ける。回路基板との間のリード線を1本切断し、そこにトグルスイッチを挿入する（右側のハイライト）。ケースに小さな穴を開けてトグルスイッチを固定し、外側から切り替えられるようにする。

加圧の際にはつぶれるかもしれない）。ここに挙げたトリックの大部分は、良質の真空チェンバーならいとも簡単なことだ。

真空調理法：低温での加熱

　低温調理法（英語ではsous videという）はフランス語のように聞こえるが、それにはもっともな理由がある。1970年代に料理の世界にこのテクニックを持ち込んだのが、ジョルジュ・プラリュというフランス人シェフだったのだ。フランス語を話さない人には奇妙な名前に聞こえるかもしれないが、真空調理法は決して難しいものではないし、ここ数十年間でプロの料理の世界に出現した中では最も有用なテクニックのひとつでもある。

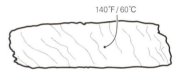

従来の調理法の温度勾配

真空調理法の温度「勾配」

真空調理法で調理された食品には温度勾配がなく、火の通りが均一になる。

　真空調理法では、温度制御された液体（通常は水）の槽に食品が沈められ、液体の温度は調理される食品の目標温度と同じになるようにコントロールされる。十分な時間があれば、卵は約144°F／62℃で柔らかいポーチドエッグの状態に固まる。真空調理法で柔らかいポーチドエッグを作るには、卵を（殻の付いたまま）144°F／62℃の液体槽に沈め、そのままタンパク質が変性するのを待てば（約1時間）、完璧に調理されたポーチドエッグができ上がる。これから見て行くように、同じ概念は数多くの他の食品にも適用できる。

　真空調理法のもうひとつのメリットは、食品全体が同じ均一な温度になることだ。肉のような食材では、外側が焼けすぎてしまうことはなくなる。食品全体が均一な温度となり、均一に火が通るのだ。通常の調理テクニックでは、ポークチョップのような食材を調理する場合、内側の温度がある温度に到達することと同時に、外側の温度が別の温度に到達することを目指さなくてはならない。2つの異なる温度を同時に操ることは、それ自体は難しいことではないが、スキルが必要なことは確かだ。真空調理法では、これら2つの温度に到達するタスクを、2段階に分けて行える。つまり、まず食品全体を望ましい内部温度（例えば、ポークチョップの場合には140°F／60℃）に到達させる。それができたら、今度は熱いフライパンの上やグリルの中で1分間表面を焼き付け、メイラード反応による焼き色を付けるのだ。

　真空調理法という名前はフランス語で「真空中で」を意味するsous videを翻訳したものだ。通常、真空調理法のプロセスは食品を耐熱性のあるポリ袋に真空パックするところから始まる。真空

真空調理法とはおかしな名前だ。私はむしろ、「水槽調理法」と呼ぶべきだと思う。実際には水から熱が伝わるからだ。

左のステーキ肉は140°F／60℃の真空調理法で調理したもの。右はフライパンで焼いたものだ。真空調理法のステーキは、中心にレアの部分がなく、均一にミディアムレアの状態になっていることに注意してほしい。

144°F / 62°Cの水槽で卵を真空調理しているところ。

パックシーラーを使って袋の中の空気をすべて追い出せば、水槽で加熱された液体が食品へ効率よく熱を伝えられると共に、その液体が食品と直接接触することを防げる。つまり、加熱用の液体（例えば水）が食品と化学的に反応せず、食品の風味はそのままに保たれる。食品の成分が液体に溶けて流れ出してしまうことがないからだ。

真空調理法は、真空パック用の袋を使わずに行うこともできる。例えば卵は（顕微鏡的な大きさの小孔を無視すれば）密封済みだ。プラスチックを使うことに不安があれば、オイルかマリネ液を満たした小さなガラス製のジャーを使って、空気が入らないように注意しながら食品をその中に沈めることもできる。この手法を使う場合、食品安全の理由から、内容物が目標温度に速く到達するようになるべく小さな容器を使ってほしい。

真空調理した卵は、割って沸かしたての湯に落として（殻は入れないように！）、すぐに取り出してみよう。熱湯によって卵の外側が急速に固まるので扱いやすく、見た目もよくなる。

液体の温度の設定は、理論的には簡単だ。調理される食品の化学を理解し、望ましい反応が引き起こされる程度に高く、その他の反応が引き起こされない程度に低い温度範囲を選べばよい。時間という変数に関しては、反応速度について説明した際と全く同様に（145ページを参照してほしい）、望ましい反応が十分な量だけ起こるように長い時間をかけて調理する必要がある。通常、これらの時間と温度の範囲は、特定のタンパク質のファミリー（例えばコラーゲン、ミオシン、アクチンなど）またはペクチンやヘミセルロースなどの多糖類に応じて決まる。この後のページでは、さまざまな食材に関するヒントと共に、真空調理法の温度範囲について説明して行く。

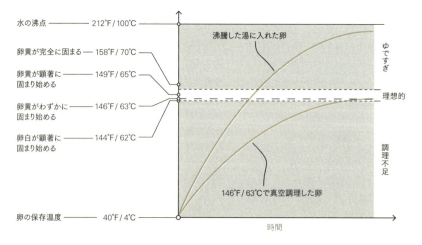

「完璧な」半熟卵というものは、黄身がわずかにとろみのあるカスタード状で、白身が大部分固まっているべきだ。熱湯でゆでた卵は、取り出すまでに卵の温度が「理想」の温度範囲を超えると、ゆで過ぎになってしまう。真空調理法では、卵の温度が理想の調理温度と等しくなるため、ゆで過ぎにならない。

他にも真空調理法に関して注意すべき点を挙げておこう。

- 水の代わりに油や溶かしバターなど、他の液体を使うこともできる。肉は油と水とでは吸収の仕方が違うので、これらの液体を使うことによって密封を省略したり、袋の中に油脂を入れて密封したりできる。これは、真空パックが難しい食材には特に便利だ。例えばシェフのトーマス・ケラーは、バターと水（「ブール・モンテ」と呼ばれ、溶かしバターに水を泡立て器で混ぜ込んだもので、バターを単独で使うよりも高い温度まで乳化した状態を保つ）の中でロブスターテイルを調理するレシピを紹介している。油脂の液体槽を使わない場合でも、少量の液体を袋の中に加えることによって、食品が脱気中に「締め付けられて」ぺったりしてしまうことが防げる。
- 空気の温度をコントロールして調理することはできない。空気が熱を伝える速度は水と比べてはるかに低く、約23倍も遅いからだ。温度が低いことを考え合わせると、例えばチキンを140°F / 60°Cの「空気槽」（低温のオーブンなど）で調理したとすれば温度が上がるのに時間がかかり過ぎ、チキンは悪くなってしまうだろう。（しかし、薄くスライスした肉ならば、十分に速く加熱される。ビーフジャーキーはこの方法で作られるのだ！）水などの液体を使えば、液体→容器→食品という熱伝導によって、比較的速く食品へ熱が伝わることが保証される。
- 真空調理は、すべての肉や魚に有効なわけではない。食品によっては、長時間一定の温度に保つと食感が損なわれる場合もある。一部の魚は、通常の調理法では気付かないほどゆっくりと進行する酵素反応によって、分解してしまう。

真空調理のハードウェア

　真空調理に必要なハードウェアは、ごくわずかだ。液体を加熱するためのヒーター、液体を保持する容器、そして調理される食品をパックするための機器。プロのシェフは、大鍋に投げ込んで使う高価な業務用サーキュレーターやチェンバー式の真空パックシーラーを使うことが多い。幸いなことに、真空調理法に挑戦してみたい家庭の料理人にも手の届く製品はいくつかある。

　真空調理用の機器には、大きく分けて2つのスタイルがある。鍋の側面に取り付けて使う「後付け」タイプのものと、断熱性が良くエネルギー効率にも優れた水槽付きの専用機器だ。どちらを使うかは、調理スペースと好みの問題だ。よくわからなければ、後付けタイプを選ぼう。こちらのほうが安く購入でき、必要なスペースも少なくて済むからだ。お勧めの製品については、インターネットで検索するか、http://cookingforgeeks.com/book/sousvidegear/ を参照してほしい。

　ヒーター込みで市販されている家庭用の機器以外にも、「BYOHS」（bring your own heat source、「熱源は自分で用意してね」）式の真空調理コントローラーが続々と発売されている。これらは、コンロの火力やスロークッカーなどの家

電製品のヒーターをコントロールするものだ。液体の入った鍋やスロークッカーの内鍋にプローブ式の温度計を差し込めば、このデバイスがバーナーの火力を調整したり、家電製品の電源をオン・オフしたりして、温度を調整してくれる。ヒーター付きの真空調理用機器（温度にむらができないように水をかき混ぜる機構が備わっているものが多い）ほど精密ではないが、BYOHS式の機器はシンプルで安価であり、この方法でもたいていの料理は上手に真空調理できる。主要メーカーが自社のキッチン用品にデジタルプローブを組み込んでくれることを願いつつ（コンロにプローブ用のUSBポートを装備するとか）、それまでの間はニッパーを片手に真空調理用の機器を自分で組み立てて楽しもう。

　もうひとつ必要なハードウェアは、調理される食品をパックするものだ。これには真空パックシーラーが利用されることが多く、そのためこの調理法は真空調理と呼ばれている。食品を真空パックすることには、パッケージから空気を追い出し、空気によって食品が断熱されたり袋が浮いたりする（上になった面が加熱されなくなってしまう）ことを防ぐ意味がある。真空調理用の調理機器を購入したら、少なくとも安価な家庭用真空パックシーラーも購入すべきだ（耐熱性のある真空パック用の袋も購入すること！）。

　急場しのぎには、一部のブランドのジッパー付きサンドイッチバッグや保存袋を使うこともできる（フリーザーバッグが最適だ）。そのような袋を使う場合、食品を袋に入れた後、少量のマリネ液か水、または油を加えてほしい（こうするとエアポケットができにくくなる）。それから袋の大部分をぬるま湯の入った容器に浸し、ジッパーの部分だけが水面上に出るようにする。袋をマッサージして空気の泡を絞り出してから、ジッパーを閉じる。プラスチックを使うことに不安があれば、小さなびん詰め用のジャーに食品とマリネ液を（空気が入らないように！）満たして使うこともできる。この際、水槽の中で速く温まるように、なるべく小さな容器を使うようにしてほしい。

使う予定のすべてのプラスチック製品に耐熱性が高い（耐熱性の高い可塑剤を使用して製造されている）こと、そしてBPAを含まないことを確認してほしい。SC Johnson（ジップロックのメーカー）ではBPAを使用していないし、同社のバッグは170°F / 76℃までの耐熱性があると言っている。

COLUMN 真空調理機器を自作する方法

電子工作の好きな人なら、部品をいくつかインターネットで注文し、数時間かけて作業すれば真空調理法機器が自作できる。

水槽を設定された温度に保つために必要な電子回路は、実は非常に簡単なものだ。基本的な機能のスロークッカーまたは炊飯器、熱電対、それに熱源をオン・オフするための単純なサーモスタットコントローラーさえあればよい。

まず、クッカーを準備する。クッカーはいわば真空調理法の筋肉で、水を保持し温める働きをする。安価なクッカーを買ってこよう。電源を切って再投入したときに、熱源がオンになってくれるものが必要だ。設定がダイヤル式になっているものを選ぼう。デジタル式のものは、電源を切って再投入したときにリセットされてオフになってしまうからだ。

次に、熱電対。プローブ式のデジタル温度計を持っている人は、熱電対を見たことがあるはずだ。その温度測定用の金属製プローブが、熱電対になっている。真空調理法機器には、真空調理法の温度範囲で感度のよい素材から作られた、Jタイプの熱電対が必要だ。(例としては、http://cookingforgeeks.com/book/sousvideprobe/ を参照してほしい。)

最後に、温度コントローラー。熱電対用の温度スイッチなら、ほぼすべて使えるはずだ。直流12Vで動作するもの、例えばLove IndustriesのTCS-4030がよいだろう(AC用のものでもよいが、配線ミスなどを考えると取り扱う電圧は低いほうが望ましい)。また、12VのACアダプターも用意しよう。

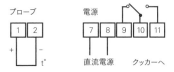

すべての部品がそろったら、クッカーの改造手術を行う手順は比較的簡単だ。熱電対をスイッチのプローブ入力へ接続し、12Vの直流電源をスイッチに接続し、それからクッカーの電源コードを切断して、片方がスイッチを経由するように接続すればよい。(クッカーの電源コードを切断する代わりに、延長コードを接続してそこにスイッチをかませてもよい。) クッカーのふたに小さな穴を開けて、そこから熱電対を差し込む。調理する際には、十分水が入っていて、ふたを閉めたときに熱電対が水に浸かっていることを確認しよう。

この手順を説明したビデオはhttp://cookingforgeeks.com/book/diysousvide/ で見られる。

真空調理と食品安全

　真空調理法では、驚くほど柔らかいチキンや完璧な半熟卵、そしてジューシーなステーキを作ることができる。しかし適切に調理しなければ、ありがたくないバクテリアの増殖に格好の培地をも作り出してしまう。真空調理を行う際に気を付けるべき事柄は以下のとおりだ。

- 真空調理法では低温の加熱を行うので、「40〜140°F / 4〜60℃危険ゾーン」ルール（181ページを参照してほしい）や、そこから派生する「汚染されている可能性のある食品は、すべてパスチャライゼーションしなくてはならない」というルールに違反する可能性がある。肉は、食感の点では火が通った（ミディアムレアでタンパク質が変性した）状態に調理されているが、十分にパスチャライゼーションされる（すなわち、十分な数のバクテリアや寄生虫が生き延びられなくなる）時間だけ、その温度に保持されていないこともあり得る。真空調理法では、保持時間に気を配って正しく食品をパスチャライゼーションすること。ハンバーガーを完璧なミディアムレアに調理し、**その上正しい保持時間でパスチャライゼーションすることは可能だ**。

- パスチャライゼーションは、瞬間的なプロセスであるとは限らない。低い温度で調理する場合には、食品を十分に長い時間だけその温度に保持してバクテリアを適切に減少させなくてはならない。鶏の胸肉を165°F / 74℃まで加熱せよというガイドラインは、保持時間に依存しないため理解しやすい上、不正確な温度計の読み取りに対しても広いマージンがある。しかし、保持時間を長くし正確な温度計を使えば、もっと低い温度でも食品のパスチャライゼーションは可能だ。140°F / 60℃における鶏の胸肉の保持時間は約30分。つまり、鶏肉の温度を140°F / 60℃まで上げてから、少なくともその時間だけその温度を維持する必要がある。

- FDAの「Bad Bug Book」に記載されている食中毒原因菌の中で、生存温度が最も高いのは比較的まれなセレウス菌 *Bacillus cereus* の131°F / 55℃で、その次に高い生存温度は122°F / 50℃だ。これらの温度は肉を真空調理する際の温度よりも低いが、それでも安全上の懸念はある。加熱フェーズに時間がかかりすぎると、その間に一部の病原菌が有害な毒素を作り出すおそれがあるのだ。安全のため、確実に2時間以内に食品の中心が目標温度に達するように気を付けよう。

- 食の安全に気を配る人にとって、真空調理法は病原体をパスチャライゼーションするツールともなる、すばらしい調理法だ。ガイドラインとしては、2時間以内に食品を136°F / 58℃（米国FSIS食品ガイドラインに規定される最低温度）以上にして、パスチャライゼーションに十分な時間だけその温度を保つ。**保持時間に気を配ること！**

- 真空調理法は、調理後保温法か調理後冷却法のどちらかで行われる。**調理後保温法**では、食品は加熱され、その温度を保ったまま食卓へ出される。**調理後冷却法**では、食品は加熱されて調理され、その後冷蔵庫または冷凍庫で**急速**に冷却されて、保存される。（氷水を使って急激に温度を下げるとよい。）調理後冷却法では、危険ゾーン内の累積時間が長くなってしまう。まず食品が加熱される際、次に冷却される際、そして再度温め直す際だ。できるだけ調理後保温法を使おう。食品は140°F / 60℃以上の温度に好きなだけ長い時間保持しておいて構わない。実際には冷蔵庫に保存するよりも安全なのだ。短所は、酵素の活動など一部の反応が継続するため、あまり長い時間食品を保持すると食感が損なわれるおそれがあることだ。

COLUMN 食器洗浄機でクッキング？

私が真空調理法について説明すると、しかめっ面をする人がいる。水槽で調理するというアイディアは、それだけ不気味に聞こえるらしい。しかし、思い出してほしい。調理とは熱を加えることであり、熱源は何でもよいのだ。真空調理法は、食品をゆでること（水の温度が212°F / 100℃に近いことが要求される）とは違う。煮ること（周囲の液体が目標温度よりも熱い）とも違う。真空調理法は、非常に低い、食品の目標温度と同じになるようにコントロールされた温度で加熱することなのだ。

サーモンの切り身をミディアムに調理することを考えてみてほしい。その場合、内部温度は126°F / 52℃程度になる。126°F / 52℃に保たれた水槽の中では、3/4インチ（20mm）の厚さのサーモンの切り身は約30分でその温度に達し、煮る場合とは違って十分に長い時間保持することによってパスチャライゼーションされる。

「確か、うちの蛇口から出る湯の温度はちょうどそのくらいだったはずだ……。」

私は実際に試してみて、そしてうまくいった（少なくとも、私の家の蛇口の湯では）。魚（気密性のある袋に密閉し、マリネ液を少々加えてエアポケットを追い出す）を容器に入れてシンクに置き、湯の蛇口をひねって細く連続した流れにする。タイマーをセットして、定期的に温度を温度計でチェックする。流れを細く絞ったとしても、水やエネルギーを無駄にしてしまうことは避けられないが、実際にうまくいくのだ。他の食材を真空調理法のスタイルで調理するには、蛇口の湯よりも高い、通常は140°F / 60℃を超える温度の湯が必要になる。

「ちょっと待って、今140°F / 60℃と言ったよね？食器洗浄機ならその温度になる！」

確かにその通りだ。そして、食器洗浄機を使ったクッキングは、すでに行われている。「dishwasher cooking recipes」（食器洗浄機 調理 レシピ）とインターネットで検索してみてほしい。サーモンやジャガイモ、さらにはベジタリアン向けのラザニアに至るまで、煮るという調理方法を利用するレシピであれば、食器洗浄機が使える可能性は十分にある。

RECIPE 食器洗浄機で作る煮リンゴ

リンゴは一年中手に入るが、どんな硬いフルーツにもこの方法を試してみてほしい（熟した西洋ナシ、桃など）。フルーツは煮ることによって、すばらしい風味を放ち、柔らかくなる。

耐熱性のあるポリ袋または小さなガラス製のジャーに、以下の材料を入れる。

- ☐ 水：カップ1（240mL）
- ☐ 砂糖：カップ1（200g）
- ☐ シナモン：小さじ1（2g）
- ☐ バニラエッセンス：小さじ1/2（2.5mL）

材料を混ぜ合わせる。以下の材料を加える。

- ☐ リンゴ：1個、芯を抜いて約1/8インチ（0.5cm）の厚さにスライスする。皮をむくかどうかはオプション

袋を密封する。食器洗浄機の最上段に置き、食器洗浄機を動作させる。この煮リンゴは、バニラアイスクリームを添えて食卓に出してほしい。

袋を「洗う」前に、密封されていることを確認すること！

COLUMN 真空調理法で卵をパスチャライゼーションする

サルモネラ菌が生卵に見つかることは非常に珍しく、1万個から2万個に1個程度と推定される割合だが、北米で採卵用に飼育されている雌鶏には現実にそのおそれがある。毎週数十個の卵を割ってオムレツのブランチを作っているとすれば、いつかは汚染された卵を割ることになるだろう。そのような卵をスクランブルエッグにする場合には、問題とならない。しかし、ポーチドエッグにする場合にはどうだろう？

卵に潜むサルモネラ菌が本当のリスクとなるのは、調理不足の卵を使った料理が「リスクあり」グループの人たちに提供される場合だ。生または調理不足の卵を含む料理（例えばシーザーサラダ、自家製のエッグノッグ、マヨネーズ、生のクッキー生地）を作る場合、卵をパスチャライゼーションすることもできる。パスチャライゼーションされた卵は実際に少し味が変わるし、卵白を泡立てる時間も長くなるので、生卵と同じだとは思わないでほしい。

サルモネラ菌は136°F / 58°C程度で顕著な速度で死滅し始め、卵に含まれるタンパク質は141°F / 61°Cを超えないと変性し始めないので、卵をこの2つの間の温度に保てばパスチャライゼーションできる。FDAは10,000分の1の減少（対数減少率5）を要求しているが、これは卵を3.5分間141°F / 61°Cに保てば達成可能だ。卵を加熱し、**その後**3.5分間この温度に保持することを忘れないようにしよう。

真空調理法：低温での加熱

INTERVIEW
ダグラス・ボールドウィンが真空調理法について語る

ダグラス・ボールドウィン（Douglas Baldwin）は、コロラド大学ボルダー校の応用数学者で、真空調理法のよいガイドを探して見つからなかったため、自分で作ってインターネットにフリーで公開してしまったという人物だ。（インターネットで「A Practical Guide to Sous Vide Cooking」（真空調理法の実用ガイド）と検索してみてほしい。）彼はまた、『Sous Vide for the Home Cook（家庭料理人のための真空調理法）』（Paradox Press, 2010）という本の著者でもある。

真空調理法は、どういうきっかけで知ったのですか？　また、どうしてここまでのめりこむことになったのでしょうか？
ハロルド・マギーの書いたニューヨーク・タイムズの記事を読んでいたら、真空調理法について触れていたんだ。僕は料理についてかなり知識があるつもりだったけど、その言葉は初めて聞いたものだから、とても興味をそそられた。だから僕は、まともなギークなら誰でもするようなことをした。つまりグーグルで検索して、ちょっと調べてみたんだ。多少は情報が見つかったけど、僕の好奇心を満たしてくれるほどではなかった。次に学術論文誌を探してみたら、そこは情報の宝庫だったんだ。
僕が見付けた300件かそこらの学術論文を集めてきて内容を理解し、オンラインガイドの最初のドラフトを公開するまでには、3か月か4か月かかったと思う。僕は、いろいろな食材を調理するのには何時間かかるか、また安全性を確保するには何時間かかるか、といった計算もしてみたんだ。

真空調理法で予期していたよりも重要だとわかったことがあれば教えてください。
真空パックする工程について心配している人が多いけど、実はそれは一番重要性の低い部分なんだ。名前は「真空調理法」だけどね。本当に大事なのは、正確に温度をコントロールすることなんだ。
長期間にわたる正確性が重要だ。何日もかけて肉を調理するとき、ゆっくりと温度が変動してしまって調理しすぎになってほしくないからね。でも、短期間の温度の揺らぎは、肉の一番外側にしか影響が及ばないから、それほど重要じゃない。華氏で1度か2度のふらつきがあっても、平均温度が一定ならば、問題ないんだ。

えっ、肉を何日もかけて調理するんですか？　実際にそんな長時間の調理を必要とする肉って、どんなものなんでしょうか？
うん、僕のお気に入りは130°F / 54.4°Cで24時間調理したビーフチャックのローストさ。これはおいしいよ。牛肉の一番安い部位を使っているのに、プライムリブみたいな見映えと味になるんだ。
大事なのは、コラーゲンをゼラチンに変換することだ。この変換は高温ではとても速く、175°F / 80°Cならたった6〜12時間で、ほとんどすべてが変換されてしまう。でも130〜140°F / 54.4〜60°Cのような低温で、同じ変換をさせるには24〜48時間もかかるんだ。

ブリスケットを130°F / 55°Cで48時間調理すると聞くと、私の頭の中では非常ベルが鳴り響きます。バクテリアのリスクはないのですか？
うん、130°F / 55°Cでは、実際にはまったくリスクはないんだ。調理に必要な最低温度を決めるのは、ウェルシュ菌

Clostridium perfringensというバクテリアだ。文献に報告されている、この菌の最高温度は126.1°F / 52.3°Cだ。これよりも高い温度を保っている限り、どんな食中毒原因菌も増殖できないんだよ。それでも、このような低温での調理では、腐敗や有益な変化を引き起こす微生物が増殖する可能性はある。だから、乳酸菌などの好熱性のバクテリアを死滅させるために、前もってフライパンで表面を焼いたり、あるいは真空パックされた食品を沸騰した湯に数分間入れたりする人もいる。だけど安全性という点では、まったく問題はない。

例えばサーモンなど、130°F / 55℃よりもさらに低い温度で調理される食品はどうなのでしょうか？
サーモンを生で食べても平気な人なら、例えば113°F / 45℃のような非常に低い温度で数時間調理しても、問題とはならない。生で食べることに抵抗のある人なら、パスチャライゼーションに必要な温度と時間をかけずに調理するのは、おそらくやめておいたほうがよいだろう。大部分の食品化学者と食品安全の専門家は、魚はパスチャライゼーションしたほうがよいという点で意見が一致している。味は変わってしまうかもしれないし、あまりおいしくないかもしれないけど、少なくとも多少は安心できるはずだ。
食品安全では、実際のリスクと知覚されたリスクの両方をコントロールすることが大切だ。豚肉のリスクよりも魚のリスクのほうがずっと少ないと知覚している人が多いけど、それはいろいろな意味で、たぶん逆なんだ。
現代のような農工業複合企業の時代では、僕たちは自分が食べているものが本当はどこから来たものか、知るすべがない。食品がどこから来たのか、どの畑で取れたものか、どのように加工されたか、そしてどうやって食卓まで運ばれてきたか、といった情報が得られない状況では、僕は「すべてをパスチャライゼーションして、あとは最善を祈る」という態度を取るのがよいと思う。でも、そんなことは聞きたくないと思っている人もいるだろうね。

リスクはどこにあり、そしてキッチンに立つものは、それらのリスクを一部でも軽減するために何ができるのでしょうか？
食品の安全性を考えるとき、特に病原体の場合には、大事なことが3つある。ひとつは、初期の汚染レベルを低く抑えること、つまり、例えば魚を買う場合には、どこで取れたかわかっている、品質のよい新鮮な魚を買うことだ。2つ目は、汚染のレベルの上昇を抑えることで、これは低温や酸によって達成できる場合が多い。3つ目は、汚染のレベルを低減することで、これは通常調理によって行われる。
問題は、113°F / 45℃という低い温度で真空調理する際には、病原体を安全なレベルまで低減することはできない、ということなんだ。だから、魚は140°F / 60℃で40～50分ほど調理してパスチャライゼーションするか、あるいは信頼できるルートから購入することによって、最初から魚にほとんど病原体がいないこと、病原体の増殖が非常に少ないことを確実にしなくちゃならない。

寄生虫のレベルは、冷凍によって減らせるのですか？
寄生虫に関しては、確かにそうだ。しかし家庭で魚を冷凍すると、魚の品質に影響する。家庭用の冷凍庫では氷の大きな結晶ができないほど魚を十分に速く冷凍できないからだ。今では、冷凍済みの高品質の魚を購入することは可能だし、仮に寄生虫がいたとしても死滅するほど十分に長い時間冷凍してあるかどうか、近所の魚屋に聞けば教えてくれるはずだ。しかし、冷凍してもそれ以外の懸念される食中毒原因菌は死なないし、化学物質による汚染のおそれは変わらない。特に、疑わしい水域で採れた貝類には気を付けたほうがよい。

真空調理法を使ってうまく調理できるかどうかは、どうやって判断するのですか？
実は僕もよくわかっていないんだが、僕は学術誌をあさって関連する基礎的なプロセスのヒントを探すのが大好きなんだ。まず、他に誰かやったことのある人がいるかどうか調べてみる。今は科学知識の膨大な財産がインターネットを通してアクセスできるようになっているから、だれかが同じような質問をして答えを得ている可能性は非常に高い。あとは試してみて、家のキッチンに合わせて修正するだけだ。学術誌から得た知識が直接キッチンに応用できる機会が非常に多いことには、僕自身びっくりするばかりだよ。

魚、鶏肉、牛肉、そしてフルーツや野菜の調理時間

　真空調理法の原理は食品の種類にかかわらず同一だが、食品を正しく調理しパスチャライゼーションするために要求される温度は、その食品の特性によって変わってくる。肉の種類が違えばコラーゲンや脂肪の含有量も異なるし、ミオシンなどのタンパク質の変性温度もまた、その動物が生息していた環境によって変動する。例えば魚のミオシンは104°F / 40°Cという低い温度で変性を始めるが、哺乳類のミオシンを変性させるには122°F / 50°Cが必要だ。(これは人間にとっても幸いなことだ。そうでなかったら、入浴は地獄の苦しみになっていたはずだ。)調理温度をわずかに変えることによって、品質が向上することもある。実験してみよう！

　このセクションに示したグラフのデータは、ダグラス・ボールドウィンの『A Practical Guide to Sous Vide Cooking』(真空調理法の実用ガイド)から引用したものだ。より詳細な情報については、347ページの彼へのインタビューを参照してほしい。真空調理法を専門的に行うつもりなら、シェフのジョアン・ロカの著書『Sous Vide Cuisine』(Montagud Editores, 2005)を読むことを強くお勧めする。

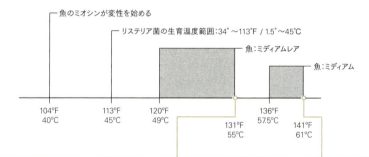

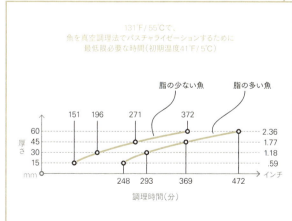

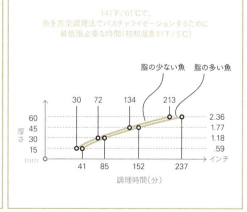

魚などのシーフード

　真空調理法で調理した魚は、驚くほど柔らかく、しっとりとしていてジューシーだ。ソテーやグリルなど、パサついたきめの粗い食感になりがちな調理法とは違って、真空調理法で調理した魚はまるでバターのように口の中でとろける仕上がりとなる。イカなどその他のシーフードも真空調理法でよい結果が得られるが、温度は違ってくる。

　魚の真空調理は単純明快なので、概念を理解するためのレシピは不要だろう。以下のヒントを覚えておくと、魚を真空調理する際には役立つはずだ。

- ミディアムレア（131°F / 55℃）以上に調理された魚は、十分に長い時間その温度に保つことによってパスチャライゼーションされる（脂の少ない魚と多い魚についての、厚さと調理時間のグラフを参照してほしい）。
- ひらめ、おひょう、ティラピア、ストライプドバス（シマスズキ）、そして大部分の淡水魚など脂の少ない魚は、アルプスイワナ、マグロ、そしてサーモンなど脂の多い魚よりも調理やパスチャライゼーションに必要な時間が短い。
- レアに調理した（つまり117°F / 47℃に設定した水槽で調理した）魚では、パスチャライゼーションは不可能だ。したがって、117°F / 47℃でサーモンを調理する場合には、すべての種類の食中毒原因菌を殺菌できていないことに十分注意してほしい。117°F / 47℃以下の温度で魚を調理しても、2時間以内であれば魚を生で食べることよりも悪い結果とはならないので、生または調理不足の状態で食卓へ出される魚についての通常の注意が当てはまる。つまり、寄生虫を避けるには、刺身グレードの一度冷凍された魚を買うこと（191ページを参照してほしい）。またそのような魚は、リスクありグループの人々へ食べさせてはいけない。
- 調理後に魚の表面に白いかたまり（凝固したアルブミン）ができてしまうようだったら、次回は調理前に15分間、10%の食塩の水溶液に浸してみよう。これによって、アルブミンが変性して「塩析」する。

FDAの2005年度版Food Codeでは、一部の種のマグロと養殖魚について、養殖条件に応じてこの要件が除外されている（FDA Food Code 2005 Section 3-402.11b を参照）。

COLUMN パック済み冷凍魚

私の近所の食料品店では、真空パックされた冷凍魚を売っている。切り分けられた魚がマリネ液に浸された状態で冷凍されていることもあり、これは真空調理にぴったりだ。つまり、あらかじめ真空パックされているし、FDA の規格に従って冷凍されているので寄生虫は死滅しているし、漁獲直後に最小限の加工のみで冷凍され密封されているのでバクテリアによる二次汚染の恐れもほとんどない。

私のお気に入りの真空調理法の利用方法は（ディナーパーティーにたくさんの食材をおいしく簡単に準備すること以外に）、パック済み冷凍魚を使って自分の毎日のランチを作ることだ。私はいつもこうして、手早く簡単に、安価でおいしいランチを作っている。

1. 真空パックされた冷凍魚を真空調理器に入れ、湯を注ぎ、スイッチを入れる。（湯を使うと調理器が水の温度を上げるまで待たなくて済むが、温度を保つためには電源を入れておく必要がある。）1個だけなので、解凍にかかる時間は比較的短くて済む。ただしパスチャライゼーション時間は、食品の中心が目標温度に達したときから始まるということには気を付けてほしい。冷凍食品の場合、どの時点でこの条件が満たされるかを知るのは難しい。私は1人分の魚が確実に解凍されパスチャライゼーションされるように、十分長い時間をかけて調理するようにしている。真空調理法では調理時間が多少長くなってもかまわないので、たいていの種類の魚は30分やそこら余計に水槽につけておいたとしても品質には影響しない。
2. ジョギングをしたり、ジムに行ったり、ちょっとした用事を済ませたりして、時間をつぶそう。真空パックされた冷凍魚の調理方法について文章を書くのもいい。
3. 袋を水槽から取り出し、切り開いて魚を皿に移し、蒸し野菜や玄米を添えれば、ランチの出来上がりだ。

ランチを後で温め直すつもりなら、調理した魚を冷凍野菜と同じ容器に入れておけば、野菜を解凍しながら魚を急速に冷やすことができる。

冷凍魚の品質は、本当にさまざまだ。ある店の冷凍のサーモンはスカスカで食欲をそそらないが、別のチェーン店で買った同じ種類のサーモンはしっとりとしていてジューシーで完璧だということもある。これは、おそらく冷凍技術の違いによるものだろう。急速冷凍は、魚の組織に与えるダメージが少ない。氷の結晶がくっつきあって大きな針状の結晶となり細胞膜を突き破ってしまう時間を与えないからだ。冷凍魚がまずかったとしても、冷凍したこと自体ではなく、冷凍技術を責めるべきだ。

鶏などの家禽

われわれのディナーによく見られる最大の悲喜劇は、調理し過ぎの鶏肉だ。適切に調理された鶏肉はジューシーでしっとりとしていて、すばらしい風味にあふれている。決してパサついていたり、味気なかったりはしない。鶏肉を調理する際の、食品安全という観点から見た場合の問題は、パスチャライゼーション（サルモネラ症などの食中毒を引き起こすバクテリアを十分に減少させること）を確実に行おうとすると、鶏肉が調理し過ぎになってしまうことだ。大部分のレシピで要求される「瞬間的な」パスチャライゼーションには165°F / 74°Cが必要だが、この温度では大部分のタンパク質も変性してしまい、食欲をそそらない、パサついた味気ない鶏肉になってしまう。しかし、**時間さえかければ**もっと低い温度でもパスチャライゼーションはできる。そしてもちろん、真空調理法はこの目的にぴったりだ。鶏肉を調理する温度で要求される最小パスチャライゼーション時間さえ守れば、成功間違いなし。仮に保持時間が長すぎたとしても、アクチンの変性する温度よりも低ければ、鶏肉はジューシーさを保つ。これも真空調理法のもうひとつの利点だ。

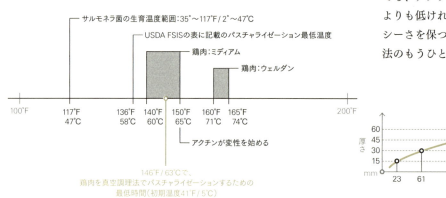

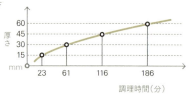

鶏の胸肉の真空調理

魚と同様に、鶏肉の真空調理法を試すには、伝統的な意味でのレシピは不要だろう。一般的なヒントを以下に示す。

- 鶏肉の風味はマイルドなので、香りのあるハーブが合う。ローズマリー、新鮮なセージの葉、レモンジュース、黒コショウなどのスタンダードな風味付けを袋に加えてみよう。しかし、にんにくは低温で調理すると雑味を生じることがあるので、やめておいたほうがよい。スパイスを加えるときには、袋の中で肉とぴったり接触させて、その部分の肉に風味がしっかりと移るようにすること。ハーブを細かく切ったり、少量のオリーブオイルと一緒にピュレしたりすると、うまく行くようだ。

- 他の真空調理法の食材と同じく、すばやく熱が伝わるように、食材は間隔をあけて真空パックに入れるか、個別の袋に入れるようにする。

COLUMN スロークッカーと真空調理法

「ちょっと待てよ、この『真空調理法』ってやつは、スロークッカーとどこが違うんだ？」と思った人もいるかもしれない。気付かれてしまったか！

実際には、それほど違いはない。両方とも、容器に入った液体を、食品は調理されるが水は沸騰しない程度の温度に保持するという点は共通している。しかし真空調理法には、伝統的なスロークッキングにはない2つの利点がある。ひとつは、特定の温度を指定できること。もうひとつは、温度の変動が少ないことだ。

スロークッカーでは、食材は170〜190°F / 77〜88℃程度の温度範囲で調理される。食材の正確な温度や変動の大きさは、大部分のスロークッキングされる料理には重要ではない。これは、ほとんどすべての場合にスロークッキングがコラーゲンたっぷりの肉や調理温度の許容範囲の広い野菜に対して行われるためだ。すでに説明したように（172ページを参照してほしい）、コラーゲンを変性・加水分解させておいしく食べられるようにするため、コラーゲンたっぷりの肉には長い調理時間が必要となる。

しかしこの温度の許容範囲が広いという性質は、魚や鶏の胸肉、それに赤身の肉などのコラーゲンをあまり含まない肉については当てはまらない。これらのコラーゲンをあまり含まない食材は、一部のタンパク質を変性させながら、別の種類のタンパク質は未変性の状態に保つように調理することが必要だ。これら2種類のタンパク質が調理される温度はたった10°F / 5℃しか違わないので、正確さと精密さが重要となる。真空調理法の圧倒的な、大差での勝利だ。

鴨の脚を、両方の方法で調理してみよう。2本の脚をパックして、170°F / 77℃で真空調理する。同時に、別の2本の脚をスロークッカーで調理する。少なくとも6時間調理し、違いを比べてみよう。

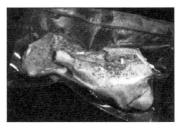

真空調理した鴨の脚。

スロークッキングした鴨の脚。

牛肉などの赤身肉

少なくとも調理について言えば、肉には2種類ある。柔らかい肉と硬い肉だ。柔らかい肉にはコラーゲンが少ないため、短い時間で調理したほうがおいしい食感になる。硬い肉は、コラーゲンを溶かすために長い調理時間が必要だ。どちらの種類の肉も、真空調理できる。ただし、調理している肉がどちらの種類なのかは注意してほしい。

調理中に起こる化学反応の多くは、時間と温度の両方に関係する。ミオシンとアクチンは、通常の調理温度では実質的に一瞬で変性するが、例えばコラーゲンの変性や加水分解など、その他の反応には同じ温度でも十分な時間が必要だ（コラーゲンは本当に複雑な分子だ。172ページを参照してほしい）。ほとんどの温度に依存する反応と同様に、反応速度は温度が高いほど速くなるため、哺乳類のコラーゲンは155°F / 68℃程度で変性するのだが、鶏のもも肉やシチューは170°F / 77℃以上の温度で煮込むことが多い。この温度でも、コラーゲンが分解するには何時間もかかる。

しかし、どちらの種類の肉も通常の調理法での調理（コラーゲンの少ない肉は焼く、コラーゲンの多い肉はシチューにする）には、アクチンまで変性してしまうという欠点がある。脂肪分の多い肉であれば、その結果として生じるパサついた感じをマスクしてくれる（だから霜降り肉は値段が高い）。しかし、別の方法もある。肉を真空調理法の環境で調理すると、一部のタンパク質（例えばミオシン）は変性し一部（十分時間があればコラーゲン）は加水分解する一方で、他のタンパク質を未変性の状態に保つため、通常の調理法では避けられないパサついた感じが生じないのだ。コラーゲンの少ない肉では、驚くべき結果が得られる。1時間未満で、肉が完璧なミディアムレアに調理されるのだ。しかし硬い肉では、このような温度ではコラーゲンが加水分解する反応速度が非常に遅いため、調理に何日もかかるという難点がある。しかし厳密に言えば、これは問題とはならないはずだ。もちろん、待つ時間は必要だが。

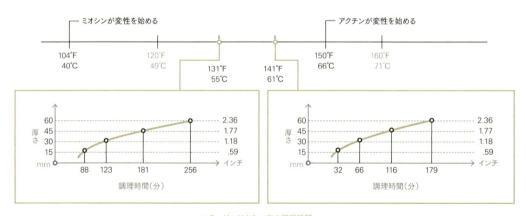

コラーゲンが少ない肉の調理時間。
コラーゲンたっぷりの肉は、コラーゲンを分解させるために141°F / 61℃で24〜48時間調理する。

RECIPE ビーフステーキ

低温調理法の主要な利点のひとつは、肉を中心から端まで、均一に熱の入った状態に調理できることだ。ビーフステーキは、これをコラーゲンの少ない肉で実証するためのすばらしい方法だ。

真空パックの袋に以下の材料を入れる。

☐ ステーキ肉：1〜2ポンド（約0.5〜1kg）、1人分のサイズに切り分ける（約7オンス / 200g）
☐ オリーブオイル：大さじ1〜2（15〜30mL）
☐ 塩コショウ：適宜

袋を振って、肉の表面全体にオリーブオイルと塩コショウをまぶす。袋を密封し、水槽の水が肉全体に接触するよう、間隔をあけて水槽に入れる。

ミディアムレアに仕上げるには、130°F / 54°Cに設定した水槽で60分調理する。ミディアムからミディアムウェルに仕上げるには、145°F / 63°Cで45分調理する。（177ページの温度チャートを参照してほしい。）袋を水槽から取り出し、口を開け、ステーキ肉を皿に取り出す。ペーパータオルで水気をふき取ってから、予熱したフライパン（できれば鋳鉄製）に入れる。肉の両面を、それぞれ10〜15秒焼く。上手に焼くには、ひっくり返すとき以外には肉に触らないこと。フライパンに入れたら動かさずに焼き付ける。

袋に残った汁を使って、簡単にフライパンでソースを作ることができる。袋から汁をスキレットへ移して煮詰める。赤ワインかポートワインを少し、バターをひとかけ、それに小麦粉やコーンスターチなどを加えてとろみを付けてみてほしい。

NOTES

◎真空調理法では、一般的に言って食品をあらかじめ1人分の大きさに切り分けておくほうがやりやすい。食品の中心まで速く熱が伝わる（端から中心までの距離が短くなるため）こと以外にも、盛り付けが楽になるという利点がある。特に魚など、一部の食品は、調理後に切り分けるには柔らかくなりすぎてしまうのだ。切り分けたものを、1枚の大きな袋に入れてもかまわない。袋を密封する際に、少し間を開けるようにすればよい。短所は、食品を真空パックする際に空気が残ってしまいやすいことだ。これを防ぐために、袋の中に十分に液体を入れておくようにしよう。

◎袋の中にオリーブオイルなどの液体を少量加えると、乾いた状態で密封した袋よりも空気を追い出すのが楽になる。使うオイルやスパイスの量はあまり重要ではないが、スパイスと食品が直接接触することは重要だ。スパイスかハーブを加える場合には、袋の中で均一に分散させよう。そうしないと、場所によって風味の違いができてしまう。塩は入れすぎないように気を付けよう。入れすぎると、脂が溶けにくくなってしまうことがあるようだ。

RECIPE 48時間かけて調理するブリスケットまたはリブ

ブリスケットには硬いコラーゲンが含まれるので、これを分解するために中温のオーブンまたはスロークッカーで何時間もかけてじっくり煮込むのが伝統的な調理法だ。真空調理法では、コラーゲンの加水分解を引き起こす（そして腐敗を防止する）ために必要な141°F / 61°Cぎりぎりまで温度を下げて、調理する。

真空パックの袋に、以下の材料を密封する。

☐ ブリスケット、チャックロースト、またはベビーバックポークリブなど、コラーゲンたっぷりの肉：1〜2ポンド（0.5〜1kg）
☐ バーベキューソース、ウスターソース、またはケチャップなどのソース：大さじ2強（30mL）
☐ 塩：小さじ1/2（3g）
☐ コショウ：小さじ1/2（3g）

141°F / 61°Cで24〜48時間、肉を調理する。袋を開け、肉を天板か耐熱皿に移して、肉の表面に褐変反応が起こるまで、片面につき1〜2分、グリルで焼く。袋に残った汁をソースパンに移し、煮詰めてソースを作る。少量のバターでマッシュルームを茶色になるまでフライパンでソテーしてからソースを加え、シロップ状になるまで煮詰めてみてほしい。

NOTES

◎肉の片面に脂肪の層がついている場合、調理中に肉にべっとりとまとわりつかないように脂肪を切り開いてほしい。肉を切り開くには、脂肪の層にナイフを差し込み、1インチ（2.5cm）の間隔をあけて平行な切れ目を入れ、角度を変えてもう一度切れ目を入れて、ダイヤモンド状のパターンを作る。

◎さらに風味を加えるには、エスプレッソ、茶葉、トウガラシなどを、液体とともに袋に入れる。燻液（425ページを参照してほしい）で燻製風味にすることもできる。

◎真空調理法の機器にふたがない場合には、水が蒸発してなくなり、装置が焼きついたり自動停止したりしないように気をつけよう。水の表面に卓球のボール（水に浮く）を敷き詰めるというテクニックを見かけたことがある。アルミホイルで表面を覆うのもよいだろう。

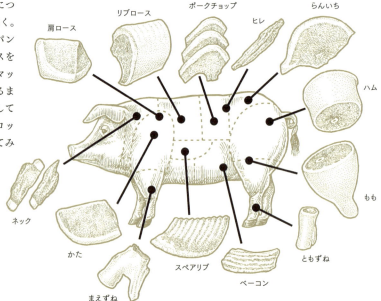

フルーツと野菜

魚や肉と同じく、野菜も真空調理できる。タンパク質とは違って、野菜に含まれるデンプンは通常180〜190°F / 82〜88℃という、はるかに高い温度にならないと分解が始まらない。一貫性と正確に再現可能なステップが重要なプロの料理人にとっては、野菜を真空調理するほうが、通常のゆで調理よりも良い結果が得られるだろう。

しかし家庭の料理人にとっては、野菜の真空調理は「そうする意味あるの？」という疑問を呼び起こすことになる。ふた品の料理を別々の温度で真空調理する場合、それらをシーケンシャルに調理するか、真空調理器を2セット購入する覚悟が必要だ。その先どんなことになるかはお分かりだろう。実を言うと、私も通常の方法で野菜を調理している。調理し過ぎにならないよう気を付けながら、熱湯でゆでているのだ。

それでも、ぜひ野菜の真空調理を試してみて、その結果を通常の調理法と比較してほしい。フルーツや野菜を袋に密封するとジュースが組織に保持されるため、強い風味が保たれる。またフルーツや野菜に含まれる糖とデンプンの比率は、同じ産地であっても気候の変化に応じて一年を通して変化することを考慮してほしい。必要に応じて調理時間を調整する必要があるだろう。

これを試してほしい。皮をむいて半分に割った小さなニンジンまたはアスパラガスを、オリーブオイル、塩コショウと共に袋に入れる。袋を密封し、野菜を185°F / 85℃で10〜15分調理する。この温度を保つのが難しければ、真空調理器の周りに何らかの断熱材を置く必要があるかもしれない。ラップで覆うのも役に立つ。185°F / 85℃で調理したアスパラガスは、鮮やかな緑色を保っているはずだ。203°F / 95℃では、次第に色は褪せてくる。

野菜を真空調理する以外にも、水槽を使った野菜に役立つトリックがある。ギーク的には調理は、ある系に熱を加えることだととらえることができる。加熱は自然には起こらない。常に熱勾配が存在し、そして食品の初期温度と目標温度との違いの大きさは、調理時間と温度勾配の傾きの両方に大きな影響を与える。

これが、ステーキを焼く前に30分室温になじませる理由の1つだ。この30分という時間は、バクテリアの増殖が問題とならない程度には短く、生のステーキと調理済みのステーキの温度差を3分の1縮められるほどには十分に長い。水槽を使えば、野菜にも同じ効果が得られる。適温の水槽（例えば140°F / 60℃）に15〜20分浸して温度差を縮めてから、野菜を蒸したりソテーしたり

185°F / 85℃での調理時間

柔らかいフルーツ（桃、プラムなど）：20〜60分

硬いフルーツ（リンゴ、ナシなど）：25〜75分

柔らかい野菜（アスパラガス、スライスしたフェンネル、サヤエンドウなど）：10〜60分（厚切りの場合にはもう少し長く）

根菜（ジャガイモ、ビートなど）：2〜4時間

してみてほしい。

　私はよく、ステーキ肉を調理するのと同時に、同じ水槽を使ってケールやコラードグリーンなどの硬い緑の野菜を予熱している。肉が調理される温度では、野菜は調理されない。ディナーの時間が来たら、野菜を取り出してフライパンでさっとソテーする。野菜はすでに温まっているので、1分か2分で十分に火が通る。それから野菜を皿に移し、同じフライパンを使ってステーキ肉にさっと焼き色を付けるのも、あっという間だ。

　もうひとつ、野菜に使える面白いトリックがある。そしてこれには、真空調理器が絶対に必要だ。缶入りスープに入っているニンジンなどの野菜がスカスカだったり歯ごたえのないただのかたまりだったりするのに、別のブランドではそうなっていないのはなぜだろうと考えたことはないだろうか？　これは、使われているニンジンの品種の違いによるものではない。ニンジン、ビートなど一部の野菜（ただしジャガイモは除く）は、122°F / 50°Cで予熱すると直感に反する挙動を示すようになる。「耐熱性」を獲得し、その後高い温度で調理しても型崩れしにくくなるのだ。ニンジンを122°F / 50°C程度の水槽に30分浸しておくと**細胞間の接着力が増し**、つまり「細胞が互いによくくっつきあうようになり」、高温で調理したり長期間保存したりしても、形が崩れたりスカスカになったりしにくくなる。

　予熱の段階で、カルシウムイオンが隣接する細胞壁の間に追加的な架橋結合の形成を助け、文字通り野菜組織の構造が強化される。「スカスカ」な食感は細胞の破裂によるものなので、この強化された構造によって細胞の分離が防がれ、歯ごたえのある食感が保たれる。

　野菜がスカスカになることを防ぐために、調理の最後に野菜を加えるという方法がよく使われる。一部のビーフシチューのレシピで、ニンジンのような野菜を最後の30分になってから加えることになっているのは、このためだ。

　産業用途（要するに缶入りスープ）では、この方法が使えるとは限らない。このテクニックは家庭料理で**必要**とされることはないだろうが、楽しい実験だ。ニンジンを120〜130°F / 50〜55°C程度の温度に1時間保ち、その後熱処理しなかったニンジンと一緒にソースに入れて煮てみよう。（熱処理されたニンジンを、輪切りではなく半月切りにするとか、少し違う形に切るとよいだろう。実験していることが知られてもよければの話だが。）

お使いの真空調理器で、タンパク質を調理するのと同時に、野菜を下ゆでしてみよう。食卓に出す直前に、野菜をさっとソテーして仕上げればよい。

COLUMN チョコレートと真空調理法

水槽を使えば、チョコレートが楽に取り扱えるようになる。テンパリング済みのチョコレートは、約91°F / 32°Cという温度を超えない限り、テンパリングされた状態を失わない。望ましい形態の油脂は溶けないので（158ページを参照してほしい）、問題ないのだ。テンパリング済みのチョコレートを融かすには、真空パックして91°F / 32°Cの水槽に沈める。（あと1度くらいは温度が高くても問題ないはずだ。実験してみよう！）チョコレートが溶けたら（1時間くらいかかるかもしれない）水槽から袋を引き上げ、外側を乾かしてから隅を切り取れば、即席の絞り袋になる。

しょっちゅうチョコレートをテンパリングする人にとって、真空調理法のハックは面倒かもしれない。財力のある人は、インターネットでチョコレートをテンパリングする機械を探してみてほしい。熱源と電動攪拌機、そしてシンプルなロジック回路を組み合わせた、チョコレートをテンパリングして溶けた状態で保温する装置を販売しているメーカーもある。このチョコレートは、フルーツに掛けたり、ペストリーをコーティングしたり、チョコレート型に流し込んだりするのに適している。もちろん、スロークッカーと熱電対、そして温度コントローラーがあれば自分で作ることもできるだろう。

私の近所の食料品店では、珍しい食材の入った限定版のチョコレートを売っている。カレー粉とココナッツ、プラムとクルミとカルダモン、なんとベーコンが入ったものまである。これらの奇抜なチョコレートに付いている値札もまた奇抜なものだったので、私は考えた。これを自分で作るのはどれだけ難しいのだろうか？　そして真空調理法を使えば、実に簡単にできることがわかったのだ。

テンパリングされたチョコレートを真空パックする。板チョコレートを使うこと。チョコレートチップスは、適切にテンパリングされたものでなければうまく行かない。
風味付けの食材を加える。アーモンドやヘーゼルナッツ（およそ1:2の割合、つまり重量比でナッツ1に対してチョコレート2）が無難だろう。加える材料は、乾いていなくてはならない。水が含まれていると、チョコレートが固まってしまう。
封をして、91°F / 32°Cの水槽に入れ、チョコレートが溶けるのを待つ。1時間から2時間かかるかもしれない。

チョコレートが完全に溶けたら、袋をもんでチョコレートと風味付けの食材を分散させる。ナッツなどを使った場合には、のし棒を使うとよい。
袋を調理台の上に休ませて冷やす。

冷えたら、袋を開けてチョコレートを取り出す。割って取り出してもよい。
コーヒー豆（これはおいしい）、グレープフルーツの皮の砂糖煮、クランベリーなどのドライフルーツ、またはあぶったミックスナッツ（アーモンド、ピスタチオ、ピーカンナッツに、お好みでカイエンヌペッパーをひとつまみ）などを加えるのもよいだろう。それ以外にも、ココナッツフレーク、砕いたタフィー、ライスパフ、プレッツェルのかけら、ポテトチップス、グラハムクラッカーを砕いたもの……可能性は無限だ！

モールド（型）を作る

　食品が特定の形をしていることは当然だと思われがちだが、しかしそう考えるべき理由は何もない。ハートの形をしたチョコレートやアイスクリームのコーンを作る以外にも、モールドを使えばたくさん素晴らしいことができる。ケーキ型やクッキーの抜き型をモールドだと思ったことはないかもしれないが、ケーキ型は生地が占める三次元の体積を規定し、クッキーの抜型はのばした生地の二次元の形を決めて、食品の形を変えているのだ。自分だけの形を作るために、どんな美術工芸のテクニックが楽しく利用できるだろうか？

　モールドに関して簡単におさらいしておこう。モールドは硬いものもあれば柔らかいものもあり、耐熱性のあるものもないものもある。硬くて耐熱性のあるモールドは、ほとんど常に金属（歴史的には銅）から作られ、ケーキやマドレーヌなどの焼き菓子や、ゲル状に冷やして固める食品（ゼリーなど）、チョコレート、そしてシュガーデコレーションを作るために使われる。柔軟性のある料理用のモールドはプラスチックか食品グレードのシリコーンゴムで作られる（シリコーンゴムには耐熱性もある）。

　モールドを作る前に、それをどんな食品に使いたいか考えてほしい。耐熱性は必要だろうか？　食品から取り外せるように、柔軟性のあるモールドが必要だろうか？　ゼリーは柔軟性があって加熱の必要がないので、硬いプラスチックのモールドでも大丈夫だ。ゼリーの素には使えるだろう（あまり面白くないかもしれないが）。あるいは創造力を発揮して、風味の付いたパンナコッタのレシピを使ってみてはどうだろう（448ページを参照してほしい）。耐熱性のあるモールドは、砂糖細工（例えば、ロリポップの成型）や、焼く必要のある生地（ブントケーキ）に必要となる。これらの食品には、その特性に合わせて、硬さが必要ならば金属製のものを、柔らかさが必要ならばシリコーン製のモールドを使ってほしい。

　モールドの普通の使い方についての話は、このくらいで十分だろう。私が説明したかったのは、自分で好きな形のモールドを作る方法だ！

　クッキーの抜き型を作るのは簡単だし、楽しい休日のプロジェクトにもなる。それに加えて、たぶん必要な材料はすでにあなたの手元にそろっている。R2-D2の形をしたクッキーを焼きたい？　アルミの空き缶と、キッチンばさみと、ラジオペンチを用意しよう。アルミ缶から細いリングを切り取り、上下の縁を折り返して切り口が表に出ないようにしてから、ラジオペンチを使って好きな形に折り曲げる。（厚紙をR2-D2など好きな形に切り抜いてテンプレートを作っておけば作業しやすい。）CNC（コンピューター数値制御）プリンターを持っていたり使わせてもらえたりする人なら、ABSプラスチックでモールドをプリントし、それをアルミ箔で巻

CNCプリントしたクッキーの抜き型を使って作った、Tuxペンギンのクッキー。各種ファイルについてはhttp://cookingforgeeks.com/book/cookie-cutter/を参照してほしい。

いて使うこともできる（ABSプラスチックは食品グレードではないし、押し出しヘッドには鉛が含まれている場合がある）。

シンプルで粗削りなチョコレートとシュガーキャンディーのモールドは、物体をコーンスターチに押し付けて作ることができる。砂型鋳造と同様に、物体をコーンスターチに押し付けてから取り除くと、その「足跡」が残る。この空間にチョコレートやハードクラックの状態の砂糖（300°F / 150℃に熱した砂糖のシロップ）を流し込んで冷ませば、でき上がりだ。この手法は手早く、例えばチョコレートのレゴが作れるが、コーンスターチが完成品に付着しやすく、モールドに細かいディテールを反映するのが難しいという欠点がある。手間をかけずにできる楽しい実験ではあるが、本格的なテクニックとはならないだろう。

シリコーンゴムのモールドは、ディテールを反映でき（例えば、チョコレートで作ったコインは図柄が判別できる）、−65°F / −53℃から450°F / 230℃までの温度で使えるという長所がある。短所は、入手性とコストだ。材料をインターネットで発注する必要があり、大きなモールドではコストがかさむ。それでも、自分で作る価値はある。店頭で見かけるシリコーンゴム製のモールドはワンピースのモールドであり、細かいディテールは得られない。自分で作った場合のメリットは、ディテールに富むマルチピースのモールドが作れることだ。しかも焼くことができ、曲がるので複雑な形状でも取り出せる。平らな物体（コインやキー）や凸形状の物体（凹形状のアスパラガスなどは不可）のモールドは、最も簡単に作れる。物体を平らなトレイに入れ、シリコーンゴムを注いで浸し、モールドが固まるのを待ち、物体を取り出して裏返してから、反対側をコーティングすればよい。比較的シンプルなモールドを使って作られたビンテージのプラスチック製おもちゃ（例えばミニカー、おもちゃの兵隊、恐竜など）のモールドも、簡単に作ることができる。おもちゃをプラスチック容器に入れ、シリコーンゴムを注いで浸し、モールドが固まるのを待ち、それからおもちゃをモールドから外してから注意深くモールドを半分に切る。（食品を注ぎ込めるように、湯口を作る必要があるかもしれない。）

石膏（別名、硫酸カルシウム）は、ギプス包帯（耐熱性があり毒性はない）を作るのに使われる。ギプス包帯は硫酸カルシウムでコーティングされた包帯で、適切な長さに切り、水に浸して物体（歴史的には骨折した腕、現在では主に美術工芸のオブジェ）に巻き付ける。ビーチボールや木の枝、タイヤチューブなど、なんでも型を取りたいものにまずたっぷりとショートニング（離型剤の役目をする）をまぶしてから、その物体にギプス包帯を3〜5層に巻きつける。乾いた後でギプス包帯を切断する必要がある場合には、切断砥石付きのアングルグラインダーを使う。食品グレードの硫酸カルシウムを見つけるのは難しい（豆腐を作るのに使われているが、ギプス包帯には使われていない）ので、用途によってはモールドをオーブンペーパーで覆う必要があるかもしれない。

表面だけでできていて、そこに食品を乗せ、冷ましてから取り除いて使う（例えば、アイスクリームコーンや木の葉形のチョコレートを作るための）モールドもある。木の葉形のチョコレートを作るには、レモンやバラの葉の裏側をテンパリングしたチョコレートでコーティングし、室温で1〜2時間休ませてから、葉をはがせばよい。最初にホワイトチョコレートを薄く葉にコーティングしておけば、葉脈が強調される。

モールドを作らなくても、創造力は発揮できる。既存のモールドを、違った形で活用すればよいのだ。正方形のケーキ型で、「Apple」アップルパイを焼いてみよう。ロゴをナイフで切り抜くか、Evil Mad Scientistのレノア・エドマンとウィンデル・オスキイのようにレーザーカッターを使ってもよい。詳しくは、http://cookingforgeeks.com/book/appleapplepie/ を参照してほしい。

RECIPE アイスクリームのシュガーコーンボウル

アイスクリームのコーンやシュガーコーンボウル、そしてアメリカ式のフォーチュンクッキーも、すべて同じレシピ（とても甘いシュガークッキー）を使っている。これらの形が違っているのは、使うモールドが違うためだ。ここではまず、シュガーコーンボウルを作ってみよう。もっと手の込んだものを作りたければ、インターネットでシュガーコーンのモールドやテンプレートの作り方を調べてみてほしい。（簡単に言うと、厚紙でコーンを作り、それをアルミホイルで覆ってから、円形のシュガーウエハーをコーンに巻き付けて冷やせばよい。）

うまくできるようになるまでには、何個か練習が必要になるだろう。このレシピで、8個ほどの小さなボウルが作れるはずだ。

オーブンを300°F / 150℃に予熱しておく。

以下の材料をボウルに入れてしっかりと混ぜ合わせる。

- ☐ 砂糖：カップ1/2（100g）
- ☐ 卵白：Lサイズの卵2個分（60g）
- ☐ バニラエッセンス：小さじ1（5mL）
- ☐ 小麦粉：カップ1/2（70g）
- ☐ バター：大さじ2（30g）

オーブンペーパーを、米国のレターサイズの紙（8.5インチ×11インチ／21.5cm×28cm）と同じくらいの大きさに8枚切り取る（またはちぎり取る）。ボウル1個につき、この紙を1枚ずつ使うことになる。最初は一度に1個ずつ焼いてほしいが、コツをつかんで来たら一度に2個焼いてもよい。

オーブンペーパーの中心に生地を大さじ2ほど取り、テーブルナイフの背を使って生地を均一な厚さの円形にのばす。

オーブンペーパーを天板に移し、生地をオーブンで約20分、クッキー全体にこんがりと焼き色が付くまで焼く。（低い温度で長い時間焼くほど、均一な焼き色のクッキーになる。）

300°F / 150℃で焼いたクッキー。

350°F / 180℃で焼いたクッキー。

次はモールドだ。作りたいシュガークッキーボウルと、底がほぼ同じ形の飲み物用のグラス（プラスチック製ではなく、ガラス製のもの）を探してほしい。グラスの底を上にして調理台の上に置く。天板をオーブンから取り出して、手でオーブンペーパーを持ち上げる。素早く裏返しにして、クッキーの中心がグラスに直接触れるようにグラスの上に乗せ（写真1）、片方の手でオーブンペーパーがずれないように押さえる。もう片方の手を使ってその上にふきんをかぶせて押さえつける（シュガークッキーは熱くなっているので注意してほしい）。両手を使って、素早くクッキーの縁をグラスの側面に沿って押し付ける。

20〜30秒後には、クッキーは冷えて固まるはずだ。グラスから外してから、慎重にオーブンペーパーをはがす。折り目のところからはがす際には、オーブンペーパーを引き裂く必要があるかもしれない（**写真2**）*。

NOTES
◎砂糖には吸湿性があるので、自家製のシュガーコーンボウルは数時間のうちに空気中の水分を吸ってサクサク感がなくなってしまう。もちろん、それでもおいしいのだが、出来立てほどおいしくはなくなる。
◎ゴマ、ポピーシード、ショウガの砂糖煮などを生地に加えてみよう。生地をのばしてから周囲に振りかければ、クッキーの周辺部分だけ風味付けすることもできる。

* 訳注：この写真では、グラスに乗せたままオーブンペーパーをはがしているようだ。

500ポンドのドーナツを作る方法

> ドーナツ。ドーナツにできないことがある？ ——ホーマー・シンプソン
> （「モノレールの甘い罠（Marge vs. the Monorail）」の回）

テレビの全国放送で巨大なモンスター・ドーナツを作るなんてことが、自分の身に起こるとは誰だって想像しないはずだ。しかしこの本の初版が出版された後、私は「**食品に関する**」「**全国放送の**」テレビ番組に出演する食品科学ギークを探しているというプロダクション会社から電話をもらった。

「どれだけ大きなドーナツが作れると思いますか？」彼らはそれを知りたがっていた。この番組のアイディアはシンプルなもので、2人のシェフに、それぞれパティシエと食品科学ギークがアシスタントとして1人ずつついて、出題された食品をどれだけおいしく、美しく、そして大きく作れるかを競うというものだ。この番組「モンスター・キッチン」の最初の（そして唯一の）エピソードは2011年7月19日に放映され、巨大なモンスター・ドーナツを作るというのが課題だった。

　いくつか文献を当たった後で（揚げずに焼いたドーナツも認められる）、私にはある計画が思い浮かんだ。部屋サイズの産業用オーブンで焼けるモールドを私が作り、パティシエのエイミー・ブラウンはセメントミキサーで生地を混ぜ、そしてシェフのエリック・グリーンスパンはドーナツのフィリングを担当する。この計画の成否は、ドーナツの形をした巨大なモールドを作れるかどうかということにかかっていた。幅が5フィート（1.5メートル）のモールドだ。なんとシェフのグリーンスパンと同じくらいの大きさがある。

　食品のモールドにはシリコーンゴムが使われることが多いが、固まるまでの時間が長すぎるし、モールドが厚すぎて生地に火が通らなくなってしまう。銅などの金属も食品のモールドによく使われるが、この大きさのモールドを銅で作ると強度が足りずに形を保てないか、取り扱えないほど厚くなってしまうことだろう。残るのは石膏ギプス包帯、つまり石膏の粉でコーティングしたガーゼだ。ビンゴ！　包帯を水で濡らし、モールドを作りたい物体の表面に巻き付け、数時間たつと固まって、硬く耐熱性のある鋳型になる。

　原型（モールドのモデルになるもの）として、急流下りのいかだのチューブのような、トーラス形状のものが必要だった。もっと小さいサイズなら、アルミホイルを丸めて同じような形にして作ることもできただろうが、5フィート（1.5 m）の大きさとなるとそれでは無理だ。正直なところ、神経をすり減らすような思いで電話を掛けたりインターネットで検索したりした結果（クリス、ありがとう！）、直径がちょうど5フィート強あるタイヤチューブが見つかった。これで、トーラス形状のモールドを作るための素材と、モールドを作り上げる手段がそろった。あとはケーキ生地を入れて焼き、グレーズをかければ、モンスター・ドーナツができる。

ミニ・モンスター・ドーナツのモールド
（直径約1フィート／30cmのドーナツ用）

1. **モールドの原型を製作し、チェックする。** アルミ箔をトーラス形状に丸めてから、ラップで覆う。オーブン（どうしても揚げたければ天ぷら鍋）に入ることを確認してから、次のステップに進むこと。
2. **原型をショートニングでコーティングする。** これは離型剤の働きをする。
3. **包帯ギプスを使って、モールドを作る。** 包帯ギプスはインターネットか手芸店で手に入る。包帯を数フィートの長さに切り、水で濡らしてから、原型に巻き付ける。モールドのサイズに応じて、トーラス全体を覆うように巻き付けてもよいし（この場合、後でモールドを切る必要がある）、後でアルミホイルとラップを取り外せるように側面と上面だけを覆うようにしてもよい。チューブ全体が覆われるまで、少なくとも4〜5回繰り返す。（番組では、モールドは8〜10回巻き付けた。そのサイズではそれでやっと十分なくらいだった。）
4. **モールドが固まるまで待つ。** 理想的には24〜48時間。

5. **原型を取り除く。**底面を覆わなかった場合には、モールドをひっくり返してアルミホイルとラップを引き抜けばよい。モールドを完全に覆った場合には、アングルグラインダーを使って切り開く（防塵マスクと保護メガネを着用すること）。

ケーキドーナツのレシピ

エイミー・ブラウンの考案に基づいた以下のドーナツのレシピは、すばらしいケーキベースのドーナツができる。（ドーナツはイーストで膨らませることが多いが、素早く膨らませるためにわれわれはベーキングパウダーと重曹ベースの生地を選んだ。）このセクションのタイトルが「500ポンドのドーナツ」だからと言って、このレシピで普通のドーナツが作れないとは思わないでほしい。

1. ボウル（通常のドーナツ12個分の場合）、ホバートミキサー*（直径1フィート／30cmのドーナツの場合）、または5ガロンの食品グレードのバケツ20個（直径5フィート／1.5mのドーナツの場合）に、以下の材料を入れて混ぜる。

   *訳注：大型の業務用スタンドミキサー。

	通常のドーナツ12個	直径1フィートのドーナツ	直径5フィートのドーナツ
小麦粉(g)	516	6,192	103,200
砂糖(g)	238	2,856	47,600
重曹(g)	3	36	600
ベーキングパウダー(g)	9	108	1,800
塩(g)	3	36	600
ナツメグ(g)	2	24	400

2. 別の大きなボウル（通常のドーナツ12個分または直径1フィート／30cmのドーナツの場合）、または5ガロンの食品グレードのバケツ4個(直径5フィート／1.5mのドーナツの場合)に、以下の材料を入れて混ぜる。

	通常のドーナツ12個	直径1フィートのドーナツ	直径5フィートのドーナツ
バターミルク(mL)	192	2,304	38,400
バター(g)	64	768	12,800
バニラエッセンス(mL)	4	48	800
Lサイズの卵(個)	2	24	400
卵黄(個)	1	12	200

   ← バターミルクの代用品については、293ページを参照してほしい。

3. 粉の材料と液体の材料を、小さなバージョンの場合はヘラを使って混ぜる。直径5フィートのドーナツの場合には、セメントミキサー使って4回に分けて混ぜる。生地をモールドに移す。

通常のドーナツの場合には、生地を1/2インチ（1cm）ほどの厚さにのばす。円形の抜き型を使って（大きなヨーグルトの入れ物を上下ひっくり返して使ってもよい）、ドーナツの形に切り取る。中心の穴も切り取る。生地を375°F / 190°Cの油でこんがりと、適切な温度を保つよう火力に気を付けながら揚げる（油を多めに使い、一度に1個か2個ずつ揚げるとよい）。揚げている途中でドーナツをひっくり返すこと。火が通ったら、ペーパータオルを敷いた天板の上に置いて冷ます。

直径1フィートのドーナツの場合には、350～375°F / 175～190°Cにセットしたオーブンで、中心の温度が195°F / 90°Cに達するまで焼く。ドーナツをオーブンから取り出し、少なくとも30分冷ましてから、モールドを取り除く。お好みで、この時点でドーナツをこげ茶色になるまで揚げて外側をカリッとさせてもよい。ドーナツを頑丈な冷却用ラックに移して、ラックを針金で吊り下げて、熱い揚げ油の入った大鍋にドーナツを浸し、揚がったら持ち上げて取り出す。

直径5フィートのドーナツの場合には、まず大きなオーブンに入れ、350～375°F / 175～190°C程度で半日ほど、内部の温度が180°F / 80°Cに達するまで焼く。揚げるのは……、かなり面倒だ。クレーン、サンドブラスター、溶接機、巨大な金属容器、そして百万BTUのバーナーが必要になる。ありがたいことに、その費用は誰か別の人が払ってくれた。

フィリングとグレーズ

ドーナツのフィリングとグレーズに関しては、個人の好みで選んでほしい。ショーでは、カスタードエッグのフィリングとメープルシロップのグレーズを使い、チョコレートでコーティングした細切りベーコンを振りかけた。個人的には粉砂糖でもいいと思うし、そのほうがずっと簡単だ。

湿式分離

食品の分離は興味深い化学と物理の問題であり、賢い解決策を必要とする。オリーブオイル、小麦粉、バター、オレンジジュースなど、多くの食材の出発点は混合物であり、分離プロセスによってそれらを分別して作り出される（例えば、オリーブからオイルを抽出、牛乳から脂肪を分離）。

食材からその一部を分離するために用いられる方法は、その性質によってさまざまだ。最もわかりやすい性質はサイズであり、パスタを湯から分離するのは簡単だし、新鮮な全乳などの液体は、時間がたつと自然に分離する。しかし、水から塩を取り除いたり、液体から風味を取り出したりするにはどうすればよいだろうか？　これらの質問への答えのヒントを与えてくれるのが食品業界で使われているツールであり、そこでは密度や沸点、そして磁気特性に至るまで、さまざまな性質の違いが利用される。食品業界で液体を分離するために使われ

ている方法をいくつか挙げておこう。

- **機械的ろ過**は液体から固体を分離する簡単な方法であり、圧搾したジュースから果肉を取り除いたり、濁った液体を透明にしたりするために使われる。時には、濁り成分へ付着する材料を一時的に液体に加えてからろ過することによって澄み切った液体を作り出すという、二段階アプローチが取られることもある。
- **遠心分離**は密度の違いによって混合物を分離する方法で、ろ過よりも生産工程では使いやすい（フィルターを清掃する必要がない）。卓上型の遠心分離機は少量の液体を分離できるが、食品業界でははるかに大きな容量のものが必要となる。ひとつの方法は**デカンタ遠心分離機**で、一方の端から混合物を入れてから液体を回転させ、密度の高い物質（ジュースの中の果肉や飲み物の中の酵母）が分離されて1本のパイプから排出され、軽い物質（牛乳の脂肪分や圧搾された植物質の植物油）は別のパイプから排出される。連続遠心分離機は、機械的ろ過と自然分離を賢い方法でスケールアップしたものだ。
- **乾燥あるいは脱水**は、水を蒸発させることによって水分を減らし保存期間を長くする。これによって食品の食感、色、そして風味は変化する。
- **蒸留**は、液体を蒸発させて気体にし、次にその気体を凝結させて別の容器に回収する方法だ。蒸留酒はすべて蒸留によって作られているし、香水や芳香剤の多くも蒸留によって水から分離されている。

これらの分離テクニックをキッチンで活用する方法について、見て行くことにしよう。

ここで他の2つの分離テクニックと、その働きの楽しいデモを紹介しなかったとしたら怠慢というものだろう。どちらもキッチンで役立つものではないが、面白い！

磁気分離は、ボルトや金属の削りかすなど、食品中に偶然入り込んだ「鉄性異物」を取り除くために産業プロセスで用いられる。家庭用の卓上型磁気分離機はあまり役に立たない（水銀のような有毒な金属は磁場に反応しない）が、これが鉄には有効に働くことを示す楽しいデモがある。鉄分が補強された朝食用シリアルをひとつかみミキサーかポリ袋に入れて、粉末状になるまで砕いてから、その粉に強力な磁石を入れてみよう。磁石の表面が、小さな黒い粒で覆われるのが見えるはずだ。

クロマトグラフィーは、化合物が別の素材の中を移動する速度によって、化合物を分離する。私はクロマトグラフィーが家庭で使われているのを見たことはない。おそらく、分離可能な量が少なすぎて、料理の役には立たないためだろう。ペーパータオルに何種類かのペンで線を引き、その線と平行な端を水に浸けてみてほしい。数分経つと、しみ込んだ水が線から染料を溶かし込んで移動させるが、その距離は染料の種類によって変わるため、さまざまな染料が分離するのが見えるはずだ。

機械的ろ過

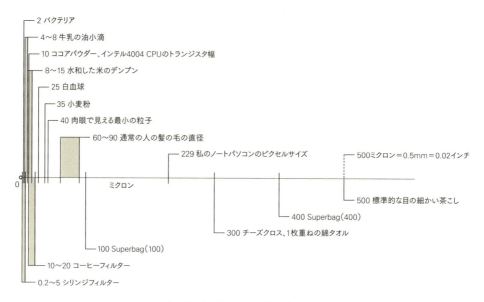

いろいろな物（上段）とフィルター（下段）のサイズ。

　ろ過は、スラリー状の液体から固体を分離するプロセスだ。分離によって、液体と、そこから取り除かれた固体という2種類のものが得られる。通常は必要なのは液体のほうだが、場合によっては固体が欲しい場合もある。使うべきろ過方法は、固体の粒子の大きさによって決まる。スパイスなどの大きな粒子をブイヨンなどから濾して取り除くことも、実はろ過なのだ（シンプルな金網のざるを使えばよい。プラスチックのざるは穴が大きいし、壊れやすい）。業務用のキッチンでは、**シノワ**もよく使われる（円錐形の濾し器で、スープやマッシュポテトを通して口当たりをなめらかにするためにも使われる）。

　ろ過が面白くなってくるのはずっと小さなサイズの場合であり、それは一般的に2つの方法で行われる。1つは昔ながらの「穴を小さくする」方法（ピュレしたナッツミルクを、ガーゼを敷いたざるで濾す場合など）で、もう1つはゲルを使うモダンな方法だ。

　アーモンドミルクを自分で作るには、水に浸しておいたアーモンドをピュレしてから、通常の台所用のざるにガーゼを敷いたものか清潔なふきんで濾せばよい。これによって約300ミクロンまでの範囲の粒子が取り除かれる（必要に応じて、ふきんの角を合わせて液体を絞り出してほしい）。工業的にやるなら、メッシュフィルターで微粒子をろ過する方法もある。これは耐熱性のある再利用可能な耐久性の高いフィルターで、食品業界では加圧システムで使われるのが普通だが、家庭で使ってみるのも楽しい（http://www.mcmaster.com で6805K31を検索してみてほしい）。

もっと面白いのはゲルを使って微小な粒子をろ過する方法で、透明な液体を濁らせてしまうような本当に小さな固形物も取り除くことができる。ゲルは微粒子を取り込む働きをし、ゲルごと取り除くことによってろ過が行われる。このテクニックは新しいものではない。**コンソメ**（スープストックやブイヨンを清澄化して作られる透明なスープ）は、伝統的に液体の中で卵白を煮ることによって作られてきた。卵白が微粒子と結びつき、凝固して浮かび上がり、大きなかたまりとなるので容易に取り除ける。そしてビールやワイン作りには**アイシングラス**が用いられてきた。これは魚の浮袋から作ったコラーゲンで、液体のろ過に使われる。アイシングラスは酵母と結びつき、密度の高い粒子となって凝集し沈殿する。（ベジタリアンのビール好きには申し訳ないことだが。）

透明な液体を作るためのモダンなテクニック。液体を凍らせ、メッシュフィルターを通してドリップ解凍する。

ゲルを利用したろ過に良く用いられるゲル化剤が、ゼラチンと寒天だ。スープストックを清澄化する場合、そこには（骨に由来する）ゼラチンが既に含まれている。それ以外の場合には、ゼラチンか寒天（寒天について詳しくは446ページを参照してほしい）を加えてゲル化させてから、ふきんに包んで絞り出す（先ほど説明したアーモンドミルクを作る場合のように）。その際、あまり強く絞りすぎて、つぶれたゲルがふきんを通して出てくるようなことのないように気を付けてほしい。

もうひとつ、ゲルを利用した清澄化のさらに賢いトリックにドリップ解凍（drip-thawing）がある。ガーゼやふきんに包んでゲルを絞るのではなく、ゲル化した液体を凍らせてから、ふきんを敷いたざるをボウルの上に置き、その中で解凍するのだ（解凍する前に、完全に凍っていることを確かめてほしい。そして解凍に1～2時間以上かかる場合には、食品安全の理由から冷蔵庫の中で解凍すること）。清澄化したい液体がそのままではゲル化しない場合、ゼラチン（濃度0.5％ほど）か寒天（濃度0.25％ほど）を液体に加える必要がある。ドリップ解凍の短所は時間がかかることだが、遠心分離機を借りてこなくても透明な液体が得られる。

RECIPE 基本のホワイトストック

ホワイトストックは料理の基本食材のひとつだが、時間がかかり骨が必要になるためという理由から、ほとんどの家庭の料理人は市販品からスープやグレイビーを作っている。

自家製のストックは、ゼラチンが入っているので冷やすと固まるという点で、市販品とは違っている。骨が大量に余るようなことがあれば、最初からスープストックを作ってみてほしい。（食料品店で「鶏ガラ」を買ってきてもいい。）

6クォート（6リットル）の大きなスープ鍋に以下の材料を入れて、柔らかくなるまで5〜10分炒め煮する。

- ☐ オリーブオイル：大さじ2（30mL）
- ☐ ニンジン：1本（100g）、さいの目に切る
- ☐ セロリの茎：2本（100g）、さいの目に切る
- ☐ タマネギ：中1個（100g）、さいの目に切る

以下の材料を加える。

- ☐ 鶏、子牛、または牛の骨：4ポンド（2kg）

かぶる程度の水を加え、フツフツと煮立たせる。香りのあるハーブやスパイス、例えばベイリーフ数枚、タイム1束などを、好みに合わせて加える。八角（スターアニス）、ショウガ、シナモンスティック、クローブ、粒コショウ、そしてこぶみかんの葉を加えれば、ベトナムのフォーに使われるスープストックに近いものができる。

圧力調理器を持っていれば、それに移して高圧力で30分調理する。

圧力調理器がなければ、弱火で数時間煮る（鶏ガラなら2〜3時間、もっと太くて重い骨なら6〜8時間）。スープストックをろ過して冷やし、冷蔵庫へ移す。

以下の写真はこのホワイトストックを、粗いものから細かいものへと順番に、いろいろな方法でろ過して得られたものだ。（500ミクロンのフィルターを通す前に、約5,000ミクロンの網じゃくしを使って骨や野菜を除いてある。）

NOTES

◎ブラウンストックを作るには、ローストパン*に入れた骨を400°F / 約200℃で1時間ローストしてから、上記のニンジン・セロリの茎・タマネギに加えてカップ1/2（約70g）のトマトペーストを加える。もう30分ローストしてから大きなスープ鍋に移し、先ほどの説明通り弱火で煮る。

* 訳注：ロースト用の深い天板。

500ミクロン：シノワや目の細かいざるでろ過したもの。

300ミクロン：綿のふきんでろ過したもの。

100ミクロン：メッシュフィルターでろ過したもの。

COLUMN ドリップフィルターで作るコンソメ

ドリップフィルターでコンソメを作るには、まず適切なスープストックが必要だ。市販のものにはゼラチンが含まれないので、使えない。ゼラチンが必要なのは、伝統的な清澄化方法で使われる卵白と同様に、ゼラチンが粒子をとらえてスープストックを透明にしてくれるからだ。

スープストックが冷えてゲル化したら（冷蔵庫に入れて一晩放置する）、ゼラチンを冷凍庫へ移してカチカチに凍らせる。スープストックの水が凍る過程で、不純物がゼラチンに取り込まれる。凍ったスープストックを、メッシュフィルターか綿ふきんを敷いたざるに入れ、調理台の上で1時間、または完全に溶けるまで冷蔵庫の中で、解凍ドリップする。フィルターやタオルがゼラチンをとらえ、透明なコンソメが下に落ちてくる。

スープストックをドリップ解凍して作ったコンソメ（左）と、100ミクロンのフィルターでろ過した元のスープストック（右）を比べてみてほしい。コンソメの透明さに注目。

冷凍したスープストックを、綿ふきんを敷いたざるに入れる。ここに示したように、スープストックを冷凍するには製氷皿を使うと便利だ。

1時間か2時間たつと、スープストックが溶けてコンソメが下の鍋に落ちて行く。綿ふきんには、このように奇妙な形をしたゼラチンのかたまりが残る。

キッチンで遠心分離機を使う

　遠心分離機は、ものすごいスピードで回転する脱水中の洗濯機のようなものだ。固定された軸の周りで物体（衣服、試験管、トマトジュースなど）を高速に回転させると、遠心力によって軽い物体から重い物体が分離する。このプロセスは、**沈降**と呼ばれる。

　沈降は通常、重力と時間によって起こる。このためサラダドレッシングの中の調味料は下に沈むし、パック詰めされた食材は箱の中で緩衝材やピーナッツの袋の下に沈んでしまう（時には箱に入れた順番がそうだったというだけのこともあるかもしれないが）。

　遠心力は、重力よりもはるかに大きな加速度を及ぼす。1,000Gの加速度（地球の重力の千倍！）は遠心分離器の基準では弱いほうだが、料理のためには十分強力なことが多い。遠心分離機は強い力（正確に言えば加速度）を発生し、この力が沈降によって化合物を非常に速く分離する。ちなみに、宇宙飛行士が打ち上げの際に経験する重力は約2Gだ。

　料理の世界では、遠心分離機は主に食品業界で使われている。（低脂肪乳は、ダイエット中の牛から絞ったものではない！）最高峰のシェフたちも使っている。

トマトジュースを遠心分離すると、3つの層に分かれる。中間は透明な水のように見える（全く黄味がかってはいない！）が、トマトの味がする。つぶした植物質（挽いたナッツや、ピュレしたフルーツや野菜）も、遠心分離すると同様の効果が得られ、数分でナッツオイルを作ったり（オイルは密度が低いため上部に分離する）他の植物から風味のある油脂を分離したりできる。これは他の方法では不可能なことだ。遠心分離機を使える幸運な人は、手始めにトマトジュースを遠心分離してみてほしい。水のように見えるが味や匂いはトマトというショッキングな経験は、忘れがたいものになるはずだ。詳しくは、http://cookingforgeeks.com/book/centrifuge/ をチェックしてみてほしい。

乾燥

乾燥を分離として考えたことはないかもしれないが、食品が水分を失う際には蒸発または昇華によって水が分離しているのだ。食品の自然空気乾燥はたぶん最も古い保存方法であり、腐ったりかびたりしないように食品の保存期間を延ばすシンプルな方法でもある。冷蔵技術の発達した現代でも、われわれはいまだに食品を乾燥させて食感を望ましく変化させ、硬いドライフルーツや歯ごたえのあるビーフジャーキーやカリッとしたケールチップスを作っている。

温暖で乾燥した地域、つまり夏の天気の良い日には気温が85°F / 30°C以上に上がっても湿度は60％以下に保たれるような場所（ああ、カリフォルニアだ）に住んでいる幸運な人なら、フルーツを乾燥させるのは簡単な仕事だ。完全に熟したフルーツを摘んできて、きれいに洗い、核果は半分に割って（種は取り除く）それ以外のフルーツ（ピーマンやトマトも植物学的にはフルーツだ！）はスライスしてから、レモンジュース（またはビタミンCの約4％の溶液）に10〜15分浸す。水気をふき取り、オーブンラックにガーゼを敷いた上に並べて、1週間ほど日干しにする（夜は屋内に取り込む）。フルーツに虫や卵がいると思ったら、乾燥させたフルーツを2日間（0°F / −18°C以下で）冷凍するか、160°F / 70°Cで30分加熱すればよい。

なぜそんな面倒なことをするのかって？ 週に収穫される20ポンドものアプリコットを処理するため（私が育った家の裏庭にはアプリコットの木があった）以外にも、自分でドライフルーツを作ることには、市販されているものよりもはるかにおいしい食材が手に入るというメリットがある。店で買う粉末パプリカは、たとえ良心的なスパイス店のものであっても、自分の家で作るものには全くかなわない。パプリカ用のピーマンを収穫し、燻製風味のパプリカ（鶏肉料理にぴったり、30ページを参照してほしい）が好きならば燻製にしてから、乾燥させてみてほしい。乾いたら、ミキサーに入れて粉末にする。（園芸が好きな人なら、MuMex R Naky か Paprika Supreme の種をまいて育ててみよう。）

オレガノ、ローズマリー、セージ、ディルなどの水分の少ないハーブは、上下逆さにして暗く乾燥した場所につるし、葉がもろくつまむと砕けるようになるまで数日から数週間かけて乾燥する。

フリーズドライも脱水プロセスであり、昇華（氷が直接蒸気となって蒸発すること）を利用している。食品の形や風味や栄養価に影響が少ないというメリットはあるが、費用がかかるので、長期の旅行や宇宙旅行など、水の重さが問題となる場合にのみ行われるのが一般的だ。

乾燥した気候に住んでいない場合（または夏以外の季節）には、食品用乾燥機の購入を検討してみよう。これは基本的にはファンとヒーターの付いた箱で、空気を保温しながら水蒸気を排出することにより蒸発を加速してくれる。ヒーターは調理のためではなく、保温のためのものだ。水は蒸発する際に食品の表面温度を下げ、蒸発速度を遅くしてしまう。ヒーターはこの問題を解決し、多少温度を上げることによって蒸発を加速する。スライスしたアプリコットやトマトを入れて数時間待てば、乾燥フルーツのでき上がりだ。（ところで、この乾燥アプリコットを、溶かしたダークチョコレートに浸してみてほしい。お礼なら結構ですよ！）

水の沸点は212°F / 100℃だが、相対湿度が100％未満であれば、それよりも低い温度でも蒸気圧に応じて蒸発する。食品から水分を蒸発させるには加熱する必要はないが、温度を上げれば蒸気圧が変化するため蒸発の速度は向上する。

RECIPE オーブンで作るケールチップス

ある店で私は、ほんの数オンスのケールチップスについている値段を見てショックを受けた。あなたもケールチップスを作るのがどんなに簡単かを理解すれば（特別な器具が必要ない）、法外な値段を付けて売り始めたくなるかもしれない！

ケールはここ数年流行している食材だが、消え去ってしまうことはないだろう。やはり数十年前に「突然有名」になったビートが今でも人気があるように、すっかり定着している。じっくりと長時間火を通すことが、おいしいケールチップスを作る秘訣だ。

オーブンを300°F / 150℃に予熱しておく。これよりも温度が高すぎると、ケールチップスが焦げてしまうことがある。

ケールの葉 1ポンド（約500g） を洗って水気をふき取る。品種はお好きなもので良い（私はタスカンケール*が好きだ）。茎を取り除く。葉を1枚ずつ茎のところで半分に折り曲げ、葉を押さえながら付け根のほうから3分の2くらいまで茎を引き裂く。小さいケールチップスを作りたければ、葉を4つに裂いてもよいが、チップにしてから割るほうが簡単だ。

ボウルにケールの葉と、**オリーブオイルまたはココナッツオイル 大さじ2(30mL)** と **海塩 小さじ1/2(2g)** を加える。**挽きたての黒コショウ、カイエンヌペッパー、パルメザンチーズ** など、乾燥していて焼くとおいしくなるものなら何でも加えてみてほしい。手を使ってオイルと調味料を葉に塗り広げる。

オーブンペーパーを敷いた天板にケールの葉を並べて、カリッとするまで20分ほど焼く。

NOTES

◎私の理解では、失敗の原因は主に2つで、焼く温度が高すぎること（ケールがトーストされて焦げた味になってしまう）と、焼く時間が短すぎることだ（ケールチップスがグニャッとしている）。料理に関するほとんどすべてのことと同様に、蒸発にも温度に応じた「反応速度」がある。温度が高いと空気中に存在する水蒸気の量が増えるので、換気によってその水蒸気を逃がして乾燥した空気と入れ替えることによって蒸発の速度を上げることができる。

* 訳注：ケールの品種で、黒っぽい色をしている。ラシナートとかカーボロネロとも呼ばれる。

食品用乾燥機には、別の使い道もある。ビーフジャーキーは、昔ながらの製法では、乾燥が遅いと腐ったり食品安全上の問題が生じたりしてしまう。食品乾燥機を使うと、その問題は解決できる。また、牛肉以外の食材のジャーキーも作れる。骨を除いて1/4インチ（0.5cm）の厚さにスライスしたサーモンを3〜6時間乾燥させると、おいしい。あるいはフルーツレザー（薄くシート状に乾燥させた歯ごたえのあるドライフルーツ）を自分で作ることもできる。カップ1のフルーツに対してレモンジュースを小さじ1混ぜ、オプションとして砂糖を加えて調味してからピュレし、シリコーンのシートに塗って乾燥させる。自家製のフルーツロールアップス*だ！

*訳注：グミに似たシート状のスナック菓子。

RECIPE 5^3 ビーフジャーキー

たった5種類の食材を5分間混ぜて5時間加熱調理するだけ（5・5・5というわけだ、お分かりかな？）なので、ビーフジャーキー好きならこれを自分で作ってみない手はないはずだ。市販のものよりもおいしいうえに、自分の好きなように風味付けできるのだから。

ビーフジャーキーは、ショッキングなほど簡単に作れる。たぶん、人類が最初に「調理」した最も初期の食品のひとつだろう。良質の牛肉をスライスし、マリネして風味を加え、そして乾燥する。十分に水分を減らすことによって、肉はバクテリアが生育できないほど乾燥したものになる。もちろん、味も素晴らしい。そのためビーフジャーキーは、冷蔵技術の発達した現代でも人気のある食べ物だ。

脂肪の多い肉はグニャッとしたジャーキーになりがちだ。脂肪分の少ない肉を長時間乾燥させると、乾いた仕上がりになる。長すぎると、パリパリになってしまう。

以下の5種類の食材を用意してほしい。

☐ 高品質の牛肉：1〜2ポンド（約0.5〜1 kg）（トップラウンドまたはサーロインを使ってほしい。これを作ってみてから、もう少し脂肪分の多いジャーキーが好みに思えたら、アイ・オブ・ラウンドのステーキ肉を試してみてほしい）完成品の重量は、初期重量の4分の1程度になる

☐ しょうゆ：カップ1/2（120mL）

☐ シラチャソース、カイエンヌペッパー、またはホットチリパウダー：小さじ1（5mL）（これはオプションだが、味を引き締めてくれる）

☐ 挽きたてのコショウ：小さじ1（2g）

☐ ブラウンシュガー：大さじ4（50g）

マリネの材料を、ボウルに入れて混ぜる。このマリネが、風味を加えてくれる。材料は自由に付け加えたり削ったりしてみてほしい。ウスターソースや自然素材の燻液（425ページを参照してほしい）、あるいはお好みのホットソースなど、何でも好きなものを入れてみよう！

良く切れる包丁を使って、牛肉を薄く細長くスライスする。牛肉がスライスしにくいようであれば、冷凍庫に1時間入れて固めるとよい。

スライスした牛肉をマリネ液であえる。肉をマリネ液に浸して休ませる必要はないが、もちろんそうしてもよい。肉をマリネ液でコーティングしてすぐに乾燥してもうまく行くし、時間の節約にもなるが、好みに応じてコーティングした肉を冷蔵庫に1〜2

時間入れてもよい。

食品用乾燥機があれば、それを150°F / 65°C程度に30分予熱する。（プローブ式のデジタル温度計で、乾燥器の温度をチェックすること。乾燥器の温度目盛りは不正確な場合がある！）細切りにした肉をトレイに乗せて乾燥器に入れ、5時間後にチェックする。新鮮な空気を吸い込まない、あるいは空気の循環が悪い乾燥器であれば、乾燥に24時間かかってもおかしくはない。

食品用乾燥機がない場合には、天板かトレイをアルミホイルで覆って、その上にクッキー乾燥用ラックを乗せる。細切りにした肉を、ラックに乗せる。オーブンをなるべく低い温度にセットする。150°F / 65°C程度が理想的だが、145°F / 63°C以上にはしてほしい。（温度が高すぎると、肉の表面が固まってしまい、乾かなくなる。）トレイをオーブンに入れ、ドアを少し開けてジャーキーから出る水分を外に出すと共にオーブンを設定温度よりも少し低い温度に保つようにする。

5時間後には、ジャーキーの最初のバッチができているはずだ。

しかし完成を喜ぶ前に、もうひとつしなくてはならないことがある。それは、食品安全への対処だ。研究者たちによって、大腸菌 E. coli が145°Fで10時間、この種の乾燥条件で生存できることがわかっている。これはおそらく蒸発冷却のためだろう。われわれの祖先は、この問題に対処しなかったため、時には悪いジャーキーに当たって病気に（あるいは、もっと悪い結果に）なることもあった。しかし、考慮が必要な食品安全の課題は2つある。

- **プレコンタミネーション**。牛肉にサルモネラ菌 Salmonella や大腸菌 E. coli が付着していても、短時間の低温加熱で簡単に対処できる。ジャーキーを275°F / 135°Cのオーブンに10分入れればよい。（伝統主義者はこれを嫌うかもしれないが、食感はごくわずかしか変化しない。）あるいは、186ページを参照して熱湯に浸す事前処理を行ってもよいが、その場合でもジャーキーの事後処理は行うことをお勧めする。
- **常温保存**。私はこの課題を感じたことは一度もない。ジャーキーは作ったそばから食べてしまうからだ。それでも、牛肉が本当に十分に乾燥したことはチェックすべきだ。十分に乾燥しなければ、水分活性が高くなってしまう（187ページを参照してほしい）。ジャーキーが十分に乾燥していることをチェックするには、重さを量ればよい。乾燥したジャーキーは、最初の重量の約4分の1の重さになっているべきだ。作った後、乾燥した状態を保つことも重要だ。湿度の多い環境で生活していると、ジャーキーが水分を吸ってしまう。気密性のある容器に保存しよう。

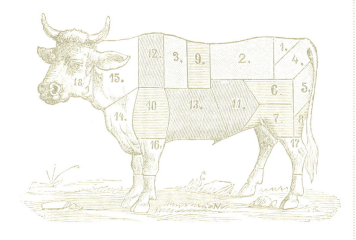

LAB 結晶化による分離（砂糖マドラー）

キッチンで、液体から固体を分離する方法は他にもある。結晶化だ。

砂糖や水が思いがけず結晶化することによって、料理がだめになってしまうこともある。氷の結晶が大きくなりすぎるとクリーミーなアイスクリームはじゃりじゃりとした食感となり、カラメルソースを作っている最中に思いがけず砂糖が結晶化すると、未知の惑星の凍り付いた表面のような、乱雑な結晶のかたまりができてしまう。一方、適切な結晶化はチョコレートファッジに素晴らしい食感を与えてくれる。

結晶化は、砂糖などの純粋な物質が**過飽和**の状態にあるときに起こる。つまり、通常よりも大量の砂糖が溶液に溶け込んでいる状態だ。種結晶さえあれば（たとえそれが結晶格子に配置された微少量の物質であっても）、それを出発点として物質は結晶化し始める。カラメルソースのレシピに、水を沸騰させて飛ばす際に鍋の側面を濡らしておくようにと書いてあるのは、このためだ。こうすると種結晶ができないため、ひび割れた乱雑な結晶のかたまりも生じない。（あるいは、ゆっくりと加熱してかき混ぜないという方法もある。かき混ぜると、結晶の形成が加速されるからだ。）

過飽和溶液を作るのは簡単だ。水のような溶媒は温度が高いとそれに溶け込む溶質（例えば砂糖）の量も多くなるのが普通だ（必ずしもそうではないが）。完全に飽和した溶液の温度を下げることによって、化学的な存在の危機が発生する。種結晶さえあれば、溶液を完全飽和の状態に戻すために必要なレベルまで溶質が析出することになる。

この風変わりな砂糖スティックを作って、結晶が形成され成長するさまを見てみよう。

まず、これらの材料を準備しよう

- 砂糖：カップ1（200g）
- 水：カップ1/2（120g）
- 細長いグラスまたは小さなジャー
- 木製の料理用の串（つまようじでも作れるが、使うには不便だ）
- テープ（マスキングテープなど）・ラップ
- 湯を沸かすための道具
- 食用色素や風味付けのエッセンス（オプション）

実験手順

1. 串の先端を数インチ（約10cm）水で濡らしてから、砂糖に差し込む。これによって、串が**種結晶**（結晶化の出発点となるもの）で覆われる。
2. 火に掛けたソースパンまたは電子レンジ調理可能な容器に、砂糖と水を混ぜて短時間沸騰させ、完全にすべての砂糖を溶かす。数分間冷ましてから、グラスまたは小さなジャーに注ぐ。色や風味の付いた砂糖マドラーが作りたければ、この時点で食用色素または風味付けのエッセンス（アルコールベースのエッセンスは蒸発してしまうので、グリセリンベースのものを使うこと）を数滴加える。
3. グラスの上に差し渡すようにテープを張り、テープに串を突き刺して、串がグラスの中心にぶら下がり、しかも底には付かないようにする。串にさらにテープを巻いて、抜け落ちるのを防ぐ必要があるかもしれない。
4. グラスまたはジャーをラップで覆う。
5. グラスをどこか邪魔にならない場所に置き、毎日砂糖の結晶の成長をチェックしよう。砂糖の結晶が好みの大きさになったら（通常は5〜7日後）、串を取り出す。（この溶液には砂糖がたっぷり含まれているので、冷蔵の必要はない。バクテリアやカビは成長できないからだ。）

考察してみよう！

もっと砂糖を少なくすると、どうなるだろうか？ あるいは、串に種結晶を付けないとどうなるだろうか？

加熱せずに砂糖を水に溶かしたら、どうなるだろうか？

応用問題

上記の手順では砂糖の結晶を**成長核**（結晶化が起こる場所）として使っている。完璧になめらかな容器（実際に作るのは困難であり、触って滑らかに感じるガラスにも顕微鏡的な凹凸がある）では、成長核が存在しないため分離が起きない。同じことは、水のような液体を凍らせる際にも言える。氷の結晶が結晶化を開始するためには、成長核が必要だ。

成長点が存在しない場合、何が起こるだろうか？ メーカーで密封された状態のプラスチック製の水のボトルは十分になめらかであり、また不純物も存在しないので成長核が存在しない。未開封の小さな水のボトルを2～3時間冷凍庫に入れて、**過冷却液体**、つまり通常の氷点よりも低い温度の液体を作れるかどうか試してみよう。液体のままのボトルがあれば、そのボトルには過冷却水が入っているはずだ。ボウルに注ぎ出して、瞬間的に凍るところを見てみよう。このデモのビデオは http://cookingforgeeks.com/book/supercool/ で見られる。

温度と溶解度のグラフをもう一度見てみよう。塩のマドラーを作るには、どうすればよいだろうか？

サトウキビは、19フィート（6メートル）もの高さにまで成長する。

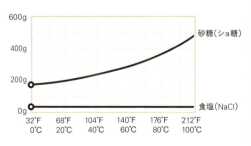

100グラムの水に溶ける溶質の最大量

INTERVIEW
デイブ・アーノルドが業務用ハードウェアについて語る

デイブ・アーノルド（Dave Arnold）はラジオ番組「Cooking Issues」のホストであり、『Liquid Intelligence』(Norton, 2014)の著者でもある。彼は以前、ニューヨーク市にあるフレンチ・カリナリー・インスティテュートで学生たちに最新のテクニックと機器の使い方を教えていた。

精神的跳躍、つまりキッチンにいながら解析的に考え、枠にとらわれない発想ができるようになるためにはどうすればよいのでしょうか？

もともとそういう考え方に慣れていない人が、自然とそのようなことをし始めるとは期待できない。そのような人たちには、キッチンで作業するための別の道具を与えればよいのだ。彼らが当然と考えていること、例えば卵をゆでることを取り上げて、それを無数の小さな部品に分解して見せるのだ。そして、単一変数を操作するための表を作る。つまり、表のフォーマットで例えば時間と温度という2つの変数を一目で見渡せるようにして、一方の変数を操作すると他方にどう影響するかを理解するのだ。

代表的な例がコーヒーだ。すべての変数はわかっているのに、どうしてこれほど多くのコーヒー、特にエスプレッソはあんなにまずいのだろう？　十分によいエスプレッソマシンを持っている人はたくさんいる。解析的に考えることはよいことだ。コーヒーの作り方をいろいろと試すとき、変数x、y、zを同時に変えるのは、たくさんダイヤルの付いた巨大な制御盤の前に立ってダイヤルをめちゃくちゃに動かすのと同じことだ。誰かにおいしいコーヒーのいれ方を教えようと思ったら、すべての変数をロックして、一度に1個ずつ動かすというやり方を教えなきゃいけない。エスプレッソをいれるとき、大部分の人は変数として豆の挽き方を選ぶ。それは温度、量、圧力をロックして、豆の挽き方を操作するほうが簡単だからだ。このようなやり方で、変数を操作し、解析的に考える方法を教えることができる。卵をゆでるとき、温度という変数の最適値を見付けたければ、実験してみればよい。私ならサーキュレーターを使って、非常に精密な温度で10個の卵をゆでてみる。これを何度も繰り返して卵を割ってみて、その振る舞いを知るわけだ。あるいは、例えば肉を焼く際の温度による影響などを調べるために、2個の異なる変数をテストする表の作り方を教えることもできる。味覚の表を作って、それに従って実際に味わってみるのだ。このようなやり方で、人々にスキルを身に付けさせることができる。大事なのは変数をコントロールすることと、観察する能力だ。

どんなハードウェアをキッチンに流用していますか？

基本的にシェフというものは、違った加熱方法ができるものや、違った均質化・撹拌ができるものは何でも盗んで来たがる。われわれが流用したものは、必ずしもわれわれ自身のアイディアではないんだ。他人からアイディアを頂戴したっていい。今では誰もが液体窒素を使っているが、これはすばらしいものだ。

キッチンで普通に見かけるものでも、違った使い方ができる。最近、いろいろな人たちが圧力釜の面白い使い方をしている。われわれは、超音波洗浄機やロータリーエバポレーターをよく使う。最近は、ブロートーチを使っていくつか実験をしてみた。ブロートーチであぶった食材は、どうしてブロートーチのような変な味がするのか知ってるかい？　僕は、ガス漏れ検出用にガスに匂いを付けるために添加されている化合物が原因だとにらんだ。その匂い物質が十分に燃焼しないため、ブロートーチのような味がするのだと思ったんだ。僕は大きな食材をあぶるとき、プロパンのアスファルトを溶かすトーチを使ってみたことがあって、そのときには変な味はしなかった。また、普通のブロートーチの前にスクリーンを置けば、トーチの匂い物質がスクリーンに捉えられ、そこで燃やすことができるんじゃないかと思ってやってみた。これもうまく行った。

実験と安全のバランスは、どのように取っているのですか？

まず、何か新しい試みをする際には、それに付随する可能性のあるリスクを十分に認識することだ。インターネットも役に立つ。多くの人々が、自分の失敗談を語ってくれているからだ。たくさん調査し、たくさん文献を読むこと。いろいろな意見があるから、ある人の言っていることが必ずしも正しいとは限らない。炭酸入りの飲み物を作ろうと思って、ソーダのボトルにドライアイスをぶち込んだ挙句、大量のプラスチックの破片が顔に突き刺さった、なんて失敗談は、グーグルで検索すればすぐに見付かるはずだ。

他人の創造性やハッキングしたいという欲求を押さえ付けようとは思っていない。そういうことをするのは面白いからだ。でも、それにはある程度の基礎知識が必要だ。物事が危険になる状況には、次の3つがある。1つ目は、まったく手順を知らない場合。これがソーダボトルにドライアイスを突っ込んだやつに起こったことだ。彼は手順を知らなかった。2つ目は、機械やナイフなど、何かを恐れている場合。それでも使わなきゃならないとなると、怪我をする確率は高くなる。3つ目は、危機感を失っている場合。生まれつき用心深い性格で、危機感を失っていないなら、この種の実験をしても安全だろう。

研究用の機材など、中古の装置の安全性はどうなのでしょうか？

僕は遠心分離機を買ったとき、食品に触れる可能性のあるすべてのパーツを漂白して圧力鍋で殺菌した。ロータリーエバポレーターを買ったときには、吸入器を漂白剤の溶液に浸けた後に煮沸して、それからまた煮沸して漂白した。生物学的な汚染や、有毒物質による汚染など、すべての種類の汚染に備えなくてはならない。ステンレスやガラスの場合には、ほとんどの有毒な無機化合物は取り除けるはずだが、有機化合物をすべて取り除くためには十分に洗浄し、最善を祈るしかない。バイオハザードに関してはプリオンや、クロイツフェルト・ヤコブ病の研究をするために牛の脳を取り扱った心配などもしなくてはならない。熱的に安定なので、加熱しても毒性は失われないのだ。機械的な洗浄に頼るしかない。

好奇心からお聞きするのですが、遠心分離機は何に使っているのでしょうか？

遠心分離機を使えば、何かすごいことができるんじゃないかと思って買う人は多い。その前に、まず誰かから借りて使ってみるべきなんだ。遠心分離機の働きとは、密度に応じて物質を分離することだ。大勢の人のために料理をするなら、大量に分離できなくてはならないが、それがいつも可能だとは限らない。ユニリーバが遠心分離機を寄贈してくれたので、僕は時間をかけていろいろと試してみることができた。今では、ナッツオイルを作るときや、アップルジュースなどを透明にするときに、遠心分離して収量を増やすために使っている。また、カラマタなどの種類の塩漬けオリーブをミキサーにかけて、遠心分離することもある。そうすると、3つの層ができるんだ。塩漬けオリーブペーストの層は、ダーティマティーニには最高だ。中間層には何の風味もないので捨てる。すると本当に面白い、塩漬けオリーブからとったオリーブオイルの層が残る。この実験はとても面白いけど、お金もかかる。

僕たちは、研究用の機器の他にも、キッチン以外の道具をキッチンへ持ち込んでいる。自分でチョコレートを作っているグループがあって、彼らはインドでダールをすりつぶすのに使われていた石臼を使っている。僕たちはそれを使って、チョコレートと同じような食感を持つけれどもチョコレートとは全然関係ないもの、例えばケチャップやマスタードを作っている。キッチンでする作業の大部分は、いろいろな機器を必要とするようになってくるだろうが、それは必ずしも新しい技術や研究室の技術を意味しているわけではない。新しいテクニックを学ぶだけで済むこともあるんだ。これは心構えの問題だ。

もうひとつ例を挙げてみよう。マッシュルームは、どう料理すべきだと思う？マッシュルームは、水に浸けてはいけないと言われてきた。必ずマッシュルームの水気をふき取りなさい、と教えられてきたんだ。

私はたいてい、さっと洗います。私の理解では、実際にはそれほど水を吸収するわけではないと思っているのですが。

実際には、たくさん水を吸収するんだ。マッシュルームは小さなスポンジのようなものだからね。でも、ここで言いたいのは、今までの論点は常に調理するのに時間がかかるということだったんだ。これは事実だ。僕たちは、マッシュルームをスライスして、水に浸けるだけでなく、フライパンに山盛りにしてテストしてみた。これは両方とも、マッシュルームを調理するときにやってはいけないとされていることだ。

驚いたことに、調理の結果には差が出なかったどころではなく、水に浸けて山盛りにしたほうが**おいしかった**んだ。これは、水に浸けたマッシュルームが水分を放出しながら自分自身のジュースの中で煮込まれて、分解して行くからだ。今までのようにスポンジが油を吸ってしまうことがないし、水分がすべて蒸発してしまってソテーされ始めるころにはすでに分解してしまっているので、油を吸い込むことがないんだ。水に浸けていないマッシュルームは、ソテーされている間に油を全部吸い込んでしまって、実際にはもっと油を欲しがっている。水に浸けたほうは、油をあまり吸い込まないので、フライパンには油がまだ残っている。

このように普通の観察をしただけで、物事を測定して何が起こっているのかを推測した結果として、今までマッシュルームについて言われていたことはすべて間違っている、ということがわかったんだ。いつでもこのように測定する必要はないが、何が起こっているかを本当に解析的に考えなくては、このようなことは絶対にわかってこないんだ。

多くのことについて、同じことが言えると思います。一部の人の知的好奇心は刺激するのに、他の人には肩をすくめて何も面白いことはないと言わせてしまうようなことは、確かに存在すると思います。

そのとおり。だからハロルド・マギーのウェブサイトは「The Curious Cook」（好奇心の強い料理人）と呼ばれているんだ。このブログの内容は、好奇心にあふれている。そして好奇心の次には、これこそ本物のギークが得意とするところだが、好奇心に基づいて何かを実際にやってみようという、能力と意欲が必要なんだ。ばかばかしいと思われようとも、好奇心を突き詰めて、実際にできるかどうか確かめてみよう。

COLUMN 蒸留とロータリーエバポレーター

蒸発は通常、液体を取り除くために利用されるが、その液体のほうが必要な場合はどうすればよいだろう? **蒸留**、つまり混合物から液体を蒸発させ、凝結させて別の容器に移すことを行えば、溶液を物理的性質によって分離できる。このプロセスは、沸点に基づいてある液体を別の液体から分離するため、残滓を溶液中に残して液体を精製するため、あるいは香水のように、液体を担体として揮発性の芳香性化合物を抽出するために用いられる。

蒸留の歴史は非常に古い。古代ギリシャ人は1世紀に水の蒸留を行っていたことが知られている。東アジアの文化では「アラック (arrack)」と呼ばれるアルコール飲料の蒸留が、少なくとも紀元前800年から、おそらくはもっと古くから行われていた。これらの初期の蒸留設備は、加熱可能な容器と、液体が蒸発してできる蒸気をとらえて凝結させる手段だけでできていた。コンロに掛けた鍋の中で湯を沸騰させ、ふたで凝結した蒸気を集めるようなものだと考えてほしい。

現代の化学者たちはロータリーエバポレーターを利用している。これは歴史的な設備を改良した、風変わりなツールだ。ロータリーエバポレーターは温度と圧力の両方を精密かつ正確にコントロールできるように設計されており、さまざまな化合物の蒸発速度をきめ細かくコントロール可能だ(化合物が2種類だけという場合はめったにない)。シェフたちはロータリーエバポレーターを使って、バニラなど普通のものから「海の香り」(砂を使って)や「森の香り」(森の湿った土を使って)などの風変わりなものに至るまで、さまざまな風味を作り出している。

モダンな設備の主な利点のひとつは真空中で蒸留が行えることであり、こうすると溶媒(通常は水かエタノール)の沸点を下げることができる。沸点が下がると、熱的に不安定な揮発性化合物の分解や変性を防ぎながら蒸発させることができ、より多くのさまざまな芳香を分離することが可能となる。

ロータリーエバポレーターは、食品から溶媒を取り除くために使うこともできる。煮詰まった風味を付けずに絞りたてのジュースから水分を減らして濃縮したり、アルコールを取り除いてウィスキーのエッセンスを作ったり、あるいは風味を変えずにアルコールと水の両方を取り除いてポートワインのシロップなどのソースを作ることができるのだ。残念ながら、ロータリーエバポレーターは遠心分離機と同様に高価だし、エタノールを含む液体を蒸留するプロセスは厳しく規制されている。この理由から、ここではロータリーエバポレーターの使い方については説明しない。実用的な料理の範疇には収まらないからだ。しかし、ロータリーエバポレーターを利用できる人は、食品への利用方法を探求してみよう。料理とロータリーエバポレーターについてもっと知りたいという人は、http://cookingforgeeks.com/book/rotovap/ を参照してほしい。

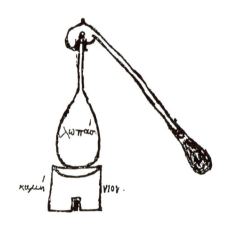

この図は、3世紀のギリシャの錬金術師ゾシモスが蒸留を行った方法を示したものだ。液体の入った容器が加熱され、液体を気体に変化させ、それがとらえられて凝結し、別の容器へと流れ込む。

液体窒素とドライアイスで冷却する

　食品に関する科学の公開実験に順位をつけるとしたら、液体窒素で作るアイスクリームがきっとトップに君臨することだろう。渦巻く白煙、危険と隣り合わせの興奮、邪悪なマッドサイエンティストの甲高い笑い声。僕と契約してアイスクリームを作ってみようよ！

　液体窒素アイスクリームのギミックが古びることはないようだ（なんと、百年前にもロンドンの王立科学研究所で作られている）が、最近では料理に使われる機会が増えているため、液体窒素（専門家の間ではLN_2と呼ばれる）は「ギミック」から「時には有用」のカテゴリへ移行しつつある。

　しかしまず、液体窒素の危険性に関して警告しておかなくてはならない。窒素自体はほぼ不活性で無害な物質であり、われわれが呼吸する空気の78%を占めている。主なリスクは熱衝撃と凍傷、窒息と爆発だ。順番に見て行こう。

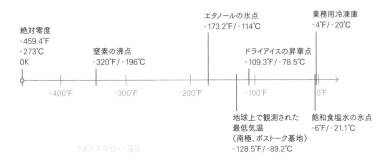

さまざまな低い温度。

- **非常に低温であること。**液体窒素の沸点は−320°F／−196℃だ。これがどれだけ低温かというと、熱い天ぷら油よりも液体窒素のほうが室温との温度差が大きい。熱衝撃によって物が壊れることは、液体窒素の場合には非常に深刻な問題となる。熱い油をぞんざいに取り扱ったらどうなるかを考えて、それ以上の注意を払って液体窒素を取り扱うこと。400°F／200℃の油を室温のガラス皿に注ぐことは、賢い行動ではない（熱衝撃）。同様に、液体窒素をガラス皿に注いではいけない。飛び散った液体窒素も、特に目に入った場合に問題となるおそれがある。手袋や保護メガネ、つま先のふさがった靴を身に付けるのが良い考えだ。
- **液体窒素は酸素を含まない。**これは、小さな部屋では酸素が追い出されてしまい、その結果として窒息のおそれがあることを意味する。液体窒素は、よく換気された場所で取り扱うようにしよう。ドアを閉めた個室ではダメだ。広いキッチンで、窓を開け、十分に換気が確保されているのなら大丈夫だろう。
- **液体窒素は沸騰する。**物質は蒸発の際に体積を増やそうとするが、それができないと圧力が高まる。非常に圧力が高くなると容器は破裂し、爆弾に変わってしまう。液体窒素は、**絶対に**完全に密封された容器に保存してはいけない。そのような容器は、**必ず**いつか破裂するからだ。また、狭い開口部には氷の栓ができてしまうことがあるので、開口部に綿などを詰めるのは避けなくてはならない。

「わかったよ、ご注意ありがとう。でも僕は大丈夫だよ。」そう思っている人はいないだろうか。

そうかもしれない。しかしそれは、死後に（愚かな行いによって遺伝子プールから自分自身の遺伝子を取り除いたことに対して）ダーウィン賞を贈られるような人の大部分が考えることでもある。液体窒素を家に持ち帰ったとき、最悪の場合にはどんなことが起こり得るのだろうか。あるドイツ人のシェフは、液体窒素を使ったレシピを作ろうとして、両手を失っている。そしてテキサスA&M大学のある人物が、大型のデュワーびん（液化ガスを取り扱うためにデザインされた断熱容器）の圧力開放弁を取り除き、開口部を溶接してふさいでしまったときに起こったことが、以下のように報告されている。

> シリンダーは、化学科の建物の2階にある20フィート×40フィート（6m×12m）ほどの大きさの実験室の片隅に置かれていた。タイル張りの、4～6インチ（10～15cm）の厚さのコンクリート製の床の上、鉄筋入りのコンクリートの梁の真上の位置だった。爆発によって、タンクの半径5フィート（1.5m）以内の床のタイルはすべて飛び散り、25セント硬貨の大きさの榴散弾の破片となって実験室の壁やドアに突き刺さった。……シリンダーは、天井に直径20インチ（50cm）のきれいな穴を開けて、3階まで飛び上がっていた。実験室の入り口のドアと壁は、廊下に吹き飛ばされていた。実験室に残った壁は、最初にあった場所から4インチ（10cm）から8インチ（20cm）吹き飛ばされていた。窓は、たまたま開いていたものを除いて、すべて中庭に吹き飛ばされていた。

「わかった、安全には気を付けると約束するよ。どこから入手できるんだい？」

近所にある、科学実験用のガス販売会社を探してみよう。溶接用品の店でも、液体窒素を取り扱っている場合がある。デュワーびんが必要だ。デュワーびんには、密閉型と開放型の2種類がある。開放型のデュワーびんは、基本的には大きな断熱容器で、こちらを使うようにしてほしい。密閉型には圧力開放弁（温度が高くなっても液体窒素を液化した状態に保ち、保存期間を延ばす）が付いていて、大規模な産業用途に使われるのが一般的だ。

開放型のデュワーびんに入った少量の液体窒素なら、危険物取扱者の資格は必要ないし、適切に安全が確保された状態で個人の車で運ぶ場合には、危険物積載表示も必要ない（少なくとも私の住んでいる場所では）。しかし、地域によっては危険物とみなされる場合もあるので*（不適切に取り扱えば、死に至るおそれがあるのは確かだ）、「危険物の運搬」に該当するかどうかをお近くの消防署に問い合わせてみてほしい。

* 訳注：日本では液体窒素は消防法上の危険物には該当しないが、高圧ガス保安法が適用され、また一般的には公共交通機関への持ち込み等が禁止されているので注意してほしい。

標準的な実験室の安全基準では、少量の液体窒素を車で持ち運ぶ際には2人の人員が車の中にいるべきであり、また窓を開けた状態で運転すべきと規定されているのが普通だ。

液体窒素を取り扱う際、私の経験では、少量なら木製のまな板の上に置いた金属製のボウルに入れると、取り扱いやすいようだ。容器には十分目を配り、もし容器が倒れたとしても飛び散った液体窒素が自分にかからないような場所に立とう。

　座ったまま取り扱ってはいけない。また金属製のボウルなど、断熱されていない容器を調理台の上に置くのは、良い考えとは言えない。私はかつてトーク中に、空になった（しかしまだ冷たい）ボウルを調理台に置いてしまい、そのとても美しい調理台にひびを入れてしまったことがある（私は**いまだに**子羊のように、そのことを気に病み続けている）。

　最後のヒントとして、液体窒素と接触した直後の料理をそのままゲストへ提供する際には、デジタル温度計を使って温度をチェックし、食品が十分に温まっていることを確認しよう。目安として、標準的な家庭用冷凍庫の温度は約$-10°F$／$-23°C$だ。

粉を作る

　古典的な「液体窒素を使ったいたずら」のひとつは、葉っぱやバラの花などを凍らせて、何かにぶつけて粉々にしてしまうことだ。伝統的な冷凍方法とは異なり、液体窒素は植物に含まれる水分を瞬間的に凍らせるので、氷の結晶が大きな結晶に成長して細胞壁を貫通し組織を破壊することがなく、したがって葉っぱや花は解凍してもしおれない。

　料理への応用としては、この性質を使って植物原料から「粉」を作ることができる。例えばラベンダーの花は、急速冷凍してすり鉢とすりこ木（凍った植物原料が解凍してしまわないように、これらも冷凍庫で冷やしておく必要がある）ですりつぶし、それから解凍すればよい。一部のシェフは、例えばビートなど、もっと大きな食材を凍らせて、ナイフでは不可能な有機的な形に砕くようなことも試みている。

アイスクリームを作る

　LN_2アイスクリームの標準的な公式は、次のとおりだ。

クリーム＋風味付け＋液体窒素＋泡立て／かき混ぜ
＝30秒でできるアイスクリーム

　伝統的なアイスクリームベースとは違って、少なくともすぐに食べるアイスクリームについては（まるで他の種類のアイスクリームが存在するかのような言い方だが）、油脂と水と砂糖の比率を気にする必要はない。伝統的なアイスクリームベースは、食材の比率を精密にコントロールすることによって氷点を広範囲に分散させ、おいしい顕微鏡レベルの構造を作り出している。液体窒素

必要な安全装備を忘れずに装着しよう！

アイスクリームは、食べる直前に凍らせるし、あまり硬く固まらせないという点で、むしろソフトクリームに近い。LN₂アイスクリームを凍らせると、乳脂肪分があまり高くない場合には、凍ったミルクのブロックに近いものが得られる。

LN₂アイスクリームのもうひとつの利点は、低い温度で作るため、エタノールを凍らせることもできることだ。伝統的な製法でも少量のアルコールを含んだアイスクリームは作れるが、アルコールのマイルドな風味が付け加わるだけだ。しかし液体窒素を使えば、今までに食べたこともないような、本当にアルコールの味がするアイスクリームを作ることもできる。

液体窒素アイスクリーム作りのビデオは、http://cookingforgeeks.com/book/icecream/ で見られる。

RECIPE ココア・ゴールドシュレーガー・アイスクリーム

これは私の大好きな風味のLN₂アイスクリームだ。おそらくそれは20%のゴールドシュレーガーと9%のアルコールを含み、100%おいしいからだろう。伝統的な手法では作れないアイスクリームの素晴らしい実例だ。

スタンドミキサーの金属製のボウルの中で、以下の材料を混ぜる。

- ☐ 牛乳：カップ1（240mL）
- ☐ 生クリーム：カップ1（240mL）
- ☐ ゴールドシュレーガー（シナモンのリキュール）：カップ3/4（180mL）
- ☐ チョコレートシロップ：カップ1/4（60mL）
- ☐ ビタースイートチョコレート：3オンス（85g）、溶かす
- ☐ 砂糖：大さじ2（25g）
- ☐ 塩：小さじ1/2（3g）
- ☐ シナモン：小さじ1/2（1g）

味見してバランスをチェックし（この時点で全部飲んでしまわないように注意しよう）、適宜調整する。凍ると風味が弱くなるので、強すぎるくらいでちょうどよい。

スタンドミキサーをオンにして、（注意！　ゴーグルと手袋を身に付けること！）ゆっくりと液体窒素を注ぐ。私の経験では、アイスクリームを固めるには、1対1の割合の液体窒素が必要だった。スタンドミキサーがない場合には、金属製のボウルを使って泡立て器か木製のスプーンでかき混ぜてもよい。

NOTES

◎チョコレートを溶かすには、牛乳を電子レンジで温めてから、温かい牛乳にチョコレートを加える。1分ほど休ませてチョコレートを温めてから混ぜ合わせる。チョコレートを直接電子レンジにかける方法もあるが、私の経験ではこのほうが簡単で、焦げるおそれも少ないようだ。

COLUMN　ドライアイスで遊ぶ

ドライアイス、つまり固体の二酸化炭素は、液体窒素よりは扱いやすい。第1に、固体なので取り扱いに特別な機器は必要ない。発泡スチロール製のクーラーボックスや、段ボール箱だって十分だ。そして第2に、ずっと入手しやすい。場合によっては食料品店や肉屋でも手に入る。（削りかすなどが入っている心配のない、**食品グレードのドライアイスを入手すること！**）ドライアイスをコーヒーに入れて、気付かないふりをして飲む（ドライアイスは底に沈むので、注意して飲むこと）以外に、どんなことができるだろうか？

ベリーを急速冷凍する。業界用語ではIQF（個別急速冷凍）と呼ぶが、巨大な急速冷凍機を使って豆やラズベリー、それに鳥の胸肉などを個別に急速冷凍することが行われている。ドライアイスを発泡スチロールのクーラーボックスに入れて、ほぼ同量のベリー類や野菜と混ぜ、ドライアイスが昇華してしまうまで待って、袋に入れて冷凍庫へ入れればよい。

アイスクリームを作る。ドライアイスは、液体窒素ほどアイスクリームを作るのには向いていないが、試しに作ってみるのはずっと簡単なので、説明しておく価値はあるだろう。食品グレードのドライアイスを用意して、まな板の上で2枚のタオルの間に挟んで、ゴム製のハンマーやフライパンの裏などで何回か叩いて粉々にする。この粉を、アイスクリームのベース（204ページを参照してほしい）と一緒に金属製のボウルに入れて固まらせる。少し炭酸飲料のような味がするので、それと合うベース（例えばフルーツのソルベ）を選ぼう。LN_2アイスクリームも同様だが、ベースをあらかじめ冷凍庫で冷やしておけば、使うドライアイスは少なくて済む。

「発泡フルーツ」を作る。ブドウ、バナナ、いちごなどの汁気のあるフルーツを圧力鍋に入れ、ドライアイスを加えてふたを閉める。ドライアイスが昇華するにつれて、圧力鍋の内部に二酸化炭素が充満し（そして、これは非常に重要なことだが、圧力が高くなりすぎれば安全弁から逃げて行く）、フルーツにCO_2が吸収される。20〜30分待って、圧力を開放し、ふたを開けて賞味しよう。

ドライアイスに関する注意
液体窒素と同様に、ドライアイスも昇華すると非常に大きな体積に膨張する。ドライアイスを密閉容器に保存してはいけない。また、酸素を排除してしまうので、狭い密閉空間で大量のドライアイスを扱わないようにしてほしい。

ドライアイスと液体を混ぜるとスラリー状になるが、これは**非常に危険だ**。**ライデンフロスト効果**（低温の液体と高温の物体の間に、蒸気のバリアができて絶縁される現象）を起こすほど低温ではないためだ。エタノールと混合したドライアイスは毛管現象によって衣服を通過し、$-98°F$ / $-72°C$という低温で皮膚にくっついて凍傷を引き起こす。

ドライアイスを素手で触ってはいけない。手にわずかでも水分があると、それによってドライアイスが皮膚に「溶接」されてしまい、深刻な被害を引き起こす。ドライアイスそのものの温度は$-109°F$ / $-79°C$だ。

COLUMN 「アンチ鉄板」を自作する

鉄板が食品に熱を加えて調理するのなら、アンチ鉄板は食品から熱を奪うことによって「調理」することになるはずだ。高級レストランの珍しい料理の中には、非常に低温の表面を使ってゼリーやプディングの外側を数秒で固め、外側はパリパリに凍っていても、内側はまるで溶けたアイスキャンディーのようにクリーミーで温かい食品を作っているものもある。

ドライアイス、エタノール、そしてミニサイズの天板などの平らな金属板を使って、これを自作してみよう。(私は業務用調理器具の店から買った小さなステンレス製の厚板を持っているので、それを使っている。)

作り方は、以下のとおりだ。

1. 砕いたドライアイスを容器に敷き詰める。天板を木製のまな板の上に乗せて使ってみてほしい。天板がドライアイスとエタノールのスラリーを保持し、まな板は非常に低温の天板と調理台との間の断熱材として働く。ある  いは、発泡スチロール製容器のふたがあれば、それをひっくり返してくぼんだ部分を使ってもよい。

2. 消毒用アルコール(または安物のウォッカ)を少量ずつ、砕いたドライアイスにかぶるまで注ぐ。エタノールは、ドライアイスの破片と「鉄板」の表面との間の空気を追い出す役割をする。またエタノールは、水のように白煙を発生させることがない。

3. 金属板を、エタノールを注いだドライアイスの上に載せる。完璧に接触していることが必要だ。数分間かけて冷やす。

4. ステンレス板の表面に、くっつき防止スプレーかバター、または油を塗る。

5. 冷凍したい食品をステンレス板の上に乗せる。必要に応じて、平らな円盤状に広げる。凍ったロリポップを作るには、固まる前にアイスキャンディーの棒か串を入れればよい。約10秒後にヘラを使って裏返し、反対側を固める。あるいは、この章ですでに説明したチョコレートムースのレシピ(318ページを参照してほしい)を試してみよう。プディングや濃厚なカスタードのベースなら、ほとんど何でもうまく行くはずだ。

高熱で調理する

> 300度で20分ということは、5分では……えーっと……（つぶやく）1,200度か。
> ——マージ・シンプソン、ケーキを焼きながら
> （「バート・シンプソンVSジャック・バウアー（24 Minutes）」の回）

- 550°F / 290℃ 大部分の家庭用オーブンの最高温度
- 650〜700°F / 340〜370℃ ガスのグリルやガスコンロ
- 1,000°F / 540℃ オーブンのクリーニングサイクル
- 800〜950°F / 425〜510℃ 薪や炭火のグリル
- 3,595°F / 1,979℃ プロパンの最高燃焼温度

さまざまな高い温度。

　300°F / 150℃でおいしい料理が作れるんだったら、1,200°F / 650℃では4分の1の時間で同じことができるに違いない。もちろん、実際には違う。そう言っておかないと、今頃はもう読者の頭の中には食品への熱の伝達方法や時間と温度の重要性について心理モデルが出来上がっているだろうから、とても印刷できないようなことをつぶやきながらこの本を閉じてしまう人もいるかもしれない。

　しかし「冷たさで調理」する場合と同様に、特別な面白い状況では、極端な高熱を利用して興味深い効果が得られることもある。（液体酸素を使って2秒でバーベキューを焼こうとすれば、危険な結果ともなる。）これから、ブロートーチや高温のオーブンを使って（調理器具を溶かさない程度の）**非常な**高熱を与えて作られる料理をいくつか見て行こう。

　料理では、食品の表面温度が380°F / 195℃を超えるような加熱は一般的には避けられる。その温度は、砂糖が焦げて炭のような味になってしまう上限に近いからだ。この温度を超えたところで起こる化学反応には、タンパク質や炭水化物をひどい味にしてしまうものが含まれる。しかし量が少なければ、これらの反応の一部は「焦がし風味（charred）」などの言葉を使って歓迎されることもある。このcharという言葉には「黒くする」という語源があり、ここからcharcoal（木炭）という言葉も派生している。焦がし風味、網焼き、バーベキュー。これらの単語はすべて、表面がほんの少し焦げる程度の温度に達した食品を意味しており、そのためにはブロイラー*、熱したフライパン、そしてグリルなどが利用される。これらは、大量の熱を食品に送り込む。しかし、大量の熱を食品の一部にだけ送り込みたい場合にはどうすればよいだろうか？　ブロートーチを使うのだ。

* 訳注：日本で言う魚焼きグリルに近い調理器。

ブロートーチ用の作業台を即席で作るには、天板を裏返してその上にラムカン型を置けばよい。

RECIPE クインのクレームブリュレ

私の友人のクインは、実に驚くべきクレームブリュレ（これはフランス語で「焦がしたクリーム」という意味だ）を作ってくれる。（フランス語でさえ、「炭化した砂糖」という名前はおいしそうに聞こえないのだろうか？）

耐熱ラムカン型を6個用意し、大きなガラス製の耐熱皿に入れて、使うときまで別に置いておく。オーブンを325°F / 160℃に予熱する。

ボウルに**Lサイズの卵5個分の卵黄(90g)**を取り分け、卵白は卵白のフリッタータ（14ページを参照してほしい）など別の料理で使うために取っておく。卵黄を、軽く泡立つまで泡立て器でかき混ぜる。このボウルも別に置いておく。

ソースパンに、以下の材料を量り取る。

- 生クリーム：カップ2（480mL）
- 砂糖：カップ1/2（100g）

生クリームとホイップ用クリームは、米国では基本的に同じものを意味する。他の地域では、「シングルクリーム」を探してほしい。生クリームのほうが乳脂肪の割合がわずかに高く、ホイップ用クリームにはたいていカラギーナンなどの安定剤が入っているが、通常はどちらでも同じように使える*。

バニラ豆1さやを長さ方向に切り開いて、スプーンの縁を使って種をかき出す。種とさやの両方をソースパンに入れる。クリームと砂糖とバニラ豆を中火で10分間、常にかき混ぜ続けながら温める。その間に、別の鍋に熱湯を沸かしておく。この湯は、ガラス製の耐熱皿に注いで、ラムカン型が半分浸かるくらいの量が必要だ。

クリームを10分間調理したら、バニラのさやを取り出して捨てる。クリームを約400ミクロンのフィルター（ガーゼでよい）でろ過し、計量カップなどの注ぎやすい器に入れる。

卵黄の入ったボウルを調理台に置き、片手で卵黄を泡立て器で混ぜながら、もう片方の手でソースパンを持ち上げる。ゆっくりと、熱いクリームを卵黄に細く流し入れるが、その間ずっと卵黄が固まらないようにかき混ぜ続けること。遅すぎるくらいでちょうどよい。速すぎると、スクランブルエッグになってしまう。（甘くておいしいスクランブルエッグであることは確かだ。）

これを6個のラムカン型にレードルで移すが、その際に泡が入らないように注意する。（泡があると、ブリュレの表面に浮かんで固まってしまうからだ）。熱湯を耐熱皿に注ぎ（ラムカン型の高さの半分まで）、耐熱皿をオーブンに入れる。

揺らすとカスタードの中心がほんの少し揺れるようになるまで、30〜35分ほど焼く。内部の温度は180°F / 82℃になっているはずだ。ラムカン型を耐熱皿から出し、冷蔵庫で約3時間冷やす。（もちろん、もっと長い時間入れておいてもよい。）

冷えたら、カスタードの上に薄い層ができるように砂糖を振り掛ける。ブロートーチを使って砂糖を溶かしてカラメル化させる。色と見映えに満足が行くまで、ゆっくりと炎を動かしながら表面を焦がせばよい。砂糖の色が濃くなるほど、苦くなることに注意してほしい。また、少なくともすべての砂糖が確実に溶けるようにしよう。そうしないと、溶けずに残った砂糖で口当たりが悪くなってしまう。

ラムカン型を10分間冷蔵庫に入れて砂糖を冷やしてから、食卓へ出す。砂糖の皮膜がふやけてしまうので、このトーチで焦がしたブリュレは1時間以内に食べるようにしよう。

NOTES

◎クリームを煮るときに、オレンジの皮、インスタントコーヒー、ココアパウダー、茶葉など別の風味を付けてみよう。

＊訳注：日本では乳製品ではなく植物性脂肪から作ったクリームを「ホイップ用クリーム」と呼ぶことが多いようだ。

ブロートーチは非常に局所的な加熱をするために使われる。食品に炎の当たる部分だけを加熱できるからだ。（火炎放射器も使える。「火炎放射器 クッキング」と検索して出てきたビデオを見るのに私がどれだけ時間をかけたかは、言わないでおくことにしよう。）マグロの寿司をあぶると、内側は生のままだが焦がし風味が付け加わる。コショウをローストして、内側を加熱し過ぎずに皮を取り除くことができる。低温で（真空調理法または煮込み）調理された肉に褐変反応を引き起こし、外側を素早く仕上げることができる。そしてもちろん、クレームブリュレの表面に砂糖の皮膜を作ることは、キッチンでブロートーチを使う最も正統的な口実だ。（トーチの燃料が切れてしまったら、ブロイラーも使える。）

バナナフォスター（バターと砂糖とバナナを焼いて作る簡単でおいしいデザート）を「アップグレード」してみよう。焼いたバナナに砂糖をふりかけ、ブロートーチを使って砂糖をカラメル化させるのだ。作業台を作るには、鋳鉄のフライパンをひっくり返してホイルをかぶせればよい。

トーチを買う際には、いわゆる「グルメ」向けのトーチは避け、金物屋で本物のブロートーチを買うのがよい。キッチン専用として売られている小型のトーチが悪いわけではないが、熱量は金物屋で手に入るものにはかなわない。ノズルの大きさと、したがって炎の大きさが違うからだ。味に敏感な人は、「燃え残りの燃料」の味（「トーチの味」と呼ばれることもある）に気が付くことがあるかもしれない。これは、肉に含まれる脂肪分などの化合物が、非常に高い温度で分解することによって作り出される（要するに脂肪分も燃料であり、化学反応を引き起こす）。これに気付いたら、炎を小さくし、（それが可能なトーチであれば）混合する空気の量を増やしてみよう。

金属製の天板か鋳鉄製のフライパンの上にアルミホイルを敷いて砂糖をふりかけ、ブロートーチを使って砂糖を溶かす練習をしてみよう。炎を近付けすぎてはいけない。これは、ブロートーチを使って調理する際に最もしがちな失敗だ。温度が最も高いのは炎の青い部分だが、先端部を取り囲む空気の部分も十分に熱いのだ。（あまり炎を近づけすぎると、アルミホイルが溶け始めるのでわかる。この際の温度は約1,220°F / 660℃だ。）ブロートーチを使う際のコツは、領域を数回のパスに分けて加熱することだ。特定の場所を加熱しすぎないように、トーチを前後に振りながら表面全体をカバーするように動かしてほしい。

高熱ピザを焼く方法

真剣なピザの議論が、『Cooking for Geeks』という書名の本に欠かせないのは当然のことだ。ピザ作りには多くの変数が登場する。風味の組み合わせ、メイラード反応、グルテン、発酵、水分レベル、そして温度。ほとんどはこの本の別の場所で取り上げたが、温度についてはまだ説明していなかった。温度は、おいしいクラストを焼くために重要だ。

厚いクラストのおいしいピザのおいしい中身は、ほどほどの温度で焼かれた良質の生地から生まれる。私の近所の厚いクラストのおいしいピザの店では、冬は450°F / 230℃、夏は350°F / 180℃のオーブンを使っている。（キッチンが耐えられないほど暑くなってしまうので、夏にはこれ以上オーブンの温度が上げられず、ピザを長時間焼くことで対応している。）これなら簡単だ。

しかしパリパリの薄いクラストのピザを焼きたければ、クラストをおいしく焼き上げるために高い温度が不可欠だ。私が今まで薄いクラストのピザが何とか焼けると感じたオーブンの温度の下限は600°F / 315℃だ。700°F / 370℃では、クラストはさらにおいしくなる。私がこれまでに食べた最高の薄いクラストのピザは、750°F / 400℃から900°F / 480℃の間の温度の木炭グリルか、木を燃やすレンガ造りのオーブンで焼いたものだった。残念ながら、大部分のオーブンの温度は550°F / 290℃で頭打ちなので、オーブンで薄いクラストのおいしいピザを焼くのは難しい。

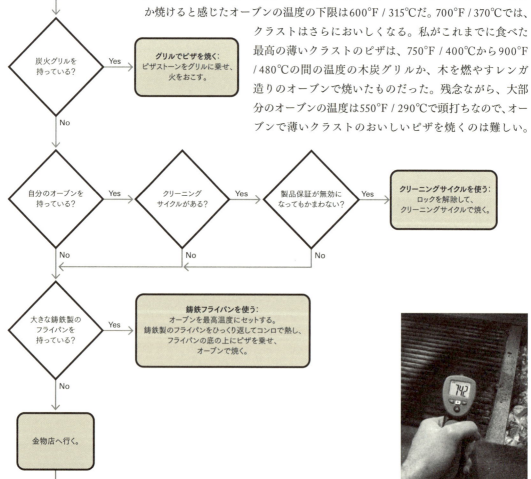

木炭グリルの温度：742°F / 394℃。

では、薄いクラストのピザが大好きなギークはどうすべきなのだろうか？そんなフローチャートがあればいいのに……

グリルを使う方法

これは最も簡単な方法だ。炭火や薪を燃料とするグリルは非常に高温になり、容易に800°F / 425℃程度に達する。（プロパン自体の燃焼温度は高いにもかかわらず、プロパンのグリルはもう少し温度が低くなる。）

ピザストーンをグリルの上に乗せ、火をおこす。グリルが十分熱くなったら、トッピングを乗せたピザを置く。グリルのサイズにもよるが、ストーンなしで直接ピザをグリルに乗せて焼くこともできるかもしれない。両方試してみよう！

過熱した鋳鉄製フライパンを使う方法

グリルを使えないアパートの住人は、高熱ピザを焼くために創造力を発揮する必要がある。多くの家庭用オーブンの最高温度は550°F / 290℃だが、グリルモードのオーブンやコンロはもっと高い温度になる。

オーブンを550°F / 290℃、またはできる限り高温で予熱する。

火力を最強にしたコンロに空の鋳鉄製のフライパンを乗せ、少なくとも5分加熱する。

オーブンをグリルモードにして、熱した鋳鉄製のフライパンを裏返しにしてオーブンへ入れ、オーブンを強火にする。ピザ生地を、焼き色が付き始めるまで1〜2分ほど下焼きする。

ピザ生地をまな板へ移し、ソースとトッピングを乗せる。ピザを再び鋳鉄製のフライパンの上に乗せ、トッピングが溶けてお好みの焼き色が付くまで焼く。

鋳鉄製のフライパンをグリルモードで過熱する。

クリーニングサイクルを使う方法（別名「オーブンのオーバークロッキング」）

家庭用のオーブンの温度目盛りが550°F / 290℃までしかなくても、それより高い温度にできないわけではない。しかしそれは危険だし、製品保証は無効になり、しかもずっと簡単に高温を実現する方法が別にあるので、実際には試す価値はない。それでも、科学の名のもとに……

こねないピザ生地のレシピとそれを使ったピザ作りの方法については、4章の286ページ「こねないピザ生地」を参照してほしい。

オーブンは、クリーニングサイクル中に非常に高温になる。問題は、オーブンがドアを機械的にロックしてしまうので、ピザを出し入れすることができず、クリーニングサイクルの間中入れっぱなしにしたピザは、とてもおいしいとは言い難い炭になってしまうことだ。

しかしロックを解除してしまえば、ほらこのとおり！　超高熱オーブンが使えるようになる。いろいろといじってみて、私のオーブンは1,000°F / 540℃を超える高温を達成した。最初に試してみたピザは**45秒**という超高速で焼き上がり、クラストの底は完璧にパリパリで、トッピングはふつふつと溶けている状態だった。

しかし、ピザの中心にまで火が通る時間がないため、1,000°F / 540℃のピザはあまりよい出来ではなかった。もう一度600°F / 315℃で試してみたところ、非常においしいのだが、パリパリの薄いクラストやこんがりと焼けたトッピングは得られなかった。しかし、750〜800°F / 400〜425℃程度に設定すると、ピザがちょうど良く焼けるようになった。

オーブンは、クリーニングサイクル中にドアを開けることを想定して設計されていない。正直に言って、私はこの方法はお勧めしない。私はオーブンのドアのガラスを割ってしまい、「アップグレード」する羽目になってしまったが、1950年代にミサイルのノーズコーンに使われていたパイロセラム（耐熱強化ガラス）を装備したオーブンを自慢できるのは、ちょっと気持ちがいい。ひっくり返した鋳鉄製フライパンや炭火グリルを使っても十分においしい薄いクラストのピザが焼けるのだから、オーブンのオーバークロッキングは面白いがお勧めはできない、と言わざるを得ない。

INTERVIEW
ネイサン・ミアボルドが モダニスト料理について語る

ネイサン・ミアボルド（Nathan Myhrvold）はマイクロソフトの元CTOであり、『Modernist Cuisine（モダニスト料理）』（The Cooking Lab, 2011）という本の共著者でもある。料理のモダンなテクニックを解説したこの本は、2012年のJames Beard賞（Cookbook of the YearおよびCooking from a Professional Point of View）を受賞している。

あなたの食の遍歴と、どうしてそれほど興味を持ったのかについて教えてください。

僕は生まれてからずっと、食に興味を持ってきた。9歳のとき、母に「僕が感謝祭のディナーを作るよ！」と宣言したことがある。僕は図書館へ出かけていって、たくさん料理の本を借りてきて、そしてやり遂げたんだ。母が僕にやらせてくれたってことも驚きだけど、ちゃんとできたというのはもっと驚きだね！

1995年、マイクロソフトでシニアバイスプレジデントとして働いていたころ、僕は料理学校へ通おうと決心した。僕は休暇を取って、フランスにあるl'Ecole de Cuisine La Varenneという料理学校へ行ったんだ。受講したのは、本格的なプロ向けのプログラムだった。マイクロソフトを退職した後、僕は自分の小さな会社を始めたけど、食に興味を持ち続けていたので、本を書こうと決心したんだ。古典的な料理の方法を教えてくれる、大きくて分厚い料理の本はたくさんあったけど、その手の本にはモダンなテクニックは一切取り上げられていなかった。書いてあったのは、過去のテクニックだけだったんd。僕は、これは本当にモダニスト料理の本を書くチャンスだと気付いた。モダンな料理のテクニックを網羅した、百科事典のような本だ。

もし僕が書かなかったら、少なくとも近い将来に、誰か別の人が書いてくれるかどうかはよくわからなかった。僕は、これが食の世界に僕ができる貢献なんだと決心したんだ。僕は他の誰よりも何年も早く、本を書くことができる。必要な時間とエネルギー、それにお金を持っていたからね。この本は、科学の理解と料理の実践の間の隙間を、わかりやすい形で埋めるという意味でユニークなものになるだろうと思ったんだ。

あなたにとっての、モダンな料理の定義はなんですか？ 多くの人にとって、それは分子ガストロノミーを意味するようですが。

僕は、意識的にその名前を使わないようにしている。僕が使っているのは、**モダニスト料理**という言葉だ。モダニスト（現代主義者）という言葉を使う理由は、過去とのしがらみを捨て去ろうとする自意識的な試みという点で、現代建築や現代アートが成し遂げてきたことと似ているからだ。これが、モダニズムというものの知的な特徴なんだ。

アートや建築の世界では100年から50年前に起こったことが、料理の世界には起こっていない。自分の料理に**分子ガストロノミー**という言葉を使われると、怒り出すシェフもいる。それ自体は悪い名前ではないが、いろいろな人にとって意味するところが違いすぎるんだ。それと比べてモダニストというのは、もっと包括的な言葉だ。

これらのテクニックを研究して、びっくりしたことがあれば教えてください。

コンフィ、つまりフランス語で「浸ける」という言葉で呼ばれる料理法がある。油脂の中で肉を比較的低い温度で長時間、例えば8時間とか12時間とか、調理する方法だ。どのシェフに聞いても、コンフィは油の中で調理する必要がある、それが肉に特徴的な効果を与えるから、と答えるはずだ。

ある日、僕たちがこれに関して議論をしているとき、僕はこう言った。「いったいどういうことなんだ？ 油の中で肉を調理すると、本当に肉に変化が起こるのか？ まったく、わけがわからないよ。油の分子は大きすぎて、肉の中には入って行けないはずだ。外側にあるはずだよ」などとね。

それで、僕たちは一連の実験をしてみて、考えられていたような効果は実際にはない、ということがわかった。油を使わずに肉を蒸して最後に油を塗っても、実際には違いはわからないんだ。

ということは、油を使わずに水槽で調理しただけではダメってことですか。

僕らはそれもやってみた。全然違いはわからなかったんだよ！ 違う温度で調理したり、調理する時間の長さが変わったりすると、その違いはわかる。でも、同じ温度と時間で調理した場合には、それが真空調理法であろうと蒸した場合であ

ろうとコンフィであろうと、実際には後で違いを見付けることはできないんだ。これは、僕らにとっても大きなショックだったよ。

それ以外にも、テクニックの使い方を調べて行くと、いろいろとびっくりするようなことに出くわした。肉を氷水に落として調理を止めることは、よく行われている。これは**ショッキング**と呼ばれる。大きな肉のかたまりか、何か厚みのあるものを調理していると想像してみてほしい。多くの本には、調理を止めるためには取り出して氷水に浸けなさい、と書いてある。そんなことしたって全然意味ないんだ！　肉の中心の温度は、肉を氷に浸けたって影響を受けない。氷水に浸ければ肉全体は冷えるが、実際には中心が到達する最高温度が影響を受けることはないんだ。

熱さも冷たさも、同じスピードで「旅をする」。厳密には正確ではないけれども、熱の波が外側から内側へと押し寄せると考えれば、ショッキングを行うことは冷たい「負」の熱の波を送り込むことだ。でも速度に違いはないので、先に加えられた熱の波のほうが、冷たい波よりも先に中心に到達するんだ。

うわあ、確かにそのとおりですね。他に発見したプロセスで、普通の人が日常の料理に使えるようなものはありますか？

この本を書く上で時間をかけたことのひとつは、調理における湿度の役割だ。大部分の食品は、水分を含んでいる。水分を含んだものを熱すると、水分を蒸発させるために膨大なエネルギーが必要となる。そして、水が蒸発する速度は、湿度に依存するんだ。

例えば冬のアスペン*みたいに湿度がものすごく低い場所で料理をする場合と、夏のマイアミみたいに湿度がすごく高い場所で料理をする場合とでは、劇的に結果が違ってくる。食品の温度が10度（6℃）違ってくる場合もある。特に調理の始めでね。

このようなことを、全部調べていったんだ。結果としてわかったことは、湿度は調理の実際の結果に巨大な影響を与え

るってことだ。コンベクションスチームオーブンは湿度をコントロールできるということが、大きな利点となっている。真空調理法の利点のひとつは、食品をポリ袋に密閉するので、湿度が変化しないということだ。でも外気の中で調理するときには、湿度は実際に大きな違いをもたらす。これが、レシピどおりに作っても思ったような結果にならない理由のひとつなんだ。

これが、アメリカ中のすべての料理人にとってそれほど大事なことかどうかは、よくわからない。でもこれを知っていることはクールだと思うし、プロのシェフにとっては確実に重要なことだ。シェフなら誰でも、本に書いてあるレシピを試してみてうまく行かなかったり、シェフが旅行中に作った料理の出来があまりよくなかったり、という経験があるはずだ。これが、その理由のひとつなんだ。湿度を制御しなければ、自由変数となってしまい、大きな違いをもたらすことになる。

水を沸騰させるのに、どれだけ多くのエネルギーが必要なのかをちゃんと理解している人はあまりいない。実はこのことが、料理に劇的に影響するんだ。水が蒸発する際の潜熱を考えてみよう。1グラムの水の温度を摂氏1度上げるのに必要なエネルギーが4ジュールだから、水の融点から沸騰直前まで加熱するのに必要なエネルギーは400ジュールだ。これに対して、沸騰させるには2,257ジュールが必要なんだ。蒸気エンジンは、この原理で動いている。さまざまな物理現象が、この1つの事実で説明できるんだ。

あなたがこれまで学んだことが、シェフやアマチュアの料理愛好家のアプローチを変化させることになると思いますか？

僕が望んでいることは、シェフが広い範囲のテクニックを使って、彼らが作りたい種類の料理が作れるようになることだ。いま現在は、これらの非常にモダンなテクニックを使っているシェフはほんの一部だ。他の大部分のシェフは、使っていないんだ。

これらすべてを学ぶことは、とても難しい。僕たちは、シェフやアマチュアの人

たちがその原理を理解できるように、わかりやすい道筋を付けてあげたいんだ。それができれば、みんなの料理方法に本当に大きな変化が起こせると思っている。世界平和が達成できるわけじゃない。地球温暖化とかそういった問題が解決できるわけでもない。だけど、それは料理の世界の中で、何か人々がとても刺激的で自信が持てるようなものを見付けることにつながるんじゃないかな。

最後に、これから料理を学ぼうとする人に対して、示唆に富む言葉をいただけませんか？

料理を学ぶことはすばらしいことだし、皆さんにぜひお勧めしたい。多くのレシピに込められているのは、「理由は気にせず、とにかくこれをして、あれをして、そしてそれをすれば、ちゃんと完成しますよ」というメッセージだ。

うまく行くときには、それで十分だ。でもうまく行かなかったときには、その理由がまったくわからない。僕はそういうとき、いつもだまされたように感じる。僕は理由が知りたいんだ。僕は今でも料理を学び続けている。世界最高のシェフであっても、料理を学び続けていると僕は思うし、そのような学びと探求が、料理の面白いところなんだ。

---

* 訳注：コロラド州にあるスキー場。

6. 食品添加物の使い方 / Playing with Chemicals

本章の内容	CHAPTER CONTENTS
食品添加物	397
・Eナンバー：食品添加物の十進分類法	400
混合物とコロイド	401
保存料	403
風味付け	420
・燻液（別名、精製スモーク）	425
増粘剤	431
・葛粉とコーンスターチ	432
・メチルセルロース	437
・マルトデキストリン	439
ゲル化剤	441
・ペクチン	442
・カラギーナン	445
・寒天	446
・アルギン酸ナトリウム	448
乳化剤	453
・レシチン	453
酵素	455
・トランスグルタミナーゼ	460

レシピ	RECIPE
マシュマロ	404
グラブラックス	408
プリザーブドレモン	410
毎日おいしいクイックピクルス	411
オレンジの皮の砂糖煮	418
柑橘類のマーマレード	419
バニラエッセンス	423
風味抽出オイルとハーブ入りバター	424
スモア・アイスクリーム	427
オーブンで作るバーベキューリブ	428
レモンメレンゲパイ	434
グレイビー	436
ホット・マシュマロ	438
粉末焦がしバター	440
イオタおよびカッパ・カラギーナンを使って牛乳をゲル化する	446
チョコレート・パンナコッタ	448
透明ライムジュース	449
フルーツジュースのフォーム	454
マヨネーズ	455
モッツァレラチーズ	456
酵素を使った帆立のベーコン巻き	462

実験	LAB
塩と氷でアイスクリームを作る	417
燻液の作り方	429
自分でペクチンを作ってみよう	444

インタビュー	INTERVIEW
キャロリン・ヤンのプリザーブドレモン	410
エルヴェ・ティスが分子ガストロノミーについて語る	413
アン・バレットが食感について語る	435
マーチン・ラーチの親水コロイドレシピ	452
ベンジャミン・ウルフがカビとチーズについて語る	458
ハロルド・マギーが食品のミステリーを解くことについて語る	463

6 食品添加物の使い方
Playing with Chemicals

　人類は、何千年もの昔から化学物質を食品に加えてきた。塩は肉や魚を保存し、酢は野菜をピクルスにし、そして卵黄はエマルションを形成してマヨネーズやオランデーズのようなソースを作り出してくれる。過去数世紀にはアルギン酸やバニリンなどのモダンな化合物がもたらされ、商業的や創造的な用途に使われるようになってきた。

　食品そのものも、化学物質からできている。トウモロコシや鶏肉、そしてアイスクリームコーンなどは、上手に構成された化学物質の膨大な寄せ集めに過ぎない。料理人は、これまで説明してきたようなテクニックをすべて利用して、これらの化学物質の取り扱い方を学ぶ。しかし才能ある料理人は、食品の化学を操作する方法も知らなくてはならない。食品化学、つまり食材の化学的組成やそれらが組み合わせられたり加工されたりしたときに起こる変化を調べることは、さまざまな調理テクニックを探求する楽しい方法だ。伝統を重んじる家庭の料理人から、経験豊富な産業研究シェフに至るまで、どんな種類の料理人にとっても、食材の化学を理解することは役に立つ。

　食品は、どのように構成されているのだろうか？　それらが組み合わせられたり、加熱されたりするときには何が起こるのだろうか？　化学の知識を利用して食品をよりおいしく調理するにはどうすればよいのだろうか？　化学を理解すれば、創造的で新しいどんなアイディアをつかむことができるだろうか？　この章では、歴史的なものからモダンなものまで、食品を化学的に操作するためのテクニックを調べて行く。

食品添加物

　ピクルスやマヨネーズ、あるいはグミキャンディーがどうやって作られているのか、不思議に思ったことはないだろうか？　これらは、少なくとも「母なる自然」という意味において、シンプルな食品ではない。次にキッチンに立つときには、手元のさまざまな食品のびんやパッケージを眺めてみてほしい。これらの食品の食感や風味は、どこからきているのだろうか？　その答えが、原材料の化学的性質に関係しているのは間違いない。

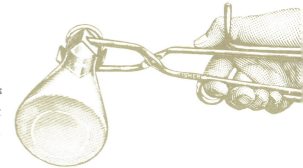

ピクルスのすっぱさは酢酸によるものであり、マヨネーズは卵黄に含まれるレシチンなしでは存在しなかっただろうし、そしてグミキャンディーはゼラチンなどのゲル化剤を利用している。これらの化合物は、どのように作用するのだろうか？ そして同じような化合物を利用して食感や風味を変えるには、どうすればよいのだろうか？ ここで登場するのが、食品添加物だ。

　最初に、食品添加物とは何かを定義しておこう。米国のFDAでは、食品添加物を「食品中に残留し、または何らかの形で食品を変化させる、必須でない物質」と定義している。（完全な定義は、1958年以前から使われていたものや食品業界が「一般に安全と認められる」としたものを除外しているので、もっと面倒だ。）ここでは、「定義可能な分子構造を持つ任意の化学物質であって食品に用いられるもの」という、もっと身近な食品添加物の定義を使うことにしよう。塩や砂糖も、この大まかな定義には含まれる。これらは、それぞれ塩化ナトリウムとショ糖という化学物質であり、食品の機能的特性を変えるために利用されることがある。またこの定義には、メチルセルロースやトランスグルタミナーゼといったモダンな化合物も含まれる（これらについてはこの章の後のほうで説明する）。もちろん、食品化学は食品添加物よりもはるかに広大な分野だ。それでも、食品添加物のさまざまな利用方法を見ていくことは、食品化学を理解するためのレンズとして役立つだろう。

　食品添加物の使い方について見て行く前に、政治的な話題について触れておきたい。食品への化学物質の利用は、誤解されがちだ。食品安全の問題が、食品の製造方法の問題と混同される列は、驚くほど多い。われわれのグローバルな食品供給システムは、経済や倫理、そして政治によって動かされている。これらは科学の話題ではないので、科学の説明に入る前にこれらの話題を切り離しておきたい。（科学以外の話題に興味のある読者は、マリオン・ネスル（Marion Nestle）の素晴らしい著書、『What to Eat』（North Point Press）と『Food Politics、University of California Press』（日本語訳『フード・ポリティクス―肥満社会と食品産業』新曜社）を参照してほしい。

　英語では「GRAS」という略語で呼ばれることの多い「一般に安全と認められる」という用語についても手短に触れておこう。1958年米国食品添加物修正条項ではGRAS添加物を、「有識者パネルによるレビューに基づいて、意図された利用法について安全だとみなされる化合物」と定義している。添加物をレビューするパネルは政府ではなく食品業界によって選任され、また調査結果の開示は必要とされていない。私の意見では、食品業界は食品の製造方法についてもっとオープンに伝え、すべてを開示したほうが、長い目で見ればもっと良い結果が得られると思う。食品業界への不信によって消費者は化学物質を避けて自然食材を好むようになったが、これは意図しない結果をもたらした。「自然（ナチュラル）」という言葉には正確な定義がないし、健康に良いと同じ意味ではない！（見慣れない化学物質を退ける一方で砂糖やナトリウムをたっぷり含む食品を喜んで食べるアメリカの消費者の数の多さが、この断絶を裏付けている。）いずれにせよ、脱線はこのくらいでもう十分だろう。食品化学を楽しく科学的に見て

行こう！

食品添加物を理解するひとつの方法は、それが商業的に使われている理由（保存期間を延ばす、栄養価を保つ、必要な栄養素を強化する、そして大量生産を可能にするためなど）を調べることだ。オレオクッキー（現代の食品界のおいしい奇跡）の現在の原材料リストを見てみよう。味のために使われている砂糖とココアと塩を除けば、他のすべては以下の4つの理由の少なくとも1つに当てはまる。

重曹（別名：炭酸水素ナトリウム）および／またはリン酸カルシウム

製造を容易にするために、焼くプロセスをスピードアップする。重曹は伝統的なものに見えるかもしれないが、料理に使われ始めたのは1840年代後半からのことだ。（原材料リストに「および／または（and/or）」とあれば、季節や値段の変動や生産設備によってメーカーがそれらの材料を使い分けているという意味だ。）

コーンスターチ（「コーンフラワー」と呼ばれることもある）

保存期間を延ばすために食品を安定化し、湿潤剤としても働く。

強化小麦粉（小麦粉、ナイアシン（ビタミンB3）、還元鉄、硝酸チアミン（ビタミンB1）、リボフラビン（ビタミンB2）、葉酸（ビタミンB9））

食品栄養への要求に対処するため、加工の過程で失われた微量栄養素を強化する。栄養強化は50以上の国々で義務付けられている。アメリカではFDAによって、小麦粉にビタミンB類（各種の欠乏症を防止するため）と鉄（貧血や低赤血球症を防止するため）の添加が要求されている。

高オレイン酸キャノーラ油および／またはパーム油および／またはキャノーラ油

保存期間を延ばすために、バターや卵黄の油脂分ほど速く酸敗しない油脂が提供される。（「高オレイン酸」は脂肪酸の種類を意味する。詳しくは162ページを参照してほしい）。

大豆レシチン

製造を容易にする。伝統的なレシピでは、乳化剤（453ページを参照してほしい）の役割をするレシチンを卵黄から得ているが、オレオでは卵を使っていないため、レシチンを添加する必要がある。

バニリン（合成香料）

大量生産を助ける。世界中のバニラ香料の需要は、利用可能な供給量をはるかに上回っている

オレオは約1世紀前から製造されているが、その間にレシピは変化し、古い添加物が新しい添加物によって置き換えられている。最近では2006年にナビスコが、トランス脂肪酸を含む油を高オレイン酸の油に切り替えた。自分でも作ってみよう。ココアパウダー入りのバタークッキー（237ページを参照してほしい）を作り、フィリングとして**粉砂糖 カップ1（120g）、バター 大さじ2～3（30～45g）、バニラエッセンス 小さじ1/4（1g）**を加える。

のだ。(バニラエッセンスについては、この章の後のほうで説明する。423ページを参照してほしい。)

これを見て分かるように、これらの化合物の中には家庭の料理人が普通は買わないようなものもある(大豆レシチン? バニリン? 高オレイン酸キャノーラ油?)。しかしそんな人でも、名前こそ知らないかもしれないが、これらの化合物のどれかは使ったことがあるはずだ。これらの化学特性について見て行く前に、食品添加物の分類システムを簡単に調べておくことは役に立つだろう。

Eナンバー:食品添加物の十進分類法

クリームを挟んだチョコレートクッキーのレシピを見つけるのは簡単だが、特定の課題を解決したり、新しい料理を作り出したりするためにレシピをいじるにはどうすればよいのだろう? どんな食品添加物が存在するのかさえ、調べるのは大変なことだ。オレオのパッケージの裏側を眺めても、どんな可能性があるのかまでは説明してくれない。

最もよく使われているインデックスは、国連とWHOによって設立された**国際食品規格委員会**で編纂されたもので、**Eナンバー**と呼ばれる食品添加物の分類法だ。図書館の十進分類法と同様に、Eナンバーには階層的なツリー構造が定義されている。欧州連合で食品への使用が認可された化合物のそれぞれに、ユニークなEナンバー(自然対数の底 $e \fallingdotseq 2.7182$ とは何の関係もない)が割り当てられている。Eナンバーは機能的なカテゴリーによって分類され、化合物のナンバーはその主要な用途によって決められている。

E100〜E199:　　着色料
E200〜E299:　　保存料
E300〜E399:　　酸化防止剤、pH調整剤
E400〜E499:　　乳化剤、安定剤、および増粘剤
E500〜E599:　　pH調整剤、凝固防止剤
E600〜E699:　　調味料
E700〜E799:　　抗生物質
E900〜E999:　　甘味料
E1000〜E1999:　追加された化学物質

多くの歴史的な添加物が、このリストに記載されている。昔ながらのビタミンC(E300:アスコルビン酸)や、酢に含まれる酢酸(E260)、そして酒石酸水素カリウム(E334)などがその例だ。プロピレングリコール(E1520)など、一部の合成化学物質も記載されている。これは、市販のノンアルコール・バニラエッセンスに含まれる液体だ。

お近くの食料品店では、ペクチン、ゼラチン、寒天など、この章で取り上げた添加物の多くを販売しているだろうが、すべては取り扱っていないはずだ。これらはインターネットで注文できる。http://cookingforgeeks.com/book/additives/ を参照してほしい。

複数の機能を持つ化合物もある。E300に記載されているアスコルビン酸は、保存料（200番台）や発色剤（100番台）でもある。レシチン（E322）は、料理ではほとんど常に乳化剤（400番台）として使われるが、酸化防止剤でもある。添加物が、そのカテゴリーにぴったり当てはまるとは考えないでほしい。カテゴリーはその食品添加物が利用される技術的な目的を理解するには良い枠組みだ。

特定の目的にどの添加物を使うべきかは、食品の特性とあなたの具体的な目標によって決まる。これらのカテゴリーと、以下に述べるコロイドの種類との間には、多少のオーバーラップが見られる。広いpH範囲で働くが温度範囲は限られている添加物もあれば、pH範囲は狭いものの耐熱性は良好なものもある。例えば、寒天は強力なゲル化剤でスイーツのゲルに使われるが、食材によっては**離液現象**（ゲルから液体がしみ出してくること）を引き起こす場合もある。カラギーナンは離液現象を起こさないが、寒天ほど酸性の環境では使えない。

この章は、大まかにはこのグループ分けに沿って構成されており、家庭の料理人にとって役立つ食品添加物と、その他いくつかの面白いものについて説明している。しかし、調べようという気さえあれば、他にもたくさん見つかるはずだ！　Eナンバーの付いた食品添加物の完全なリストを見るには、http://cookingforgeeks.com/book/enumbers/ を参照してほしい。

混合物とコロイド

化学物質と食品の相互作用について調べて行く前に、知っておく必要のある概念がもうひとつある。私が料理を学んできて、今までに一番「そうか！」と思ったのは、食材が均一で一貫したものではないことに気付いたときだった。私は今でも、この実例を学び続けている。キュウリの花のおしりの部分のスライスには、ピクルスを柔らかくしてしまう酵素が含まれている?!　しかし大部分の食材については、そのようなトリビアを知る必要はない。混合物とコロイドの概念は、シンプルな時間と温度の法則から予測されるよりも、はるかに複雑な反応を多くの食材が示す理由を説明してくれる。

化学的に見て単体である食品は非常にまれだ。水でさえ、もはや私にとってはシンプルとは思えない（微量元素を除いても、H_2O は複雑だ。257ページのコラムを参照してほしい）。バニラエッセンスや風味抽出油

は、エタノールや油に風味が含まれる。ジャムは砂糖と酸とのバランスによって、ゲルを形成する。マヨネーズは油脂と水とのエマルションであり、本当の意味で混じり合ってはいない。チョコレートチップクッキーは、実に複雑だ。シロップ状の砂糖を含む液体のポケットが、パンに似た基質に取り囲まれ、さらにチョコレートチップ（液体と固体のココア脂肪に混じったココア固形分）も含まれている。アイスクリームは、それよりもさらに複雑だ。

　食品科学者にとって、これらは混合物やコロイドの実例だ。**混合物**は2種類以上の物質が混じりあっているが、それぞれの物質は元の化学的形態を保持しているものを意味する。シュガーシロップは混合物であり、ショ糖は水に溶け込んでいるが甘味を持つ化学構造を保っている。小麦粉と重曹を混ぜたものも混合物だ。**コロイド**は混合物の一種であり、具体的には、2つの物質の組み合わせ（気体、液体、または固体）であって、一方の物質が他方の物質の中に均一に分散しているが、溶けあってはいないものを示す。別の言い方をすれば、全体的な構造が肉眼では均一に見えたとしても、これら2つの物質は互いに結合していない。シュガーシロップはコロイドではない（これは溶液という別の種類の混合物だ）が、ミルクはコロイドだ。固体の脂肪粒子が水ベースの溶液に分散しているが、実際に液体へ溶け込んでいるわけではないからだ。

　コロイドの種類を示した、下の表を見てほしい。これは、粒子と媒質のさまざまな組み合わせを、それぞれのコロイドの種類に対応する食品の例と共に示したものだ。コロイドの媒質は**連続相**（例えば、牛乳では水を主体とした液体）と呼ばれ、粒子は**分散相**（牛乳の場合、乳脂肪の小滴）と呼ばれる。しかし、これよりも複雑な食品もある。アイスクリームは**複合コロイド**つまり複数タイプのコロイドが共存している例であり、水ベースの溶液に空気のポケット（フォーム）、氷の結晶（懸濁）、そして脂肪（エマルション）がすべて同時に含まれる。このテーブルで驚くべきことのひとつは、これらのすべての食品を作り出すために比較的幅広いテクニックが必要とされることだ。ウィリー・ウォンカの発明ルームには、このチャートが壁にかかっていたに違いない！

　これらのテクニックには、伝統的な調理法よりもはるかに広い範囲のものが取り込まれている。この表はキャンディーを作る人や実験好きなシェフにとってアイディアの宝庫であり、分子ガストロノミーに触発された数多くの概念の基本を示したものだ。フルーツジュースを乳化剤レシチンと泡立てて作るフォームは、主菜やデザートの楽しいトッピングとして使える。風味のある液体を、グミキャンディーのようにかじれるフォームに変えることもできる（米国ではテディベアや芋虫の形にすることが多い）。煙のような固体エアロゾルに独創的な使い方をして、強いアロマを含ませることもできる。恐れることはない、料理の可能性の限界を極めるつもりのない人にとっても、この表の大部分の食材は大いに興味を引くはずだ。

	分散相		
	気体粒子	液体粒子	固体粒子
気体（気体は体積が限定されず、空間を満たすよう膨張する）	（該当なし：気体分子は全体的な構造を持たないため、気体同士の組み合わせは混ざり合って溶解状態となるか、重力のため分離するかのどちらかとなる）	液体エアロゾル • ミストスプレー	固体エアロゾル • 煙（例えば、燻製を作る際の） • エアロゾル化したチョコレート
液体（液体は体積が限定されるが形状は限定されない）	フォーム • ホイップクリーム • 泡立てた卵白 • 風味の付いたフォーム • アイスクリーム（空気の泡）	エマルション • 牛乳 • マヨネーズ • アイスクリーム（水中油滴エマルション）	ゾルおよび懸濁液 • 市販のサラダドレッシング • アイスクリーム（氷の結晶と乳固形分）
固体媒質（固体は限定された体積と限定された形状を持つ）	ソリッドフォーム • パン • マシュマロ • スフレ	ゲル • バター • チーズ • グミキャンディー • ゼリー	ソリッドゾル • チョコレート

保存料

　多くの食品の保存に最も古くから利用された化学物質である塩は、先史時代から使われており、古代ローマの大カトーによって紀元前3世紀にはハムの乾式塩蔵に使われていたことが記録されている。保存料としての砂糖の使用も、それに引けを取らない。ローマ人たちはハチミツを使った食料の保存も行っていた。もうひとつの歴史的な保存料は酢であり、pH調整剤として使われてきた（こういう言い方をすると、おいしそうに聞こえないだろうか？）。

　化学保存料の基本的な目的は、微生物の生育を抑えることだ。食料の保存には燻製や乾燥など他の方法も数多く存在するが、化学物質の使用には必ずしも風味を大きく変化させないという利点がある。ソーセージ、酢漬け、そしてフルーツの砂糖煮などは、すべて化学物質を使って安全に食べられるようにしたものだ。化学物質が微生物の生育を抑える方法には、細胞の機能を破壊する場合（ソーセージに使われる亜硝酸塩のように）と、FAT TOM変数（187ページを参照してほしい）のいずれかを生育に不適な値に変えてしまう場合（酢を使って酸性度を上げたり、フルーツの砂糖煮で砂糖を使って水分を減らしたり）とがある。

塩の種類が違うと、その塩の原子の結晶構造に応じて、異なる形状の結晶が形成される。塩化ナトリウムの結晶構造は立方体だが、硝酸カリウムの結晶構造は大きく傾いているので針状の結晶ができる。

　病原体を殺し保存性を高める塩の働きは、食品に限られたものではない。人間の大人の食塩の致死量は約80グラム、つまり典型的なレストランのテーブルに置いてあるソルトシェーカーに入っている量とほぼ同じだ。聞くところによれば、塩を取りすぎると脳が膨らんで破裂するため、ものすごい苦痛に襲われるという話だ。それに加えて、手遅れになる前に緊急救命医が正しく診断を下してくれることは望めそうにない。

RECIPE　マシュマロ

マシュマロが、どうしてマシュマロという名前になったか疑問に思ったことはないだろうか？　かつてマシュマロは、ウスベニタチアオイ（英語名 marsh mallow）という植物の根から取った液を砂糖と一緒に泡立てたフォームで作られていた。現在のマシュマロには、ウスベニタチアオイの根よりもはるかに調達が容易なゼラチンが使われている。私は、卵白も使うのが好きだ。これは、すでに説明したイタリアンメレンゲ（309ページを参照してほしい）によく似ているが、調理不足の卵白の味が嫌いな人は省略してほしい。

マシュマロは、フォームコロイドの典型的な例だ。最初は液体のフォームで、作りたての状態では流動性を持ち、変形する。12〜24時間たつと、形状を記憶した固体フォームとなる。可塑性があり、押すとへこむが、手を放すと元の形に戻ろうとする。

小さなボウルに、**冷水か室温の水 カップ3/4（180mL）**を入れる。**風味の付いていない粉ゼラチン 大さじ3（21g）**を振り入れる。5分置いてゼラチンに水を含ませる。

強めの中火に掛けた鍋で、**砂糖 カップ1（200g）、コーンシロップ カップ1/2（120mL）、水 カップ1/4（60mL）**を熱してシュガーシロップを作る。シュガーシロップを240°F / 115°Cまで熱してから、弱火にする。泡立て器で混ぜながら、小さなボウルからゼラチンと水を完全に溶けるまで混ぜ入れ、1〜2分煮る。

大きなボウルに**卵白 Lサイズの卵4個分（120g）**を入れ、泡立て器またはスタンドミキサーを使って軽く角が立つまで泡立てる。卵白を泡立てながら、熱いシュガーシロップをゆっくりと注ぎ込む。**バニラエッセンス 小さじ1（5mL）**などの風味付けと、好みに応じて食用色素を加える。さらに数分間泡立てて、砂糖とゼラチンをしっかりと混ぜ合わせる。

耐熱皿の底に**粉砂糖**をたっぷりと振りかけておく（大きめのマシュマロを作りたいなら9インチ／20cm四方の耐熱皿を、小さめのマシュマロにはもっと大きな長方形のものを、ミニマシュマロには縁のある天板を使ってほしい）。液体を耐熱皿に流し込み、その上にさらに粉砂糖を振りかける。室温で8〜12時間かけて固まらせる。耐熱皿をひっくり返して、粉砂糖を振りかけたまな板の上にマシュマロを取り出し、角切りにする。マシュマロの側面は、まな板の粉砂糖でコーティングする。

NOTES

◎バニラ豆や、エスプレッソの粉末、ペパーミントオイル、あるいはリキュールのショットなどの風味付けを加えてみよう。外側に色を付けるには、色付き砂糖を使ってみよう（238ページのノートを参照してほしい）。例えばピープス*を作るには、黄色く着色したグラニュー糖をまぶせばよい。

◎1日置いてもマシュマロが粘ついていたり硬すぎたりする場合には、使うゼラチンの量を増やしたり減らしたりしてみてほしい。ゼラチンにはいろいろな強さ（オスカー・ブルームの発案したブルームというスケールで測定される）のものがあり、ブランドやグレードによって違いがある。

* 訳注：北米でイースターなどに最近よく売られているマシュマロ菓子。ひよこの形をしているものが多い。参考：https://en.wikipedia.org/wiki/Peeps

保存料

保存料の化学は日常の料理には重要とは思えないかもしれないが、保存料の働きを理解することは意義深いし、保存料の基本的な知識は大部分の他の食品添加物にも当てはまる。まず、この章を通じて出てくる用語の定義を簡単におさらいしておこう。

原子

物質の基本的なビルディングブロック。定義により、原子には同数の電子と陽子が存在する。この状態で安定な原子（例えばヘリウム）もあり、そのような原子は他の物質と結合を形成しない傾向にある（ヘリウムを含む化合物を見かけないのは、このためだ）。その他の原子の中には（例えばナトリウム）、非常に不安定で容易に反応するものもある。ナトリウム原子（Na）は水と激しく反応する（純粋なナトリウムのサンプルをなめると舌の水分で発火するので、絶対にそのようなことはしてはいけない）が、電子を1個失うと、おいしくて塩辛いナトリウムイオン（Na^+）となる。

分子

2個以上の原子が互いに結合したもの。H ＝ 水素原子、H_2 ＝ 水素原子2個からなる分子。2種類以上の原子から構成される場合には、化合物（例えば、H_2O）となる。ショ糖（普通の砂糖）は、組成式 $C_{12}H_{22}O_{11}$、つまり分子1個あたり炭素原子を12個、水素原子を22個、そして酸素原子を11個持つ化合物だ。この組成式は原子の配列までは教えてくれないが、分子の定義にはその配列も含まれることに注意してほしい。

イオン

電荷を持つ原子または分子。つまり、電子の数と陽子の数が等しくない状態。この不均衡のため、イオンは他のイオンと電子をやり取りして結合することができる。

カチオン（陽イオン）

プラスの電荷を持つ原子または分子。カチオンは、電子の数よりも陽子の数のほうが多い原子または分子であり、プラスの電荷を持つ。例えば、Na^+はカチオンであり、ナトリウム原子が電子を1つ失って、電子よりも陽子が多い状態になり、全体としてプラスの電荷を持つようになったものだ。Ca^{2+}はカチオン（カルシウムの陽イオン）であり、電子を2つ失っている。

アニオン（陰イオン）

マイナスの電荷を持つ原子または分子（つまり、陽子の数よりも電子の数のほうが多い）。Cl^-は原子アニオンであり、塩素の原子が余分な電子を獲得して、全体としてマイナスの電荷を持つようになったものだ。

これらの定義から、電荷の違いに応じたイオンの相互作用で化学の大部分が説明できることを理解してもらえるだろう。塩化ナトリウム（普通の食塩）は典型的な例であり、カチオンとアニオンから構成されたイオン化合物だ。しかし固体の状態（ソルトシェーカーの中に入っているもの）では、塩は1個のアニオンと1個のカチオンよりも複雑な構造を取る。塩は結晶として固体の形態を取り、その中ではカチオン、アニオン、カチオン、アニオンといった具合に、原子が電荷に応じて（3次元の市松模様に似た）繰り返しパターンに配置される。水を加えると、塩の結晶は溶解し、イオンが解放される（**解離**する）。アニオンとカチオンは分離して別々のイオンとなり、他の原子や分子との反応や結合が可能になる。だから、塩はすばらしい働きをするのだ！　ショ糖にはこのようなことはできない。

　塩化ナトリウムは塩の一種であり、ナトリウム（金属で、単体は水と激しく反応する性質がある）イオンと塩化物イオン（塩素原子に電子が1個付け加わってアニオンとなったもの）から構成されている。塩にはこれ以外にも異なる金属とアニオンが組み合わされた数多くの種類があり、必ずしも塩辛い味がするとは限らない。例えばグルタミン酸ナトリウムは、うま味を感じさせる塩であり、他の風味を強める働きがある。エプソム塩（硫酸マグネシウム）は、苦い味がする。

　さまざまな種類の塩が、食品の保存に利用されている。サーモングラブラックスは、大量の塩化ナトリウムで保蔵される。魚が保存されるのは、増加する浸透圧によって微生物の細胞から水分が奪われるとともに、電解質の不均衡が生じるためだ。ソーセージやハム、プロシュートやコーンビーフは少量の亜硝酸ナトリウムを利用して保蔵されるものが多く、このため食品は特徴的な風味とピンク色を呈するようになる。ナトリウムが保存の作用をするグラブラックスとは異なり、亜硝酸ナトリウムの有効成分は亜硝酸だ。ナトリウムは、亜硝酸の分子をエスコートする役割しか果たしていない。亜硝酸は、細胞のアミノ酸輸送能力を阻害できなくすることによって増殖を妨げる。（ちなみに、おそらく同じ理由から、亜硝酸塩は高い濃度では人体にも有毒だ。しかし亜硝酸塩なしでは、増殖した微生物が食中毒を起こしてしまうことだろう。量が問題だ！）

　砂糖も保存料として利用できる。砂糖も塩化ナトリウムと同様に、環境の浸透圧を変えることによって作用する（食品の浸透圧について詳しくは409ページを参照してほしい）。キャンディーやジャムなど砂糖を多く含む食品は有効水分が少ないため、冷蔵しなくてもバクテリアによる腐敗を防止できる。FAT TOMルールのMを思い出してほしい。バクテリアは増殖に水分を必要とするが、砂糖を加えることによってバクテリアは水分を利用しにくくなるのだ。

砂糖の浸透圧が役立つのは、食品の保存だけではない。英国の研究者たちは、砂糖が安価な殺菌剤として傷口を保護するためにも使えることを発見した。彼らは砂糖（必ず殺菌すること）、ポリエチレングリコール、そして過酸化水素（最終濃度0.15%）を使って、高い浸透圧と低い水分活性のペーストを作った。これが傷口を乾かすと共にバクテリアの増殖を防いでくれるのだ。傷口に塩をすり込むことを考えた人は、代わりに砂糖を試すべきだった！

　微生物から生存に必要な水を奪う塩や砂糖の他に、酵素阻害剤や酸も微生物の増殖を抑えるために使われる。安息香酸塩は最もよく利用されるモダンな保存料のひとつであり、カビの増殖を抑えるためパンに使われることが多い。（「ザ・シンプソンズ」のファンなら、フローグルトの呪いに登場する安息香酸カリウムを思い出すかもしれない。http://cookingforgeeks.com/book/frogurt/ を参照してほしい）。亜硝酸塩と同様に、安息香酸塩も細胞の機能を阻害する（パンの場合には、菌類がブドウ糖をアデノシン三リン酸に変換する能力を低下させて、エネルギーの供給を絶つ）。

　食品のpHを低下させる化合物も食品の保存に重要であり、このためpH調整剤はEナンバーリストで独立したセクションを占めている。この種の化合物には、家庭の料理人にとってはあまり面白い使い道がないものが多い。すでに手元にあるクエン酸（レモンジュース）や酢酸（酢）を使えばいいからだ。食品業界では他のpH調整剤がさまざまな風味のオプションや機能的特性を提供するために使われているが、家庭では、ビタミンC（アスコルビン酸）をひとつまみイーストに加えて発酵を活発にさせるといった用途以外には、あまり使い道はないだろう。

RECIPE グラブラックス

塩蔵は、海で獲れた魚を保存するために何世紀も前から利用されてきた手法であり、家庭で行うのも簡単だ。魚を十分な量の塩で包むことによって水分を引き出すことは、乾式塩蔵と呼ばれる。しかし、塩は食品（と共に、存在するかもしれないバクテリアや病原体）から水分を奪うだけではない。十分な濃度があれば、乾式塩蔵は能動的に細胞の機能を破壊して死に至らせるため、バクテリアや病原体を生存できなくする。

ボウルに以下の材料を入れて混ぜ合わせる。

- □ コシャーソルト：小さじ5（30g）
- □ 砂糖：大さじ1（12g）
- □ みじん切りにした新鮮なディル：大さじ3（12g）
- □ ウォッカ：小さじ1（5mL）
- □ 砕いた粒コショウ：小さじ1（2g）：（できればすり鉢ですったもの）

大きく切ったラップに、以下を置く。

- □ サーモン：1ポンド（450g）、洗って骨を取り除く。できれば四角いサクがよい

ボウルの中身を魚に振りかけてすり込む。魚をラップに包んで冷蔵庫へ入れ、1日に2回ひっくり返してマッサージする。1日か2日で食べられるようになる。

冷蔵庫に保存して、1週間以内に食べ切るようにしてほしい。

NOTES

◎ここではウォッカを、水に不溶性のアロマ化合物の一部を溶かすための溶媒として使っている。コニャックやウィスキーなど、他の蒸留酒で置き換えて風味を付け加えてもよい。またディルの代わりに、コリアンダーシードやリーフティー（アールグレイやラプサンスーチョンなど）、シャロット、レモンの皮を使ってみよう。北欧では伝統的に、グラブラックスをパンの上に乗せ、マスタードディルソースをかけて食べる。

◎サーモンを他の脂肪分の多い魚、例えばマグロと置き換えてもよい。同様の食感が得られる。

◎このレシピは、安全のため少し塩を多め（重量比で6%）にしてある。塩蔵したグラブラックスを、食べる前に水洗いして塩気を抜いてもよい。3.5%よりも高い濃度で塩蔵すれば、たいていのバクテリアの増殖は抑えられるが、すべてに効果があるわけではない。適度な濃度の塩によってグラム陰性菌*（食品に最も普通に見られるバクテリア）の増殖は抑えられるが、リステリア菌などのグラム陽性菌には効果がない。

◎グラブラックスで行う塩蔵は、ロックスを作る最初のステップでもある。ロックスは塩蔵の後、冷燻（冷やした煙で食品をいぶす加工方法）して作られる。すり込む材料に燻液を加えれば、ロックスの風味に近くなる（425ページを参照してほしい）。

魚の切り身から皮を取り除くには、まな板の上に皮を下にして置き、魚が動かないように片手で押さえながら慎重に皮と身の間にナイフを入れる。

* 訳注：日本での代表的な食中毒原因菌である腸炎ビブリオ（*Vibrio parahaemolyticus*）はグラム陰性菌だが、好塩性バクテリアなのでこの程度の塩分では増殖を抑えることはできない。二次汚染に注意し、4℃以下で保存すること。参考：http://www.fukushihoken.metro.tokyo.jp/shokuhin/micro/tyouen.html

COLUMN 食品の浸透圧

料理の一般常識に反して、何かを塩蔵すると細胞が水を吸い込んでジューシーになるわけではない。それは浸透圧に反する！ 塩蔵によって細胞から水分が引き出され、細胞の周りの組織に液体が増えたように見えるだけだ。しかし、浸透圧とは何だろう？ 浸透は、溶媒が膜を通過することによって、その膜の反対側と溶質の濃度を等しくしようとする物理的プロセスだ。例えば、肉の表面に塩を振ったり、シュガーシロップでフルーツを煮たりすると、細胞の内部から細胞膜を通って塩やシロップの水溶液へ水分が出て行き、外側の塩や砂糖の濃度が薄くなる。これは、細胞膜を塩や砂糖は通過できないが水は通過できるため、濃度の違いを解消するために水が出て行くからだ。（また塩は筋原線維タンパク質の一部を分解して肉の食感を変える働きもするが、これは浸透圧のためではない！）

浸透とは、要するに**拡散**のことだ。液体に溶け込んだ分子は、ちょうど熱いシャワーの湯気が部屋の中全体に拡散するように、ほぼ均一な濃度になろうと拡散する。（熱いシャワーを浴びていて、湯気がシャワー室の左半分にだけ立ち込めている、などということが想像できるだろうか?!）細胞壁などの膜の片側の濃度が高いと、溶質（塩や砂糖）が膜にぶつかって、**浸透圧**と呼ばれる圧力を及ぼす。その膜が溶質を透過するものであった場合、その一部は反対側に通過して行き、最終的には両側から膜に対してぶつかる分子の圧力はほぼ同じになる。

細胞に対しては、浸透圧は脱水を引き起こし、細胞膜の両側の濃度の差が十分に大きければ**原形質分離**つまり細胞構造の破壊が引き起こされる。あまりにも多くの水分が出て行くと、細胞は死んでしまう。食品安全の観点からは、原形質分離を引き起こしてバクテリアを生存不能とするために必要な塩の量は、バクテリアや食品の種類によって異なる。例えばサルモネラ菌は3%足らずの塩分濃度で生育不能となり、ボツリヌス菌は約5.5%で死ぬ。ブドウ球菌はしぶとくて、20%までの塩分濃度で生き延びることができる。しかし米国FDAによれば、ブドウ球菌は魚ではあまり問題とはならないため、食品安全ガイドラインは約6%の塩分濃度*であれば魚の塩蔵には一般的に安全であるとみなしている。

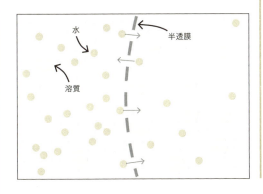

＊訳注：前ページでも述べたように、腸炎ビブリオ菌はこの濃度でも増殖するので、注意が必要だ。

INTERVIEW
キャロリン・ヤンのプリザーブドレモン

キャロリン・ヤン（Carolyn Jung）はサンノゼマーキュリーニュースで記者、フードライター、編集者として働いていたフードジャーナリストで、その後彼女自身のブログ http://www.foodgal.com を立ち上げた。

フードライターの一日って、どんな感じですか？
フードライターは、最もクリエイティブでやりがいのある仕事です。食品は知らない人とでも気軽に話ができる話題ですし、不快感を与えずに人々を教育する方法であり、そして教える対象は食品だけではないのです。文化について、歴史について、民族性の違いについて、世界のいろいろな場所について、政治について、宗教について、食品は教えてくれます。これらすべての側面は、一見したよりも本当にずっと興味深いものなんです。

最近の料理の流行は、どこから始まったと思いますか？
大きな推進力となったのはFood Networkで、あのおかげで食べ物が一大現象になりました。普段は料理なんてしない人でも、まるでボクシングの試合やフットボールのゲームを見ているような感じで、「料理の鉄人」のような料理番組には夢中になっていましたね。大好きなチームのクォーターバックになってみたい、と夢想しない人はいないでしょう。料理番組も同じです。自分が挑戦者であるかのように想像してしまうのです。「何てことだ、マッシュルームとレモングラスと鶏肉とアボカドがあったとしたら、いったい何が作れるだろう？」ってね。

印刷媒体の世界とブログの世界とで、一番意外だった違いは何でしょうか？
新聞記者として、私はとても長くて複雑な記事を書くのに慣れていました。しかしウェブでは、誰もそんなに注意力が長続きしません。オンライン記事では、短い時間内に読者の心をつかむ必要があるのです。しかし同時に、とても熱心な読者を獲得することもできます。誰かがブログを気に入ってくれたら、ずっと読者でいてくれるでしょう。

思っていたよりもずっと大きな手ごたえのあったブログ記事は何ですか？
私は、プリザーブドレモンの作り方と、私の夫に言わせれば、どれだけ私がレモンの観察に取り付かれているかについて記事を書いたことがあります。作り方はとても簡単です。これを最初に作ったとき、毎朝起きるとレモンの入ったびんの様子を見に行ってました。まるで科学実験のようでした。おもしろいのは、この使い道をいろいろと考えることなんです。

RECIPE プリザーブドレモン

必要なのは、よく洗った（できれば有機栽培の）レモン6個と塩、そしてぴったりとふたのできるガラスジャーだけだ。

レモン1個か2個を別に取っておく。残りのレモンを4つ割か8つ割にして、種があれば取り除く。ジャーの底に薄く塩を振り、レモンを並べ、そして塩で覆う。残りのレモンについても、並べて塩で覆うことを繰り返す。並べ終わったら、取っておいた1個か2個のレモンを絞ったジュースを上から注いで呼び水にする。ジャーは冷蔵庫に保存する。2・3週間たつと、レモンは柔らかくなってくるはずだ。

そうなったら、くし形に切ったレモンを1個ジャーから出し、刻むなり薄切りにするなり、お好きなように使ってほしい。このプリザーブドレモンはとても塩辛いので、どんなレシピに使う場合も塩は通常より控えめにするか、レモンをさっと水洗いしよう。プリザーブドレモンはツナサラダと一緒にサンドウィッチにしてもおいしいし、パスタや豆のサラダ、ビネグレット、マリネなどに使ってみてほしい。

塩にスパイスを加えたり、塩辛さを減らして甘味を加えるために塩1に対して砂糖2の割合で混ぜたものを使ったりしてみよう。

毎日おいしいクイックピクルス

RECIPE

クイックピクルスは、薄く輪切りにしたキュウリを、スパイスと砂糖を混ぜ込んだ熱い酢に漬けて作る。これを「毎日おいしい」ピクルスにしてくれているのは、砂糖だ。このピクルスは、その名の通り素晴らしい。トーストしたパンに良質のバターをたっぷりと塗り、その上に乗せて食べてみてほしい。数日間発酵させてから冷蔵する冷蔵庫ピクルスと同様に、このピクルスも長期間の保存には向いていない。もっとも、私はいつもすぐ食べてしまうので保存の必要はないのだが。

中くらいの大きさのソースパンに、以下の材料を量り取る。

- ☐ ホワイトビネガー（酢酸5％）：カップ2（460mL）
- ☐ 砂糖（またはブラウンシュガー）：カップ1と1/2（300g）
- ☐ 海塩：大さじ3（30g）
- ☐ マスタードシード：大さじ1（3g）
- ☐ ターメリックパウダー：小さじ1/2（1g）

キュウリ 1ポンド（450g）（Kirbyなどのピクルス用品種を探すか、市場に出回っている標準的な品種よりも細くておいしそうなキュウリを使ってほしい。両端を切り落として1/8〜1/4インチ（0.5〜1cm）ほどの厚さの輪切りにする。スライスしたものをソースパンに入れる。

タマネギ 1〜2個、約1/2ポンド（約250g）の根を切り落とし、皮をむく。縦に半分に切ってから、半円形にスライスする。オニオンスライスをソースパンに入れる。

オプションとして、ピクルス用のスパイスやピクルスの材料を追加してもよい。例えば、**粒コショウ**、**セロリシード**、**ベイリーフ**、**輪切りにしたトウガラシ**、あるいは**にんにくの根茎を半分に切ったもの**などを加えてみよう。

ソースパンを火に掛け、沸騰したらふたをして5分煮る。長く煮るほど、柔らかいピクルスができる。火を止めて、安全に保存容器に移せるようになるまで冷ます。冷蔵庫に保存して、数週間以内に食べ切るようにしよう。

NOTES

◎海塩にはヨウ素＊や凝固防止剤が含まれないので、漬け汁が濁らない。また食卓塩と比べて密度が半分くらいしかないので、海塩を食卓塩で置き換える場合には、それに合わせて体積を調節してほしい。コップ1杯の水に海塩を大さじ2（20g）溶かしたものと、別のコップに食卓塩を大さじ1（18g）溶かしたものとで、透明度の違いを比べてみてほしい。

◎私が保存の例としてピクルスを使おうと最初に考えたとき、説明は簡単だろうと考えていた。熱、塩分、そして酸はすべて病原体を死滅させる！　実際には、それだけでは十分ではなかった。多くの料理本や料理番組で言われていることとは反対に、このクイックピクルスは保存食品としては適当なものではない。酢を熱することによってピクルスが食べられるようになるまでの時間は短くなるが、熱とpHの変化だけではボツリヌス菌を退治するには十分ではないのだ。本物の缶詰加工工程なしでは、たとえ冷蔵庫に入れたとしても、このピクルスは長期間の保存に対して安全とは言えない。ボツリヌス菌の芽胞は、非常にしぶといからだ。クイックピクルスは、生鮮食料品と同じように取り扱ってほしい。冷蔵庫で保存

し、数週間以内に食べ切るようにするのだ。
◎常温保存可能なピクルスを作りたければ、缶詰にする必要がある**。缶詰加工は、複数の保存テクニックが組み合わされる良い例だ。密封したジャーを熱湯で煮沸することによってリステリア菌を排除し、酢によってボツリヌス菌の芽胞が発芽できない範囲にまでpHを低下させる。このpHは非常に重要だ。缶詰加工工程だけではバクテリアの芽胞を死滅させることはできないため、4.6未満でなくてはならない。ピクルスを作る際の固形物に対する液体の比率を変えただけでも、pHは変化してしまう！ ピクルスの缶詰加工の工程については、http://cookingforgeeks.com/book/pickles/ を参照してほしい。ヒント：缶詰煮沸消毒器は必要ない。濡れても構わない鍋敷きを底に入れて、大きな鍋に湯を沸かせばよい。

冷蔵庫ピクルスが保存食品とは言えないのはなぜ？ USDA が Food Fermentation Laboratory でピクルスの研究をスタートさせたのは1930年代だったが、1989年になっても研究者たちはまだ問題を解消することはできなかった。リステリア菌 *Listeria monocytogenes* が調理後に汚染された冷蔵庫ピクルスに見つかったのは、後から考えてみると、驚くほどのことではなかった。リステリア菌はpHが3という強い酸性と少なくとも10％までの濃度の塩水の中でも生き延びられる**上に**、34°F / 1℃でも増殖し、**その上**匂いも味もしないからだ。（彼らは生きたいだけなのだ！ あなたの体の中で！）通常の腐敗バクテリアはこのような条件では生育しないため、汚染されたピクルスは変な味がしたり見た目が悪くなったりすることもない。USDAは冷蔵庫ピクルスの推奨レシピを取り下げたが、その後もレシピは使われ続けている。

---

* 訳注：米国を含め、海外で市販されている食卓塩にはヨウ素が含まれているものが多い。日本では海藻から十分な量のヨウ素を摂取できるし、食品添加物として認められていないので、ヨウ素は添加されていない。

** 訳注：乳酸菌発酵させることによっても、ボツリヌス菌などの病原菌の繁殖を抑えることができる。詳細は『発酵の技法』（オライリー・ジャパン）を参照してほしい。

INTERVIEW

エルヴェ・ティスが分子ガストロノミーについて語る

エルヴェ・ティス（Hervé This）は、パリにあるフランス国立農学研究所の研究者で、調理中に起こる化学変化の研究で知られている。ニコラス・クルティらとともに、彼は最初の「分子および物理ガストロノミーに関する国際ワークショップ」を、1992年にイタリア・シチリア島のエリスで組織した。

あなたとクルティ博士が「分子および物理ガストロノミー」という名前を選んだのは、どのような理由からでしょうか？

ニコラス・クルティは引退した物理学の教授だった。彼は料理が趣味で、真空や低温などの物理学の実験室で使われるような新しい技術をキッチンに導入しようと考えていた。私自身は、別の考えを持っていた。私は昔からの主婦の料理の知恵を集めて検証しようと考えていたのだ。また、私はすでに化学実験室で使われていた道具をキッチンに持ち込もうとも考えていた。

何年もの間、私がパリで実験したことを彼はオックスフォードで再現し、また彼がオックスフォードで実験したことを私がパリで再現していたんだ。これはとても面白かった。1988年になって、私はニコラスに、自分たちがやっているようなことの国際学会を設立しないかと提案してみた。ニコラスは私に、それはまだ時期尚早だと思うが、友達を集めてワークショップをやってみたらいいんじゃないか、と言ってきた。そこで名前が必要になり、私は分子ガストロノミーという名前を提案したんだが、ニコラスは物理学者としてその名前はあまりに化学を強調しているように感じたらしく、分子および物理ガストロノミーという名前を提案してきた。私はそのアイディアを受け入れたが、それはニコラスが私の親友だからであって、必ずしも科学的に納得したからではない。

最初、私は有機化学の主要な学会誌に論文を投稿したが、この論文で私は技術と科学を混同してしまっていた。1999年になって、技術と科学は違うものなのだから、その間にはきちんとした区別をしなくてはならないと気付いたんだ。

分子ガストロノミーであなたがしていることは、例えば『Journal of Food Science』のような学会誌に論文を発表している食品科学者のやっていることと、どこが違うのでしょうか？

それは歴史の問題だ。その時点（1988年）では、食品科学は食品成分の科学や、食品技術に重きをおいていた。例えば、ニンジンの化学的組成に関する論文が多かったわけだ。ニコラスと私は、ニンジンの化学的組成や、食品成分の化学には何の興味もなかった。

われわれは、調理中に観察される現象を科学的に解明したかったんだが、その当時は調理というものが完全に忘れ去られていた。過去の世紀では、ラボアジエなどがビーフブイヨンの調理方法を研究していたんだ。これがまさに、われわれが今やっていることだ。食品科学は根無し草だった。調理が完全に忘れ去られていたからだ。最近、私はBelitzとGroshの書いた『Food Chemistry（食品化学）』（これは食品科学では非常に重要な本だ）の1988年版を取り出して、肉とワインに関する章を読んでみた。ワインを使った調理や、肉の調理については、ほとんど何も書かれていなかった。これはとてもおかしなことだ。

あなたが「分子ガストロノミー」という用語で意味しているものに関して、多くの混乱があるように思います。

分子ガストロノミーは、調理のプロセス中に観察される現象のメカニズムを解き明かすことを意味する。一般の食品科学は、必ずしもそれを意味しない。例えば『Journal of Agricultural and Food Chemistry』の目次を見てみれば、分子ガストロノミーについて言及している資料が非常に少ないことに気付くはずだ。

それでは、分子ガストロノミーとは食品科学の部分集合であって、特に食品の変化を取り扱うもの、ということでしょうか？

そのとおり、部分集合だ。2002年に、私はコロイド状物質と料理の物理的な組織を記述するため、新たな定式化を導入した。これは、食品にも、あるいは薬、皮膜、塗料、染料、化粧品など、製法の確立されたどんな製品にも適用できる。多少は物理化学と関係しており、また当然のことながら分子ガストロノミーとも関連している。したがって、分子ガストロノミーが食品科学の一分野であるという認識は正しいが、それは物理化学の一分野でもあるのだ。

科学から発明や応用を作り出すのがどれほど簡単なことかを理解するのは、魅力的な経験だ。毎月私はピエール・ガニェール*に発明を知らせている。発見ではなく発明なので、本来の私の仕事ではないが、いわば私が指をぱちんと鳴らせば、すぐに発明が出来上がるのだ。私は科学

からアイディアを持ってきて、「これを使ってどんなことができるだろう？」と自問し、すると私は新しい応用を発見する。実に簡単なことだ。だがこの応用という関係性が、科学と技術の間に多くの混乱を生んでいる理由なのだろう。われわれは、ニンジンのスープを研究していた。ニンジンの根から水に何が抽出され、またどのように抽出されるかを研究していたのだ。ある日、私は研究室に来て、同じニンジンから作った2種類のニンジンスープを観察していた。片方は茶色で、もう片方はオレンジ色をしていた。同じニンジンと同じ水を使って、同じ温度で同じ時間だけ調理したのに、片方は茶色でもう片方はオレンジ色だったのだ。私は研究室の全員の手を止めさせて、こう言った。「われわれはこれに集中しなくてはならない。なぜならばわれわれは何も理解していないからだ。」

われわれはこの理論付けに集中し、そしてその原因は、片方は光のある状態で作成され、もう片方は真っ暗な状態で作成されたことであるとわかった。実際われわれは、ニンジンスープに光を当てると茶色に変化することを発見したのだ。それからわれわれはそのメカニズム、つまりどうして茶色になるのかを調べ始めた。これは発見であって発明ではなく、したがって科学だ。同時に、実際の応用も見付かった。今まで料理人は、美しい金色のスープを作りたいとき、茶色を加えるためにタマネギを焼いてスープに入れていた。でも今では、私は料理人に向かってこう言える。タマネギをやめて、光を当てなさいとね。このようなわけで、発見はすぐさま発明に結び付くのだ。

ピエール・ガニェール シェフとの共同作業について、もう少し教えてください。

それは共同作業というよりは、友情だね。ピエールの奥さんがピエールに、もう10年以上前のことだが、「あなたはクレイジーだし、エルヴェもクレイジーね。それであなたたちは、楽しく遊んでいられるのね。」と言ったことがある。

これは実話だが、1998年にピエールは新しいレストランをパリに開いた。彼はレストランのお披露目ランチに新聞記者、マスメディア、政治家などを招いていて、私も呼ばれたんだ。当時、私は彼が有名なシェフだということしか知らなかった。1年後、私は『リベラシオン』という新聞に、クリスマスのレシピ、つまり科学的なレシピを書いてみないかと言われた。私はシェフじゃないから、レシピは書けないよと答えた。その代わり、すばらしいシェフを2人招いて、私のアイディアでレシピを作ってもらうのはどうかと提案し、その2人のシェフのうちの1人がピエール・ガニェールだったんだ。

私はインタビューと写真のためにタクシーでレストランへ向かっている途中、缶ビールを注ぐと泡が出ることを思い出した。つまり、空気の泡を包み込む界面活性剤として働くタンパク質があるということだ。そのタンパク質が空気の泡を包み込めるのなら、油も包み込めるはずだ。私がレストランに到着すると、ピエールがそこにいた。私はいきなり彼に、「ビールと油、それに泡立て器とボウルを用意してもらえますか？」と頼んだんだ。彼は私を見て、材料と道具を用意した。そこで私は彼にこう言ったんだ。「ビールを注いで、泡立て器を使って油をビールに混ぜていただけますか？ そうするとエマルションができると予言できます。」彼はそのとおりやってくれた。彼はそのエマルションを味見して、とてもおもしろいと感じて、そのすばらしいエマルションを使った料理を作ろうと決めたんだ。

1年後、私は科学アカデミーの講師に呼ばれた。私は、ピエールのディナー付きの講演を提案したんだ。われわれは3か月間それに取り組み、毎週月曜日の朝7時から10時までミーティングをした。それがあまりに楽しかったので、われわれはこの遊びを続けようと決めて、それ以来ずっと続けている。これはもう共同作業ではなくて、われわれが子供のように一緒に遊んでいるだけなんだ。

非常に新奇な料理は、通常のディナーの経験とはかけ離れているように感じます。科学的な発見をし、それを料理に応用していくことによって得られる経験は、シェフがあるコンセプトを思い付いて科学者に「これを実現する方法はある？」と質問することに比べて、どう違うと思いますか？

うむ、そこにはたくさんの質問が含まれているね。私は、われわれが料理すべき方法で料理していないと考えている。例えば、われわれは今でもチキンを焼いている。これは良い考えだろうか。私にはわからない。私は、「このまま、いつものやり方を続けていいものだろうか？」と質問したいのだ。多くのシェフたちは、彼らのやり方を変えようとしている。私の発明の多くは、ピエール・ガニェールのウェブサイトにフリーで公開されているし、多くのシェフがそこでキッチンのアイディアを得ていることも知っている。私はアイディアをフリーで公開しているんだ。特許もなければ、お金をとることもない。すべてがフリーなのは、われわれの料理のやり方を合理化したいからなんだ。われわれは、合理的な方法で料理をしていない。いまだにチキンを焼いているように。

私が出した本のうち1冊は、『Cooking: The Quintessential Art』という題名で英語に翻訳されているが、フランス語の原題は『料理：愛、芸術、そしてテクニック』だ（日本語訳『料理革命』中央公論新社）。料理が芸術だという考え方は、数年前でさえまだ受け入れられてはいなかった。「本物の芸術というものは、絵画とか音

楽とか彫刻とか文学とかのことだ」とね。私はフランスの公共教育大臣と話したときのことを覚えている。「違う、違う、違う。料理は芸術なんかじゃない。あなたは冗談を言っているに違いない。たかが料理じゃないか。」と彼は言ったんだ。順番は愛が最初で、次に芸術、最後にテクニックだ。もちろん、技術はテクニックの部分についてだけ有効で、芸術や愛の部分には役に立たない。今では、エルブリのフェランやアリネアのグラン・アケッツがいろんなテクニックを使っているが、大いに改善の可能性があると思う。彼らは自分の解釈をしており、そこに科学が口を出す余地はない。これは私の個人的な意見だ。そう感じているだけだ。

あなたはエルブリやアリネア、あるいは似たようなレストランが、愛、芸術、そしてテクニックという3つの要素を十分に活用できていると思いますか?

料理の愛の要素は、まだ完全には定式化されていない。それに必要な科学がまだ存在していないからだ。私は、愛の要素を取り扱う何らかの科学的手法が必要だと思っている。私は物理化学者だから、私にとってこの研究は簡単にはいかない。まだ非常に初歩的な段階にあるんだ。現在、シェフは愛の要素に関して直感的に振舞っている。フレンドリーな人なら、レストランの入り口で「いらっしゃい、お会いできてうれしいです」と挨拶してくれて、あなたはハッピーな気持ちになるだろう。友達のように挨拶してもらえたからだ。しかしこれは直感だ。私が言いたいのは、このような友好的な現象のメカニズムを科学的に研究する必要があるということだ。現在は、そのようなメカニズムは解明されていない。

その話は、まるで心理学か社会学のように聞こえます。

そう、そのとおりだ。私は毎日実験室で物理化学の手法を使って分子ガストロノミーをしているが、他の人は自分の方法でそれを追及すればよい、というコンセプトにしているんだ。その「自分の方法」とは、心理学であってもよいし、社会学、歴史学、地理学であってもよい。われわれには、料理で観察される現象のメカニズムを理解するための知識が必要だ。われわれがすべての現象を解明できるはずがないという考えはばかげている。できるはずなんだ。私か、他の誰かが、料理に愛を追加する方法を発見したと想像してみてほしい。つまり、ゲストがもっとハッピーな気持ちになれるということだ。しかし、この知識が不心得者に渡ってしまえば、その知識は不正を働くために使われ、悪事をたくらむ人物の力を強めることになってしまうかもしれない。同じ知識を正直な人に渡せば、よい使い方をしてくれるだろう。これは核物理学と同じ問題だ。間違った使い方をすれば、爆弾ができてしまう。人類のために正しく使えば、電気を作ることができる。科学に応用の責任があるわけではない。あなた自身に応用の責任があるのだ。

私はティス博士に、食品についてもっとよく知るために家庭でできるお気に入りの実験があれば教えてほしいとお願いした。以下が彼の答えだ。

今までの私の発見で最も面白かったものは、プラムのようなフルーツを、異なった量の砂糖を溶かした水の入ったグラスに入れるというものだ。薄いシロップの中ではフルーツは沈むが、濃いシロップの中では浮く。これはもちろん密度と関係しているが、しばらく待つと薄いシロップの中のフルーツは(浸透圧によって)膨らんで破裂し、一方で濃いシロップの中のフルーツは縮んでくる。

この実験は、フルーツを保存するのに最適な濃度のシロップを作る方法を理解するために役立つ。フルーツを濃いシロップに入れ、フルーツが沈み始めるまでゆっくりと水を足すのだ。そうすると浸透圧がゼロになるので、フルーツは形と硬さを保つことができる。

COLUMN 砂糖の味を取り除く

砂糖は、ジャムなどの食品を保存するため、あるいはサンドイッチ用のパンの色を濃くするため（はちみつの形で）使われることも多い。しかし、砂糖の甘さなしで、保存や褐変という機能的特性を得ることはできないだろうか？

ちょっとした化学と味覚のトリックが、これを可能にしてくれる。冗談で私が「アンチシュガー」と呼んでいるラクチゾールは、甘味の感覚を減少させるために使われる添加物だ。（残念なことに、砂糖とアンチシュガーを混ぜても得られるエネルギーは普通の砂糖と変わらないし、アンチシュガーを食品に加えてもカロリーが減らせるわけではない。）

食品業界が抱えている課題のひとつに、食品の許容可能な風味と食感を保ちつつ食べられる期間をなるべく長くするにはどうすればよいか、ということがある。1980年代初頭、マイケル・リンドリーという英国の研究者が、ラクチゾールという化合物に甘味の感覚を抑える働きがあることを発見した。食品に100ppmほど加えると、ラクチゾールが味蕾に干渉して甘味の感覚を減少させるのだ。（生物学ギークのために説明しておくと、ラクチゾールはTAS1R3甘味タンパク質受容器を抑制するカルボン酸塩だ。）料理の甘味を和らげる伝統的な手法（苦味や酸味を持つ食材を加える）とは異なり、ラクチゾールは舌が感じる甘味を抑制するので、塩味、苦味、酸味などの他の味覚の感じ方に影響を与えない。

ラクチゾールを使えば、日持ちのしなかった食品に含まれる砂糖の量を増やして常温貯蔵可能にすると同時に、それによって感じられる甘味をキャンセルできるようになる。ラクチゾールは、安定剤や増粘剤の甘味が望ましくないサラダドレッシングなどの製品や、一部の大量生産されたパンなどにも使われている。ピザ生地は、こんがりときつね色に焼けたほうがおいしそうに見える。褐変反応を起こす簡単な方法は砂糖を加えることだが、甘いピザ生地はあまり食欲をそそらない。ラクチゾールを使えば、この問題を解決できる。

DominoはSuper Envisionという名前の製品を販売している。これは大部分がショ糖で、一部はマルトデキストリン、そして「人工調味料」が10,000ppm含まれている。（ラクチゾールはGRAS、つまり一般に安全と認められる添加物に分類されている。ローストしたアラビカ種のコーヒー豆から見つかったので、人工調味料と呼ばれている。）最終製品に約1％の濃度で使われることを想定しているので、10,000ppmは100ppmに相当することになる。（この「人工調味料」が本当にラクチゾールなんだろうか？）

入手できる人は、カラメルソースに混ぜて味見してみてほしい。この甘味抑制剤を少量加えたカラメルソース（240ページを参照してほしい）を1つのボウルに入れ、別のボウルには比較のため何も加えていないカラメルソースを入れておく。混ぜ物をしたボウルのカラメルソースのほうが、甘味によってマスクされないため焦げた化合物の風味を強く感じるはずだ。これは奇妙な感覚だ！

S-ラクチゾールが甘味受容器を抑制する。

LAB 塩と氷でアイスクリームを作る

私に言わせれば塩はとても驚くべき物質だが、アイスクリームを作るのに使えるものなら何でもそのように言ってしまいがちなことは認めざるを得ない。塩を氷に加えると、**氷点降下**（水が凍る温度が低下すること）のため、氷が溶ける。しかしこれは、塩と氷でアイスクリームが作れることを半分しか説明していない。食塩が水に溶けることは、**吸熱反応**でもあるため、周囲の環境の温度を下げるのだ。

食塩つまり塩化ナトリウム（NaCl）を1粒水に落とすと、**解離**してより小さな粒子に分かれる。食塩の場合、ナトリウムイオン（Na^+）と塩化物イオン（Cl^-）に分かれ、これらは周囲の分子（あるいは、ナトリウムの場合はあなたの舌）と自由に作用できるようになる。しかし、この解離には副作用がある。結合が分離する際にはエネルギーが必要なため、周囲の水の温度を下げるのだ。

まず、これらの材料を準備しよう

- 約1クォート（容量1リットル）のジッパー付きの小さなポリ袋：1個
- 約1ガロン（4リットル）のジッパー付きの大きなポリ袋、またはほぼその大きさの食品容器かペンキ缶（ふた付きのもの）：1個
- 製氷皿の氷：12個（製氷皿1つ分）、または約カップ2（480mL）の分量の氷
- 塩：カップ1（290g）
- 生クリーム：カップ1/2（120mL）
- 牛乳：カップ1/2（120mL）
- 砂糖：大さじ2（25g）
- バニラエッセンス：小さじ1/2（2.5mL）
- ポリ袋や容器を振る際に使うタオルまたは手袋（オプションだが、あると便利だ）
- デジタル温度計（オプション）
- スプーン

実験手順

1. 生クリーム、牛乳、砂糖、バニラエッセンスを小さなポリ袋に入れて、空気を追い出しながら密封する。
2. 氷と塩を、大きなポリ袋または容器に入れる。
3. 封をした小さなポリ袋を大きな袋または容器に入れて、ふたを閉める。
4. 容器を振る！　ペンキ缶を使う場合には、テーブルや地面の上で前後にころがしてもよい。ポリ袋を使う場合には、もんだり振ったりしてみよう。手袋を使うか、容器をタオルで包んで手が冷たくなりすぎないようにしてほしい。数分後、容器を開けてデジタル温度計で塩水の温度を測定する。アイスクリームの原液が凍ってソフトクリームの硬さくらいになるまで約10分、振ったり混ぜたりし続ける。

考察してみよう！

小さな袋を開けて、スプーンでアイスクリームをすくって味見してみよう。食感について何か気付いたことはあるだろうか？

塩の代わりに別の化合物を使ったら、どうなると思うだろうか？　エプソム塩*や、炭酸水素ナトリウム（重曹）を使うとどうなるだろう？

応用問題

吸熱反応によって、どれだけの違いがあると思うだろうか？　それを知るために、2種類のアイスクリームを作って違いを調べてみよう。一方は冷凍庫に入れておいた塩1カップ、つまり氷と混ぜる前に氷と同じ温度まで冷やしておいたものを使って作る。もう一方は、水カップ2と塩カップ1を混ぜてから、一晩冷凍庫で冷やしておいたものを使う。（これは水に完全に溶ける塩の量よりも多いが、通常の方法では乾いた塩がすべて氷と接触するわけではないので余分に塩が必要となる。）

食塩（NaCl）は、料理に使われる数多くの種類の塩の1つに過ぎない。塩化カリウムは食塩の代替品に使われている（「塩化カリウムの容器を回してい

ただけますか？」）。塩化カルシウムは野菜を引き締めるために使われる（硬水に含まれるカルシウムが野菜を固くするのと同じ原理）。グルタミン酸ナトリウム（MSG）は、うま味成分を食事に付け加える。食塩のNa^+イオンとCl^-イオンを解離させるために必要なエネルギーは**格子エネルギー**と呼ばれる。しかし、これらのイオンが水の分子と結合する際には熱が発生し、これは**水和エネルギー**と呼ばれる。塩の種類が異なれば、格子エネルギーや水和エネルギーも異なる。格子エネルギーが水和エネルギーよりも大きければ、吸熱反応だ。逆の場合、塩の溶解は**発熱反応**となる。

＊訳注：硫酸マグネシウム。入浴剤として使われる。

RECIPE オレンジの皮の砂糖煮

この砂糖煮は、刻んでクッキーに入れたり、デザートのトッピングにしたり、あるいはシンプルにテンパリングしたチョコレート（167ページを参照してほしい）に浸してもおいしい。皮を煮ることによって組織が柔らかくなり、柑橘類のわたに含まれる苦い化合物の1つ**リモニン**が中和される。砂糖は水分を吸収して保存料として働くが、確実なものとは言えない。カビは、増殖に必要な有効水分がバクテリアよりも少ないので、皮に水分が多すぎると、（あまりおいしくない種類の）カビが生えてくるかもしれない。

以下の材料を鍋に入れ、沸騰させる。

☐ 水：カップ2（480mL）
☐ 砂糖：カップ2（400g）

☐ オレンジの皮：オレンジ3〜6個分、約1/4インチ（0.5cm）幅の短冊切りにする

20〜30分、皮が柔らかくなるまで煮る。皮を鍋から出し、ペーパータオルの上で乾かす。さらに皮を乾燥させるため、砂糖をまぶして容器に入れて保存する。

NOTES

◎グレープフルーツ、レモン、ライム、またはみかんなど、他の柑橘類や、サクランボ、桃、またはリンゴなどのフルーツでも作ってみよう。水にシナモンのようなスパイスを加えたり、水の一部をダークラムやグランマルニエのようなリキュールに変えたりしてもよいだろう。

RECIPE 柑橘類のマーマレード

マーマレードは、スライスしたフルーツを砂糖水の中で煮て作る。柑橘類は皮にペクチンが含まれると共に果肉には酸が含まれるため、マーマレードは最も簡単に作れるジャムのひとつだ。砂糖と水を加えて加熱するだけで、もともと存在するペクチンがゲルを形成する。とても苦い伝統的なマーマレードを作るには、ペクチンの含有量が非常に多いセビリアオレンジを使ってほしい。濃い赤い色を出すには、ブラッドオレンジを混ぜてみよう。

レモン、オレンジ、グレープフルーツ、またはライムなど（あるいは、この4種類を全部混ぜて使うと、すばらしいマーマレードができる！）**柑橘類のフルーツ1ポンド（450g）**を用意し、皮を水の中でよく洗って異物や汚れを取り除く。上下を切り落とし、4つ割にしてから種と芯を取り除く。フルーツをごく薄い細切りにして、ソースパンに入れる。

砂糖 カップ1と1/2（300g）と、フルーツと砂糖に**かぶるくらいの水**を加える。火にかけて煮立ったら、ふたをして皮が柔らかくなるまで30分ほど煮る。

フルーツが柔らかくなったら、火から下ろす。この時点でマーマレードが苦すぎるように感じられたら、砂糖をさらに加える。

マーマレードを冷やし、冷蔵庫で保存する。

NOTES

◎前に作ったことのある人は、水の一部を柑橘類のジュースやハチミツで置き換えてみてほしい。好みに応じて、煮る前にホールのクローブ、シナモンスティック、バニラビーンズなどのスパイスを加えてもよい。

◎トーストに塗る以外にも、スプーン1杯のマーマレードを挽き割りオートミールに加えたり、パンケーキに乗せたり、ヨーグルトと混ぜたり、前菜のチーズに添えたり、焼き菓子に使ったり、ホイップクリームと一緒にケーキに乗せたりしてみてほしい。またマーマレードは、ポークチョップや鴨のグレーズ（照り出し）に使っても、ローストした根菜と混ぜても、ビネグレットと混ぜてサラダドレッシングにしてもおいしい。

風味付け

　食品の風味は、信じられないほど重要だ。食事を楽しむ上で、最も重要な変数だと言ってもよい。風味は、われわれの行動を変える。焼きたてのパンの匂いがわれわれをパン屋へ引きつけ、フレッシュなハーブやあぶったスパイスのアロマが食欲をそそり、そして味の記憶が再購入を促す。嗅覚喪失は、感覚喪失症の中でも最も深刻なものだと考えられている。この前風邪をひいて鼻が詰まったときのことを考えてみてほしい。風味なしでは、食品の魅力はそれほどまでに乏しくなるのだ。

　食品に風味を付け加えることができれば、いろいろな可能性が広がる。食品業界では、大量生産の手段として風味付けが欠かせない。キャンベル・スープ・カンパニーで働いていた私の知り合いが、こんなことを言っていた。肉は蒸し調理（チキンヌードルスープを大量に調理する際の方法）すると風味がほとんど失われてしまうので、風味を再びつけ直す必要がある。ターメリック（黄色）、パプリカ（赤）、あるいはカラメル（茶）など、伝統的な食材に由来するものではあるが、着色料も加えられる。食品業界にとって風味は非常に重要であり、後味がすっきりしていればもう一口食べたくなることや、魅力的な風味は次にその店を訪れた際の再購入を促すことを、彼らはよーく知っているのだ。

　よいアロマや風味を作り出すことは非常に重要性が高いため、Eナンバーのいくつかのカテゴリーは風味を変える化合物だけのために割り当てられている。そのひとつ、調味料（E600）は、食品の味わいを変えるものだ。このカテゴリーにある化合物の大部分は、グルタミン酸ナトリウム（E621）などのグルタミン酸塩だが、アミノ酸であるグリシン（E640）など、食品を甘く感じさせるものも入っている。甘味に関して言えば、人工甘味料（E900番台）には独自のEナンバーが割り当てられ、スクラロース（E955）やステビア甘味料（E960）などの化合物が含まれている。あなたのキッチンに素晴らしい実験用機器が備わっているのでない限り、Eナンバーの割り当てられた化合物を作ることは家庭のプロジェクトとは言えない。グルタミン酸の多い食材を加える（81ページを参照してほしい）とか、単純に塩をひとつまみ加えるなど、味覚を向上させる伝統的な手法もたくさんあることを忘れないようにしよう。

　しかし、実際の風味付けについてはどうだろう？　前にも書いたように、Eナンバーのリストは食品添加物を網羅したものではない。例えばバニリンは食品に添加されることの多い、明確に定義された構造を持つ単一の分子だが、記載されていない。しかし家庭の料理人が使うのは、バニリンパウダーではなくバニラエッセンスであり、また風味の抽出という、クリエイティブな実験を行って楽しむこともできる。

風味付けのエッセンスは、食品に新たなアロマを加えるためにも、既存のアロマを増強するためにも使われる。その機能的な目的は、揮発性の化合物を鼻まで運び、嗅覚受容器を刺激することだ。幸いなことに、食品に含まれる揮発性化合物には、溶媒にも容易に溶けるものが多い。これから調べて行くように、溶媒は風味を運ぶエッセンスを作る際に重要な役割を果たす。

　調理には、水、脂質、そしてアルコールという主に3つの溶媒が使われる。これらに適した化合物の種類は、それぞれ異なるので、溶媒の化学特性を揮発性化合物の化学特性と合わせることが、よいエッセンスを作るためのコツだ。水を使って化合物を溶かすための化学的な原理は、脂質やアルコールにも当てはまるので、どの溶媒を選ぶかという問題は、溶かされる化合物の構造によって決まることになる。

　しかし、**どのようにして溶媒は働くのだろうか？** ある分子が、別の分子とぶつかった際には何が起こるのだろうか？ 2つの分子は結合する（異なる分子の間で起こる場合には、**分子間結合**と呼ばれる）のだろうか、それとも互いに反発し合うのだろうか？ その答は、2つの分子の電荷と電荷の分布の違いによって生じる各種の力によって決まる。化学で定義される4種類の結合のうち、風味の抽出に重要なものは極性と無極性の2つだ。

　周囲に不均等な電界を持つか、不均等に電子が配置された分子は**極性分子**と呼ばれる。最も簡単な配置として、分子の両側が反対の電荷を持っている場合は**双極分子**と呼ばれる。水は、分子が全体として負に帯電した側ができるように2個の水素原子が1個の酸素原子と結合しているので、極性分子であり、双極分子でもある。

　2つの極性分子が互いに衝突すると、一方の分子の正に帯電した側と別の分子の負に帯電した側との間に、ちょうど2個の磁石がくっつき合うように、強い結合が形成される。原子のレベルでは、正の電荷を持つ前者の分子の領域と、負の電荷を持つ後者の分子の領域とが、打ち消し合うことになる。

　水の分子は、電荷が非対称に分布しているので、極性を持つ。これは、酸素の電気陰性度が水素よりも高く、水の分子が曲がった形をしているためだ。この形状によって一方の側には正の電荷が、他方の側には負の電荷が現れるため、極性を持つようになる。

　対称的な形状をした、または電気陰性度がわずかしか違わない原子で形成される分子は、電荷の分布がすべての側で対称となるため**無極性分子**と呼ばれる。油脂は大部分が炭素と水素という、電気陰性度がほとんど違わない2つの原子からできているため、無極性だ。

　多くの場合、極性分子が無極性分子にぶつかったとき、極性分子はその電荷と打ち消し合う電子を見つけることができない。これは磁石を木にくっつけようとすることにちょっと似ている。磁石と木は互いに積極的に反発することはないが、引きつけ合うこともない。極性分子と無極性分子は結合を形成せず、別の場所へ漂ってゆき、別の分子へ衝突することを繰り返す。

油と水が通常は混ざりあわないが、砂糖と水は容易に混ざりあうのは、これが理由だ。水の分子は極性を持ち、他の極性分子と強い分子間結合を形成する。互いに電荷を打ち消し合えるからだ。原子のレベルで、油は水の分子の負に帯電した側に十分に強い結合を提供できない。しかし、水と砂糖（ショ糖）は仲が良い。ショ糖も極性を持つので、2つの分子の電界はある程度は整列できる。

　分子間結合の強さは、溶媒と溶質がどれだけよく整列するかによって決まる。そのため、互いによく溶け合うものもあれば、ある程度しか溶け合わないものもある。食品のアロマを提供する有機化合物は、エタノールには容易に溶けるが水や油には溶けにくいものが多い。

　風味を運ぶ溶媒として、あるいはあなたの嗅覚システムが感知できるレベルまで食品の風味を引き出す手段として、アルコールの化学的性質が使われている料理を見かけることはよくあるはずだ。アルコールは、食材に「閉じ込められた」アロマ化合物を解き放つため、ソースやシチューに使われることが多い。トマトソースに、赤ワインを加えてみよう！

スパイスを油の中で温める（**ブルーミング**と呼ばれる）と、加熱された際にスパイスから蒸発する揮発性の風味が油に取り込まれる。

COLUMN　アルコールは調理で「飛ばす」ことができるだろうか？

　いやいや、完全に飛ばすことはできない。大気圧の下での純粋なエタノール（C_2H_5OH）の沸点は水よりも低い（173°F / 78°C）が、エタノールと水、そして食品に含まれるその他の化合物との間の分子間結合力が強いため、沸点はエタノールの食品中の濃度や他の化合物との結合の強さによって変わってくる。

　アイダホ大学の研究者たちが発表した論文によれば、調理後に残るアルコールの量は調理法によって異なる。彼らはこの実験を海抜2,500フィート（762メートル）で行ったため、蒸気圧は海面上よりも低かったはずだ。この事実は言い訳に使えるかもしれない……。

調理法	残留アルコール%
沸騰している液体にアルコールを加え、火から下ろす	85%
アルコールに火をつける	75%
加熱せず、一晩置く	70%
アルコールを混ぜ入れずに25分焼く	45%
アルコールを混ぜ入れて焼く、または煮る	
15分後	40%
30分後	35%
1時間後	25%
2時間後	10%

RECIPE バニラエッセンス

バニラエッセンスは、溶媒としてアルコールが使われる典型的な例だ。植物由来の化合物で、水に溶けるものはほとんどない。もし溶けたとすれば、自然界では洗い流されてしまうことだろう。湯が使える場合もある（ミントティーやカモミールティーを考えてみてほしい）が、エッセンスを作る際には、抽出したい分子に応じて、アルコールか油脂を使う必要があるだろう。（ここでは詳しく説明しないが、大部分のアロマは複数の化合物に由来する。）

バニラエッセンスを作るのは簡単だ。ウォッカなどの蒸留酒のエタノール（80プルーフのウォッカには約40％のエタノールが含まれる）は、バニラ豆に含まれるバニラのアロマの元となる200種類以上の化合物を溶かすことができ、その中にはバニラの特徴的な風味の大部分を作り出すバニリンも含まれているからだ。（いくつかの突出した化合物の比率の違いが、さまざまなバニラの品種の香りの違いを作り出す。）

バニラ豆はかなり高価なので、インターネットで購入するのが良いだろう。バニラエッセンスを作るには、グレードBで十分だ。（グレードBは食品業界で通常使われているものだ。さやは切り刻まれてしまうのだから、見映えの良し悪しはあまり関係ない。）

ぴったりとふたのできる小さなガラスジャーに、以下の材料を入れる。

☐ バニラ豆：1さや（約5g）、長さ方向に切り開いてジャーに入れるように刻む
☐ ウォッカ：大さじ2（30mL）（バニラ豆が十分浸る程度の量）
☐ 砂糖：小さじ1/2（2g）

ジャーのふたを閉めるかジャーの口をラップで覆い、冷暗所（食品貯蔵庫など）に保存する。エッセンスが抽出されるには、少なくとも数週間かかる。

NOTES

◎ バニラ豆は、何か別のレシピの残りでもよい。よくバニラを使って料理する人は、ジャーにバニラをつぎ足しながら使ってみよう。バニラ豆を使ったら、それをジャーに入れ、必要に応じて古いバニラ豆を取り出す。そしてエッセンスを使っているうちに少なくなってきたら、液体を少し注ぎ足せばよい。

◎ 他のバリエーションも楽しんでみよう。ウォッカを使ったのはアルコール度数が高く特有の風味がないためだが、その代わりにラムやブランデーなど他の蒸留酒、あるいはそれらをブレンドしたものを使ってもよい。バニラ豆の代わりに、八角、クローブ、シナモンスティックなどを使ってみよう。溶媒と溶質を両方とも変えてみよう（例えば、グランマルニエにオレンジの皮を浸す）。

RECIPE 風味抽出オイルとハーブ入りバター

風味抽出オイルとハーブ入りバターは、料理に使われるエッセンスと同様に、植物の風味を食品へ取り込むための方法だ。しかしアルコールのえぐ味のあるエッセンスとは違って、抽出液は料理の仕上げにも使うことができる。バジル風味のオイルを使ったサラダドレッシング？ ローズマリー風味の油を掛けたサーモン？ バジル風味のバターを塗ったパン？ 今後ハーブが余るようなことがあれば、ぜひ油脂と混ぜてみてほしい。

油脂は無極性分子（421ページを参照してほしい）であり、「似たもの同士が溶けあう」という大まかな化学のルールの通り、他の無極性分子と溶け合うのは意外なことではない。匂い化合物の多くは、植物油の中に取り込まれている（オレガノには葉の表面の油小滴中にカルバクロールが含まれている）が、植物の匂い化合物がすべて脂溶性というわけではない。私はセージの風味を抽出した油を作ろうとしてみたが、あまりうまく行かなかった。インターネットで検索してみたところ、セージの主要な匂い物質であるマノオールが、通常はアルコールに溶けることがわかった。エタノールでセージのエッセンスを作る実験をしてみたら、すぐにセージの風味のするものができた。ハーブの風味がうまく抽出できない場合には、ハーブ入りバターにしてみよう。植物材料を濾し取ってしまう風味抽出オイルとは違って、ハーブ入りバターは匂い物質が脂溶性である必要はないからだ。

風味抽出オイル

オイルの抽出を行う方法には、コールドプロセスとヒートプロセスの2つがある。コールドプロセスはハーブに向いている。スパイスはヒートプロセスがよい。熱したオイルでスパイスがブルーミングされ、風味が変化するからだ。

1. 小さなボウルに、**グレープシードオイル**、**サンフラワーオイル**、**キャノーラオイル**など高品質の中性油を**カップ1（240mL）**量り取る。風味の強いハーブには、マイルドな**オリーブオイル**でもうまく行く。
2. 風味を抽出する！
3. ハーブの抽出は、コールドプロセスで行う。**ローズマリー、オレガノ、バジルなどのハーブを細かく刻んだものを大さじ2〜4（10〜20g）**加える。オプションとして、**パセリを大さじ1〜2（5〜10g）**加えると、抽出したオイルが緑色になる。普通のミキサーかハンドブレンダーを使って、オイルとハーブを30秒ほどブレンドする。こうすると、休ませる時間が短くて済む。ブレンドしない場合には、冷蔵庫の中で休ませる時間をずっと長くする必要があるだろう。
4. スパイスの抽出は、ヒートプロセスで行う。スパイスをオイルに加える。カルダモンやシナモンなどの1種類のスパイス、またはスパイスミックスを使ってほしい。シンプルなカレーオイルを作るには、**カレー粉 大さじ2（12g）**、**新鮮なショウガ 大さじ1（6g）（細かく刻む）**、**カイエンヌペッパーまたはチリフレーク 小さじ1/2（1g）**を使う。中火に掛けたフライパンにオイルを入れ、数分間加熱してスパイスをブルーミングする。（スパイスの匂いがしてくるはずだ！）
5. 抽出したオイルを小さなボウルに戻して、ふたをする。コールドプロセスのオイルは、冷蔵庫の中で数時間、あるいは一晩休ませてほしい。ヒートプロセスで抽出したものはすぐに使うこともできるが、できれば数分間休ませて室温まで冷ましてほしい。
6. フレッシュなハーブを使って透明な抽出オイルを作るには、抽出オイルを目の細かいざるか、ガーゼを敷いたざるで濾す（休ませた後で！）。濁りを防ぐには、押さえつけずに数分間かけて自然にドリップさせる。

ハーブ入りバター

ハーブ入りバターは、風味抽出オイルよりも簡単に

作れる。植物材料そのものが最終製品の一部として残るので、風味化合物を溶かす必要がないからだ。風味に富むハーブを使ってほしい。チャイブ、タラゴン、セージのようなやさしい風味のハーブのほうが手早く簡単に作れる。

小さなボウルに、**バター カップ1/2（115g）**を入れて室温に戻しておく。食塩不使用バターの場合には**塩 小さじ1/2**を加え、オプションとして**挽きたてのコショウ**を加える。洗って刻んだ**ハーブの葉 大さじ2〜3（10〜15g）**程度を、茎を取り除いて加える（バターの中に小さな枝が入っていてほしくはないはずだ）。フォークを使って、ハーブと調味料をバターに混ぜ入れる。パンに添えて食卓に出すか、料理の材料として使う。調理した魚や肉の上に、薄く塗ってみてほしい。

NOTES

◎食品の匂い化合物を油や酢に抽出しても、その化合物の特性は変化しない。食品に含まれる状態で熱に弱い化合物は、抽出された状態でも熱に弱い。豚肉をセージ入りバターで焼くのは大丈夫だが、バジル風味のオイルではうまく行かないだろう。

◎フレッシュなハーブを抽出したオイルやハーブ入りバターは、冷蔵庫に保存して1週間以内に使い切ること。酸性の強くない、水分を含む植物材料を浸した油脂は、ボツリヌス中毒に絶好の嫌気性繁殖環境を形成する。めったにあることではないが、増殖に十分な時間があれば、命にかかわる症状だ。水分を含む食材で常温保存可能な抽出オイルを作りたければ、適切にびん詰めして圧力調理するか、植物材料を酸性化する必要がある。詳しくは http://cookingforgeeks.com/book/infusedoils/ を参照してほしい。乾燥したスパイスや乾燥したハーブは急速な微生物の増殖を起こすほど水分を含んでいないので、乾燥したコショウなどを熱処理したオイルに抽出したものは3か月まで保存できるが、米国FDAでは冷蔵して3週間以内に使い切るよう勧告している。

燻液（別名、精製スモーク）

食品の保存方法としての燻製は、おそらく火を使う穴居人によって太古の昔に発見されたものだろうが、現代のわれわれが燻製を行う理由は別にある。燻製した食品はおいしいのだ。木などの可燃物を燃やしてその煙で魚や肉をいぶすことによって、抗菌性化合物を食品上に堆積させ、腐敗を防ぐことができる。たまたまこの保存プロセスによって、さまざまなスモーキーなアロマもまた堆積することになった。しかし、現代のアパートの住人が、キッチンの真ん中でかがり火をたかずにおいしい風味を得るにはどうすればよいだろうか？

ケント・キルシェンバウムが、ニューヨーク大学の講演でブロートーチと丸底フラスコを使って、燻液作りを実演しているところ。

燻液と呼ばれる、食品にスモーク風味を付けるための巧妙なトリックがある。おいしいスモーキーな風味は、木が燃える際に起こる化学反応の水溶性の副産物なので、これを水に溶かしておいて後で食品に加えることができる。食品業界では、ベーコンなど伝統的には燻製にされるが大規模な燻製は経済的でない食品に、これを使ってスモーク風味を付けている。また「燻製」豆腐など、スモークのエッセンスによって風味が向上するが実際には燻製できない食品にスモーキーな風味を加えるためにも使われている。

*訳注：ハラペーニョの燻製。

**訳注：肉にすり込む調味料。

家庭では、（実際に燻製する以外に）料理に燻製風味を加える最も簡単な方法は、すでに燻製された食材を加えることだ。例えばチポトレペッパー＊や燻製パプリカなどのスパイスを加えたり、燻製塩やラプサンスーチョンなど燻製された茶葉をドライラブ＊＊に使ったりすれば、料理にスモーク風味を付け加えることができる。しかし、燻製された食材を使うと、その食材の別の風味も加わることになる。例えば燻製塩は、料理を塩辛くしすぎてしまうかもしれない。そこで、燻液の登場だ。

燻液は、複雑なものではない。どんな商品を買っても原材料リストは長くはなく、「スモーク、水」とだけ書かれているはずだ。燻液そのものは、加工されていない。つまり、伝統的な燻製に存在する化合物を改変するような化学的加工や精製は行われていないという意味だ。

燻液は、木に含まれるリグニンが分解するほどの高温（752°F / 400℃程度）にスモークチップを熱し、出てきた煙を水に通して作られる。煙の水溶性の成分は水に溶ける一方で、非水溶性の成分は沈殿するか油の層となって浮くので廃棄すればいい。こうしてできた琥珀色の液体は、肉に塗ったり食材に混ぜたりして使うことができる。

加熱前のスモークチップと、

加熱後のスモークチップ。

またこのプロセスで、スモークチップは炭に変わる。炭化するが、酸素が存在しないので、燃えないのだ。自分で炭を作るには、煙は排出するが空気は入らないような容器にスモークチップを閉じ込めればよい。また、木以外の材料から炭を作ることもできる。私が知っているシェフの1人は、残り物のトウモロコシの軸やロブスターの殻を使って「トウモロコシの軸の炭」や「ロブスターの炭」を作っている。これらの食材の風味物質の一部は非常に耐熱性が強いので、この炭を使って料理をすると、その食材の風味もわずかに感じられる。

理論的には、伝統的な燻製食品に通常は含まれる突然変異やがんを引き起こす化合物の一部は、燻液にははるかに少ない量しか含まれない（これらの化合物は油状となるか沈殿する）ので、伝統的な方法で食品を燻製にするよりも、燻液を使うほうが多少は安全かもしれない。しかし、燻液にも突然変異誘発性の化合物が多少は存在する。燻製食品の代替品としては、伝統的な燻製と同程度には安全なはずだし、より安全かもしれないが、毎朝卵に小さじ1杯の燻液を掛けるのはやめておいたほうが良いだろう。

炭は、伝統的には木のような可燃性の材料を酸素のない状況で加熱し（熱分解と呼ばれる）、水分を蒸発させ揮発性化合物を分解させて作られる。結果として得られる固形物は大部分が炭素で、元の材料よりも速く燃焼する。

燻液の素晴らしさを、ぜひ実感してみてほしい。燻液を買ってきて、408ページのグラブラックスのレシピを作り、塩に10〜15滴加えて燻製風味を付け加えてみよう。さらに変わった使い方としては、アイスクリームなど通常は薪を燃やすグリルの上には置けないような食品を「燻製」するために、燻液を使うこともできる。われわれの食品に行われる加工法の中で最もエキゾチックに聞こえるものが、実は最も原始的なものでもあるのは愉快なことだ。

薪を燃やして料理する場合は、セルロースだけでなくリグニンも分解するほど炎の温度が高くなっていることを確認してほしい。

RECIPE スモア・アイスクリーム

スモア*・アイスクリーム？ アイスクリームを焼くことはできないが、燻液を使えばスモーキーな風味を付け加えることができる。標準的なアイスクリームミキサーが必要だが、あなたが本物のギークなら、自分で作ったり（417ページの、塩と氷でアイスクリームを作る実験を参照してほしい）、液体窒素を使ったり（383ページを参照してほしい）してもいいだろう。

このレシピは、燻液を使ってキャンプファイアで焼いたマシュマロ（自分で作る方法は、404ページを参照してほしい）の香ばしい風味を付けている。このコンセプトは、ニューヨーク大学の実験的料理集団（Experimental Cuisine Collective）のケント・キルシェンバウムによる実演にインスパイアされたものだ。

以下の材料をボウルに合わせて、アイスクリームベースを作る。

- ☐ 全乳：カップ2（480mL）
- ☐ 生クリーム：カップ1（240mL）
- ☐ 砂糖：カップ1/3（65g）
- ☐ チョコレートシロップ：カップ1/4（60mL）
- ☐ 中サイズのマシュマロ：カップ3/4（25g）
- ☐ 燻液：15滴（0.75mL）

選択した製造方法に従って、アイスクリームを作る。アイスクリームが固まったら、以下を混ぜ入れる。

- ☐ トーストして砕いたグラハムクラッカー：カップ1（60g）

このアイスクリームには、ホットファッジかチョコレートシロップをかけて食卓に出してほしい。ホイップクリーム、サクランボ、ナッツはオプションだ。

NOTES

◎グラハムクラッカーをトーストして砕いた後、アイスクリームベースに加える前に冷凍してみよう。こうすると、グラハムクラッカーのかたまりがパリッとする。冷凍された状態では水分を吸収しないからだ。このトリックは、アイスクリームベースに普通の方法で加えると水分を含んでしまうような、大部分の乾燥した食材に使える。

*訳注：スモア(s'more)とは、焼いたマシュマロとチョコレートをグラハムクラッカーで挟んだデザートで、キャンプファイアでよく作られる。

RECIPE オーブンで作るバーベキューリブ

大きな耐熱皿（9インチ×13インチ／23cm×33cm）に、以下の材料を乗せる。

- ☐ ポークベビーバックリブ：2ポンド（900g）、余分な脂は取り除く

小さなボウルに、以下の材料を混ぜてドライラブを作る。

- ☐ 塩：大さじ1（18g）
- ☐ ブラウンシュガー：大さじ1（14g）
- ☐ クミンシード：大さじ1（6g）
- ☐ マスタードシード：大さじ1（9g）
- ☐ 燻液：20滴（1mL）

リブにスパイスミックスをまぶす。耐熱皿をホイルで覆い、300°F / 150°Cのオーブンで2時間焼く。

小さなボウルに、以下の材料を混ぜてソースを作る。

- ☐ ケチャップ：大さじ4（60mL）
- ☐ しょうゆ：大さじ1（15mL）
- ☐ ブラウンシュガー：大さじ1（14g）
- ☐ ウスターソース：小さじ1（5mL）

耐熱皿からホイルを外し、リブにソースを塗る。45分、または火が通るまでオーブンで焼く。

NOTES

◎チリ、ガーリック、パプリカなど、他のスパイスをドライラブに入れて実験してみよう。また、タマネギ、にんにく、タバスコなどの材料をソースに加えてみよう。

LAB 燻液の作り方

これは上級者向けのホームプロジェクトだが、困難に立ち向かう気があるなら、楽しいものになるはずだ。また、これは化学者が乾留と呼ぶ、固体に熱を加えて化合物を分離するプロセスの素晴らしい例でもある。(蒸留について詳しくは、380ページを参照してほしい。) これはプロセスに関する実験ととらえてほしい。私は、でき上がった燻液を食品に使おうとは思わない。

バーベキューした食材のスモーキーな匂いと味わいは、食品と煙との化学的作用ではなく、木の熱分解(燃焼)中に起こる化学反応によるものだ。煙に含まれる望ましい化合物の一部は水溶性であり、そのため煙を水に通してこれらの化合物を溶かせば分離できる。その他の化合物はあまりおいしいものではなく、高い濃度では腐った生ごみのような匂いのするものもある。

木は主にセルロースとヘミセルロースとリグニンでできており、これらはすべて燃焼中に何千種類もの化学物質に変化する。燻製風味の元となるアロマ分子はリグニンの分解によって生成されるが、その温度は約750℉ / 400℃だ。セルロースとヘミセルロースはより低い温度(480〜570℉ / 250〜300℃)で分解するが、これらの生成する化学物質は風味を悪化させるだけでなく、突然変異誘発性がある。また木を燃やす温度が低すぎるとクレオソートが作り出されることがある。これは木の不完全燃焼から生成される黒い油状の残留物で、水よりも重い。

薪や炭を燃やすグリルは、ガスのグリルよりも数百度もケースが熱くなることが多いので、注意してほしい。

まず、これらの材料を準備しよう

- ヒッコリーまたは杉のスモークチップ(あるいは、燻製に適したものならどんなスモークチップでもよい)
- アルミホイルでできた使い捨て耐熱皿と、それにぴったりはまるふた(どんな形の耐熱皿でもよい。パイ用のものも使える)
- 長さ16〜24インチ(40〜60cm)の銅パイプ、直径1/2インチ(1cm)以下のもの
- 銅パイプにぴったりはまる銅製のL字型のエルボ(金物屋でパイプの近くに置いてある)
- 耐熱性エポキシ系接着剤、2オンス(60mL)
- エポキシ系接着剤を混ぜるための紙皿または厚紙の切れ端
- エポキシ系接着剤を混ぜるためのプラスチック製ナイフまたはアイスキャンディーの棒
- 小さなガラス製のボウル
- ガラス製のボウルに入れる水
- オーブンミットまたは乾いたタオル
- そしてもちろん、グリルとグリルの燃料

実験手順

これから、エポキシ系接着剤(固まるまで数時間かかるので、事前に計画しておくこと!)で密封した使い捨て耐熱皿にスモークチップを入れて熱し、出てきた煙をパイプ経由で水の入ったガラス製のボウルに通す手順を説明する。手順は長いが、簡単だ。

1. エルボをパイプの片方の端に取り付ける。ぴったりとはまるはずだ。
2. パイプがグリルに収まるかどうかチェックする。グリルを開け、エルボの付いたパイプの端がグリルの横に出るように、そして何もついていないパイプの端がグリルの中央付近に来るように配置する。エルボは下向きに小さなガラス製のボウルに入れる必要があるので、それに合わせて配置を工夫してほしい。この時点でチェックすべき重要な点は2つある。(1) グリルのふたが閉まること、(2) ガラス製ボウルに水を張った際に、エルボの下端が少なくとも1/4インチ(6mm)水面から下にあること。

3. 何もついていないパイプの端を使って、使い捨て耐熱皿の側面に穴を開ける。パイプを皿の側面に押し付けながら、ドリルの刃のように左右に回転させればよい。数秒後にはホイルを貫通して穴が開くはずだ。
4. 耐熱皿をグリルに置き（まだ点火しないこと！）、パイプを穴に通す。エルボが、空のガラス製ボウルの中に入るように調節する。
5. スモークチップを耐熱皿に入れて敷き詰める。この時点で、以下の写真のような配置になっているはずだ。

6. エポキシ系接着剤を混ぜる。紙皿か厚紙をパレットとして使い、プラスチック製のナイフかアイスキャンディーの棒を使って混ぜる。
7. パイプが耐熱皿を貫通している穴をふさぐ。エポキシ系接着剤を耐熱皿の内側からパイプと接している部分全体に塗りつけ、パイプをちょっと引き出せば、引き出されたエポキシ系接着剤で穴がふさがるはずだ。
8. 耐熱皿を密封するために、ふたと接する上端の部分にエポキシ系接着剤を塗る。ふたを耐熱皿に乗せ、縁を折り返し、全周にわたって縁をしっかり圧着する。
9. エポキシ系接着剤が固まるまで数時間待つ。
10. パイプが使い捨て耐熱皿を貫通している部分の近くを持ってそっと押してみて、エポキシ系接着剤が固まったことをチェックする。パイプは動かないはずだ。
11. グリルに点火する！ 数分後、最初に蒸気が、その後には煙がパイプから出てくるのが見えるはずだ。そうなったら、ボウルに水を張る。煙が水を通してあぶくとなって出て行くのが見えるはずだ。やったね！

12. グリルを5〜15分燃やし続ける。水の色が変わってくるのがわかるはずだ。ガスのグリルを使っている場合には、この時点で火を止める。それ以外の場合は、オーブンミットかタオルを使って銅パイプを持ち上げて水から出し、グリルが燃え尽きるまで待つ。

考察してみよう！

水を調べてみよう。何か気付いたことはあるだろうか？ どんな色に見えるだろうか？

何か水に浮いているものはあるだろうか？ それはどんな匂いがするだろうか？ 一部の化合物が通常よりも濃縮された際、匂いの点ではどんなことが起こると思うだろうか？

上の部分を注ぎこぼして、中ほどの層の液体を見てみよう。指をほんのちょっと付けて、慎重に味を見てみよう。どんな味がするだろうか？

先ほど説明した、クレオソートのことを覚えているだろうか？ それに似たものに気付いただろうか？ それは、グリルの温度についてどんなことを意味しているだろうか？

増粘剤

さまざまなデンプンの糊化温度。

　デンプンは使いやすく手に入りやすいため、グレイビーやパイ、ソースなど、数多くの食品にとろみをつけるために利用される。世界中のほぼすべての食文化で、デンプンが増粘剤として使われるのも不思議なことではない。小麦粉のデンプンが西洋料理にはよく使われ、中華料理にはコーンスターチが使われることが多く、またタピオカ粉や片栗粉（通常はジャガイモから作られる）もよく使われる。マルトデキストリンなどのモダンな増粘剤の多くもデンプンに由来するもので、ジャムの入った焼き菓子を焼くためや、最高級料理の珍しい食感を作り出すためなど、さまざまな用途のために開発されたものだ。

　デンプンは、アミロースとアミロペクチンという2つの化合物から成り立っている。これら2つの化合物の比率と、それらが植物にどう蓄えられているかは、植物の種類によって異なる。そのため小麦粉のデンプンは熱湯でなければとろみが付かないが、片栗粉はもっと低い温度でも固まるのだ。（これはまた、植物によって調理するのに必要な温度が違う理由でもある。詳しくは218ページを参照してほしい。）

　デンプンのとろみ付けのパワーは、それに含まれるアミロペクチンとアミロースによって決まる。熱と水分が与えられると、デンプンは膨らんで糊化し、分子構造中に水を吸収して食感が変わる。（これはパスタを調理する際に起こることだ！）アミロペクチンは水を吸収するため、アミロペクチンを多く含むデンプンほど水分を多く吸収する（コーンスターチや小麦粉のデンプンは約75%がアミロペクチンだが、タピオカ粉や片栗粉は80〜85%だ）。糊化した後、**ゲル化**という別のプロセスが進行する。これはアミロースがデンプン粒子を離れて周囲の水に溶け込んで行くことだ。このため、アミロースを多く含むデンプンほど食品にとろみをつけ、ゲル化させる能力が高い。

デンプンの構造は植物によって違い、そのためデンプンの種類が違うととろみ付けの効果も違う。熱湯に入れて加熱した際、小さじ3（8g）の小麦粉と以下のものとはほぼ同等だ。

コーンスターチ	小さじ1と1/2（4g）
葛粉	小さじ1と1/2（4g）
タピオカ粉	小さじ1（3g）
片栗粉	小さじ2/3（6g）

小麦粉は、純粋なデンプンほどとろみ付けの効果は高くない。小麦粉にはデンプン以外にも、タンパク質、脂肪、食物繊維、ミネラルなどの成分が含まれているためだ。

デンプンが液体にとろみをつける速さと程度は、デンプン粒子のサイズによって決まる。（デンプンは粒子の中に蓄えられている。粒子の大きさが大きいほど、アミロースがしみ出してくるまでに時間がかかる。）同様に、分子構造の長さと比率、そして結晶構造の変異も、デンプンがとろみ付けする速度と程度に影響を与える。これらの構造は、植物の生育条件によって決まる。水分も、とろみ付けには非常に重要だ。デンプンが膨らむためには、水分を吸収しなくてはならない！　砂糖を入れすぎると甘い液体の調理時間が長くなることがあるのは、このためだ。砂糖は親水性であり、デンプンと水を取り合うことになるので、砂糖を加えた液体は、時間をかけて調理するように心がけよう。

とろみの付いた食品は、**せん断減粘**として知られる現象を示すことがある。これは、一定の条件下で物質が粘性を変化させる現象だ。ケチャップやマスタード、そしてマヨネーズなど多くのソースは形を保つが（絞り出したケチャップを考えてみてほしい）、圧力をかけると流動性を示し、形を変える（この性質は**チキソトロピー**と呼ばれる）。ボトルやチューブを握るとソースは簡単に流れて行くが、何もしなければ形を保っている。十分に増粘剤を加えれば、食品は固まって本物の固体となる。つまり、一定の形を持ち、スライスしたり、穴を開けたり、突き刺したりできるようになるのだ。

葛粉とコーンスターチ

＊訳注：ここで「葛粉」と訳したのは英語でarrowrootと呼ばれるデンプンだ。これは和名クズウコンと呼ばれる植物の根から取ったデンプンで、米国ではケーキ作りなどにもよく使われる。日本ではあまりなじみがないので「葛粉」と訳した。ちなみに本物の葛粉はクズという植物の根から作るが、市販のものはサツマイモから作ったものが大部分らしい。片栗粉（本来はカタクリという植物の根から作るが、実際にはジャガイモから作ったものがほとんど）も、ほぼ同じ性質だと考えてよい。

最もよく使われる増粘剤は、葛粉＊とコーンスターチだ。前者は根から、後者は穀物から作られるという事実が、この2つの間にさまざまな違いをもたらしている。こういった違いがあるため、使われる料理の化学的特性に応じて使い分けることが望ましい。

デンプンから作られるすべての増粘剤と同様、葛粉もコーンスターチも、アミロペクチンが水を吸収してふくらみアミロースがデンプン粒子からしみだすことによって、液体にとろみをつける。レシピに応じて、これらは卵の代わりにつなぎに使ったり（大さじ3／45mLの水に小さじ2／15gのデンプンを混ぜる）、揚げ物の衣をカリッとさせたり（小さじ数杯のデンプンと風味付けのスパイスを混ぜて、豆腐や鶏肉などの食材にまぶしてから揚げてみよう）するために使える。

未変性のコーンスターチ　　糊化したコーンスターチ　　ゲル化したコーンスターチ

水を加えて加熱すると、コーンスターチの粒子からアミロースが漏れ出してくる。
冷ますと、アミロース分子がゲルを形成する。

	葛粉	コーンスターチ
キッチンでの使い方	液体にとろみをつけるのは、調理の最後のほうにする。水などの冷たい液体と混ぜてスラリー状にして混ぜ入れ、とろみが付くまで手早く加熱する。沸騰させないようにする。葛粉にはほとんど味がないので、マイルドな味の料理に適している。	液体にとろみをつけるのは、調理の最初のほうにする。ルー（デンプンと脂肪を混ぜて加熱する、通常は小麦粉とバターを使う）を作ってから、液体を混ぜ入れる。調理中に使うには、冷たい液体と混ぜてスラリー状にしてから食材に加える。コーンスターチを直接熱い液体に加えると、ダマになってしまう。
温度	根から取れるでんぷんは、糊化温度が低い。葛粉は約147°F / 64°Cで糊化し始める。目安として、根から取れるデンプンは149°F / 65°Cから185°F / 85°Cの間で糊化する。	穀物のデンプンは、糊化温度が高い。（直射日光の当たる地上は熱くなることがあるので、デンプン粒子の構造はそれに耐える必要があるのだ！）大部分の地上植物のデンプンと同様に、コーンスターチは200〜220°F / 93〜105°Cの温度範囲で糊化するので、煮たり沸騰させたりしてとろみをつける。
避けるべきこと	**乳製品を避ける。** 混ぜ合わせると、葛粉と乳製品はスライムのようなネバネバしたものになってしまう。乳製品を使った料理には、コーンスターチを使おう。**加熱し過ぎない。** 大部分の根から取ったデンプンと同様に、葛粉は低い温度でとろみが付く。沸騰させたり、高温に長時間保持したりすると、ゲルが劣化する。	**冷凍を避ける。** コーンスターチでとろみをつけた食品は、冷凍して解凍すると液体がしみ出してくる（**離漿**と呼ばれる）。**酸性の強い液体を避ける。** コーンスターチは酸性の液体（pHが4未満）ではうまく働かない。とろみをつけてから酸性の食材を加えるか、葛粉を使おう。
食品業界での利用	透明なゲルを作るのに利用される（葛粉はコーンスターチよりも透明なゲルができる）。また葛粉は、トウモロコシにアレルギーのある人にとっても適切な代替品だ。	コーンスターチにはグルテンが含まれないので、伝統的な利用方法に加えてグルテンフリーの食品の増粘剤としても使われる。
原料と化学的性質	熱帯アメリカ産のクズウコン（*Maranta arundinacea*）という植物の根茎から作られるarrowroot［訳注：他の場所では葛粉と訳した］は、当初17世紀には毒矢の治療などの医療に効果があるとしてヨーロッパ人に使われた（そのためこの名がある）。1830年代から1840年代には健康食品として紹介され、それ以降料理に使われるようになった。このデンプンは根茎をすりおろして水にさらし、デンプンを分離・沈殿させて作られる。このスラリーを取り出して乾燥させる。手作業でも行えるシンプルなプロセスなので、新鮮な植物が手に入ったら実験してみるのも面白いかもしれない！	トウモロコシから作られる（びっくりした？）コーンスターチは、1842年に最初に作られ、1844年に商品化された。おそらく、arrowroot（亜熱帯で栽培し船積みする必要があり、健康意識の高いユーザーは当時の奴隷労働に反対していた）に対する安価で異論を招きにくい代替品として、1850年代末に製造は大幅に増加した。コーンスターチは、トウモロコシを砕いて軟化剤（これには発酵を防止する役割もある）と共に温水に浸してから、遠心分離によってタンパク質からデンプンを分離して作られる。その後、デンプンのスラリーを洗浄し、乾燥する。

RECIPE レモンメレンゲパイ

レモンメレンゲパイは、パイ生地、メレンゲ、そしてカスタード状のフィリングという、それぞれ独特の化学的特性と難しさのある3つの異なる部品の組み合わせだ。パイ生地（273ページを参照してほしい）とメレンゲ（309ページを参照してほしい）についてはすでに説明したので、残りはフィリングだけだ。パイ生地とメレンゲのトッピングの作り方、そしてパイ皮を下焼きする方法については、それぞれのレシピを参照してほしい。

レモンカスタードを作るには、まず以下の材料を冷たいソースパンに入れて泡立て器で混ぜ合わせる。

- 砂糖：カップ2と1/2（500g）
- コーンスターチ：カップ3/4（100g）
- 塩：小さじ1/2（3g）

水 カップ3（700g）を加え、泡立て器で混ぜ合わせて、ソースパンを中火にかける。かき混ぜながら沸騰させ、コーンスターチが糊化したら、ソースパンを火から下ろす。

別のボウルに、以下の材料を泡立てる。

- 卵黄：6個分

卵白は、メレンゲを作るためにとっておく。卵白に卵黄が混ざらないように、十分注意してほしい。卵黄の脂肪分（非極性）は、卵白を泡立てたときにフォームの形成を妨げてしまうのだ。

コーンスターチの入った液体の約1/4を、泡立て器で混ぜながらゆっくりと卵黄に加える。こうすることによって、卵黄を固まらせずにコーンスターチの入った液体と卵黄を混ぜることができる（テンパリング）。卵黄の入った液体をソースパンに戻し、以下の材料を泡立て器で混ぜ入れてから中火にかけ、卵が固まるまで約1分加熱する。

- レモンジュース：カップ1（240mL）（レモン約4個分の果汁）
- レモンの皮（オプション。びん入りのレモンジュースを使う場合には入れなくてよい）

出来上がったフィリングを、下焼きしたパイ皮に移す。卵白6個分を使って作ったイタリアンメレンゲ（309ページを参照し、分量を2倍にしてほしい）を上に乗せ、375°F／190℃に予熱したオーブンで10～15分、メレンゲの上部に焼き色が付きはじめるまで焼く。オーブンから取り出し、（スープ皿に入れてスプーンですくって食べるのでなければ）少なくとも4時間冷まし、コーンスターチをゲル化させる。

メレンゲの上に角の立った模様を付けるには、スプーンの背を使う。焼いていないメレンゲの表面に触れ上に引くと、メレンゲがスプーンの背にくっついて角が立つ。

ゲル化剤は粉末の状態で市販されているのが普通なので、水か何らかの液体に加えて溶かす必要がある。液体と混ざると、通常は加熱後にゲル化剤は再水和し、そして冷えるときに3次元の格子を形成して残りの液体をその中に捉える。デフォルトとして、ゲル化剤は冷たい液体に加え、それから加熱するようにする。熱い液体にゲル化剤を加えると、ダマになってしまうことが多い。粉末の外側が水和してゲル化し、散らばらなくなってしまうからだ。

INTERVIEW
アン・バレットが食感について語る

アン・バレット（Ann Barrett）は、食感を専門とする食品エンジニアだ。彼女はアメリカ陸軍ナティック兵士研究開発および工学センター（NSRDEC）の戦闘糧食理事会に勤務している。

食品エンジニアは、何をしている人なのですか？

応用化学工学と似ていますが、対象が食品である点が違います。食品の加工方法と保存方法を中心に、食品を材料として考えるよう教育されます。私の場合は、食感または食品のレオロジーを専門にしています。レオロジーとは、物質の流動や変形を意味します。私の博士号のテーマは、パリパリした食品の砕けやすさでした。どうやってパリパリさや砕けやすさを測定するか、またどのように食品の砕け方を定量的に記述するか、という問題があります。あなたが食品を噛み砕くとき、それを定量的に記述し、そして食品の物理的構造と関連付けることができるでしょうか？

NSRDECについて教えてください。

アメリカ国内には、RDEC（研究開発および工学センター）がいくつかあります。NSRDECは、兵器以外で兵士が生命の維持に必要とするもの、つまり食品、衣類、シェルター、パラシュートに特化しています。食品部門は主に、軍隊はあらゆる種類の物理的環境に展開される可能性があるという事実に対応するため、したがって広範囲の状況で兵士の活動をサポートするために、広範囲の食品が必要となります。軍隊には大規模な糧食の集積所があり、そのため非常に長い保存期間が要求されます。われわれが作る食品の大部分は、80°F / 26.7°Cで3年間保存できる必要があります。兵士がいつも3年前の食品を食べているというわけではありませんが、その可能性は確実にあるのです。そのため、ここでは多くの研究が行われています。食品には保存期間だけではなく、兵士に食べたいと思わせるおいしさも必要なのです。

そのような制約を守りながら、風味や食感を保とうとするのは本当にやりがいのある仕事でしょうね。どのように仕事をなさっているのですか？

ええ、経験や知識も大事ですが、試行錯誤はその2倍は必要になります。ここでは、調理台の上で多くの開発が行われています。私の経験の大部分は、食品の加工と工学的な解析に関するものですが、現在はサンドイッチのフィリングの風味を開発するプロジェクトに取り組んでいます。すべての風味は化学物質ですから、どんな自然の風味でも、その化学組成さえわかれば再現できます。

例えば、今われわれはサンドイッチのピーナッツバターフィリングを研究しています。ちょっとヌテラ*に似た、チョコレートピーナッツバターの風味を作ろうとしているのです。ピーナッツバターの製法はすでにありますから、ココアを加えることと、さまざまなチョコレートの風味に注目していました。3種類の試作品を貯蔵庫に入れ、どれがよいか試してみると、そのうち2つはまあまあでしたが、1つはおいしかったのです。何かを開発するときには、いろいろな材料を試してみて、どれがうまくいくかを調べなくてはいけません。長期間の貯蔵で、食品には風味と食感の両方で変化が生じるからです。風味はだんだん弱くなる傾向にありますが、雑味が発生する場合もあります。食感は、例えばサンドイッチでは水分の平衡によって、または老化によって劣化します。市販されている香味料はたくさんありますし、食感を調整できる材料もたくさんあります。例えば液体や半固体の食品に使われるデンプンやガム、パンに使われる酵素や生地調整剤などです。ですから開発中には、食品が製造された後も、貯蔵された後でもおいしく食べられるように、製法を最適化することが必要なのです。

ハードサイエンスの分野でも、「ちょっとやってみて何が起こるか見てみよう」ということはある程度ありますか？

ええ、もちろんです。プロジェクトに従って製品を作り上げ、サンプリング調査し、貯蔵し、そしてまたサンプリング調査します。ここではすべて実際に味見をします。そして実際のところ、われわれの職務の一部はそこへ行って味覚パネルに参加することなのです。なぜならここにいる食品科学者、栄養学者、栄養士はすべて味覚のエキスパートとみなされているからです。われわれが最初にするのは、製品を調理台の上で作り、その後120°F / 49°Cの箱に入れて4週間保存することです。この条件は、もっと低い温度で長い期間保存した場合を近似しています。品質が保持されるかを簡単に検証するための方法です。製品がこれをパスすれば、次は100°F / 38°Cで6か月です。これは80°F / 27°Cで3年間保存した場合の品質

を近似できるとみなされています。それから微生物的に安定しているかをチェックするために微生物学者へ送られ、その後人々を呼び集めて評価するのです。われわれは見映え、香り、風味、食感、そして総合的な品質を評価します。

食感の科学は、どのように食品のおいしさに結びつくのでしょうか？

どんな種類の食品にも、期待される特徴的な食感があります。ソースはクリーミーなものです。肉は、少なくともある程度は筋っぽさが必要です。パンやケーキは柔らかくてふわっとしているものです。シリアルやクラッカーは、サクサクした食感です。食感が期待と食い違った場合、食品の品質は悪くなります。製品の食感を測定して最適化するつもりなら、要求する感覚的な性質をピンポイントで指定する必要があります。

例えば液体では、流動性や粘りが典型的な物理的に計測可能な特性です。液体には「さらさらした」液体と「とろりとした」液体があり、たいていは親水コロイドを加えたり熱処理を行ったりすると、さらさらした液体をとろりとした液体に変えられます。固体の食品には、さまざまな食感の種類があります。変形した後に元の状態に戻ろうとする弾力性の固体（ゼリー）もありますが、そうではない可塑性の固体（ピーナッツバター）もあります。それから、中身の詰まった固体のほかに、多孔質の固体もあります。パンやケーキ、膨らませたシリアル、チーズパフのように押し出して作られたスナック菓子などです。多孔質の食品はスポンジ状の構造をしており、ぬれたスポンジと乾いたスポンジと同じように、柔らかいものと硬くてもろいものがあります。

キッチンで調理している人は、実際には食材を物理的・化学的に操作しているのでしょうか？

そうです。それが調理です。例えば、卵の調理を考えてみましょう。アルブミンというタンパク質は熱によって変性し、分子に架橋結合と固化を引き起こします。別の例としてはパンの生地をこねる

ことが挙げられます。これは熱的なプロセスではなく、機械的なプロセスによってグルテンの分子を結合させます。グルテンの網の目によって、イーストから発生するガスを捉える構造が形作られ、パンが膨らむのです。そしてもちろん、コーンスターチや小麦粉を使ってグレイビーやソースにとろみを付ける場合には、物理化学的なプロセスを利用しているのです。熱と水分によってデンプンの粒子が吸水して膨らみ、そして粒子にくっついた糸のような個々のデンプンポリマーが流れ出します。そしてこのデンプンポリマーが絡まりあい、相互接続された構造を作り出して粘りを出すのです。これが、グレイビーにとろみが付く理由です。

*訳注：イタリア生まれのヘーゼルナッツとチョコレート風味のスプレッド。

RECIPE グレイビー

小麦粉（ルーを作る方法）：バター 大さじ2（30g）をソースパンに溶かし、**小麦粉 大さじ2（16g）** を加えてルーを作る。弱火にかけ、ルーが固まって軽く色づくまで、2〜3分程度かき混ぜ続ける。
ブイヨンまたはスープストック カップ1〜1と1/2（240〜360mL） を加え、泡立て器で混ぜ合わせる。グレイビーに好みのとろみが付くまで、弱火で数分間加熱する。グレイビーの粘りが足りなければ、小麦粉を足す。（ダマができないように、小麦粉を冷水と混ぜてスラリー状にしてから加える。）グレイビーに粘りがありすぎる場合は、液体を足す。

コーンスターチ：コーンスターチ 大さじ2（16g）を冷水 カップ1/4（60mL）と混ぜて、コーンスターチのペーストを作る。
ソースパンに、**ブイヨンまたはスープストック カップ1〜1と1/2（240〜360mL）** を熱する。コーンスターチを加え、8〜10分加熱する。グレイビーの粘りが足りなければ、コーンスターチのペーストを足す。グレイビーに粘りがありすぎる場合は、液体を足す。

NOTES
◎七面鳥やチキンなど、ローストした肉から出た汁を使って、グレイビーに風味を加えることもできる。小麦粉を使う場合、肉汁の脂肪の分バターを減らす。肉をフライパンで焼く場合には、同じフライパンを使ってグレイビーを作るとよい。大さじ数杯のワイン、ベルモット、マデイラワイン、またはポートワインを加えて、フライパンの表面に残った肉のうまみ（フォン）を溶かす（デグラッセ）。
◎マッシュルームをソテーして、グレイビーに加えてみよう。あるいは、七面鳥を料理しているなら、七面鳥の首をスロークッカーであらかじめ1日調理しておいて、その肉をはずしてグレイビーに入れてみよう。

メチルセルロース

メチルセルロースは典型的なデンプン由来の増粘剤ではなく、伝統的なとろみ付けの目的に使われるものでもない。メチルセルロースには、加熱されると粘度が増す（化学用語では**熱ゲル化**）という変わった性質がある。例えばジャムは、熱せられると（ペクチンが溶けることによって）ゲル構造を失うため、ジャム入りの焼き菓子などから流れ出してしまうことがある。メチルセルロースを加えて、加熱された際にジャムの水分を吸収させると、このようなことが防げる。またメチルセルロースには**熱可逆性**、つまり温度によって状態（この場合にはゲル化した状態とゲル化していない状態）が切り替わる性質があるため、焼いた後に冷やせば、ジャムは通常の粘度に戻る。まるで魔法のようだ！

メチルセルロースは、その熱ゲル化の効果を利用して一部の新奇な料理にも取り入れられている。ホットアイスクリームは有名な例だ。これは実際にはアイスクリームではなくメチルセルロースで固化した熱いクリームで、室温に冷えるとともに溶けてくる。

ハリウッド映画では、メチルセルロースを使ってスライムを作っている。黄色と緑色の食用色素を加えれば、ゴーストバスターに出てくるようなスライムが出来上がる。粘り気のあるスライムを作るには、一生懸命泡立て器で混ぜて空気の泡を取り込むとよい。

キッチンでの使い方	メチルセルロースを湯（122°F / 50℃程度）に溶かし、泡立て器で混ぜながら冷ます。冷水に直接混ぜるのは難しい。粉末が水に触れるとダマになってしまうからだ。しかし温水なら、粉に水が吸収されないので、均一に混ぜることができる。レシピ全体重量の1.0％から2.0％を液体に混ぜ、完全に溶けるまで一晩冷蔵庫に入れておくのがよいだろう。次にこの液体を固める実験をしてみよう。小さいかたまりをオーブンで焼くか、アイスクリームのスクープで沸騰している水に落としてみよう。
食品業界での利用	メチルセルロースは、焼き菓子のフィリングが「焼け出されてしまう」ことを防ぐために使われている。またメチルセルロースは高い界面活性を示し、油と水の分離を防ぐ乳化剤としても働くので、低オイルまたはノンオイルのドレッシングや、揚げ物が油を吸収する量を減らすためにも使われている。
原料と化学的性質	メチルセルロースは、セルロースを化学的に修飾すること（化学ギークのために説明すると、ヒドロキシル基のエーテル化）によって作られる。メチルセルロースは種類や誘導体によって、粘り（粘度）、ゲル化温度（122〜194°F / 50〜90℃）、そしてゲルの強度（硬いものから柔らかいものまで）が大きく違う。メチルセルロースがうまく固まらない場合には、使ったものの仕様をチェックしてみよう。詳しくはhttp://cookingforgeeks.com/book/methylcellulose/を参照してほしい。

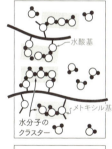

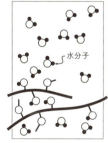

メチルセルロースは、表面張力（実際には、「表面」とは2次元の形状を意味するので、「界面張力」と呼ぶべきだろう）を高めるため、乳化剤としても働く。

冷えた状態（上）では、水の分子はメチルセルロース分子を取り囲むクラスターを形成できる。十分に高い温度（122°F / 50℃程度）になると、水のクラスターが破壊されてメチルセルロースが架橋結合を形成できるようになり、高温で安定したゲルが形成される。

RECIPE ホット・マシュマロ

この章ですでに取り上げたマシュマロ（404ページを参照してほしい）とは違って、このマシュマロは熱いときには固まっているが冷えると溶けてくる。このレシピは、リンダ・アンクティルのレシピ（http://www.playingwithfireandwater.com）をアレンジしたものだ。リンダについて詳しくは、130ページを参照してほしい。

ソースパンに以下の材料を入れ、沸騰させる。

- □ 水：カップ2と1/8（500mL）
- □ 砂糖：カップ1（200g）

冷ましてから、以下の材料を泡立て器で混ぜ入れる。

- □ メチルセルロース：10g（はかりを使って正確に量ること）
- □ バニラエッセンス：小さじ1（5mL）

冷蔵庫に入れ、粘り気が出るまで約2時間休ませる。粘りが出たら、2〜3分泡立ててふわふわのフォーム状にする。9インチ×9インチ（20cm×20cm）の天板にオーブンペーパーを敷いて、流し入れる。325°F / 160°Cで5〜8分、固まるまで焼く。このマシュマロに触ると、乾いた感じがして全然べとつかないはずだ。オーブンから出し、好みの形に切り分けて、粉砂糖を振る。

粉砂糖の上に乗せた2個のマシュマロ。

熱いうちに粉砂糖をまぶしておいた2個のマシュマロ。

同じマシュマロを数分間冷やしたもの。

ゲルを扱うときには、鍋の外側に流水を当てながら泡立て器でかき混ぜると、熱い液体をすばやく冷やすことができる。冷水が鍋の底を伝わって流れるようにする。

マルトデキストリン

　マルトデキストリンはデンプンの一種で、水に簡単に溶け、マイルドな甘味がある。製造の際には、スプレードライして凝塊形成し、顕微鏡レベルで非常に多孔質な粉末を作り出す。この構造のため、マルトデキストリンは油脂に富む物質を吸い込むことができ、食品をデザインする際に油脂が扱いやすくなる。また水も吸収するため、乳化剤および増粘剤として、また油脂の代用品としても使える。水を含むとべとついて、油脂の粘性と食感にそっくりとなる。

　マルトデキストリンは粉末で油脂を吸収するため、たくさん使うと面白くて普通と違ったものが作り出せる。油脂分の多い液体や固体を粉末に変えられるのだ。十分な量のマルトデキストリンをオリーブオイルやピーナッツバターに混ぜれば、粉末の形状をした、一種のコロイドとなる。マルトデキストリンは水に溶けるので、油脂を取り込んだ粉末は口の中で溶解し、結果的に元の食材が「溶け出して」、風味を放出することになる。マルトデキストリン自身にはほとんど風味はない（わずかな甘味がある）ので、「粉末化」される食材の風味を大きく変えてしまうことはない。

　例えば、魚の上に振りかけてあった粉末が口の中でオリーブオイルに変わるといった目新しさや驚きの他にも、固体であることが必要とされる食材に粉末によって風味を加えることもできる。砕いたナッツをまぶしたチョコレートトリュフを考えてみてほしい。風味と食感のコントラスト以外にも、砕いたナッツは指でチョコレートガナッシュを溶かさずにチョコレートトリュフをつまめる「ラッパー」の役割も果たしている。粉末で食品の外側をコーティングすることによって、同様の効果が得られる。

キッチンでの使い方	重量比で油脂60％、マルトデキストリン40％の割合で、溶かした脂肪または油にマルトデキストリンの粉末をゆっくりと加える。できたものをふるいに通せば、パンくずに似た食感を細かい粉末に変えられる。
食品業界での利用	マルトデキストリンは液体にとろみをつけるため（例えば缶詰のフルーツのシロップ）や、ポテトチップスやクラッカーなどのパッケージ食品に風味を付けるために使われている。油脂を取り込む性質があるため、油脂に可溶な物質をマルトデキストリンに「吸い込ませ」れば、簡単に製品に加えられるようになる。
原料と化学的性質	マルトデキストリンはトウモロコシ、小麦、あるいはタピオカなどのデンプンに由来する。マルトデキストリンは、デンプンを適度な温度で何時間も（通常は酸性の触媒と共に）加熱して、できた水和物をスプレードライすることによって作られる。化学的には、マルトデキストリンは甘味のある多糖類で、通常は2個から20個のブドウ糖のユニットが連結して構成されている。マルトデキストリンが油脂を取り込む過程を理解するには、砂浜の砂を考えてみてほしい。砂は実際には水と結合しているわけではないが、毛管現象によって粒子間の隙間に液体を吸い込むことができる。砂であろうとマルトデキストリンであろうと、液体の量が適当であれば凝集して固体となる。マルトデキストリンは水に可溶なので、水がデンプン粒子を溶かしてしまうため、油脂にしか使うことはできない。そして幸運なことに、容積あたりでマルトデキストリンは砂が水を吸い込むよりもはるかに大量の油脂を吸い込むので、液体以外の形態で風味を便利に取り扱える。

RECIPE 粉末焦がしバター

焦がしバターはナッツのような豊かな味がする、すばらしい風味を付け加えてくれる食材だ（166ページを参照してほしい）。これを溶かしてマルトデキストリンと泡立て器で混ぜれば粉末となり、口に入れると「溶け出して」焦がしバターに戻るようになる。この粉末焦がしバターを、魚の上に振り掛けたり脇に添えたり、あるいはピーナッツバターバージョンを作ってデザートに振り掛けたりしてみよう。

スキレットに、以下の材料を溶かす。

☐ 有塩バター：大さじ4（60g）、食塩不使用バターの場合には塩を小さじ1/4（1g）加える

溶けたら、水分がすべて蒸発するまで引き続き加熱する。バターの固形分が次第に茶色くなってくるはずだ。バターが完全に茶色くなり、香ばしい焦がしバターのアロマが出てきたら、火からおろして1〜2分冷ます。

小さなボウルに、以下を量り取る。

☐ マルトデキストリン：カップ1/2（40g）

マルトデキストリンを泡立て器で混ぜながら、ゆっくりと焦がしバターを垂らし入れ、ぬれた砂のような状態になるまでかき混ぜる。

NOTES

◎マルトデキストリンは軽くて簡単に飛び散ってしまうので、最初はゆっくりとかき混ぜること。マルトデキストリンと食品との割合は、変わってくるかもしれない。練り歯磨きのような仕上がりになってしまったら、マルトデキストリンを足してみよう。
◎出来上がった粉末がまだかたまりになっていたら、それを慎重にフライパンに移して弱火で数分加熱して乾かしてみるとよい。これによって、湿気を飛ばすことができる。こうすると食品が加熱されるので、例えばホワイトチョコレートなどの食材から作った粉末ではうまく行かないかもしれない。
◎よりきめ細かい食感を得るには、スプーンの背を使ってふるいかざるを通して粉末を濾してみよう。
◎焦がしバター以外にも、ピーナッツバター、アーモンドバター、ココナッツオイル（バージン、未精製のもの）、カラメル、ホワイトチョコレート、ヌテラ、オリーブオイル、ベーコンの脂（ベーコンを炒めて出た脂を取っておく）などの風味も試してみよう。最初に油脂を加熱する必要はないが、マルトデキストリンを混ぜるのに多少手間がかかるかもしれない。液体の油（例えばオリーブオイル）では、油1に対してマルトデキストリン2程度の割合、つまりオリーブオイル50gならマルトデキストリンを100g使う必要があるだろう。

ゲル化剤

　今度パンにジャムを塗るときには、ペクチンが**ゲル**（定まった形を持ち液体を閉じ込める固体コロイドの混合物）を形成する能力に感謝してみてはどうだろう。ペクチンのようなゲル化剤がなければ、この世の中はもっとつまらないものになっていたに違いない（少なくとも、甘いものに関しては）。ゲル化剤は液体にとろみをつけ、そしてさらに高い濃度ではゲルを形成する。低い濃度では乳化剤としても働き（とろみの付いた液体は容易には分離しない）、キャンディーに砂糖の結晶ができてしまったり、アイスクリームに氷の結晶ができてざらついた食感になったりすることを防いでくれる。

　ゲルに関しては、強度と濃度という2つの重要な概念がある。ゲル化剤1グラムが作り出せるゲルの強度は、ゲル化剤の種類によって違う。そしてもちろん、十分な量のゲル化剤が存在しなくては、ゲルはできない。

　弱いゲル化剤や、低い濃度の強いゲル化剤は、増粘剤として働く。適切な構造を作り出すだけのゲル化剤が存在しないと、液体の粘度は増加するが流動性、あるいは少なくとも可塑性は保たれる。ジャムは、流動性があり一定の形状を持たないという意味で、弱いゲルのおいしい例のひとつだ。ゲル化剤の中には、ほとんど弱いゲルを作るためにだけ使われるものもある。例えばカラギーナンは、増粘剤として使われるのが普通だ。私が今朝飲んだヘーゼルナッツのミルクは粘り気があり、舌にまとわりつくような感触があった。原材料ラベルを見てみると、カラギーナンが使われていた。（おそらく製造業者は、消費者が通常の牛乳と同様の口当たりを望んでいると考えているのだろう。）

　強いゲル化剤を十分に使うと、液体は本物のゲル、つまり固体コロイドになる。ジェリー（果肉の入っていないジャム）やゼリー、そして加熱調理した卵の白身は、それぞれペクチン、ゼラチン、オボムシンによるゲルだ。ゲルは緊密に絡み合った格子によって形成され、食品は全く流動性を失うので、特定の形状に切り出したり、型から外して料理の部品として使ったりすることができる。ゲルは元の形を記憶していて、外部から力が加わっていない状態では元の形に戻ろうとする。

　食品業界では、ゲル化剤はその機能特性に応じて液体にとろみをつけたり、食感を変えたり（先ほどのヘーゼルナッツのミルクのように、彼らの言葉を使えば「口当たりをよくする」）ために使われることが多い。カラギーナンは、非常に良く使われる。私の近所の店では、クリームチーズやヨーグルトの半数にカラギーナンが使われていた。寒天は甘いアジアのデザートに多く使われ、タピオカはバブルティーの粒を作るために使われている。

　米国では、ジェリー（jelly）はフルーツのジュース（果肉を含まない）から作られ、砂糖とペクチンを使って形を保つようなゲルにして、パンに塗れるようにしたものを指す。ジャムはつぶしたフルーツが含まれるため粘り気があり、少量のペクチンが粘り気を出すために使われているが、本物のゲルとして固まってはいないものを指す。

モダンな料理では、通常は液体の食品を塗り付けられるようなものに変えたり、完全な固体にしてしまったりするためにゲル化剤が使われる。ゲルはまた、表面（厳密に言えば**界面**つまり2つの物質が出会う面）に形成することもできるが、このテクニックは**球化**（spherification）と呼ばれることもある。以下のセクションでは数種類のゲル化剤について、日常のジャムから目新しい球化に至るまで、さまざまなものを作り出すための使い方を見て行こう。

ペクチン

　ペクチンは、驚くべき物質だ。自然界では接着剤の役割をして、植物組織の細胞をつなぎ合わせている。料理に使われるペクチンは増粘剤として働く多糖類で、加工法によって大きく2種類に分類される。高エステルペクチンと低エステルペクチン、あるいは高メトキシル（HM）ペクチンと低メトキシル（LM）ペクチンだ。これらの違いは、分子構造のエステル化に関するものであり、ペクチン分子のさまざまな違いのひとつに過ぎない。ペクチン分子中に存在するエステル結合の数はもともと多いが、加工によって減らすことができ、それによってペクチンがゲルを形成する様子が違ってくる。高エステルペクチンは、相互にリンクするために砂糖と酸を必要とする。低エステルペクチンは、カリウムやカルシウムなどのカチオンを使ってゲルを作り出すこともできる。

　さらに複雑なことに、高エステルペクチンと低エステルペクチンの表示は、エステル化の程度の恣意的な基準によって決められている。ゲル化するための要件がすべて満たされても、実際にゲルが固まるまでの時間は20秒から250秒までばらつく可能性がある。ジャムを作っていてゲル化のレベルをサンプリングする場合、使っている高エステルペクチンの性質によっては、4分ほど待たなくては本当にゲル化に適した条件が作り出せたかどうか判断できないかもしれない。

ジャムを作るなら、作り始める前に冷凍庫にスプーンを数本放り込んでおこう。ジャムを作っている途中で、熱いジャムを冷たいスプーンに落として数分間冷ましてから、うまくゲル化しているかどうかをチェックしよう。

商業的には、ペクチンは柑橘類の果皮やリンゴのポマス（フルーツからジュースを絞った後に残るもの）と芯を煮出したものから抽出される。同じ手法を使って自分でペクチンを作ることもでき、こうしてできるペクチンは、高エステルペクチンが液体に溶けたものになる。（これを低エステルペクチンに変換するプロセスは、家庭向けのプロジェクトではない。）一部のフルーツにはもともとペクチンが含まれるので、ペクチンを必要としないジャムのレシピもある。最初から食材に含まれているからだ。

　高エステルペクチンは、水分が多すぎるとゲル化しない。砂糖を加えると自由水の量が減るし、砂糖は高エステルペクチンが固まるのに必要だ。また高エステルペクチンはpHが2.5から3.5ほどの範囲でしかゲル化しないので、レシピによってはレモンジュースなどの酸を加えてpHを下げる。もともと糖分の多いフルーツにはあまり砂糖を加える必要がないし、同様にもともと酸味の強いフルーツにはレモンジュースなどを加える必要はない。

　低エステルペクチンは、酸性化アルコールで高エステルペクチンを処理して作られる。これによって2.5〜6.0という広いpH範囲でも水分が多くても固まるペクチンが得られるが、低エステルペクチンはpHが低いほうが（3.6未満）ゲル化しやすいのも事実だ。低エステルペクチンは、高エステルペクチンよりも許容範囲が広い。自由水が多くても、あまり酸性でない環境でも働くが、高エステルペクチンと同様に取り扱ったほうがうまく働いてくれる。低エステルペクチンには、砂糖や酸が少ない食品が作れるという利点があり、糖分の少ないジャムが作れる。

　一般的に言って、低エステルペクチンが手に入るなら、それを使うのが良いだろう。先ほどの化学特性についての説明からわかるように、扱いやすいからだ。低エステルペクチンが手に入らない場合には、高エステルペクチンで我慢しよう。重量比で約1%を使い、たっぷりの砂糖（60〜75%）と、pHを下げるために十分な酸（レモンジュースなど）を加えること。

LAB 自分でペクチンを作ってみよう

ペクチンは陸上植物の細胞壁に見られる多糖類で、植物組織の構造を支える働きをしている。ペクチンは時間と共に単糖に分解するため、フルーツは熟すに従って柔らかくなり、リンゴは歯触りが悪くなる。ペクチンが構造を保ってくれなくなるため、細胞がバラバラになってしまうからだ。フルーツを加熱すると細胞壁からペクチンが放出されるため、ペクチンを多く含むフルーツを煮ればペクチンが作れる。ペクチンの作り方は、ゼラチンの作り方とよく似ている。数ポンドの組織を用意し、煮て、濾して液体を取り出せばよい。ペクチンは、植物組織の細胞壁（動物の骨に相当する）に含まれている。

まず、これらの材料を準備しよう

- グラニースミス以外の（この品種はペクチンの含有量が少ない）酸味の強いリンゴ、2ポンド（900g）
- ソースパン
- 水、4カップ（1リットル）
- まな板と包丁
- コンロ
- ガーゼを敷いたざる
- ざるから落ちる液体を受け止めるボウルまたは鍋
- 消毒用アルコール（オプション）

実験手順

1. 種と芯を残したまま、リンゴを8つ割にする。（実は、ペクチンの大部分は芯と皮に含まれているのだ。）
2. リンゴをソースパンに入れて水を加え、火にかけて煮立たせ、30～45分煮る。火を止めて、安全に濾せるようになるまで数分間冷ます。
3. ガーゼを敷いたざるで煮たリンゴを濾し、5～10分そのままにして、できるだけ多くの液体を絞り出す。リンゴの絞りかすとガーゼは捨てる。

考察してみよう！

ボウルや鍋の中の液体を見てみよう。どんな感じがするだろうか？

未熟なリンゴを使ったら、できるペクチンの量はどう変化するだろうか？ あるいは非常にやわらかくなった、熟したリンゴでは？ リンゴ以外のフルーツを使ったら、どういうことになるだろうか？

ペクチンはアルコールに溶けない。スプーン1杯のペクチン溶液を、スプーン数杯の消毒用アルコールと混ぜてみよう。ペクチン溶液はゲル化するだろうか？（消毒用アルコールを口に入れてはいけない！）ペクチン溶液に水分が多すぎることもあるかもしれない。そのような場合には、溶液を煮詰めてみよう。

応用問題

自家製のペクチンを使って、自分でジャムを作ってみよう（442ページを参照してほしい）。自家製ペクチンは高エステルペクチンになるので、水分量を減らすために液体を濃縮するか、十分な砂糖を加えて吸収させる必要があるだろう。また、レモンジュースを加えてpHを十分に下げる必要もあるだろう。そして最後に、実際にジャムを作るには十分な量のペクチンが必要だ！

ペクチンが少ない	ペクチンが中程度	ペクチンが多い
一般的に、柔らかいフルーツ	アンズ	クロフサスグリ
サクランボ	いちご	柑橘類の果皮
ブラックベリー	桃	クランベリー（クランベリーソースが冷えるとゲル化するのはこのためだ！）
ネクタリン		酸味の強いリンゴ

カラギーナン

　カラギーナンもよく使われるゲル化剤であり、食品への利用は15世紀にまでさかのぼる。カラギーナンガムの商業的な大量生産は第二次世界大戦後に可能となり、現在ではクリームチーズからドッグフードまで、ありとあらゆるものに風味のない増粘剤として使われている。

キッチンでの使い方	0.5%から1.5%のカラギーナンを、室温の液体へ加える。空気の泡がゲルに入らないように、静かに液体をかき混ぜる。この段階では、だまがあっても大丈夫だ。（真空装置がないと、取り除くのは難しい。）1時間ほど休ませる。カラギーナンが再水和するには時間が必要なのだ。カラギーナンを固めるには、コンロの上かオーブンの中で煮ればよい。加熱できない液体を扱っている場合には、水だけを使って濃度の濃いカラギーナン液を作り、それを加熱してから料理に加えればよい。
食品業界での利用	カラギーナンは、食品にとろみをつけるためと、結晶の成長をコントロールする（例えばアイスクリームでは、氷の結晶を小さく保つとざらざらした食感が防げる）ために使われる。カラギーナンは乳製品（ホイップ用クリームの成分表示をチェックしてみよう！）や水をベースとした製品に使われることが多く、ファーストフードのシェーク（材料を懸濁させ口当たりをよくするため）やアイスクリーム（氷の結晶の成長と、ゲルから液体が排出される離液現象を防ぐため）が代表的だ。
原料と化学的性質	海藻（ヤハズツノマタ Chondrus crispus など）に由来するカラギーナンは、共通の形状（2種類の糖類が交互に現れる直線状のポリマー）を持つ分子のファミリーだ。海藻は天日干しされ、水酸化ナトリウムで処理され、洗浄され、精製されて粉末になる。カラギーナンの分子構造の違いによりゲル化の程度が異なるため、違う種類のカラギーナン（別種の紅藻に含まれる）を使うと違う効果が得られる。カッパ・カラギーナン（k-カラギーナン）は硬い固体ゲルを形成し、イオタ・カラギーナン（i-カラギーナン）は柔らかい固体ゲルを形成する。

技術メモ

	i-カラギーナン	k-カラギーナン
ゲル化温度	95～149°F / 35～65℃	95～149°F / 35～65℃
融点	131～185°F / 55～85℃	131～185°F / 55～85℃
ゲルの種類	柔らかいゲル：カルシウムイオンの存在下でゲル化	硬いゲル：カリウムイオンの存在下でゲル化
離液性	なし	あり
作用濃度	0.3～2%	0.3～2%
メモ	・糖の溶液には難溶 ・デンプンとの相性が良い	・塩の溶液には不溶 ・ゲル化しない多糖類と相性が良い（例えばローカストビーンガムなどのガム）
熱可逆性	あり	あり

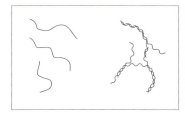

分子レベルで見た場合、カラギーナンは加熱されると、らせん状の構造がほどける（左）。冷えると、互いに絡み合ったらせん状の構造を再形成し、小さなかたまりとなる（右）。この小さなかたまりが巨大な3次元の網の目を形成して、他の分子を捉える。

イオタ・カラギーナン（左。濃度2%の水溶液を固まらせたもの）は柔らかく弾力性のあるゲルを作り、垂れ下がる。一方カッパ・カラギーナン（右。濃度2%の水溶液を固まらせたもの）は硬く弾力性のない、はるかにもろいゲルを作る。これらは両方とも本物のコロイド状ゲルであり、固体の場合が液体を内部に閉じ込めている。

RECIPE **イオタおよびカッパ・カラギーナンを使って牛乳をゲル化する**

これ自体は、おいしいレシピではない（しかしチョコレートを少し加えると、市販のチョコレートプディングと似たような感じにはなる）。それでも、ゲル化剤を液体に加える効果や、柔らかいゲルと硬いゲルの違いを理解するには役立つだろう。

柔らかい固体ゲルバージョン
ソースパンに以下の材料を入れ、泡立て器で混ぜ合わせてから沸騰させる。

- □ イオタ・カラギーナン：小さじ1（1.5g）
- □ 牛乳：3.5オンス（100mL）

グラス、製氷皿、または型に流し入れ、固まるまで冷蔵庫で冷やす（約10分）。

硬い固体ゲルバージョン
同じくソースパンに以下の材料を入れ、泡立て器で混ぜ合わせてから沸騰させる。

- □ カッパ・カラギーナン：小さじ1（1.5g）
- □ 牛乳：3.5オンス（100mL）

別のグラス、製氷皿、または型に流し入れ、固まるまで冷蔵庫で冷やす。

NOTES

◎レシピに砂糖を小さじ1（4g）加え、牛乳をハーフアンドハーフ*に変えてみよう。液体を電子レンジで1分間加熱してから、あぶったスライスアーモンドとジャムを薄く底に敷いたラムカン型に流し入れる。ゲル化したら、皿の上にひっくり返して盛り付けると、フランスタイルのカスタードに似たようなものになる。

◎カラギーナンには熱可逆性があるので（ゲル化してもまた溶かすことができる）、カッパ・カラギーナンでゲル化した食品のかたまりをさいの目に切って、コーヒーや紅茶に添えて出す、などということもできる（かたまりは1個、それとも2個入れる？）。

◎硬い固体ゲルを泡立て器で崩すと、粘り気のあるチョコレートプディングみたいなものができる。

*訳注：牛乳と生クリームを1対1で合わせたもの。

寒天

カラギーナンと同様に、寒天も食品に使われてきた歴史は長いが、主にゼラチンのベジタリアン向け代用品として西洋料理に使われるようになったのは、ごく最近のことだ。日本で水ようかんのような硬いゼリー状のデザートに使われてきた寒天は、何世紀にもわたって使われ続けている。

食品添加物として、寒天は最も扱いやすいもののひとつだ。ほとんどどんな液体にも寒天を加えれば硬いゲルができ（例えばアールグレイ紅茶に2%加えればゼリーよりも硬くなる）、また室温ですぐに固まる。一般的な寒天にはフレーク状のものと粉末の2種類があるが、粉末のほうが扱いやすい（液体に加えて熱するだけ）。フレーク状のものを使う場合には、前もって少なくとも5分水に浸しておき、十分に溶けるまでしっかり加熱する必要がある。

キッチンでの使い方	重量比で0.5%から2%の寒天を冷たい液体に溶かし、泡立て器で混ぜ合わせる。この液体を沸騰させる。カラギーナンと同じように、目的の液体が沸騰できない場合には、濃い寒天液を作って目的の液体へ混ぜればよい。カラギーナンと比べて、寒天は使える物質の範囲が広いが、より高い温度を必要とする。
食品業界での利用	寒天は、ゼラチンの代用としてジャム、キャンディー、チーズやグレーズ（照り出し）に使われる。寒天は植物性なので、動物の皮や骨に由来するゼラチンが通常使われる料理に、ベジタリアン向けの代用品として使える。しかし寒天にはわずかに味があるので、味の濃い料理に使うほうがよい。
原料と化学的性質	カラギーナンと同様に、寒天も海藻に由来する多糖類で、食品の粘りを増し、ゲルを作るために使われる。185°F / 85°Cより高い温度に加熱されると寒天に含まれるガラクトースが溶け、90〜104°F / 32〜40°Cより低い温度に冷えると二重らせんの構造を形成する。（正確なゲル化温度は、寒天の濃度によって異なる。）

ゲル化の際、二重らせんの端点は互いにくっつきあう。寒天には大きなヒステリシスがある。つまり、ゲルの状態に戻る温度は、ゲルが液化する温度よりもはるかに低いのだ。だから、固まったゲルを固体のまま、そこそこ温かい温度まで熱することができる。寒天の化学的性質に関して詳しくはhttp://cookingforgeeks.com/book/agar/ を参照してほしい。

技術メモ	
ゲル化温度	90〜104°F / 32〜40°C
融点	185°F / 85°C
ヒステリシス	140°F / 60°C
ゲルの種類	固体
作用濃度	0.3〜2%
離液性	あり
濃度	0.5〜2%
相乗作用	ショ糖と相性が良い
メモ	タンニン酸はゲルの形成を妨げる（タンニン酸は、出すぎた紅茶をまずく感じさせる物質だ。ベリー類にもタンニンは含まれている）
熱可逆性	あり

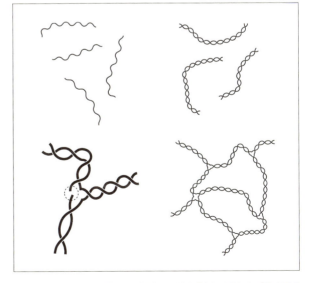

加熱されると、分子構造が緩んで比較的まっすぐな分子となるが（左上の図）、冷えると別の寒天分子と二重らせんを形成する（右上の図）。この二重らせんの端点が互いにくっつきあい（左下の図）、3次元の網の目を形成する（右下の図）。

RECIPE **チョコレート・パンナコッタ**

パンナコッタ（イタリア語で「煮たクリーム」という意味）は、ゼラチンを使って固めるのが伝統的な作り方だが、少量の寒天を使うとより安定したバージョンが作れるし、ベジタリアン向けでもある。これは伝統的な食材よりも寒天を使ったほうが硬い食感が得られるという良い例であり、硬さを必要とする用途には便利だ。

ソースパンに以下の材料を入れ、泡立て器で混ぜ合わせて静かに煮立たせ（沸騰直前の表面に小さな泡ができ始める程度）、1分間煮る。

☐ 牛乳：3.5オンス（100mL）
☐ 生クリーム：3.5オンス（100mL）
☐ バニラ豆：1/2さや、長さ方向に切り開いてかき出す
☐ 粉砂糖：小さじ8（20g）
☐ 粉寒天：小さじ1（2g）

火を止めて、バニラ豆のさやを取り出し、以下の材料を加えて少し混ぜ、休ませる。

☐ ビタースイートチョコレート：3.5オンス（100g）、溶けやすいように細かく刻む

1分後、以下の材料を加えて泡立て器でしっかり混ぜる。

☐ 卵黄：2個分（23g、卵白は別のレシピで使うために取っておく）

グラス、ボウル、または型に流し入れ、冷蔵庫に入れる。早ければ15分ほどでゲル化するはずだが、型の大きさと寒天のゲル化温度（90°F / 32°C程度）までムースが冷める時間によって違ってくる。

NOTES

◎このレシピを、他のデザートの部品として使ってみてほしい。団子状に丸め、あぶったナッツをまぶしてトリュフのような菓子を作ったり、固まる前に下焼きしたパイ皮に流し入れてラズベリーとホイップクリームを乗せたりしてみよう。

アルギン酸ナトリウム

今まで説明してきたゲルはすべて**均質**、つまり液体全体に混ぜて加熱するものだった。しかしアルギン酸は熱ではなくカルシウムとの化学反応によってゲル化するので、面白い用途に使える。液体の一部をカルシウムに触れさせれば、その部分だけがゲル化するのだ。このテクニックの一例として、1942年にウィリアム・ペシャードによって発明されたフェイク・チェリーがある（興味のある人は、US Patent #2,403,547を参照してみてほしい）。シェフのフェラン・アドリアが2003年にこのコンセプトを洗練させて以来、これはちょっとした流行となっている。これは、どの領域がゲル化剤に触れるかをコントロールする

RECIPE 透明ライムジュース

前章ではゲルを使って液体を清澄化させる方法について説明したが（368ページを参照してほしい）、使いたい液体が自然にはゲル化しないものだった場合にはどうすればよいだろうか？ 液体に寒天を加えれば、ゲルを使った清澄化ができるようになるはずだ。透明なライムジュースを作るこの例は、デイブ・アーノルド（378ページを参照してほしい）から教えてもらったものだ。

ライム10個のジュースを絞り、果肉をろ過して取り除き、容器へ入れる。ジュースを計量する。カップ2（480mL）程度になるはずだ。後で使うときまで置いておく。

鍋に水と寒天を入れて寒天のゲルを作る。カップ1/2（120mL）の水と小さじ7（14g）の寒天を混ぜ、火にかけて沸騰させて寒天を溶かす。（こうすると、約10%の寒天を含むゲルができる。ライムジュースと混ぜれば約2.0%の濃度になる。）

寒天が溶けたら、火からおろして寒天液をライムジュースの入った容器へ注ぎ入れる。30分程度、休ませて固める。

ライムのゲルが固まったら、泡立て器を使ってゲルを細かくする。泡立て器をジグザグに動かしてゲルを切るようにする。本当にゲルを泡立ててはいけない。

細かくしたゲルをチーズクロス（ゆるいメッシュ状のものではなく、本当のチーズクロス）かタオルに移す。布で包んで丸める。

丸めた布をコーヒーフィルターの上で持ち、もう片方の手で絞る。よくはんで、液体をできるだけ多く絞り出す（コーヒーフィルターは、布から漏れ出してしまった寒天の小さなかたまりを受け止めてくれる）。

ことによって選択した領域をゲル化させるという、賢いがシンプルなアイディアだ。

　アルギン酸ナトリウムを固めるには、それを第1の液体に加え、第2の液体にはカルシウムを加え、そして2つの液体を接触させればよい。アルギン酸ナトリウムは水に溶けてアルギン酸を遊離し、これはカルシウムイオンの存在下、つまり2つの液体が接触している場所でゲル化する。アルギン酸ナトリウムの入った大きなしずくを想像してみてほしい。カルシウムイオンに触れると、しずくの外側はゲル化するが、内側は液体のままだ。この応用から、先ほど説明した**球化**と呼ばれるテクニックが派生している。

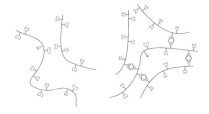

アルギン酸は、通常は相互に結合していないが（左）、カルシウムイオンの助けを借りて3次元の網の目構造を取ることができる（右）。

キッチンでの使い方	1.0〜1.5％のアルギン酸ナトリウムを液体に加える（最初は水でやってみよう）。液体を2時間程度休ませ、十分に水和させる。最初はだまができるかもしれないが、液体をかき混ぜたりゆすったりしてはいけない。空気の泡が入ってしまうからだ。おそらく一番簡単な方法は、前の日にアルギン酸ナトリウムを加えておき、一晩かけて冷蔵庫で水和させることだろう。 別の水槽に、塩化カルシウムを溶かして0.67％の水溶液を作る（水150gに対して、塩化カルシウム約1g）。 アルギン酸ナトリウムの溶液をカルシウムの水槽に、慎重に滴らせるかスプーンで入れ、30秒程度そのままにしておく。（大きな「注射器」ドリッパーかスポイトを使えば、均一なサイズのしずくが作れる。）しずくが水面に浮いてきたら、フォークかスプーンを使ってひっくり返して、全体がカルシウムの水槽に浸るようにする。水槽から取り出し、真水の入った別のボウルに落としてカルシウムを洗い落として、楽しもう。アルギン酸ナトリウムは数時間かけて硬くなって行くので、食卓に出す直前に作る必要があるだろう。 カルシウムの水槽に入れる前にアルギン酸ナトリウムが固まってしまう場合には、浄水器の水か蒸留水を使おう。硬水にはカルシウムが多く含まれているので、ゲル化が引き起こされてしまう可能性があるからだ。
食品業界での利用	アルギン酸は増粘剤および乳化剤として使われている。容易に水を吸収するため、フィリングや飲み物の増粘剤として、またアイスクリームの安定剤として使われる。また、詰め物をした食品の製造にも使われている。例えば、ピメント詰めオリーブの中には、実際にはアルギン酸ナトリウムを含んだピメントペーストを詰めているものがある。オリーブの種を抜いてこのペーストを詰め、カルシウムイオンの入った水槽に浸してペーストをゲル化させるというわけだ。
原料と化学的性質	アルギン酸ナトリウムは、褐藻の細胞壁（セルロースとアルギンから構成される）に由来する。アルギン酸は**ブロック共重合体**であり、マンノピラノシルロニック酸とグロピラノシルロニック酸の反復ユニットから構成される。この2種類の酸の配列によって、アルギン酸の分子中の異なる領域はリボン状、バックル状、そして不規則なコイルという3種類の形態のいずれかを取る。3種類の形態のうち、バックル状の領域は任意の2価のカチオンによって結合する。（思い出してほしい。カチオンとは、正の電荷を持った、つまり電子を失ったイオンのことだ。**2価のカチオン**とは2個の電子を失ったイオンまたは分子を意味する。）

COLUMN いろいろな形に球化させる

球化とは、表面の薄いゲルの層で液体を閉じ込めた球を作るプロセスを意味する気の利いた名前であり、モダンな料理の奇抜な発明のひとつだ。先ほどのゲルの「ドット」と同様に、球化を利用してもっと大きな「ドット」を作り、十分長い時間かけて固まらせて、慎重に穴あきスプーンですくい上げてみよう。オリーブのジュースの球は、とても楽しいものだ。一見普通のオリーブに見えるが、かじると風味があふれ出し、「オリーブよりもオリーブらしい」と感じられる。

液体を型に入れて凍らせてからカルシウムの水槽で解凍すれば、球以外の形に液体を固まらせることができる。最終的な形は、元の凍った状態の形ほど角張っていないし、わずかに膨らむが、特徴的な形はそのままだ。

液体を型に入れて凍らせてからアルギン酸ナトリウムをゲル化させれば、もっと面白い形が作れる。

COLUMN ゲルの「ヌードル」とドット

これは、アルギン酸ナトリウムの扱い方を説明する簡単な実例だ。最初は水でやってみて、うまく行ったら別の液体でも試してみよう。**アルギン酸ナトリウムの1%水溶液**を作る。作ったものが見えやすくなるように、食用色素を加える。絞り出し容器を使って、**塩化カルシウムの0.67%水溶液**の入ったボウルへ糸状に絞り出す。

しずくや、他の形も作ってみよう。ブームとなっている食品のトレンドに、ミニ**キャビア**がある。アルギン酸ナトリウムの溶液が固まった小さなしずくは、キャビアと同じような食感や口当たりになるが、風味は使った液体そのものだ。

この遊びを水でやってみたら、次は別の液体でも試してみよう。ジョルトコーラ？ サクランボのジュース？ カルシウム濃度の高い液体や、酸性の非常に強い液体は、アルギン酸の溶液を固まらせてしまうので注意しよう。ライムジュースはそのままでは使えない。アルギン酸は強い酸の存在下で沈殿してしまうからだ。それでも実験してみたいなら、クエン酸ナトリウムを使ってpHを調整してみよう。

液体に含まれるカルシウムの量によっては、アルギン酸ナトリウムを加えただけで液体が固まって、固体ゲルのようなものができることがある。化学物質を入れ替える、つまり塩化カルシウムを食品に加え、アルギン酸ナトリウムの水槽へ浸す、という方法もうまくない。塩化カルシウムは非常にまずい味がするのだ。幸いなことに、ゲル化反応に必要なのはカルシウムであり、味のよくない塩化物である必要はないので、食品に安全に使えてカルシウムイオンを供給できる化合物なら何でもうまく行くはずだ。乳酸カルシウムは、この条件を満たしている。このテクニックは、**逆球化**（reverse spherification）と呼ばれることがある。例えば、モッツァレラチーズの球を作るには、モッツァレラチーズ2に対して生クリーム1を混ぜ、弱火にかける。この液体に1%程度の乳酸カルシウムを加え、濃度0.5%から0.67%のアルギン酸ナトリウムの水溶液でゲル化させればよい。

INTERVIEW
マーチン・ラーシュの親水コロイドレシピ

マーチン・ラーシュ（Martin Lersch）はhttp://khymos.orgで食品について書いている化学者で、『Texture: A Hydrocolloid Recipe Collection』（「食感：親水コロイドのレシピ集」、http://blog.khymos.org/recipe-collection/）の編者でもある。

どんなきっかけで料理の化学に興味がわいたのですか？

僕の食に対する関心は、僕の研究や仕事には全然関係ないんだ。化学だけは例外だけどね。昔も今も、僕は料理が好きだ。化学者たるものは、それなりに料理が出来なくちゃいけないと僕は思っている。化学者の中でも特に有機化学者は、レシピに従うことにすごく慣れている。毎日実験室でやっていることだからだ。僕はよく同僚をこうやってからかうんだ。誰かが職場の会議にケーキを持ってこられないと言い張ったときなんかに、「君は化学者なんだから、レシピに従うことくらい出来なきゃダメだよ！」ってね。僕はある意味、今までずっと好奇心を持ち続けてきた。その好奇心を家のキッチンまで持ち帰って、「どうしてレシピにはこうしろとかああしろとか書いてあるんだろう？」と不思議に思ったりしているんだ。そんなわけさ。

あなたの科学者としての経歴は、料理に対する考え方にどのように影響していますか？

僕は化学的な見地から料理について考える。料理でやっていることは、実際には科学的や物理的な変化がほとんどなんだ。おそらく最も大事なことは温度だろう。キッチンで起こる変化はたいてい温度の違いによるものだからね。肉を焼くとか真空調理とかは、わかりやすい例だ。真空調理では、誰でも最後には概念を全部理解するようになる。ステーキをうまく焼くにはどんな準備をするかと質問すれば、たいていの人は肉を前もって冷蔵庫から出しておいて室温に戻すことだと答えるはずだ。室温に戻すとき、シンクのぬるま湯に浸けておいてもいいじゃないか。これをもう一歩進めると、肉の中心部が最終的に到達してほしい温度で戻したっていいじゃないか、ということになる。大部分の人は、それはいい考えだと言ってくれる。僕はそこで、それが真空調理法なんだと説明するんだ。こうやってみんな、これが実際いい考えだということがわかるんだ。

僕は本当に親水コロイドに夢中になっている。僕がこれほど時間をかけてレシピを集めている理由のひとつは、僕が親水コロイドを買ったときに、1個や2個はレシピが付いていたと思うんだけど、それじゃ全然説明になっていないと思ったからなんだ。みんなゼラチンのことはよく知っているけど、ペクチンについて知っているひとは少ないし、それ以外のものはほとんど知られていない。みんなコロイドがどういう作用をしているか知らないし、分散や水和のさせ方、性質についても全然わかっていない。僕は、コロイドの使い方を説明するレシピを、なるべくたくさん集めようと思ったんだ。いくつかレシピを読めば、キッチンに行って実際にやってみることができる。僕はそれができるようになってほしいんだ。

どんなことでもいいですが、最も興味深い、あるいは意外なことを学んだレシピは何かありますか？

レシピをひとつだけ挙げるのは難しいね。分子ガストロノミーについて話すときには、液体窒素とか親水コロイドとかを使って風変わりなことばかりしてしまいがちだ。分子ガストロノミーはそんなことじゃないっていうことはぜひわかってもらいたいけど、多くの人はそういう風に思ってしまっている。つまり分子ガストロノミーとはフォーム（泡）やアルギン酸を使うものだってね。

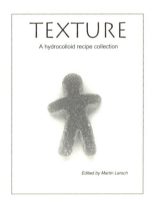

ゲル化剤を用いた数百種類もの素晴らしいレシピのコレクションを見たいなら、インターネット上でhttp://blog.khymos.org/recipe-collection/からフリーで利用可能な『Texture: A Hydrocolloid Recipe Collection』（「食感：親水コロイドのレシピ集」、http://cookingforgeeks.com/book/hydrocolloid/にミラーされている）をチェックしてみてほしい。

乳化剤

　乳化剤は2種類の液体が分離することを防止して、液体と液体のコロイド（エマルション）を作り出す。料理では、エマルションは必ずと言ってよいほど水と油脂の組み合わせであり、油が水に含まれることもあれば（サラダドレッシングのように）、水が油に含まれることもある（マヨネーズのように）。極性分子（例えば水）と無極性分子（例えば油）は混ざり合うことがない、という以前の説明を読んで、どうして乳化剤によって油と水が「混ざり合う」ことができるのだろうか、と疑問に思っている人もいるかもしれない。乳化剤は、親水性／親油性の構造を持っている。分子の一部は有極性で水を「好む」が、別の部分は無極性で油になじむのだ。

　乳化剤を加えると食品が分離しないのは、油小滴の間にバリアを作るからだ。油小滴の周りに皮膜を作ることによって、別の油小滴と触れて合体することを妨げていると考えてほしい。乳化剤は、化学用語で言う**界面張力**を高めることによって、油小滴が合体する確率を下げている。油と水は、実際には混ざり合っているわけではない。顕微鏡のレベルでは分離しているのだ。

　乳化剤は、フォームの動的安定度を増大させることによって、つまりフォームがある状態から別の状態へ移行するために必要なエネルギーを高めることによって、フォームを安定させている。例えば、バブルバスを考えてみよう。石鹸が乳化剤として働き、空気と水のフォームを作っている。水は通常空気の泡にくっつくことはないが、石鹸（乳化剤）があると、空気と水の間の界面張力が非常に高くなり、この系を破壊するためには多くのエネルギーが必要となるのだ。必要なエネルギーが多くなればなるほど、フォームはより動的に安定し、長持ちするようになる。

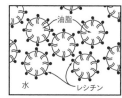

レシチンのような乳化剤は、有極性の領域と無極性の領域の両方を持つ分子だ。これらの領域が、2種類の異なる液体の界面に吸着する。

レシチン

　レシチンは使いやすく幅広い種類の食品に適合するので、料理ではほとんどの場合に使われる乳化剤だ。レシチンなしでは、マヨネーズを作ることはできなかっただろう。マヨネーズの乳化のほとんどは、卵黄に含まれるレシチンのおかげだ。マスタードシードやパプリカのように細かく挽いたスパイスも、少なくとも短い時間であれば、液体の分離を遅らせて食品を乳化することができる。マヨネーズのレシピにマスタードが使われることが多いのには、このような理由があるのだ。ビネグレットのレシピにマスタードが使われているのを見たら、省略しないようにしよう。

水と油が半々の溶液の、光学顕微鏡写真。(スライドガラスによって圧迫されているため、油小滴は平らに見える。)

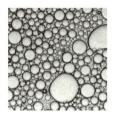

同じ混合液に、レシチンを1%加えたもの。動力学的安定性が増大するため、小滴は合体してより大きなしずくを作り出すことなく、安定している。

レシチンは、乳化剤として働くのと同じ理由で、フォームを作り出すこともできる。液体の材料を「フォーム」として使った料理を食べる機会があれば（私はタラの上にニンジンのフォームを乗せた料理や、ウニの上に青リンゴのフォームを乗せた料理を食べたことがある）、それはきっとシェフが液体にレシチンを加えてホイップかピュレして作ったものだろう。フォームは料理を重くせずに風味を付けられる、楽しい方法だ。

キッチンでの使い方	乳化剤としては、重量比でおおよそ0.5〜1%の粉末レシチンを加えて泡立てる。フォームを作るには、重量比でおおよそ1〜2%の粉末レシチンを加え、ハンドブレンダーか泡立て器を使って液体を泡立たせる。クリームホイッパー（331ページを参照してほしい）を持っている人なら、通常はスプレーした後に泡がなくなってしまうような液体でもレシチンを使えば、安定したフォームを作るためにレシチンが作れる。
食品業界での利用	レシチンは、安定したエマルションを作るために利用される。また、マーガリンの飛散防止剤や、チョコレートでは製造中に溶けたチョコレートの粘度を下げるため、そしてくっつき防止スプレーの有効成分としても使われている。
原料と化学的性質	レシチンは通常、大豆から大豆油を精製する際の副産物として得られる。製造業者はレシチンを、さやから取り出して煮た大豆をつぶして機械的に分離（抽出、ろ過、および洗浄）した粗レシチンから抽出する。この粗レシチンを、酵素によって修飾するか、溶媒によって抽出する（アセトンを使って脱脂するか、アルコールで留留する——なかなかおいしそうだ）。卵や動物性タンパク質など、動物に由来するレシチンもあるが、植物由来のものよりも高価なので、あまり使われない。

RECIPE フルーツジュースのフォーム

フォームは楽しくて興味深い、料理の部品だ。デザートにはホイップクリームを乗せることが多いが、甘くない料理にもフォームをトッピングとして乗せてみてはどうだろう？ コーヒーのような風味の強い液体や、ビートジュースのような鮮やかな色の液体を使って作ってみよう。レシチンのフォームは、1〜2%程度の濃度（100mLの液体に対して2gのレシチン）で最もよく泡立つ。

大きなボウルか、それに似た大きくて平らな容器に、以下の材料を量り取る。

☐ 水：カップ1/2（120mL）
☐ ニンジン、ライム、クランベリーなどのジュース：カップ1/2（120mL）
☐ レシチン（粉）：小さじ1（3g）

ハンドブレンダーがあれば、少し傾けて空気を取り込むようにしながら、1分程度材料を混ぜる。ハンドブレンダーがなければ、ハンドミキサーか泡立て器を使って、もう少し根気よく混ぜる。

混ぜた後1分ほど休ませると、スプーンですくったフォームがより安定するようになる。

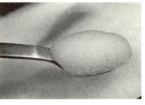

レシチンを使ったニンジンのジュースのフォームは、長時間置いてもびっくりするほど安定している。

> **RECIPE** マヨネーズ

レシチンの魔法を経験するために、粉末レシチンを買う必要はない。マヨネーズを作るのに卵黄が使われるのは、そこに大量のレシチンが含まれているためだ。このレシピには、新鮮な卵を使ってほしい。卵黄に含まれるレシチンは時間と共に分解するからだ。（卵の成分の多くは、時間と共に分解する！ 卵について詳しくは、198ページを参照してほしい。）生卵を使いたくない人は、ヴィーガン向けマヨネーズについてのノートを参照してほしい。自家製マヨは、ディップのソースとして使ったり、サーモンに直接掛けたりする際にその真価を発揮する。

大きなボウルに、**卵黄：Lサイズの卵1個分（20g）**を取り分け、卵白は別の料理に使うために取っておく。**レモンジュース**または**色の薄い酢**（白ワインビネガーかシャンパンビネガー）、あるいはそれらを混ぜたものを**小さじ4（20mL）**、**マスタード 小さじ1（6g）**、そして**塩 小さじ1/2（3g）**を加え、泡立て器で材料を混ぜ合わせる。

泡立て器で混ぜながら、**食用油 カップ1（240mL）**（オリーブオイルなど）を、ゆっくりと垂らし入れる。（さらに風味を付けたければ、風味抽出オイルを使ってみよう。424ページを参照してほしい。）油を急に入れすぎたり、混ぜ方が足りなかったりすると、エマルションが再び分離してしまう。こうなってしまって泡立て器で混ぜても元に戻らなければ、卵黄をきれいなボウルに加え、ゆっくりと泡立て器で混ぜながら分離したソースへ混ぜ込んでみよう。

塩コショウを加えて味を調える。このマヨは冷蔵庫で保存し、1週間程度で使いきってほしい。

NOTES

◎大豆が原料の粉末レシチンがあれば、ヴィーガン向けマヨネーズを作ってみよう。卵黄の代わりに、水 小さじ2（10mL）、食用油 小さじ1（5mL）、そして粉末レシチン 小さじ1/2（1.5g）を使えばよい。

酵素

酵素（enzyme）という言葉の語源を考えたことがあるだろうか？ この言葉は、「en」と「zyme」という2つの単語が組み合わされたものだ。「en」のほうは簡単だ（「in」つまり「中に」）、しかし「zyme」は何だろう？ 言語オタクか、ギリシャ語を話す人だったら、「zyme」が「イースト」の意味だと知っているかもしれない。酵素（enzyme）の語源はギリシャ語だが、この単語を提案したのはドイツ人医師で、1870年代にトリプシンというタンパク質を分離していたときのことだった。彼は発酵を助ける化合物という意味で、「イーストの中に」を意味するギリシャ語を使ったが、ほとんどすべての生物が酵素を持っているとは知らなかったようだ。

生物系のあらゆる場所で、酵素は他の化合物を変化させる触媒として使われている。化学的な観点から見た酵素は、**代替反応経路**（同じ結果に至るのに別の容易な経路を取ること）を提供するか、まったく異なる反応を引き起こすか

のどちらかの働きをする。酵素は、驚くほど選択性が強い。非常に限られた分子構造に適合する性質を持ち、その生物学的な精密さは製薬会社がうらやむほどだ。（薬剤化合物の中には、プロテアーゼ阻害剤のように、抑制酵素から作られているものもある！）

多くの酵素はもともと食品に存在するものだが、時には料理の際、風味や食感を変えるために他に由来する酵素を加えることもある。チーズは伝統的に、ミルクを反芻動物の胃の一部と接触させて作られてきた。これに含まれる**レンネット**と呼ばれる一群の酵素は、通常は消化を助けるが、凝固を引き起こす役割もする（この働きによってチーズができる）。もっとシンプルな例としては、ショ糖の分解がある。ショ糖の分子（ブドウ糖1分子と果糖1分子が、酸素原子を共有して結合している）を考えてみてほしい。水の存在下で加熱されると、この分子はより多くの運動エネルギーを得て振動し、最終的には共有されている酸素原子のところに水の分子が入り込み、ショ糖の分子をブドウ糖と果糖の分子に分解する。（水は片方の分子で酸素原子と置き換わるので、これは水和反応だ。）

この反応に代替経路を提供する、インベルターゼ（invertase）という酵素がある（酵素の名前は、「アーゼ（-ase）」で終わるものが多い）。インベルターゼはショ糖分子の一部を包み込み、2つの単糖を結び付けている酸素原子のところに水の分子が簡単に入り込めるようにする。水の分子が入り込むと、ショ糖は分解する。インベルターゼ酵素は分解後の2つの単糖にくっついていることはできなくなり、離れ去ってしまう。この反応には少ないエネルギーしか必要とされず、また非常に選択的であるため、系に含まれる他の化合物を高熱にさらすことなく反応が引き起こせる。酵素は強力なのだ！

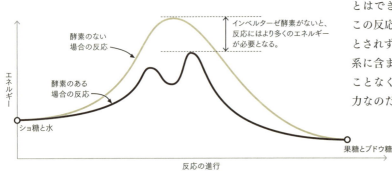

RECIPE モッツァレラチーズ

自家製チーズ作りは素晴らしい実験であり、一見すると全然違った2つのものが、どれほど密接に関連しているかを理解できる。チーズの材料はカード（凝乳）、つまり牛乳に含まれるカゼインというタンパク質が凝固したものからだ。酵素の反応によってホエー（乳漿）を分離させた後、カードを煮詰めた後にこねて伸ばし、折りたたむことによってストリングチーズに特徴的な構造が作り出される。

2個の小さなボウルまたはグラスに、以下の材料を量り取っておく。

☐ 塩化カルシウム：小さじ1/2（1.4g）、大さじ2（30mL）の蒸留水に溶かす
☐ レンネット：1/4錠、大さじ4（60mL）の蒸留水に溶かす（量はメーカーの指示に応じて調整すること）

スープ鍋に下記の材料を混ぜ、ゆっくりと88°F / 31℃まで加熱する。

☐ ノンホモ牛乳：1ガロン（4リットル）、ウルトラパスチャライゼーションされた牛乳やホモジナイズされた牛乳は使わないこと
☐ クエン酸：小さじ1と1/2（12.3g）
☐ 粉末リパーゼ：小さじ1/4（0.7g）

液体の温度が88°F / 31℃に達したら、塩化カルシウムとレンネットを加え、数分おきにかき混ぜながら、**ゆっくりと**105°F / 40.5℃まで加熱する。この時点で、カードがホエーから分離し始めているのがわかるはずだ。

液体の温度が105°F / 40.5℃に達したら、火から下ろし、鍋にふたをして、20分待つ。この時点で、カードは完全にホエーから分離しているはずだ。もしそうなっていなければ、もう少し長い間待ってみよう。

穴あきスプーンを使うか、ざるでこして、カードを電子レンジ調理可能なボウルへ移す。カードからできるだけホエーを絞り出し、ボウルを傾けて液体を捨てる。このカードを、高出力にセットした電子レンジに1分かける。もう一度ホエーを絞り出す。これでチーズには粘りが出てくるはずだ。そうならない場合には、温まって粘りが出るまで、15秒ずつ電子レンジにかける（しかし扱いに困るほど熱くなってはいけない）。

チーズに**フレーク状の塩を小さじ1/2（3g）**加えて、こねる。もう一度、高出力の電子レンジに1分かけて、チーズの温度が130°F / 54.4℃程度になるようにする。電子レンジから出して引き伸ばし、ゴム粘土か何かで遊んでいるような感じで、引き伸ばし、半分に折り、ねじり、再び引き伸ばすことを繰り返し、糸状になるまで続ける。

ホモジナイズされた牛乳って？

ホモジナイズ（均質化）処理では、牛乳が非常に細いノズルを通して押し出され、乳脂肪の小滴が細かく引き裂かれる。このように細かくなった乳脂肪は、流体抵抗のため分離しなくなる。（これもまた、335ページで説明したストークスの法則だ。）

ホモジナイズされた牛乳やウルトラパスチャライゼーションされた牛乳では、うまくチーズを作ることはできない。ホモジナイズ処理や高温のウルトラパスチャライゼーション処理ではタンパク質の構造が破壊され、互いに結合できなくなってしまうからだ。カッテージチーズにちょっと似ているが溶け合うことのない、どろどろの状態になってしまう。このレシピに従う際には、パスチャライゼーションされているがホモジナイズされていない牛乳を使ってほしい。あるいは、無脂肪乳9に対して1の割合で生クリームを混ぜて、代用品を作ることができるかもしれない（生クリームの加工方法にもよる）。

もっと伝統的な、はるかに手間のかかる方法でモッツァレラチーズを作りたければ、http://cookingforgeeks.com/book/mozzarella/ を参照してほしい

INTERVIEW

ベンジャミン・ウルフが
カビとチーズについて語る

ベンジャミン・ウルフ（Benjamin Wolfe）はタフツ大学生物学部の微生物学助教授だ。彼の研究室では食品微生物の群落を使って、微生物の生態や進化に関する基本的な疑問に答えようとしている。

どうしてカビを研究することになったのですか？

私はハーバード大学で、菌類の多様性、生態系、そして進化に関する博士論文を書きました。私は栽培キノコの菌類を研究していたのです。マリオブラザーズを遊んだことのある人なら、傘に白い斑点のある赤いキノコを見たことがあるでしょう。これは実際に存在する**テングタケ**というキノコです。私は菌類に魅せられて行き、ポスドクではチーズの微生物的な多様性について調べるという素晴らしい機会に恵まれました。今の私はタフツ大学で自分の研究室を持っていて、特に食品のカビについて多くの研究を行っています。

われわれの多くは、「ああ、この桃にはカビが生えちゃったから捨てよう」という以外に、カビのことをよく知りません。普通の人のために、カビについて説明していただけますか？

菌類は、物質を分解することによって生きています。菌類は自分の生きている環境を分解し、その分解されたものを使って成長するためのエネルギーを作り出すのです。森の中で朽ちて行く丸太や、調理台の上に放置されたパンは、カビによって腐って行きます。カビは、環境中にあるものを分解する酵素を作り出し、分解から得られるブドウ糖などの糖類を取り込むのです。すべての菌類は、細胞を作るために使う**キチン質**という化合物を持っています。またすべての菌類は、**菌糸体**と呼ばれる細胞のネットワークを持っています。カビの生えたパンには、パン全体に広がっている大きなふわふわした雲のようなものが見えますが、それはすべて菌類の細胞がつながりあったものです。

丸太とカビと、どちらが先に存在したのでしょうか？

人間の目には見えないカビや菌類のひとつのグループは土壌の中に住んでいて、土壌に含まれるものを分解しています。そして地下では植物の根とつながって、植物に窒素やリンなどの化合物を提供して、お返しに植物は菌類に炭素を与えています。実際には、光合成から得られた糖類を供給しているのです。つまり、これらの菌類が最初に進化して、何百万年も昔に存在した不毛の地に植物が進出するのを助けたわけです。ですからわれわれは、実際には菌類が先に存在し、それから植物が来たと考えています。丸太のほうがカビよりも後なのです。

その反面、カビに関して危険なことはないのでしょうか？

もちろん、それはあります。カビのせいで、穀物が全滅することもあるくらいです。動物を全滅させたり、人間に感染したりもします。非常に危険な、マイコトキシンと呼ばれる化合物をカビは作り出しますが、これらの化合物が作り出される理由はまだよくわかっていないのです。われわれは、菌類が別の微生物と闘うためにマイコトキシンを作っていると考えています。これらの毒素は、近くにいる微生物を殺すことがあるからです。

1950年代から60年代にかけて、カビの大発生が何回かありました。ヨーロッパでは、七面鳥の飼料となっていた作物が、特定の菌類の作り出すマイコトキシンによって汚染されました。これらの七面鳥はすべて、カビの引き起こす**アスペルギルス症**によって死んで行きました。この発見の後で、実にさまざまな場所でカビが生育し、マイコトキシンを作り出す可能性があることが判明したのです。ピーナッツには、**アフラトキシン**と呼ばれるマイコトキシンが検出されることがよくあります。これはかなり強力な発がん性物質なので、われわれの食品システムで監視する必要があるのです。

家庭でマイコトキシンを避けるには、どうすればよいのでしょうか？

マイコトキシンのおそれがあることが知られているハイリスク食品の多くは、一般的には米国FDAの要求基準に従ってスクリーニングされています。米国内のピーナッツを使った製品には、アフラトキシンの定期的なスクリーニングが要求されています。これらは、リスクが最高度の製品なのです。現在行われている研究では、コーヒーやチョコレートを評価しようとしています。これらは両方ともカビが生えやすいからです。しかし一般的には、清潔で安全な方法で製造された食品——米国の食品の大部分はそのように製造されています——を食べている限

り、マイコトキシンについて心配する必要はありません。

自分でチーズやサラミを作る場合には、マイコトキシンを作り出さない有益なカビを接種するように気を付けなくてはいけません。カビの色で安全かどうかがわかるという考えは、実際には家庭の発酵家にとって安全なものではありません。ファンシーなカビチーズやサラミの製造は、専門家に任せておくべきです。

チーズ、サラミ、そして先ほど挙げられたコーヒーやチョコレート……。あなたが挙げる食品は、私の大好きなものばかりです！

そしてまた、それらはすべてカビのおかげで作られているのです！ 私が大好きな食品のカビはコウジカビ Aspergillus oryzae です。これは日本酒やみそやしょうゆなど、すばらしいアジアの発酵食品を作り出してくれます。

チーズやサラミにも、すばらしいカビがいます。カマンベールチーズやブリーチーズは、外側に厚くて白いセーターをまとっています。これが Penicillium camemberti と呼ばれるカビです。この菌類は、チーズの内側にあるチーズのカードをゆっくりと分解して行きます。タンパク質と脂肪を分解して、さまざまな風味を作り出します。また、チーズをおいしくクリーミーにする働きもあります。エージングしたサラミを見ると、その外側にも Penicillium nalgiovense による白い粉状のものが見えます。これもまた接種されるカビです。この場合、他のカビを表面から締め出して、この美しい純白の製品を作り出すことが目的です。あまり風味が加わることはありません。

コーヒーやチョコレートには、**堆積発酵**ということが行われます。カカオポッドをすべて積み重ねて、しばらくの間発酵させるだけです。チョコレートなどの食品の最終的な風味の大部分は、これらの製品を発酵させるイーストやバクテリアによるものだとされています。

サラミやみそやチーズなどの食品は、明らかに菌類に支配されており、これらの食品の風味を作り出すうえで菌類は大きな役割を果たしています。

外側が目に見えるほどかびたチーズの皮は、食べてもよいのでしょうか？

カビが生えることを想定したチーズならば、おそらく大丈夫でしょう。カマンベールチーズやブリーチーズは、外側にカビが生えることが当然だと想定されています。実際、食べることが推奨されていますし、チーズの風味は皮にもあることが多いからです。それから、表面に外皮ができて変な感触で、とてももろくて乾燥していて実にいやな感じになっているチーズもあります。私はこのようなチーズの皮を食べることはお勧めしませんが、カビ熟成チーズに関して言えば、カビを食べることが想定されているから「カビ熟成」と呼ばれているのです。

プラスチックで包装されたチェダーチーズを食べていてカビが生えてしまった場合には、気を付けてください。それがどんなカビか、わからないからです。表面だけに生えているように見えても、どれだけの深さまで育っているか正確にはわからないことが多いですし、どんな毒素を作り出しているかもわかりません。カビが生えることが想定されていないチーズの場合、私は食べようとは思いません。

よいカビを育てるためのコツは何かありますか？ 食品の保存方法は、善玉のカビに働いてもらうために影響があると思うのですが。

人はパンを見て、カビが全体に生えていれば食べられないと判断します。われわれは、常にカビの胞子を呼吸しているのです。食品に降り注ぐこれらの胞子を最小限にするには、本当に清潔な環境を作り出す必要があります。

また季節的な要因もあります。温帯では春に多く増殖しますから、汚染のリスクも春のほうが高いのです。秋には、カビの生えたチーズ、私の好きな言い方をすれば「フランケンチーズ」が、分析のためにわれわれの研究室へたくさん送られてきます。秋には落ち葉がたくさん地面に落ちて、風も吹くので胞子がまき散らされるため、一年のこの時期にも悪いカビがたくさん生えることになります。

カビに関して、他に思いがけなく見つかったことはありますか？

カビの生えた食品には、必ずと言っていいほどダニがいます。多くの人が嫌がる小さな虫です。たぶんチーズダニについて聞いたことがあると思いますが、それは実際には「カビダニ」と呼ばれるべきだと思います。このダニは、チーズを食べているわけではないからです。このダニはカビを食べていますが、チーズやサラミの表面にも存在しています。

多くのチーズメーカーでは、大きな掃除機や落ち葉集め機を使って、チーズからダニを吹き飛ばしています。この業界で、チーズダニのためにどれほど多くの時間とお金が費やされているかと思うと、ばかばかしくなります。私は素敵だと思うのですが、チーズダニがカビを食べているビデオがあります。私はすばらしいと思います！

チーズダニのビデオについては、http://cookingforgeeks.com/book/cheesemites/ を参照してほしい。

トランスグルタミナーゼ

さらに奇妙な食品添加物のひとつが**トランスグルタミナーゼ**だ。これは、元は血液から見つかった酵素で、グルタミンを他のアミノ酸と結合させる働きを持つ。つまり、タンパク質の接着剤だ。トランスグルタミナーゼを使えば、数個の肉片を融合させて1個の大きな肉片にしたり、ミルクやヨーグルトのタンパク質を長くつなげてとろみをつけたりすることができる。また、パスタを硬くしたり、グルテンフリーのパンに弾力性を持たせたり（ちぎれずにのばせるように）するためにも使われている。タンパク質を含むものならほとんど何でも、トランスグルタミナーゼを使ってくっつけることができるのだ。

トランスグルタミナーゼをがあれば、キッチンでどんなことができるだろうか？　もちろん、これを使ってフランケンシュタイン肉（例えば鶏肉をステーキにくっつける）を作れるのは明らかだが、面白おかしく思えてもおいしいものではない。その上、異なる温度範囲が調理に必要とされるため、現実的ではない。帆立のベーコン巻のレシピはアイディアの出発点になるだろうが、タンパク質を結合するという概念は、どんなタンパク質に富む食材を取り扱う際にも応用することができる。

キエフ風チキン（伝統的には平らにした鶏むね肉でハーブ入りバターを巻いた料理）を、シンプルに作ることを考えてみよう。平らにした鶏むね肉の端を、トランスグルタミナーゼでくっつけるのだ。ターダッキン（turducken、鶏肉を鴨に詰めて焼き、それを七面鳥に詰めて焼く、珍しいお祝いの料理）のような、より創造的な料理も、接着して安定性を高めることができる。耐熱性のあるアスピックやテリーヌも、熱に弱いゼラチンではうまく行かないだろうが、トランスグルタミナーゼを使えば作れる。アイディアを思いついたら、実験してみよう！

ステーキ肉に鶏肉を接着した例。これはおいしいものではないが、概念をよく示している。加熱調理したステーキそのものが、鶏肉とくっついている界面よりも弱いことに注意しよう！

キッチンでの使い方	水2に対してトランスグルタミナーゼ1の割合でスラリー状に溶き、くっつけたい肉片の表面にブラシで塗る。押し付けてくっつけ、肉にラップを巻く。(真空パックシーラーがあれば、それを使って肉片同士をより良く密着させることができる。)肉は少なくとも2時間、冷蔵庫に保存する。
食品業界での利用	トランスグルタミナーゼは、カニ風味かまぼこやグルテンフリーのホットドッグなど、くず肉をくっつけて大きなかたまりを作るために使われている。コールドカットやランチョンミートの中にも、トランスグルタミナーゼを使っているものがある。(デリのカウンターに置いてある豪華なハムは、珍しい骨のない豚の肉から作ったものではない！)
原料と化学的性質	トランスグルタミナーゼは、ストレプトマイセス・モバラエンシス *Streptomyces mobaraensis*というバクテリアを使って製造されている。グルタミンと適切なアミンさえ存在すれば、トランスグルタミナーゼを使ってこれらを橋渡しして、2つのグループを構成する原子の間に**共有結合**(2つの原子が電子を共有すること)を形成するように配列させることができる。この反応を思い浮かべるには、右手と左手の指を広げて、左の親指と右の親指、左の小指と右の小指、という具合に指先を触れることを想像してみてほしい。何らかの調整がなければ、原子の「指」が整列することはありえない。トランスグルタミナーゼは、2つのグループが触れ合うために必要な原子レベルのガイドの役割をする。

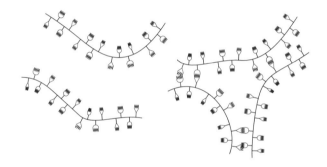

相互作用が起こる前は(左)、グルタミングループとリシングループのタンパク質のひもはくっついていない。
相互作用が起こると(右)、トランスグルタミナーゼが触媒として働いた部分で、
グルタミングループとリシングループは結合する。

RECIPE 酵素を使った帆立のベーコン巻き

つまようじを使ってベーコンと帆立を止めるのが、この料理の伝統的な作り方だ。トランスグルタミナーゼが手に入れば、その使い方の例としてこのレシピを試してみてほしい。ベーコンが本当に帆立にくっついている帆立のベーコン巻きはクールだ。

小さなボウルに、重量比で**水2**に対して**トランスグルタミナーゼ1**程度の割合で混ぜ、濃いスラリー状にする。

冷蔵庫に入る皿に、以下の材料を並べる。

- [ ] なるべく大きくて円柱状の帆立：8個、水気をふき取る
- [ ] 帆立をひと巻きできるように半分に切ったベーコン：8枚

ブラシを使って、ベーコンの片面にスラリーを塗る。帆立をベーコンの上に乗せ、ベーコンで帆立を巻く。帆立をすべて巻いたら冷蔵庫へ移し、少なくとも2時間休ませて、トランスグルタミナーゼを固める。

休ませた後、ベーコンは帆立にしっかりくっついているはずだ。

オーブンを400°F / 200°Cに予熱しておく。

オーブン調理対応のフライパンに油か少量のバターを熱し、帆立が露出している面を下にして入れる。これによって帆立にきれいな焼き色と、すばらしい風味が付く。1分くらいたったら帆立を裏返し、反対側の露出した面がフライパンと接触するようにして、すぐにフライパンをオーブンへ入れる。

オーブンで5〜8分、ベーコンが焼けて帆立に火が通るまで焼き上げる。

NOTES

◎手をトランスグルタミナーゼの粉末に突っ込んではいけない。料理用手袋をするのは良い考えだ。あなたの体もタンパク質でできているのだ！

◎トランスグルタミナーゼを使った食品は、適切な食品安全温度まで加熱調理する必要がある。中心部が無菌状態のステーキ用かたまり肉とは違って、張り合わされた肉の中心はバクテリアに接触している。ひき肉の場合と同じだ。

◎トランスグルタミナーゼは、結合させるアミノ酸と同じ構造をしているため、自分自身をくっつけることもできる。室温に数時間置くと、その酵素の性質は失われるので、調理台の上に多少こぼしてしまっても大きな問題ではない。トランスグルタミナーゼの袋は、結合反応の速度を遅くするために密閉して冷凍庫に入れておこう。

◎トランスグルタミナーゼは分子レベルでタンパク質を結合するので、立体成型の結合剤として使うことができる。木工用ボンドを使って2枚の板を貼り合わせるのではなく、おがくずペーストのシート（パーティクルボードとかチップボードと呼ばれる、99％は木からできているが自然界には存在しない形態の複合材）を作るようなものだ。同じやり方で、トランスグルタミナーゼとタンパク質豊富な食材をピュレして成型し、固めることができる。

ペストリーブラシを使ってベーコンの片面にトランスグルタミナーゼでコーティングする。ベーコンを帆立に巻き付けて、爪ようじで数時間押さえつける。

完成した料理の断面を見ると、ベーコンと帆立がくっついているのがわかる。

INTERVIEW

ハロルド・マギーが食品のミステリーを解くことについて語る

ハロルド・マギー（Harold McGee）は、食品と料理の科学について書いている著述家であり、料理の古典『On Food and Cooking』（Scribner, 1984：日本語訳『マギー キッチンサイエンス』共立出版）の著者だ。彼のウェブサイトはhttp://www.curiouscook.comにある。

食品のミステリーに答えるには、どういう方法を取るのでしょうか？

それはミステリーの性質によるね。最初にキッチンでの実験から始めて、特定のプロセスをいろいろな方法で一度にひとつずつ変更しながらやってみて、その結果を見たりすることもある。あるいは、食品科学や技術の書物を引っ張り出して、関連のありそうな情報を捜し求めたりもする。

最近出くわした後者の例は、僕がニューヨーク・タイムズに、ベリーやフルーツを普通よりも長持ちさせる方法について書いたこのコラムだろう。僕はいつも農産物直売所に行って、フルーツを買いすぎてしまうんだ。見映えも味もすばらしいけど、全部は食べきれないから、1日後にはかびが生えてくる。時には、冷蔵庫に入れていてさえもね。僕は、何かこれに対抗する方法があるはずだと思った。だから僕はカリフォルニア大学デービス校へ車を飛ばして、そこでオンラインデータベースを使って農産物へのかびの発生をコントロールする方法について書かれた資料を探したんだ。

すると1970年代という昔に、ここカリフォルニアの農業試験場のひとつに勤めていたある人物が、穏やかな熱処理によって、フルーツにダメージを与えずに、外部のかびの成長を大幅に遅らせることができると発見していたことがわかった。僕は家に戻って試してみたら、それがうまく行ったんだ。僕は、図書館で調べてみるまでは、対抗できるだけの知識もツールもなかった。僕が実際に試してみたのは、文献を読むことと、実際にそれが誰かのキッチンでうまく働くことを確かめることは、全然別のことだからだ。

この種の文献はインターネットでは探せないのですか？ カリフォルニア大学デービス校やその他の研究機関は、家からは直接アクセスできないような情報を研究者たちへ提供しているのでしょうか？

大学や公共図書館では、個人では契約できないような、すばらしい情報資源にアクセスできるんだ。食品科学部門を持つ研究機関では、そこに行かなければ知ることも見ることもできないような情報が本棚に収まっていて、僕はそれを利用させてもらっている。必ずしも「人々は現在Xについて何を知っているか？」という質問に答えるためだけではなく、「人々はXについて、ここ数世紀何をしてきたか？」という質問に答えるためにもね。

何世紀も、ですか？ その種の歴史的研究について、何か例を教えていただけますか？

トマトの葉は、人々が考えているような毒性は持っていない。実際には、おそらくトマトの葉は食べると健康にいいんだ。コレステロールと結び付いて、吸収を妨げてくれるからね。そこで「もし毒性がないのなら、どうして毒性があると思い込んでしまったのだろう？」という疑問が浮かんでくる。

僕は、できる限り昔にさかのぼって、かなり知られていない文献を調べて、その疑問に答えようとした。カリフォルニア大学デービス校へ行って、太平洋の民俗学に関するオランダの17世紀や18世紀の本を何冊か読んでみたりもしたんだ。僕は、インドネシア列島で17世紀にトマトの葉を食べていた人々の記述を見付けることができた。これは、そこにトマトが導入された直後のことだったはずだ。その地域ではトマトは自生していなかったからだ。こうやって、この植物がどのように世界へ行き渡ったのか、どのように評判を勝ち得たのか、そして人々がどんな美的な判断をしたのかというストーリーが肉付けされて行ったんだ。

ヨーロッパの人々は、トマトの葉を食べなかった。嫌な匂いがあると思ったからだ。トマトの原産地の中南米では、トマトの葉はあまり食べられていなかった。このことを僕は今でも理解できていない。こういう断片を並べてみることは、僕にとって今食卓で食べている食品を理解し、評価する喜びの一部なんだ。深く調べてみれば、これらの食品を食べることがもっと楽しくなるような、ものすごく深い歴史と複雑さがそこにはあるんだ。

僕が自分の仕事で一番気に入っていることのひとつは、あまり書くこととは関係ない。それは調べることなんだ。このような本を調べて、何世紀も前にこの島でトマトの葉を食べていた人たちに関するパラグラフを読み、そして家に帰って、裏庭のトマトの葉と、彼らがおそらく当

時味付けに使っていただろう保存した魚と同じようなものを使って、味わってみることなんだ。

われわれの食に関する理解は次第に洗練されてきており、以前の誤った考えの多くは修正されてきているのだと想像しています。将来の研究は、どのようなことに時間を費やしてほしいと思いますか？
設備や専門性、そして時間や資金を持った人々がもっと注目してさらに詳しく研究してほしい分野をひとつ挙げるとすれば、それは風味と、さまざまな調理法が特定の料理の最終的な経験に与える影響についてだ。同じことをするために異なる方法を使うことについて、たくさん面白い疑問がある。また現在この分野では、基本的に自分の個人的な経験と他人の経験が使えるはずなんだが、よい客観的な判断基準がないんだ。

どこに本当の違いがあるのだろうか。僕らは同一の化合物の集合に対して、異なる感覚系を持つために異なる経験をしているのだろうか、それとも実際には、異なるテクニックによって異なる化合物の集合が作り出され、たまたまあなたはこっちが好き、私はこっちが好き、ということになっているのだろうか？　スープストックの作り方を例に取ってみよう。圧力鍋でスープストックを作るという流派の人もいれば、また長い時間をかけてゆっくりと、ことこと煮出す方法がすばらしい結果を生むと考えている人たちもいる。僕は両方試してみて、両方とも気に入ったが、結果は明らかに違った。どう違うかを本当に説明できるかどうかはわからない。僕はそこで何が起こっているかを知りたいと思っているんだ。

家庭の料理人が、キッチンでしていることを理解するためには何が必要でしょうか？
いろいろなことを試して理解し、そして本物の結論を引き出せるほど慎重に実験を行うためには、はかりと正確な温度計は絶対に必要だ。温度と重さという主要な変数を、測定することが必要だからだ。

キッチンで、あなたを本当に驚かせたことは何かありますか？
僕の人生で、本当に僕の予想を裏切られた瞬間は、卵白を泡立てるのに銅のボウルがいいか、ガラスのボウルがいいかということだったね。僕は1970年代の末、最初の本『On Food and Cooking』を書いている間、ジュリア・チャイルドを読んでいた。彼女は、卵白は銅のボウルで泡立てるのがよい、なぜなら卵白を酸性に傾けてメレンゲやスフレによいフォームができるからだ、と書いていた。でもその化学的な説明は間違いだ。銅は溶液のpHを変えないんだ。僕はその説明が間違っているので、結論もおそらく違っているだろうと思ったんだ。

それから数年後、本が出版されることになって、僕は本の挿絵の古いグラフィックのソースを見ていた。いろいろな職業が図解されている、17世紀のフランスの百科事典に目が止まった。そのうちのひとつには、焼き菓子のキッチンが描かれていた。版画には、卵白を泡立てている男の子の絵が描かれていて、そして説明によればその男の子は銅のボウルで卵白を泡立ててビスケットを作っていたんだ。そこには銅のボウルと明記されていて、現在の銅のボウルと全く同じようなものだった。半球形をしていて、吊り下げるためのリングが付いている。僕は、200年前のフランスの本がジュリア・チャイルドと同じことを言っているんだったら、たぶん試してみなくちゃいけないかなと思ったんだ。

僕はガラスのボウルと銅のボウルを並べて、見映えと味を比べてみた。違いはものすごく大きいものだった。銅のボウルでフォームを作るには、2倍の時間がかかった。色は違うし、食感は違うし、安定度も違った。これは僕にとって、とても重要な瞬間だった。化学について知識がない人でも、料理については自分よりもずっとよく知っているかもしれないんだ。このことがあって、僕は何でもできる限りチェックしなくちゃいけないということを、はっきりと認識させられたね。あるフランス人のシェフが、こんな話をしてくれた。彼は今までに百万回もメレンゲを作ってきたんだけれども、ある日彼は機械で卵白を泡立てている最中だった。そこで電話が鳴り、何か緊急の話でその場を離れることが必要になって、15分か20分くらいだったので彼は機械を動かしたままにしておいた。戻ってきてみると、彼が一生の間で見たことがないほど上手に卵白が泡立てられていたんだ。彼の結論は、フランス語で言うとこういうものだった。「Je sais, je sais que je sais jamais.」言葉の響きはフランス語のほうが圧倒的にいいんだが、翻訳するとこういうことだ。「私は、私が今まで全然知らなかったことを知ることができたということを知った。」

この銅のボウルの経験のおかげで、これは僕のモットーにもなった。どんなに常軌を逸したように見えるアイディアや、どんなに自分の感覚が信じられない場合でも、そして本来あるべき姿とは説明できないほど違って見える場合であっても、僕はすべてを完全に理解できるなんてことはありえないのだから、今起こっていることが何であれ、おそらくそれに関して学ぶべきことはもっとたくさんあるんだ、とね。

COLUMN ギークのためのキッチンでのヒント

期待と感覚を管理しよう。
他の人に料理を作る場合には、料理の客観的な品質と同じくらい、期待と感覚も重要になる。料理人としてのあなただけが、料理の意図を知っているのだ。もしチョコレートスフレが失敗してしまったら、それにへこんだチョコレートケーキと名前を付け、上にベリーをいくつか乗せて出荷してしまおう。

よい食材を使おう。
すばらしくおいしい食事に最も必要なものは、すばらしくおいしい農産物や食材だ。トマトはトマトの味がしなくてはならず、アボカドは柔らかくてクリーミーであるべきで、りんごはそれ特有のパリッとした食感がなくてはならない。

調和とバランスを作り出そう。
調和は、適合性のある食材を組み合わせることから生まれる。バランスは、甘味と酸味（酸）を調節し、塩によって適切に調味することから生まれる。良質の農産物を使い、味見して、酸（酢やレモンジュース）と塩や砂糖で調整しよう。

食の安全を心がけよう。
キッチンで立ち働いているときには、病原体の増殖条件を忘れないようにしよう。二次汚染を避けるために、頻繁に手を洗おう。食中毒は不快なものだが、どこにリスクがあるかを理解しておけば容易に管理できることが多い。

自然食品を食べよう。
加工食品それ自体は何も悪くないが、塩や砂糖、そして脂肪が大量に含まれる場合が多い。何についても言えることだが、これらの量が多すぎると問題を引き起こすことがある。われわれの体が過剰に反応したり、うまく処理できなかったりするからだ。

時間ではなく、温度を測ろう。
肉に含まれるタンパク質や穀物に含まれるデンプンは、特定の温度で反応を起こす。これは煮る、焼く、ソテーするなど、どんな調理法にも当てはまる。4ポンドの鶏肉は、6ポンドの鶏肉よりも調理時間は短いが、どちらも火が通るのは同じ温度だ。タイマーは便利だが、内部の温度のほうが多くの情報を教えてくれる。

褐変反応で風味と香りを付け加えよう。
砂糖がカラメル化したり（ショ糖の場合、約340°F / 171°Cから始まる）、タンパク質がメイラード反応（約310°F / 155°Cから始まる）を起こしたりすると、分解によって何百もの化合物が新たに生成される。これらの化合物の匂いを利用する料理もあるので、それに合わせて調理しよう！

パンや菓子を焼く際には、細かいことに気を配ろう。
容積ではなく重さを量り、関連するさまざまな変数に気を配ろう。グルテンの量、水分比率、そしてpHレベルなどは特に注意が必要だ。パンや菓子を焼く際には、ぜひA/Bテストをしてみてほしい。材料は安価で比較的均質だし、減量中の同僚に無理やり食べさせる口実にもなる（邪悪な笑い）。

実験しよう！
何かわからないことがあったら、推測してみよう。どちらの方法がよいかわからなければ、両方試してみよう。どちらか一方がよりうまく行ったら、その過程であなたは何かを学んだことになる。最悪の事態になっても、ピザを注文すればよい。遊び心と好奇心を持ち続けよう。ただし、常識と安全は忘れないように。

あとがき

How to Be a Smarter Geek
より賢いギークになるために

　モデルを使った世界の仕組みの記述は、魅力的だ。この理由から、科学やソフトウェアなどモデルを構築して結果を予測する技術分野に大勢のギークが引き込まれている。しかし、モデルとその記述する世界との間には違いがある。この基本的な事実を理解せずにモデルを適用することは誤りにつながり、その誤りがあなたをトラブルに巻き込んでしまうかもしれない。「科学的な証明」に基づいた議論には、科学的なプロセスの基本的な側面が見失われている。モデルは明確な物事を記述するものであって、モデルには誤りが存在するものであり、そしてこれらの誤りを認識してより良いモデルを見つけて行くことこそが、科学的なプロセスなのだ。

　多くのメディアは、科学的なモデルの働きを理解せずに記事にしてしまうという点で、特に罪深い。経済学者のポール・クルーグマンが、空が緑色をしているという声明をメディアがどう報道するだろうかとジョークを言っていた。「ある人は空が緑だというが、それに同意しない人もいる。」同じことは、他の分野にも見られる。気候変動は否定できない事実だが、いまだにそれを支持しない研究論文も存在する。そして同一の問題が、食品や食品科学にもあると私は考える。食品化学は非常に複雑な分野である上に、利益を追求する企業によって混乱させられており、また一般消費者の見方と科学者たちの理解とは食い違っていることが多い。私にとっての難題は、事実と意見とを区別することだ。

　それでは料理のように見た目はシンプルな話題を、賢いギークが理解し操るためにはどうすればよいだろうか？　まず気付いてほしいのは、食品に関するモデルは栄養についても、調理方法についても、おいしさについても不正確さが付き物だということだ。どんな仮定もチェックして（「データを見せろ」）、うますぎる話には注意しよう。聞いたことには疑いを持ち、話し手の動機が自分の動機と一致するとは限らないことを理解しよう。その上で、文書を探って適切な研究結果を突き止める方法を学んでほしい。以下、私が役に立つと思った情報源を、良いものから順に挙げておく。

Google Scholar（http://scholar.google.com）

これは、学問的な研究と特許の検索に特化したサーチエンジンだ。大部分の論文は有料の壁に阻まれて全体を読むことはできないが、概要はフリーで利用できるし目下の疑問の答えを見つけるにはそれで十分なことも多い。著名で信頼のおける団体から出ているものを探そう。メタスタディ（先行して発表された数多くの論文の知見を取りまとめた論文）を重視しよう。1本の論文だけでは、論点が証明されたとは言えない。特許もまた素晴らしい情報源だ。先行技術のセクションは明確な言葉で書かれており、理解しやすいことも多い。特許はピアレビューされたものではないが、発明者にはなるべく正確を期そうとする多大な経済的誘因がある。また、ピアレビューは正確さを保証するものではない。これをテストするために科学ジャーナリストのジョン・ボハノンは、意図的に間違いを入れ込んだ論文を少しずつ変更して、数百種のオープンアクセスのピアレビュー付き論文誌へ提出した。なんと、半分以上の論文誌が、その論文の掲載を受け入れたのだ。いい加減なピアレビューを行っている論文誌も、たくさんある。レベルの低い研究者が履歴書に業績を付け加えるのと引き換えに、（そこそこの費用で）論文を発表させて金儲けをすることをねらっているのだ。

Google Scholarでの検索は、最初のうちは大変に思えるかもしれない。特に専門用語は厄介だ（例えば「砂糖」の代わりに「ショ糖」で検索してみるとよい）。しかし、適切な情報源を探し当てるには最良の方法だ。自分の質問に関連していても結論を述べていない論文や特許があったら、その文書に引用または参照されている文献を探してみるとよいだろう。

Google Books（http://books.google.com）

これもまた特化したインデックスだが、出版された書籍や雑誌が検索対象だ。Google BooksにインデックスされたGoogle資料の厳密さのレベルはGoogle Scholarには及ばないが、内容の品質はインターネット一般のエコーチェンバーよりも高いようだ（ただ、残念ながら、可愛い犬や猫の画像はあまり多くない）。

Google Booksを使う際には、刊行日に気を付けてほしい。私の経験では、最近の書籍に混じって、1900年代初頭の資料が検索結果に紛れ込んでいたことがあった。私は1970年以降、理想的には2000年以降の刊行物に限定するようにしている。とは言え、残念なことに、ごく最近になって発行された資料の品質は低いようだ。主な例外は「〜ハンドブック」の類の書籍で、これらは特定の話題をカバーした技術文献だ。

一般的なサーチエンジン

この品質は、実にさまざまだ。今までずっとそうだったわけではないが（私は最初のフルテキストサーチエンジンAltaVistaがデビューしたときのことを覚えているほど古くからのインターネットユーザーだ）、コンテンツ工場が広告収入を最大化しようとウェブコンテンツを最適化してきたため、一般的なサーチエンジンの検索結果はエコーチェンバーとなってしまっている（少なくとも科学に関しては）。これは由々しき問題だ。私のお気に入りの見出しのひとつを考えてみてほしい。「ベーコンサンドイッチが二日酔いの最上の治療法であるという科学的証拠が明らかに。」この記事に引用されているエリン・ロバーツ（英国の科学コミュニケーター）のしていることは、何も間違っていない（そしてすべて正しい）のだが、次々に新聞が元の声明を引用し伝言ゲームをし続けた結果、ばかばかしいタイトルとなってしまったのだ。またこのエコーチェンバーによって、どこかで彼女に博士号が授与され、また肩書もニューカッスル大学の化学研究者に変わってしまった。ジャーナリストといえども、ベーコンのこととなると科学に偉大な進歩をもたらせるらしい！

キッチン

何かを自分で試してみることに代わるものはない。理論だけを見れば正しいように思えても、実際にキッチンで試してみれば、他のさまざまな要素が関係してくる。しかし、後ろ向きの推定（extrapolate backward）はしないように気を付けてほしい。例えば湿度などによって食材のふるまいが大きく変わるという研究論文を読んだのに、自分のキッチンで試してみたら違いがわからなかった、ということもあるかもしれない。そうだったとしても、その研究が正しくないことにはならない！　料理は複雑系だ。あなたが1つの変数しか変化させていないと思っていても、実際には複数の変数が変化していることもあり得る。

健康、家計、社交、元気づけ、創造力の発揮など、料理を学ぼうとする理由がどんなものであったとしても、料理は楽しくあるべきだ。私はこの本で、キッチンの中や外での食品の楽しみ方と、科学の新しい見方を読者に示せたことを願っている。料理の初心者には、料理で分からないことを解決し、基本を理解してもらえたことを願っている。経験豊富な料理人には、料理の背後にある科学が魅力的な洞察を与え、新しいアイディアをひらめかせたことを願っている。

466ページに掲載した私のヒントは、この本の教訓を私なりにまとめたものだととらえてほしい。最後に、料理の成功のために覚えておいてほしい科学的な事実をもう一度述べておこう。重要なのは食品の中で起こる物理的・化学的反応であり、オーブンやフライパンの熱はそれに間接的にしか関わっていないということだ。温度や化学的性質によってどんな反応が起こるかを考えて、それを促進したり（こんがりときつね色に焼けたオートミールクッキー！）回避したりしてほしい。他人のために料理する際には、プレゼンテーションと期待にも関心を払うことを忘れないようにしよう。

質問やコメントがあれば、ぜひ私に連絡してほしい。http://www.cookingforgeeks.com でも http://www.jeffpotter.org でも、あなたの意見をお待ちしている。

付録

Cooking Around Allergies
アレルギーと料理

　　食物アレルギーは、ある種のタンパク質に対する免疫系の応答によって引き起こされる。一部の人の場合、免疫系がある種のタンパク質を危険な物質と誤って認識し、それに対抗するためにヒスタミン反応が引き起こされる。

　免疫系の反応は、対象となる食品の摂取後、数分から数時間の間に起こる可能性がある。軽微な症状としては、舌や唇の痛み、目のかゆみ、鼻水、あるいは皮膚の発疹などが数時間から1日程度続く。重篤な症状としては、のどの締め付け感、吐き気、嘔吐、下痢、せきなどがあり、時には死に至る場合もある。

- もしあなたが舌のふくらみ、のどの締め付け感、または呼吸困難などアナフィラキシー反応に特有の症状に遭遇した場合には、**直ちに救急車を呼んで病院へ行かなくてはならない**。気道がふさがれてしまうおそれがあるからだ。特に強いアレルギーを持っていることがわかっている人は、アレルギー反応を緩和するエピネフリン（アドレナリン）を注射するための、エピペンというペンサイズの医薬品を携帯していることが多い。（この注射によって、医療機関に搬送されて治療を受けるまでの時間を15分から20分稼ぐことができる。）
- アレルギーは、食品そのものではなく食品中の特定のタンパク質への反応であり、一部のタンパク質はそれを含む食品の調理温度以下で変性するので、一部のアレルギーは未調理の食品に対してのみ発生する。ゲストに聞けば、どのような制約があるか教えてもらえるだろう。
- 非常に感受性が高い人の場合、二次汚染を避けるために特別な注意を払う必要がある。バターナイフに残った数マイクログラムのパンや、昨晩のパスタに使ったざるに残ったデンプンでさえ、アレルギー反応を引き起こすおそれがあるからだ。すべての食事にアレルゲンを含む食材の使用を避けるのが最善の策だが、その人のために特別に料理を作ることにした場合には、アレルゲンを生肉と同じように取り扱うべきだ。安全な食品と分けて取り扱い、またその特別料理を作る際に接触する可能性のある器具はすべて洗浄しなくてはならない（スポンジに残った微量のアレルゲンが二次汚染を引き起こすおそれがあるため、なるべく食器洗浄機で洗うこと）。

> **COLUMN　シェフカード**
>
> あなたが深刻な食物アレルギーを持っているなら、**シェフカード**を作っておき、外食の際にウェイターに手渡して、厨房のスタッフに読んでもらうことを検討してほしい。シェフカードは、アレルギーについて明確に、手早く、そして間違いなく伝えるための名刺サイズのカードだ。
>
> ---
>
> **注意してください！**
> 私は＿＿＿＿＿＿＿＿に深刻なアレルギーがあります。
> 私の命にかかわる症状を回避するためには、
> 私は以下の成分を含む食品すべてを避けなくてはなりません。
>
> 私の食べる食品に、上記の成分が一切含まれていないこと、そして私の食事を用意する際に使われた器具や装置、そしてまな板などが、使用前に完全に洗浄されていることを確認してください。ご協力に感謝いたします。

一般的なアレルギーの代替食材

　それでは、あなたの料理を食べる人が、あなたの得意な家庭料理の食材にアレルギーがあるとわかったとしよう。何をすればよいだろうか？

　このセクションでは、クリスティ・ウィンケルスのウェブサイト「Eating with Food Allergies」（食物アレルギーと食事、http://www.eatingwithfoodallergies.com）の情報に基づいて、8種類のよく見られるアレルギーについて代替食材の候補を挙げている。ここに挙げたもの以外の候補やアレルギーを持つ人向けのレシピについては、上記のウェブサイトを参照してほしい。

　このリストには、一般的に避けるべき成分や食品の多くが含まれているが、それでも疑わしい食材があったらゲストに確認すべきだ。

乳製品アレルギー

避けるべき成分

　カゼイン、ホエー、ホエー固形分、バターミルク固形分、カード、乳固形分、ラクトアルブミン、カゼイン塩、カゼイン酸ナトリウム。

一般的に乳製品を含む食品

　牛乳、バターミルク、チョコレート（ミルクおよびダーク）、ホットチョコレート、「乳製品を含まない」クリーマー、焼き菓子、バターや多くのマーガリンを含むファットスプレッド（ラベルに「乳製品を含まない」と書いてあるものであっても）、チーズ、ヨーグルト、フローズンヨーグルト、フローズンデザー

ト（アイスクリーム、ソルベ、一部のシャーベットなど）、ホイップクリームのトッピング。

代替食材

牛乳に対して

豆乳、ライスミルク、ポテトミルク、アーモンドミルク、カシューナッツミルク、ヘーゼルナッツミルク、オーツ麦ミルク、ヘンプミルク、およびココナッツミルクは、すべて牛乳の代替食材となり得る。大豆アレルギーに対応する必要がなければ、豆乳を使うのがよいだろう。味もかなり良いし、栄養素が強化されていれば、ほぼ同量のカルシウムとビタミンD（この2つは、特に子供にとっては重要な栄養素）が含まれている。ライスミルクも栄養が強化されている場合が多く、また豆乳と同様に通常の食料品店で手に入る。ポテトミルクは専門の食品店で、粉末の形態で販売されている。

マーガリンに対して

乳製品を含まないマーガリンを探す場合には、製品のラベルを注意して調べ、「原材料の一部に乳製品を含む」と書かれていないものを選ぶようにしよう。また、大部分の「ライト」タイプのマーガリンは、菓子作りに向いていないことも覚えておこう。

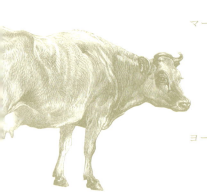

ヨーグルトに対して

ヨーグルトが大好きな人は、豆乳ヨーグルトやココナッツミルクのヨーグルトをチェックしてみよう。フルーツのディップとして使ったり、プレーンタイプを買ってきてクリーミーなサラダドレッシングを作るのに使ったりしてみよう。

卵アレルギー

避けるべき成分

アルブミン、グロブリン、リゾチーム、リベチン、シリカアルブミネート、シンプレス、ビテリン、メレンゲ、卵白など「卵」という言葉を含む成分、「オボ」（ラテン語で「卵」の意味）で始まる成分。

一般的に卵を含む食品

焼き菓子（クッキー、ケーキ、マフィン、パン、クラッカー）、デザート（カスタード、プディング、アイスクリーム）、衣の付いた揚げ物（魚やチキンのナゲット）、ミートボール、ミートローフ、パスタ、ソース、ドレッシング、スープ。

代替食材

オムレツや卵サラダなどの料理はダメだが、それでも焼き菓子については十分満足の行く結果が得られる。卵はケーキに空気を含ませて膨らませ、パンやケーキの構造を支え、クッキー生地やケーキ、それにマフィンの生地には水分を供給する働きをしている。作ろうとしている焼き菓子で、卵がどのような働きをしているのかを判断して、以下の候補から適切なものを選んで実験してみてほしい。

焼き菓子の卵1個を置き換えるには：

ベーキングパウダー、水、および油

以下の材料を泡立つまで泡立て器で混ぜる。油：大さじ1と1/2（20g）、温水：大さじ1と1/2（22g）、そしてベーキングパウダー：小さじ1。

風味の付いていないゼラチン

小さじ1（4g）の風味の付いていないゼラチンを、大さじ1（15g）の温水と混ぜる。風味の付いていないゼラチンは、食料品店で風味の付いたゼラチン（ゼリーの素など）の近くに置いてあるはずだ。

亜麻仁粕

大さじ1の亜麻仁粕を大さじ3の温水と混ぜ、10分間休ませる。癖が強いため、卵の代替食材として何にでも使えるというわけではないが、ケーキやパンプキンバー、オートミール・アップルソース・クッキー、そしてマフィンには便利に使える。

フルーツのピュレ

場合によっては、カップ1/4のピュレしたバナナやりんごを使うこともできる。実験してみよう！

魚や甲殻類のアレルギー

魚にアレルギーがあっても必ずしも甲殻類にアレルギーがあるとは限らず、またその逆も同様だ。しかし、どちらかにアレルギーのある人に料理を作るときには、魚やシーフードをすべて避けるのが最も安全な方法だ。ただし、ゲストが食べられる食材を指定した場合にはこの限りではない。

一般的に魚や甲殻類を含む食品

かに風味のかまぼこを含む魚やシーフード一般、シーザーサラダ、シーザードレッシング、ウスターソース、一部のピザ、ゼラチン（魚や甲殻類の骨を原料としている場合がある）、一部のマシュマロ、一部のソース、前菜料理。

ピーナッツアレルギー

避けるべき成分

ピーナッツ、ピーナッツバター、ピーナッツスターチ、ピーナッツ粉、ピーナッツオイル、ミックスナッツ、クラッシュドナッツ、植物性タンパク質加水分解物、植物油（原材料が明記されていないもの）、および、アレルギーの深刻度に応じて、「微量のピーナッツを含む場合がある」と記載されている食品すべて。

一般的にピーナッツを含む食品

焼き菓子、ケーキミックス、チョコレートおよびチョコレートチップス（微量のピーナッツが含まれている場合が多い）、キャンディ、スナック、ナッツバター、シリアル、ソース（ピーナッツが増粘剤として使われている場合がある）、アジアの食材（かき揚げ、ソース、春巻など）、ベジタブルバーガー、マジパン（アーモンドペースト）。

代替食材

直接ピーナッツを必要とする料理であれば、例えばカシューナッツやひまわりの種などで代替できるかもしれない。ピーナッツの代わりには、大豆バター、アーモンドバター、カシューバター、またはひまわりバターなど、ゲストがアレルギーを持たない食材を選ぼう（ピーナッツではなく、本物の大豆やその他の種を使っているもの）。

木の実アレルギー

避けるべき成分

アーモンド（バター、マジパンなどのペースト、香料、エッセンス）、ブラジルナッツ、カシューナッツ（バター、香料、エッセンス）、栗、ヘーゼルナッツ（ハシバミ）、ヒッコリーナッツ、マカデミアナッツ（クイーンズランドナッツ、ブッシュナッツ、マルーチナッツ、クイーンオブナッツ、ポープルナッツ）、ピーカン、松の実、ピニオン（ピニョーリ）、ピスタチオ、くるみ、ナッツミール、ヌガー、ナッツペースト、ヌテッラ。

一般的にナッツを含む食品

焼き菓子、スナック食品、アジアの食材、ペストソース、サラダ、キャンディ。二次汚染が大きな問題となるので、パッケージに「微量の……を含む場合があ

る」と書かれていないことを確かめよう。

代替食材

ナッツアレルギーを避けるのは難しい場合がある。ピーナッツアレルギーと同様に、ナッツを使わないレシピを選択するのが最も安全だ。サラダやスナックには、ひまわり、かぼちゃ、ごまなどの種を使うこともできる。ひまわりバターはナッツバターの代わりに使える。

ごまアレルギーも珍しくないので、ごまを代わりに使う場合にはゲストに確認しよう。

大豆アレルギー

避けるべき成分

大豆タンパク質加水分解物、みそ、しょうゆ、豆乳、大豆タンパク質濃縮物、大豆タンパク質分離物、大豆、きな粉、寄せ豆腐、テンペ、植物性タンパク質(「代用肉」)、豆腐。

一般的に大豆を含む食品

ベビーフード、焼き菓子(ケーキ、クッキー、マフィン、パン)、ケーキミックス、朝食用シリアル、スパゲッティやマカロニチーズのような調理済みディナー食品、オイル漬けのツナ缶、マーガリン、ショートニング、植物油および植物油を含む食品すべて、スナック食品(クラッカー、チップス、プレッツェルなど)、乳製品を含まないクリーマー、ビタミンのサプリメント。

代替食材

豆腐やしょうゆなどにはよい代替食材がないので、大豆製品を直接利用しないレシピを選ぼう。大豆は、驚くほど多くの市販食品に使われていることに注意してほしい。例えばパスタソースのように、思いもしなかったところに使われている場合も多いので、注意してラベルを読んでほしい。

小麦アレルギー

小麦アレルギーは、小麦に特有に存在するタンパク質によって引き起こされる。

小麦アレルギーは、グルテン不耐性とは**違う**ことに注意してほしい。小麦アレルギーはセリアック病（グルテン不耐性）と混同されることが多いが、セリアック病は小腸がグルテンの摂取に反応して起こす自己免疫疾患だ。セリアック病の人は原料が何であれ、**すべての**グルテンを避けなくてはならない。セリアック病に関する詳しい情報については、http://www.celiac.orgを参照してほしい。

避けるべき成分

小麦（ふすま、胚芽、デンプン）、ブルグア、小麦粉（グラハム、デュラム、栄養強化されたもの）、グルテン、食品用改質デンプン、麦芽、スペルト小麦、植物ガム、セモリナ、植物性タンパク質加水分解物、デンプン、自然香料。

一般的に小麦を含む食品

パン（ベーグル、マフィン、ロールパン、ドーナツ、パンケーキ）、デザート（ケーキ、クッキー、ケーキミックス、パイ）、スナック（クラッカー、チップス、シリアル）、ブイヨンを含む市販されているスープの大半、パスタ（ヌードル、パスタを含む調理済みディナー食品）、調味料（しょうゆ、ウスターソース、サラダドレッシング、バーベキューソース、マリネ液、グレーズ、一部の酢）、飲料（ビール、ノンアルコールビール、エール、ルートビア、インスタントチョコレートドリンクミックス）、肉類（ブイヨンとともにパックされた冷凍肉、ランチョンミート、ホットドッグ）、グレイビーおよびソース（たいていは小麦粉でとろみをつけてある）、小麦粉で作ったトルティーヤ、タブーラ（レバノン風サラダ）、ピラフ。

代替食材

パスタ

幸いなことに、小麦パスタの代替品は充実している。米、トウモロコシ、キヌアなどで作ったパスタがある。これらのパスタは、ゆですぎると柔らかくなりすぎて切れてしまうので、注意しよう。そして前に小麦パスタに使ったことがあるざるは、きれいに洗ってあることを確かめよう。

小麦粉

小麦粉を置き換えるのは難しい。小麦粉にはグルテンが含まれており、これによってパンの特徴である弾力性のある構造と食感が得られるからだ。小麦粉を使った食品（特にパン）を小麦粉なしで再現するのは難しい。一部の小麦粉以外の粉、例えば大麦やライ麦の粉には、グルテンを作るのに必要なタンパク質が含まれている（260ページを参照してほしい）。

小麦粉アレルギーの人は、普通はこれらの粉を食べても大丈夫だが、セリアック病の人は食べられない。

米粉やライ麦の粉は簡単に見つかる。行き付けの食料品店で探してみよう。レシピによっては、どちらも小麦粉と置き換えて使える（1：1の割合で）。タピオカデンプンや片栗粉（カップ1の小麦粉に対してカップ5/8、0.625：1の割合で）、ジャガイモ粉、ソルガム粉なども使える。

何種類かの粉を混ぜて使うと、よい結果が得られる。中力粉の場合には、3/4カップ（120g）の米粉、1/4カップ（30g）の片栗粉、大さじ2（15g）のタピオカデンプン（タピオカ粉とも呼ばれる）、および、オプションとして、小さじ1/4（1g）のキサンタンガムを加える。

スナック

ゲストが敏感なアレルギーやセリアック病を持っている場合には、念には念を入れて同じ製造ラインで作られている製品や二次汚染についてメーカーに確認しよう。ライスケーキ、ライスクラッカー、ポップコーン、それにコーンチップスやポテトチップスは、小麦を使っていないすばらしいスナックだ（しかしグルテンフリーとは限らない）。

訳者あとがき

[第1版へのあとがき]

　この本を手に取られた方は、きっと「どうしてオタクと料理が結び付くんだろう？」という疑問をお持ちなのではないでしょうか。詳しくは中身を読んでいただくとして、短くお答えすると「料理も科学だから」ということになります。料理にはきちんとした科学の裏づけと合理的な理由があり、それにしたがって正しく作業すると必ずそれに見合った結果が得られます。しかし、それでいてよりよい料理を求める道には果てしがなく、どれだけ上達しても常にやりがいのある挑戦が待ち受けています。言い換えれば、料理はオタクを夢中にさせる性質をすべて備えているのです。それなのに、単になじみがないというだけで、料理を敬遠しているオタクが多いのは実にもったいない。ぜひこの本を読んで、料理オタクとしての第一歩を踏み出してほしい──著者の言いたかったのは、このようなことだと思います。

　訳者の私も、多少はオタクでもあり、また多少料理もするものですから、この本を非常に楽しむことができました。基本的には上記のように、料理の背後にある科学を説明することが主題であり、それを実証するための「製作例」としてのレシピが掲載されているわけですが、さらにそれを補強するためのシェフや科学者へのインタビューなどがちりばめられているという、実に盛りだくさんな内容となっています。この本の構成は技術書としては一般的なので、技術的なバックグラウンドのある方なら、きっと抵抗なく読み進められるでしょう。また、この本を普通の料理の本だと思って手に取られた一般の方も、通常とはかなり異なる構成に最初はちょっと戸惑うかもしれませんが、このような切り口で料理を取り上げた解説書は今までになかったと思いますので、興味深く読んでいただけるのではないでしょうか。この本のレシピのいくつかは私も作ってみましたが、どれもなかなかいけるものでした。非常に簡単なものから手の込んだファンシーなものまで、多彩なレシピが掲載されていますので、ぜひ気に入ったものを選んで作ってみてください。

　さて、参考になるかどうかはわかりませんが、私なりにこの本から学んだことを3点ほど挙げてみたいと思います。ひとつは、失敗を恐れないこと。この本のあちこちに「失敗したってピザを注文すればいいじゃないか」というフレーズが出てきます。私も多々経験がありますが、せっかく作った料理が失敗作だと、みじめな気持ちになってしまいがちです。でも考えてみると、失ったものはそれほど多くはありません。もちろん、無駄にしてしまった食材（もしかすると調理器具も）と時間は残念ですが、だからといって飢えることは、特に今の日本ではあり得ないことでしょう。また、料理は回数を重ねて知識と経験が身についてくると、それだけ失敗する確率が減ってきます。だから、何回か失敗してしまったからといって料理をあきらめてしまわずに、むしろ失敗から学

ぶくらいの気楽な気持ちでいたほうがよいということです。そして、自分の作った料理が想像通り（あるいは想像以上に！）おいしかったときの喜びは、仕事で大きなプロジェクトを完遂したときの達成感にも匹敵すると個人的には考えています。しかも、料理ならほんの30分から数時間程度で、その達成感を味わえるのです。

　ふたつ目は、食品の安全に十分注意することです。ちょうどこの本を翻訳している最中にも、農産物の放射能汚染や生肉を食べたことによる食中毒など、食の安全をおびやかす事件がありました。この本では、4章の前半というかなりのページ数を費やして、食品安全について説明しています。私自身、アメリカでここまで詳細に食品安全の規定がなされているということは、初めて知りました。アメリカというと日本よりもおおざっぱで規制もゆるいと思われがちですが、実は食品安全に限って言えば、それは違っているようです。レアのステーキであっても、食中毒病原菌や寄生虫が死滅する温度と時間だけ、中心までしっかり加熱するよう指導されています。ひるがえって日本では、少なくとも家庭で料理をする人は、それほど食品安全に気を使っているようには思えません。もちろん、安全な食品の供給が一番ですが、それでも低い確率で食品が汚染されていることはあり得ます。しかし、野菜は洗って使う、生の肉や魚は他の食材と分けて扱う、微生物の生育好適温度に食品を放置しない、などの注意をすることで、仮に食材が汚染されていたとしても、食中毒の発生をかなりの程度防止できるのです。特に今の日本では、食品が安全であることに慣れきってしまい、上記のような当然の注意を払うことがおろそかになってしまっているのではないか、と感じます。

　私がこの本から学んだことの3番目は、食文化の違いです。すべてがグローバル化された現代では、食事や料理も均一化してしまっているように思われがちです。確かにハンバーガーなど一部だけを取り上げれば表面的にはそうかもしれませんが、根本的なところでは現在でも食文化の違いは非常に大きいと感じました。例えば、よく言われることですが、言語による語彙の違いがあります。日本語の「焼く」に当たる単語は英語にはかなりの数存在し、例えばこの本では、broil（上からの火であぶり焼きにする）、grill（火の上にのせた網で網焼きにする）、roast（大きな肉をオーブンに入れて焼く）、sear（フライパンなどで焼き目をつける）、bake（パンや菓子を焼く）、toast（パンなどに香ばしく焦げ目をつける）などが使われています。これを見ると、基本的にアメリカの食文化は「肉を焼く」ことが中心になっていることがわかると思います。このあたりの話は、3章で世界各地の料理や食材を取り上げて説明されていますので、興味のある方はぜひ読んでみてください。

　さて、これほど多種多様な料理や食材や食文化がこの本では取り上げられている上、筆者の文体がかなりひねったものになっていますので、読んでいて楽しかったものの、翻訳にはかなり苦労したのも事実です（90年代にアメリカで放映されていたテレビドラマの話をされてもなあ……）。中でもインタビュー中の話し言葉などには意味の取りづらい部分もありましたので、十分注意はし

たものの、もし間違いがあったとすれば、それはすべて訳者である私の責任です。もちろん今ではインターネット検索という便利なものがありますので、だいぶそれで解決しましたし、幸い私には料理好きの知人や友人がたくさんいますので、彼らにも大いにご協力をいただきました。特に、さいたま市見沼区大和田の「ハム・ソーセージ工房kazusaya」さんには食肉や英語について教えていただき、また併設のカフェでおいしい食事をごちそうになりました。そしてさいたま市南区、中浦和駅前の「キャトルフルール」さんには、毎週のようにランチを食べに行った上、キッチンではシェフの見事な手さばきや、仕事の段取りを見せていただきました。この2軒は本当に私が自信を持ってお勧めしますので、機会があればぜひ足を運んでみてください*。

最後になりましたが、この本を読んだ皆さんが、それをきっかけにして料理に興味を持ってもらえたとしたら、訳者としてこれに勝る喜びはありません。

Happy hacking (in your kitchen)！

* 残念なことに、キャトルフルールさんは2015年に閉店され、ハム・ソーセージ工房kazusayaさんは2021年5月に閉店されたようです。

[第2版へのあとがき]

2011年の秋に発行された初版から約5年、ここに第2版をお届けいたします。増えたページ数は（原書では）2割程度ですが、情報量はそれ以上に増えているのではないでしょうか。初版と同じに見えるパラグラフでも新しい情報が付け加わっていたり、冗長な記述が削られて簡潔な表現に圧縮されていたりします。個人的には、あちこちにちりばめられていたギークっぽいジョークがだいぶ減っていてちょっと寂しく感じましたが、逆に言えば、より多くの人に親しみやすい内容になったと言えるでしょう。

2015年の12月、この本の著者Jeff Potterが来日して山口情報芸術センター（YCAM）で2日間のワークショップが行われ、私も通訳として参加してきました。1日目は本書の2章の内容を主としたJeffのレクチャーと味覚の実験、2日目は各自持ち寄った食材を使って実際に創作料理を作ってみるという内容でしたが、参加された皆さんにはとても楽しんでいただけたようです。Jeffも、寒天の原料となるテングサなど、初めて見る日本の食材に興味津々のようでした。読者の皆さんも、ぜひこの本の実験やレシピを足掛かりにして、新しい料理や実験に挑んでみてください。また、この本にちなんだイベントなどを開催される際には、お知らせいただければ幸いです。

実験と言えば、『発酵の技法』という本（これも私が訳しました）が2016年の春にやはりオライリーから出ています。通常の熱による調理ではなく、微生物との共同作業によって食品を加工する方法を説明した本ですが、こちらも併せて読んでいただければ、また違った角度から料理の実験をするヒントが得られるかもしれません。

いずれにしろ、料理をキッチンでの実験ととらえて、楽しみましょう！

——水原 文

索引 Index

数字
1-2-3クレープ ... 265
3×4ルール ... 029
30秒で作るチョコレートケーキ ... 334

A
A/Bテスト ... 023
America's Test Kitchen ... 054, 244
Anctil, Linda ... 130
Arnold, Dave ... 378

B
Baldwin, Douglas ... 347
Barrett, Ann ... 435
Bartoshuk, Linda ... 091
Boston Globe Magazine ... 054

C
Chiquart, Maistre ... 022
Chu, Michael ... 021
Civille, Gail Vance ... 141

D
Dexter-Russell ... 043
DSC ... 236

E
Evans, Maureen ... 020
Eナンバー ... 400

F
FAT TOM ... 187

I
IBM ... 138
I型コラーゲン ... 208

J
Julia and Jacques Cooking at Home ... 026
Jung, Carolyn ... 410

L
Lahey, Jim ... 274
Lancaster, Bridget ... 244
Lebovitz, David ... 319
Lersch, Martin ... 452

M
Madison, Deborah ... 031
McGee, Harold ... 463
MSG症候群 ... 083
Mythbusters ... 017
Myhrvold, Nathan ... 393

P
Pépin, Jacques ... 026
pH ... 288
Powell, Doug ... 189
P物質 ... 084

R
Raper, Buck ... 043
Ried, Adam ... 054

S
Savage, Adam ... 017

T
This, Hervé ... 413
Twitterでレシピ ... 020

U
UPSIT ... 140

V
Varasano, Jeff ... 284

W
Walshin, Lydia ... 118
Wansink, Brian ... 107
Wiechmann, Tim ... 130
Wolfe, Benjamin ... 458

あ
アーティチョーク ... 075
アーノルド、デイブ ... 378
アイスクリーム ... 383, 384, 417, 427
赤タマネギ ... 243
赤身の肉 ... 174
アクチン ... 175
味 ... 062
　味付けと文化 ... 067
　味とおいしさ ... 091
　味物質 ... 062
アップルパイ ... 102
圧力 ... 324
　圧力調理器 ... 326, 330
　圧力鍋 ... 052, 208
　圧力フライ ... 328
アニオン ... 405
甘味 ... 072
アミノ酸 ... 226
網焼き（野菜） ... 224
洗う ... 193
アルカリ性の水 ... 255
アルギン酸ナトリウム ... 448
アルコール ... 422
アレルギー ... 471
　木の実 ... 475
　甲殻類 ... 474
　小麦 ... 476
　魚 ... 474
　大豆 ... 476
　卵 ... 473
　乳製品 ... 472
　ピーナッツ ... 475
アロマの化学物質 ... 103
泡立て ... 052, 308
　泡立て器 ... 014
　卵白 ... 305
アンクティル、リンダ ... 130
アンチシュガー ... 416
アンチ鉄板 ... 386

い
イースト ... 276, 277, 280
　イーストワッフル ... 281
　イーストを使わないピザ生地 ... 303
イオン ... 405
イカ ... 212
池田菊苗（いけだ きくなえ） ... 081
イタリアンメレンゲ ... 309
遺伝的味覚 ... 087
インスタントイースト ... 280

う
ウィークマン、ティム ... 130
ウォルシン、リディア ... 118
うま味 ... 081
ヴルーテソース ... 114
ウルフ、ベンジャミン ... 458

え

液体窒素	381, 384
エスパニョールソース	117
枝豆	083
エバンス、モーリン	020
エマルション	313
塩化ナトリウム	406
塩基	291
遠心分離	367, 371
エンダイブ	080

お

おいしさと味	091
オーツ麦	014
ひき割りオーツ麦	013
オーブン	038
卵	203
調整	039
置き場所	028
オニオンスープ	041
オメガ3脂肪酸	161
オライリー、ティム	304
オランデーズソース	116
オリーブオイル煮	179
オルソネーザル嗅覚作用	104
オレンジ	
皮の砂糖煮	418
ブラウニー詰め	035
マーマレード	419
温度	145, 146
温度勾配	149
カラメル化	234
クッキー	239
食中毒	182
卵	198
調理の温度一覧	177

か

カード（凝乳）	456
ガーリックブレッド	230
海藻	081
界面張力	453
科学テスト	017
化学	452
化学反応	146
化学物質	397, 401, 403
架橋結合	261
撹拌（グルテン）	263
ガスオーブン	154
カスタード	204
ガスパチョ	126
型	360
カチオン	405
活性ドライイースト	280
カップ	028, 052, 053
果糖	298
加熱致死時間	183
カビ	458
カプサイシン	063
カボチャ	127
鴨	213, 215
粥	024
カラギーナン	445, 446
辛味	084
カラメル化	234
カラメルソース	240
シュガークッキー	237
ニンジンと赤タマネギ	243
還元糖	226
乾式塩蔵	408
カンショ糖	242
乾燥	367, 372
寒天	446
乾熱法	151
官能検査・分析	085, 089

き

ギーク	006, 466
キエフ風チキン	460
機械的ろ過	368
寄生虫	195
食中毒	182
季節	120, 130
期待と風味	107
キチディー	329
キッチン用品	036, 051, 054
機内食	101
キヌア	056
木の実アレルギー	475
揮発性生化合物	060, 093, 095
キャノーラ油	399
球化	449, 450
逆球化	451
吸熱反応	417
強化小麦粉	399
凝固	175
鏡像異性体	096
恐怖（キッチン）	012, 245
魚介類	194
極性分子	421
キラリティ	096
ギリシャ風マリネ液	066
筋原線維	176
金属	
フライパンとホットスポット	049
ボウル	051, 308

く

空気	250
空気を含ませる	313
クーベルチュールチョコレート	170
葛粉	432
果物	220
クッキー	
シュガークッキー	237
食感	297
ジンジャーブレッドクッキー	294
チョコレートチップクッキー	300
バタークッキー	310
理想のクッキー	239
組み合わせ	
味と匂い	059
インスピレーション	089, 090, 109
加熱方法	155
コンピューター	136
風味	104
クミン	180
クラッカー	267
グラブラックス	408
クリーム	317
クリームホイッパー	331, 332

グ

グルタミン酸	081
含有量	082
グルテン	260, 261, 268
含有率	262
グレイビー	436
グレーズ	366
クレープ	265
クレームアングレーズ	204
クレームブリュレ	388
クロマトグラフィー	367
燻製と燻液	425
燻液の作り方	429
燻製パプリカ	030

け

計量	011
計量カップ	028, 051, 053
計量の許容誤差	272
ケーキ	
30秒で作る	334
ケーキ職人	007
ケーキ分割アルゴリズム	312
シナモンレーズンパンプキン	303
ボウルひとつで作る	295
ポートワイン入りチョコレート	311
ケールチップス	373
結晶化	376
ゲル化	431
ゲル化剤	441
滅菌	184
原形質分離	409
原子	405

こ

甲殻類アレルギー	474
格子エネルギー	418
硬水	253
合成香料	399
酵素	176, 455, 462
高度（標高）	253
高熱調理	387
高熱ピザ	390

コーンスターチ 399, 432	酸味 075	共起性 134	スーパー味覚 091
焦がしバター 440	酸素	なじみのない食材 118	スープ
穀物 220	肉 174	食事（ひとり）..... 030	オニオンスープ 041
ココア脂肪 167	バクテリア 187	食中毒 191	ガスパチョ 126
粉 383		真空調理 344	白インゲン豆とにんにく
種類 260		食品	 125
こねない	**し**	地元の食品 131	スープストック 114, 369,
パン 275	シヴィル、ゲイル・ヴァンス	食品エンジニア 435	370, 371
ピザ生地 286	 141	食品の科学 463	バターナット・スクワッシュ
互変異性体 073	シェフ・ワトソン 138	食品安全 181, 189	 127
小麦	シェフカード 472	食品安全と真空調理 344	レタスのスープ 124
小麦アレルギー 476	シェフナイフ 040	食品添加物 397	レモンとレンズ豆 020
小麦グルテン 261	塩 157, 406, 417	食品の保存	スキャンピ 056
小麦粉 260, 266	海の塩 069	生鮮食料品の保存 197	スクランブルエッグ
種類 260	塩蔵 408	農産物の保存 128	スローなスクランブルエッグ
米粥 024	塩味 068	植物性デンプン 218	 207
コラーゲン 208, 216, 330	塩釜焼き 157	食感 435	フォーム 335
実験 217	塩漬け 070	添加物 397	スケール（キッチン用品）
コロイド 401	塩水 258	食器洗浄機 345, 346	 052
混合物 401	シカール、メーストル 022	ショ糖 242	スコヴィル、ウィルバー 085
根菜 219	時間 145	シリコーンゴム 361	スコヴィルスケール 085
コンソメ 371	グルテン 263	白インゲン豆 125	スコーン 304
コンチング 167, 171	バクテリア 181	白身の肉 174	スターター 287
コンピューター（風味の組み	時間作業チャート 021	白ワイン 314	ステーキ 150, 178
合わせ）..... 133	磁気分離 367	真空調理法 339, 346, 347,	ストークスの法則 336
コンフィ 213, 215	シグナリング理論 034	353, 359	スピラントール 084
	自己承認 015	赤身肉 354	スフレ 316
	示差走査熱量測定 237	魚（冷凍魚）..... 350, 351	スモア 427
さ	湿式分離 366	食品安全 344	スライム 437
サーモンのオリーブオイル煮	湿度 251	食器洗浄機 345, 346	スロークッカー 213, 216, 353
..... 179	湿熱法 151	真空調理機器の自作 343	真空調理法 356
サヴェッジ、アダム 017	渋味 085	真空パックシーラー 337,	炊飯器 216, 343
魚	脂肪 158, 163, 317	338	
寄生虫 194	脂肪酸 159	スロークッカー 353	
魚アレルギー 474	シャーロック・ホームズ 257	チョコレート 359	**せ**
塩釜焼き 157	ジャム 442	鶏肉 352	精製スモーク 425
タコス 138	ジャンボマッシュルーム 122	フルーツと野菜 357	セイタン 271
砂糖 039, 416	嗅覚 060, 093	親水コロイドレシピ 452	石膏（型）..... 361
オーブンを調整 039	重曹 288, 291, 302, 399	浸透圧 409	接着（タンパク質）..... 460
砂糖マドラー 376	シュガーコーンボウル 362	神話の検証 017	セビーチェ 188
ザバリオーネ（サバイヨン）	酒石酸水素カリウム 102,		セルロース 218
..... 315	302		セレウス菌 182, 185
サヤインゲン 271	ショウガシロップ 074	**す**	前菜 033
サワークリーム 165	蒸留 367, 380	スイカ 090	せん断減粘 432
サワー種スターター 287	ショートリブ 216	水蒸気 153, 250, 254	全粒粉 260
酸 185	食材	炊飯器 025, 216, 343	
酸度（微生物）..... 187	化学的類似性 135	水和エネルギー 418	

そ

双極分子 421
増粘剤 431
ソース
　ヴルーテ 114
　エスパニョール 117
　オランデーズ 116
　カラメル 240
　チーズ 314
　トマト 115
　ブラウン 117
　ベシャメル 112
　ホワイト 112
　マザー 111
疎水性 305

た

大豆
　大豆アレルギー 476
　大豆レシチン 399
対流（熱の伝導）.............................. 153
多価不飽和脂肪酸 160
タコス 138
脱水 367
ダッチプロセス 167
ダブルクラスト 273
卵 198
　オーブン 203
　殻のむけるゆで卵 206
　卵アレルギー 473
　冷蔵庫 203
　割り方 200
タマネギの切り方 042
タルタルステーキ 186
探求（味覚）.................................... 109
炭酸水素
　イオン 288
　ナトリウム 288, 291
炭酸ナトリウム 255
単糖類 298
タンパク質 172
　グルテン 260
　酸 185
　卵 200, 313
　未変性・変性タンパク質
　　.. 148

ち

チーズ 458
　チーズソース 314
　フェタチーズ 090
　モッツァレラ 456
チキソトロピー 432
チコリ 080
チャイルド、ジュリア 016
鋳鉄製フライパン 048
チュー、マイケル 021
調理 145
　調理器具 028
　調理後保温・冷却法 345
　調理時間 349
　調理台 029
　調理不足 198
　調理方法 151
チョコレート 167, 270, 359
　ケーキ 295, 311, 334
　チップクッキー 300
　ミント 086
　ムース 318, 333
貯蔵食品 187
沈降（分離）.................................... 371

つ

漬け汁 068
角（卵白）....................................... 308

て

手 037
低圧 335
低温調理法 339, 355
ティス、エルヴェ 413
ディナー
　パーティー 032
　ひとり 030
ティラミス 021
鉄板 386
添加物 397
電気オーブン 154
テンサイ糖 242
電子レンジ 221, 225, 334
テンダライズ 176
伝導（熱の伝導）.............................. 152

テンパリング 167
デンプン 024, 218, 219,
　　　　　　　　　　　　225, 431
　カラメル化 236

と

ドゥンカーのろうそく問題 006
ドーナツ 363
トマト 122
　皮のむき方 126
　トマトソース 115
ドライアイス 381, 385
ドライエイジング 176
トランスグルタミナーゼ 460, 462
トランス脂肪 161
ドリップフィルター 371
トング 051

な

ナイフ 037, 043
ナシのワイン煮 223
ナッツ 475
ナトリウム 068
鍋 048
生イースト 280
軟化（肉）....................................... 176

に

匂い 059, 093
　味 062
　特徴 100
　匂い物質 093
　表現 098
　用語 100
苦味 077
肉
　かたまり肉 193
　軟化 176
　ひき肉 194
二酸化炭素
　イースト 276
　重曹 289
　ドライアイス 385

二次汚染 192
乳化剤 453
乳製品
　アレルギー 472
　含まれる脂肪の割合 317
ニンジン 243
にんにく
　ガーリックブレッド 230
　スープ 125
　にんにく絞り 051

ぬ

抜き型 360
ヌクレオチド 081

ね

ネコ（味覚）.................................... 072
熱可逆性 437
熱ゲル化 437
熱の伝わり方 049, 149, 151, 152
熱容量 049

は

ハードウェア 323, 378
　型（モールド）............................. 360
　食器洗浄機 345, 346
　真空調理 341
ハーフアンドハーフ（生クリーム）
　.. 204
バーベキューリブ 428
パーム油 399
パイ生地 273
パウエル、ダグ 189
バクテリア 195, 286
バクラヴァ 270
はさみ（キッチン用品）.................. 051
バジル 122
パスチャライゼーション 184
　卵 346
バター 164, 166, 440
バターナット・スクワッシュ 127
バターミルク
　ステーキ 178

パンケーキ 293	フィリング 366	フロスティング 294	ホワイトストック 370
バタフライチキンのロースト 231	フィルター 368, 371	文化 109, 119	ホワイトソース 112
バニラエッセンス 098, 423	フィロ生地 270	文化と味付け 067	
バニリン 399	風味 059, 104, 139	分子 405	**ま**
パパイン 211	学習 141	分子ガストロノミー 413, 452	マーマレード 419
葉物野菜 222	探求 109	分子間結合 421	マカロニチーズ 113
バラサーノ、ジェフ 284	風味抽出オイル 424	分離（食品） 366	マカロン（マカルーン） 310
バレット、アン 435	風味付け 119, 420		マギー、ハロルド 463
ハロー効果 107	風味の良い食材 094		マグロの塩クミン焼き 180
パン 274, 276	フェタチーズ 090	**へ**	マザー種 287
こねないパン 275	フェンネル 122	ペアリングナイフ 040	マザーソース 111
自然発酵パン 286	フォーム（発泡体） 305, 454	ベーキングパウダー 302	マシュマロ 404, 438
伝統的な作り方 278	スクランブルエッグ 335	ベーコン巻き（帆立） 462	マズロー、アブラハム 015
パン切りナイフ 040	フォームコロイド 404	ペクチン 219, 442, 444	欲求段階説 012
パン酵母 276	複合コロイド 402	ベシャメルソース 112	マッシュポテト 225
パンケーキ 010, 293	フッ素樹脂加工フライパン 048, 050	ペパン、ジャック 026	マディソン、デボラ 031
ハンドブレンダー 052	ブドウ糖 298	ヘミセルロース 218	まな板 047
パンナコッタ 118	フライドポテト 229	へら（シリコーン製） 051	マヨネーズ 455
反応速度 146	フライパン 048, 051, 152, 180	ペンネ・アッラ・ウォッカ 113	マリネ液 066, 178
パンプキンケーキ 303	ステーキ 150	ヘンリーの法則 325	マルトデキストリン 439
	鋳鉄製フライパン 048, 391		
ひ	フッ素樹脂加工フライパン 048, 050	**ほ**	**み**
ピーナッツアレルギー 475	ホットスポット 049	ホイップクリーム 317, 318	ミアボルド、ネイサン 393
ビーフジャーキー 374	ムール貝 072	放射（熱の伝導） 154	ミートボール 196
ビーフステーキ（低温調理法） 355	ブラウニー 035	包丁（ナイフ） 037	ミオシン 174
ひき肉（火の通り） 194	ブラウンソース 117	研ぎ方 046	味覚 060, 062, 084
ピクルス 411	フラッシュピクリング 336	膨張剤 305	遺伝的 087
ピザ 282, 284	フラットブレッド 267	ボウル 051	味覚嫌悪 106
イーストを使わない生地 303	フランス料理 111	卵白の泡立て 307	味覚錯誤 064, 076
高熱ピザを焼く 390	フリーズドライ食品 337	飽和脂肪酸 160	味覚順応 064
こねない生地 286	プリザーブドレモン 410	ポークチョップ 070	味覚と嗅覚 101, 139
ピザストーン 038	ブリスケット（低温調理法） 356	ポーチドエッグ 205	ミキサー 052
ビスケット 262	フリゼのサラダ 080	ポートワイン入りチョコレートケーキ 311	水 250, 252
ピスタチオ 270	フリッタータ 014	ボールドウィン、ダグラス 347	硬度 253
ビタースイートチョコレート 171	ふるう 290	保存料 403	酸性の水 256
氷点降下 417	ブルーミング 169, 422	帆立	水あか 255
ひよこ豆 030	ブルスケッタ 212	セビーチェ 188	ミネストローネ・スープ 114
	プレゼンテーション（盛り付け） 034	バター焼き 233	
ふ	ブレッドプディング 204	ベーコン巻き 462	**む**
ファーマー、ファニー 019	フレンチメレンゲ 309	ホットスポット（フライパン） 049	ムース 333
ブイヨン 041, 368	ブロートーチ 389	ポップオーバー 254	ムール貝 072
		ポップコーン 325	無極性分子 421

め

メイカーの満足感	020
メイラード反応	226
メチルセルロース	437
メレンゲ	305
イタリアンメレンゲ	309
フレンチメレンゲ	309
レモンメレンゲパイ	434
レンズ豆のスープ	020

も

モールド（型）	360
モダニスト料理	393
モッツァレラチーズ	122, 456
盛り付け	034

や

野菜	
網焼き	224
温度	219, 220
環境	123
季節	120
食中毒	193
真空調理法	349, 357, 358
葉物野菜	222
保存	128, 197
冷凍	105
焼き菓子	272
ヤン、キャロリン	410

ゆ

有機食品	131
湯気	153
油脂	424

よ

陽イオン	405
葉酸	399
ヨウ素添加食卓塩	068
ヨーグルト	078
欲求段階説	012, 015
余熱	150

ら

ラーシュ、マーチン	452
ライド、アダム	054
ライムジュース	449
ラクチゾール	416
卵黄	313
ランカスター、ブリジット	244
卵白	014, 305
水様卵白と濃厚卵白	199

り

リグニン	218
リブ（低温調理法）	356
リボフラビン	399
リモニン	418
料理人	007
タイプ	009

れ

冷蔵庫	192
卵	203
冷凍魚	351
冷凍庫	258
レイパー、バック	043
レイヒー、ジム	274
冷涼味	084
レーズン	303
レシチン	453
レシピ	011, 021
中世	022
歴史	018
レトロネーザル嗅覚作用	104
レボビッツ、デビッド	319
レモン	
プリザーブドレモン	410
メレンゲパイ	434
レンネット	456

ろ

ろうそく問題	006
ロータリーエバポレーター	380
ろ過	367
露点	250

わ

ワイン煮	223
和風漬け汁	068
ワンシンク、ブライアン	107

［著者紹介］

Jeff Potter（ジェフ・ポッター）

ジェフ・ポッターは食品の科学に関心があり、なぜ食材やレシピがそうなっているのかという質問に答えを見つけることを楽しんでいる。食品指向の人々に科学を、そして科学指向の人々に食品を紹介することによって、彼はジャンルを超えて人々にキッチンをマスターする方法を教えている。彼はUSAトゥデイやワシントン・ポストといった新聞に取り上げられ、トゥデイ・ショーやCNNに出演した。パブリック・ラジオの番組「サイエンス・フライデー」のレギュラーゲストでもある。

キッチンで友人たちと料理を作っていないときのジェフは、複数の団体やスタートアップのために、彼らの製品の舞台裏で技術を構築している。彼はブラウン大学で、コンピューター科学とビジュアルアートを学んだ。

彼のウェブサイトはhttp://www.jeffpotter.orgにある。

［訳者紹介］

水原 文（みずはら ぶん）

技術者として情報通信機器メーカーや通信キャリアなどに勤務した後、フリーの翻訳者となる。訳書に『発酵の技法』『Raspberry Piクックブック』『「もの」はどのようにつくられているのか？』（ともにオライリー・ジャパン）、『ビッグクエスチョンズ 宇宙』『国家興亡の方程式 歴史に対する数学的アプローチ』（ともにディスカヴァー・トゥエンティワン）、『おいしい数学』（岩波書店）など。趣味は浅く広く、フランス車（シトロエン）、カードゲーム（コントラクトブリッジ）、自転車など。日夜Twitter（@bmizuhara）に没頭している。

Cooking for Geeks 第2版

料理の科学と実践レシピ

2016年12月26日　初版第1刷発行
2023年 2月 1日　初版第7刷発行

著者： 　　Jeff Potter（ジェフ・ポッター）
訳者： 　　水原 文（みずはら ぶん）
発行人： 　ティム・オライリー
印刷： 　　日経印刷株式会社
アート・ディレクション：中西 要介
デザイン： 寺脇 裕子
発行所： 　株式会社オライリー・ジャパン
　　　　　〒160-0002　東京都新宿区四谷坂町12番22号
　　　　　Tel（03）3356-5227　Fax（03）3356-5263
　　　　　電子メール japan@oreilly.co.jp
発売元： 　株式会社オーム社
　　　　　〒101-8460　東京都千代田区神田錦町3-1
　　　　　Tel（03）3233-0641（代表）　Fax（03）3233-3440

Printed in Japan（ISBN978-4-87311-787-4）

乱丁、落丁の際はお取り替えいたします。
本書は著作権上の保護を受けています。本書の一部あるいは全部について、
株式会社オライリー・ジャパンから文書による許諾を得ずに、
いかなる方法においても無断で複写、複製することは禁じられています。